TRAVEL
무작정
따라하기

하와이

오아후 | 마우이 | 빅아일랜드 | 카우아이

VOL 1

| 테마북 |

절대 놓칠 수 없는
최신 여행 트렌드

박재서 지음

무작정 따라하기 하와이
The Cakewalk Series-HAWAII

초판 발행 · 2017년 4월 17일
초판 3쇄 발행 · 2017년 12월 15일
개정판 발행 · 2018년 7월 5일
개정판 3쇄 발행 · 2019년 1월 10일
개정 2판 발행 · 2019년 4월 15일
개정 2판 2쇄 발행 · 2019년 6월 20일
개정 3판 발행 · 2020년 2월 7일
개정 4판 발행 · 2022년 5월 16일
개정 4판 3쇄 발행 · 2022년 9월 1일
개정 5판 발행 · 2023년 3월 23일
개정 5판 3쇄 발행 · 2024년 10월 18일
개정 6판 발행 · 2025년 8월 18일

지은이 · 박재서
발행인 · 이종원
발행처 · (주)도서출판 길벗
출판사 등록일 · 1990년 12월 24일
주소 · 서울시 마포구 월드컵로 10길 56(서교동)
대표전화 · 02)332-0931 | **팩스** · 02)323-0586
홈페이지 · www.gilbut.co.kr | **이메일** · gilbut@gilbut.co.kr

기획 및 책임편집 · 민보람(brmin@gilbut.co.kr) | **표지디자인** 강은경 | **제작** · 이준호, 손일순
마케팅 · 정경원, 김진영, 류효정 | **유통혁신** · 한준희 | **영업관리** · 김명자 | **독자지원** · 윤정아

진행 · 김소영 | **디자인** · 별디자인 | **교정교열** · 추지영 | **일러스트** · 민들레 | **지도** · 팀맵핑
CTP 출력 · **인쇄** · **제본** · 상지사

- 잘못된 책은 구입한 서점에서 바꿔 드립니다.
- 이 책에 실린 모든 내용, 디자인, 이미지, 편집 구성의 저작권은 (주)도서출판 길벗과 지은이에게 있습니다. 허락 없이 복제하거나 다른 매체에 옮겨 실을 수 없습니다.

ISBN 979-11-407-1530-5(13980)
(길벗 도서번호 020270)

ⓒ 박재서

정가 24,000원

독자의 1초까지 아껴주는 정성 길벗출판사

(주)도서출판 길벗 | IT단행본, 성인어학, 수험서, 교과서, 경제경영, 교양, 자녀교육, 취미실용 www.gilbut.co.kr
길벗스쿨 | 국어학습, 수학학습, 주니어어학, 어린이단행본, 학습단행본 www.gilbutschool.co.kr

✦✦✦

매거진과 가이드북을 한 권에!
여행자의 준비 패턴에 따라 내용을 분리한 최초의 가이드북
여행 무작정 따라하기

"백과사전처럼 지루하지 않고, 잡지처럼 보는 재미가 있는 가이드북은 없을까?"
"내 취향에 맞는 여행 정보만 쏙쏙 골라서 볼 수 있는 구성은 없을까?"

〈여행 무작정 따라하기〉 시리즈는 여행 작가, 편집자, 마케터가 함께
여행 가이드북 독자 100여 명의 고민을 수집한 후
그들의 불편을 해소해주기 위해 계발 과정만 수년을 거쳐서 만들었습니다.

매거진 형식의 다양한 읽을거리와 최신 여행 트렌드를 담은 테마북
꼭 가봐야 할 지역별 대표 명소와 여행 코스를 풍성하게 담은 가이드북

두 권의 정보와 재미를 한 권으로 담은
여행 무작정 따라하기 시리즈가
여러분의 여행을 응원합니다.

INSTRUCTIONS
무작정 따라하기 일러두기

이 책은 전문 여행작가가 하와이 전 지역을 누비며 찾아낸 관광 명소와 함께,
독자 여러분의 소중한 여행이 완성될 수 있도록 테마별, 지역별 정보와 다양한 여행 코스를 소개합니다.
이 책에 수록된 관광지, 맛집, 숙소, 교통 등의 여행 정보는 2025년 8월 기준이며 최대한 정확한 정보를 싣고자 노력했습니다.
하지만 출판 후에도 팬데믹과 국제 전쟁 등 이례적인 상황으로 인한 물가, 영업 시간, 대중 교통 노선,
다양한 이용 시설의 운영 지침 등은 수시로 바뀌고 있습니다. 독자 분들의 여행 시점에 따라 주의하실 필요가 있으며,
가이드북의 특성상 바뀐 정보를 바로 반영하지 못하는 점 양해 부탁드립니다.

VOL.1 테마북

VOL.1은 하와이의 다양한 여행 주제를 소개합니다.
자신의 취향에 맞는 테마를 찾은 후 VOL.2 페이지 연동 표시를 참고,
VOL.2의 지역과 지도에 체크하며 여행 계획을 세우세요.

VOL.1은 하와이의 다양한 여행 주제를 볼거리, 체험, 음식, 쇼핑, 리조트 순서로 소개합니다.

- 볼거리
- 체험
- 음식
- 쇼핑
- 리조트

이 책의 하와이어 지명과 상호 등의 명칭은 현지 발음에 따라 표기했으며, 영어 지명과 상호 등의 명칭은 외래어 표기법을 따랐습니다. 하와이에서 유래했거나 현지에 국한되는 고유명사나 상호 등의 명칭은 영어라 하더라도 현지에서 흔히 쓰이는 발음에 따라 표기했습니다.

이 책에 사용한 아이콘

 MAP
해당 스폿이 소개된 지역의 지도 페이지를 안내합니다.

 INFO
테마북과 가이드북의 해당되는 스폿을 소개하는 페이지를 안내합니다.

 찾아가기
각 섬의 대표 랜드마크, 또는 공항 기준으로 가장 효율적인 동선으로 찾아갈 수 있는 방법을 설명합니다.

 주소
해당 장소의 주소를 알려드립니다

 전화
대표 번호 또는 각 지점의 번호를 안내합니다.

 시간
해당 장소가 운영하는 시간을 알려줍니다.

 휴무
모든 여행 장소에 휴무일을 표기했으며, 드물지만 특정한 쉬는 날이 없는 곳들은 부정기로 표기했습니다.

 가격
입장료, 체험료, 메뉴 가격 등을 소개합니다.

 **주차**
렌터카 여행자를 위해 무료·유료 등의 주차 정보를 알려줍니다.

 홈페이지
해당 지역이나 장소의 공식 홈페이지를 기준으로 합니다.

VOL.2 가이드북

VOL.2은 하와이의 주요 도시를 세부적으로 나눠 지도와 여행 코스를 함께 소개합니다. 지역별, 일정별, 테마별 등 다양하게 제시합니다. VOL.1 어떤 테마에 소개된 곳인지 페이지 연동 표시가 되어 있으니, 참고해 알찬 여행 계획을 세우세요.

지역 페이지
각 섬마다 인기도, 관광, 쇼핑, 식도락 등의 테마별로 별점을 매겨 지역의 특징을 한눈에 보여줍니다.

하와이 섬별 교통편 한눈에 보기
하와이 섬별로 이동하는 방법을 사진과 함께 단계별로 소개하여 쉽고 빠르게 이해할 수 있게 도와줍니다. 또한 각 섬마다 이용해야하는 교통편은 물론 하와이 여행 시 꼭 필요한 렌터카 정보도 상세하게 다뤄 헤매지 않는 여행이 되도록 해줍니다.

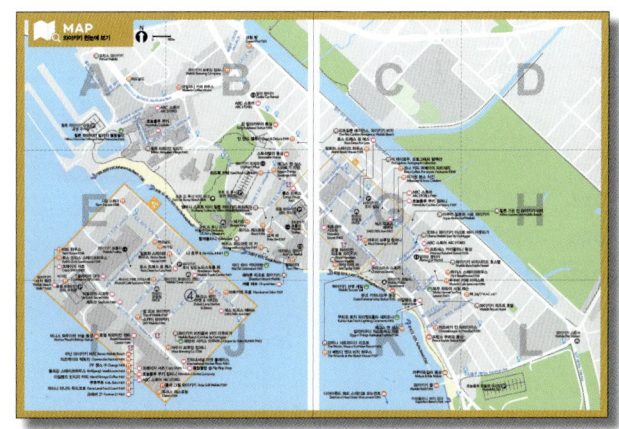

아주 친절한 실측 여행 지도 한눈에 보기
세부 지역별로 소개하는 볼거리, 음식점, 쇼핑숍, 체험 장소, 숙소 위치를 실측 지도로 자세하게 소개합니다. 지도에는 한글 표기와 영어(또는 하와이어), 소개된 본문 페이지 표시가 함께 구성되어 길 찾기가 편리합니다.

지도에 사용된 아이콘
- Ⓟ 주차장
- Ⓡ 렌터카
- 트롤리
- 우체국
- 공원
- 공공기관
- 경찰서
- 대학교
- 공항
- 보트 항구
- 항구
- 주유소
- 은행
- 관광 명소
- 음식점
- 쇼핑 명소
- 위락 시설
- 호텔
- 해수욕장
- ATM
- 버스 정류장

트래블 인포 & 줌인 세부 구역
트래블 인포 페이지에는 볼거리, 맛집, 쇼핑, 체험, 리조트 등의 여행 장소를 각 섬의 여행 패턴에 맞춰 동선 또는 여행 중요도 순서로 소개합니다. 밀집 구역은 줌인 지도와 함께 한 번 더 소개해 더욱 완벽하게 즐길 수 있게 도와줍니다.

CONTENTS

INTRO   SIGHT SEEING   EXPERIENCE

VOL.1 테마북

story

- 016 하와이 여행 캘린더
- 018 하와이 역사
- 020 하와이 문화
- 022 하와이 경제
- 023 하와이 종교
- 024 하와이 신화
- 026 하와이 영화
- 027 하와이와 한국인
- 028 하와이에서 꼭 봐야 할 볼거리 베스트 10
- 032 하와이에서 꼭 해봐야 할 체험 베스트 5
- 034 하와이에서 꼭 먹어봐야 할 음식 베스트 10
- 036 하와이에서 꼭 사야 할 쇼핑 베스트 5
- 038 하와이 럭셔리 리조트의 낭만적인 휴가 베스트 5
- 040 하와이 HOT&NEW 9 2025~2026

Part. 1 sightseeing

- 048 **MANUAL 01** 뷰포인트
- 068 **MANUAL 02** 일몰 명소
- 082 **MANUAL 03** 일출 명소
- 088 **MANUAL 04** 역사 명소
- 102 **MANUAL 05** 드라이브 코스
- 114 **MANUAL 06** 지도 끝 명소
- 120 **MANUAL 07** 해변 명소

Part. 2 experience

- 144 **MANUAL 08** 스노클링
- 158 **MANUAL 09** 서핑
- 166 **MANUAL 10** 익사이팅 어드벤처
- 174 **MANUAL 11** 트레일
- 180 **MANUAL 12** 테마파크&박물관

EATING

SHOPPING

RESORTS

 Part. 3 eating

196	**MANUAL 13** 로컬 푸드
206	**MANUAL 14** 스타 셰프 레스토랑
218	**MANUAL 15** 테마별 추천 레스토랑
234	**MANUAL 16** 스테이크하우스
242	**MANUAL 17** 브런치 레스토랑
248	**MANUAL 18** 스낵&디저트
260	**MANUAL 19** 하와이 커피
266	**MANUAL 20** 칵테일바와 맥주펍

 Part. 4 shopping

276	**MANUAL 21** 하와이 스타일 아이템
282	**MANUAL 22** 하와이 뷰티 아이템
284	**MANUAL 23** 하와이 기념품
296	**MANUAL 24** 알라모아나 센터
312	**MANUAL 25** 아웃렛
320	**MANUAL 26** 슈퍼마켓
332	**MANUAL 27** 재래시장

 Part. 5 Resorts

| 338 | **MANUAL 28** 럭셔리 리조트 |
| 344 | **MANUAL 29** 추천 인기 호텔 |

INTRO

010	작가의 말
012	하와이 주 정보
014	하와이 지역 한눈에 보기

CONTENTS

OAHU　　MAUI

| VOL.2 | 가이드북 |

INTRO

- 353　무작정 따라하기 1단계
　　　하와이 이렇게 간다
- 356　무작정 따라하기 2단계
　　　이웃 섬 이렇게 간다
- 358　무작정 따라하기 3단계
　　　하와이 교통편
　　　한눈에 보기
- 362　무작정 따라하기 4단계
　　　하와이 추천 여행 코스

AREA 1
OAHU 오아후

- 372　무작정 따라하기 1단계
　　　오아후 이렇게 간다
- 373　무작정 따라하기 2단계
　　　오아후 교통편
　　　한눈에 보기
- 378　무작정 따라하기 3단계
　　　오아후 지역
　　　한눈에 보기
- 380　무작정 따라하기 4단계
　　　오아후 추천 여행 코스
- 382　A 와이키키(남부 오아후)
- 406　B 북동부 오아후
- 428　C 서부 오아후

AREA 2
MAUI 마우이

- 448　무작정 따라하기 1단계
　　　마우이 이렇게 간다
- 450　무작정 따라하기 2단
　　　마우이 교통편
　　　한눈에 보기
- 452　무작정 따라하기 3단계
　　　마우이 지역
　　　한눈에 보기
- 454　무작정 따라하기 4단계
　　　마우이 추천 여행 코스
- 456　A 서부 마우이
- 466　B 중부 마우이
- 474　C 동부 마우이

BIG ISLAND

KAUAI

AREA 3
BIG ISLAND
빅아일랜드

490 무작정 따라하기 1단계
빅아일랜드 이렇게 간다

492 무작정 따라하기 2단계
빅아일랜드 교통편
한눈에 보기

494 무작정 따라하기 3단계
빅아일랜드 지역
한눈에 보기

496 무작정 따라하기 4단계
빅아일랜드
추천 여행 코스

498 A 남부 빅아일랜드
516 B 북부 빅아일랜드

AREA 4
KAUAI
카우아이

536 무작정 따라하기 1단계
카우아이 이렇게 간다

538 무작정 따라하기 2단계
카우아이 교통편
한눈에 보기

540 무작정 따라하기 3단계
카우아이 지역
한눈에 보기

542 무작정 따라하기 4단계
카우아이
추천 여행 코스

544 A 남서부 카우아이
558 B 북동부 카우아이

OUTRO

574 디데이별 여행 준비

578 상황별 영어 회화
무작정 따라하기

580 INDEX

PROLOGUE
작가의 말

알로하, 여행의 길 끝에서
찬연한 일곱 빛깔 무지개를 만나시길

우연히 3박 4일 공짜 여행의 기회로 들르게 된 하와이. 그 후 내 청춘, 그리고 내 인생의 거의 절반을 하와이와 함께했습니다. 젊은 나이에 혼자 석사 과정을 밟으러 하와이로 떠나 그곳에서 학위 후 직장 생활을, 이후 캘리포니아와 한국으로 직장을 따라 옮겨 다니면서 인생에 비가 내릴 때마다 내 마음의 고향인 하와이로 돌아가 무지개를 찾았습니다. 그렇게 오랜 세월 하나하나 모아둔 보물 같은 정보를 토대로 제대로 된 하와이를 알려줄 책을 쓰겠다고 마음먹은 후로는 다시 하와이에 살면서 여행자의 초심으로 돌아가 차곡차곡 집필을 준비했습니다. '비가 내려야만 볼 수 있는 무지개'라는 말은 인생의 비가 언제 그칠지 모르는 많은 청춘들, 잠들지 않는 꿈 때문에 지금도 여행 중인 많은 사람들에게 어떤 의미인지 누구보다 잘 알기에, 시간을 들여 읽어도 아깝지 않을 정보를 꼼꼼히 기록했습니다.

가독성과 심미성을 갖추도록 디자인 스타일을 만들고, 시리즈 고유의 콘셉트에 맞추는 과정은 어렵사리 취재를 다니던 것과는 또 다른 상상을 초월하는 고된 작업이기도 했습니다. 기존의 여행서를 뛰어 넘어 독자 분들이 진짜 원하는 책을 만들기 위해, 어디에도 찾아보기 힘들 정도의 공력을 쏟아 2017년 4월 17일 초판을 발행했습니다. 《무작정 따라하기 하와이》는 압도적으로 시장 1위를 점유했고, 재빨리 이 책의 본문 구성과 디자인을 따라하는 책들도 있었습니다. 몇 년이 지난 지금, 여행서의 표준이 되었다고 해도 과언이 아닐 만큼 비슷한 내용과 구성을 가진 경쟁서들이 더 많아졌습니다.

그럼에도 이 책은 팬데믹의 영향도 없이 꾸준히 개정 6판에 이르렀습니다. 지금까지 쉬지 않고 개정판을 진행할 수 있었던 것은, 이 책의 독보적인 정보력과 수준 높은 디자인을 인정해주시는 독자 분들과 출판사의 적극적인 의지 없이는 이루어질 수 없는 일입니다. 또한 "하와이에 이미 다녀온 듯 한 책이다", "여행에 대한 기대와 설렘을 주어 이 책에 감사하다"는 독자 분들의 피드백은 마지막 한 글자까지 알차게 써야겠다는 저의 다짐이 헛되지 않았다는 생각을 하게 되고, 이는 저에게 힘이자 채찍이 되었습니다. 이 책을 보고 계신 여러분께 진심으로 감사합니다. 이 책으로 하와이를 만나시는 분들의 여정 끝에서 찬란한 무지개가 기다리길 기원합니다.

세월 속에서 많은 것이 변하는 중에도 한결 같이 지원과 격려를 해준 동생 준구가 아니었다면 이 책은 세상에 나올 수 없었을 것입니다. 사랑하는 언니와 고마운 형부, 조카 주영이, 한국어로 쓰면 못 읽을 하와이 소울메이트 Gabriel Siu, Kevin Li, 하와이 넘버원 이규민 대표님, 하와이 정보통이자 이번 이웃 섬 취재에 큰 도움을 준 오랜 친구 올리비아, 하와이 현지 업체를 조율해주는 팩림 마케팅 그룹, 포시즌스 리조트와 프린스 리조트 그룹의 PR 담당자 김나혜 팀장님, 최지인 과장님에게도 진심으로 감사의 마음을 전합니다.

딸의 책을 오래 기다리셨던 부모님 영전에 이 책을 바칩니다.

2025년 8월 박재서

오아후 일주 원데이 렌터카 코스
VOL.2 p.410
비밀번호 2025hawaii

Special Thanks to

길벗출판사의 '배려의 아이콘' 민보람 팀장님, 기획부터 표지까지 매 작업에 많은 공력을 기울여 주셔서 새롭고 멋진 책이 되었습니다. 작가인 저를 리드해 이 책을 조각가처럼 다듬어 주셔서 특별히 감사드립니다. 반복되는 수정 작업의 어두운 터널 속에서 외로운 고민을 계속할 때 희망의 끈을 놓지 않도록 도와준 김소영 진행자 님, 멋지고 프로페셔널한 추지영 교정 실장님, 예쁘게 완성해 주신 별디자인, 임인철 이사님과 함께 고생해 준 여러분께 다시 한번 감사의 인사 전합니다.

INTRO
무작정 따라하기 하와이 주 정보

공식 명칭
미합중국 하와이 주
Hawaii State, The United States of America(USA)

미국의 50번째 주 하와이는 태평양 한가운데 140여 개의 크고 작은 화산섬들이 모여 있는 하와이제도를 말한다. 그중 주요 섬은 8개이며, 오아후, 마우이, 빅아일랜드, 카우아이 4개 섬이 각각 하나의 카운티를 이룬다. 수도는 호놀룰루, 공식 등록된 주의 애칭은 알로하 스테이트(Aloha State)이다.

국기
미국에서 유일하게 성조기(The Star-Spangled Banner)와 하와이 왕국기인 유니언 플래그(Union Flag)를 모두 공식적으로 인정한다. 1845년 하와이 왕국기로 채택된 유니언 플래그는 영국 국기인 유니언 잭과 하와이의 8개 주요 섬을 상징하는 빨강, 파랑, 흰색의 가로줄로 형상화했다. 관공서와 일반인 모두 사용할 수 있다.

← 성조기
← 유니언 플래그

지리
태평양 한가운데 위치한 열도로 지구의 핵에서 나온 마그마로 만들어진 화산섬이며, 140여 개의 군도 중 주요 섬은 8개, 이 중 7개의 섬에 사람이 살고 있다. 하와이제도는 전 세계에서 지리적으로 가장 고립된 곳으로 희귀 동식물이 많고, 타히티, 피지, 통가, 오스트레일리아 등과 같은 폴리네시아 문화권으로 본다.

인구와 면적
인구: 약 144만명(2024년)
면적: 2만 8311km²
수도 호놀룰루가 있는 오아후에 약 70% 이상이 거주한다. 19세기 사탕수수 농장의 노동자로 이주한 아시아계(필리핀 13%, 일본 12%)의 후손이 주를 이뤄 유럽과 아시아 민족의 공동체라고 할 수 있다. 하와이 원주민은 10% 정도로 현재 지구상에서 소수 민족에 속한다.

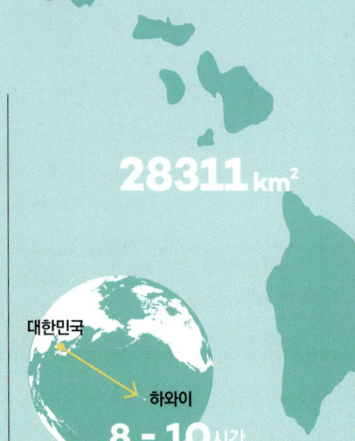
28311 km²
대한민국 → 하와이
8 - 10시간

거리와 시차
비행 시간: 8~10시간
시차: -19시간
인천국제공항에서 하와이 호놀룰루 국제공항까지 7551Km, 약 8시간 걸린다. 돌아올 때는 제트기류의 영향으로 2시간가량 더 소요된다. 이웃 섬은 비행기로 호놀룰루에서 평균 30분 거리에 있다. 시차는 한국보다 19시간 느리다.

주 호놀룰루 대한민국 총영사관
하와이는 한국의 미주 지역 이민이 시작된 곳이자 일제강점기 구국 운동의 본거지로 역사적 유대가 깊다. 하와이 총영사관은 외교부의 재외공관으로는 가장 처음 생긴 곳으로, 여권 분실과 긴급 사무, 재난, 사고, 외교 분쟁 같은 업무를 총괄한다.
VOL.2 ⊙ MAP p.409K **찾아가기** 호놀룰루 공항에서 HI-1 동쪽 방향 21A 출구로 진출 후 Pali Hwy에서 유턴하여 진입 ⊙ **주소** 2756 Pali Hwy, Honolulu, HI 96817 ⊙ **전화** 영사콜센터(24시간) +82-2-3210-0404(유료) ⊙ **시간** 월~금요일 08:30~16:00 ⊙ **휴무** 매주 토·일요일, 미국 및 한국의 주요 공휴일 ⊙ **홈페이지** overseas.mofa.go.kr/us-honolulu-ko

비자와 여권
일반적으로 여권이 출국일 기준 6개월 이상 남아 있어야 유효하지만 하와이의 경우 만료일에 상관없도록 여행 규정이 완화되었다. 대한민국 여권이면 전자 여권과 일부 구여권도 전자여행허가제 ESTA를 신청하면 90일까지 무비자로 체류할 수 있다.

PASS

언어
하와이어(Hawaiian)와 영어(English)
미국 내에서 영어 이외에 원주민 언어가 공식어로 인정되고 있는 유일한 주(State)로 공식 행사에서 영어와 함께 하와이 원어를 사용한다.

화폐
1US Dollar = 1,379원(2025년 7월)
미국 달러(USD)를 사용한다. 1, 5, 10, 20, 100달러 지폐가 있고, 1(페니), 5, 10(다임), 25(쿼터)센트 동전이 있다.

1달러 / 5달러 / 10달러 / 20달러 / 50달러 / 100달러
1센트(페니) / 10센트(다임) / 5센트 / 25센트(쿼터)

신용카드
비자(VISA), 아메리칸 익스프레스(AMEX), JCB, 마스터카드(Mastercard) 등 해외 사용 가능한 카드는 모두 결제 가능하다. 길거리 시장과 소형 식당의 경우 현금 결제만 가능한 곳이 있으니 유의하자. 신용카드 결제 시 '달러 또는 원화' 중 '달러'를 선택하면 중복 수수료를 피할 수 있어 유리하다.

스마트폰
현지에서 무제한 데이터와 통화가 가능한 국제전화 심카드를 구입하는 것이 편리하다. 단, 산속, 산 정상, 이웃 섬의 외딴 해안가 등은 서비스 제한 구역이 많다.

하와이에서 한국으로 전화 걸기
ex) 010-1234-5678 번호로 전화하는 경우
→ 82(한국 국가번호)-10-1234-5678

컴퓨터와 인터넷
하와이의 인터넷 속도는 지역에 따라 다르지만 호놀룰루는 서울과 비슷하다. 쇼핑센터, 카페, 호텔 로비 등은 무료 와이파이를 제공하는 곳이 많다. 호텔마다 컴퓨터와 인터넷 사용이 가능한 비즈니스 센터가 있다. 호놀룰루의 경우 알라모아나 센터 인근 한인 밀집 지역에는 한인이 직접 운영하는 한국어 PC방도 많다.

우편

각 지역마다 우체국이 있으며, 우편엽서와 같은 간단한 서비스는 리조트의 프런트 데스크에서 처리해준다. 국제항공 우편 또는 화물 요금은 한국보다 비싼 편이다.

전압
110V, 60Hz, 콘센트 11자형. 플러그 모양이 우리나라와 다르므로 멀티 어댑터를 준비하자.

환전
다양한 환율 우대 쿠폰을 이용해 시중 은행에서 미리 환전하는 것이 좋다. 현지에서는 건당 수수료가 있기 때문에 자주 환전할수록 손해다. 1달러, 5달러 등 소액권은 꼭 필요하니 반드시 환전 후 소지하자. 대형 매장은 여행자수표를 수수료 없이 현금처럼 사용할 수 있으니 여행자수표로 바꾸는 것도 방법이다.

교통수단
하와이제도는 섬 간에 주내선 항공편으로 연결된다. 마우이만 라나이, 몰로카이 등 인근 부속 도서 간에 페리 여객선이 운항된다. 섬 내에 철도나 지하철은 없고 자동차, 버스만 운행한다. 섬마다 셔틀버스와 관광버스, 택시가 운행하며, 오후는 대중교통으로 '더 버스(The Bus)'가 편리하지만 그 외 다른 섬은 렌터카가 필수다.

친절도
하와이 사람들은 누구나 한가족처럼 환대하는 것으로 유명하다. 언제나 느긋하고 처음 보는 사람과도 '알로하~!'라고 인사하며 진심으로 주변 사람을 챙기는 '알로하 스피릿(Aloha Spirit)' 문화가 있다. 하지만 최근에는 이주민이 많이 늘고 관광객을 노리는 현지인들이 렌터카를 대상으로 범죄를 저지르기도 하니 조심하는 것이 좋다.

INTRO
무작정 따라하기 하와이 지역 한눈에 보기

❶ 오아후 OAHU
만남의 섬 The Gathering Place

❹ 카우아이 KAUAI
정원의 섬 The Garden Isle

니이하우 NI'IHAU
금지된 섬 The Forbidden Isle

몰로카이 MOLOKAI
친절의 섬 The Friendly Isle

호놀룰루 국제공항

각 섬의 상징 색
- 오아후 노랑
- 마우이 분홍
- 빅아일랜드 빨강
- 카우아이 보라
- 카호올라웨 회색
- 몰로카이 녹색
- 니이하우 흰색

✈ **호놀룰루 국제공항** 오아후 남쪽에 위치한 공항으로 국제선과 이웃 섬으로 연결하는 주내선 모두 운항한다.

AREA 1 오아후 OAHU

- 📷 관광 ★★★★★
- 🍴 식도락 ★★★★★
- 🛍 쇼핑 ★★★★★
- 📍 대표지역 호놀룰루, 와이키키, 노스 쇼어

수도 호놀룰루가 있는 하와이의 관문이자 심장 하와이 수도 호놀룰루와 세계적인 와이키키 비치가 있어 도시적인 분위기와 휴양지, 쇼핑, 맛집이 조화를 이루는 섬

🔍 **이런 분들에게 잘 어울려요!**

- 하와이 여행이 처음인 2030 직장인 남녀의 휴가
- 여자 친구들끼리 떠나는 미식과 쇼핑 여행
- 부모님, 아이와 3대가 함께하는 가족 여행

✔ **BUCKET LIST TOP3**
- 와이키키 비치에서 선셋 크루즈 타고 석양 감상하기 ☐
- 할레이바 마을에서 로컬 스낵 셰이브 아이스 맛보기 ☐
- 하나우마 베이에서 열대어와 함께 스노클링 즐기기 ☐

AREA 2 마우이 MAUI

- 📷 관광 ★★★★★
- 🍴 식도락 ★★★★★
- 🛍 쇼핑 ★★★★☆
- 📍 대표지역 카아나팔리, 하나, 할레아칼라

역사와 신화가 살아 있는 마법의 섬 2개의 높은 산 사이의 해변에 자리한 호화 리조트 단지, 신비로운 화산 분화구들이 모여 있는 할레아칼라 정상의 전경이 매력적인 섬

🔍 **이런 분들에게 잘 어울려요!**

- 낭만과 스릴을 함께 즐기고 싶은 개성 만점 신혼부부
- 바다와 산 둘 다 포기할 수 없는 액티브한 친구들의 여행
- 모험적인 해외 여행을 자주 떠나는 3040 남녀의 휴가

✔ **BUCKET LIST TOP3**
- 할레아칼라 정상에서 감동적인 일출 맞이하기 ☐
- 하나 로드에서 드라이브를 하고, 폭포에서 물놀이 즐기기 ☐
- 와일레아 비치에서 낭만적인 석양 감상하기 ☐

하와이제도의 8개의 주요 섬은 아래와 같고 각 섬은 하나의 카운티(County)라고 부르는 지방 자치구처럼 나뉘어 있다. 각 섬마다 자연환경의 특징과 개성이 달라 마치 일곱 빛깔 무지개를 닮았다.

❸ 아일랜드 오브 하와이 **ISLAND OF HAWAII**
빅아일랜드 The Big Island

❷ 마우이 **MAUI**
계곡의 섬 The Valley Isle

카호올라웨 **KAHOOLAWE**
표적의 섬 The Target Isle

AREA 3 빅아일랜드 THE BIG ISLAND

- 📷 관광 ★★★★★
- 🍴 식도락 ★★★★★
- 🛍 쇼핑 ★★★★☆
- 📍 대표지역 화산국립공원, 코나, 힐로

하와이 첫 수도이자 살아 있는 전설의 땅 지금도 마그마를 분출하면서 계속 커지고 있어 빅아일랜드라는 별명으로 불리는 불과 물, 산과 바다의 야성적 매력을 가진 섬

🔍 이런 분들에게 잘 어울려요!

| 방학을 맞아 자녀들과 떠나는 체험 여행 | 이국적인 문화와 역사 탐방에 관심 많은 3040 직장인 | 하와이를 계속 다시 찾는 여행 중독자 |

✓ BUCKET LIST TOP3
- [ ] 화산국립공원에서 거대한 분화구 구경하기
- [ ] 마우나 케아 정상의 천문관측소에서 별자리 탐험하기
- [ ] 코나 커피 농장에서 직접 수확한 커피 즐기기

AREA 4 카우아이 KAUAI

- 📷 관광 ★★★★★
- 🍴 식도락 ★★★★☆
- 🛍 쇼핑 ★★★☆☆
- 📍 대표지역 와이메아, 포이푸, 하날레이

온화한 대자연의 낭만과 여유를 간직한 휴식의 섬 지질학적 역사가 가장 오래되어 낮은 산과 넓은 해변, 신비로운 계곡의 녹음이 평온한 휴식을 주는 섬

🔍 이런 분들에게 잘 어울려요!

| 쉬엄쉬엄 즐기는 태교 여행 커플 | 배낭 여행으로 하와이 정복을 꿈꾸는 2030 남녀 | 연로하신 부모님을 모시고 떠나는 휴가 |

✓ BUCKET LIST TOP3
- [ ] 와이메아 협곡에서 웅장하고 경이로운 경관 감상하기
- [ ] 나팔리 코스트 크루즈로 로맨틱하게 석양 즐기기
- [ ] 하날레이 베이 항구에서 서핑 배우기

STORY

무작정 따라하기 하와이 여행 캘린더

Mar Apr May
← SPRING →

Jun Jul Aug
← SUMMER →

3월~5월 봄
여행하기 좋은 최적의 날씨, 동부와 서부 해안의 파도가 높은 편이다. 우기가 길어지면 비가 오는 날이 많을 수 있다.

시즌 포인트!
섬마다 지역 고유의 축제가 많고, 한국 신혼여행객이 급증하는 시즌

Festival Hawaii
- **3월 26일 프린스 쿠히오 데이**
  쿠히오 왕자의 생일(하와이 주 공휴일)을 기념해 모든 섬에 있는 그의 동상들이 꽃목걸이 레이로 단장된다.
- **4월 메리 모나크 페스티벌**
  빅아일랜드에서 일주일 동안 열리는 하와이 최고의 훌라 경연.
- **4월 와이키키 스팸 잼**
  각종 스팸 레시피와 거리 음식, 독특한 코스튬 플레이와 무대 공연이 열린다.
- **5월 메모리얼 데이**
  5월 마지막 주 월요일 주말을 기해 대대적인 세일이 진행된다.

6월~8월 여름 건기
전체적인 건기로 가끔 낮에 소나기가 지나가는 정도다.

시즌 포인트!
카메하메하 데이와 미국 독립기념일 불꽃 축제가 화려한 여름밤을 수놓는다. 바다는 해파리가 나타나는 시즌이니 주의할 것!

Festival Hawaii
- **6월 11일 카메하메하 데이**
  하와이 최초의 통일 대왕 킹 카메하메하의 생일로 미국 본토에서는 볼 수 없는 하와이만의 축제일. 섬마다 카메하메하 대왕 동상에 레이를 헌화하는 성대한 기념 의식이 열린다.
- **7월 4일 미국의 독립기념일**
  여름철 가장 큰 축제. 불꽃놀이와 대규모 세일로 하와이 전체가 축제 분위기.
- **7월 프린스 롯 훌라 페스티벌**
  7월 하순 오아후에서 열리는 훌라 축제

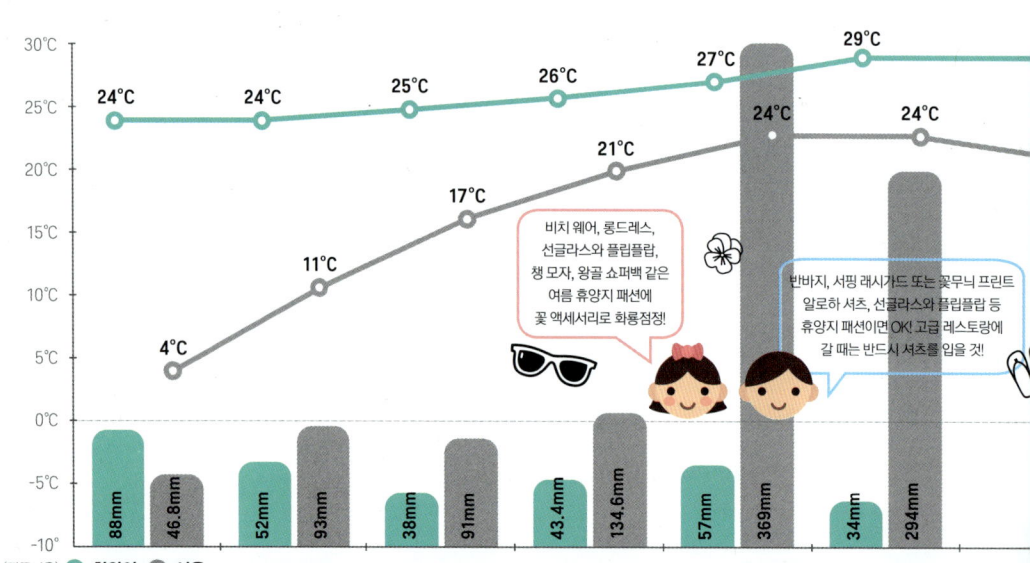

하와이는 4계절의 기온 차이가 뚜렷하지는 않다. 연평균 기온은 호놀룰루를 기준으로 섭씨 23~27도 정도다. 각 섬은 공통적으로 맑고 건조한 바다 지역이 서쪽에 분포하고, 동쪽의 산맥 지역은 고도가 높을수록 기온이 낮다. 겨울의 우기와 여름의 건기, 그 사이에 봄가을처럼 느껴지는 계절이 있고, 시즌별로 특별한 세일과 축제가 있으니 알아두면 볼거리와 즐길거리가 좀더 풍성한 여행을 계획할 수 있다.

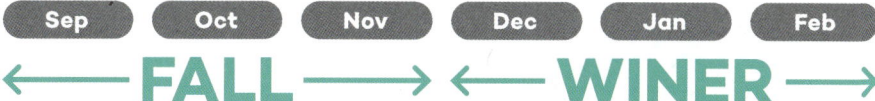

9월~11월 가을
전체적으로 우기에 접어들며 모든 섬의 해안이 파도가 높은 편이다.

12월~2월 겨울 우기
지역에 따라 비가 많이 오는 곳도 있고, 전체적으로 밤 기온이 서늘한 편이다.

시즌 포인트!
알로하 페스티벌(오아후), 코나 커피 페스티벌(빅아일랜드), 블랙 프라이데이(모든 섬)

시즌 포인트!
파도가 높은 북쪽 해변의 서핑 대회, 고래와 알바트로스가 하와이로 오는 계절, 크리스마스, 1월 1일 등 연말 축제까지 있어 가장 풍성한 시즌!

Festival Hawaii

■ **9월 알로하 페스티벌**
와이키키를 꽃으로 치장하고 행진하는 플로럴 퍼레이드 블록 파티가 가장 큰 볼거리.

■ **10월 하와이 국제영화제**
10월초, 해마다 유수의 외국 영화와 다큐멘터리 필림 등을 초청 상영한다.

■ **10월 31일 할로윈 데이&나이트**
거리로 쏟아져 나온 사람들의 희귀한 코스튬 파티와 공포 체험을 즐길 수 있다.

Festival Hawaii

■ **11월 코나 커피 페스티벌**
빅아일랜드의 대표 작물 코나 커피의 1년을 마무리하는 축제. 미스 코나 커피, 그해의 최고 농장, 원두를 뽑는 커핑 경연이 열린다.

■ **11월 추수감사절 & 블랙 프라이데이**
11월 25일 전후 주말 연휴에 연중 최대 세일인 블랙 프라이데이와 함께 시작된다. 추수감사절 전날 자정을 기해 1년 중 가장 최대 규모로 진행되는 이벤트. 상상을 초월하는 할인율로 각 매장마다 선착순 입장 경쟁이 치열하다.

■ **12월 크리스마스 호놀룰루 시티 라이트**
다운타운 시청 앞에 대형 트리가 세워지고 크리스마스 라이팅 스트리트 퍼레이드가 열린다.

■ **1월 1일**
12월 31일 자정부터 불꽃놀이로 시작하는 곳이 많다.

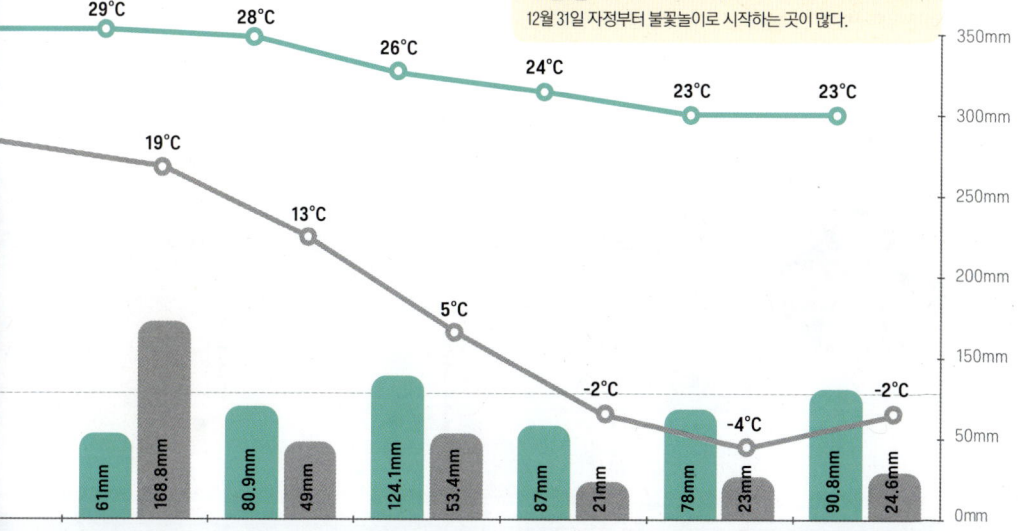

(평균강수량)

O STORY

무작정 따라하기 하와이 스토리

1. 하와이 역사 HISTORY

여행지로 익숙한 하와이, 그러나 하와이가 어떤 역사 속에서 어제와 오늘을 맞이했는지를 제대로 이해하면 하와이 여행이 더욱 특별하고 풍부할 것이다. 그래서 준비한 페이지, 무작정 따라하기 하와이의 역사! 하와이의 탄생과 성장을 그들의 관점에서 알아보자.

1. 하와이를 왜 '신들의 섬'이라고 부르지? (태초의 지구~11세기)

수백억 년 전 지구의 열점(hotspot)을 뚫고 나온 마그마가 해면부터 쌓여 점차 바다 밖으로 올라와 만들어진 크고 작은 140여 개의 섬들. 8개의 주요 섬 중 가장 큰 섬의 이름인 아일랜드 오브 하와이(Island of Hawaii)를 따서 하와이제도라고 부른다.

태평양의 많은 섬나라에서 유래하는 전설에 따르면 와케아(Wakea)라고 부르는 하늘의 아버지(Sky Father)와 파파(Papa)라고 부르는 대지의 어머니(Earth Mother)가 만나 처음 낳은 아이가 바로 아일랜드 오브 하와이(Island of Hawaii)다. 그리스 로마 신화처럼 하와이에도 많은 신들이 있는데 하와이를 낳은 후 파파 여신은 다른 신과 사랑에 빠져 두 번째로 마우이를 낳았다. 이에 화가 난 와케아는 또 다른 여신과 사이에서 오아후를 낳았고, 오랜 세월이 흐른 뒤 와케아와 파파가 다시 화해하면서 낳은 아이가 카우아이라고 전해진다. 나중에 아일랜드 오브 하와이는 빅아일랜드라고 부르게 되었다.

태평양의 신들은 대부분 형제자매로 번개의 신, 파도의 신, 상어의 신, 노을의 여신, 눈의 여신, 화산과 불의 여신, 달 여신 등 서로 관장하는 부분이 달랐다. 이들이 모두 하와이에 모여 살면서 하와이는 '신들의 섬'이 되었다. 다른 지역에 살던 인간들이 하와이에 건너와 살게 되자 신은 인간에게 불을 사용하는 법을 알려주는 등 이롭게 하는가 하면 벌을 내릴 때는 자연재해를 일으킨다. 또 하와이의 신들과 인간이 결합해서 낳은 반신반인(Demi-god)들이 하와이에서 그들만의 세상을 만들기도 했다.

신들의 섬 하와이
~11C

2. '신들의 섬' 하와이는 어떻게 미국이 되었나?
(1778년~1959년)

세상에서 가장 고립된 태평양 한가운데서 문화를 이루고 살던 하와이 원주민들은 수백 년간 그 존재가 알려지지 않았다. 그러다 1778년 영국의 제임스 쿡 선장(Captain James Cook)이 남극

1778-1959

을 찾아 항해하던 중 하와이에 불시착한 것을 계기로 세계에 그 존재가 알려지면서 하와이의 근대사가 시작되었다. 당시 하와이에는 섬 또는 지역마다 각기 다른 왕이 있었고 사회계급과 규범도 매우 엄격했다. 제임스 쿡 선장이 다녀가면서 서양의 무기와 군사 전술을 전수받아 세력을 키운 카메하메하 왕이 처음으로 하와이 모든 섬을 하나로 통일해 하

오아후의 파인애플 농장 전경

와이 왕국을 세웠다. 통일 대왕 카메하메하가 죽은 뒤 강력한 계급사회와 전통 종교를 버리고 서양의 기독교 선교사들에게 배운 성경에 따라 사회규범을 바꾸고 국교를 기독교로 개종했다. 서양 국가와의 급진적인 교류 속에서 하와이 사회는 매우 혼란스러웠고, 문물이 개방된 후 서양의 질병까지 전파되어 면역 항체가 없던 원주민들의 인구는 급격히 감소했다. 더구나 서양 국가와의 무역에서 불평등조약을 체결함에 따라 국가 재정이 위태로워졌고 넓은 토지는 당시 경제적 가치가 높았던 사탕수수 농업에 주력했다. 농장 주인들과 무역에 종사하는 계층은 대부분 미국의 자본가들이었고 농장 인부들은 대부분 일본과 중국에서 온 이민자들이었다. 하와이의 마지막 여왕과 시민들은 부당한 상황을 바로잡고자 비밀결사를 계획했다. 그러나 일이 성사되지 못하고 탄로나자 여왕은 감금되고 시민들은 미국 군대의 인질이 되었다. 결국 여왕은 인질의 목숨과 왕관을 바꿀 수밖에 없었고, 1893년 하와이 왕국은 80여 년 만에 막을 내렸다. 남은 왕가의 후손들은 불법 침략을 세계에 알리면서 구국 운동을 펼쳤지만 미국의 식민지가 되는 운명을 피할 수 없었다. 1959년 식민지에서 자란 미국 이민자들의 후손이 선거권을 얻으면서 공식적으로 미국 연방의 마지막 50번째 주로 편입, 알로하 스테이트(The Aloha State)가 되었다.

3. 사탕수수 농장 식민지가 갑자기 관광지로? (20세기~현재)

농장에서 일하는 사람들이 합법적인 미국인이 되면서 최저임금이 높아지고 과거에 비싼 값으로 세금 없이 무역하던 설탕 무역의 성장세가 둔화되자 농장주들은 사탕수수 공장을 버리고 떠나기 시작했다. 사탕수수는 작물의 특성상 땅의 영양분을 빨아들이고 어마어마한 양의 물이 필요하기 때문에 한번 사탕수수를 재배했던 땅은 다른 작물을 키울 수 없을 만큼 땅이 황폐화된다. 토지를 이용할 방법을 모색하다가 리조트 단지로 개발했고, 아름다운 하와이의 자연환경과 함께 세계적인 관광지라는 이미지 마케팅에 성공함으로써 1900년대 초부터 지금까지 명실상부 최고의 휴양지로 전 세계 사람들에게 사랑받고 있다.

4. 하와이, 그다음 미래는?

2001년 9·11테러 이후 관광객이 뚝 끊겼고, 2011년 동일본 대지진으로 인한 쓰나미가 하와이 연안을 위협하기도 했다. 그러나 관광산업은 하와이 제1의 민간경제 부문이며 전 세계인들이 꿈꾸는 신혼여행지이자 파라다이스다. 코로나(Covid-19)로 멈추었던 국제 여행 수요는 하와이를 시작으로 빠르게 성장하고 있다. 하와이, 그다음 미래는 우리가 만드는 것. 그 미래가 궁금하다면 《무작정 따라하기, 하와이》를 손에 들고, 출발~!

2. 하와이 문화 CULTURE

1. 하와이 문화를 한마디로 말한다면? **알로하 스피릿(The Aloha Spirit)**

하와이를 소개하는 데 있어 빼놓을 수 없는 것이 '알로하 스피릿'이다. 하와이 원주민의 생활방식이었던 알로하 스피릿은 마음을 열고 받아들이는 친근한 포용력을 말하는데, 하와이어 '알로하'는 'Hello', 'Goodbye', 'Love'보다 훨씬 넓은 의미다. 현재 느끼는 행복이 주는 긍정적인 에너지를 상대방과 기쁘게 나누는 마음을 의미하는 모든 표현을 포함한다. 하와이 어디서나 가장 흔히 들리는 '알로하~!', 듣기만 해도 기분이 좋아지고 몇 번 따라 하다 보면 절로 신이 난다. 1959년 하와이 주의 애칭을 알로하 스테이트 (The Aloha State)로 공식 등록했다. 간혹 하와이 관광 서적에서 하와이를 레인보우 스테이트(Rainbow State)라고 적은 것은 여러 별명 중 하나일 뿐이다.

2. 하와이 사람들은 영어를 쓰지 않는다? **하와이 사투리**

미국 본토와는 다른 발음과 억양으로 표준어를 쓰는 사람은 못 알아듣는 하와이식 사투리 영어도 있고, 비속어와 하와이에서만 쓰는 영어 단어도 있다. 하와이 사람들은 'You cannot' 대신 'No can'을 쓰는데, 엉터리 영어 같지만 따라 하기 쉽다. 예를 들어 '이거 먹어도 돼요?'는 'Can eat?', '먹으면 안 돼요'는 'No can eat'으로 간단하다. 'DAS MO'BETTAH(다스 모베타)'는 'That is better'를 뜻한다. '다카인(DA'KINE)'은 얼른 생각나지 않는 사람이나 사물을 가리키는 대명사인 우리말 '거시기'에 해당하는 말이다. 외국인은 백 번 설명해도 못 알아듣는다는 하와이 사투리 '다카인'을 한국인들은 간단히 이해한다. 한 하와이 남자가 바닷가를 걷다가 호리병을 발견했다. 주위에는 아무도 없었고 병 뚜껑을 열었더니 요정이 나와서 소원을 한 가지 말해 보라고 하자 그 하와이 남자는 '다카인'이라는 말만 되풀이했다는 농담이 있다. 'Bruddah(브라다)'는 '사람(man)' 또는 '친구'를 말한다. 'Shaka(샤카)'는 누구나 흔히 쓰는 바디랭귀지로 엄지와 약지를 펴고 손목을 비틀어 흔드는 손짓을 말한다. 하와이에서는 보통 인사라고 보면 된다. '샤카(shaka)'라는 단어 자체는 'SHARK-EYE' 또는 'BITE' 등과 연관이 있다. 파도를 즐기다 상어에 놀라기도 하기 때문에 서핑족들 간에 '괜찮아', '좋아'라는 의미의 수신호로 발전했다는 설도 있다.

3. 하와이 선율이 따로 있다? **하와이의 음악**

하와이 음악은 보통 우쿨렐레(네 줄의 기타와 비슷한 작은 현악기)나 슬랙 키 기타(조율을 변형하는 6현 기타) 반주로 편안하게 곁들이기 쉬운 노래다. 최근에는 하와이언 슬랙 키 기타 음악이 그래미상을 받으면서 미국 전역에서 급부상하고 있다고 한다. 우쿨렐레는 칼라카우아 대왕 시절 포르투갈 이민자들에 의해 처음 소개된 악기라고 하는데, 100년이 넘도록 하와이 음악에서 중요한 부분을 차지했을 뿐 아니라 세계적으로도 사랑받는다.

4. 하와이에도 민속춤이 있다? **하와이의 훌라**

고대 하와이에는 문자가 없었기 때문에 몸짓으로 언어를 대신했다. 춤 동작이라기보다 의사소통과 문화 계승 수단으로 음악과 춤을 사용한 것이다. 훌라 동작들 하나하나 의미 있는 약속된 몸짓언어라고 할 수 있다. 하와이 고대 원주민들은 의복을 입지 않았고 남성미와 여성미를 부끄럼 없이 과시했기 때문에 선교사들은 훌라를 금지하고 영어로 성서를 가르치면서 하와이의 종교가 철폐되었다. 그 후 칼라카우아 대왕이 공식적으로 다시 훌라를 허용했고, 남녀를 구분하면서 여자는 치마를 입게 되었다.

3. 하와이 경제 ECONOMY

1. 하와이 물가는 비싸다?

하와이는 우리나라 남한의 반 정도 크기지만 수도 호놀룰루는 인구와 경제 규모로 볼 때 미국 대도시 순위 중 상위에 든다. 2016년 기준으로 물가 부담률이 가장 높은 도시 1위에 뉴욕과 공동으로 선정되기도 했다. 하와이의 물가가 이렇게 비싼 이유 중 가장 큰 것은 대부분의 생필품과 원자재를 수입에 의존하기 때문이다. 외국인도 토지 소유가 가능해 누구나 땅을 살 수 있고 섬이라는 면적의 제한성으로 땅값과 집값은 오를 수밖에 없다. 현지 체감 물가를 한국과 비교하면 서울의 중심지의 백화점 또는 레스토랑과 비슷하다. 현재 하와이 주 소비세는 4.7%이다.

2. 하와이에는 부자가 많다?

세계의 부호들이 소유한 호화 저택 단지가 대표적인 부촌인 베벌리힐스에 버금가는 것으로 유명하다. 그러나 부의 양극화가 심해 노숙자(homeless)가 많기로도 악명 높다. 노숙자는 하와이 주의 골칫거리로 사계절 온화하기 때문에 더욱 심해지는 현상이기도 하다. 몇 해 전 주 정부에서 노숙자를 부양하는 비용이 편도 비행기표를 사서 주 밖으로 내보내는 것보다 비싸다는 계산이 나오자 일시 추방 조치를 취했는데, 몇 년이 지난 지금 하와이 노숙자는 당시보다 더 많은 것으로 알려져 있다.

4. 하와이 종교 RELIGION

1. 하와이는 미국처럼 다민족, 다종교다? 하와이 종교의 변천

하와이는 역사적으로 종교적인 변화를 겪었다. 하와이 원주민은 하와이 토속 신을 섬겼으며 후에 타히티에서 온 사람들이 지배하면서 종교는 곧 카푸(Kapu)라는 엄격한 사회 통제 규범이 되었다. 후에 서양에서 전파된 기독교로 국교를 개종했는데 나중에 종교의 자유를 인정하면서 하와이 민속신앙과 기독교, 불교 등 다양한 종교가 공존하고 있다.

하와이 토속 신앙의 신전, 헤이아우(Heiau)

우리나라의 장승과 비슷한 하와이의 티키(Tiki)

성경의 기본 원리를 벽화로 그린 하와이의 교회

2. 하와이만의 신이 존재한다? 하와이의 토속 신

'하와이'는 원주민 말로 '마음의 작은 고향', '태평양의 섬들'을 부르는 말인데, 폴리네시아 문화에서는 '신이 사는 곳'이라는 뜻으로 전통 신앙에 나오는 네 신은 다음과 같다.

카네(Kane) 신들의 아버지 제우스에 해당하는 천지를 창조한 최고의 신으로 태양, 생명수와 숲을 상징한다.

카날로아(Kanaloa) 하데스나 포세이돈에 해당하는 저승과 마법의 신. 선교사들에 의해 선(카네)과 대립하는 악의 상징으로 잘못 옮겨졌다고 하는데, 원래 카네와 카날로아는 음과 양의 관계로 서로 공존했다고 한다.

로노(Lono) 데메테르에 해당하며 곡식의 성장과 생산을 관장하는 신이다.

쿠(Ku) 전쟁의 신 아테나에 해당하며, 유일하게 눈을 뜨고 있는 모습이다.

네 신은 한국의 장승과 비슷한 티키(Tiki)라고 부르는 나무 조각물로 흔히 볼 수 있다. 하와이의 신전은 헤이아우(Heiau)라고 부른다. 하와이에는 폴리네시아 문화의 신 외에도 화산의 여신 펠레(Pele), 훌라의 여신 라카(Laka), 눈의 여신 폴리아후(Poliahu) 등 하와이만의 토속 신들도 있고, 각 부족마다 수호신이 있었다. 생활 종교는 카푸라는 규범에 따랐다. 소규모 집단인 부족들은 알리이(Ali'i)라고 부르는 최고 신분의 족장과 제사장부터 노예까지 다계급 사회를 이루고 카푸라는 규범으로 다스렸다. 카푸는 매우 엄격해서 여자는 남자와 겸상할 수 없었고 돼지고기와 바나나를 먹는 것도 금지했다. 인간이 잘못하면 신이 즉시 화산 폭발이나 지진, 기근, 해일 같은 자연재해를 통해 벌한다고 믿었기 때문에 신의 노여움을 풀기 위해 범법자는 즉시 처형했으며 항상 신을 만족시키기 위한 노력을 아끼지 않았다. 수백 년 동안 부족들의 영역 싸움이 끊이지 않았고, 전쟁의 승리뿐만 아니라 크고 작은 일을 신에게 기원할 때 가축이나 사람(대부분 노예)을 제물로 바쳤다.

전쟁의 신, 쿠(Ku)

5. 하와이 신화 MYTHOLOGY

하와이의 신들은 누굴까?
Oh, My God! 아침 드라마 같은 하와이 신화 이야기

하와이에 기독교가 전파되고 국교로 유일신이 되기 전까지 하와이 원주민들은 주로 자연 환경과 밀접한 신들을 숭배했고 부족들마다 고유의 수호신이 있었다. 하와이 문화에서 신들은 보이지 않는 정령의 개념이 아니라 다른 형상에 깃드는 신비롭고 특별한 힘을 지닌 존재다. 또, 신들은 서로를 돕거나 대립하고, 인간에게 가혹하거나 때로는 인간과 사랑에 빠지기도 했다. 하와이 신들의 흥미진진한 이야기는 하와이 곳곳에 전설로 남아 지금까지 전해 내려온다.

파도를 부리는 바다의 여신
나마카 Namaka

펠레의 언니이자 상극의 존재. 여동생 펠레가 자신의 남편을 유혹하자 분노한 나마카는 거센 파도로 공격했고, 펠레는 마우이섬 해변에서 거의 죽을 뻔한다. 그녀의 뼈를 묻었다는 전설이 깃든 '펠레의 뼈'는 지금도 코키 비치 근처에 붉은 언덕으로 남아 있다.

세상을 들었다 놨다, 압도적인 존재감
펠레 Pele

불과 화산의 여신. 하와이섬의 탄생에 관여하며 사랑과 분노로 수많은 전설을 남겼다. 마우이섬에서는 할레아칼라를 파다 너무 추워 떠났고, 빅아일랜드 킬라우에아 분화구는 그녀의 보금자리다. 사람들은 지금도 분화구에 꽃과 음식을 바치며 그녀를 기린다.

여신 펠레의 남자
와히엘로아 Wahieloa

펠레와 사랑에 빠진 반신. 물고기와 돼지로 변신할 수 있는 능력을 지녔다. 둘은 심하게 다툰 끝에 서로 다른 지역에 머물기로 했고, 이후 펠레가 그를 그리워해 빅아일랜드의 동쪽은 흐리고 서쪽은 맑다는 전설이 생겼다. 그가 변한 물고기는 하와이의 상징 후무후무누쿠누쿠아푸아아다.

디즈니 애니메이션으로 되살아난 하와이언 슈퍼맨
마우이 Maui

반신반인 영웅. 해를 붙잡아 하루를 늘리고, 마법 갈고리로 섬들을 끌어올렸다는 전설의 존재다. 불, 닭, 지혜를 인간에게 전했으며 괴물을 물리치기도 했다. 디즈니 〈모아나〉의 주인공으로 재탄생하며 현대에도 여전히 사랑받는 하와이의 대표 신화 인물이다.

이제는 잊혀져 가는 눈의 여신
폴리아후 Polia'hu

마우나 케아를 관장하는 고고한 여신. 냉철하지만 장난기 있는 성격으로, 인간을 깜짝 놀라게 하기도 했다. 산 정상에는 과거 그녀를 모시던 신전이 남아 있고, 지금은 천문대들이 들어섰지만, 마우나 케아 산에는 여전히 신의 숨결이 살아 있다.

훌라의 여신, 여신 펠레의 여동생
히이아카 Hi'iaka

펠레가 지니고 다닐 만큼 아꼈던 여동생. 노을이 되어 산에 머물거나 알의 모습으로 변신하곤 했다. 꽃을 꽂고 훌라춤을 춘 첫 여신으로 라카와 함께 훌라의 여신으로 추앙받는다. 사랑의 오해로 펠레와 멀어졌지만, 그녀의 춤은 하와이 전역에 살아 있다.

여신 펠레가 짝사랑했던 부족장
로히아우 Lohi'au

카우아이의 족장으로, 신은 아니지만 하와이 신화의 로맨스를 대표한다. 펠레가 사랑했지만, 결국 그녀의 여동생 히이아카를 사랑하게 되었고 셋은 다시 마주하지 않기로 한다. 카우아이섬이 더는 분노로 폭발하지 않는 이유도 이 전설로 설명되곤 한다.

6. 하와이 영화 MOVIE

하와이는 일찍이 할리우드의 사랑을 받은 곳으로, 〈쥬라기 공원(Jurassic Park)〉(1993, 1997), 〈고질라(Godzilla)〉(2014), 인디애나 존스 1편 〈레이더스(Raiders of the Lost Ark)〉(1981), 〈진주만(Pearl Harbor)〉(2001) 등 100여 편의 영화에 배경으로 등장했다. 과거에는 미지의 세계 또는 태초의 지구의 모습을 가장 잘 보여주는 장소였지만, 최근에는 하와이의 역사, 문화와 야생 체험, 실화 등을 소재로 하는 영화가 많이 제작되고 있다. 매년 가을 하와이 국제영화제(Hawaii International Film Festival)가 열린다. 한국 영화도 해마다 3~4편 초청작으로 상영되며 상영작은 10여 편에 이른다. 한국의 배우들이 아시아에서 모여든 팬들과 한국 주민들의 환영을 받으며 레드카펫을 밟는데, 대표적인 배우가 이병헌, 정우성, 하정우 등이다. 초청작으로는 〈좋은 놈, 나쁜 놈, 이상한 놈〉, 〈호우시절〉, 〈밀정〉, 〈덕혜옹주〉, 〈내부자들〉, 〈기생충〉 등이 있다.

하와이 여행 전에 보면 좋은 추천 영화 TOP 5

1. 첫 키스만 50번째 50 First Dates, 2004
애덤 샌들러와 드루 베리모어가 주연한 로맨틱 코미디의 대표적인 히트작이다. 오아후의 시라이프 파크와 쿠알로아 랜치 종합영화촬영소에서 대부분을 촬영했다. 오아후의 아름다운 해변과 목장을 배경으로 하와이 현지 주민인 주인공과 주변 사람들이 하와이의 특징이라고 할 수 있는 가족애와 현지 문화를 보여준다.

2. 퍼펙트 겟어웨이 A Perfect Getaway, 2009
할리우드 여전사 밀라 요보비치가 주연한 영화로 신원미상의 남녀 세 쌍이 카우아이의 칼랄라우 트레일을 여행하면서 겪는 미스터리한 심리 게임과 액션 스릴을 보여준다. 칼랄라우 트레일의 비밀스럽고 압도적인 자연의 아름다운 모습이 그대로 등장한다.

3. 소울 서퍼 Soul Surfer, 2011
서핑 도중 상어의 습격을 받아 한쪽 팔을 잃고 친구와 가족의 도움을 받아 기적적으로 살아난 서핑 선수 베서니 해밀턴(Bethany Hamilton)의 자서전을 바탕으로 만든 영화다. 다시 서핑을 하기까지의 가족애와 신념, 바다에 대한 사랑을 그려 큰 사랑을 받았다. 대부분의 촬영이 카우아이와 빅아일랜드에서 이루어졌다.

4. 디센던트 The Descendants, 2011
이 작품으로 아카데미 남자 주연상을 수상한 조지 클루니가 열연한 가족 영화로 거의 대부분 카우아이와 오아후에서 촬영되었다. 사고로 부인을 잃고 자신과 가족을 추스르는 과정에서 보여주는 심리 상태와 미래에 대한 희망의 메시지가 카우아이의 해변과 노을, 비 등 자연경관과 훌륭하게 매치된 작품이다.

5. 모아나 Moana, 2016

디즈니에서 선보인 가족용 애니메이션으로 3D 컴퓨터 입체 영상으로 제작되었다. 하와이의 전설과 문화를 토대로 새로운 땅을 찾아 떠나는 운명을 타고난 섬의 부족장 딸 모아나가 반신반인 마우이와 친구가 되면서 겪는 모험 이야기로 신나는 스토리와 입체감 있는 영상이 새로운 재미를 준다.

1960년대 이후 할리우드의 사랑을 한몸에 받은 하와이에서는 쥬라기 공원부터 첫키스만 50번째, 헝거 게임, 캐리비언 해적들에 이르기까지 다양한 장르의 영화가 촬영 되었다.

7. 하와이와 한국인

멀고도 가까운 나라

칼라카우아 대왕은 중국, 일본, 버마(지금의 미얀마) 등 서양 제국주의로 인해 국가의 존속이 위태로웠던 비슷한 운명의 국가들을 방문하며 함께 상황을 타개하려고 노력했는데, 당시 조선은 흥선대원군이 쇄국정책을 펼치던 시기로 만남이 이뤄지지 않았다. 이후 한국도 일본에게 주권이 침탈되었다가 제2차세계대전의 종식으로 독립을 찾았다. 한국인의 하와이 이민은 일제강점기 전인 1903년 사탕수수 농장의 인부로 시작되었다. 이후 한국에서 신부들이 신랑 사진으로 소개받아 단체 결혼을 하러 건너오는 식으로 초기 한국 이민 가족들이 정착했다. 하와이 한국 이민은 하와이 사회뿐 아니라 미국 이민 역사에서도 1세대 시작점이자 구국 운동의 거점으로 역사적 중요성을 가지게 되었다. 이런 역사적 자료를 근거로 한 문화적 고찰 움직임이 최근 더 많은 영화와 TV 프로그램을 통해 소개되고 있다. 2023년은 하와이 한인 이민 120주년 기념식이 주 정부 차원에서 성대하게 열렸으며 2020년부터 11월 22일을 〈김치의 날〉로 지정, 다양한 행사와 축제가 열리기도 한다. 정서와 역사적으로 공감대가 깊은 하와이는 이제 한국인이라면 미국 비자 없이 자유롭게 90일까지 머물 수 있다.

Hawaii Sightseeing
BEST 10

하와이에서 꼭 봐야 할 볼거리
베스트 10

1

◆
【 OAHU 】
와이키키 비치와
다이아몬드 헤드 전경
**Waikiki Beach &
Diamond Head**

지상 낙원 하와이를 대표하는 단 하나의 풍경으로 망설임 없이 손꼽을 아름다운 와이키키 비치 전경과 다이아몬드 헤드 분화구를 눈과 마음에 담자.

2

◆
【 OAHU 】
와이메아 베이 비치 파크의 클리프 다이빙
Waimea Bay Beach Park

원시적인 자연, 하와이 특유의 멋과 낭만이 있는 노스 쇼어의 가장 큰 해변에서 젊음의 전유물, 용감 무쌍한 바위 절벽 다이빙을 구경하자.

3

[OAHU]
이올라니 궁전과
킹 카메하메하 동상
Iolani Palace&King
Kamehameha Statue

하와이 왕국의 유산,
미국 땅의 유일한
왕궁인 이올라니 궁전과
최초의 통일 대왕 킹
카메하메하의 화려한
금빛 동상 앞에서 하와이
왕국의 역사와 마주하기.

4

[MAUI]
할레아칼라 정상의 분화구 위로 떠오르는 일출
Haleakala Sunrise

신화 속 태양의 집, 할레아칼라 분화구의
숨막히는 절경, 온 우주의 힘을 모아 구름을 밀어내며
솟아오르는 감동적인 해돋이에 빠져보자.

5

[MAUI]
천국 같은 하나 로드
Heavenly Road to Hana

청량하고 아름다운 드라이브 코스를 따라
촉촉한 녹음과 바다, 계곡을 찾아 떠나기.

○
[KAUAI]
와이메아 캐니언 전망대
Waimea Canyon Lookout
태평양의 그랜드캐니언이라는 별명이 아깝지 않은 압도적인 지질 단층 절벽 위에서 내려다보는 절경. 거대한 협곡 속에 숨은 폭포와 야생 염소를 찾아보자.

6

○
[KAUAI]
나팔리 코스트의 절경
Na Pali Coast
인간이 발을 들이지 못한 정원의 섬 카우아이의 비밀스런 신들의 정원. 자연이 깎은 듯한 병풍 산 '나팔리 코스트'의 신비로운 모습 감상하기

7

○
[OAHU]
마카푸우 전망대
Makapu'u Lookout
오아후 섬의 동쪽 해안 절벽 끝. 탁 트인 푸른 바다와 등대, 고래와 작은 섬들까지 눈에 담기

8

9

[**BIG ISLAND**]
하와이 화산국립공원의 붉은 용암
Hawaii Volcanoes National Park

지구에서 가장 활발한 화산 킬라우에아, 마우나 로아 두 화산을 품고 있는 하와이 화산국립공원. 킬라우에아 전망대에 올라 소름 돋는 거대한 칼데라 속에서 밤이면 붉게 빛나는 용암을 만나자.

10

[**BIG ISLAND**]
마우나 케아 정상 천문관측소에서 일몰과 별 보기
Mauna Kea UH Telescope

지구에서 가장 많은 별을 볼 수 있는 곳. 하와이의 신성한 산 마우나 케아 정상에서 장엄한 구름 위의 일몰과 쏟아져 내리는 밤하늘의 별들을 보며 인생 최고의 기억을 남기자.

Hawaii Experiencing
BEST 5

하와이에서 꼭 해봐야 할 체험 베스트 5

1

하나우마 베이에서
스노클링하기
Hanauma Bay Snorkeling
아름다운 수중 화산 분화구와 열대어를 구경한다.

2

다이아몬드 헤드
정상 오르기
Diamond Head State Monument
'세상 모두를 다이아몬드 헤드 아래, 그 다이아몬드 헤드를 내 발아래' 정상에 오르는 성취감을 느끼며 와이키키 전망을 감상한다.

서핑에 도전하기
Surfing
초보자도 1시간만 배우면 즐길 수 있는 요즘 가장 핫한 수상 레포츠에 도전한다.

3

4

헬리콥터로 섬 투어하기
Helicopter Tour
지상에서 못다 본 섬의 숨은 모습, 헬리콥터로 날아 찾아다닌다.

5

스타 오브 호놀룰루 선셋 디너 크루즈 타기
Star of Honolulu Cruise
바다에서 아름다운 석양도 보고, 하와이 전통 공연도 즐기고, 맛난 디너도 먹고, 로맨틱한 크루즈 체험까지 1석 4조!

Hawaii Eating
BEST 10

하와이에서 꼭 먹어봐야 할 음식 베스트 10

1 포케 **Poke**
하와이 바다에서 잡은 생선이 담백한 맛, 탱글한 질감의 회무침으로 변신한 로컬 푸드.

2 하와이 로컬 맥주 **Hawaii Beer**
코나 브루잉 컴퍼니가 만든 하와이 수제 맥주로 우리나라 맥주보다 알코올 도수가 높고 드라이하다.

3 로코모코 **Loco Moco**
밥 위에 햄버거 패티와 그레이비 소스, 계란 프라이를 얹고 마카로니 샐러드를 곁들인 하와이 로컬 푸드.

4 스팸 무수비 **Spam Musubi**
양념한 밥 위에 구운 스팸을 올리고 김으로 만 것으로 삼각김밥의 하와이 버전.

5 지오바니 알로하 쉬림프 **Giovanni's Aloha Shrimp**
마늘 기름에 튀긴 새우와 밥을 함께 내는 간단한 음식.

6

◐ 파인애플 팬케이크 **Pineapple Pancake**
신선한 열대 과일을 듬뿍 얹은 부드러운 팬케이크는 하와이 스타일 베스트 브런치 메뉴.

◐ **블루 하와이**
Blue Hawaii
블루 큐라소와 파인애플 주스, 코코넛 럼을 넣어 하와이 바다색을 띠는 은은한 코코넛 향의 하와이 대표 칵테일.

8

7

◐ 셰이브 아이스 **Shave Ice**
여러 가지 과일향 시럽과 아이스크림, 팥, 떡을 고명으로 얹은 하와이 스타일 눈꽃 빙수.

말라사다 Malasada
포르투갈인 2세들에 의해 현지화된 도너츠로 속은 녹을 듯이 부드럽고 겉은 바삭하게 튀겨 설탕을 묻힌 디저트 겸 스낵.

9

◐ 쿠아 아이나 샌드위치
Kua Aina Sandwich
아보카도와 그릴에 구운 파인애플을 통째로 올린 햄버거와 후추를 뿌려 먹는 홈메이드 감자 튀김.

10

Hawaii Shopping
BEST 5

하와이에서 꼭 사야 할
쇼핑 베스트 5

하와이 코나 커피
Kona Coffee — 1

하와이 특산품이자 세계 3대 커피로 명성이 높은 코나 커피는 쇼핑 리스트 넘버원.

호놀룰루 쿠키 컴퍼니와 빅아일랜드 캔디즈의 수제 쿠키
Honolulu Cookie Company & Big Island Candies

하와이 수제 쿠키의 양대 산맥. 호놀룰루 쿠키 컴퍼니의 파인애플 모양 쇼트브레드 쿠키와 마카다미아 넛의 고소함이 살아 있는 빅아일랜드 캔디즈의 쿠키.

2

마카다미아 넛
Macadamia Nut

탱글탱글한 질감, 고소한 맛, 훌륭한 영양 성분까지 누구나 좋아하는 완벽한 간식, 묶음으로 살수록 저렴하다.

3

4

○ 하와이 배스
&바디 제품
Hawaii Bath&Body Items

오가닉 스킨케어로 럭셔리 스파에서 주로 사용하는 말리에 Malie, 대중적 인지도가 높은 로컬 브랜드 아일랜드 솝&캔들 워크 Island Soap&Candle Works 브랜드의 하와이 꽃과 과일향이 나는 다양한 제품을 만나보자.

○ 하와이 로고 의류 잡화
**Hawaii Logo
Wear & Accessories**

하와이를 상징하는 '파인애플', '샤카' 손모양과 다양한 문구를 넣어 개성을 표현한 의류와 잡화는 물론 구찌, 루이비통 등 명품 브랜드의 하와이 한정품도 단연 인기! 월드 스타급 인기를 얻고 있는 배우 변우석을 비롯한 모델, 연기자와 힙합 뮤지션들이 즐겨 입는 브랜드 스투시의 하와이 한정판 역시 오픈런과 조기 품절의 아이콘이니 잊지 말고 쇼핑 리스트에 올려 보자.

5

© Four Seasons Resort Oahu at Ko Olina

Hawaii Luxury Resort
BEST 5

하와이 럭셔리 리조트의 낭만적인 휴가 베스트 5

1
상상보다 더 비현실적인 아름다움, 럭셔리 리조트의 호화로운 분위기
Beauty of Hawaiian Paradise
한 번쯤 꿈꿔 봤을 평화롭고 아름다운 리조트에서 조용한 휴식과 추억을 남겨보자.

2
리조트 해변에서 여유로운 물놀이, 리조트 라군 즐기기
Beach Activities
아무도 없는 나만의 바다, 휴식 같은 물놀이와 잔잔한 파도에 몸을 맡기고 여유로움을 만끽하자.

○ 분위기는 최고의 재료, 리조트 파인 다이닝과 로맨틱 비치 레스토랑
Fine Dining& Romantic Beach Restaurant
오직 나만을 위한 것인 듯 세심한 배려 속에 풍성한 해산물과 한잔의 와인으로 누리는 작은 사치.

○ 나를 위한 시간 하와이언 힐링 타임, 럭셔리 스파 트리트먼트
Luxury Spa Treatment
대지의 온기와 에너지를 간직한 용암석, 아련한 꽃향기로 지친 마음을 감싸주는 하와이 꽃과 아로마 오일로 새롭고 편안한 기분을 느껴보자.

○ 천상의 신선놀음, 진정한 귀족 스포츠 하와이 골프 코스
Hawaii Golf Course
자연과 함께하는 최고의 스포츠, 프로는 물론 초보도 즐기기 쉬운 세계적 명성의 하와이 골프 코스를 누려보자.

HAWAII
HOT & NEW 9
2025 - 2026

인류가 꿈꾸는 마지막 파라다이스의 이미지를 간직한 곳 하와이는 누구나 인생에 한 번은 꼭 가보고 싶은 여행지의 대명사다. 하와이는 팬데믹 시기에도 청정하고 푸르른 대자연과 평온한 관광지로서 굳건히 위상을 지키고 있었다. 포스트 코로나 시대의 국제적인 물가 상승 여파, 여행 분야의 전자 시스템 도입과 다양한 기후 재난의 습격 같은 세계적인 이슈의 영향으로 나날이 하와이 여행이 변화하는 요즘, 알아 두면 좋을 HOT & NEW 키워드를 알아보자.

Hot & New 1 | 항공 노선의 다변화 HELLO, NEW AIRPORT SYSTEM

인천 공항 스마트 패스 앱으로 대기 없이 출국

2023년 7월 시행된 인천 공항 스마트패스(ICN Smartpass)는 안면 인식을 통해 출국 절차를 간소화하는 혁신적인 서비스다. 전자여권 소지자는 핸드폰에 어플을 다운받아 탑승권과 여권 정보, 안면 인식과 지문을 미리 QR스캔과 핸드폰 촬영으로 간단히 등록할 수 있고 수하물 체크인 시간도 미리 예약할 수 있다. 연휴와 휴가철에 출국 심사대기 줄이 한시간 이상 밀리는 것을 감안하면 대기 없이 1초만에 출국장으로 직행하는 인천 공항 스마트패스 사용은 현시점 가장 현명한 인천 공항 이용법이라고 할 수 있다. 단, 어플에 여권과 탑승권 정보를 입력했다고 하더라도 출국 보안 검색대에서는 여권과 항공권을 재확인하니 항상 소지하도록 하자.

↳ 홈페이지 인천국제공항 www.airport.kr (출발 → 출국절차 → 터미널 도착 → 스마트패스)

저가 항공, 하와이를 날다

❶ **사우스웨스트 항공** 미국 내 소비자 선호도 1위! 서비스 만 족도 1위! 사우스 웨스트 항공사는 가격 도 저렴하지만 항공 편 노선이 많아 항공 편 취소, 변경에서 수수료가 없다는 점이 큰 매력으로 소비자와 항공사는 서로 윈 윈 (Win-Win)하는 시너지를 만들고 있 다.

❷ **에어프레미아 항공** 넓은 좌석과 저렴한 비용으로 장거리 노선을 주로 운행하는 에어프레미아 가 호놀룰루-인천 노선을 재가동중이다. 더욱 더 부담이 줄어든 여행자들이여, 환호하라!

사우스웨스트 항공사
홈페이지 바로가기

Hot & New 2 | 태양의 서커스, 하와이 상륙
CIRQUE DU SOLEIL COMES TO HAWAII

세계적인 퍼포먼스 그룹인 태양의 서커스가 마침내 하와이에 상륙했다. 하와이를 겨냥한 새로운 공연 〈Auana(아우아나)〉는 화산과 물, 별과 자연을 테마로 하며, 하와이 여신 '펠레'의 전설을 현대적으로 재해석한 무용 · 곡예 퍼포먼스로 구성된다. 하와이 최초의 상설 공연장이라는 점에서 큰 의미가 있으며, 객실 투숙객은 특별 할인 혜택도 받을 수 있다.

Auana by Cirque du Soleil 공연 정보
↳ 장소 Outrigger Theater @ Outrigger Waikiki Beachcomber Hotel
↳ 예약 www.cirquedusoleil.com/auana

Hot & New 3 | 반입 음식물 규제 강화 PROHIBITED FOOD ITEMS TO HAWAII

최근 한국 음식 중 간편식이 많아져 이슈가 되고 있다. 유명 배우와 여행 유튜버들도 미국에 라면과 반찬을 가져가려다 현지 공항 검색대서 곤란했던 일화를 전하곤 한다. 자칫하면 $1000 이하의 벌금을 낼 수도 있다. 의외로 잘 알려지지 않은 여행 정보이다 보니 꼭 기억해 두자. 육류, 육가공품과 유제품을 비롯해, 마약성분함유 또는 균주가 될 수 있는 씨앗과 식물 종자 등에 대한 하와이 반입은 엄격히 금지하고 있다. 컵라면 가져갈까? 폐백에서 받은 행운의 대추와 호두는? 3분카레와 건조 블록 찌개는? 정답은 모두 No! 비건 라면, 비건 고추장이라고 써 있는 대체 품목 또는 김치, 멸치볶음 등은 가능하다. 간편 식품의 분말 스프 성분에 육류 표기가 있는지 잘 살펴볼 것! 하와이에서 라면은 손쉽게 살 수 있으니 아쉬워 말자.

🔗 미국 세관 홈페이지 www.cbp.gov
(Home → Travel → For International Visitors → Bringing Food Into The U.S.)

Hot & New 4 | 화산의 여신이 돌아왔다, 킬라우에아 재분출 KILAUEA ERUPTS IN 2024

2024년 재분출 이후, 킬라우에아 화산은 다시 주목받고 있다. 현재까지도 크레이터 림 로드 인근에서 용암이 분출되는 모습이 관측되며, 며칠 간격으로 활발한 활동과 소강 상태를 반복 중이다. 빅아일랜드를 찾는 여행자라면, 이 변화무쌍한 땅의 심장을 주시해보자.

Hot & New 6 | 전자화된 처리 시스템 SMART TRAVEL HAWAII

하와이를 즐기려는 자, 전산 시스템에 눈을 뜨라. 국립 공원, 레스토랑은 물론 주차장까지 하와이의 관광 시스템이 나날이 컴퓨터화 되고 있다. 환경 보호와 협소한 주차 시설 등을 이유로 하루 입장객 수와 운영 시간에 제한이 생기고, 대부분의 주문 시스템은 무인 키오스크를 거치고 있다. 간단한 카페 주문 시에도 카드 단말기에서 팁을 얼마 더할 것인지 NO Tip, 15%, 20% 중에 선택하는 단계가 자동으로 나오기 때문에 부담스러울 수도 있다. 주저 없이 'No Tip'을 눌러도 괜찮다. 예약 이용은 나름 장점도 있다. 대기줄이 길다고 소문난 맛집도 예약 화면에서 테이크 아웃 주문으로 쉽게 이용 가능하니 변화하는 여행 환경에 슬기롭게 대처하는 지혜를 키워 보자.

Hot & New 5 | 화재로 사라진 마우이 섬의 중심지 라하이나 타운 PRAY FOR LAHAINA, MAUI

2023년 8월 허리케인 '도라'의 영향으로 마우이 섬을 대표하는 관광지이자 과거 하와이 왕조의 수도였던 라하이나 마을의 역사적인 건물과 자연 유산은 물론 많은 해변가 마을 내 주택, 상가, 호텔, 항구 시설 등이 전소되었다. 2025년 현재, 일부 구간에 레스토랑과 해변이 정상화 되었고 계속 재건 뉴스는 업데이트 될 예정이다. 많은 사랑을 받아온 라하이나 마을이 지도에서 영원히 사라졌다는 것을 믿기 힘들지만 라하이나의 상징과도 같은 반얀트리 (1873년 심어진 미국에서 가장 큰 반얀 트리로 기념 보호수로 지정되어 있다)에서 새순이 움트는 것이 관측되면서 희망을 주고 있다. 방문 중에 마우이 라하이나 재건 후원 기념품을 발견한다면 관심을 기울여 보자.

🔗 홈페이지 www.hawaiicommunityfoundation.org (Maui Strong Fund → Hawaii Community Foundation)

Hot & New 7

Hawaii Resort Eco News
하와이 리조트, 미래를 다시 그리다

Sustainable Luxury in Paradise

하와이의 리조트들이 환경을 지키는 지속 가능한 여행의 기준으로 주목받고 있다. 2026년부터 관광객들에게 환경부담금이 숙박세 형태로 부과되며, 해변 복원과 생태계 보전 등 프로젝트가 시행을 앞두고 있다. 이미 일회용 플라스틱 퇴출과 해양 보호 활동에 앞장서며 '해변 지키미'로서의 역할을 맡고 있는 리조트들의 움직임을 알아보자.

그린피가 뭘까?

2026년 1월 1일부터 관광객을 대상으로 부과되는 '그린 피(Green Fee)' 세금은 일종의 환경 부담금으로 기존의 숙박세(TAT)가 11%로 0.75% 인상되는 효과가 있다. 그린피는 해안 침식 방지, 산불 예방, 해변 복원 등 기후 변화, 환경 보존 프로젝트에 사용될 예정이다. 이미 웨스틴 하푸나 비치 리조트 등 하와이의 대부분 호텔 체인들이 일회용 생수병 대신 텀블러와 정수기를 객실마다 이용중이며 프린스 와이키키 리조트는 루프탑에서 스마트팜을 통해 호텔 내 레스토랑에서 사용하는 각종 채소와 허브를 직접 재배하는 지속 가능한 식문화를 선도하고 있다.

하와이 추천 숙소
웨스틴 하푸나 비치 리조트
📍 주소 The Westin Hapuna Beach Resort 62-100 Kauna'oa Dr, Waimea, HI 96743
🌐 홈페이지 www.marriott.com

프린스 와이키키
📍 주소 Prince Waikiki 100 Holomoana St, Honolulu, HI 96815
🌐 홈페이지 www.princewaikiki.com

Hawaii Poke

다시 뜨는 하와이 포케

니들이 회맛을 알아?

Hot & New 8

포케가 뭘까?
신선한 해산물이 풍부한 하와이 전통 음식이다. 얼리지 않아 탱글한 질감이 그대로 살아 있는 생선을 두툼하게 깍둑썰기하고 양파와 해초 등을 조금 넣어 양념에 버무린 것을 말한다. 담백한 소금 기름, 매콤한 양념, 바비큐 양념 등 여러 가지 양념과 문어, 새우 등 해산물 종류에 따라 다양하게 조합한다. 회를 좋아하지 않아도 양념에 버무린 포케는 거부감 없이 먹을 수 있다.

어떻게 먹어야 맛있지?
포케를 다른 채소나 소스와 함께 양념한 밥 위에 올린 포케볼(Poke Bowl)도 간편한 한 끼로 인기가 좋다. 한국에서 치맥(치킨과 맥주)과 피맥(피자와 맥주)이 있다면 하와이에서는 단연 포맥이다. 신선한 포케와 맥주는 언제 어디서나 누구에게나 그야말로 진리! 하와이에서 포케는 일반적으로 모든 마트의 해산물 코너, ABC 스토어 등 편의점에서도 볼 수 있으며 최근에는 관광지의 거리 상점에 포케 전문점이 늘어나고 있다. 신선도와 맛은 실패할 확률이 제로(0)에 가까우므로 부담 없이 시도해보자.

레스토랑 예약도 앱(App) 시대!
지난 3년간 사회적 거리두기 단계에 따라 운영 시간, 매장 내 식사 가능 여부 등 운영 수칙이 자주 변동되어 앱을 통해 정보를 미리 확인할 필요가 있다. 사용자의 위치를 기반으로 레스토랑 검색은 물론 매장 전경 사진과 메뉴 정보를 제공하고 예약부터 주문, 결제까지 해결하는 레스토랑 앱 사용은 필수! 하와이에서 사용자가 압도적으로 많은 레스토랑 앱은 오픈테이블(Open Table)이다. 또한 종이 메뉴도 테이블의 QR코드로 많이 대체되고 있다.

오픈테이블 바로가기

하와이 추천 포케 맛집

[오아후] 포케 바
VOL.2　MAP p.384F　INFO p.397

[오아후] 아히 & 베지터블
VOL.2　MAP p.431

[빅아일랜드] 수이산 피시 마켓
VOL.2　MAP p.530　INFO p.532

Hot & New 9

**CUTTING BOARD
HAWAII & OAHU**
@ ABC Stores, $38.99

원목 도마 커팅 보드 하와이

원목 도마의 인기가 한창인 요즘 새로 나온 제품. 하와이 섬 모양을 그대로 본뜬 도마는 테이블 세팅에도 좋고 벽걸이 장식으로도 멋진 아이템이다.

Maui Strong Fund T Shirts
@ Maui Strong, $24

마우이 스트롱 후원 기념품

2023년 8월 산불로 가장 큰 피해를 입은 역사적인 관광지 라하이나 마을의 재건을 위한 모금 단체로 수익금을 후원하는 다양한 종류의 후원 용품을 하와이 곳곳에서 발견할 수 있다. 특히 티셔츠와 머그컵, 차량용 스티커, 야구모자 등이 많으며 디자인도 다양해 이왕이면 좋은 의미로 사용될 기념품 구매에 동참해 보자.

Hotest Shopping List

요즘 가장 핫한
머스트 해브 아이템

하와이에서만 살 수 있는 특이한 아이템은 돌부처의 마음까지 흔들어놓는다. 매일 새로운 하와이 기념품 중 특별한 브랜드 한정판은 웃돈을 얹어도 직구 사이트가 마비될 정도다. 도대체 얼마나 예쁘기에 그럴까? 궁금하다면 여기를 주목하라. 당장 오늘 밤 꿈속에 아른거릴 하와이 한정품과 명품 브랜드 신제품으로 하와이 쇼핑 리스트를 업데이트해보자.

Pet Accessories
@ Tiffany & Co.

반려견 용품

클래식 명품의 대명사 티파니앤코에서 최상급 이탈리아 가죽을 사용한 반려견 용품이 출시되었다. 가격대가 높은 편이라고 느낄 수 있지만 반려견을 키우거나 관심이 있다면 브랜드 고유의 색인 티파니 블루와 블랙으로 디자인한 제품을 보는 것도 즐거운 경험이 될 것이다. 국내 지점보다는 저렴한 가격에 반려견을 위한 선물을 구입할 수 있다.

아이코닉한 티파니 블루 컬러의 본차이나 반려견 전용 식기(사이즈별 가격 상이)
$100~180

Crytal Bottle 475ml
@SWELL™, $350

텀블하와이 스웰 크리스털 보온 보냉병

텀블러계의 샤넬이라 불리는 스웰 브랜드의 프리미엄 한정품으로 제품의 재질과 기능은 기본이고 전체가 스와로브스키 크리스털로 장식되어 손에서 미끄러지지 않고 특유의 반짝임이 영롱하다. 명품 정보에 해박하고 남들과 차별화되는 아이템을 소유하는 것에 가치를 두는 MZ세대의 SNS 인증 욕망 리스트 1순위! 명품 백화점 니먼 마커스에 입점되어 있다.

CHRISTMAS ORNAMENT
@Christmas Stores, $15

하와이 크리스마스 장식

펜아트 스페셜리스트가 수공예로 만든 오너먼트에 글씨를 새겨준다. 방문 연도와 이름을 적어주면 세상에 단 하나뿐인 하와이표 크리스마스 장식 완성!

크리스마스 스토어
CHRISTMAS STORES

12월이면 와이키키에서 가장 붐비는 매장 중 하나. 매일 12시간 전 세계인의 이름을 새기는 펜아트 스페셜리스트는 얼마 전 인기 드라마 〈하와이 파이브 오〉 에피소드에 출연할 만큼 크리스마스 스토어의 인기를 실감할 수 있다.

VOL.2 MAP p.385K

클래식 티파니 브랜드의 상징인 리턴투 티파니 실버 장식이 박힌 부드럽고 견고한 이탈리아 베지터블 가죽으로 반려동물 넥 칼라
$260

특별한 의미의 메시지를 새겨 넣은 티파니 블루 반려동물 넥 칼라와 인식표 펜던트. 별도 주문 제작 (가격 상이)

말린 자두 파우더를 묻혀서 달콤, 상큼, 쫀득함이 두 배인 건조 망고
$10 내외

과일과 생선의 맛을 하와이 스타일로 더 풍부하게 해 주는 말린 자두 파우더
$10 내외

Li Hing Mui Seasoning Snack
@Li Hing Mui

리힝 무이 시즈닝

TV 프로그램 〈프리한 19〉를 통해 소개된 하와이 머스트 쇼핑 리스트에서 대망의 1위를 차지한 아이템은 바로 리힝 무이 스낵과 양념 파우더. 망고, 파파야, 파인애플 등 다양한 과일과 젤리 과자, 심지어 고기류에도 뿌려먹는 리힝 무이는 말린 자두를 갈아 만든 가루다. 슈퍼마켓과 기념품 매장에서 쉽게 발견할 수 있으며 새콤달콤한 살구와 파프리카와도 비슷한 맛을 내기 때문에 자칫 밋밋한 여러 음식과 어울리고 소화를 촉진시키는 효과도 있다니 꼭 시도해 보길!

SIGHT SEEING

아름다운 해변과 그림엽서 같은 절경을 엿볼 수 있는 전망대,
독특한 하와이의 역사를 담은 명소까지 하와이의 다양한 매력을 즐겨보자

048	**MANUAL 01**	뷰 포인트
068	**MANUAL 02**	일몰 명소
082	**MANUAL 03**	일출 명소
088	**MANUAL 04**	역사 명소
102	**MANUAL 05**	드라이브 코스
114	**MANUAL 06**	지도 끝 명소
120	**MANUAL 07**	해변 명소

MANUAL 01 __ 뷰 포인트

하와이 화보 속 그곳,
섬별 최고의 전망!

많고 많은 휴양지 여행 사진들 속에서도 "아, 하와이!" 하고 한눈에 알아볼 수 있는 가장 대표적인 절경을 꼽는다면 어디일까? 여행 사진을 단숨에 화보로 만들어줄 최고의 전망! 오래도록 버킷 리스트로 남겨두었던 엽서에서 본 그곳으로 달려갈 차례. 하와이는 섬마다 다른 매력을 품고 있다. 각각의 섬들이 갖고 있는 최고의 절경을 한눈에 볼 수 있는 곳을 찾아보자.

H A !

1. 화려한 도시 불빛 파노라마 **푸우 우알라카아 공원 탄탈러스 전망대**
2. 걸으면서 즐기는 호놀룰루 전망 **다이아몬드 헤드 스테이트 모뉴먼트**
3. 영원을 약속하는 해변 **할로나 블로홀 전망대**
4. 이것이 바로 블루 하와이 **마카푸우 포인트 전망대**
5. 외계 행성으로의 불시착 **할레아칼라 정상**
6. 비밀스런 해안 절벽 **폴롤루 밸리 전망대**
7. 통일 왕의 비밀 계시가 내린 성지 **와이피오 밸리 전망대**
8. 불의 여신이 사는 곳 **킬라우에아 전망대**
9. 태평양의 그랜드캐니언 **와이메아 캐니언 전망대**
10. 구름이 걷히면 보이는 신비의 계곡 **칼랄라우 전망대**
11. 하와이의 북쪽 끝을 지켜온 곳 **킬라우에아 등대**

MANUAL 01 | 뷰 포인트

OAHU 걸으면서 즐기는 호놀룰루 전망
다이아몬드 헤드 스테이트 모뉴먼트

Diamond Head State Monument

전 세계에서 사진에 가장 많이 등장하는 화산 분화구인 다이아몬드 헤드는 하와이 인증 사진으로 첫 순위에 꼽히는 곳이다. 하와이어로 '반짝거린다' 또는 '불이 난다'는 뜻의 레 아히(Leahi)라고 부르는 다이아몬드 헤드는 서양인들이 하와이를 드나들기 시작할 무렵, 토양 성분 때문에 반짝 거리는 것을 보고 다이아몬드가 있다고 믿은 것에서 유래된 이름이다. 오아후의 마지막 분화구 지형으로 지금은 분출할 위험이 전혀 없는 사화산이다.

다이아몬드 헤드에서 파노라마 뷰로
내려다보는 와이키키와 호놀룰루

잘 다듬어진 산책로인 다이아몬드 헤드 서밋 트레일(Diamond Head Summit Trail)을 따라 걸으면서 섬의 사방을 모두 조망할 수 있고 겨울철엔 바다에서 물을 뿜는 고래도 보인다. 정상 직전의 터널을 지나 군용 벙커로 된 정상에 오르면 전망대가 곳곳에 있다. 최정상에서 서쪽으로 와이키키와 호놀룰루를 내려다보는 360도 파노라마 전망이 그야말로 압도적이다. 가벼운 차림에 물병을 들고 음악을 들으며 운동하는 사람들, 손을 꼭 잡고 오르는 커플 등 사람들이 하루 종일 끊이지 않는다. 공원 내부 전체가 금연이고 취사도 불가능하다. 장애인 안내견 외에 반려동물도 들어올 수 없다. 또 유사시 군사 시설로 쓰이는 곳으로 입차부터 출차까지 엄격하게 관리한다. 입구의 스낵카에서 간단한 먹거리와 셰이브 아이스, 얼음물 등을 판매하고, 최근 새롭게 단장한 방문자 센터에는 다이아몬드 헤드 로고가 박힌 정상 등반 기념품과 산행 관련 용품이 마련되어 있다. 셀프 가이드 오디오 투어도 가능하다. 방문은 예약제로 운영되니 잊지 말 것! **VOL.2** ⊙ **MAP** p.385K ⓘ **INFO** p.393

MANUAL 01 | 뷰 포인트

 TIP 언제 가면 좋을까?

아침 해를 볼 수 있는 7시경에 오르는 사람들이 가장 많다. 겨울철에는 해가 빨리 지므로 4시경에 올라갔다가 내려오면서 금빛 노을을 감상할 수 있다.

✓ **크기가 얼만데?**

다이아몬드 헤드의 높이는 230미터, 분화구 둘레는 1킬로미터 조금 넘는다. 정상까지의 산행로는 왕복 2.5킬로미터, 약 1시간 30분 소요된다. 방문 일정은 2시간 정도 넉넉히 잡는 것이 좋다.

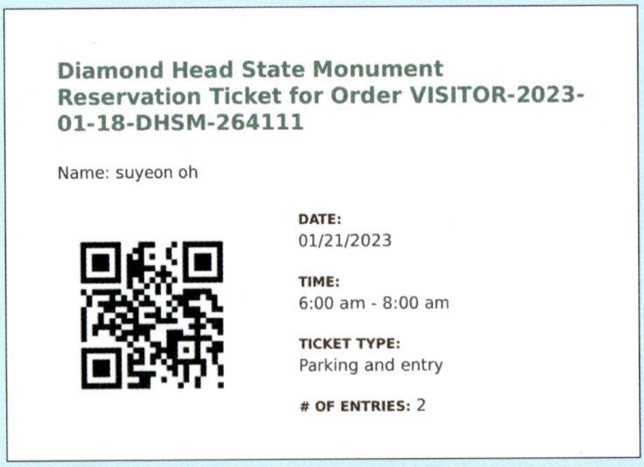

Diamond Head State Monument Reservation Ticket for Order VISITOR-2023-01-18-DHSM-264111

Name: suyeon oh

DATE:
01/21/2023

TIME:
6:00 am - 8:00 am

TICKET TYPE:
Parking and entry

OF ENTRIES: 2

예약확인증

잠깐, 요즘 뭐가 달라졌을까?

다이아몬드 헤드 정상에 오르는 것이 예전처럼 쉽지 않아졌다. 먼저 하와이 주민이 아니라면 입장은 반드시 예약이 필요하다. 홈페이지에서 방문자 수, 시간, 주차 차량 수를 예약, 결제한 뒤 입장할 때 출력한 예약 확인증 또는 예약 확인용 QR 코드를 제시한다. 방문 예정일 30일 전부터 예약할 수 있고 3일 전까지는 취소, 환불이 가능하다.

💲 입장료 $5 (성인 1인, 3세 이하 무료)

입장 예약 바로가기

O53

MANUAL 01 | 뷰 포인트

1 정면
와이키키 · 호놀룰루 전경
전망대 정면에서 좌측까지 파노라마로 볼 수 있는 와이키키와 태평양 전경

⊕ **전망대 구석구석 둘러보기**

좌측
다이아몬드 헤드 등대
전망대 좌측 아래편으로 보이는 와이키키의 랜드마크 중 하나인 다이아몬드 헤드 등대

2

후면
코코 헤드, 하나우마 베이 전경
와이키키 반대편 전망대에서 내려다보이는 동쪽 지역과 다이아몬드 헤드 분화구 내부 모습

3

① 정면
② 좌측
③ 후면

MAUI 외계 행성으로의 불시착
할레아칼라 정상

Haleakala Summit Area

마우이 관광의 압도적 하이라이트인 할레아칼라는 하와이어로 '태양의 집'이라는 뜻. 신과 인간 사이에서 태어난 반신반인 마우이가 이곳 정상에 숨어 있다가 해를 낚아채고는 천천히 움직이겠다는 약속을 받아냄으로써 오늘날 인간 세상에 하루가 길어졌다는 전설이 있다.

할레아칼라 국립공원은 백두산을 능가하는 해발 3천 미터가 넘는 높이에 여러 개의 붉은 분화구와 거대한 계곡으로 이루어져 있어 장관을 이룬다. 할레아칼라는 원래 화산 분화구의 이름인데, 분화구가 워낙 많다 보니 지금은 산 전체를 부르는 이름이 되었다. 화산활동의 노년기로 2백~3백여 년

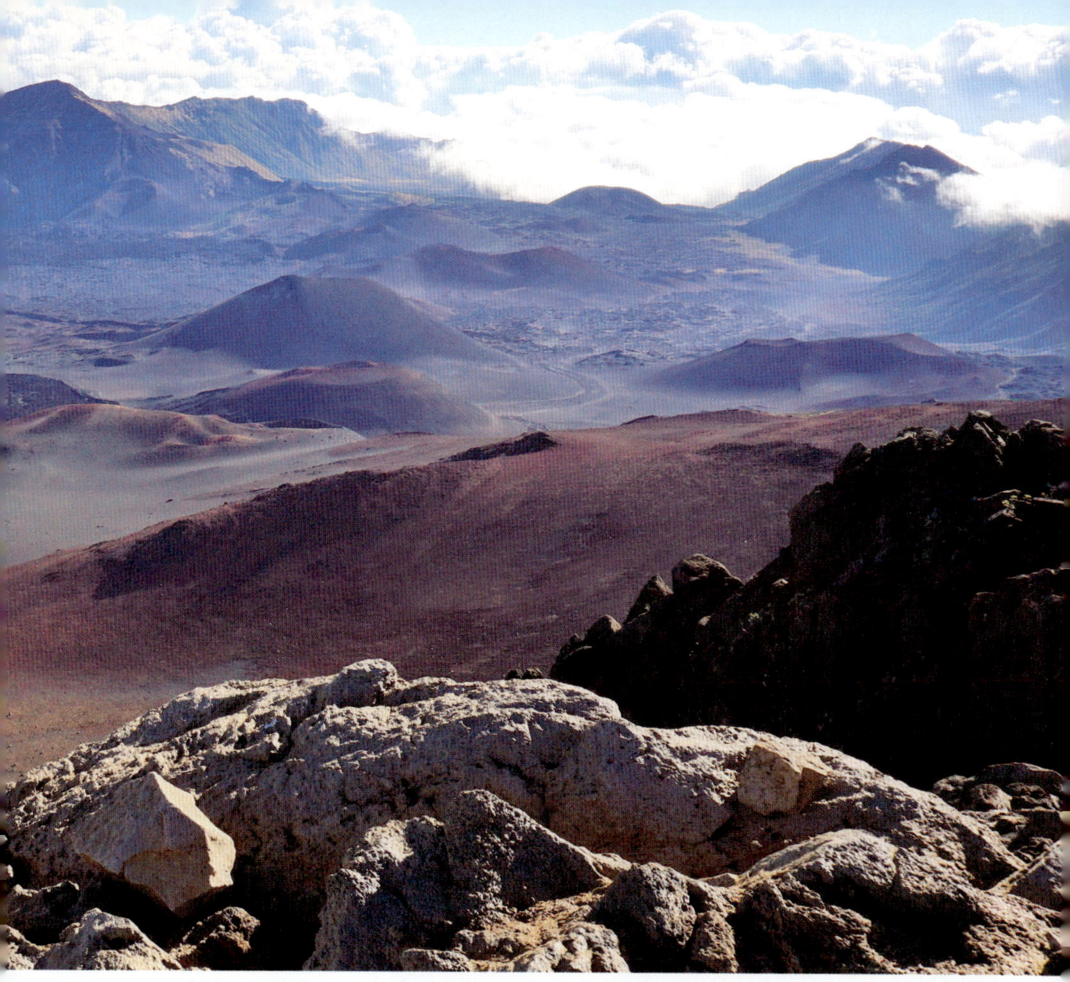

전에 활동했다고 하며, 사화산이 되기 직전 마지막으로 분출할 예정이라고 한다. 해발 3천 미터 정상 부근에는 장대한 계곡과 수박을 쪼개놓은 듯 갈라진 2개의 어마어마한 계곡, 그리고 이후에 생긴 여러 분화구와 주변으로 흘러내린 분출물의 색들이 대조를 이뤄 비현실적인 풍경을 연출한다. 할레아칼라가 유난히 붉은색을 띠는 것은 마우이를 만든 화산 분출물의 성분이 다른 섬들과 다르기 때문이라고 한다. 세상에서 가장 멋진 일출을 볼 수 있고, 구름 위로 떨어지는 일몰과 별 구경도 가능한 멀티 플레이어다. 지형 지질적 특색이 남다른 만큼 볼거리가 많으니 여유를 가지고 둘러보자.

VOL.2 MAP p.469H INFO p.472

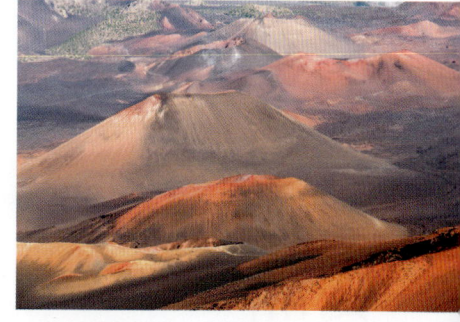

크기가 얼만데!

걸어서 구경할 수 있는 곳은 일부에 지나지 않지만
총면적은 134.62제곱킬로미터로
서울시 강남구 면적의 3배가 넘는다.

할레아칼라 정상에서 놓치지 말아야 할 것!

01 할레아칼라의 보물 제1호 은검초 만나보기
정상 주차장에 군락을 이루고 있는 희귀 식물 은검초(Ahinahina, Silverswords)를 찾아보자. 사람의 손이 닿으면 죽는 멸종 위기의 하와이 고유 식물로 50년 정도 사는 동안 단 한 번 꽃을 피운다.

02 할레아칼라에서 재미있는 사진 남기기
구름 위로 보이는, 하와이에서 가장 높은 두 산의 실루엣 위로 점프 샷을 찍어보자. 마치 '온 세상을 내 발 아래' 둔 것 같은 희대의 사기 사진 탄생!

03 주차 정보도 꼼꼼히
오전 7시 이전에 정상에서 일출 관람을 하려면 홈페이지에서 미리 주차 예약을 해야 한다.
(VOL.2 p.130 참조)

잠깐, 요즘 뭐가 달라졌을까?

정상에서 해돋이를 관람하기 위해서는 주차장에 오전 3~7시 사이에 진입해야 하고 별도의 예약도 필요하다. www.recreation.gov 에서 온라인으로 접수한 예약 확인증을 출력해 입구에서 제시해야 한다. 일출 관람 희망일 60일 전부터 예약 가능하다. 해가 뜨고 난 후 7시부터는 예약 없이 기존대로 정상 주차장까지 입장할 수 있다. 일몰 시간대에는 공원 입구에 설치된 카드 전용 무인 수납기로 셀프 수납 후 영수증을 대쉬 보드에 올려둔다. ⓢ **예약비용** $1(차 1대)

해돋이 예약페이지 바로가기

○ 정면 할레아칼라 분화구 계곡
정면으로는 여러 개의 화산 분화구가 모여 있는 거대한 할레아칼라 계곡,
오른편으로는 나사(NASA)의 달 착륙 실험 장소로 쓰였던 레드힐(Red Hill)이라
부르는 검은색 산 모양의 언덕이 보인다.

○ 좌측 할레아칼라 방문자
센터 정상 방문자 센터는
통유리로 되어 있어 실내에서
할레아칼라 계곡을 관망하기
좋다. 각종 기념품과 공원에
대한 정보를 구할 수 있다.

⊕ 관람대 구석구석 둘러보기

○ 후면 사이언스 시티 천문관측소
태양의 흑점 연구에서 세계적인
권위를 가진 할레아칼라 사이언스
시티 천문관측소. 사이언스 시티
뒤쪽으로 해가 지며 그 아래로 약
10개의 분화구가 더 있다.

살아 움직이는 마그마를 지척에서 볼 수 있는 화산국립공원의 하이라이트.

BIG ISLAND 불의 여신이 사는 곳
하와이 화산국립공원 킬라우에아 전망대

Kilauea Overlook

하와이 화산국립공원 내의 용암이 분출한 후 땅이 꺼져서 생긴 거대한 함몰 부분이 킬라우에아 칼데라, 그 안에 있는 작은 분화구가 바로 할레마우마우, 화산의 여신 펠레의 집이다. 1866년 마크 트웨인은 킬라우에아를 보고 "아직 인간의 상상력이 할 일이 많은 곳"이라고 했다. 1987년 유네스코 세계문화유산으로 지정됐으며 활화산으로는 전 세계에서 유일무이하게 접근할 수 있어서 '드라이브인(Drive-in) 화산'이라는 별명이 있다. 하와이 화산국립공원은 400억 년이라는 지구의 역사와 진화, 하와이 고유의 문화를 고스란히 간직하고 있다. 또 외부와 경계를 이뤄 하와이 고유의 생태 환경을 보존하고 있는 이곳은 이미 다른 지역에서 멸종 위기에 놓인 수많은 하와이 고유의 동식물에게 최후의 땅과 같은 곳이다. 국립공원 초입부터 스팀 벤츠에서 올라오는 유황가스와 산새 소리, 예고 없는 비와 안개가 전설의 고향 같은 펠레 여신의 영역에 들어왔다는 느낌을 주기에 충분하다. 킬라우에아 전망대는 밤이면 별을 관람하기에도 더 없이 좋다. 일몰 후에는 할레마우마우의 '라바 글로(Lava Glow)'라고 불리는 용암의 붉은빛이 새어 나와 별과 함께 특별한 장관을 이룬다. 방문자 센터와 볼케이노 하우스 호텔 기프트 숍에서 로고 관광 용품을 볼 수 있다.

펠레가 누군데?
하와이 원주민의 종교와 같은 신으로, 와케아(Wakea, Sky Father)와 파파(Papa, Earth Mother) 사이에서 13형제 중 하나로 태어났다. 큰언니 바다의 여신에게 노여움을 사고 쫓겨나 오빠이자 상어를 거느리는 신이 빌려준 카누를 타고 하와이제도로 넘어와 화산 지역에 안전한 거처를 마련하려고 했다. 그러나 바다의 여신에게 계속 쫓기면서 결국 빅아일랜드 킬라우에아 정상에 보금자리를 틀었다. 그녀가 다시 돌려보낸 카누를 타고 많은 형제자매들이 건너와 노을, 안개, 번개, 천둥과 화산 불꽃 등으로 모습을 바꿔 살면서 하와이는 신들의 땅이 되었다. 펠레는 하와이 고유의 신이며 살아 있는 전설이다.

크기가 얼만데!
할레마우마우 분화구 안의 불과 연기가 나오는 부분이 축구장 하나 크기다. 할레마우마우 분화구의 긴 지름이 9백 미터, 킬라우에아 칼데라의 긴 지름이 6킬로미터 정도. 화산국립공원의 전체 면적은 서울의 2배가 넘는다.

VIEW POINT OF THE POINT
뷰 포인트 속의 포인트

화산국립공원은 그 크기가 어마어마해서 공원 내의 '체인 오브 크레이터스 로드(Chain of Craters Road)'를 따라 다양한 뷰 포인트와 전망 트레일이 있다. 더 자세한 볼거리 루트는 남부 빅아일랜드 코스(VOL.2 p.182)를 참조하자.

◉ **킬라우에아 이끼 전망대** 킬라우에아 칼데라와 할레마우마우 분화구를 한눈에 볼 수 있다.

◉ **홀레이 시 아치** 해안 절벽에 파도의 침식으로 땅과 붙어서 생긴 기둥.

◉ **서스턴 용암 동굴** 빠르게 흘러가는 용암의 겉면은 급속히 굳고 속은 천천히 흘러 빠져나가면서 생긴 동굴, 코스 길이 8백 미터, 20분 소요.

◉ **암각화 페트로글리프 트레일** 5백여 년 전에 만들어진 고대 원주민들의 용암 표면 암각화, 1.2킬로미터, 난이도 평이, 40분 소요.

◉ **케알라케코모 전망대** 용암이 빚은 산등성이와 바다를 전망하는 스폿.

잠깐, 요즘 뭐가 달라졌을까?

킬라우에아 전망대는 반 세기 가까이 재거 박물관 앞 전망대를 칭했으나 2018년부터 계속된 지진과 화산재의 피해로 영원히 복구가 불가능 해 폐쇄됐다. 현재는 칼데라 기슭의 우에카후나(Uekahuna)라고 부르는 지점으로 전망 포인트가 임시 변경되었다. 2024년부터는 칼데라를 따라 이동중에 여러 지점에서 용암이 솟구치는 장면을 볼 수 있는 구역이 늘어나고 있으니 이용시 방문자 센터에서 당일 이용 가능한 곳에 대한 정보를 수집하자.

켜켜이 쌓인 용암 단층과 수십억 년의 세월을 보여주는 거대한 협곡

KAUAI 태평양의 그랜드캐니언
와이메아 캐니언 전망대 Waimea Canyon Lookout

♥ 크기가 얼만데!
쩍 갈라진 계곡의 길이는 1.6킬로미터, 맞은편까지 폭은 1.6킬로미터, 깊이는 1킬로미터에 이르고, 색색의 단층이 각각 다른 화산에서 흘러나온 용암임을 말해 준다.

와이메아 캐니언은 애리조나 주의 그랜드캐니언과 같은 지질 단층을 보여주는 협곡으로 용암 층이 뚜렷하다. 생각보다 좁은 전망대에 빼곡히 들어선 관광객 너머로 눈이 번쩍 뜨일 광경이 보인다. 와이메아 캐니언 로드를 따라 여기까지 오르는 길에 전망 포인트가 몇 개 있지만 이보다 더 확실한 건 없다. 오른쪽으로는 멀리 바다가 보이고, 협곡 안에 있는 폭포들은 철 따라 위치와 개수가 달라진다. 2층 전망대 아래로 가끔 풀을 뜯는 염소들이 올라와 야생의 볼거리를 더한다. 계곡 안을 유심히 들여다보면 헬리콥터들이 들어갔다 나오는 것을 볼 수 있는데 계곡의 웅장한 크기를 실감할 수 있다. 헬기 투어를 하면 계곡 속에 감춰진 수많은 폭포와 이색적인 볼거리를 더욱 가까이에서 체험할 수 있다. 많은 홍보물이 입을 모아서, 마크 트웨인이 이곳을 '태평양의 그랜드캐니언'이라고 불렀다 하는데, 정작 마크 트웨인은 카우아이에 온 적이 없다. 그러나 누가 봐도 태평양의 그랜드캐니언이다.

VOL.2 ⊙ MAP p.546B ⓘ INFO p.554

♥ 정면
깊은 계곡이 계속 이어져 있고 바닥에 폭포와 간헐천이 보이는 날이 많다.

♥ 좌측
와이메아 캐니언 전망대 왼쪽으로는 거의 1년 내내 폭포가 수직 낙하하는 장관을 볼 수 있다.

♥ 아래쪽
계곡에 사는 야생 염소가 가끔 풀을 뜯으며 전망대까지 올라와 사람 구경을 하는 귀여운 모습도 볼 수 있다.

도심의 불빛과 별들이 만나 온 세상이 크리스마스트리처럼 반짝이는 호놀룰루 야경 감상의 시크릿 포인트!

OAHU 화려한 도시 불빛 파노라마
푸우 우알라카아 공원 탄탈러스 전망대
Pu'u Ualaka'a State Park Tantalus Lookout

낮과 밤, 둘 다 놓칠 수 없는, 오아후의 심장 호놀룰루의 시내 풍경을 볼 수 있는 곳이 탄탈러스 전망대다. 탄탈러스는 '수수께끼처럼 꼬불꼬불 복잡하게 얽힌 길'이라는 뜻이다. 와이키키 인근의 산자락을 오르는 도로의 애칭이기도 한데 이 길을 따라가다가 갓길에 주차하고 야경을 보는 것도 좋지만 푸우 우알라카아 주립공원에서 일몰 전까지 안전하게 구경하기를 추천한다. 호놀룰루는 미국 대도시 순위 11위, 인구밀도는 뉴욕 맨해튼에 버금간다. 어둠이 내리기 시작하면 도로와 빌딩 숲에 하나둘 불이 켜지고, 별들이 내려와 최고의 순간을 맞이한다. 주립공원은 열대우림 같은 녹음이 울창한 해발 3백 미터 높이의 언덕길에 있다. 푸우 우알라카아는 '고구마 언덕'이라는 뜻인데, 과거 고구마를 심던 지역으로 추수기에 고구마를 굴려 언덕 아래 모았다고 한다. 공원 내 시설도 깔끔하고 무료 주차여서 금상첨화다. 그러나 밤 11시 이후에는 우범지대로 변하니 안전에 각별히 유의하자.

○ 좌측
하와이 주립대학교와 다이아몬드 헤드, 와이키키 비치가 한눈에 보이며 야경은 더욱 아름답다.

○ 우측
호놀룰루 다운타운과 알로하 타워, 공항 방향에서 서쪽 끝까지 섬 전체를 조망할 수 있다.

쉿!비밀 하나 더 즐기기
라운드 탑 드라이브(Round Top Dr.)를 따라 올라가다 갓길에 주차하고 전망을 감상한다면 동네 주민들의 특별 놀이 기구 핸드메이드 그네를 타보자!

VOL.2 MAP p.408l INFO p.419

OAHU 영원을 약속하는 해변
할로나 블로홀 전망대 Halona Blowhole Lookout

오아후 동부 해안의 그림 같은 풍경 중 최고는 오아후 동부 해안의 절벽 아래 숨어 있는 한 아름에 품은 듯한 할로나 코브 비치(Halona Cove Beach). 해변 전망대 정면으로 보이는 할로나 블로홀에서 고래가 물을 뿜듯 쏘아 올리는 물줄기를 기다리는 재미도 쏠쏠하다. 고래처럼 휘슬 부는 소리가 난다고 하니 귀를 기울여보자. 그 아래쪽 해변은 〈지상에서 영원으로(From Here to Eternity)〉(1953년 동명의 소설을 원작으로 몽고메리 클리프트와 프랭크 시나트라 등 당대 최고의 배우들이 출연해 아카데미 8개 부문을 석권한 영화)에서 인상적인 키스신의 배경이 된 곳이다. 정식 명칭은 할로나 코브 비치, 영화 제목을 따서 이터니티 비치로도 부른다.

내려가는 길은 사람들이 지나다니면서 자연스럽게 생긴 것이며, 절벽 아래 작은 비밀 동굴이 더욱 매력적이다. 정오가 지나면 거북도 자주 나타나고, 바닷속은 스노클링 스폿으로도 유명하다. 관광객의 머스트 스톱(must-stop)이라는 점을 노린 차량 범죄가 간혹 발생하니 유의하자.

VOL.2 ⓟ MAP p.408J ⓘ INFO p.416

❶ 전망대 왼편으로는 서핑 포인트로 유명한 샌디 비치를 볼 수 있다.

❷ 전망대 아래로 고래의 날숨처럼 물을 뿜는 용암석 사이의 블로홀을 볼 수 있다. 파도가 밀려오고 난 후 2초 정도 기다리자.

❸ 전망대 오른편에 이터니티 비치라는 애칭의 조용한 해변과 비밀 동굴이 숨어 있다.

MOVIE TALK, 어디서 봤더라?
전망대 옆 바닷가 비탈길로 내려가면 작은 해변이 나온다. 할리우드 고전 영화 〈지상에서 영원으로〉의 정열적인 해변 키스신의 촬영지로, 애덤 샌들러, 드류 베리모어 주연의 영화 〈첫 키스만 50번째〉에서 오마주처럼 꿈속 해변 키스신의 배경으로 다시 등장했다.

OAHU 이것이 바로 블루 하와이
마카푸우 전망대 Makapu'u Lookout

마카푸우는 '동쪽 끝'이라는 뜻의 하와이어. 주차를 하고 몇 걸음만 가면 이르는 전망대는 하와이에서 가장 아름다운 물빛과 수려한 자연경관을 자랑한다. 주변에 서핑은 아니지만 몸으로 파도를 타는 부기보드를 즐기는 사람들이 천국이라고 부르는 마카푸우 비치, 절벽 위 등대를 돌아 정상까지 오르는 왕복 3.2킬로미터의 마카푸우 등대 트레일(Makapu'u Lighthouse Trail) 등 다양한 즐길 거리가 오밀조밀 모여 있다. 더 높이 올라 360도 파노라마 뷰를 보고 싶다면 등대 위까지 오르는 트레일(VOL.1 p.177)을 택하는 것이 좋다.

블루 하와이 칵테일을 닮은 짙푸른 바다색, 돌고래와 혹등고래가 놀러 오는 수평선의 탁 트인 바다 위에 독특한 섬 2개가 눈길을 끈다. 그중 앞에 있는 것이 물 위로 올라오는 거북과 흡사하다고 해서 호누(Honu, 하와이어로 '거북') 섬, 뒤에 있는 것이 래빗 섬(Rabbit Island)이다. 래빗 섬은 토끼를 닮은 것이 아니라 과거에 토끼를 방목하다가 개체수가 어마어마하게 늘어났던 것에 기인하여 붙여진 이름이다. 지금은 토끼가 없고 무인도라고 하니 바라보는 것만으로 만족하자.

VOL.2 MAP p.408J INFO p.416

MOVIE TALK, 어디서 봤더라?
아름다운 바다와 독특한 항구 시설, 바위섬들이 빚어내는 그림 같은 풍경은 엘비스 프레슬리의 영화 〈블루 하와이〉의 포스터와 애플의 아이폰 TV 광고 배경으로 사용되었다.

❶ 바다의 푸른빛을 모두 모은 듯한 물빛의 향연으로 유명한 해변, 파도가 부기보드를 타기에 좋다.

❷ 마카이 오션 엔지니어링 회사에서 수력발전 연구를 위해 활용하고 있는 항구 시설 및 연구소.

❸ 낮은 섬이 호누(거북) 섬, 높은 섬이 래빗(토끼) 섬이라는 별명을 가진 무인도.

BIG ISLAND 통일 왕의 비밀 계시가 내린 성지
와이피오 밸리 전망대 Waipio Valley Lookout

와이피오는 하와이어로 '성스러운 물'이라는 뜻. 거친 야생의 느낌이 가득한 빅아일랜드 하마쿠아 지역의 바다 끝에 웅장한 절벽으로 이루어진 계곡이다. 훗날 하와이 통일의 위업을 남긴 카메하메하 대왕이 태어남과 동시에 사형될 운명에 처하자 그 어머니가 낳자마자 몰래 아기를 숨겨 키운 곳으로 알려져 있다. 막다른 도로 끝에서 시작되는 계곡을 바라보는 전망대 바로 밑 천길 낭떠러지에 입이 떡 벌어진다. 산을 파고든 이 웅장한 계곡은 둘레가 4.8킬로미터, 해발 4백 미터가 넘는다. 이 절벽의 전망대는 모두가 한마음 한뜻으로 '숨막히는 절경'이라 표현하는 곳이다. 아래로는 시원한 검은 모래 해변과 바다로 떨어지는 폭포, 신록의 계곡과 반대편 계곡 비탈면의 지그재그 산행로 등 광활한 대자연을 한눈에 담을 수 없을 만큼 웅장하다. 계곡 아래 하와이 원주민의 전통 양식대로 생활하는 작은 마을이 있는데 현재는 거주민만 통행 가능하다.

VOL.2 MAP p.518B INFO p.524

MOVIE TALK, 어디서 봤더라?
와이피오 계곡은 인기 미국 드라마 〈하와이 파이브 오(Hawaii Five-O)〉에 자주 등장하는 배경의 하나로 익숙하다. 케빈 코스트너 주연의 〈워터월드(Waterworld)〉 역시 이곳에서 촬영되었다.

❶ 정면으로 400미터 가까운 해안 절벽의 폭포와 절벽을 지그재그로 오르는 산행로를 볼 수 있다.

BIG ISLAND 비밀스런 해안 절벽
폴롤루 밸리 전망대 Pololu Valley Lookout

빅아일랜드의 아름다운 해안선 중 코할라 산맥의 북쪽 면이 바다에 접한 금단의 구역, 거대한 해안 절벽이 만드는 장관을 연출하는 곳. 한쪽 해안선은 와이피오 계곡 끝에 위치하고 다른 한쪽 해안선은 폴롤루 계곡으로, 두 지점은 거대한 해안 절벽이 가로막고 있어 연결되어 있지 않다.
이 해안선은 헬리콥터로 봐야 그 육감적인 섬의 몸매와 절벽에서 떨어져 나온 바위섬, 계곡과 거대한 폭포수 같은 이국적인 풍경을 감상할 수 있기 때문에 더욱 많은 사람들의 호기심을 자극한다. 도로 끝에 위치한 폴롤루 계곡 주차장에서 1백 미터쯤 내려가면 검은 모래 해변이 나온다. 내려가면서 늘 명심할 것은 다시 올라와야 한다는 것. 빅아일랜드의 규모를 느낄 수 있는 아름다운 해안 절경 중 하나이며, 비밀스러운 해변에는 로빈슨 크루소 워너비들이 자주 모여들곤 한다. 누드 비치를 허락하지 않는 하와이에서 숨은 나만의 누드 비치를 찾고 싶은 사람들이 갈 만한 마지막 해변이라 할 수 있다.

VOL.2 MAP p.518B
INFO p.525

MOVIE TALK, 어디서 봤더라?
할리우드 최대 블록버스터 영화 〈쥬라기 월드〉에서 세상 어디에도 없을 것 같은 쥬라기 공원의 비현실적 신비로움을 연출하는 배경으로 폴롤루 해안 절벽이 등장했다.

❶ 다른 섬에서 찾아보기 힘든 블랙 샌드 비치로 깊고 거대한 해안 절벽이 생동감 넘치는 야생의 아름다움을 보여준다.

KAUAI 구름이 걷히면 보이는 신비의 계곡
칼랄라우 전망대 Kalalau Valley Lookout

칼랄라우 계곡은 아름답기로 유명한 나팔리 코스트에서 가장 큰 계곡이다. 바다에서 그 모습을 볼 수는 없고 이 계곡에 발을 디디려면 해안 절벽을 10킬로미터 정도 산행하거나, 산 정상에서 아래를 관망하는 방법뿐이다. 정상은 해발 약 1500미터. 하와이 원주민들은 이곳에 신들이 모여 살면서 인간 세상의 일을 관장한다고 믿었다. 신들이 관장하던 것은 바로 비. 그래서인지 이곳은 전 세계에서 강수량이 가장 많은 곳이다. 하루 중에 대부분이 구름에 감춰져 있다가 잠시 구름이 지나갈 때 신비로운 아름다움을 보여준다. 쉽사리 만날 수 없는 행운이 누구 편인지 시험해 보고 싶다면 칼랄라우 계곡 정상에 도전해보자. 산과 바다가 서로에게 전하는 은밀하고 평온한 속삭임을 몰래 엿듣는 듯한 전율이 오래도록 잊혀지지 않을지도 모른다.

VOL.2 MAP p.546B INFO p.554

MOVIE TALK, 어디서 봤더라?
스티븐 스필버그 감독의 〈쥬라기 공원〉에 등장한 폭포가 있는 계곡으로 명성이 자자하며, 밀라 요보비치 주연의 〈퍼펙트 겟어웨이〉에서도 주 무대로 등장한다.

꿀팁비밀 칼랄라우 계곡 사진을 찍으려면 도로 끝까지 올라가서 푸우 오 킬라 전망대(Pu'u o Kila Lookout)에 주차할 것을 권한다. 아침에 가야 구름에 가리지 않은 계곡을 볼 확률이 높다.

❶ 카우아이 섬 최대 계곡의 웅장함은 탄성을 자아낸다.

❶ 정면

KAUAI 하와이의 북쪽 끝을 지켜온 곳
킬라우에아 등대 Kilauea Lighthouse

하와이 지도를 보면 카우아이 북쪽에 니이하우(Ni'ihau) 섬이 하나 더 있는데 관광객 출입이 금지된 섬(Forbidden Island)으로 하와이의 맨 북쪽 끝을 지키는 등대가 있다. 1913년부터 60년 넘게 국토 최전방 등대로서 임무를 다하고 은퇴하여 지금은 박물관으로 쓰이고 있다. 청량한 블루 하와이 바다를 배경으로 절벽 끝을 장식하고 있는 등대는 한 장의 그림 엽서가 따로 없다. 등대 부근에서 멸종해가고 있는 하와이 고유종 네네(Nene, 거위의 한 종류), 가장 멀리 나는 새 알바트로스, 하와이언 몽크실까지 하와이 고유의 생태 환경을 볼 수 있다. 등대에 오르거나 역사와 환경 생태계에 관련된 인상적인 전시와 프로그램을 체험해도 좋다.

VOL.2 📍MAP p.561C ℹ️ INFO p.566

MOVIE TALK, 어디서 봤더라?
킬라우에아 등대는 1980년대 미국 인기 드라마 〈판타지 아일랜드(Fantasy Island)〉에 인상적인 장소로 나와 단숨에 랜드마크가 되었다. 그 외에 〈하와이 파이브 오(Hawaii Five-O)〉, 〈릴로&스티치(Lilo&Stich)〉에도 등장했다.

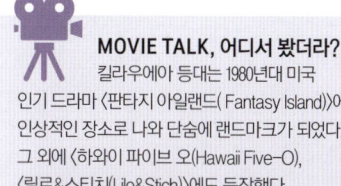

❶ 코발트블루 빛 바다를 배경으로 서 있는 등대는 한 장의 그림엽서, 그 자체다.

MANUAL 02 __ 일몰 명소

한번 보면
잊을 수 없는
하와이의 일몰

유난히 넓게 퍼지고, 장엄하고, 따뜻하고,
로맨틱한 하와이의 석양.
좋은 수식어는 어떤 것이든 다 붙여도 어울린다.
돌아선 연인의 마음까지 되돌릴 로맨틱한
하와이의 석양을 즐길 수 있는 특별한 곳.
하와이에 자주 올 수 없는 사람들을 위해
혼자만 간직하고픈 곳까지
아낌 없이 소개한다!

매일매일 같은 듯 다른 하늘 위 수채화
[와이키키 비치의 석양]
Waikiki Beach

세계인의 휴양지 와이키키는 사실 해변보다 리조트 호텔과 쇼핑가가 빼곡히 들어선 지역에 붙여진 이름. 1902년 원래 3킬로미터에 걸쳐 몇 개의 해변이 모여 있던 수풀과 늪지대에 최초의 호텔이 들어서면서 관광지로 개발된 것이 와이키키 비치. 알라 와이(Ala Wai)라는 운하를 파서 늪지의 물을 빼내고 해변으로 만들었다. 항간에 와이키키 모래가 경포대 모래라는 소문이 있기도 했으나, 사실은 캘리포니아 등지에서 운반해 온 모래로 해변을 확충하고 방파제까지 만들어서 완성된 해변이다. 와이키키 비치의 중심은 서핑 보드와 해변 리조트의 유명 비치바(Beach Bar)들이 모여 있는 듀크 동상 주변의 로열 모아나 비치(Royal-Moana Beach)와 커다란 반얀트리 주변의 쿠히오 비치(Kuhio Beach)다. 와이키키에서 석양을 즐기고 싶다면 매일매일 같은 듯 다른 쿠히오 비치의 와이키키 월(Waikiki Wall, 항만시설) 쪽으로 걸어가 보자. 하나둘 거리로 나온 연인들과 가족들이 걸음을 멈추고 마법에 걸린 듯 한곳을 바라보고 있다.

VOL.2 MAP p.384F INFO p.401

TIP 금요일 밤을 놓치지 마세요!
매주 금요일 밤 저녁 7시 45분, 와이키키에서 무료로 감상할 수 있는 성대한 불꽃놀이를 선셋 세일에서 특별하게 감상하자. 선셋 세일 가격은 보통 1인당 $70 내외 이지만, 금요일 불꽃놀이를 구경할 수 있는 배는 출발 시간과 가격이 다르고, 예약해야 하니 웹사이트에서 확인하자.

대표 카타마란 업체
1. **마이 타이 카타마란**
   - 주소 쉐라톤 와이키키 앞
   - 홈페이지 www.maitaikatamaran.net
2. **나 호쿠 II**
   - 주소 와이키키 비치
   - 홈페이지 www.nahoku2.com
3. **힐튼 하와이언 빌리지 스피릿 오브 알로하 크루즈**
   - 주소 힐튼 하와이언 빌리지
   - 홈페이지 www.waikikibeachactivities.com

✓ **와이키키 석양을 남다르게 즐기고 싶다면?**
수평선부터 황금색 바다로 변하는 5시, 색색의 돛을 올린 카타마란 선셋 세일 보트들이 하나둘 바다에 나타난다. 와이키키 비치의 석양이 아름다운 것은 앞바다에 이런 볼거리들이 많기 때문이기도 하다. 배들이 떠 있는 노을 진 바다를 보는 것도 좋지만 직접 배를 타고 노을 속으로 들어가는 것은 어떨까? 칵테일 잔을 들고 배에 올라타 비치 드레스를 나풀거리는 로망을 간직한 사람들이라면 와이키키 선셋 세일은 최고의 선택!

해가 떨어지는 바다
[코올리나 리조트 라군]
Ko Olina Resort Lagoons

오아후에서 가장 큰 고속도로 HI-1은 동서로 길게 뻗어 있어서 석양 무렵 서쪽으로 달리는 내내 떨어지는 해를 쫓아가게 된다. 고속도로가 끝나고 국도로 나오는 지역이 코올리나. 챔피언십 골프 코스와 요트 선착장, 4개의 라군을 끼고 포시즌스 리조트와 디즈니 리조트가 들어서 있다. 해가 떨어지는 곳은 그 앞바다. 하와이 법률상 바다는 사유지가 될 수 없기 때문에 리조트가 개발한 라군이라 해도 누구에게나 개방된다. 따라서 이곳은 석양 무렵 산책하기 좋은 숨은 명당. 떨어지는 붉은 해를 향해 고속도로를 달리는 기분이 더 좋은지, 해변의 일몰이 더 좋은지 비교할 수는 없지만 하와이의 석양을 즐기기에는 더없이 좋다. 코올리나 리조트 단지에 있는 4개의 라군은 각각의 주차장과 이름이 있다. 입구부터 코할라(Kohala), 호누(Honu), 나이아(Naia), 울루아(Ulua) 순서인데, 똑같은 모양이지만 호누와 나이아의 인기가 제일 좋다. 라군은 인공방파제가 있어 잔잔하고 부대시설도 좋아 수영을 못하는 어른과 어린아이들이 즐기기에 안성맞춤. 특히 잔잔하게 일렁이는 얕은 바닷물에 앉아 사랑하는 사람의 얼굴이 온통 황금빛으로 물드는 모습을 영원히 기억하고 싶을 것이다.

VOL.2 ⊙ MAP p.430J ⓘ INFO p.439

TIP 이름의 뜻은?
코올리나(Ko Olina)는 하와이어로 '무당벌레' 또는 '딱정벌레'를 뜻한다.

로맨틱한 석양의 대명사

[선셋 비치]
Sunset Beach

선셋 비치에서 유명한 것은 2가지, 서핑과 석양이다. 오아후의 노스 쇼어에서도 일찍이 내로라하는 해변들과 어깨를 나란히 하고 양질의 서핑용 파도를 만날 수 있어 세계에서 가장 권위 있는 서핑 대회 개최지로 낙점된 바 있다. 겨울 내내 어른 키를 훌쩍 넘는 파도가 몰려오지만, 여름철이 되면 헐크가 온순한 박사로 변하듯 전혀 다른 모습을 보여준다. 겨울철에는 파도와 서핑 대회를 구경하려는 인파가 새벽부터 몰려드는 반면 일몰을 구경하는 사람은 적은 편이다. 바람이 세고 지나가는 비구름이 석양을 가릴 때가 많기 때문. 선셋 비치는 이른 아침 비 갠 하늘에 떠오른 무지개로 명성이 자자하다. 못하는 게 없는 팔방미인처럼 들리기는 하지만, 선셋이 아름다운 해변은 많아도 이름이 붙은 것은 여기뿐. 석양을 보고 있으면 눈물이 날 것 같다고 입을 모으는 곳이기도 하다. 바닷가 석양이 다르면 얼마나 다르겠냐고? 궁금하면 가보시라.

VOL.2 MAP p.408B INFO p.418

 TIP 그냥 지나치지 마세요!
선셋 비치는 표지판 없이도 알아볼 수 있는 멋진 야자나무 한 그루가 있다. 이 야자나무의 나이는 최소 1백 년. 나무를 보호하기 위해 마을 사람들이 직접 오르지 말라는 경고 사인을 붙였으니 나무에 매달리거나 올라가지 않도록 주의!

사그러드는 태양이 하늘에 그리는 그림
[할레아칼라 일몰]
Haleakala National Park

마우이 섬의 중심부에 구름을 뚫고 솟은 해발 3천 미터 높이의 할레아칼라 정상에서 만나는 일몰은 특별하다. 할레아칼라는 세상에서 가장 감동적인 해돋이를 볼 수 있는 곳으로 유명하지만 일출 온라인 예약을 하지 못했거나 짧은 일정 등으로 안타깝게 포기할 때가 있다. 하지만 무작정 아쉬워 할 필요는 없다. 할레아칼라 정상에서 만나는 일몰은 그 아쉬움을 달래기에 충분하다. 낮 동안 뜨겁게 타오르던 태양이 점차 구름 속으로 떨어지면서 하늘을 물들이는 노을은 처음엔 사람들의 얼굴에 금빛을 뿌리고 다음엔 주황색으로 다시 핑크색으로 마지막엔 보라색으로 빛을 잃는다. 그렇게 서서히 어둠이 깔리면 태양이 없는 밤하늘의 주인은 쏟아져 내릴 것 같은 별들이다.

일몰은 해가 지고 나서도 긴 여운을 남기고 할레아칼라의 밤은 낮만큼 화려하다. 노을을 배경으로 웨딩 사진을 찍는 사람, 길어지는 그림자를 관찰하는 사람, 겨울 코트로 동여맨 사람, 어른과 아이까지 누구나 모여드는 일몰 장소. 자기만의 사연을 담아 모두의 추억이 다르듯이 매일 태양은 다른 그림을 하늘에 그리며 사라진다. 일출만큼 특별한 일몰을 위해 할레아칼라를 꼭 기억해두자. 간혹 관광 안내서에서 할레아칼라의 일몰을 촬영하고 일출로 바꿔 광고하는 경우가 있다. 구름의 모습으로만 일출과 일몰을

구분하기는 어렵지만 산 정상에서 보이는 주변의 건물이나 분화구 위치로 판단할 수 있으니 더 이상 현혹되지 말자. 태양의 집이라는 뜻의 할레아칼라 정상부에는 많은 볼거리가 있으니 해 지기 전에 여유를 가지고 도착해서 정상부근의 절경을 잠시 감상하는 것이 좋다. 상세 정보는 VOL.2 p.472를 참고하면 된다.
VOL.2 ◉ MAP p.469H ⓘ INFO p.472

 토크 SAY

TIP 복장 신경 쓰기!
할레아칼라는 해발 3천 미터가 넘기 때문에 평균기온이 영하 6도~영상 5도다. 해돋이는 오래 기다려야 하니 반드시 겨울옷과 장갑을 준비할 것. 해넘이의 경우 일생 기억에 남을 순간에 칼바람에 악을 쓰며 고생하고 싶지 않다면 방한복을 준비하는 것이 좋다.

세상에서 가장 높은 산 정상의 일몰
[마우나 케아 천문관측소]
Mauna Kea Observatories

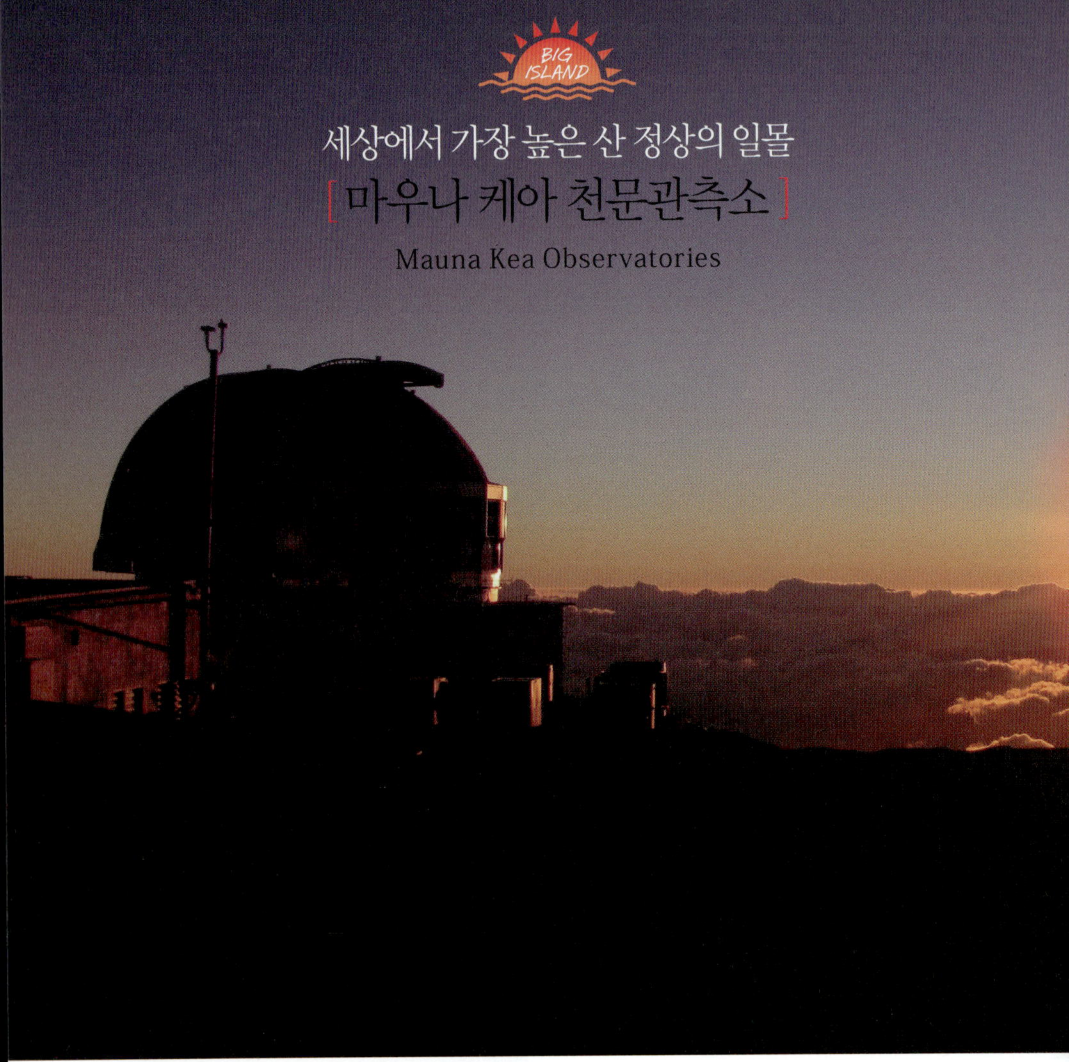

마우나 케아는 하와이어로 '하얀 산'이라는 뜻. 신화 속 눈의 여신이 살던 곳이다. 만년설은 아니지만 겨울철 한동안 정상이 눈에 덮여 있다. 정상에는 빙하기 때의 얼음덩어리가 녹아서 만들어진 연못이 있고, 여러 개의 화산 분화구가 신비로운 자연경관을 연출한다. 한때 왕을 비롯해 소수 귀족만 출입할 수 있었던 신성 지역. 인간의 손길이 닿지 않은 곳에 대한 동경에 믿음이 더해져서 만든

> **토크 SAY**
> **TIP 마우나 케아 정상에 가고 싶다면?**
> 1. 방문자 센터 이상 오르려면 4WD 차량은 필수!
> 2. 보름달이 뜬 날은 다른 날보다 별이 많이 보이지 않는다.
> 3. 11월 이후에는 산 정상 도로 상황에 따라 출입 통제가 발생할 수 있다. 고도 적응을 위해 방문자 센터에서 30분 내외로 머물며 각종 기념품과 천문 관측용 망원경을 구경할 수 있다 일몰 후 방문자 센터의 무료 별 관측 프로그램에 참여해 보자. 마우나 케아 방문 일정은 VOL.2의 동선을 참고하면 된다.

고대의 첨성대이자 제단이 맨꼭대기 푸우 웨키우(Pu'u Wekiu)에 있다. 마우나 케아는 현재도 천체 우주과학 분야에서 세계 최고 위치에 있다. 적도 부근에 위치해 북반구의 모든 별과 남반구 대부분의 별을 관측할 수 있어, 산 정상이 늘 구름 위에 있어 맑고 습도가 낮아 특히 관측하기 좋은 장소다. 또 대기의 산소가 육지의 40% 정도로 희박해 바람이나 대기에 의해 흔들리는 현상 없이 망원경에 잡힌다. 조금만 더 높았다면 대류권을 벗어나 인간이 이곳에서 연구할 수 없었을지도 모른다. 밤이면 반짝이지도 않는 큰 별들이 다이아몬드를 흩뿌린 듯 하늘에 가득하다. 더구나 인구밀도가 유독 낮아서 관측에 방해되는 불빛 또한 없다. 마우나 케아는 믿을 수 없을 정도로 별을 관측하기 적합한 곳이다. 마치 어떤 큰 힘이 지구 위의 세상과 인간을 이어주기 위해 고이 감춰둔 곳처럼. 세상에서 가장 높은 산, 청량한 하늘 위에서 구름 속으로 아스라히 사그라지는 장엄한 빛의 향연을 볼 수 있는 단 한 곳, 마우나 케아 정상을 기억하자.

VOL.2 MAP p.519K **INFO** p.524

BIG ISLAND

고요히 석양을 즐기는 해변
[스펜서 비치 파크]
Samuel M. Spencer Beach Park

빅아일랜드의 서부 해안에 자리한 작고 고요한 해변으로 캠핑장과 부대시설이 잘 갖춰져 있다. 관광객보다 현지 주민들에게 사랑받는 곳으로 언제나 한적하고 조용하다. 석양 무렵이면 어김없이 산책 나온 마을 사람들을 만날 수 있는데, 하나같이 숨은 보석 같은 곳이라고 애정을 드러낸다. 한참을 걸어 들어가도 깊지 않은 물과 해변에 굴러다니는 코코넛, 아이들이 버리고 간 모래성 등 꾸미지 않은 자연이 인상적인 곳이다. 이곳의 석양이 아름다운 것은 안전하고 아름다운 해변과, 태양이 정면 바다에 수직으로 떨어지기 때문이다. 오렌지색 태양이 바다에 잠기기 직전 갑자기 초록빛이 번지면서 사라진다. 이러한 현상을 그린 플래시라고 하는데, 2~3초간 초록색 불이 붙은 듯한 광경을 한번 보고 나면 자꾸만 다시 보고 싶어 해 떨어지는 곳을 찾아다니게 된다. 아직 경험해 보지 못했다면 스펜서 비치로 가보자.

VOL.2 ◎ MAP p.518E ⓘ INFO p.525

 TIP 놓치지 말자, 그린 플래시
하와이 일몰의 가장 특별한 순간은 바로 그린 플래시(Green Flash). 날씨가 좋으면 그린 플래시를 볼 수 있다. 빛의 스펙트럼으로 나타나는 자연적인 현상인 그린 플래시는 공기가 아주 맑고 구름 한 점 없을수록 보기가 쉽고, 퐁당 빠지듯 태양이 깔끔하게 바닷속으로 떨어져야 한다. 해를 계속 주시하기보다 다른 곳을 보다가 바닷속으로 들어가기 직전에 쳐다봐야 한다. 지구상에서 그린 플래시를 볼 수 있는 몇 안 되는 곳 중 하나가 바로 하와이. 그중 특히 빅아일랜드가 유명하다.

케알라케쿠아 베이는 서쪽 해안에 좋은 해변이 유독 많은 빅아일랜드에서도 일몰을 보기 위해 어려운 발걸음을 아끼지 않는 숨은 진주 같은 곳. 야자수와 리조트가 즐비한 해안선을 벗어나 야생의 느낌이 강하게 살아 있기 때문일까? 이른 아침에는 돌고래 떼가 놀고, 명성이 자자한 스노클링 스폿으로 많은 사람들이 모여들지만, 해 질 무렵에는 사람들이 하나둘 사라지고 오롯이 나 혼자 태양과 마주할 수 있는 일몰 명당이다. 케알라케쿠아 베이는 지역이 넓어 최근에 새단장을 마친 케알라케쿠아 베이 주립역사공원(Kealakekua Bay State Historical Park) 지역과 캡틴 제임스 쿡 기념비(Captain James Cook Monument)가 있는 둥근 모양의 해변으로 나뉜다. 이 중 해변 부근의 방파제 위가 바로 석양을 감상하는 베스트 스폿!

VOL.2 MAP p.500l INFO p.506

나 혼자만의 석양을 만끽할 수 있는 비밀의 장소
[케알라케쿠아 베이 석양]
Kealakekua Bay

KAUAI

할리우드가 사랑한 나팔리 코스트
[나팔리 코스트 선셋 크루즈]
Na Pali C

겹겹이 깎아지른 절벽, 카우아이의 나팔리 코스트는 사람이 발을 들여놓을 수 없는 '가까이하기엔 너무 먼 당신'. 그래서 더 많이 보고 싶은 욕심이 생기는 곳이다. 헬리콥터를 타고 위에서 내려다봐도, 배를 타고 아래서 올려다봐도 장관 중의 장관. 일찍이 알아본 것은 할리우드였다. 특히 할리우드가 이곳을 사랑했던 이유는 상상력의 결정체이기 때문. 하와이는 지구의 다른 대륙들보다 어리다. 비록 공룡이 살던 시기에 하와이는 아예 있지도 않았는지 모르지만, 그래서 공룡 발자국 하나 발견되지 않았지만, 그 모습만은 공룡이 놀던 시대와 가장 비슷하리라고 상상하는 것이다. 인간의 손길이 닿지 않으니 어떤 상상인들 못하랴. 나팔리 코스트의 백미는 배에 올라 석양빛을 머금은 모습을 바라보는 것. 오전에는 절벽에 그늘이 생기니 오후에 배를 타는 것이 좋다. 포트 앨런(Port Allen) 항구를 출발해 폴리할레 비치(Polihale Beach)를 지나면 바다 쪽으로 니이하우(Ni'ihau) 섬이 보인다. 하와이 원주민 외 출입 금지인 이곳은 '금지된 섬'으로 불리기도 한다. 섬의 절벽 위로 미사일 관측 기지가 보인다. 계곡과 바다표범 몽크실이 뒹구는 호젓한 해변을 몇 개 지나면 절벽 아래 크고 작은 동굴들이 나온다. 작은 배를 타고 동굴 속으로 들어갈 수도 있다. 이어서 호노푸 아치와 천장이 뚫린 동굴을 지나면 칼랄라우 계곡과 해변이 나타난다. 돌아오는 길에는 황홀한 금빛 바다 위로, 뒤따라오듯 가까이

> ✔ 어디서 봤더라?
> 〈쥬라기 공원〉, 〈쥬라기 월드〉, 〈마이티 조 영〉, 〈킹콩〉, 〈퍼펙트 겟어웨이〉 등 많은 영화에 나팔리 코스트가 등장한다.

떨어지는 해를 볼 수 있다. 아름다운 경치와 황금 노을, 하와이식 뷔페까지 부족한 것 없다. 돌고래 가족을 만나는 행운까지 따른다면 더할 나위 없다.
VOL.2 ⓜ MAP p.546l ⓘ INFO p.557

TIP 유용한 홈페이지 정보 같은 업체의 상품이라도 해당 업체의 홈페이지에서 미리 예약하는 경우 할인 가격이 있는 얼리버드 스페셜(Early Bird Specials) 또는 웹사이트 예약 할인 등 혜택이 있으니 참고하자.

대표 크루즈 업체
블루 돌핀 차터스 Blue Dolphin Charters
ⓦ https://www.bluedolphinkauai.com
캡틴 앤디 Captain Andy's ⓦ https://www.napali.com
홀로홀로 HoloHolo ⓦ https://www.holoholokauaiboattours.com

 토크SAY **TIP 크루즈에 탄다면?**
멀미약을 먹는 것이 좋다. 멀미약은 항구의 크루즈 사무실에서 구할 수 있고, 배를 타기 최소 30분 전에 먹어야 효과가 있다.

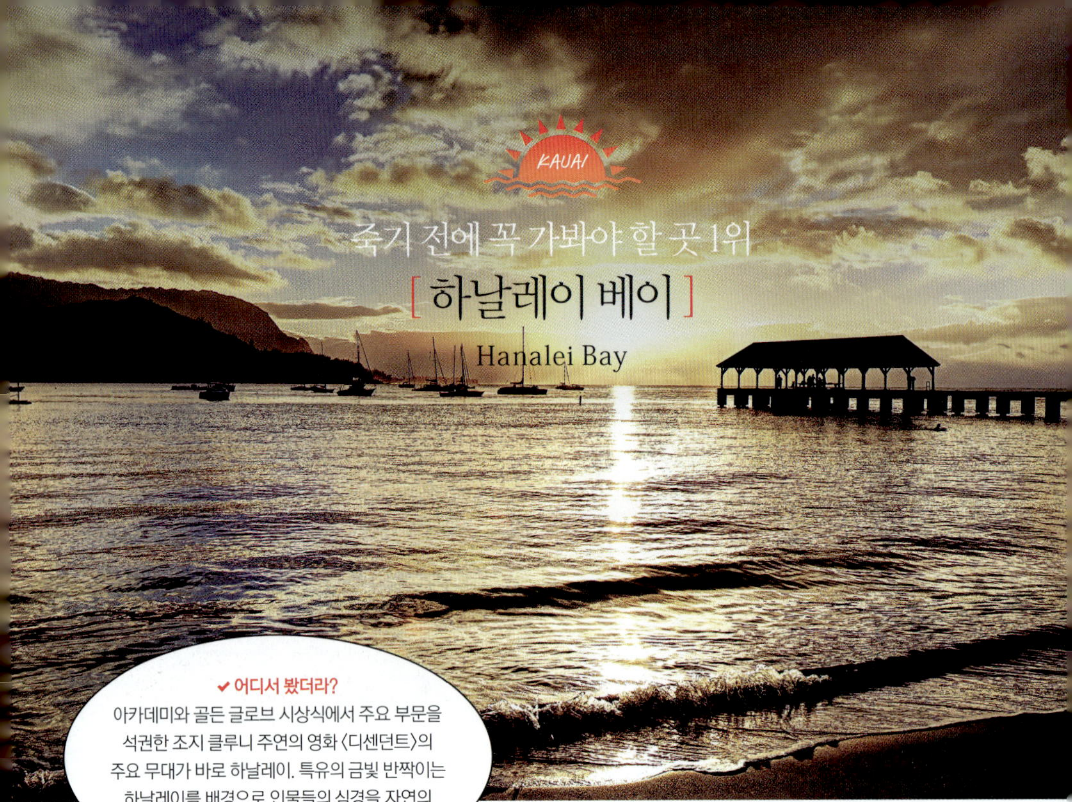

KAUAI

죽기 전에 꼭 가봐야 할 곳 1위

[하날레이 베이]

Hanalei Bay

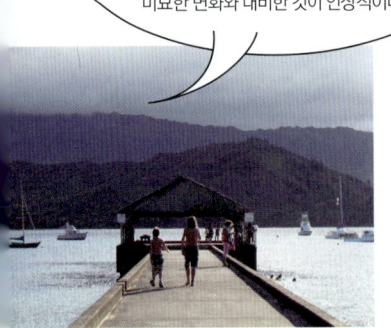

✔ 어디서 봤더라?

아카데미와 골든 글로브 시상식에서 주요 부문을 석권한 조지 클루니 주연의 영화 〈디센던트〉의 주요 무대가 바로 하날레이. 특유의 금빛 반짝이는 하날레이를 배경으로 인물들의 심경을 자연의 미묘한 변화와 대비한 것이 인상적이다.

하와이에는 "편히 죽을 사람은 살아서 꼭 하날레이를 보게 된다"는 옛말이 있을 정도로 안 보면 후회할 아름다운 옛 항구다. 카우아이는 이혼했던 하늘 아버지와 땅 어머니가 화해한 후 낳은 자식이라는 전설에 따라 '화해의 상징'으로 여겨진다. 조지 클루니 주연의 영화 〈디센던트(The Descendants)〉에 등장하는 하날레이 항구 역시 시시각각 변하는 등장인물들이 가슴 깊은 화해를 끌어내는 배경이 되었다. 하날레이 베이는 실제로 굉장히 역동적인 모습이지만, 마음의 소리들을 가라앉히기도 한다. 하날레이는 하와이어로 '초승달 모양'이라는 뜻. 4킬로미터 가까운 길고 둥근 해변을 아름다운 발리 하이(Bali Hai)가 에워싸고 있어 신비롭다. 넓고 둥근 바다를 두른 산은 중간 중간 안개가 피어오르고 구름이 걸려 있어 느닷없이 비가 내리기도 한다. 매력적인 산등성이 곳곳에서 통곡의 벽처럼 폭포수가 흘러내린다. 강어귀가 있어 물 맑은 해변은 아니지만 아름다움으로는 늘 상위권에 드는 곳이다. 하날레이의 석양은 이글거리며 사그라드는 것이 아니라 황금빛 노을이 고요하고 평화롭게 온 세상을 감싸는 느낌이다. 강렬한 여름 바다와는 또 다른 분위기를 느끼고 싶다면 하날레이 베이로 발걸음을 옮겨보자.

VOL.2 MAP p.560B INFO p.567

카우아이의 와이키키
[포이푸 비치 파크]
Poipu Beach Park

일조량이 풍부한 카우아이 남쪽에 자리 잡은 포이푸 비치는 가족들이 물놀이를 즐기기에 좋다. 게다가 로맨틱한 석양을 감상하기에도 더없이 좋은 해변이다. 바닷물에 발을 담그고 가볍게 걸으면서 빛이 바뀌는 풍광을 감상하다 보면, 카우아이의 와이키키라고 할 만큼 해 지는 위치가 비슷하다는 것을 불현듯 깨닫는다. 각 섬의 지도에서 비슷한 위치에 있기 때문. 가족 단위 방문객과 주변 리조트에서 산책을 나온 사람들이 많아 안전하고, 높은 건물이 없어 시야를 가리는 것도 없다. 오히려 사람들이 북적거리지 않아 조용히 여유 있게 지는 해를 감상하기에 더없이 좋은 곳이다.

VOL.2 MAP p.547D INFO p.555

MANUAL 03 __ 일출 명소

이제 진짜를 맞이할 시간
일출 명소 TOP 3

밤을 수놓은 불빛이 아름다운 것은 태양이 없기 때문이다. 이제 진짜를 맞이할 시간.
하와이의 태양을 가장 일찍 만나는 방법은 바로 해돋이 구경이다. 대자연의 아름다움과 강한
생명력을 오롯이 느낄 수 있는 일출. 오랜 여명을 지나 움트는 해돋이는 마치 산통이 이는 듯한
순간이다. 마치 내가 함께 노력해야 태양이 완전히 솟아오를 것 같은 조바심으로 신비로운 탄생의
전율마저 느껴지는 베스트 스폿을 순위별로 소개한다. 연중 오차 없이 제시간에 해가 떠오르는
장면을 볼 수 있는 곳인지, 일출 시각에 도착할 수 있는 곳인지를 염두에 두고 선정했다.

구름을 뚫고 솟구치는 일출
[할레아칼라]
Haleakala Sunrise

마우이를 이루는 2개의 큰 산 중 더 높은 산은 3055미터의 할레아칼라, 하와이어로 '태양의 집'이라는 뜻이다. 백두산보다 높지만 정상까지 포장도로가 깔려 있고, 천문관측소와 전망대가 있어 특별한 일출을 볼 수 있다. 세상에서 가장 큰 휴화산, 분화구 등의 수식어가 붙는데, 사실 할레아칼라는 산 이름일 뿐이다. 정상에는 어마어마한 크기의 계곡 안에 크고 작은 분화구가 여러 개 있다. 고대 하와이 전설에 따르면, 화산과 불의 여신 펠레가 이곳에 집을 지으려고 마법의 삽으로 여러 번 산을 팠는데, 결국 너무 추워서 빅아일랜드로 옮겨 갔다고 한다. 정상에는 마치 펠레 여신이 파놓은 듯한 분화구가 여기저기 보인다. 정상에 오르면 다른 행성에 온 것 같은 광경에 한 번 놀라고, 매서운 바람에 다시 한 번 놀랄 테니 전설적인 추위도 대비하시라.

VOL.2 MAP p.469H INFO p.472

 TIP 이거 안하면 못 본다. 일출 관람 온라인 사전 예약

정상 일출 관람 시 미리 주차 예약을 해야 국립공원에 진입할 수 있다. 할레아칼라 정상 도착 예정 60일 전부터 할레아칼라 국립공원 공식 홈페이지(www.nps.gov/hale/planyourvisit/haleakala-sunrise-reservations.htm)에서만 온라인 예약제로 운영하며, 비용은 $1(차 1대, 국립공원 입장료 $30 별도), 정상 관람대 입차 시 여권 또는 운전면허증과 예약확인증을 운전석 앞 대시보드에 올려두어야 한다. 해돋이 시간대가 지나고 오전 7시 이후에는 예약없이 입장 가능.

해돋이 예약페이지 바로가기

일출을 볼 수 있는 장소는 두 군데로 방문자 센터 앞이나, 그 옆 계단으로 올라가는 전망대다. 밤하늘의 은하수와 여명을 보면서 한참을 기다리다 보면 구름 사이로 붉은 태양이 또렷하게 나타난다. 긴긴 어둠을 한순간에 몰아내는 강렬한 태양의 등장과 함께 벅찬 감동으로 터져 나오는 사람들의 탄성과 카메라 셔터 소리가 새벽의 적막을 생동감으로 바꾼다. 이 순간 태곳적 인류가 왜 태양을 숭배했는지 십분 공감하게 된다. 감흥이 조금 가라앉으면 해가 밀어낸 구름 뒤로 할레아칼라 계곡과 분화구들이 보인다. 몇 차례의 경험 끝에 내린 결론은 매일 반복되는 해돋이를 최고의 장관으로 만드는 것은 해가 아닌 구름이라는 것. 아름답다, 멋지다, 황홀하다, 장엄하다, 숭고하다, 오묘하다 등등 세상 모든 수식어를 충족하는 것이 하와이의 일출이다. 볼 때마다 다르고, 심지어 해가 구름을 밀어내지 못하는 날도 있다. 정상 주변에서 트레일을 돌아보려면 선크림과 모자 등 자외선 차단이 필수다. 대기층이 엷어 자외선이 강하고 심한 운동 시 약간의 고산병 증세가 나타날 수 있으니 주의하자.

Q. 펠레가 누구지?

하와이 고유 신 중 화산과 불의 여신으로 지금까지 가장 널리 존중되는 신격을 가지고 있다. 펠레는 사모아 섬 문화에서 널리 알려진 와케아와 파파 사이에서 태어난 13형제 중 하나. 큰언니의 남편을 사랑한 펠레는 언니의 노여움을 사서 쫓겨나 하와이제도까지 왔다. 할레아칼라 정상에 집을 지으려고 했으나 결국 빅아일랜드의 킬라우에아 정상에 보금자리를 틀었다.

Q. 마우이는 누구지?

마우이는 폴리네시아 전역의 공통적인 신화에 등장하는 인물로 반신반인(demi-god)이다. 마우이는 인간 어머니가 낮이 짧아 하루 일을 다 끝내지 못하자 여러 번 해를 잡아 속도를 늦추려고 했으나 실패했다. 그러다 할레아칼라 정상에 숨어 햇살 여러 가닥을 붙잡아 마침내 해를 움직이지 못하게 했다. 더 천천히 돌겠다는 약속을 받은 후에야 해를 놓아주어 오늘날 인간의 하루가 24시간이 되었다고 전해진다.

Q. 어떤 옷을 입지?

고도가 1백 미터 상승할 때마다 온도가 0.6도씩 떨어지고, 해가 뜨기 전 정상의 체감온도는 그보다 훨씬 낮으므로 일출을 관람할 때는 각별한 준비가 필요하다. 정상의 평균기온은 영하 6도~영상 5도. 할레아칼라 국립공원은 24시간 개방되지만 식당이나 편의점은 없으니 방한복과 카메라, 따뜻한 음료 등을 준비해서 넉넉히 여유를 두고 도착하는 것이 좋다. 마우이의 대부분 지역에서 새벽 3시 전후에 출발하면 늦지 않다.

● **자동차 소요 시간**
카훌루이 공항~할레아칼라 정상 주차장 ➡ 1시간 20분
키헤이~할레아칼라 정상 주차장 ➡ 1시간 30분
와일레아~할레아칼라 정상 주차장 ➡ 1시간 40분
라하이나~할레아칼라 정상 주차장 ➡ 1시간 50분
카아나팔리, 카팔루아~할레아칼라 정상 주차장 ➡ 2시간 10분

토크 SAY

 TIP 일출 장관 놓치지 마세요!

할레아칼라에는 정상 부근의 국립공원 외에도 남동쪽 해안 쪽에 키파홀루 지역을 아우르는 국립공원이 있다. 하지만 이 둘은 위치와 고도가 서로 다르다. 구름 위로 솟아오르는 해돋이를 볼 수 있는 곳은 정상 단 한 곳뿐.

OAHU

천국의 섬 위로 솟구치는 해돋이
[라니카이 비치]
Lani Kai Beach

하와이 기념 엽서에 자주 등장하는 라니카이 비치는 모래 바닥까지 들여다보이는 맑은 바다색이 일품인 그야말로 꿈의 해변. 수평선 쪽으로 앙증맞은 섬 2개가 보이는 라니카이 비치는 지난 수년간 미국 최고의 바다라는 수식어가 꼭 붙어 다녔다. 하와이어로 '천국 같다'는 뜻을 가진 이 해변은 입소문으로 알음알음 찾는 사람들이 늘어났다. 라니카이 비치는 카일루아 비치 파크에서 연결되지만 별도의 프리미엄 해변으로 보면 된다. 원주민들도 신분이 높은 족장들만 들어올 수 있어서 '천국'이라는 뜻과 함께 '독보적인 고품격'이라는 의미를 지녔다. 지금은 호화 저택들이 해변에 늘어서 있다. 차를 몰고 오면 담 사이로 살짝살짝 해변이 보일 뿐 진입로와 주차가 확실하지 않으니, 카일루아 비치 파크에서 걸어오는 것이 가장 좋다. 주차장, 화장실, 피크닉 테이블 등 해변 시설도 카일루아 비치 파크를 이용해야 한다. 불편을 감수하면서도 이곳을 찾는 이유는 청량한 바다 풍경과 맑은 물, 강렬한 동쪽 태양이 만들어낸 투명한 색감이 마치 어느 이온 음료 광고를 보는 듯하기 때문이다. 수심이 깊지 않아 수온이 높은 시기의 해파리만 피한다면 아이들에게도 좋다. 스노클링과 카약 등 해양 스포츠를 즐기는 사람도 많아 그림 같은 풍경에 역동적인 멋을 더한다. 라니카이 비치는 동쪽을 정면으로 바라보고 있기 때문에 오아후에서는 드물게 수평선에서 올라온 태양이 조각 같은 2개의 섬 위로 떠오르는 인상적인 일출을 볼 수 있다.

VOL.2 MAP p.409L INFO p.417

 TIP 숨겨진 일출 명소가?
라니카이 필박스(Lanikai Pillboxes)라고 부르는 트레일 정상에서 내려다보는 것도 하와이가 자랑하는 일출 전경 중 하나인데, 아직까지는 관광객보다 주민들이 많은 편.

자전거를 타고 떠오르는 태양을 향해 달리자
[카파아 비치 파크]
Kapa'a Beach Park

카우아이 명물인 수탉들이 하나둘 목청을 뽐내면 곧이어 하늘이 밝아오기 시작한다. 한가운데 산맥이 떡하니 자리 잡고 있는 카우아이에서는 동쪽 끝 해변이라야 수평선 위로 오롯이 떠오르는 해를 만날 수 있다. 사진 찍기를 좋아하는 사람들이 애타게 찾아다니는, 수평선에 걸린 해의 모습, 일명 '오메가'를 노려볼 만하다. 도로 접근성이 좋은 카우아이 동부 해안은 지역 주민과 보급형 콘도 등에 머무는 관광객들도 모두 나와 일출을 즐긴다. 20킬로미터에 이르는 해안 자전거 도로가 현재 대부분 완성되었으니 자전거로 도전해 볼 만하다. 특히 카파아 비치 파크는 일출을 보고 아침을 먹기 위해 많은 사람들이 들르는 곳. 자전거를

대여하는 곳들도 쉽게 눈에 띈다. 주차가 편하고 붐비지 않으며, 한때 코코넛 재배를 했던 지역이었던 만큼 해변에 늘어선 야자수와 쉼터가 지칠 줄 모르고 태양을 즐기는 이들의 발걸음을 붙잡기에 충분하다.

VOL.2 MAP p.561L INFO p.571

MANUAL 04 ___ 역사 명소

Aloha State

하와이의 뒤안길을 돌아보다

하나의 왕국이 식민지를 거쳐 세계가 주목하는 관광지로 변모하기까지,
파란만장한 역사를 간직한 하와이가 고스란히 품고 있는 문화유산은 아픔과 치유의
지난날을 보여준다. 과거와 현재를 넘나드는 시간 여행자가 된 듯한 기분으로
하와이의 역사적인 명소를 천천히 둘러보자.

3세기경 마르키즈제도를 떠난 폴리네시아인들이 카누 2개를 붙인 모양의 배를 타고 별자리를 따라 도착한 곳이 바로 하와이제도. 하와이는 폴리네시아어로 '마음의 작은 고향'이라는 뜻이다. 6백여 년 후 타히티 사람들이 건너와 카푸(Kapu)라는 엄격한 규율로 다스리는 계층사회를 이루었다. 오늘날 우리가 말하는 하와이 원주민은 이 둘의 먼 후손들이다. 그 후 부족들이 영역 다툼을 계속하다가 빅 아일랜드 일부 지역의 왕이었던 카메하메하가 1810년 최초의 통일 왕국을 이룩했다.

서양인들이 섬에 들어오면서 하와이 주민들은 면역항체가 없는 외부의 병에 걸리거나 전쟁 등으로 대부분 죽었고, 2백 년이 지난 지금 미국 인디언처럼 지구상에서 사라져가는 소수 민족이 되었다. 사탕수수와 파인애플 등 국제무역에서 인기 좋은 작물을 생산하며 경제적 이윤을 얻자 점차 상업 작물 재배지로 탈바꿈하면서 경제적 강자였던 서양인들의 영향력이 점점 커졌다. 이때부터 부족한 노동력을 메우기 위해 일본, 중국, 한국 등에서 이민자들을 받아들여 플랜테이션 농업 역사가 본격화되었다. 무역의 중심지였던 호놀룰루를 수도로 정하고 최초의 서양식 왕궁이 지어졌으나 얼마 후 1896년 미국의 자본가들이 불법으로 하와이 왕조를 전복했다. 세월이 흘러 미국 강점기에 태어난 이민자 2세들이 성인이 되어 미국 국민으로서 처음 선거를 치렀고, 반세기가 지난 1959년, 하와이는 50번째 주로 승격되었다. '세계 최고의 휴양 관광지'가 하와이의 현주소다.

하와이 역사 명소 미리 엿보기

메네후네 피시폰드 **p.97**

1 처음 사람이 정착해 하와이 원주민 문화 시작

푸우코홀라 신전 **p.94**
카마카호누 국립 사적지 **p.95**

3 하와이 원주민 최초의 통일 왕국 설립(1810)

알로하 타워 **p.92**

5 관광 산업 성행 세계적 관광지로 성장

2 영국의 제임스 쿡 선장이 하와이를 서양에 처음 알림(1778)

1700년대 푸우호누아 오 호나우나우 **p.96**

4 사탕수수 농장 시대와 미국 강점기, 하와이 왕조 몰락(1883)

1873 라하이나 반얀트리 공원 **p.94**
1874 케알라케쿠아 베이 캡틴 제임스 쿡 기념비 **p.98**
1882 이올라니 궁전 **p.90**

6 미국의 50번째 주로 현재에 이름(1959)

1960년대 라우파호에호에 기차 박물관 **p.95**

하와이 왕조의 마지막 유산
이올라니 궁전 Iolani Palace

이올라니 궁전은 1882년 칼라카우아 대왕이 견학 중에 본 유럽의 웅장한 성과 교회에 영향을 받아 건립한 하와이 최초의 서구식 궁전이다. 당시 하와이 원주민은 인구가 급감하고 정치 경제적으로는 미국의 심한 압력으로 곤경에 처해 있었다. 그러던 중 해외 순방을 마치고 돌아오던 칼라카우아 대왕이 배 안에서 건강 악화로 사망하자 이올라니 궁에서 귀국 환영식을 준비했던 왕가는 비탄에 빠졌다. 동생 릴리우오칼라니 여왕이 왕위를 승계하고 주권 수호를 위한 최후의 거사를 도모했지만 이 비밀결사마저 누설되고 말았다. 결국 그녀는 이올라니 궁전 자신의 방에 감금되었다가 궁전 정원에서 왕관을 빼앗겼다. 비운의 역사를 함께했던 이올라니 궁전. 하와이 역사 문화의 상징이자 미국 내 유일한 왕궁으로 '이올라니'는 '독수리'라는 뜻의 하와이어다. 대리석에 꽃 문양을 새겨 넣은 고딕 양식 건축물로 내부에는 하와이에서만 자라는 코아 나무로 만든 웅장한 계단과 왕국의 모토를 새겨 넣은 유리창, 하와이 왕조 때 사용하던 보석과 훈장, 가구들을 비롯해 칼라카우아 대왕의 시대를 앞선 발명품 등이 전시되어 있다. 하와이의 마지막 여왕 릴리우오칼라니가 감금되었던 방과 눈물 자국이 그대로 밴 의자, 독립을 기원하며 손으로 수놓은 퀄트 이불도 볼 수 있다. 국내 관광 안내 책자의 정보와 달리 실내 사진 촬영은 플래시 없이 가능하며 셀프 오디오 투어에는 한국어가 지원된다.

VOL.2 MAP p.431C INFO p.438

TIP 칼라카우아가 누구지?
칼라카우아는 최초로 통일을 이룬 카메하메하와 함께 대왕의 호칭을 얻은 유일한 왕. 칼라카우아 대왕은 카메하메하 왕조가 끝나고 급변하는 국내외 정세 속에서 힘든 정치를 해야 했다. 왕의 머리에 총을 겨눠 자신들이 원하는 대로 헌법을 바꾸는, 풍전등화 같은 나라의 운명을 고스란히 감내하며 백성들의 이익을 도모하면서도 외부 세력을 회유해야 했던 것이다. 지금도 칼라카우아 대왕을 메리 모나크(Merrie Monarch, 즐거운 향연의 시대)라는 애칭으로 부른다.

*이올라니 궁전을 둘러볼까?

❶ 하와이 왕국 국기
1993년 빌 클린턴 대통령이 불법 국권 침탈과 식민지 병합을 사과하는 선언문을 발표하는 등 과거 하와이 왕조의 독립성을 인정함으로써 이올라니 궁전은 지금도 미국의 성조기 없이 하와이 왕국기만 게양한다.

❷ 입구 유리창
하와이 왕국의 모토 'UA MAU KE EA O KA AINA IKA PONO(이 땅 위의 생명은 스스로 존재할 정당한 권리를 지닌다)'는 문구에 독립 왕국으로서 존엄성을 인정받고자 하는 염원이 담겨 있다.

❸ 각종 연회실
블루룸, 옐로룸 등 다양한 색감의 작은 연회실과 만찬실

❹ 대연실
왕과 왕비가 대연회를 개최하던 곳에 왕관과 의검이 진열되어 있다. 릴리우오칼라니 여왕의 왕관은 폐위 시 빼앗겼다가 나중에 하와이에 반환되었을 당시 보석들이 사라진 상태였다고 한다.

❺ 코아 나무 계단
아름답고 예술적인 코아 나무 원목으로 만든 계단. 품격 있는 실내 계단을 보호하기 위해 방문객은 직원용 엘리베이터를 타고 올라간다.

❻ 왕가 개인실
예술과 과학에 관심이 많았던 칼라카우아 대왕의 집무실과 그 맞은편에 카피올라니 여왕의 방이 있다.

❼ 릴리우오칼라니 여왕 개인실
이 방에 감금된 채 하와이언 퀼트 자수를 놓으며 지냈다. 유리창이 정원과 항구 쪽으로 나 있는데, 그녀의 유령이 유리창에 보인다는 근거 없는 괴담이 돌기도 했다.

❽ 정원 가제보
정자처럼 사용되는 가제보는 퀼트 문화 강좌, 야외 결혼식 등 각종 외부 행사에 사용되고 있다.

입장권 예약페이지 바로가기

✓ **이건 몰랐지?**
이올라니 궁전으로 진입하기 전 철로 된 출입구 4면에 고대 하와이 왕국의 문장이 붙어 있다.

나를 잊지 말아요,
알로하 타워 Aloha Tower

하와이는 와이키키에 처음으로 호텔이 생기고 타이타닉호 같은 호화 유람선이 드나들면서 이름을 알리기 시작했다. 호놀룰루 항구의 유일한 관문이자 등대인 알로하 타워는 1926년 시계탑으로 세워졌다. 유람선이 도착하는 날이면 마켓 플레이스가 열리고, 훌라걸들과 레이의 향연이 펼쳐져 타워 주변은 이국적인 낭만과 알로하 스피릿으로 가득 찼다. 그 때문에 사람들이 처음이자 마지막으로 보게 되는 알로하 타워는 이곳을 떠난 뒤에도 꽃 내음이 향기로운 레이와 함께 '하와이를 잊지 마세요'의 또 다른 이름, 추억의 아이콘이 되었다. 항공 여행의 대중화로 유람선이 점차 사라지면서 주춤했으나 최근 다시 크루즈 여행이 떠오르면서 덩달아 부흥기를 맞고 있다. 전망과 석양이 아름답기로 유명하고, 알로하 타워의 시계탑에 올라 360도 파노라마 뷰를 관망(무료)할 수 있다. 다운타운 호놀룰루와 가까워 이올라니 궁전, 차이나타운과 함께 둘러보기 편하다.

VOL.2 MAP p.431C INFO p.438

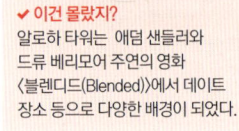

✔ 이건 몰랐지?
알로하 타워는 애덤 샌들러와 드류 베리모어 주연의 영화 〈블렌디드(Blended)〉에서 데이트 장소 등으로 다양한 배경이 되었다.

알로하 타워에서 바라보는 남쪽 해안 절경

* 알로하 타워, 둘러볼까?

1. 알로하 타워 전망대
56미터 높이의 10층에 위치한 전망대는 'ALOHA'라고 쓰여 있어 영문이 반대로 보이는 것이 특징이다.

2. 알로하 타워 시계탑
미국에서 가장 큰 시계 중 하나

3. 미국 역사 사적지 동판
입구 벽면에 미국 역사 사적지 등재 표시판이 있다.

4. 알로하 타워 내부 바닥 문양
1926년 건축 연도와 동서남북 방위를 표시하고 있다.

5. 알로하 타워 마켓 플레이스
왼편에 있는 마켓 플레이스에 카페, 레스토랑 등이 있다.

비운의 수도에 평화의 꿈이 무럭무럭,
라하이나 반얀트리 공원 Lahaina Banyan Tree Court

하와이를 통일한 카메하메하 대왕이 죽고 왕비가 대리 정치를 하면서 사회가 매우 혼란스러웠다. 그 후 카메하메하 3세가 고래 무역 중심지였던 라하이나로 수도를 이전한 지 불과 40년 만에 고래 포획이 국제조약으로 금지되면서 라하이나는 성장을 멈췄고, 세계 각국에서 모여든 거친 뱃사람들의 폭력과 방화로 편할 날이 없는 범죄 도시로 전락하고 말았다. 이런 상황에서 1873년 하와이의 기독교 50주년 기념 행사 때 화합과 안녕을 기원하며 인도 불교의 상징 반얀트리를 심었다. 당시 2미터 남짓하던 나무가 이후 하와이에서 가장 크고 미국에서 가장 오래된 반얀트리로 성장했다.

ⓘ 홈페이지 www.mauicounty.gov/Facilities/Facility/Details/125

✔ 이건 몰랐지?

2023년 라하이나 대형 산불로 전역이 전소되었을 때 전세계가 함께 슬퍼하고 기도했다. 산불이 진화된 후 잿더미가 된 라하이나 마을에서 검은재로 변한 반얀트리를 발견했지만 얼마 후 새싹이 하나 둘 나무에서 돋아나는 모습들이 관찰되어 150년이 넘은 이 반얀트리는 현재 희망의 아이콘으로 새로운 의미를 부여 받았다. 〈라하이나 마우이 스트롱 Lahaina Maui Strong〉 재난 기금의 로고는 반얀트리를 심볼로 한다. 최근 일부 구간이 다시 재개장하고 있으니 희망으로 함께 기다려 보자.

통일 왕국의 염원을 담은 신전,
푸우코홀라 신전 Pu'ukohola Heiau

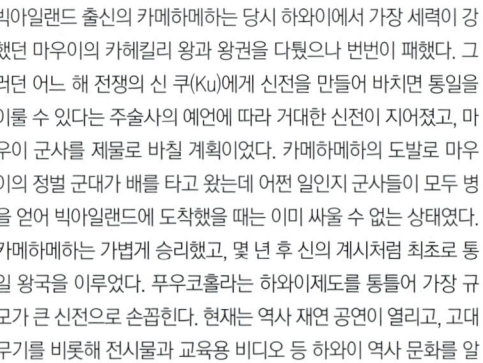

빅아일랜드 출신의 카메하메하는 당시 하와이에서 가장 세력이 강했던 마우이의 카헤킬리 왕과 왕권을 다퉜으나 번번이 패했다. 그러던 어느 해 전쟁의 신 쿠(Ku)에게 신전을 만들어 바치면 통일을 이룰 수 있다는 주술사의 예언에 따라 거대한 신전이 지어졌고, 마우이 군사를 제물로 바칠 계획이었다. 카메하메하의 도발로 마우이의 정벌 군대가 배를 타고 왔는데 어쩐 일인지 군사들이 모두 병을 얻어 빅아일랜드에 도착했을 때는 이미 싸울 수 없는 상태였다. 카메하메하는 가볍게 승리했고, 몇 년 후 신의 계시처럼 최초로 통일 왕국을 이루었다. 푸우코홀라는 하와이제도를 통틀어 가장 규모가 큰 신전으로 손꼽힌다. 현재는 역사 재연 공연이 열리고, 고대 무기를 비롯해 전시물과 교육용 비디오 등 하와이 역사 문화를 알 수 있는 볼거리가 많다.

VOL.2 ⓘ MAP p.518E ⓘ INFO p.524

원래 2개의 신전이 있었는데, 다른 하나는 가문의 수호신인 상어의 신을 위한 할레오카푸니(Hale o Kapuni)라는 신전이다. 바닷가에 지어진 이 신전은 현재는 높아진 해수면으로 바다에 잠겨 성곽의 일부만 보인다.

토크SAY
TIP 이건 몰랐지?

01. 푸우코홀라(Pu'ukohola)라는 지명은 '고래의 언덕'이라는 하와이어에서 유래했으며, 헤이아우(Heiau)는 하와이어로 '신전'이라는 뜻이다.
02. 푸우코홀라 신전에서 북쪽으로 1킬로미터 올라가면 카와이하에(Kawaihae) 항구가 나오는데, 이곳은 지대가 높아서 푸우코홀라 신전의 전체 모습을 내려다볼 수 있다.

카메하메하 대왕이 살던 곳,
카마카호누 국립 사적지 Kamakahonu National Historic Landmark

카메하메하 대왕은 하와이를 정복하는 과정에서 잔인함으로 이름을 떨쳤다. 그러나 통일을 이룬 후에는 온화하고 편안하게 백성들과 어울리면서 정사를 돌봤다고 한다. 통일 후 그는 하와이 전체 영토 중에 빅아일랜드의 조용하고 한적한 카일루아 코나 항구를 자신이 살 곳으로 점찍었다. 카마카호누 국립 사적지가 바로 카메하메하 대왕이 죽을 때까지 살았던 집이자 개인 신전으로 장례식도 이곳에서 진행되었다. 현재 그 부지는 매리어트 호텔 계열의 코트야드 호텔이 소유하고, 전통 음식을 먹으며 춤을 구경하는 루아우(Luau) 공연장으로 사용되고 있다. 헤이아우 앞쪽은 관광객과 주민 모두 물놀이를 즐기는 호텔 해변으로 개발되어 하와이 문화에 대한 존중과 배려가 조금 아쉽다. 카마카호누 국립 사적지부터 바닷가를 따라 걸어가면 하와이 최초의 교회, 왕족들의 여름 별장 등 가치 있는 유산들이 모여 있는 아기자기한 카일루아 코나의 색다른 매력을 엿볼 수 있다.

VOL.2 MAP p.501L INFO p.506

✔ 이건 몰랐지?
신전 앞 하와이 고유의 신상들 중, 가장 키가 큰 '치유의 신' 머리 위에 앉은 것이 바로 골든 플러버(Golden Plover)라는 새의 조형물이다. 하와이를 오가는 철새로, 이 새의 이동 경로를 따라 하와이로 첫 원주민들이 오게 되었다.

빅아일랜드 역사의 그날로 떠나는 여행,
라우파호에호에 기차 박물관
Laupahoehoe Train Museum

힐로는 1900년대 사탕수수 농업이 성행할 당시 최대 수출 항구였다. 철도를 이용해 사탕수수를 수송하며 경제 중심지로 승승장구하던 중 1946년 쓰나미로 철도가 크게 훼손되어 복구 불가능 판정을 받으면서 경제 대공황의 시기를 겪고 하와이 역사에서 서서히 그 이름이 잊혀져갔다. 그 역사를 가리기 위해 지은 박물관으로 현재 하와이 유일의 철도 박물관이다. 라우파호에호에 기차 박물관은 당시 철도 관리인의 집을 개조해 만든 것이다. 그 앞을 지나는 19번 고속도로는 당시의 철로 자리에 아스팔트를 깐 것. 연간 5천 명 남짓 들르는 이곳은 미국에서 가장 작은 박물관이다.

VOL.2 MAP p.519H

✔ 이건 몰랐지?
건물 외벽에는 과거의 철도 모습을 재현한 다양한 벽화가 그려져 있어 하나하나 둘러보는 재미가 있다. 건물 내부에는 철도 관리인 가족이 실제 사용했던 옛날식 부엌과 화장실, 집기가 그대로 남아 있어 향수를 불러일으킨다.

너의 죄를 사하노라,
푸우호누아 오 호나우나우 국립역사공원
Pu'u Honua O Honaunau National Historic Park

빅아일랜드의 푸우호누아 오 호나우나우는 죄로부터 자유로울 수 있는 피난처이자 성지였다. 어떤 중죄를 범했든, 혹은 어떤 식으로 도망쳐 왔던 일단 이 안에 들어가 일정 기간 생활하면서 신에게 용서를 받으면 다시 사회로 돌아갈 수 있었다. 일견 교도소와 같아 보이지만, 스스로 목숨을 보존하기 위해 이곳으로 도망쳐 들어갔기 때문에 신성불가침 지역이라고 보는 것이 옳다. 하와이에 있는 푸우호누아 중에서 가장 잘 보존된 이곳은 현재 국립역사공원으로 운영되고 있다. 공원 내부에는 하와이 전통 주택과 코나네(Konane)라고 하는 바둑처럼 생긴 전통 게임, 신전 등 볼거리가 잘 갖춰져 있어 전통문화와 역사를 체험할 수 있는 최고의 명소다. 입구에는 교육용 전시물과 국립공원 보안관과 비슷한 파크 레인저(Park Ranger)가 진행하는 간단한 교육 프로그램도 있다. 티키(Tiki)라고 부르는 고대 신상을 가까이 볼 수 있는 신전에는 지금도 사람들이 꾸준히 찾아와 신에게 하와이언 꽃목걸이 레이 등을 바친다. 투어 프로그램으로 이곳을 방문하면 하와이 고유어로 낭송하면서 간단한 묵념을 하는데, 푸우호누아 본연의 의미를 느낄 수 있다. 야자수가 늘어서 평화로운 앞쪽 해변에는 한낮에 거북이 자주 올라오고, 투명한 바닷물 속으로 알록달록한 열대어들을 볼 수 있다.

VOL.2 ◎ MAP p.500E ⓘ INFO p.507

✓ 파라다이스에 죄인이라니?
하와이는 엄격한 계급사회를 다스리는 카푸(Kapu)라는 법규가 있었다. 위로는 알리이(Ali'i)라 부르는 왕 또는 족장, 종교 지도자, 평민과 메네후네(Menehune)라 부르는 피지배계급, 맨 아래 전쟁 노예까지 세세히 구분되었고, 여자는 남자와 겸상을 하거나 바나나와 돼지고기 등을 먹을 수 없었다. 형벌도 엄해서 왕의 그림자만 밟아도 처형되었다. 하와이 원주민들은 엄격한 법규를 철저히 따라야 했는데, 지키지 않으면 화산 폭발이나 홍수, 번개, 지진, 풍랑 등으로 신이 벌을 내린다고 여겼다. 따라서 서로를 감시하며 죄를 폭로했고, 잦은 영토 전쟁으로 노예와 포로가 되는 경우가 많았다. 고대 하와이인들은 신을 달래기 위해 때로는 인간을 제물로 바치기도 했다. 이런 엄격한 문화 속에서 목숨을 부지하는 나름의 방법이 있었다. 바로 그것이 신성불가침 지역으로 들어가 지내면서 신으로부터 죄를 용서받는 것이라고 한다.

카우아이 전설 속의 난쟁이들이 하룻밤에 만든 연못,
메네후네 피시폰드 Menehune Fishpond

하와이에는 많은 전설이 있는데, 그중 하나가 바로 메네후네(Menehune)다. 메네후네는 전설에서는 난쟁이 요정, 역사에서는 피지배 노동자계급 2가지 의미를 가진다. 피정복민으로 노역에 동원되던 메네후네는 시간이 흘러 '키가 작다'는 뜻으로 바뀌어 전설 속의 미스터리한 난쟁이로 재탄생되었다. 카우아이는 '정원의 섬'이라는 별명처럼 녹음이 우거지고 산이 많아 공중에서 숲 속 땅을 다 내려다볼 수 없다. 그래서인지 카우아이의 메네후네만큼은 '낮은 계급'이 아니라 전설 속의 난쟁이라는 의미로만 쓰인다. 메네후네는 나무 아래 숨어 다니고 밤에만 활동해 사람들 눈에 띄지 않는다고 한다. 장난을 좋아하는 메네후네는 가끔 사람들을 놀래려고 물건을 몰래 숨기거나 옮겨놓기도 한다. 손재주도 좋아서 무엇이든 잘 만드는데, 이들이 만든 걸작이 바로 메네후네 피시폰드라고 불리는 양어장이다. 물을 끌어올 수 없는 곳에 땅을 파고 물을 가둔 것도 신기하지만, 그 속에서도 어린 치어와 일정 크기 이상의 물고기가 섞이지 않는 것은 신의 조화라 칭송할 만하다. 하지만 이 양어장에서 키운 물고기는 왕족들의 전유물이었다. 만든 사람과 누리는 사람이 달랐던 것이 아쉬움을 남긴다.

VOL.2 MAP p.547H INFO p.555

굿바이 캡틴 쿡, 하와이 속 영국 땅
케알라케쿠아 베이 캡틴 제임스 쿡 기념비
Kealakekua Bay State Historic Park

케알라케쿠아 베이는 캡틴 쿡의 이름을 딴 지역에 1천 미터 절벽으로 둘러싸인 2킬로미터가 넘는 아름다운 베이. 모래 없이 용암과 몽돌 바닥이다. 예로부터 신성한 지역으로 여겨져 푸우호누아 오 호나우나우(신성불가침 지역)를 비롯해 왕족들의 뼈를 묻은 곳과 2개의 신전이 모여 있다. 몇 년 전만 해도 방파제 하나와 해양 생태 보호 표지판, 멀리 절벽 아래 보이는 하얀 탑뿐이었던 이곳이 2013년 케알라케쿠아 주립역사공원으로 지정되어 지금은 공원과 바비큐 그릴 등 편의 시설과 주차장이 확충되었다. 케알라케쿠아 베이가 유명한 것은 빼어난 절경만이 아니다. 하와이에서 둘째가라면 서러운 신비롭고 건강한 수중 환경을 자랑하는 생태 보호 구역이며, 특히 캡틴 제임스 쿡 기념비 부근은 하와이가 자랑하는 스노클링 명소. 산사태로 절벽이 내려앉아 바닷속 수심 차이가 굉장히 크기 때문에 각종 산호와 열대어, 돌고래가 모여들고, 깊은 바닷속에 사는 물고기와 고래, 상어를 가까이에서 볼 수 있는 독특한 바다다. 쿡 선장 역시 수심이 깊어야만 이동이 가능한 배를 타고 왔기 때문에 이 부근을 선택한 것이라고 한다.

✓ 이건 몰랐지?
2킬로미터 떨어진 베이 맞은편의 하얀 기념비는 1874년 쿡 선장을 추억하기 위해 영국에 헌정된 것. 이곳은 여권 없이 갈 수 있지만 엄연히 영국 땅이다.

VOL.2 ⓞ **MAP** p.500l ⓞ **찾아가기** 렌터카 코나 마을에서 Ali'i Dr 주행, 160번 Lower Napo'o po'o Rd 경유해 해변으로 내려가 우회전 후 도로 끝에 주차장, 코나 공항에서 50분 소요 ⓞ **주소** 82-6099 Puuhonua Beach Rd ⓞ **전화** 808-961-9540 ⓞ **시간** 일출 후~일몰 전 ⓞ **휴무** 연중무휴 ⓢ **가격** 무료 입장 ⓟ **주차** 무료 주차 ⓞ **홈페이지** www.dlnr.hawaii.gov/dsp/parks/hawaii/kealakekua-bay-statehistorical-park

하와이를 최초로 발견한 탐험왕
제임스 쿡 스토리

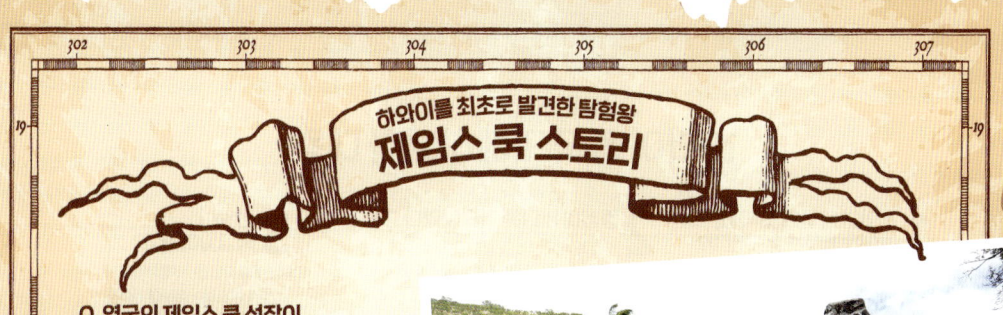

Q. 영국의 제임스 쿡 선장이 하와이를 발견했다고?

하와이제도를 서양에 공식적으로 알린 인물은 영국의 제임스 쿡 선장이다. 그는 알래스카를 탐험하러 가는 길에 처음 카우아이의 와이메아 지역에 도착했다. 큰 키에 군복을 입은 서양인을 처음 본 하와이인들은 쿡 선장 일행을 하와이 수확의 신 '로노'로 착각해 환대했다. 그는 한 달 이상 하와이제도에 머물면서 살펴본 내용을 빠짐없이 기록해 고국으로 돌아가 사람들에게 알렸다. 당시 쿡 선장의 알래스카 프로젝트를 후원하던 샌드위치 공의 이름을 따서 처음에는 하와이를 샌드위치 제도라고 불렀다. 이듬해 다시 북대서양 항로 개척을 위해 항해하던 쿡 선장은 배에 문제가 생겨 하와이제도를 다시 찾게 되었는데 그때 빅아일랜드를 돌며 직접 고른 정박지가 바로 케알라케쿠아 베이였다. 하지만 이번에는 처음과 달리 원주민들의 눈에 그가 신으로 보이지 않았다. 선원들은 배에서 병으로 죽거나 원주민들에게 병을 옮기기도 했다. 섬의 물건을 바치면 신이 자비를 베풀어 신기한 물건을 내준다고 믿었던 원주민들은 점차 호의를 잃었고, 그러다 선원과 원주민 사이에 작은 교전을 벌이던 중 쿡 선장이 살해되었다.

Q. 쿡 선장은 정말 수영을 못했나?

제임스 쿡의 일기에 따르면, 선원을 뽑을 때 일부러 수영을 못하는 사람을 골랐고 본인도 수영을 못했다고 한다. 헤엄칠 줄 아는 선원은 바다에 닻을 내리자마자 뱃사람들의 파라다이스 하와이로 들어가 돌아오지 않았기 때문이다. 자신의 손해와 섬사람들에게 미치는 좋지 않은 영향까지 우려한 결정이었던 것이다.

Q. 석판이 없어졌다고?

몇 년 전만 해도 이 비밀의 해변에서 어떤 한국 관광 서적에서도 소개된 적 없는 쿡 선장의 사연을 새긴 석판 하나를 더 볼 수 있었다. 기념비에서 바다 쪽으로 1백 미터 남짓, 'Capt. James Cook Met His Death 1779년(제임스 쿡 선장, 이곳에서 사망하다)'는 글귀가 새겨진 석판이 무릎 정도 깊이의 바다에 세워져 있었는데 지금은 사라지고 없다. 일설에 의하면 박물관에서 가져갔다고 한다.

이 사람을 알면 하와이가 보인다
하와이 왕국 카메하메하 대왕

1 하와이 왕국의 첫 국왕, 카메하메하는 누구인가?

킹 카메하메하(Kamehameha I). 핼리혜성이 지구 옆을 지나쳐 가던 밤 "이 인물은 나라와 형제를 멸망시킬 사람이니 태어나자마자 처형하라"는 주술사의 계시에 따라 운명이 정해진 아이. 그 어머니는 아이가 태어나자마자 몰래 빼돌려 외딴 계곡에서 남의 손에 키웠다. 그 아이가 자라 영토 분쟁과 왕권 싸움에 뛰어들었고, 어리고 미력한 전사는 마침내 야심찬 정치가, 잔인한 통치자가 되었다. 서양 군대의 전술과 무기를 가지고 빅아일랜드 한 귀퉁이부터 시작해 마우이, 오아후를 차례로 점령하고 카우아이 왕자를 인질로 삼아 통일 정치 협정에 성공하고 최초의 통일 왕국을 이룩했다. 카메하메하는 하와이어로 'one&only(유일한)' 또는 'lonely(외로운)'를 의미한다. 후일 하와이 왕국에서 제작한 그의 동상은 오늘날 하와이를 대표하는 상징물이 되었다.

2 동상이 바다에 가라앉았다고?

카메하메하 왕조가 끝나고 새로 왕에 오른 칼라카우아 대왕이 서방 세계와 교류하면서 제임스 쿡 선장의 하와이 발견 1백 주년 행사에 쓸 조각상을 바다 건너 이탈리아 조각가에게 의뢰했다. 그런데 카메하메하의 실물보다 로마의 아우구스투스 동상과 비슷하게 제작되었다고 한다. 하지만 동상을 운반해 오던 배가 침몰해 화물 보험 배상을 받아 조각상을 새로 제작했다. 새 동상이 하와이에 도착하기 직전 침몰한 배에서 동상을 건져 올린 외국인이 하와이에 첫 번째 동상을 다시 팔면서 동상이 2개가 되었다. 상태가 더 좋은 새 동상을 수도 호놀룰루의 이올라니 궁전 맞은편 알리이올라니 할레(Ali'iolani Hale)라고 부르는 최고 헌법기관이 있는 건물 앞에 세웠다. 이 동상이 가장 널리 알려진 킹 카메하메하 동상이다.

3 생일이 국경일이라고?

매년 6월 11일은 카메하메하 대왕의 생일을 기념해 하와이 곳곳에서 축하 행사와 함께 각 섬의 동상에 하와이안 꽃목걸이 레이를 겹겹이 걸어 장식한다. '유일한' 또는 '외로운'이라는 뜻의 이름이 무색할 정도로 여러 모습의 카메하메하가 곳곳에 존재하며, 하와이를 상징하는 최고의 아이콘으로 하와이 인증 사진을 찍는 사람들의 사진 속에 함께 등장한다. 하와이는 현재 미국에서 유일하게 왕의 생일이 공식 휴무일로 지정된 주다.

4 뭐? 동상이 또 있다고?

처음 제작했던 동상을 어떻게 할지 고민하던 칼라카우아 대왕은 고향인 빅아일랜드의 하위(Hawi) 지역에 세웠다. 이후 카우아이에 고급 주택 단지를 만들던 프린스빌(Princeville) 부동산 회사가 또 하나의 대왕의 동상을 리조트 단지 앞 도로변에 세우려고 했으나 카우아이 주민들의 반대에 부딪혀 무산되고 말았다. 카메하메하는 두 차례의 카우아이 침공에 모두 실패하고 왕자를 인질 삼아 병합 증서에 서명을 받았기 때문에 주민들의 정서에 맞지 않았던 것. 결국 동상은 카메하메하 장학재단에 기증되어 빅아일랜드 힐로(Hilo)에 세워졌다. 대왕의 고향 빅아일랜드에만 동상이 2개 있는 셈이다. 마우이에는 하와이 역사학자 겸 예술가 허브 카네(Herb Kane)가 만든 카메하메하 조각상이 와일레아 지역의 그랜드 와일레아 리조트에 있다.

← 오아후 카메하메하 동상
이올라니 궁전을 마주 보고 있으며,
두 번째로 제작된 동상으로
금빛의 화려함이 돋보인다.
VOL.2 ⓞ MAP p.431C ⓑ INFO p.438

↓ 빅아일랜드 카파아우 동상
하와이 왕조가 맨 처음 제작했다가
바다에서 잃어버렸던 동상으로
다른 동상들보다 수수한 모습.
대왕의 고향에 세워져 있다.
VOL.2 ⓞ MAP p.518B ⓑ INFO p.525

→ 빅아일랜드 힐로 동상
프린스빌(Princeville) 부동산
회사에서 제작한 것으로
가장 크고 화려한 동상.
VOL.2 ⓞ MAP p.530
ⓑ INFO p.531

← 마우이 동상
철저한 역사적 고증을 거쳐 실제 카메하메하 대왕의
얼굴과 의복을 가장 잘 재현한 동상.
VOL.2 ⓞ MAP p.468I
ⓖ 찾아가기 렌터카 카훌루이 공항에서 HI-31 남쪽
방향 30km 주행 후 Wailea Makena에서 리조트로 진입,
공항에서 40분 소요 ⓐ 주소 Grand Wailea- A Waldorf
Astoria Resort 3850 Wailea Alanui Dr. Wailea Maui
HI 966753 ⓟ 주차 유료 주차

MANUAL 05 __ 드라이브 코스

영화 속 주인공처럼,
하와이 베스트 드라이브 코스

여행에서 렌터카 운전은 또 하나의 낯선 설렘이다. 떠나는 것이 아니라
돌아오는 것이 여행이라는 말이 있지만 드라이브 코스는 목적지가 없어도 좋고,
다시 돌아오지 않을 길이라도 상관없다. 질주 본능을 잠시 접어두고
창밖의 풍경에 눈길을 멈추는 것은 어떨까?

[TYPE A]
마우이

[TYPE B]
오아후

[TYPE C]
빅아일랜드

[TYPE D]
카우아이

TYPE A	풍경은 덤, 베스트 드라이버 스타일
TYPE B	영화 속 주인공처럼 로맨틱 스타일
TYPE C	야생is 뭔들! 리얼 야생 로드 캐스트 스타일
TYPE D	자연에서 휴식을 얻는 사색가 스타일

| TYPE. **A** | COURSE 01.
길에서 길을 묻다, 천국으로 가는 길
'하나' 하이웨이 HANA HIGHWAY(ROAD TO HANA) |  |

VOL.2 ⊙ MAP p.477 ⊙ INFO p.474 ⊙ 찾아가기 렌터카 카훌루이 공항에서 36번 Hana Hwy로 진입, 하나 베이 비치 파크 경유해 팔라팔라 호오마누 교회까지 편도 3시간 30분 이상 소요 ⊙ 주소 (팔라팔라 호오마누 교회) 40990 Hana Hwy, Hana, HI 96713

'천국으로 가는 길(Heavenly Road to Hana)'이라는 애칭으로 더 유명한 '하나 로드(Road to Hana)'는 1990년대 처음 포장도로가 생기면서 할레아칼라 해돋이와 더불어 마우이 관광의 하이라이트로 자리매김했다. 하나 마을까지 56개 다리를 건너고 6백 번 운전대를 꺾어야 한다는 마성의 드라이브 코스. 할레아칼라 산의 경사면을 따라 달리면 바다와 계곡, 폭포가 숨바꼭질하듯이 나타났다 사라진다. '하나(Hana)'는 하와이어로 '일거리'라는 뜻. 고기잡이와 농업으로 자급자족하며 사탕수수 농장에서 품을 팔던 사람들이 주로 사는 곳이었다. 그러나 지금은 세계인에게 사랑받는 리얼 야생 버라이어티 로드 트립의 중심지다. 언제든 계곡 물에 뛰어들기 위해 수영복을 입은 채 4륜구동이나 오픈카를 타고 달리는 사람들을 보는 것도 나름의 눈요기다.

TYPE A 하나 로드 무작정 따라하기 팁!
- 최대한 아침 일찍 출발할 것
- 현금 결제만 가능한 작은 가게가 많으니 현금을 준비할 것
- 주유소가 없으니 기름이 충분한지 미리 체크할 것
- 멀미약이 필요한 사람은 출발 전에 미리 복용할 것
- 더 자세한 루트는 VOL.2의 동부 마우이 P.474를 참조할 것

'하나 로드'에서
마일마커(M/M)로 표시한 볼거리 총집합

트윈 폴스
Twin Falls
조금 걸어 올라가면 수영을 해도 좋은 폭포가 나오는데 인기가 좋은 편. 초입이라 그냥 지나쳐도 된다. 물놀이보다 과일 스탠드에서 하나 지역을 통틀어 맛있기로 소문난 과일 스무디를 득템할 절호의 기회!

후엘로 전망대
Huelo Lookout
가장 최근에 생긴 폭포 전망대로 폭포는 큰 볼거리가 없지만 노점상에 아기자기한 기념품과 스낵이 기다리고 있다. 아래로 조금 내려가면 작은 전망대가 나오는데 큰 볼거리는 아니므로 패스해도 무방하다.

와이카모이 트레일헤드
Waikamoi Nature Trailhead
2개의 트레일로 왼쪽은 30분, 오른쪽은 10분 정도 소요된다. 대나무 숲이 아름다운 산행을 즐길 수 있다. 주차는 편하지만 그냥 지나치는 사람이 많다.

가든 오브 에덴
Garden of Eden Arboretum
하나 로드의 볼거리는 무료 개방인 곳이 대부분이지만 테마파크처럼 따로 만들어진 곳을 선호한다면 머스트 스톱. 입장료가 아깝지 않은 잘 관리된 수목원과 외부 도로에서 보기 힘든 2개의 폭포를 관람할 수 있는 전망대, 깨끗한 화장실과 피크닉 테이블이 마련되어 있다.

카우마히나 주립공원
Kaumahina State Wayside
바다 경치를 내려다 보며 잠시 걷거나 피크닉을 할 수 있는 충분한 공간과 화장실이 있다.

호노마누 베이
Honomanu Bay
내려가는 길이 바다 쪽에 있어 놓치기 쉽다. 마우이 빅아일랜드에만 있는 유명한 블랙 샌드 비치 위로 굽이치는 산등성이를 따라 생긴 하나 로드의 모습을 볼 수 있다. 호노마누 베이는 하나 로드를 대표하는 이미지.

케아나에 반도 전망대
Ke'anae Peninsula Lookout
15마일마커 부근 바다 쪽으로 표지판이 나오므로 미리 예상하고 찾아가야 한다. 1946년 쓰나미 피해로 마을이 소실되었다. 이곳은 주변 지형 중에 가장 최근에 만들어진 땅이라 색감이 달라서 이국적인 사진을 담을 수 있다.

하프웨이 투 하나
Halfway to Hana
하나 로드의 터줏대감 같은 노점, 바나나 브레드와 먹기 좋게 잘라서 파는 코코넛이 유명하다. 최근에 그 유명한 빨간색 간판이 있던 자리에 흰색의 새 간판을 달았는데 고객의 많은 요청으로 결국 옛 간판도 그 옆에 다시 옮겨 세웠다.

와일루아 밸리 전망대
Wailua Valley State Wayside Lookout
계단을 오르면 나오는 전망대에서 쪽빛 태평양을 배경으로 앉은 작은 마을과 할레아칼라 정상의 두 차례 갈라진 거대 협곡으로 쏟아져 내린 용암 지형이 풍화된 모습을 볼 수 있다.

와이카니 폭포 Waikani Falls
3개의 폭포 줄기가 인상적인 폭포다. 농업 용수로의 영향을 받지 않아 건기를 제외하면 물줄기가 마르지 않는 폭포 중 하나. 다리 옆에 난 비탈길을 내려가 폭포에서 수영을 하는 사람들도 많은데 초입이 미끄러운 편. 가까이 갈수록 덩치가 크고 물소리도 우렁차 '곰 세 마리'라는 뜻의 스리 베어스(Three Bears) 폭포라고도 부른다.

호오키파 Ho'okipa B

마마스 피시 하우스 레스토랑
Mama's Fish House

카훌루이 공항
Kahului Airport

파이아
Paia

HI-37

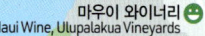
마우이 와이너리
Maui Wine, Ulupalakua Vineyards

MILE 22 23 — 푸아아 카아 주립공원
Pua'a Ka'a State Wayside
주차장과 화장실이 있고 5분 남짓 걸어 들어가면 2개의 작은 폭포가 나온다. 관리가 잘 된 만큼 초보자라도 폭포 물놀이에 도전할 만하다. 폭포 아래 선 나의 모습을 카메라에 담아보자. 단, 사람들이 많이 모여드니 일찍 갈 것을 추천.

MILE 28 — 아일랜드 셰프
Island Chef
이 지역은 서양인들이 풍부한 강수량을 이용해 고무나무 농업을 시작하려 했으나 결국 그 풍부한 강수량 때문에 고무가 물러서 상업성이 떨어지는 바람에 버려진 나무가 녹음으로 변한 곳이다. 나히쿠 마켓 플레이스는 로컬 푸드 트럭과 기념품 숍이 모여 있다. 5시 전후로 대부분 문을 닫는다.

MILE 32 — 와이아나파나파 주립공원
Waianapanapa State Park
'반짝이는 물'이라는 뜻의 캠핑이 가능한 주립공원으로 담수 동굴, 해변 산책로 등 즐길 거리가 포진. 화장실과 피크닉하기 좋은 공원까지 있어 인기 순위 단연 1등으로 꼽는다.

MILE 34 — 하나 베이 비치 파크
Hana Bay Beach Park
하나 로드의 끝이라 할 수 있는 하나 베이. 한 아름에 들어올 것 같은 아담한 블랙 샌드 비치에서, 뱃놀이와 피크닉을 즐기는 주민들을 흔히 볼 수 있다. 로컬 레스토랑과 샤워, 피크닉 테이블, 화장실이 있다.

MILE 35 — 하나 마을 Hana
물놀이가 목적이 아니라면 하나 마을을 잠시 둘러보는 것도 굿 아이디어. 하나 마을에는 신선놀음에 도끼 자루 썩는 줄 모른다는 하나-마우이 리조트 바이 하얏트(Hana-Manu Resort by Hyatt)를 비롯해 하나 랜치, 하나 박물관이 있다.

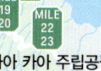

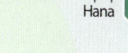
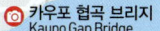

MILE 50 — 코키 비치 Koki Beach
오프라 윈프리의 저택 부근의 희귀한 레드 샌드 비치

MILE 49 — 하모아 베이 Hamoa Bay
미국 최고의 해변에 이름을 올리는 조용하고 아늑한 해변. 트라바사 하나 리조트가 진입로를 소유하고 있어 투숙객이 아니라면 갓길 주차한 후 걸어 내려가야 한다.

MILE 45 — 와일루아 폭포 전망대 Wailua Falls Lookout
도로변에서 볼 수 있는 대형 폭포

MILE 42 — 국립공원 키파훌루 지역 Haleakala National Park
방문자 센터와 바다로 떨어지는 계단식 거대한 오헤오 폭포(Oheo Gulch), 산 쪽으로는 대나무 숲이 유명한 피피와이 트레일(Pipiwai Trail)과 규모가 엄청난 와이카모쿠 폭포(Waikamoku Falls)가 있다.

MILE 41 — 팔라팔라 호오마누 교회 Palapala Ho'omau Church
애거서 크리스티의 추리소설 《오리엔트 특급 살인 사건》의 모델이 되었던 세계적인 비행기 조종사 찰스 린드버그, 팬암(Pan Am)의 소유주로 마우이 사람들이 영원히 즐길 수 있도록 키파훌루 지역을 국립공원으로 기증한 샘 프라이어와 그가 사랑하는 원숭이들이 묻힌 팔라팔라 호오마누 교회(Palapala Ho'omanu Church)가 있다.

MANUAL 05 드라이브 코스

106

주요 지점 (지도 라벨):

- HI-36 Hana Hwy
- 카우콜라 로드 Kauhikoa Rd
- 카우팔루아 로드 Kaupakalua Rd
- HI-360
- 트윈폴스 마우이 팜 스탠드 Twinfalls Maui Farm Stand
- 후엘로 전망대 Huelo Lookout
- 마카바오 삼림 보호지역 Makawao Forest Reserve
- 와이카모이 트레일헤드 Waikamoi Nature Trailhead
- 카우마히나 주립공원 Kaumahina State Wayside
- 가든 오브 에덴 수목원 Garden of Eden Arboretum
- 케아네 반도 전망대 Ke'ane Peninsula Lookout
- 호노마누 베이 Honomanu Bay
- 하프웨이 투 하나 Halfway to Hana
- 와일루아 밸리 전망대 Wailua Valley State Wayside Lookout
- 와이카니 폭포 Waikani Falls
- 코올라우 삼림 보호지역 Koolau Forest Reserve
- 푸아아 카아 주립공원 Pua'a Ka'a State Wayside
- 나히쿠 Nahiku
- 코코넛 글렌 Coconut Glen's
- 아일랜드 셰프 Island Chef
- HI-377
- HI-378 할레아칼라 하이웨이 Haleakala Hwy
- 하나위 자연림 보호지역 Hanawi Nature Forest Reserve
- 와이아나파나파 주립공원 Waianapanapa State Park
- 하나 베이 비치 파크 Hana Bay Beach Park
- 하나 Hana
- 더 레스토랑 앳 하나-마우이 The Restaurant at Hana-Maui
- 하나-마우이 리조트 바이 하얏트 Hana-Maui Resort by Hyatt
- 하세가와 슈퍼마켓 Hasegawa General Store Inc
- 하나 삼림 보호지역 Hana Forest Reserve
- MILE 50 코키 비치 파크 Koki Beach Park
- MILE 49 하모아 베이 Hamoa Bay
- HI-37
- 와이포리 로드 Waipoli Rd
- 할레아칼라 국립공원 Haleakala National Park
- 쿨라 삼림 보호지역 Kula Forest Reserve
- MILE 45 와일루아 폭포 전망대 Wailua Falls Lookout
- 키파훌루 Kipahulu
- 와이모쿠 폭포 Waimoku Falls
- 피피와이 트레일 Pipiwai Trail
- MILE 42 오헤오 협곡 폭포 Pools of Oheo
- 키파훌루 방문자 센터 Kipahulu Visitor Center
- 라우리마 팜스 프루트 스탠드 Laulima Farms Fruit Stand
- 카우포 슈퍼마켓 Kaupo General Store
- MILE 41 팔라팔라 호오마누 교회 Palapala Ho'omanu Congregation Church
- 카우포 협곡 브리지 Kaupo Gap Bridge
- HI-31 Piilani Hwy

[ENJOY HANA WAY]
하나 하이웨이 이렇게 즐기자!

1 마일마커란?

하와이 고속도로에서 공통적으로 사용하는 거리와 위치를 표시한 숫자. 마일마커는 지방 도로에서 흔히 볼 수 있으며 도로의 시작점 또는 관할 구청에서부터의 거리를 나타내기 때문에 현재 위치와 주변과의 거리를 파악하는 기준이 된다. 자동차에서 주행거리 표시계를 0으로 놓는 것보다는 도로상의 마일마커 표지판을 잘 활용하면 전후에 위치한 주변의 거리를 내비게이션과 지도 없이 찾을 수 있다.

2 일방통행 다리, 어떻게 건널까?

일방통행 다리(one-lane bridge)를 지나갈 때는 각별히 주의해야 한다. 정해진 규칙을 따르지 않으면 외나무다리에서 원수 만나듯 상대편 운전자와 마주하게 되니 운전 규범을 미리 알아두자. 다리 양옆 점선으로 그려진 양보선(Yield)에 진입했을 때 맞은편 차가 다리를 통과 중이라면 일단 정지하고, 그 차가 다리를 건넌 다음 출발한다. 양보선에 접어들었을 때 앞차가 진행하고 있으면 따라서 다리를 건넌다(한 번에 한 방향 최대 5~7대 가량).

3 계곡 폭포, 어떻게 즐길까?

하나 하이웨이는 마우이 농업 용수관이 설치되어 있어 경작지로 물을 이동시키기 때문에 우기와 건기에 따라 도로에서 볼 수 있는 폭포의 개수와 물의 양이 크게 차이 난다. 흐르지 않는 계곡물에는 들어가지 않는 것이 좋고, 야생동물의 배설물로 바이러스성 장염을 일으킬 수 있으니 폭포수를 식수로 사용하지 않는다.

4 하나 마을이 종점일까?

국내 관광 안내서에는 대부분 하나 마을의 해변까지만 소개되어 있지만 사실 국제적으로는 하나 베이 비치 파크를 지나서 나오는 오헤오 협곡과 키파훌루 지역을 하이라이트로 꼽는다. 특히 숨은 곳까지 찾아다니는 리얼 여행자들이 선호한다.

TYPE. B

COURSE 02.
경치도 좋고 기분도 좋은~

동부 해안 드라이브 EAST COAST DRIVE

HAWAII
OAHU

VOL.2 ⊙ MAP p.409L ⊙ 찾아가기 렌터카 와이키키에서 HI-1 동쪽 방향, Kalaniana'ole Hwy로 연결하여 시라이프 파크까지, 편도 30분 소요 버스 The Bus 22, 23번 시라이프 파크 종점 하차 트롤리 블루 라인, 코스트 라인 투어 시라이프 파크 종점 왕복 ⊙ 주소 (시라이프 파크) 41-202 Kalaniana'ole Hwy, Waimanalo, HI 96795

와이키키에서 시작해 동쪽(시계 반대 방향)으로 해안 고속도로를 따라 카일루아 비치까지 돌아오는 드라이브 코스로 들르는 곳과 머무는 시간을 조절하면 짧게는 두어 시간에서 길면 반나절까지 즐길 수 있다. 나만의 리듬을 타며 달리려면 렌터카는 필수. 영화에서 본 적 있는 인상적인 지형과 아름다운 풍경이 계속 이어지니 기분 전환으로 더할 나위 없다.
The Bus 또는 트롤리의 2층 버스로 해변 루트를 돌아보는 것도 렌터카와 또 다른 여행의 맛을 느낄 수 있다. 청량한 바다 풍경과 바람, 사진을 찍을 때 해의 위치까지 고려하는 꼼꼼한 스타일이라면 오전 드라이브를 추천한다. 와이키키를 벗어나 관광객이 드문 현지 카페에서 테이크아웃 커피 한 잔을 챙길 여유까지 더하면 그곳에 사는 듯한 기분마저 든다.

MOVIE TALK, 어디서 봤더라?

동부 해안 코스에는 수많은 영화의 배경으로 등장한 명소가 있다. 〈고질라(Godzilla)〉(1998)에 등장한 코코 헤드, 〈첫 키스만 50번째(50 First Dates)〉(2004)에 나왔던 이터니티 비치, 〈블루 하와이(Blue Hawaii)〉(1961)에서는 마카푸우 포인트가 등장했다.

TYPE. B

COURSE 03.
이것이 바로 하와이 해안 고속도로!

노스 쇼어 드라이브 NORTH SHORE DRIVE

HAWAII
OAHU

VOL.2 ⓘ **MAP** p.408 ⓖ **찾아가기** 렌터카 HI-83 Kamehameha Hwy 카일루아 지역에서 와이메아 베이 비치 파크까지, 편도 1시간 소요
버스 The Bus 55번 알라모아나 센터에서 1시간 40분 소요 ⓘ **주소** (와이메아 베이 비치파크) 61-31 Kamehameha Hwy, Haleiwa, HI 96712

번잡한 와이키키를 벗어나 파인애플 농장 사이로, 하와이 분위기가 물씬 나는 해안 도로를 달리고 싶다면 노스 쇼어로 가자. 호놀룰루에서 고속도로 대신 카후쿠 지역으로 돌아가는 해안 도로를 타고 가면 해변이 연달아 나온다. 맛집과 사진 촬영 위치를 미리 체크해 두면 매번 차를 세우지 않아도 된다. 노스 쇼어 드라이브 코스 최고의 매력은 차에서 내리면 곧바로 잔잔한 바닷물에 발을 담글 수 있는 하와이만의 해안 도로라는 것. 반대편에 자리 잡은 웅장한 코올라우 산맥이 극단적 대조를 이뤄 눈이 더욱 즐겁다. 이 지역은 다양한 할리우드 영화의 촬영지인 쿠알로아 랜치, 고즈넉한 동양미를 잘 드러내는 일본식 사찰인 뵤도인 사원과 할레이바 전통마을 등 다양한 볼거리가 운전자의 발길을 붙잡는다.

**MOVIE TALK,
어디서 봤더라?**

노스 쇼어는 영화 〈첫 키스만 50번째〉에서 여주인공이 사는 동네, 미국의 수사 드라마 〈하와이 파이브-O(Hawaii Five-O)〉에서 주인공의 집으로 등장했다. 뵤도인(Byodo-in) 사원은 미국 드라마 〈로스트(Lost)〉에서 김윤진이 열연한 선(Sun)의 아버지 집무실로 등장했다. 가장 최근에는 〈캐리비안의 해적 4〉에서 잭 스패로 선장의 해적선 블랙펄이 모습을 드러낸 곳도 이 부근 카네오헤 베이다.

TYPE.	COURSE 04.
C	빅아일랜드 화산국립공원 드라이빙 투어 **체인 오브 크레이터스 로드** CHAIN OF CRATERS ROAD

HAWAII BIG ISLAND

VOL.2 ⓞ MAP p.501G ⓖ **찾아가기** 렌터카 힐로 공항에서 HI-11 Mamalahoa Hwy 남쪽 방향 화산국립공원 입구에서 Chain of Craters Rd 진입, 입구에서 홀레이 시 아치까지 편도 45분 소요 ⓞ **주소** (홀레이 시 아치) Hawaii Volcanoes National Park, Chain of Craters Rd, Pahoa, HI 96778

용암이 만들어낸 대자연의 보물 단지 화산국립공원에서 방문자 센터와 할레마우마우 분화구만 보기는 아쉽다. 볼거리와 속도를 모두 즐기고 싶다면 체인 오브 크레이터스 로드가 최고의 드라이브 코스. 왕복 32킬로미터로 빅아일랜드만의 특색을 모두 갖춘 도로다. 용암이 휩쓸고 간 땅에 작은 화산 분화구가 이어져 있다고 해서 붙여진 이름이 '체인 오브 크레이터스 로드'. 용암이 흐른 시기를 적은 표지판과 하와이어로 된 크고 작은 분화구, 용암 대지 위를 걷는 다양한 트레일과 전망대가 있다. 전망대 옆으로는 하와이 고유 식물인 티리프(Ti Leaf)로 럼주 등의 술을 담아서 화산의 여신에게 바치는 선물이 놓여 있는 경우를 종종 볼 수 있다.

🔍 Good Luck!
특별한 볼거리, 잘 찾아보세요!

이곳의 모든 것은 펠레 여신과 관련이 있다. 인간의 땅이라고 여겼다면 큰 오산. 인간이 들여다볼 수 있는 것은 정해진 드라이브 코스뿐, 그 외의 모든 것은 자연, 혹은 신의 영역이다. 최근 흘러내린 용암이 덮친 아스팔트를 볼 수 있는 마지막 구간은 용암이 다시 흘러 진입이 통제되었다. 압도적 스케일의 자연 앞에서 숙연해지는 드라이브 코스로, 하와이 고유종으로 보호받고 있는 희귀한 야생 조류 네네(Nene)를 볼 수도 있으니 눈을 크게 떠보자.

TYPE. C

COURSE 05.
빅아일랜드 코할라 코스트 풍경에 정신 놓지 마세요

하위 로드 HIGHWAY 250, HAWI ROAD

HAWAII
BIG ISLAND

VOL.2 ⊙ MAP p.518B ⊙ 찾아가기 렌터카 코나 공항에서 HI-19 Queen Ka'ahumanu Hwy 북쪽 방향에서 HI-250 Hawi Rd 북쪽 방향으로 진입, 코나 공항에서 하위 마을까지 편도 1시간 소요 ⊙ 주소 55-3435 Akoni Pule Hwy, Hawi, HI 96719

빅아일랜드의 5개 화산 중에 가장 오래된 코할라 산은 '고래 등 모양'이라는 뜻이다. 이 산을 넘어가는 2개의 도로 중 250번 도로는 다양한 기후의 풍광이 시시각각 이어져 현지 운전자들이 속도를 높이는 구간이다. 초행길인 사람들은 신비로운 마우나 케아 산 정상이 코앞인 듯 가까이 보이고 고도가 꽤 높은 데다 상향등을 켠 차량이 바짝 붙어서 뒤따라오면 고문이 따로 없다. 마우나 케아 정상과 빅아일랜드의 모습, 바다까지 한눈에 들어오는 이 길은 베스트 드라이브 순위에서 빠진 적이 없다. 오후에는 비가 자주 내려 곳곳에 무지개가 뜨는 특별한 드라이브 코스 250번 도로, '하위 로드'를 기억하자.

🔍 Good Luck!
특별한 볼거리, 잘 찾아보세요!

초원에 한가로이 드러누워 풀을 뜯는 소들이 즐거운 시간을 보내는 평화로운 마을이지만 알고 보면 이 지역은 사막화가 점점 심해지고 있다. 자동차 도로 아래로 하와이에서 보게 되리라고는 상상하지 못했던, 라스베이거스를 떠올리게 하는 선인장 무리가 있으니 눈을 크게 뜨고 찾아보자.

TYPE. D

COURSE 06.
금지된 볼거리가 가득

와이메아 캐니언 드라이브 WAIMEA CANYON DRIVE

★HAWAII★ KAUAI

VOL.2 📍MAP p.546F ⊚찾아가기 렌터카 리후에 공항에서 HI-50 서쪽 방향, 23마일마커 지나면서 550번 Waimea Canyon Dr 진입, 와이메아 캐니언 전망대까지 1시간 소요 ⊚주소 Koke'e Rd, Waimea, HI 96796

작은 섬 카우아이의 나이를 보여주는 와이메아 캐니언. 와이메아는 하와이어로 '붉은 물'이라는 뜻. 와이메아 캐니언에 오르는 길의 토양은 유난히 붉다. 정상에 협곡 반대편을 내려다 볼 수 있는 전망대가 있고, 차로는 들어갈 수 없는 트레일의 시작점들이 숨어 있다.

촉촉한 정원의 섬 카우아이에서는 보기 드문 붉은 사막이 색다른 묘미를 안겨주는 드라이브 코스. 바다 건너 보이는 것은 개인 소유의 섬 니이하우(Ni'ihau)다. 하와이 원주민을 제외하고는 니이하우 주민의 초대가 있어야만 들어갈 수 있다. 그래서 붙은 별명이 '금지된 섬(Forbidden Island)'. 원주민의 생활 방식을 그대로 계승한 이곳에는 전기와 자동차가 없다. 이 금지된 섬을 볼 수 있는 드라이브 코스는 여기뿐!

> 🔍 **Good Luck!**
> **특별한 볼거리, 잘 찾아보세요**
>
> 니이하우(Ni'ihau)는 바다 건너 보이는 섬으로 과거 하와이 왕조가 섬 전체를 로빈슨 일가에게 매각해 당시에 살고 있던 거주민과 소수 하와이 원주민들만 살고 있다. 하와이 원주민의 전통 생활 방식을 그대로 계승한 이곳에는 전기와 자동차가 없다. 해변은 국제 조류보호 구역이며 천연 조가비로 목걸이를 만든 수공예품은 수천만 원을 호가하는 수집 애호가를 위한 특산품이다.

| TYPE.
D | COURSE 07.
세상 어디에도 없는 착한 도로
포이푸 트리 터널 TUNNEL OF TREES | *HAWAII*
KAUAI |

VOL.2 ⓞ MAP p.547G ⓑ INFO p.555

남부 포이푸 지역에는 '정원의 섬'이라는 카우아이의 애칭에 걸맞은 훌륭한 수목원들이 자리 잡고 있다. 그중 영화 〈쥬라기 공원〉에서 공룡 알을 발견한 나무가 있는 앨러튼 가든(Allerton Garden)의 소유주가 자택의 정원을 가꾸고 남은 유칼립투스 나무들을 지역사회에 기증했다. 마을 사람들이 휴일에도 나와서 함께 유칼립투스를 심었고, 그것이 자라 지금의 나무 터널이 되었다. 따스한 햇살이 유명한 포이푸 지역의 상징이자 주민들의 따뜻한 마음이 담긴 '포이푸 트리 터널'은 이 마을의 관문이자 명물이다. 아름답고 거대한 유칼립투스의 따스한 품에 안긴 듯 아늑한 드라이브를 즐겨보자.

🔎 Good Luck!
특별한 볼거리, 잘 찾아보세요

유칼립투스는 하와이 고유종이 아니라 호주에서 건너온 외래종이다. 호주의 코알라가 좋아하는 식물로 여러 가지 효능이 있어 아로마 테라피에도 많이 쓰인다. 유칼립투스는 하와이 토양에 잘 적응해 성장이 빠르며 무지개 색으로 오색찬란한 몸통이 특징으로 무지개 나무라는 별명으로 불리기도 한다. 포이푸 트리 터널을 지날 때 컬러풀한 몸통을 눈여겨보자.

MANUAL 06 ___ 지도 끝 명소

MISSION IMPOSSIBLE in HAWAII

Mission 1
네네 만나기

KAUAI

Mission 4
알바트로스와
몽크실 만나기

Mission 3
트레일 오르기

OAHU

MAUI & LANAI

BIG ISLAND

Mission 2
절벽 다이빙

동서남북 땅끝에서 스페셜 미션에 도전하자!

뻔한 구경은 이제 그만, 모험의 섬 하와이에서 땅끝을 찾아가자.
절벽 끝 등대, 땅이 바다와 만나 사라지는 지점에 다다르면
그곳에서 나만의 새로운 여행이 다시 시작된다.

하와이 북쪽 끝,
카우아이 킬라우에아 등대 Kilauea Lighthouse
[**MISSION 01.** 하와이 최북단 등대에서 네네 만나기]

하와이제도의 맏형으로 불리는 카우아이의 최북단에는 오래된 등대 하나가 있다. 지도를 보면 카우아이 북쪽에 니이하우(Ni'ihau) 섬이 하나 더 있지만, 관광객 출입이 금지된 섬(Forbidden Island)으로 소수의 하와이 원주민들만 거주한다. 그래서 공식적인 하와이 최북단은 킬라우에아. 블루 하와이를 배경으로 절벽 끝 킬라우에아 포인트를 장식하고 있는 등대는 한 장의 그림 엽서가 따로 없다. 1913년부터 60년 넘게 국토 최전방 등대로서 임무를 다하고 2012년 새단장 후 지금은 박물관으로 운영중이다. 등대 위에 올라가는 프로그램과 방문자 센터에는 하와이 고유의 생태 환경, 희귀 바다새, 등대의 역사에 관한 인상적인 전시가 준비되어 있다. 온라인 예약을 통해 입장 및 관람이 가능하다.

Movie Talk, 어디서 봤더라?
킬라우에아 등대는 1980년대 인기 미국 드라마 〈판타지 아일랜드(Fantasy Island)〉에 인상적인 장소로 나와 단숨에 랜드마크가 되었다. 그 외에 〈하와이 파이브 오〉, 〈릴로&스티치(Lilo&Stich)〉에도 등장했다.

TIP 변신은 무죄! 밤에도 쉬지 않는다.
킬라우에아 등대 앞 도로 주차장은 밤이 되면 현지 젊은이들이 찾는 비밀 데이트 장소다. 하날레이 베이 앞 절벽 발리 하이(Bali Hai) 전경의 아름다운 석양을 볼 수 있다. 단, 새들의 수다 소리가 조용한 데이트를 방해하기도 한다.

미션 START! 하와이 대표 새 네네를 만나러 가볼까?

등대 맞은편으로 보이는 외딴섬은 국립 야생동물 보호구역으로 돌고래가 떼 지어 놀고, 몽크실이라는 바다표범이 수시로 올라온다. 특히 겨울철에 혹등고래를 자주 볼 수 있다. 상상을 초월할 만큼 어마어마한 새 무리가 머리 위로 날아다니는 것을 보면 3D로 〈쥬라기 공원〉을 보는 듯한 착각이 들 정도다. 겨울철에는 가장 멀리 나는 알바트로스가 모여들기로 유명하며 희귀종이자 하와이를 상징하는 네네(Nene)를 가까이에서 볼 수 있다. 여행 일정과 인원에 구애받지 않는 볼거리로 언제나 인기 만점이니 들러보자.

✓ **네네가 뭔데?** 하와이를 상징하는 새인 네네는 거위의 일종이다. 캐나다 구스와 같은 종류인데 하와이 지형에 적응하면서 물갈퀴가 퇴화되었고, 잘 날지 않는다. 하와이 고유의 거위들은 모두 멸종되고 네네 단 한 종만 남았다. 오랜 노력으로 간신히 멸종 위기를 넘기고 있는 상태다. 겨울철에 자주 볼 수 있다.

VOL.2 MAP p.516C INFO p.566

하와이 남쪽 끝,
빅아일랜드 사우스 포인트(칼래에)
Big Island South Point(Ka Lae)

[**MISSION 02.** 절벽에서 프리 다이빙하기]

하와이는 지형이나 문화 면에서 미국 본토와 공통점이 거의 없기 때문에 50번째 주가 되자 '미국 유일의'라는 수식어가 자주 붙는다. 하와이 최남단은 미국 본토의 최남단 플로리다보다 더 남쪽에 있다. 즉, 빅아일랜드의 남쪽 끝이 미국 전체의 최남단인 셈이다. 하와이어로 '끝점'을 뜻하는 칼래에(Ka Lae)와 영어의 '사우스 포인트(South Point)'가 혼용되고 있다. 남쪽을 향해 20킬로미터 가까이 뻗은 도로에서 나무들이 휜 채로 누워 자랄 정도의 강풍을 경험할 수 있다. 풍력발전기들이 독특한 장관을 만들어내는 외길을 따라 남쪽 끝에 다다르면 깎아지른 절벽과 칼래에(사우스 포인트)라는 지명이 적힌 표지판이 나온다. 그 아래로 다채로운 파란빛이 감도는 바다가 펼쳐진 절벽 끝에는 나무 기중기가 있다.

사실 최남단 깃발을 꽂고 싶다면 4륜구동으로 바다 쪽 비포장도로를 달려 하와이식 신전이 있는 해변까지 내려가야 한다. 거기서 멈추지 않고 전 세계에 두세 곳뿐이라는 그린 샌드 비치(Green Sand Beach)로 한 걸음 더 전진하는 사람들도 있다. 다양하고 이색적인 볼거리를 찾아 많은 사람들이 칼래에(사우스 포인트)를 찾는다.

🔗 미션 START! 아찔한 절벽 다이빙에 도전!

이 절벽에 있는 나무 기중기는 보트를 바다로 내릴 때 사용하던 것이다. 하지만 지금은 여기서 보트만 내려가는 것이 아니다. 이 절벽에는 국적 불문의 강심장들이 모여들어 30미터가 족히 넘는 높이에서 바다로 뛰어내리는 클리프 다이빙을 연출한다. 다시 올라올 때는 사다리를 이용한다. 사실 얼마전부터 위험한 절벽 프리다이빙을 금지하기 위해 사다리를 제거했지만 로컬 주민들은 여전히 로프로 만든 셀프 사다리를 이용하는 등 절벽 다이빙을 몰래몰래 즐기곤 한다. 아찔한 스릴이 넘치는 프리 다이빙에 도전할 엄두가 나지 않는다면 이곳에서 '알로하~'를 외쳐보고 기념사진 이라도 남기는 건 어떨까?

오아후 동쪽 끝,
마카푸우 등대 Makapu'u Lighthouse

[MISSION 03. 광고 속 풍경을 향해 트레일 오르기]

마카푸우(Makapu'u)는 하와이어로 '동쪽 끝'이라는 뜻. 이곳 절벽의 등대는 1909년부터 불을 밝혔고, 전구로 바뀐 후 미국에서 빛 반사 렌즈가 가장 큰 등대로 기록되어 있다. 풍광이 아름답기로 워낙 유명한 이곳은 물색이 다채롭고, 멀리 마우이, 라나이, 몰로카이를 비롯해 오아후 부근의 무인도 래빗(토끼) 섬과 호누(거북) 섬, 오아후의 아름다운 해안선까지 내려다보인다.

이 등대는 역사적으로나 지질, 섬의 생태 환경에도 중요한 의미가 있다. 과거 하와이 왕조가 무너질 때 원주민들이 폭동을 일으키면서까지 사수하려던 곳이라고 한다. 이 지역은 웨이사이드 주립공원으로 해안 고속도로 갓길을 끼고 있는 해안 절벽 일대를 주 정부가 관리한다. 이곳에는 트레일과 전망대, 등대, 해변 등 다양한 즐길 거리가 있다. 시각적인 매력을 누구보다 잘 활용하는 애플이 아이폰을 처음 출시했을 때 광고의 배경으로 나온 곳. 눈부시게 푸른 마카푸우의 청량한 바다, 크고 작은 바위섬들을 배경으로 트렌디한 하와이 여행 인증 사진을 남기고 싶다면 마카푸우 등대가 답이다.

🖊 미션 START!
왕복 1시간이면 하와이가
내 발밑에!

등대 안으로 들어가는 것은 금지되어 있고, 등대 위로 돌아가는 산행로인 마카푸우 포인트 등대 트레일(Makapu'u Point Lighthouse Trail)이 절벽 위 전망대까지 이어져 있다. 왕복 1시간 내외로 가벼운 차림, 카메라와 선크림만 있으면 준비 끝. 유모차와 반려동물까지 함께 나온 지역 주민들도 보인다. 새로 정비된 전망대에서 여러 방향을 조망할 수 있다. 몰로카이와 마우이 전경은 물론 운이 좋으면 바다에 떼 지어 노는 돌고래를 볼 수도 있다. 휴가에서 쌓인 칼로리를 소비할 절호의 기회를 놓치지 말자.

VOL.2 📍 **MAP** p.408J 🚗 **찾아가기** 렌터카 HI-1동쪽 방향, 하나우마 베이 지나서 오른쪽에 입구 위치, 와이키키에서 30분 소요 🚌 버스 The Bus 22, 23, 57번 Sea Life Park에서 하차 후 도보 5분 📍 **주소** Ka Iwi State Scenic Shoreline, Kalanianaole Hwy, Honolulu, HI 96795 📞 **전화** 808-396-4229 🕐 **시간** 08:00~20:00 ⛔ **휴무** 연중무휴 💲 **가격** 무료 입장 🅿 **주차** 무료 주차 🌐 **홈페이지** dlnr.hawaii.gov/dsp/hiking/oahu/makapuu-point-lighthouse-trail

오아후 서쪽 끝,
카에나 포인트 Ka'ena Point

[**MISSION 04.** 리얼 야생 체험! 알바트로스와 몽크실 만나기]

웨스트 마카하의 바닷가 작은 마을들을 모두 지나면 말 그대로 사람이 살 수 없는 사막 같은 절벽이 나오고 해안선 끝으로 땅이 사라진다. 이곳이 바로 카에나 포인트. 카에나 주립공원으로 관리되고 있는데, 자동차 진입로 끝에서 내려 걸어가는 카에나 포인트 트레일헤드의 시작점이다. 카에나 포인트 주립공원은 사막 절벽과 백사장, 바위가 빚어내는 해변 풍경이 백미다.

카에나 포인트까지는 왕복 4시간 코스로 리얼 야생 체험을 즐기는 관광객과 지역 주민들이 주말에 많이 찾는다. 주립공원 표지판 너머 산에는 강렬한 인상의 암벽 동굴이 있다. 입구부터 끝까지 5미터 남짓 되는 동굴 속을 시원하게 걸어가 보자. 멸종 위기의 바다표범 하와이언 몽크실을 비롯해 하와이를 대표하는 물고기 후무후무누쿠누쿠아푸아아, 가장 멀리 나는 새 알바트로스까지, 흔히 볼 수 없는 천연기념물 격인 야생 조류들의 천국이다.

TIP 카에나 포인트를 위한 특별 준비물
카에나는 하와이어로 '열기'라는 뜻이다. 그만큼 건조하고 더우니 자외선 차단제와 물을 꼭 챙길 것!

VOL.2　MAP p.430E　INFO p.445

📍 미션 START! 하와이 희귀 동물과 기념사진 찰칵!

날개를 펼치면 3미터에 이르는 알바트로스는 5천 킬로미터를 쉬지 않고 날아간다. 그야말로 지구상에서 비행 능력이 가장 뛰어난 새다. 하와이는 알바트로스를 가장 가까이서 볼 수 있는 곳이다. 하지만 여름이 되기 전 새끼와 함께 섬을 떠나기 때문에 4월 이후에는 보기 어렵다. 겨울과 이른 봄에 하와이를 찾는다면 알바트로스와 혹등고래, 몽크실 같은 희귀 동물을 찾아보자!

어미와 함께 있는 알바트로스 새끼(좌)

카에나 포인트 트레일헤드 해변 전경

카에나 주립공원 주변의 마쿠아 동굴

해변에서 쉬고 있는 하와이언 몽크실

📍 같이 보면 좋은 명소, '브라다 이즈(Braddah IZ)의 동상'

✏️ 브라다 이즈가 누군데?

이즈라엘 카마카위오올레(Israel Kamakawiwo'ole)은 180센티미터가 넘는 키에 350킬로그램의 큰 몸집으로 작은 우쿨렐레 하나를 가슴에 안고 감미로운 목소리로 하와이의 모든 것을 노래했던 가수이다. 하와이 음악계의 조용필이라고 할 수 있는 그의 애칭은 브라다 이즈(Braddah IZ). 38세의 나이에 혈관계 질환으로 사망했을 때, 하와이 전역의 라디오 방송국은 하루 종일 애도 음악을 틀고, 공식적으로 하와이 왕국기를 조기로 달기도 했다. 우리에게 익숙한 우쿨렐레 하와이 음악의 대표 가수로 그의 '오버 더 레인보우(Over the rainbow)'와 '왓 어 원더풀 월드(What a wonderful world)'는 전 세계에서 TV 광고 배경 음악으로 가장 많이 사용되는 곡이다. 오아후의 서쪽 웨스트 마카하(West Makaha)는 그의 고향으로 유명하다.

MANUAL 07 ___ 해변 명소

SUMMER BEACH

해변 부자 하와이의 각양각색 취향 저격 해변을 찾아라

천의 얼굴을 보여주는 하와이의 바다, 어느 하나 사랑스럽지 않은 곳이 없다. SNS에 올리는 순간 '하와이네?'라고 한눈에 알아보는 바다부터 아무도 없는 잔잔한 바다, 연인의 손길처럼 고운 모래밭과 물속 구경까지 단 하나도 놓치고 싶지 않은 당신을 위한 하와이 해변 찾기 프로젝트! 물빛부터 모래까지 각기 다른 맛과 멋을 뽐내는 수많은 해변들, 그중 나하고 가장 잘 맞는 곳은 어디일까?

나에게 꼭 맞는 해변 찾기

PART 1. 취향 저격 해변

A 매사에 조심스러운 나,
바다는 얕고 잔잔한 게 최고야!

- OAHU 알라모아나 비치 파크(p.134)
- 코올리나 리조트 라군 (p.134)
- MAUI 나필리 베이 (p.136)
- BIG 스펜서 비치 파크 (p.138)
- KAUAI 아니니 비치 파크 (p.140)
- 하날레이 베이 (p.132)

B 나는야, 아가미 없는 인어,
첨벙첨벙 물놀이도 자신 있어!

- OAHU 와이메아 비치 (p.134)
- 하나우마 베이 (p.134)
- MAUI 카아나팔리 비치 파크
- 블랙록 (p.124)
- BIG A베이 (p.128)
- KAUAI 케에 비치 (p.140)
- 터널스 비치 파크 (p.140)

C 모험심 최강,
남들이 못 가본 곳 없을까?

- OAHU 쿠알로아 비치 파크 (p.136)
- 케아이우 비치 파크 (p.134)
- MAUI 코키 비치 (p.136)
- 빅 비치 (p.136)
- BIG 폴롤루 비치 (p.138)
- 그린 샌드 비치 (p.138)
- KAUAI 하에나 비치 파크 (p.140)
- 십렉 비치 (p.140)

PART 2. 여행 동반자에게 맞는 해변

A 아이와 함께 가면
좋은 해변

- OAHU 쿠히오 비치 (p.134)
- 알라모아나 비치 파크 (p.134)
- MAUI 와일레아 비치 (p.126)
- 카마올레 비치 (p.134)
- BIG 코나 베이 (p.138)
- 카할루우 비치 파크 (p.138)
- KAUAI 리드게이트 비치 파크 (p.140)
- 아니니 비치 파크 (p.140)

B 친구, 연인과 함께 가면
좋은 해변

- OAHU 이터니티 비치 (p.127)
- 선셋 비치 (p.134)
- 카일루아 비치 파크 (p.134)
- MAUI 카팔루아 베이 (p.136)
- 하모아 비치 (p.136)
- BIG A베이 (p.128)
- 마우나케아 비치 (p.138)
- KAUAI 포이푸 비치 파크 (p.131)
- 하날레이 비치 파크 (p.132)

C 유유자적,
혼자 가기 좋은 해변

- OAHU 알라모아나 비치 파크 (p.134)
- 와이마날로 비치 파크 (p.134)
- 쿠알로아 비치 파크 (p.134)
- MAUI 우쿠메하메 비치 파크 (p.136)
- BIG 스펜서 비치 파크 (p.138)
- KAUAI 아니니 비치 파크 (p.140)

PART 3. 액티비티 해변

A 열대어 구경 좀 해볼까?
스노클링 포인트

- OAHU 하나우마 베이 (p.134)
- 푸푸케아 비치 파크 (p.134)
- 카네오헤 샌드바 (p.134)
- MAUI 카아나팔리 비치 파크
- 블랙록 (p.124)
- 호놀루아 베이 (p.136)
- 몰로키니 (p.136)
- BIG 케알라케쿠아 베이 (p.138)
- 카할루우 비치 파크 (p.138)
- KAUAI 케에 비치 (p.140)
- 터널스 비치 파크 (p.140)
- 리드게이트 비치 파크 (p.140)

B 무한도전! 난 너무 용감해!
클리프 다이빙 포인트

- OAHU 와이메아 비치 파크 (p.134)
- MAUI 카아나팔리 비치 파크 블랙록 (p.124)
- 와이아나파나파 비치 (p.136)
- BIG 사우스 포인트 (칼래에) (p.138)
- 힐로 베이 (p.138)
- KAUAI 하날레이 베이 항구 (p.140)

C 초급자를 위한
서핑 레슨 포인트

- OAHU 와이키키 비치 (p.122)
- 할레이바 비치 파크 (p.134)
- KAUAI 하날레이 베이 (p.140)

세계인의 로망, 와이키키 비치
Waikiki Beach

하와이와 동의어로 쓰일 만큼 세계인들의 로망으로 자리 잡은 곳. 와이키키 지역에서 해변만 따로 설명하기는 쉽지 않지만 해변 그 자체가 곧 하와이의 상징이다. 3킬로미터 가까이 길게 뻗은 해안선을 따라 리조트와 비치 파라솔, 서핑 보드가 늘어서 있고, 그 끝에 다이아몬드 헤드가 보인다. 바다에는 점점이 돛단배들이 떠 있고, 해변에는 선탠과 모래 장난을 즐기는 사람들이 많지만 북적거리는 느낌이 전혀 들지 않는다. 방파제가 있어서 연중 파도가 고르고 잔잔하지만 서핑과 부기보드 같은 물놀이를 하기에 천혜의 환경. 서핑 보드에 앉아 파도를 기다리는 서퍼들의 모습이 밝아오는 와이키키 비치의 이른 아침 풍경이다. 매일 다른 모습을 보여주는 아름다운 일몰의 순간에는 아카데미 시상식의 레드카펫 플래시 세례가 떠오르기도 한다. 와이키키 비치는 인공 해변으로 크게 힐튼 하와이언 빌리지 근처의 카하나모쿠 비치(Kahanamoku Beach), 로열 모아나 비치(Royal Moana Beach Beach), 듀크 동상부터 반얀트리 공원까지 쿠히오 비치(Kuhio Beach), 호놀룰루 동물원 부근의 카피올라니 비치 파크(Kapiolani Beach

같이 보면 좋은 명소

더 베란다 앳더 비치 하우스
The Veranda at the Beach House

와이키키에서 맨 처음 생긴 모아나 서프라이더 리조트는 깊은 역사 전통에 품격과 모던함까지 더한 곳이다. 와이키키 비치에서 접근성이 가장 좋은 데다 백색 외관이 눈에 띈다. 큰 반얀트리가 있는 멋진 비치바에서 칵테일을 마시거나 바다를 거닐기에 좋다.

VOL.2 MAP p.385G INFO p.393

치즈케이크 팩토리 Cheesecake Factory

미국의 유명 프랜차이즈 레스토랑으로 가족 단위의 고객들이 주로 찾는다. 파스타와 스테이크, 스페셜 다이어트 등 다양한 메뉴를 선보이고, 별도의 바도 마련되어 있다. 편히 앉아 치즈케이크와 커피, 와인을 즐기며 와이키키 거리를 감상하기에 좋다. 저녁 시간에는 예약 필수.

VOL.2 MAP p.404 INFO p.404

와이키키 비치 워크 Waikiki Beach Walk

와이키키를 지나가는 칼라카우아 대로에서 트럼프 인터내셔널 호텔과 로열 하와이언 센터를 사이에 두고 새로 생긴 스타일리시한 쇼핑 거리. 다양한 레스토랑과 쇼핑 명소가 입점해 있어 와이키키에서 가장 핫한 거리로 불린다.

VOL.2 MAP p.384l INFO p.400

Park)와 산 수시 비치(Sans Souci Beach) 5개로 나눠진다. 와이키키와 이어진 카피올라니 비치 파크는 해변 이용객보다 공연장과 운동을 즐기러 오는 사람이 더 많다. 해변을 아우르는 거리 칼라카우아 애버뉴(Kalakaua Ave)에는 밤이면 와이키키의 낮보다 밝은 쇼핑 명소들이 빼곡히 늘어서 있고, 재미가 쏠쏠한 거리 공연도 열린다. '샘솟는 물'이라는 뜻의 와이키키는 진정한 팔방미인이다.

VOL.2 MAP p.384~385 INFO p.392 찾아가기 렌터카 호놀룰루 공항에서 HI-1 동쪽 방향, Kalakaua Ave에서 진입, 공항에서 20분 소요 주소 Kalakaua Ave and Kapahulu Ave, Honolulu, HI 96815

HAWAII MAUI

쭉 뻗은 백사장, 카헤킬리&카아나팔리 비치 파크
Kahekili & Ka'anapali Beach Park

2킬로미터에 달하는 카아나팔리 비치는 마우이 관광 최고의 중심지가 되었다. 하늘에서 보면 쌍둥이 같은 2개의 넓은 백사장을 검은 용암 바위가 나눠 놓은 모습인데, 이 바위의 이름이 블랙록(Black Rock)이다. 블랙록을 경계로 카아나팔리 비치 너머로는 오랫동안 태평성대를 구가했던 마우이의 마지막 왕 카헤킬리(Kahekili)의 이름을 딴 해변이 있다. 카헤킬리 왕은 블랙록에서 클리프 다이빙(Cliff Diving)이라 부르는 마우이 용사 버전의 절벽 뛰기를 즐겼다고 한다. 예나 지금이나 블랙록은 클리프 다이빙의 성지다. 블랙록 아래 바다는 바닥까지 보일 정도로 물이 깨끗하고 열대어가 많아 스노클링 장소로 유명하다. 마우이를 상징하는 카아나팔리와 카헤킬리는 마우이 해변 풍경의 정석이라 할 만하다. 일몰의 황금 시간대부터 기대앉은 연인들의 속삭임이 별이 빛나는 밤까지 계속되니 바닷가로 발걸음을 옮겨보면 어떨까?

VOL.2 ● MAP p.459H ■ INFO p.463

> 카아나팔리 비치는 웨일러스 빌리지 쇼핑센터와 유수의 호화 리조트 단지들을 끼고 있어 볼거리, 레스토랑, 쇼핑을 골고루 즐길 수 있다.

같이 보면 좋은 명소

웨일러스 빌리지
Whalers Village

카아나팔리 비치를 이용할 때는 카아나팔리 중심가에 위치한 웨일러스 빌리지(Whalers Village)를 이용하면 주차와 저녁까지 해결할 수 있어 일석이조다. 마우이 최대의 명품 쇼핑센터로 고래 박물관을 비롯해 다수의 브랜드 숍과 푸드코트가 입점해 있다. 해변과 이어진 훌라 그릴(Hula Grill), 레일라니스(Leilani's) 등의 레스토랑에서 카아나팔리 비치의 석양을 감상할 수 있다.

VOL.2 MAP p.459H INFO p.465

쉐라톤 마우이 리조트&스파
Sheraton Maui Resort&Spa

카아나팔리 비치의 가장 대표적인 지형인 넓은 백사장 위의 검은 용암 바위를 부르는 이름이 블랙록(Black Rock). 이 블랙록 위에 자리 잡은 리조트가 바로 쉐라톤 마우이 리조트&스파다. 물놀이와 쇼핑, 먹거리가 모두 모여 천혜의 휴양 공간을 이루고 있는 이 리조트는 마우이 여행객들에게 선호도 1위로 손꼽힌다. 블랙록 주변에서 휴식을 취하다 쉐라톤 리조트의 야외 수영장, 풀바와 레스토랑, 스파 등 부대시설을 이용하는 것도 카아나팔리 비치를 여유롭게 즐기기 좋은 방법이다.

VOL.2 MAP p.459H INFO p.465

모래성 쌓기와 물놀이의 천국, 와일레아 비치
Wailea Beach

마우이의 프리미엄 리조트 단지에 조성된 와일레아 비치는 '즐거운 물놀이'라는 뜻의 하와이어 이름에 걸맞게 각종 물놀이와 선탠을 즐기기에 최적화된 해변이다. 하와이 전설에 따르면, 형부와 사랑에 빠진 죄로 큰언니와 혈투를 벌인 불의 여신 펠레의 목숨을 구해 준 여동생들이 놀곤 했던 해변으로, 그들은 인어의 형상을 하고 돌고래들과 어울렸다고 한다. 현지 해상안전요원들은 오늘은 물이 좋은 날이니 인어를 조심하라는 농담을 하기도 한다. 와일레아 비치에서는 정면으로 앙증맞은 초승달 모양의 화산 분화구 몰로키니(Molokini), 그 뒤로 무인도 카호올라웨(Kaho'olawe), 다른 쪽으로는 산등성이를 따라 세워진 풍력발전소가 보인다. 해변에는 리조트마다 고유 색상의 비치 카바나와 파라솔이 늘어서 있다. 카누와 스탠드업 패들보드를 타고 바다에서 해변을 감상하는 사람들이 많다. 와일레아의 모래는 쫀득쫀득 차져서 모래성을 만들기에 안성맞춤이니 꼭 한번 해볼 것.

VOL.2 **MAP** p.468 | **찾아가기** 렌터카 카훌루이 공항에서 HI-311 남쪽 방향, Wailea Alanui Dr로 진입, 공항에서 40분 소요
주소 Wailea Alanui Dr, Wailea, Maui, HI 96753

같이 보면 좋은 명소

더 숍스 앳 와일레아
The Shops at Wailea

마우이의 명품 쇼핑 1번지. 루이비통, 티파니, 구찌 등 하이엔드 브랜드를 비롯해 다수의 갤러리가 있어 한가로운 오후를 즐기려는 사람들이 많이 찾는다. 낮은 건물과 야외 조경이 잘 어우러져 풍요로운 문화 공간으로 사랑받으며 이탈리안 레스토랑 롱기스(Longhi's), 아일랜드 스타일 라이프 스타일 스토어와 라이브 뮤직 라운지가 함께 있는 토미 바하마 레스토랑(Tommy Bahama Restaurant), 루스 크리스 스테이크 하우스(Ruth's Chris Steakhouse) 등 인기 좋은 체인 레스토랑들이 포진해 있다.

VOL.2 MAP p.468l
- 찾아가기 렌터카 카훌루이 공항에서 HI-311을 따라 Wailea 방면, Wailea Alanui Dr로 진입, 공항에서 40분 소요
- 주소 3750 Wailea Alanui Dr, Wailea, HI 96753
- 전화 808-891-6770 시간 매장마다 다름
- 주차 무료 주차 홈페이지 www.shopsatwailea.com

포시즌스 리조트 앳 와일레아의 비치바 '후무후무누쿠누쿠아푸아아'는 해변에서 바로 걸어 들어갈 수 있어서 인기가 좋다.

포시즌스 리조트 마우이 앳 와일레아
Four Seasons Resort Maui at Wailea

마우이의 자존심 같은 5스타(5-Star) 리조트다. 애덤 샌들러와 제니퍼 애니스톤 등 할리우드 배우들과 내로라하는 세계 유명 인사들의 사랑을 한몸에 받는 곳으로, 화려하면서 격조 있는 호텔이다. '후무후무누쿠누쿠아푸아아'라는 비치바가 특히 사랑받으며, 그림 같은 전망을 자랑하는 수영장이 있다. 키즈 액티비티 클럽이 있어서 상류층 가족들이 많이 찾는다. 숍스 앳 와일레아까지 무료 셔틀 버스가 있어 활동 반경을 넓힐 수 있고 해변 물놀이 기구를 다양하게 갖추고 있다.

VOL.2 MAP p.468l
- 찾아가기 렌터카 카훌루이 공항에서 HI-311 따라 Wailea 방면, Wailea Alanui Dr 경유하여 호텔 이정표 따라 정문으로 진입, 공항에서 45분 소요 주소 3900 Wailea Alanui Dr, Wailea, HI 96753 전화 808-874-8000 가격 $3200(1박)~
- 주차 유료 주차(1일 $50) 홈페이지 www.fourseasons.com

일렬로 늘어선 야자수 해변, A베이 (아내호오말루 비치)
Anaeho'omalu Bay

진짜 이름은 아내호오말루 베이(Anaeho'omalu Bay)지만, 도로 표지판을 비롯해 누구나 A베이로 부른다. 빅아일랜드에서 가장 좋은 위치에 가장 좋은 것만 모아놓은 곳이 바로 와이콜로아(Waikoloa) 지역. 늘 쨍쨍 내리쬐는 강렬한 태양에 어울리는 깔끔한 해변은 첫인상부터 A^+가 아깝지 않다. A베이는 해수와 담수가 모두 있는 특별한 바다로 물고기 연못과 고대 유적지를 구경할 수 있는 산책로가 곳곳에 있고, 특히 바닷가에 그림처럼 늘어선 야자수가 인상적이다. 슈퍼 모델 선발 대회 우승 후보들처럼 일렬로 나란히 선 늘씬한 야자수들 뒤로 넘어가는 석양이 특히 아름답다. 투숙 기간 내내 부대시설도 다 못 돌아보는 메가급 리조트들이 모여 있다. 투숙객들은 굳이 해변 공원까지 나올 필요 없이 리조트 내에서도 충분히 즐길 수 있다. 그래서 A베이는 관광객보다 지역 주민들이 더 많이 찾는다. 물놀이와 카약, 작은 배들이 오가는 한가로운 모습에 젖어들 수 있는 곳.

VOL.2 MAP p.519H INFO p.525

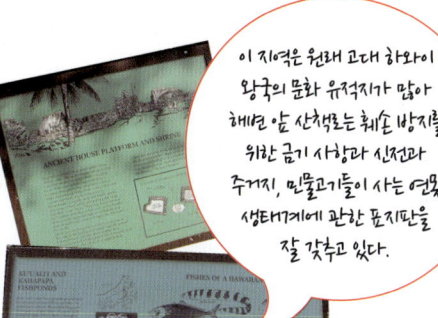

이 지역은 원래 고대 하와이 왕국의 문화 유적지가 많아 해변 앞 산책로는 훼손 방지를 위한 금기 사항과 신전과 주거지, 민물고기들이 사는 연못 생태계에 관한 표지판을 잘 갖추고 있다.

같이 보면 좋은 명소

힐튼 와이콜로아 빌리지
Hilton Waikoloa Village

7층 높이의 3개 타워에 1240개의 객실을 보유한 빅아일랜드 최대 규모의 가족형 리조트. 빌딩 타워 사이를 오가는 무료 케이블카와 마호가니 보트가 있다. 중국 진시황 시대를 떠올리게 하는 인테리어가 독특하며, 3개의 큰 수영장과 라군이 빌딩을 연결하고 있다. 라군에서는 돌핀 퀘스트가 운영하는 돌고래 체험 프로그램을 이용할 수 있다.

VOL.2 ⓜ MAP p.519D ⓘ INFO p.528

킹스 숍스 Kings' Shops

와이콜로아 지역을 대표하는 쇼핑센터로 킹스 숍스에는 티파니, 마이클 코어스 등 명품 브랜드 매장과 슈퍼마켓, 주유소를 비롯해 메이시스(Macy's) 백화점, 하와이 리저널 퀴진의 대가로 알려진 스타 셰프 로이 야마구치의 로이스(Roy's) 레스토랑 등이 있다. 야외형 쇼핑센터로 조용하고 쾌적한 리조트의 일부 같은 느낌을 준다.

VOL.2 ⓜ MAP p.519D ⓘ INFO p.528

퀸스 마켓 플레이스
Queens' Market Place

퀸스 마켓 플레이스에는 푸드코트를 비롯한 다양한 먹거리와 스타벅스, 다수의 브랜드 매장이 있어 관광객은 물론 은퇴 후 전원 생활을 즐기는 와이콜로아 주요 주민층의 기호에 잘 맞는 쇼핑센터로 사랑받고 있다.

VOL.2 ⓜ MAP p.519H ⓘ INFO p.527

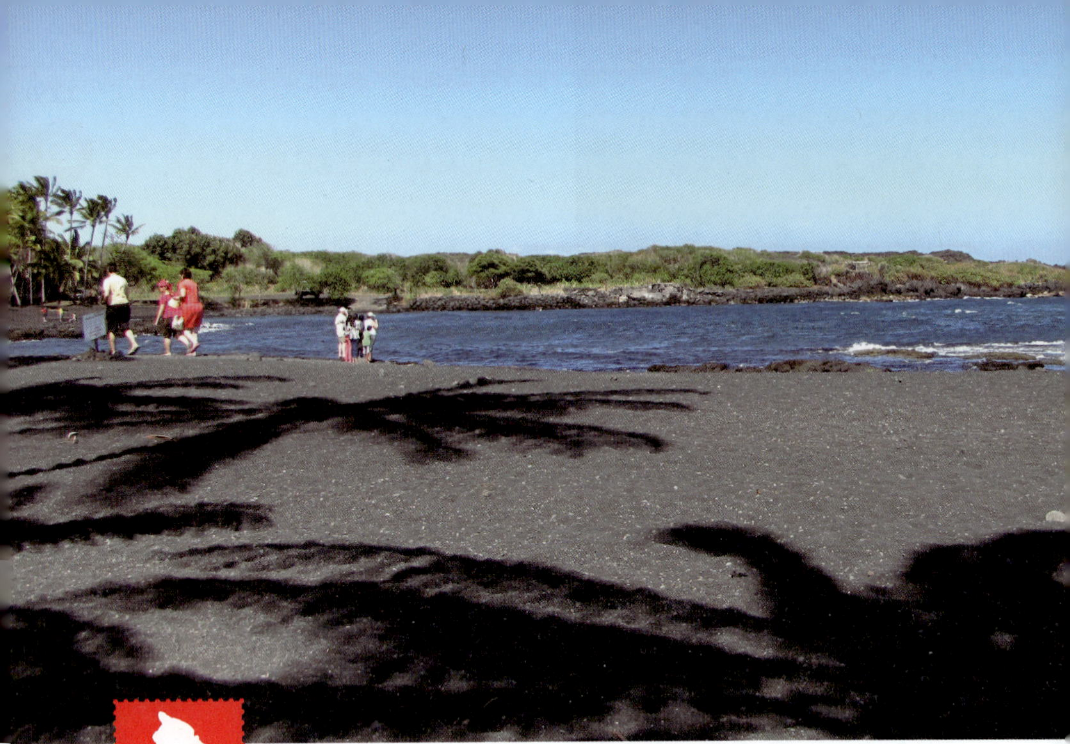

검은 모래 해변, 푸날루우 블랙 샌드 비치

HAWAII BIG ISLAND

Punalu'u Black Sand Beach

카우아이와 오아후에서는 찾아볼 수 없는 스페셜한 검은 모래 해변은 빅아일랜드를 소개하는 해변 사진에 가장 많이 등장하는 곳 중 하나다. 빅아일랜드의 묘미는 아직 길들여지지 않은 대자연의 생동감을 직접 느낄 수 있다는 것. 푸날루우 블랙 샌드 비치는 아직 거친 젊음의 야성미가 그대로 살아있다. 직접 잡은 것으로 끼니를 해결해야 하는 현지 주민들부터 대형 관광버스에 실려 오는 동양 관광객들까지 다양한 사람들이 찾는 곳. 해변에서 체온을 올리는 거북을 자주 볼 수 있다. 미국의 해변 중 가장 남쪽에 있는 해변의 하나이다.

VOL.2 MAP p.501K INFO p.507

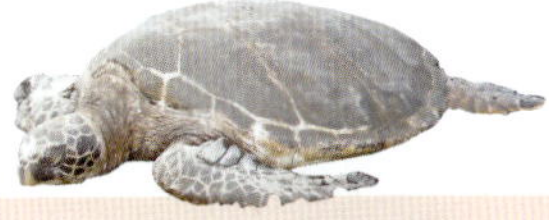

같이 보면 좋은 명소

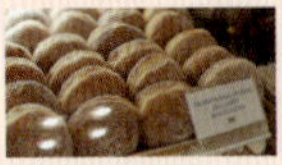

푸날루우 베이크 숍

Punalu'u Bake Shop

빅아일랜드의 대표 해변 푸날루우는 미국 본토의 최남단 지점보다 남쪽에 있고 이 지역에는 마을이 많지 않아 푸날루우 베이크 숍은 미국 최남단에 위치한 베이커리라는 명소 표시가 있다. 포르투갈 이민 후손들이 즐겨 먹던 빵이라 조금 생소하지만 현지 스타일로 직접 구운 빵과 달콤한 디저트는 누구나 좋아할 만하다. 특별한 명소에 위치한 베이커리를 찾는다면 바로 여기!

VOL.2 MAP p.500J INFO p.509

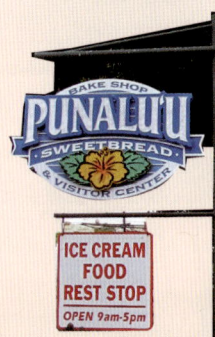

레인보우 하와이, 포이푸 비치 파크
Poipu Beach Park

HAWAII KAUAI

카우아이 남쪽 해변은 늘 햇살이 좋아 서니 사이드라고 부른다. 남쪽의 포이푸 비치는 여름에 파도가 높고 겨울에 잔잔하다. 카우아이의 서니 사이드를 대표하는 포이푸 비치 파크는 가장 안전할 뿐 아니라 남녀노소, 심지어 알록달록 열대어와 희귀종 몽크실에게도 인기 만점이다. 이곳에서 스노클링에 도전해 보자. 해가 뜨겁게 내리쬐다가도 한 번씩 소나기가 지나가고 나면 어김없이 나타나는 무지개. 카우아이의 무지개는 '이제 다 잘될 것'이라는 신의 약속을 의미한다. 포이푸 비치는 언제나 고요하고 잔잔하지만 그렇지 않은 날이면 무지개를 기다려보자.

VOL.2 MAP p.547D INFO p.555

쉐라톤 카우아이 리조트
Sheraton Kauai Resort

포이푸 비치와 연달아 이어진 쉐라톤 리조트의 라바스 온 포이푸 비치(Lava's on Poipu Beach) 레스토랑에서 최고의 해변 전망을 바라보며 식사를 할 수 있다.

VOL.2 MAP p.547D
찾아가기 렌터카 리후에 공항에서 HI-50 서쪽 방향 520번 Poipu Rd로 진입하면 해변 쪽에 입구, 공항에서 30분 소요 전화 808-742-1661 주소 2440 Hoonani Rd, Poipu Beach, Koloa, HI 96756 가격 $600(1박)~ 리조트피 $40 주차 $20(발렛) 홈페이지 www.sheraton-kauai.com

포이푸 쇼핑 빌리지
Poipu Shopping Village

스타벅스, 푸카 독, 로이스 레스토랑 등 다양한 먹거리와 편의점, 기념품 쇼핑까지 알차게 보낼 수 있는 아담한 규모의 지역 쇼핑센터다.

VOL.2 MAP p.547D
찾아가기 렌터카 HI-50 서쪽 방향에서 HI-520으로 이어진 후 Poipu Rd 교차로에 입구 위치, 리후에 공항에서 30분 소요 주소 2360 Kiahuna Plantation Dr, Koloa, HI 96756 전화 866-742-6644 시간 10:00~20:00 주차 무료 주차 홈페이지 www.pukadog.com

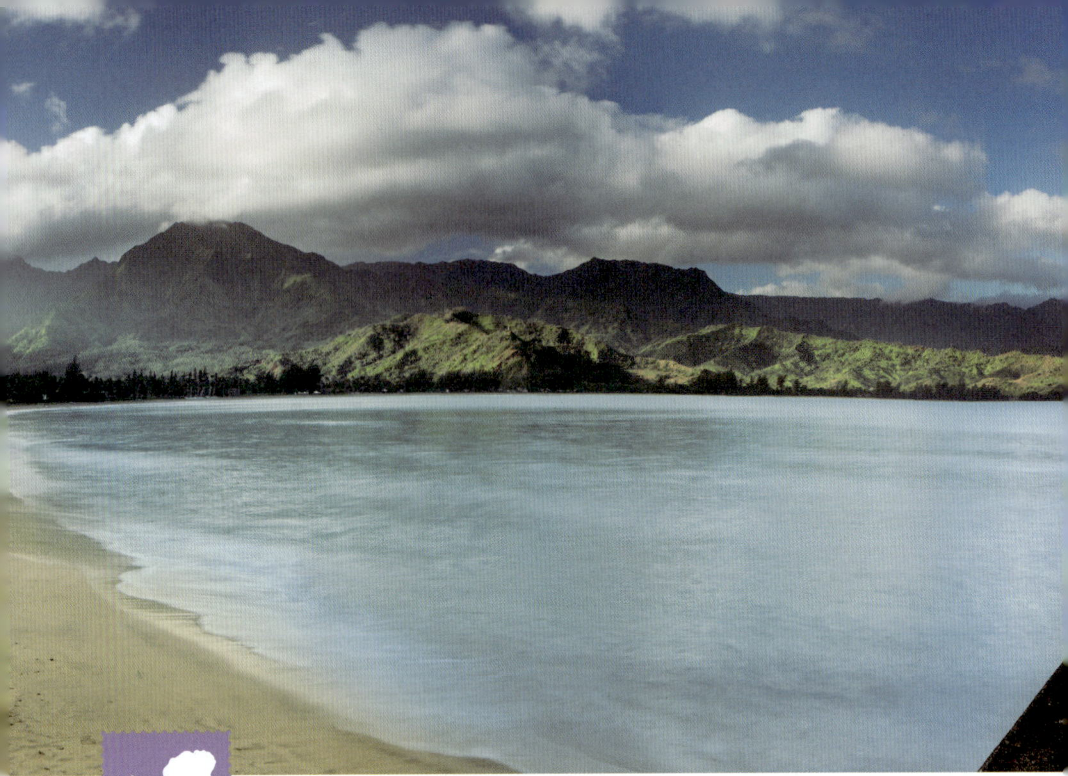

HAWAII
KAUAI

그림 같은 병풍 산이 둘러싼, 하날레이 베이
Hanalei Bay

뭐니 뭐니 해도 카우아이 최고의 해변은 하날레이 베이. 해안선이 4킬로미터 넘게 뻗은 하날레이는 하와이어로 '초승달'이라는 뜻이다. 비 내리는 산이 병풍처럼 해변을 두른 모습은 바라보는 것만으로 감상에 젖기에 충분하다. 비 내리는 산이라는 별명이 붙은 이유는 깎아지른 절벽 틈새로 폭포수가 흘러내리고, 비 온 뒤에는 마치 통곡을 하듯 많은 물이 흘러내리기 때문이다. 산허리까지 피어오른 물안개가 한 폭의 동양화처럼 신비로움을 더한다. 옛날부터 하와이 사람들 사이에 죽기 전에 꼭 가봐야 하는 곳으로 알려진 하날레이 베이. 강어귀를 제외하면 대체로 물이 맑은 이곳에서 서핑을 배우거나 물 위에 서 있는 것 같은 스탠드업 패들보드(Standup Paddle, SUP)를 타며 망중한을 즐기는 사람들이 많다. 특히 하날레이 베이 정면에 보이는 뾰족한 봉우리 발리 하이로 해가 넘어가는 시간이면, 돛단배와 스탠드업 패들보드가 석양빛 물든 바다를 수놓은 풍경이 장관을 이룬다. 주말에는 현지 주민들이 바비큐와 캠핑 장소로도 많이 이용한다.

VOL.2 MAP p.560B INFO p.567

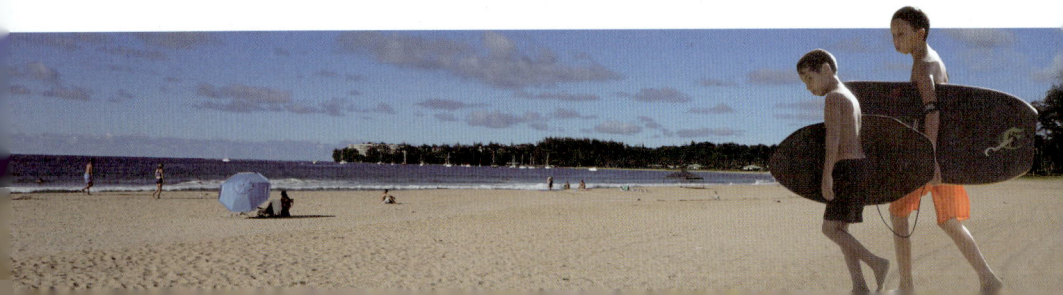

🔍 같이 보면 좋은 명소

하날레이 밸리 전망대
Hanalei Valley Lookout

하와이인의 주식량인 타로(토란) 밭이 모여 있는 계곡 마을을 조망하는 전망대. 네모 반듯한 타일 조각을 나눠 붙인 듯한 인상적인 전망대 풍경은 하와이 관광 엽서의 단골 메뉴다. 스탠드업 패들 보드를 타고 타로 밭 옆 강을 유유히 지나가는 사람들도 볼 수 있다. 카우아이 수탉 가족들이 특유의 정취를 자아낸다.

VOL.2 📍 **MAP** p.560E ⓘ **INFO** p.567

더 돌핀 레스토랑
The Dolphin Restaurant

하날레이 베이 초입의 하날레이 마을 상가 중 신선한 해산물 요리와 스시, 다양한 음료와 칵테일을 즐길 수 있는 명소. 야외 테라스와 실내로 구분되어 있어 고즈넉한 하날레이 분위기를 누리기 좋다. 하날레이 베이는 레스토랑 등 거리에 위치한 상가들과 떨어져 있기 때문에 돌핀 레스토랑은 바다로 흘러 들어가는 강줄기를 전망하며 리버 카약, 스탠드업 패들보드 등 액티비티를 즐기는 사람들을 구경하는 재미가 있다.

VOL.2 📍 **MAP** p.560E ⓘ **INFO** p.570

이름	화장실	피크닉 테이블	샤워 시설	해상 안전요원	바닥	체험
01 쿠히오 비치	O	O	O	O	흰모래	S, B, SW, SF, SB
02 알라모아나 비치 파크	O	O	O	O	흰모래	S, SW, B, SB
03 매직 아일랜드	X	X	X	O	자갈, 모래	S, SW, SB
04 하나우마 베이	O	외부	O	O	흰모래, 산호	S, SW
05 이터니티 비치	X	X	X	X	흰모래	S, B
06 샌디 비치	O	O	O	O	흰모래	B, SB
07 마카푸우 비치	O	O	O	O	흰모래	B, SB, SF
08 와이마날로 비치 파크	O	O	O	O	흰모래	S, SB, B
09 라니카이 비치	X	X	X	X	흰모래	S, SW, SF, SB, K, B, WS
10 카일루아 비치 파크	O	O	O	O	흰모래	S, SW, SB, K, B, WS
11 카네오헤 샌드바	X	X	X	X	흰모래	S, SW
12 쿠알로아 비치 파크	O	O	O	O	자갈, 모래	K
13 라이에 비치 파크	O	O	X	X	흰모래	B
14 라이에 포인트	X	X	X	X	바위	X
15 선셋 비치	O	X	O	O	흰모래	B, SF, SB
16 푸푸케아 비치 파크	O	X	O	X	용암석 산호	S, SW
17 라니아케아 비치	X	X	X	O	흰모래, 산호	S, B
18 와이메아 비치 파크	O	O	O	O	흰모래, 용암석	SF, B, CD, SB
19 할레이바 비치 파크	O	O	O	O	흰모래	S, B, SF, SB
20 알리이 비치 파크	O	O	O	O	흰모래	B, SW, SF
21 요코하마 비치 파크	O	O	O	O	흰모래	S, B, SF, SB
22 케아아우 비치 파크	O	O	O	O	흰모래	B, SF, SB
23 마카하 비치 파크	O	O	O	O	흰모래	B, SF, SB
24 코올리나 리조트 라군	O	O	O	O	흰모래	S, SW, B, SB, K

S 스노클링, SW 수영, B 부기보드, SF 서핑, WS 윈드서핑, CD 클리프 다이빙, K 카약, SB 스탠드업 패들보드

"내가 찾는 비치는 어디?" 오아후 최고의 해변, 모두 모여라!

01 쿠히오 비치
VOL.2 MAP p.385K

02 알라모아나 비치 파크
VOL.2 MAP p.431D

03 매직 아일랜드
VOL.2 MAP p.431H

04 하나우마 베이
VOL.2 MAP p.408J

05 이터니티 비치
VOL.2 MAP p.408J

06 샌디 비치
VOL.2 MAP p.408J

07 마카푸우 비치
VOL.2 MAP p.408J

08 와이마날로 비치 파크
VOL.2 MAP p.408J

09 라니카이 비치
VOL.2 MAP p.409L

10 카일루아 비치 파크
VOL.2 MAP p.409H

11 카네오헤 샌드바
VOL.2 MAP p.409G

12 쿠알로아 비치 파크
VOL.2 MAP p.409G

13 라이에 비치 파크
VOL.2 MAP p.409C

14 라이에 포인트
VOL.2 MAP p.409C

15 선셋 비치
VOL.2 MAP p.408B

16 푸푸케아 비치
VOL.2 MAP p.408B

17 라니아케아 비치
VOL.2 MAP p.408B

18 와이메아 비치 파크
VOL.2 MAP p.408B

19 할레이바 비치 파크
VOL.2 MAP p.408B

20 알리이 비치 파크
VOL.2 MAP p.408B

21 요코하마 비치 파크
VOL.2 MAP p.430E

22 케아아우 비치 파크
VOL.2 MAP p.430E

23 마카하 비치 파크
VOL.2 MAP p.430I

24 코올리나 리조트 라군
VOL.2 MAP p.430J

이름	화장실	피크닉 테이블	샤워 시설	해상 안전요원	바닥	체험
01 호오키파 비치 파크	O	O	O	O	바위, 흰모래	WS, SW, SF
02 호오마누	X	X	X		자갈	
03 와이아나파나파 주립공원	O	O	O	X	검은 모래	CD
04 하나 베이	O	O	O	금요일	후추색 모래	SW, B, SF, WS
05 코키 비치	X	O	X	X	붉은 모래	SF
06 하모아 비치	O	O	O	X	후추색 모래	B, SW, SB, SF
07 오헤오 협곡	공원 내	공원 내	공원내	X	바위	
08 빅 비치	O	O	X	O	흰모래	SW, B, SF
09 마케나 비치	O	O	O	X	흰모래	S, SW, B, SB
10 와일레아 비치	O	O	O	O	흰모래	S, SW, B, SB, K
11 카마올레 비치 파크 I, II, III	O	O	O	O	흰모래	S, SW, B, SB
12 우쿠메하메 비치 파크	O	O	X	X	바위, 흰모래	S, SW, K
13 카아나팔리 비치 파크	O	O	O	O	흰모래, 용암석	S, B, SW, SB
14 카아나팔리 비치 파크 블랙록	O	O	O	O	용암석	CD
15 카헤킬리 비치 파크	O	O	O	O	흰모래	S, SW, B, SB
16 나필리 베이	X	X	X	X	후추색 모래	S, SW, SF, B
17 카팔루아 비치 파크	O	O	O	O	흰모래	S, SW, B, K, SB,
18 호놀루아 베이	X	O	X	X	자갈 바위, 흰모래	S, SF, B
19 몰로키니	X	X	X	X	해변 아님	S

S 스노클링, SW 수영, B 부기보드, SF 서핑, WS 윈드서핑, CD 클리프 다이빙, K 카약, SB 스탠드업 패들보드

"내가 찾는 비치는 어디?" 마우이 최고의 해변, 모두 모여라!

01 호오키파 비치 파크
VOL.2 MAP p.476B

02 호오마누
VOL.2 MAP p.477G

03 와이아나파나파 주립공원
VOL.2 MAP p.477H

04 하나 베이
VOL.2 MAP p.477H

05 코키 비치
VOL.2 MAP p.477H

06 하모아 비치
VOL.2 MAP p.477H

07 오헤오 협곡
VOL.2 MAP p.477L

08 빅 비치
VOL.2 MAP p.468I

09 마케나 비치
VOL.2 MAP p.468I

10 와일레아 비치
VOL.2 MAP p.468I

11 카마올레 비치 파크 I, II, III
VOL.2 MAP p.468I

12 우쿠메하메 비치 파크
VOL.2 MAP p.458J

13 카아나팔리 비치 파크
VOL.2 MAP p.459H

14 카아나팔리 비치 파크 블랙록
VOL.2 MAP p.459H

15 카헤킬리 비치 파크
VOL.2 MAP p.459H

16 나필리 베이
VOL.2 MAP p.459D

17 카팔루아 비치 파크
VOL.2 MAP p.459D

18 호놀루아 베이
VOL.2 MAP p.459D

19 몰로키니
VOL.2 MAP p.468I

MANUAL 07 | 해변 명소

Big Island

이름	화장실	피크닉 테이블	샤워	해상 안전요원	바닥	체험
01 힐로 베이(코코넛 아일랜드)	O	O	O	X	진흙, 자갈	CD, K, WS
02 아이작 할레 비치 파크	X	X	X	O	검은 모래, 용암석	
03 푸날루우 블랙 샌드 비치	O	O	O	O	검은 모래	S, SW
04 그린 샌드 비치	X	O	X	X	녹색 모래	
05 사우스 포인트(칼래에)	X	X	X	X	절벽	CD, SW
06 호나우나우 비치(투스텝)	O	X	X	X	후추색 모래	S, SW
07 케알라케쿠아 베이(캡틴쿡)	X	X	X	X	용암석, 산호	S, SW
08 카할루우 비치 파크	O	O	O	O	검은 모래, 산호	S, SW, SF, SB, B
09 (킹 카메하메하)코나 베이	O	X	X	X	흰모래	S, SW, B
10 A베이	O	O	O	O	흰모래, 자갈, 암석	S, SW, SB
11 하푸나 비치	O	O	O	O	흰모래	S, SW, SB, B
12 마우나케아 비치	O	O	O	O	흰모래	S, SW, SB, B
13 스펜서 비치 파크	O	O	O	O	흰모래	S, SW, SB, B, K
14 폴로루 비치	X	X	X	X	검은 모래	

S 스노클링, SW 수영, B 부기보드, SF 서핑, WS 윈드서핑, CD 클리프 다이빙, K 카약, SB 스탠드업 패들보드

"내가 찾는 비치는 어디?" 빅아일랜드 최고의 해변, 모두 모여라!

MANUAL 07 | 해변 명소

01 힐로 베이(코코넛 아일랜드)
VOL.2 MAP p.519L

02 아이작 할레 비치 파크
VOL.2 MAP p.501H

03 푸날루우 비치 파크
VOL.2 MAP p.501K

04 그린 샌드 비치
VOL.2 MAP p.500J

05 사우스 포인트(칼래에)
VOL.2 MAP p.500J

06 호나우나우(투스텝)
VOL.2 MAP p.500E

07 케알라케쿠아 베이(캡틴쿡)
VOL.2 MAP p.500I

08 카할루우 비치 파크
VOL.2 MAP p.500E

09 코나 베이
VOL.2 MAP p.500A

10 아내호오말루, A베이
VOL.2 MAP p.519H

11 하푸나 비치
VOL.2 MAP p.518E

12 마우나케아 비치
VOL.2 MAP p.518E

13 스펜서 비치
VOL.2 MAP p.518E

14 폴롤루 비치
VOL.2 MAP p.518B

Kauai

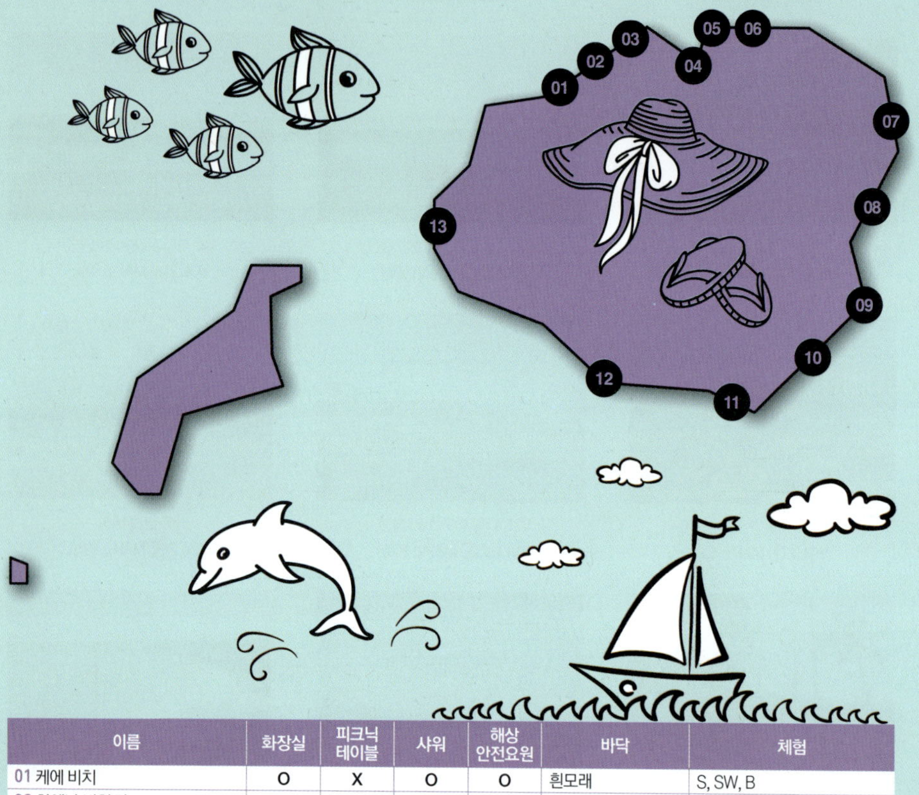

이름	화장실	피크닉 테이블	샤워	해상 안전요원	바닥	체험
01 케에 비치	O	X	O	O	흰모래	S, SW, B
02 하에나 비치 파크	O	O	O	O	흰모래	SF, S, SW
03 터널스 비치 파크	X	X	X	X	산호, 흰모래	S
04 하날레이 베이	O	O	O	O	흰모래	S, SW, B, SF, SB, CD
05 하이드웨이 비치	X	X	X	X	흰모래, 바위	S, SW, B
06 아니니 비치 파크	O	O	O	X	바위, 산호, 흰모래	S, SW
07 케알리아 비치 파크	O	O	O	O	흰모래	SW, SF, B, SB
08 리드게이트 비치 파크	O	O	O	O	흰모래, 바위	S, SW
09 칼라파키 비치	O	O	O	X	흰모래	S, K, SW, SB
10 십렉 비치	O	O	O	X	흰모래	B, SF, SW, CD
11 포이푸 비치 파크	O	O	O	O	흰모래	
12 솔트 폰드 비치 파크	O	O	O	O	후추색	S, SW, B, SB
13 폴리할레 비치	O	O	O	X	흰모래	B, SF(상급자)

S 스노클링, SW 수영, B 부기보드, SF 서핑, WS 윈드서핑, CD 클리프 다이빙, K 카약, SB 스탠드업 패들보드

"내가 찾는 비치는 어디?" 카우아이 최고의 해변, 모두 모여라!

01 케에 비치
VOL.2 MAP p.560A

02 하에나 비치 파크
VOL.2 MAP p.560A

03 터널스 비치
VOL.2 MAP p.560A

04 하날레이 베이
VOL.2 MAP p.560B

05 하이드웨이 비치
VOL.2 MAP p.560A

06 아니니 비치 파크
VOL.2 MAP p.560B

07 케알리아 비치 파크
VOL.2 MAP p.561H

08 리드게이트 비치 파크
VOL.2 MAP p.561K

09 칼라파키 비치
VOL.2 MAP p.547H

10 십렉 비치
VOL.2 MAP p.547D

11 포이푸 비치 파크
VOL.2 MAP p.547D

12 솔트 폰드 비치 파크
VOL.2 MAP p.546I

13 폴리할레 비치
VOL.2 MAP p.546A

EXPERIE

액티비티의 천국 하와이! 어드벤처의 짜릿함과 낭만 가득한 셀프 웨딩 촬영,
재미있는 테마파크로 매일 축제의 나날을 즐겨보자.

144	**MANUAL 08**	스노클링
158	**MANUAL 09**	서핑
166	**MANUAL 10**	익사이팅 어드벤처
174	**MANUAL 11**	트레일
180	**MANUAL 12**	테마파크&박물관

MANUAL 08 __ 스노클링

Hawaii Best Snorkeling Points

처음 만나는 환상적인 하와이 광경

하와이의 바닷속은 스노클링을 하는 사람들의 천국이다.
섬마다 접근하기 쉬운 해변이 있고, 각종 다양한 물고기들을 볼 수도 있다.
배를 타고 먼 바다로 나가는 스노클링 트립,
차를 주차하고 한달음에 물속까지 들어갈 수 있는 곳,
연인과 단둘이 즐길 수 있는 조용한 해변…….
내 스타일에 맞는 스노클링을 선택해서 색다르게 즐겨보자.

컬러링 북
알록달록한 하와이의 바닷속 풍경에 색을 입혀주세요.

SNORKELING GUIDE
너 이름이 뭐니? 알록달록 하와이 열대어 구경하기

'알록달록 열대어 천국', 전형적인 수식어가 조금도 식상하지 않는 곳.
하와이 바닷속을 들여다본 사람이라면 누구나 형용할 수 없는 자유로움과 숨 막히는 아름다움,
물고기들의 격렬한 움직임을 보면서 물 밖의 세상보다 훨씬 더 강한 생동감을 느낀다.
하와이에서 스노클링 중에 자주 보게 되는 열대어, 하나하나 이름을 배워보자.

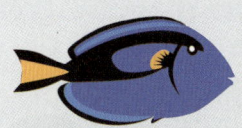

Blue Tang 'Kole'
콜레

**Longnose Butterflyfish
'Lau Wiliwili Nukunuku Oioi'**
라우 윌리윌리 누쿠누쿠 오이오이

Yellow Tang 'Lau'ipala'
라우이팔라

Moorish Idol 'Kihi Kihi'
키히 키히

Clown Fish 'Alo'ilo'i'
알로일로이

**Lagoon Triggerfish
'Humuhumunukunukuapua'a'**
후무후무누쿠누쿠아푸아아

Achilles Tang 'Paku Ikui'
파쿠 이쿠이

Ornate Butterfly 'Kikakapu'
키카카푸

Whitespot Goatfish 'Kumu'
쿠무

스노클링할 때 이 물고기를 꼭 찾아보세요

하와이 주를 상징하는 물고기 랙탱귤러 트리거피시. 하와이 이름은 후무후무누쿠누쿠아푸아아(Humuhumunukunukua'puaa), 줄여서 '후무후무'라고 부른다. 빅아일랜드 서쪽 코나 지역 일대 바다에서 흔히 볼 수 있는 이 물고기에 대한 전설이 있다. 하와이 원주민들이 가장 중요하게 여기던 가축인 멧돼지의 수호신은 반신반인이었는데, 빅아일랜드 화산의 여신 펠레에게 청혼했다가 돼지처럼 생겼다는 이유로 거절했다.
둘은 매일같이 싸우다 정이 들어 결혼을 하기는 했지만, 불같은 성격에 서로를 죽일 듯이 싸우는 때가 많았다. 하루는 멧돼지의 수호신이 펠레가 던지는 불을 피해 후무후무 물고기로 변신해 바다로 뛰어들었다. 아무리 화해를 청해도 그가 받아주지 않자 펠레는 그의 집인 코나 지역 바다를 침범하지 않기로 약속했다. 그 뒤로 그가 사는 코나 쪽은 항상 해가 뜨고, 펠레가 사는 힐로 쪽은 비가 온다고 한다. 마냥 귀엽기만 한 '후무후무'가 돼지와 무슨 상관일까 의구심이 든다면 꼭 스노클링을 해보라. 후무후무누쿠아푸아아의 압권은 돼지 소리를 낸다는 것.

SNORKELING EQUIPMENT CHOICE
스노클링 장비, 무엇을 고르고 어떻게 쓸까?

오리발 FINS

오리발(Fins)은 물의 저항을 높이기 때문에 약간의 부력과 속도를 내는 데 큰 도움이 된다.

오리발(Fins) 고르는 법

STEP 1 원칙적으로 맨발에 신어 엄지발가락이 보일 정도가 적당하다. 자신의 신발 사이즈에 맞게 선택하면 된다.

STEP 2 하와이에서는 아쿠아 슈즈 또는 아쿠아 삭스(워터 스킨 슈즈)를 신는 경우가 많아 아쿠아 삭스 위에 오리발을 착용하면 편리하다.

STEP 3 오리발을 신었을 때는 발뒤꿈치로 걷고, 수영할 때는 무릎을 펴고 상하로 움직인다.

마스크 & 튜브 MASK & TUBE

마스크는 물속에서 시야를 확보하며 코로 물이 들어오는 것을 방지한다. 튜브와 함께 사용해 입으로 계속 숨을 쉬며 물속에 머물 수 있다.

마스크 고르는 법과 사용법

STEP 1 헤드 밴드를 제외한 마스크 부분만 눈과 코를 중심으로 얼굴에 대고 살살 눌러 밀착감을 확인한다. 물에 들어가기 전 헤드 밴드를 조절한다. 마스크에 빈틈이 있으면 스노클 중에 물이 들어오기 때문에 헐렁하면 절대 안 된다!

STEP 2 마스크 렌즈는 물속에서 김이 서리면 시야 확보가 어려우므로 습기 방지 코팅이 된 것을 사고, 관리할 때는 김 서림 방지 스프레이를 뿌려서 닦거나 치약으로 닦아도 된다.

STEP 3 마스크를 쓰고 입으로 숨 쉬는 연습을 해보자. 숨을 편하게 쉴 수 있으면 튜브 안쪽의 마우스 피스를 이로 물고 튜브 전체를 입술로 잘 덮는다. 물속에서는 수시로 입술과 마스크를 눌러서 밀착력을 유지한다.

STEP 4 튜브를 통해 입으로 숨을 쉴 때 편안한지 확인한다.

STEP 5 스노클 도중 튜브에 물이 들어오면 훅 불어서 이물질을 밖으로 배출한다. 물속에 튜브가 잠길 경우 숨을 잠시 멈추고 물 밖에서 숨을 훅 내쉰다.

SNORKELING EQUIPMENT SIZE
나만의 스노클링 장비를 현지에서 직접 사고 싶다면?

마스크 사이즈

❶ 얼굴 폭이 14cm 이하이면서, 눈썹에서 턱끝까지 길이가 14cm 이하이면 S, 이상이면 M이라고 보면 맞다.

❷ 얼굴 폭이 14cm 이상이면서, 눈썹에서 턱끝까지 길이가 14cm 이하이면 L, 이상이면 XL라고 보면 맞다.

오리발 사이즈

오리발(Fins)은 브랜드에 따라 다르지만 발 치수별로 나오는 것이 아니라 S, M, L, XL 중에 고르는 경우가 많다. 한국 신발 치수 230~240mm는 미국 신발 치수 6과 7에 해당하며 오리발은 S, 250~260mm는 8과 9에 해당하며 M, 270~280mm는 10과 11에 해당하며 L를 고르면 맞다. 이때 반 사이즈에 걸려서 아쿠아 슈즈 위에 오리발을 신고자 하면 한 치수 크게, 맨발에 딱 맞는 것을 원하면 한 치수 아래로 고르는 것이 좋다.

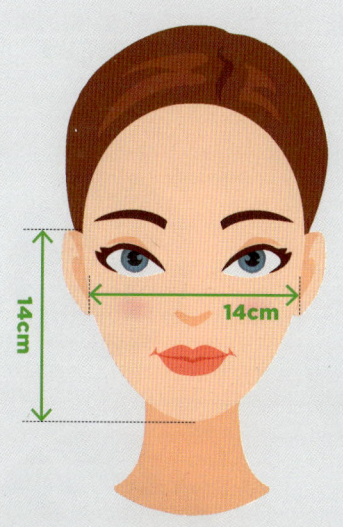

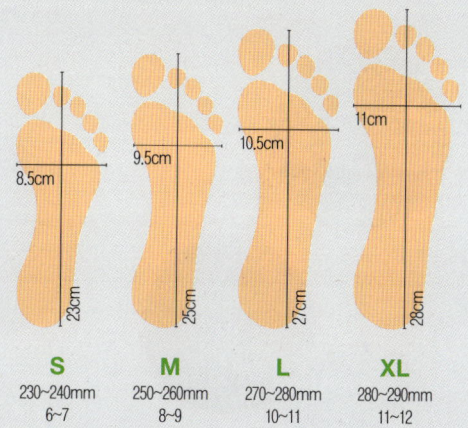

S	M	L	XL
230~240mm	250~260mm	270~280mm	280~290mm
6~7	8~9	10~11	11~12

뭣이 중헌디? 스노클링의 천국으로 떠나는 우리가 지금 알아야 할 상식!

첫째, 산호 위에 올라서지 않는다.
바닷속에서 수억 년간 자생해 온 산호는 바다 생물들의 삶의 터전이다. 한번 파괴되거나 오염된 산호가 회복되기까지 수십 년 또는 수백 년이 걸린다고 하니 산호를 해치는 행위는 삼간다.

둘째, 스노클링에도 때가 있다.
물속 환경은 외부 날씨에 크게 영향을 받지 않지만 얕은 곳일수록 오후보다 이른 오전 시간대가 모래 먼지 없이 깨끗하고 잔잔한 물속에서 스노클링하기 더 좋다.

셋째, 안전 장비가 생명줄이다.
입수 전에 스노클링 장비를 점검하고, 성게나 산호에 긁힌 상처는 치료하기 어려우니 아쿠아 슈즈를 신거나 오리발을 착용하는 것이 좋다. 물고기에게 먹이를 주는 것은 바다를 더럽히고 물고기에게도 좋지 않으니 삼가자. 마지막으로 안전을 위해 일행과 함께 다니는 것이 좋다.

SNORKELING SPOT CHOICE
내게 맞는 스노클링 스폿은 어디일까?

- TYPE 01 -

배를 타고 나가는 스노클 이벤트에 하루를 걸겠어!

- TYPE 02 -

물고기도 좋지만 바닷속을 좀더 탐험하고 싶어!

- TYPE 03 -

깊은 물은 무서워, 간단한 스노클링이 좋아!

OAHU 카네오헤 샌드바 p.150

OAHU 하나우마 베이 p.149

OAHU 비치 파크 푸푸케아 삭스 코브 p.151

MAUI 몰로키니 p.152
MAUI 호놀루아 베이 p.153

BIG ISLAND 카할루우 비치 파크 p.154

BIG ISLAND 카할루우 비치 파크 p.154

BIG ISLAND 케알라케쿠아 베이 p.155

KAUAI 터널스 비치 파크 p.156

KAUAI 아니니 비치 파크 p.157

KAUAI 리드게이트 비치 파크 p.157
KAUAI 아니니 비치 파크 p.157

케에 비치 p.156

HAWAII OAHU

하와이 최대 스노클링 특수 구역

하나우마 베이 해양 보존 구역
Hanauma Bay Natural Preserve (HBay)

안전주의!
안전한 물놀이를 위해서는 베이 왼쪽 가장자리와 정면 산호초 주변에서 스노클링해야 한다. 베이 왼쪽 먼바다는 이안류(파도가 높고 바다로 되돌아가는 물이 소용돌이를 이루는 곳)와 비슷한 토일렛 볼(Toilet Bowl)이라는 해저 현상이 일어나므로 접근하지 않도록 유의한다.

명실상부 오아후섬 최고의 관광 스폿 중 하나. 오아후 화산 활동의 마지막 시기에 형성된 분화구가 침식되며 만들어진 해양 보호구역으로, 독특한 지형과 빼어난 경관을 자랑한다. 과거 무분별한 개발로 생태계 훼손 문제가 있었으나, 현재는 입장 전 교육 영상 시청을 의무화하고 환경 보호 정책을 철저히 시행 중이다. 바닷속은 수심이 얕고 투명도가 높아 스노클링에 적합하며, 다양한 열대어를 가까이에서 만날 수 있다. 리프 세이프 선크림만 사용 가능하며, 취사·흡연은 금지되고 간단한 스낵만 허용된다. 입장은 온라인 예약이 원칙이나, 매일 오전 6:45부터 소량의 당일 티켓이 현장에서 선착순 판매된다. 상단 입구에는 기념품숍과 스낵바가 있으며, 해변까지는 유료 트램(하행 $1, 상행 $1.25)으로 이동 가능하다. 모든 시설은 카드 결제만 가능하며, 주차장 요금은 현금으로 지불해야 한다. 매주 월·화요일과 주요 공휴일은 휴무이니 방문 전 확인이 필요하다.

VOL.2 MAP p.408J INFO p.416

홈페이지 바로가기
온라인 입장권 예약 가능.

하와이언 거북의 산란 장소가 있는 특별한 스노클링 포인트

카네오헤 샌드바
Kaneohe Sandbar

웅장한 코올라우 산맥에 둘러싸인 카네오헤 베이. 공중에서 내려다보면 둥근 버섯 모양의 기이한 산호초가 인상적인 신비의 바다. 미 공군 기지와 인접해 크게 개방되지 않고 있다. 개발 초기 카네오헤 베이는 탐사단과 협의하에 일정한 수 이상의 상업용 배가 출입할 수 없도록 했다. 망망대해 무인도 부근 스노클링 포인트까지 배를 타고 20여 분 정도 들어가기 때문에 개인 소유의 보트가 없다면 투어 프로그램을 이용하는 방법밖에 없다.

카네오헤 베이의 샌드바는 지구가 아닌가 싶을 정도로 낯설 만큼 아름다운 풍광을 자랑한다. 계절에 따라 물밑 모래가 섬처럼 바다 위로 올라오기도 한다. 무릎 깊이의 에메랄드빛 바다를 거닐며 특별한 체험을 할 수 있다. 하와이 노스 쇼어의 상징과도 같은 중국인 모자섬이 보이고, 수중 환경과 열대어 종류가 남쪽 해변과 조금 다를 뿐 아니라 산란기에 거북이 알을 낳는 모습도 직접 볼 수 있다.

[추천 업체]

올 하와이 크루즈(All Hawaii Cruises)
카네오헤 베이로 들어갈 수 있는 현지 업체로 대형 리무진 버스와 2대의 보트를 갖추고 있으며, 일본어와 영어로 운영한다. 호텔 픽업, 스노클 장비와 피크닉 바비큐, 런치 포함.
VOL.2 MAP p.409G **시간** 월~토요일 08:00~15:00 (스노클링 트립 4시간+호텔 픽업 왕복 포함) **가격** $80~$110, 프로그램에 따라 다름 **홈페이지** 캡틴밥스 피크닉 세일 www.captainbobpicnicsail.com

한국에서 개별 예약하기
하와이 넘버원 www.hawaiino1.com 또는 **가자 하와이** gajahawaii.com 홈페이지에서 카네오헤 샌드바 상품 선택

천연 방파제로 안전하고 어종이 다양한 곳

푸푸케아 비치 파크
Pupukea Beach Park

오아후의 노스 쇼어에 줄지어 있는 해변은 대부분 넓은 백사장과 겨울철 파도로 유명하다. 하지만 그중 푸푸케아 비치는 상어 지느러미를 연상시키는 검은 용암석 바닥 때문에 샥스 코브(Shark's Cove)라고도 불리는 남다른 지형을 자랑한다. 거칠고 검은 용암이 바다로 흘러들면서 만들어진 지형으로 수심이 얕고 천연 방파제를 두른 듯 겨울에도 파도가 치지 않는다.

주차장에서 비탈길을 걸어 내려가면 곧장 바다로 이어진다. 물이 맑아서 바닥 모래와 물고기가 선명하게 보이므로 수영을 못해도 괜찮다. 물 반 고기 반이 아니라 해산물 천국이라 할 만큼 게, 새우, 성게, 거북까지 다양한 해양 동물이 놀러 오는 곳이다. 가슴이 벅찰 정도로 많은 물고기를 한 번에 보게 될 확률이 높으니 심장 마사지를 하고 들어가시라. 노스 쇼어의 특성상 겨울에는 파도가 거센 편이다. 여름 건기와 오전이 물이 잔잔하고 스노클링을 하기 좋다.

VOL.2 MAP p.408B INFO p.418

초승달 모양의 바닷속 분화구
몰로키니 스노클링 트립
Molokini Snorkeling Trip

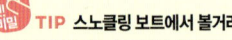
TIP 스노클링 보트에서 볼거리
아침 7시 전후에는 돌고래가 뱃머리로 모여든다. 혹등고래가 하와이 주변에 머무는 11월 말~3월 말에는 고래 가족을 쉽게 볼 수 있다.

마우이 앞바다에 초승달 모양으로 자리 잡은 몰로키니. 과거 화산이 분출했던 분화구가 물속에 잠겨 일부만 드러난 것이다. 영양분 많은 화산토가 바닷속에 가라앉아 있기 때문에 산호초가 자라고 물고기들이 놀기 좋은 최고의 환경이다. 몰로키니는 무인도이기 때문에 섬에 정박하거나 들어갈 수는 없고 스노클링 트립 보트만 가까이 갈 수 있다.

몰로키니는 위치상으로 와일레아 또는 작은 보트 전용 항구인 마알라에아에서 출발하는 스노클링 트립이 대부분이다. 오전 스노클링은 새벽부터 움직여야 하므로 숙소와 최대한 가까운 업체를 고르는 것이 좋다. 오후 스노클링은 더 저렴하기는 하지만 날씨와 예약 인원에 따라 취소되는 경우가 많다. 몰로키니 스노클링 트립은 다수의 운영 업체가 대동소이한 상품을 내놓는다. 가격 경쟁이 심한 편이라서 대부분 업체들의 서비스가 수준 이상이다.

[**추천 업체**] 역사와 전통을 자랑하는 주요 업체 3곳과 최근 한국어 지원이 가능한 대표 업체로 카이 카나니(Kai Kanani)가 있어 선택의 폭이 넓다. 웹사이트를 이용하면 좀더 저렴한 가격으로 이용할 수 있다. 프로그램별 가격 다름, $180 내외, 휴무일 업체마다 다름
Kai Kanani VOL.2 ⓘ MAP p.468I ⓘ INFO p.473
Sail Trilogy Excursions ⓘ 주소 Ma'alaea Harbor ⓘ 전화 808-874-5649 ⓘ 홈페이지 www.sailtrilogy.com
Four Winds II Maui ⓘ 주소 Ma'alaea Harbor ⓘ 전화 800-736-5740 ⓘ 홈페이지 www.fourwindsmaui.com
Pride of Maui ⓘ 주소 Ma'alaea Harbor ⓘ 전화 877-867-7433 ⓘ 홈페이지 www.prideofmaui.com

거대한 물고기 떼에 놀라지 마세요!
호놀루아 베이
Honolua Bay

마우이 북쪽 끝에 위치한 절벽 아래 동그란 지형의 호놀루아 베이는 물고기의 천국이다. 과거에는 보트를 타고 베이 중심부에서 스노클링을 하고 돌아오는 프로그램이 많았다.
하지만 지금은 현지 주민처럼 즐기려는 자유 여행객의 발길이 점점 마우이 깊은 곳까지 파고들면서 이른 아침부터 갓길 주차를 하고 산길을 따라 15분 정도 걸어 내려가서 개인 장비로 스노클을 하는 사람들이 많다. 호놀루아 베이의 바닷속은 '놀랍다거나 무섭다'와 같은 수식어가 어울릴 정도로 떼 지어 다니는 날렵한 물고기들과 때로는 작은 상어, 거북 등을 볼 수 있어 야생적인 느낌이 강하다. 그저 그런 스노클링에 감흥이 없는 사람에게는 그야말로 베스트 스폿!

VOL.2 MAP p.459D INFO p.463

[추천 업체]
Gemini Sailing Charter
전화 808-669-0508, Lahaina Harbor
홈페이지 www.geminicharter.com
Pacific Whale Foundation
전화 800-942-5311, Ma'alaea Harbor
홈페이지 www.pacificwhale.org

해변의 단잠을 거북과 함께 즐길 수 있는 곳

카할루우 비치 파크
Kahalu'u Beach Park

빅아일랜드에서 레전드급 수중 환경을 가지고도 넓은 공원, 캠핑, 피크닉, 스낵카에 이르기까지 온갖 유흥 시설을 갖춘 해변은 아마 카할루우 비치 파크가 유일할 것이다. 해상안전요원이 상주하며, 어린이가 놀기 좋은 쪽과 깊이 헤엄쳐 들어갈 수 있는 곳까지 다양한 구역이 나눠져 있고, 멀지 않은 곳에서 서핑하는 모습도 볼 수 있다. 스노클링 장비를 대여해 주고, 환경 보존을 위한 교육용 비디오를 상영하는 센터를 운영하고 있다. 주말에는 산호초와 어류, 거북에 대해 조심해야 할 것들을 설명해 주는 자원봉사자도 있다. 정오가 지나면서 거북이 해변에 올라오는데 사람들이 피해 다녀야 할 정도다. 또 하와이 대표 물고기 후무후무누쿠누쿠아푸아아를 굳이 찾아다닐 필요 없을 정도로 많이 볼 수 있다. 볼거리가 풍부하고 물속이 깨끗해서 한번 들어가면 물갈퀴가 생길 때까지 나오고 싶지 않을 정도다. 접근성 또한 좋아 주차장에서 해변까지 고작 1백 미터. 빅아일랜드에 백사장이 없다고 아쉬워할 필요 없다.

VOL.2　MAP p.500E　INFO p.506

맑은 물, 다양한 어종, 아름다운 주변 환경 3박자가 골고루!
케알라케쿠아 베이
Kealakekua Bay

전체가 거대한 해양 보존 지구로 바닷속의 안전을 염두에 두고 즐겨야 할 만큼 야생의 모습이다. 1992년 허리케인 이니키가 하와이를 강타했을 때 모래가 대부분 휩쓸려 소실되고 몽돌 같은 자갈 해변에 천 미터 절벽 아래로 파고들어 둥근 모양의 만이 되었다. 캡틴 제임스 쿡 기념비 앞쪽 바다는 산호가 풍부하고 수심 차이가 커서 다양한 어종을 볼 수 있다.

고대부터 하와이 왕족의 유골을 비밀스럽게 묻어놓았다고 하는 이곳은 신성 불가침 지역으로 보존 노력을 기울이고 있다. 케알라케쿠아 베이의 직선 거리가 2킬로미터에 이르러 스노클링을 하려면 배나 다른 탈것을 이용해 건너야 한다. 이때 액티비티를 원한다면 카약을 직접 타고 들어가 카약에 몸을 연결하고 스노클링을 하는 것이 좋다. 아이들과 함께하는 경우에는 스노클링 보트 트립을 이용해 체력 소모를 줄이고 보트 위에서 점심 식사를 즐기는 것도 좋다. 스노클링 트립은 대부분 이른 아침에 시작하기 때문에 돌고래가 뛰노는 것을 볼 수 있다. 성게, 옐로우탱, 거북과 뱀장어를 비롯해 하와이 주를 상징하는 물고기 후무후무누쿠아푸아아를 자주 볼 수 있다. 개인적으로 방문할 때 새로 생긴 케알라케쿠아 베이 주립역사공원의 피크닉, 샤워 시설과 화장실을 이용하면 편리하다.

TIP 스노클 보트와 카약 중 어떤 게 나을까?

둘 중 하나를 이용해야만 스노클링을 즐길 수 있고 서로 장단점이 있다. 캡틴 제임스 쿡 기념비 가까이 가려면 카약을, 쉽고 편하게 즐기려면 스노클링 보트를 추천한다. 카약은 지정 업체를 이용해야만 육지에 정박할 수 있고 스노클링 보트는 대부분 케아우호우 베이(Keauhou Bay)에서 출발하며 바다 위에서만 물놀이가 가능하다.

VOL.2 **MAP** p.500l **찾아가기** 렌터카 160번 Lower Napo'o po'o Rd 경유해 해변으로 내려가 우회전하면 막다른 길에 주차장, 코나 공항에서 50분 소요 **주소** 82-6004 Pu'uhonua Rd, Captain Cook, HI 96704 **전화** 808-961-9540 **시간** 일출 후~일몰 전 **휴무** 연중무휴 **가격** 무료 입장 **주차** 무료 주차 **홈페이지** www.dlnr.hawaii.gov/dsp/parks/hawaii/kealakekua-bay-statehistorical-park

때 묻지 않은 바닷속 풍경
케에 비치
Ke'e Beach

카우아이 북쪽 해안에는 유명한 해변들이 모여 있다. 그중 맨 끝에 자리한 케에 비치(Ke'e Beach)는 해상안전요원이 있으며 바닷물이 특히 차고 맑아 수중에서 노니는 물고기떼를 만나기 좋은 스노클링 스폿이다. 칼랄라우 트레일의 시작점이기도 한 지형적 이유로 볼거리가 모여 있다. 때 묻지 않은 해변으로 리조트와 맞붙은 바다와는 사뭇 느낌이 다르고 카우아이 특유의 모습인 병아리떼가 암탉을 따라 걷는 모습을 흔히 볼 수 있다. 다른 섬에서는 드문 희고 고운 백사장이 넓은 카우아이 대표 해변 중 하나이니 기억해두자. 최근 카우아이가 적극적으로 보호 관리에 나선 지역으로 주차와 입장은 예약이 각각 필요하고 (방문 30일 전부터 예약 가능) 주차장은 제한적이니 홈페이지에서 미리 예약하자.

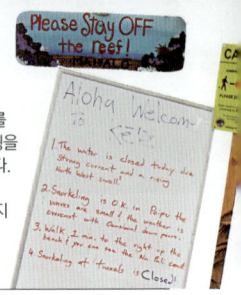

TIP 안전 제일!
해상안전요원에게 그날의 바다 상태를 확인하고 스노클링을 시작하는 것이 좋다. 겨울철에는 거센 파도로 입수가 금지되는 날도 있으니 주의한다.

VOL.2 MAP p.560A　INFO p.568

거친 물놀이도 끄떡없는 물개들 모여라
터널스 비치 파크
Tunnels Beach Park

독립 해변이 아닌 터널스 비치는 하에나 비치 파크에서 2킬로미터 정도 걸어가야 하는 단점이 있다. 하지만 위성에서도 또렷이 보이는 넓은 산호초 마을이 바닷속에 자리 잡고 있기 때문에 스노클링을 하다가 열반에 들었다는 농담을 할 만큼 모든 것을 상쇄하는 큰 장점을 가졌다. 더구나 하에나 비치 파크에서는 노스 쇼어의 인상적인 발리 하이(Bali Hai)라고 부르는 산봉우리를 정면으로 볼 수 있어서 물속이나 물 밖이나 모두 만족스럽다.
최근에는 터널스 비치로 작은 스노클링 보트들이 들어오기 시작해서 해양 생태계와 산호초의 건강에 대한 우려의 목소리가 커지고 있다. 터널스 비치는 별도의 부대시설이나 해상안전요원이 없는 열린 바다이기 때문에 각자 스스로 안전에 유념할 필요가 있다. 수영에 자신 없는 사람들은 방파제가 있는 바다나 해상안전요원이 있는 곳에서 즐기는 것이 좋다.

VOL.2 MAP p.560A　INFO p.568

한때의 숨은 진주 같은 스노클링 스폿
아니니 비치 파크
Anini Beach Park

원래 하와이 표기로는 'W'가 붙어서 와니니 비치인데, 타지에서 온 사람들이 도로 표지판을 다시 만들면서 실수한 표기가 그대로 굳어져 '아니니 비치 파크'로 부르게 되었다고 한다. 한적한 시골 마을 오솔길 옆으로 난 길고 좁은 해변은 접근이 용이해서 숨은 진주 같은 스노클링 스폿으로 알려졌다. 하지만 몇 년 사이에 수중 환경이 급격히 무너졌고, 지금은 풍부하던 산호 바닥이 거의 전멸 상태인 데다 물고기도 찾아보기 힘들다. 몇 년 전 해양학자들이 아니니 비치의 수중 환경 탐사를 마쳤으며 보호 정책이 실시될 예정이다. 다행히 거북은 여전히 많은 편이다. 아니니 비치는 마치 난파선처럼 우리가 바닷속을 어떻게 폐허로 만들었는지, 폐허가 남기는 것이 무엇인지를 적나라하게 보여주기 때문에 스노클링에 임하는 우리의 자세를 다시금 깨닫게 한다. 가족 또는 단둘이 조용히 즐기고 싶은 연인들에게 좋은 곳이다.

VOL.2 MAP p.560B INFO p.567

아이들도 안전하게 즐기는 천연 방파제
리드게이트 비치 파크
Lydgate Beach Park

동부 해안이 자랑하는 복합 문화 시설과 캠핑장을 갖춘 규모가 큰 해변 공원. 천연 방파제로 둘러싸인 이곳은 바위를 따라 스노클링을 하기 좋다. 수심도 깊지 않고, 해상안전요원과 넓은 주차 시설, 피크닉 테이블, 어린이 놀이터가 갖춰져 있기 때문에 아이를 동반한 가족에게 최고의 해변이다. 특히 어린아이들은 케이키(Keiki, 하와이어로 '어린이') 풀에 앉아 모래성을 만들며 놀 수 있다. 차지고 고운 모래밭과 주변 캠핑장에 상주하는 닭들이 카우아이 해변의 한적한 분위기를 더한다. 관광객보다 현지 주민들이 더 많이 이용하는 편이다. 오후에는 물이 흐려지니 스노클링은 오전에 할 것을 추천!

VOL.2 MAP p.561K INFO p.566

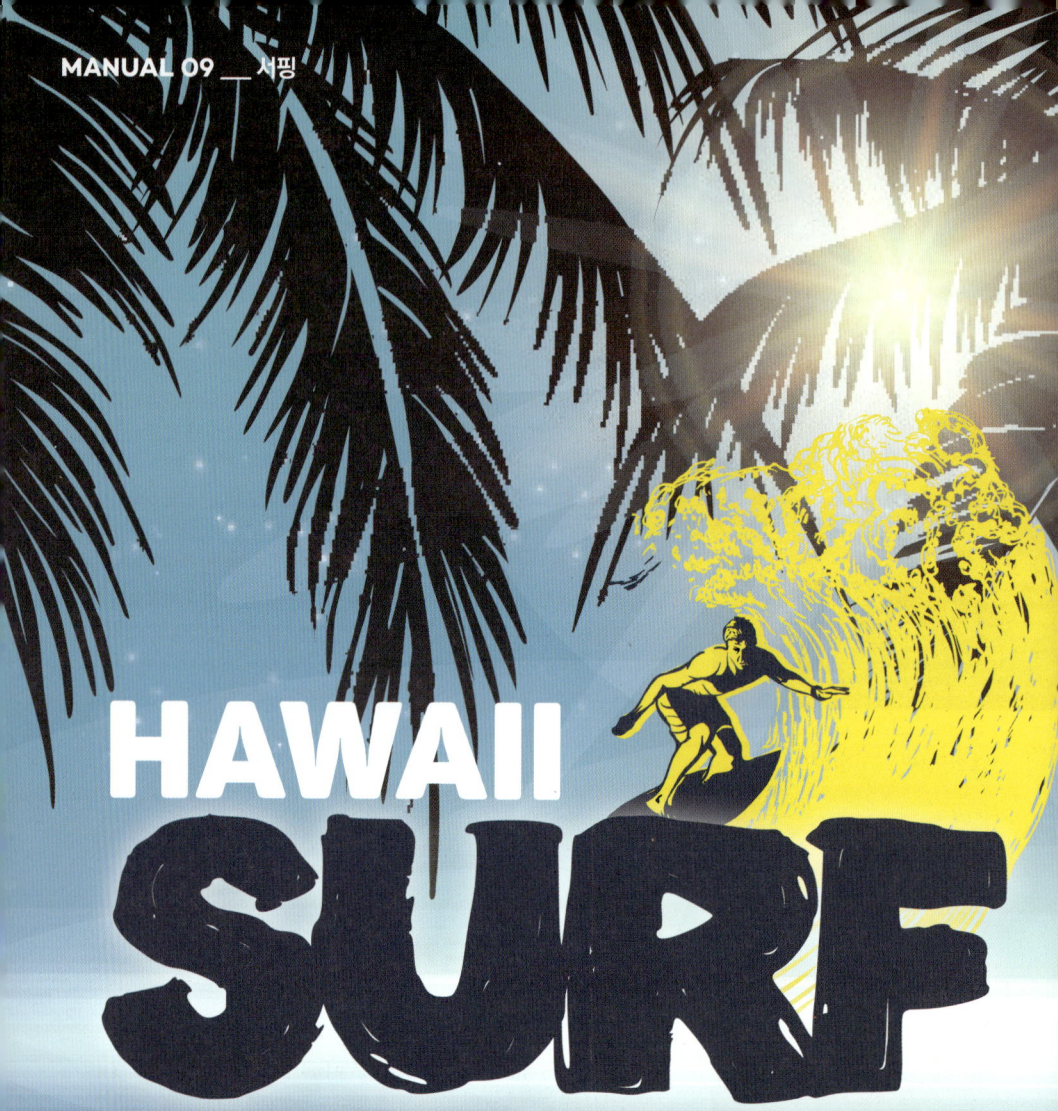

MANUAL 09 __ 서핑

HAWAII SURF

**여름 물놀이의 최강자 서핑을
본고장에서 직접 배우자!**

손오공이 구름을 타고 날듯 파도를 타고 미끄러지는 서퍼의 실루엣 위로 햇살이 비치면 사람들의 고개가 따라 돌아간다. 호기심으로 시작해 중독으로 발전하는 마니아 스포츠. 남자와 소수 귀족에게만 허락되던 서핑을 본고장 하와이에서 체험하는 것은 더욱 특별한 의미가 있다. 재미와 운동은 물론 진정한 알로하 스피릿을 느끼기에 서핑보다 더 좋은 것이 있을까?

> **역시 하와이에서 한 일 중
> 가장 잘한 일이 바로 서핑!**

계절에 큰 구애를 받지 않고 서핑을 즐기기 좋은 곳이 와이키키다. '서핑의 신'으로 불리는 듀크 카하나모쿠 동상 뒤 해변에는 서핑 보드와 강습소가 늘어서 있지만 가격과 강사의 자격, 언어 소통 등에 확신이 서지 않아 선뜻 결단을 내리지 못한다. 이런 이유로 하와이에 오기 전 인터넷으로 서핑을 배울 수 있는 곳을 검색해 보기도 한다. 와이키키에서 서핑 강습을 하는 업체는 다양하며 가격은 비슷비슷하고, 특별히 악명 높은 곳은 없다. 수영을 거의 못해도 서핑은 할 수 있다. 그러나 물속에서 제 한 몸 가누기도 힘든데 자기 키보다 큰 나무 보드와 파도를 이겨낼 수 없다 싶으면 강사와 동반하는 것이 훨씬 안전하고 제대로 된 체험을 할 수 있는 방법이다.

'모쿠 하와이' 서핑 레슨 체험기

강습 동의서를 간략하게 읽고 서명한 후 래시가드 등 복장을 착용하고 맨바닥에서 서핑 자세부터 배운다. 강사의 구령에 맞춰 동작과 리듬을 익히고 나면 바다로 들어갈 준비 끝! 보드를 운반하고 관리하는 일은 강사가 도와준다. 적절한 지점까지 보드를 타고 나가 보드 위에서 몸의 위치와 자세 등을 강사가 알려준다. 이어서 적절한 파도가 왔을 때 강사가 밀어주면 배운 대로 일어서서 보드를 탄다. 초보자는 팔로 노를 젓는 패들링으로 보드 속도가 파도와 비슷할 때까지 저어야 파도를 잡을 수 있는데, 체력과 기술이 필요하고 강사의 도움 없이 무작정 혼자 하기는 어렵다. 물에 빠지는 요령, 발과 보드를 연결하는 리쉬(줄)를 사용하는 요령, 타인과 안전을 확보하는 요령, 보드 위에서 팔로 노를 저어 진행 방향을 조절하는 방법(패들링) 등을 반복적으로 연습하는데, 강사가 그때그때 필요한 것을 알려준다. 개인에 따라서는 멀미약을 미리 복용하는 것이 좋다. 수중 액션 카메라 고프로로 찍은 촬영분은 별도로 구입($35, SD카드 1개)할 수 있는데 그만한 가치가 충분하다. 다이아몬드 헤드를 배경으로 더 독창적인 셀카를 연구해 보면 재미있는 추억으로 남을 것이다. 강습비를 아까워할 필요 없다. 강사 없이는 보드 위로 기어오르지도 못할 테니 말이다. 다음 날 찾아오는 근육통은 서핑이 꿈이 아니었다는 증거!

모쿠 하와이 Moku Hawaii
VOL.2 MAP p.385K INFO p.401

③ 보드 위에서 몸을 움직이는 것이 익숙해지면 양팔로 수영을 하듯 물살을 젓는 '패들링' 동작으로 앞으로 나아간다.

⑥ 적절한 파도가 왔을 때 강사가 보드를 밀어주면 파도와 비슷한 속도가 될 때 무릎을 꿇는다.

⑧ 파도가 사라지면 다시 보드 위에 앉아도 된다.

내 수준에 딱 맞는 추천 서핑 포인트 알아보기

서핑에 중독되어 해마다 하와이를 찾아 장기간 머무는 사람들을 위한 꿀팁! 맞춤형 서핑 스폿을 소개한다.

서핑 레슨을 받을 수 있는 해변으로 서핑을 처음 경험하는 사람에게 추천

[초급자용]

특징 연중 파도가 고르고 잔잔한 편인데, 사람이 많은 것이 단점

OAHU 와이키키 비치
Waikiki Beach p.122
KAUAI 하날레이 베이 항구 부근
Hanalei Bay Pier p.132

최소 3년 정도 서핑을 지속해 스스로 파도를 잡아 타고 즐길 수 있는 경험자에게 추천

[중급자용]

특징 긴 모래 해변, 한 키 정도에 이르는 파도로 계절의 영향을 많이 받는다.

OAHU 샌디 비치 Sandy Beach
VOL.2 ⊙ MAP p.408J
MAUI 카아나팔리 비치 파크
Ka'anapali Beach Park p.124
KAUAI 케알리아 비치 파크
Kealia Beach Park p.141
칼라파키 비치 파크
Kalapaki Beach Park p.141

프로 선수 대회가 열리는 해변, 10년 정도 서핑 경험이 있는 마니아들에게 추천

[상급자용]

특징 해변에서 안쪽으로 많이 들어가서 파도를 기다려야 하고 바닥이 산호인 경우가 많으니 조심할 것.

OAHU 선셋 비치 Sunset Beach p.135
반자이 파이프라인
Banzai Pipeline VOL.2 ⊙ MAP p.408B
MAUI 호놀루아 베이 오른쪽
Honolua Bay p.137
KAUAI 폴리할레 비치 파크
Polihale Beach Park p.141
하날레이 베이 리조트 아래
절벽 부근 Hanalei Bay p.132

Surf Country Hale'iwa

서핑의 천국, 서프 컨트리
할레이바 마을 탐방

이탈리아 특유의 삶의 방식을 표현하는 '먹고 기도하고 사랑하라'는 말에 빗대어 할레이바 마을 사람들은 '먹고 기도하고 서핑하라'고 말한다. 오아후 섬 북부의 작은 마을 할레이바에 발을 디디는 순간부터 진정한 알로하 스피릿과 자유로운 서핑 문화를 온몸으로 느낄 수 있다.

마을의 정식 명칭은 '히스토릭 할레이바 타운(Historic Hale'iwa Town)'이며, '할레이바'는 하와이어로 '독수리의 마을'이라는 뜻이다. 와이키키, 동부 해안도로와 함께 오아후 섬의 3대 관광지 노스쇼어의 심장부에 해당하는 할레이바.

서핑의 발생지 하와이가 자랑하는 세계적인 서핑 메카로 현지 스타일의 맛집과 서핑 숍, 기념품 숍 등 볼거리와 먹거리, 즐길 거리로 가득하다. 병풍처럼 산이 둘러싼 고즈넉한 마을, 옛 모습을 간직한 채 아기자기하게 들어선 집, 야자수와 무지개가 드리운 해변. 평온하면서도 역동적인 할레이바에서 하루를 보내면 서핑에 관심 없던 사람도 단번에 그 매력에 흠뻑 빠진다. 아무런 계획 없이 주말 오후에 할레이바를 찾는다면 수많은 인파 속에 주차할 수도, 주린 배를 채울 수도 없게 마련이다. 하와이 토박이를 따라 다양한 취향에 맞춰 알차게 할레이바를 즐겨보자.

#그녀는 누구? #Who is she?
엄정화, 정재형, 이연희, 가희 등 서핑에 반한 연예인들이 하와이를 방문할 때마다 찾는 그녀. 하와이 여행 동호회에서 활동하며 현지의 서핑 선수들과 매일 바다로 향하는 하와이 서핑의 대모라고 할 수 있다. 하와이에 정착한 지 25년이 훌쩍 넘은 그녀는 미스코리아 출신으로 늘씬한 팔다리, 허리까지 내려오는 긴 생머리에 환한 웃음으로 사람들에게 늘 활력을 불어넣는다. 쿨한 미소로 "인생은 파도와 같더라"고 말하는 그녀와 함께 할레이바에서 파도처럼 스쳐 갈 오늘 하루를 멋지게 즐겨보자.

3색 여행 in 할레이바
1. 인스타그램 핫스팟은 어디?

허세이든 소소하지만 확실한 행복(소확행)이든 좋다. SNS로 소통하기를 좋아한다면 꼭 알아두어야 할 성지순례! 할레이바를 재미있게 즐기고 사진으로 추억을 남겨보자.

① 셰이브아이스 사진대
귀여운 셰이브아이스로 변신 완료! 시원한 눈꽃 빙수와 달달한 시럽으로 기분을 우주까지 날려버릴 바로 그곳을 잊지 말자.

② 레인보우 브리지 벽화
가장 최근에 생긴 벽화로 할레이바를 상징하는 쌍무지개 모양의 다리에서 사진 한 장 찰칵!

③ 노스쇼어 진입 간판(남자)
2개의 방면에서 이 마을로 진입하는 입구에는 특이한 모양의 할레이바 마을 표지판이 있어 늘 인증 사진을 찍는 사람들로 붐빈다. 유심히 보면 한쪽은 여자, 다른 한쪽은 남자 서퍼가 파도를 타고 있는 모습이다.

④ 노스쇼어 진입 간판(여자)

⑤ 노스쇼어 서핑 벽화
노스쇼어의 파도에 몸을 싣고 싶은 서핑 초짜의 꿈을 실현해 주는 곳. 이보다 더 완벽한 서핑은 없다 싶을 때까지 계속해서 파도에 올라타 보는 것은 어떨까?

⑥ 알로하 의자
'알로하' 한마디에 마음이 열리는 이곳을 사랑하게 되었다면 이보다 더 좋은 곳은 없다.

⑦ 천사 날개 벽화
후미진 곳에 숨어 있어도 아는 사람은 다 찾아오는 바로 그 벽화. 인스타그램에서도 유명한 스폿일 뿐 아니라 휴대폰 배경 화면으로도 안성맞춤이다.

⑧ 밥 말리 벽화
지역 축제 때 그려진 밥 말리 벽화는 어느덧 노스쇼어의 또 다른 상징이 되었다. 레게 리듬을 사랑하는 자유로운 영혼들이여, 밥 말리와의 교감을 원한다면 이곳으로 오라.

3색 여행 in 할레이바
2. 현지 주민처럼 서핑 문화를 즐기려면?

한번 빠지면 헤어나기 힘든 서핑에 많은 사람들이 열광하는 이유는 건강함과 자연 친화적인 매력은 물론 사람들과 어울림의 미학에 있기도 하다. 오랫동안 이 지역에서 계속 사랑받고 있는 곳을 들러보자.

Kua Aina Sandwich
② 쿠아 아이나 샌드위치

노스쇼어를 대표하는 햄버거 가게 중 하나로 큼직한 아보카도와 그릴에 구운 파인애플, 육즙 가득한 패티로 입안 가득 먹는 즐거움을 느낄 수 있다. 정오부터 대기 줄이 길어지니 유의하자.

Ali'i Beach Park
① 알리이 비치 파크

노스쇼어 해안의 아름다운 풍경을 한껏 뽐내는 해변 공원으로 피크닉과 샤워 시설이 갖춰 있고, 겨울철을 제외하면 초·중급자도 서핑할 수 있다.

Rainbow Bridge

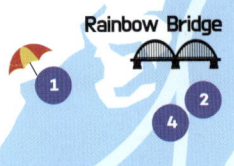

Hale'iwa Rd
Kamehameha Hwy
Hale'iwa

Giovanni's Shrimp Truck
③ 지오바니 쉬림프 트럭

카후쿠 지역의 명물 새우 트럭이 할레이바에 왔다. 넓은 공원을 푸드코트 삼아 야외에 앉아서 버터 갈릭 새우를 맛보자!

M. MATSUMOTO SHAVE ICE

Matsumoto Grocery Store
④ 마츠모토 그로서리 스토어

60년 동안 한결같이 인기 좋은 셰이브아이스. 오바마 대통령도 20분을 기다렸다는 '줄 서서 먹는 맛집'의 원조다. 고민하지 말고 일단 줄부터 서자. 시원함과 달달함이 입속으로 들어온다.

화려한 디자인으로 눈길을 사로잡는 웨트수트. 수온이 낮은 계절에 필수 $160

타일에 직접 그린 수제 공예 벽시계 $18

North Shore Surf Shop
① 노스 쇼어 서프 숍

할레이바 전체에서 가장 큰 매장으로 서핑 및 워터 스포츠 용품, 수영복, 로고 기념품과 남녀 의류 잡화를 다양하게 갖추고 있다. 한국어 서핑 강습도 가능하다.

하와이 유머가 잘 표현된 각종 사인 표지판 $15(1개)

오가닉 소재인 대나무 섬유로 만든 사각 스카프 겸 스와들. 에어컨이 강한 하와이의 필수품 $26

Polynesian Treasures
② 폴리네시안 트레저

갤러리가 많은 할레이바 마을에서 눈에 띄는 기념품과 수제 공예품이 많은 숍이다. 다른 곳에서 만날 수 없는 특별한 물건을 찾는다면 이곳을 빼놓을 수 없다.

3색 여행 in 할레이바
3. 할레이바를 쓸어 담고 싶다면?

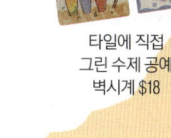

신혼부부용 티셔츠는 신상품이자 인기 제품 $32

Rainbow Bridge Gift Shop
④ 레인보우 브리지 기프트숍

레인보우 브리지 바로 옆에 위치한 기념품 숍으로 비치 타월, 플립플랍, 액세서리, 장신구, 인테리어 소품이 주를 이룬다. 안으로 들어가면 소소한 물건들이 더 많이 진열되어 있다. 저렴한 가격의 기념품을 찾는다면 바로 여기!

구아바, 코코넛 등 다양한 맛의 팬케이크 믹스는 선물용으로 굿! $5(1개)

Happy Hale'iwa
③ 해피 할레이바

일본에 두터운 마니아층을 보유하고 있는 하와이 브랜드로 의류부터 라이프스타일 제품까지 있다. 앙증맞은 호쿨라니 캐릭터와 비글 강아지가 사랑스럽다. 페이스북을 팔로하면 10% 할인받을 수 있다.

다양한 크기와 종류로 구입 가능한 할레이바 마을 사인 표지판 $5(1개)~

MANUAL 10 __ 익사이팅 어드벤쳐

짜릿한 액티비티 체험, 익사이팅 어드벤처

그림 같은 하와이의 풍경 속에 온몸을 던지고,
드넓은 창공을 향해 가슴이 뻥 뚫리도록 소리를 질러볼까?
차창 너머로 보는 것으로 끝나면 잠 못 이룰 에너지 넘치는 당신,
일상의 따분함을 단번에 날려버리고 싶은 당신,
색다른 시선으로 하와이를 즐겨보자.

어드벤처 취향 테스트

Q. 하와이로 신혼여행을 떠나는 날 공항에서 받은 선물 봉투에
$100짜리 지폐 3장이 들어 있다.
그 돈으로 어드벤처 투어를 고른다면, 당신의 선택은?

나는 나대로 너는 너대로!
개성 존중 시대

- '결혼은 미친 짓이다!'라고 목청껏 소리 지를 테다! **스카이다이빙**
- 만성피로인 나, 편안하게 즐길 테다! **헬리콥터 투어**
- 따로 또 같이, 자연을 벗 삼는 낭만파! **ATV&승마**

좋은 건 무조건 함께!
우리는 환상의 커플

- 부부는 남녀평등, 여자도 군대처럼 고공 낙하 훈련을 받아야지! **짚라인**
- 우리는 알뜰 커플, 한 번에 2가지를 즐길 테다! **오션 카약 &스노클링**
- 우리는 액티비티 마니아, 자전거 동호회에서 만났다구! **산악자전거**

스카이다이빙
Skydiving in Oahu

자유 낙하를 한 번이라도 꿈꿔 봤다면 아름다움의 극치 하와이가 제격. 영화에서나 볼 법한 스카이다이빙은 요즘 하와이에서 가장 핫한 어드벤처 액티비티다. 높이 1만 4000피트(4260m) 상공에서 바람을 가르며 나는 고공 낙하는 숨 막히게 아름답고 광활한 하와이의 산과 바다뿐 아니라 하늘까지 모두 내 것처럼 느낄 수 있는 기회! 이런 이유로 하와이의 스카이다이빙은 세계적으로 유명하다. 도심에서 멀찍이 떨어진 한적한 공군 기지에서 진행되지만 호텔까지 픽업 서비스를 해준다. 철저한 안전 교육을 거친 후 강사와 동반하는 탠덤(Tandem) 다이빙으로 숙련된 조교와 함께 낙하하기 때문에 걱정하지 않아도 된다. 만 18세 이상, 몸무게 108킬로그램 미만은 모두 가능하고 예약에 한해서 운영한다(몸무게 90kg 이상은 1.6kg당 $2 추가 요금). 와이키키에서 왕복 이동 거리가 있어 전체 액티비티는 반나절이 소요되며, 전날 다이빙을 했거나 여권을 지참하지 않으면 탑승할 수 없으니 꼼꼼히 계획해야 한다.

추천 업체

스카이 다이브 하와이
Sky Divie Hawaii
VOL.2 MAP p.408A

찾아가기 렌터카 HI-1 서쪽 방향 HI-803으로 연결 후 Farrington Hwy에서 입구 표지판으로 진입, 와이키키에서 1시간 소요
주소 68-760 Farrington Hwy, Waialua, HI 96791
전화 808-637-9700
시간 08:30~15:00 (1일 3회 07:00, 10:00, 13:00)
가격 프로그램마다 다름, 강사와 함께하는 탠덤 다이빙 $245 + 팁(15%) + $20 (유류할증)
주차 무료 주차
홈페이지 www.skydivehawaii.com

HAWAII
OAHU

쿠알로아 랜치 ATV 랩터
Kualoa Ranch ATV Raptor

웅장한 코올라우 산 아래 위치한 쿠알로아 랜치는 하와이의 종합영화촬영소로 산과 바다를 아우르는 방대한 대지를 소유하고 있다. 승마, 직접 운전하는 4륜구동 ATV, 짚라인을 비롯, 가이드가 이끄는 무비 사이트 투어, 전통 뱃놀이와 훌라 배우기 등 다양한 프로그램들이 있는데, 그중 가장 다이내믹한 즐길 거리는 ATV와 승마. 코올라우 산맥과 바다의 빼어난 아름다움과 자연은 말할 것도 없고 대지를 지날 때마다 나타나는 명화의 한 장면들이 보는 즐거움을 더한다. 단, ATV와 승마는 멀미약을 반드시 복용할 것을 권장하고, ATV를 타려면 앞이 막힌 신발을 신어야 한다. 흙먼지를 막아줄 마스크와 안경을 쓰는 것도 좋다. 하와이의 날씨만 아니라면 스키 강습용 엉덩이 보호대까지 권하고 싶을 정도. 그러나 영화 속에 들어온 것처럼 특별한 사진을 남길 수 있는 촬영소 곳곳과 넓은 초원지대의 매력뿐 아니라, 가장 하와이 같으면서도 전혀 하와이 같지 않은 특별한 체험이 될 것이다.

추천 업체

쿠알로아 랜치 Kualoa Ranch
VOL.2 MAP p.409G
- **찾아가기** 렌터카 83번 Kamehameha Hwy 왼편 산 쪽으로 진입하면 입구, 와이키키에서 1시간 10분 소요 버스 알라모아나 센터에서 The Bus 55번, 88번 Kamehameha Hwy + Opp Kualoa Ranch 하차, 와이키키에서 1시간 45분 소요
- **주소** 59-856 Kamehameha Hwy, Hale'iwa, HI 96712 **전화** 808-237-7321 **시간** 09:30~17:30
- **휴무** 연중무휴
- **가격** 무비사이트 투어 $59.95, 주라식 어드벤처 투어 $149.95, UTV 랩터투어 $154.95
- **주차** 무료 주차
- **홈페이지** www.kualoa.com

할레아칼라 산악자전거
Mountain Bike in Haleakala

아침이 되면 전날 밤부터 할레아칼라 정상에 모여들었던 사람들이 쏟아지는 햇살처럼 산기슭을 따라 내려온다. 해가 떠오를 때 산 정상을 내려오면 마우이 전체가 한눈에 들어오기 시작하고, 붉은 색감이 신비로움을 더한다. 이런 모습을 좀더 오래 감상하는 이색적인 방법은 바로 할레아칼라에서 자전거 타기. 하지만 동 튼 직후 하산하는 차량들 틈에서 내리막길을 자전거로 달리는 것은 조금 위험할 수 있다. 어린이들에게 추천하지 않는 이유이기도 하다. 대부분 초행길인 데다 고도와 압도적인 경치로 인해 안전에 소홀하기 십상이기 때문이다. 할레아칼라에서 산악자전거를 타고 싶다면 동 튼 직후보다 늦은 아침 시간에 국립공원 정상부로 오르는 자동차 주행 도로보다 국립공원 내 차량이 한산한 정상 주변 트레일 지역을 선택하는 것이 좋다. 자전거는 렌탈 업체를 통해 빌리는 것이 이동과 루트 선택에 용이하며, 헬멧 등 안전 장비는 필수다. 대표 업체들은 호텔까지 왕복 픽업 서비스를 무료로 제공하는 경우가 많고 새벽 일출 시간 또는 오전 시간 등 다양한 시간대와 루트 서비스를 프로그램으로 만들어 스낵과 함께 제공하는 상품을 운영하고 있어 편리하다.

추천 업체

마우이 다운힐 바이시클 투어
Maui Downhill Bicycle Tours
VOL.2 MAP p.468A
- 찾아가기 렌터카 카훌루이 공항 부근 Dairy Rd, Walmart 맞은편, 공항에서 15분 소요 주소 201 Dairy Rd, Kahului, HI 96732
- 전화 808-871-2155
- 시간 09:00~17:30
- 휴무 추수감사절 당일, 12월 25일
- 가격 오전 라이딩 $89, 일출 라이딩 $150 + 팁(15%) 주차 무료 주차
- 홈페이지 www.mauidownhill.com

마우이 선라이더스 바이크 컴퍼니
Maui Sunrider's Bike Company
VOL.2 MAP p.468B
- 찾아가기 렌터카 카훌루이 공항에서 HI-36 동쪽 방향 Baldwin Ave로 진입하면 오른편, 공항에서 15분 소요 주소 71 Baldwin Ave, Paia, HI 96779 전화 808-871-2155 시간 월요일 03:00~16:30, 화~토요일 09:00~16:30 휴무 매주 일요일, 추수감사절 당일, 12월 25일 가격 선라이즈 투어 $100 + 팁(15%), 정상 자전거 투어 $85 + 팁(15%) 주차 무료 주차
- 홈페이지 www.mauisunriders.com

HAWAII
BIG ISLAND

케알라케쿠아 베이 오션 카약
Kealakekua Bay Ocean Kayak

캡틴 제임스 쿡 기념비가 세워진 케알라케쿠아 베이. 1천 미터 절벽이 감싸 안은 조용한 베이는 그 자체만으로도 특별하다. 하와이를 통틀어 가장 맑은 물과 건강한 수중 환경을 자랑하는 이곳은 오아후의 하나우마 베이, 마우이의 몰로키니와 함께 스노클링 3대 성지로 손꼽힌다. 이곳 물속은 디즈니 애니메이션에 등장하는 인어공주가 살던 집이라고 해도 믿을 만큼 아름답다. 이곳은 주립역사공원으로 베이 전경을 관람할 수 있는 관망대가 있는데 대부분의 사람들은 그곳에서 2킬로미터 거리의 캡틴 제임스 쿡 기념비를 망원경으로 구경만 하고 아쉽게 돌아선다. 이 지역이 섬 전체에서 최고의 해양 액티비티 스폿이기에 발걸음을 돌리기 아쉬운 사람들은 특별한 도전을 해보자. 카약을 타고 케알라케쿠아 베이를 건너가 캡틴 제임스 쿡 기념비 근처에서 스노클링을 하는 것은 모험을 좋아하는 여행객들과 빅아일랜드에서 조금 더 와일드한 액티비티를 원하는 사람들에게는 일종의 로망이다. 하지만 최근 이곳의 법규가 바뀌면서 카약이 금지될 전망이라는 소문도 있다. 다음으로 미루지 말고 도전해 보자. 두고두고 기억에 남을 것이다.

토크 SAY
TIP 예약은 어떻게 할까?
호텔의 컨시어지를 통하면 호텔 픽업 서비스를 제공하는 업체를 이용할 수 있지만 당일 예약은 불가능하고 가격이 비싸다. 저렴한 현지 업체를 찾는다면 아래 업체의 웹사이트에서 날짜, 인원 수, 시간을 정해 미리 예약할 수 있다.

추천 업체

코나 보이즈 Kona Boys
VOL.2 MAP p.500I INFO p.511

알로하 카약 Aloha Kayak
VOL.2 MAP p.500E INFO p.511

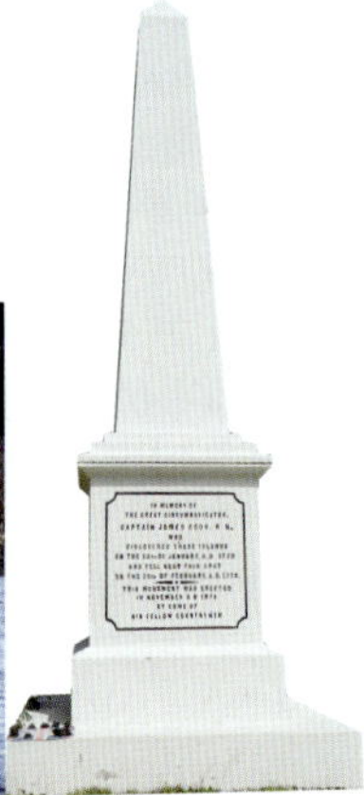

🟢 오션 카약 체험하기

하와이는 섬마다 오션 카약을 즐길 수 있는 해변에 렌탈 업체들이 상주해 있어 쉽게 이용할 수 있다. 케알라케쿠아 베이는 잔잔한 바다는 아니지만 활동적이고 모험적이며 간단하게 다녀올 수 있어 많은 사람들이 선호한다. 이곳은 해양 보호 구역으로 카약은 허가받은 지정 업체를 이용해야 하며 업체가 프레젠테이션과 가이드, 카약 론칭과 운송을 맡기 때문에 안전하다. 오션 카약은 오전에 파도가 잔잔하고 깨끗할 때가 최적기. 오후에는 바람이 바뀌기 때문에 체력 소모가 크다. 2인 1조로 타는 경우 앞사람은 방향을 뒷사람은 파워를 담당하며 전반적인 호흡을 맞춰 페이스를 유지하는 것이 팁. 케알라케쿠아 베이 카약은 신혼부부들이 처음 싸우는 이유가 된다는 농담이 있으니 커플 궁합을 점쳐보는 것은 어떨까?

🟢 현장 체험, 카약으로 케알라케쿠아 베이 건너기!

STEP 1
카약 내리기 업체 가이드의 도움을 받아 항구 시설 옆 바다에 카약을 띄운다.

STEP 2
카약 착석 출발 계단으로 내려가 엉덩이부터 앉은 후 다리로 중심을 잡는다.

STEP 3
카약 패들링 속도를 내기 시작할 때는 노를 세워 저으며 물을 뒤로 보낸다.

STEP 4
로우다운 도착 케알라케쿠아 베이에서는 육안으로도 많은 옐로우탱을 볼 수 있다.

STEP 5
방향 바꾸기 주로 앞사람만 원하는 방향의 반대편 물을 젓는다.

STEP 6
카약 패들링 속도가 붙으면 얕고 빠른 속도감으로 노를 젓는다.

STEP 7
카약 정박 육지의 안전한 곳에 카약을 올려놓는다. 허가 업체만 정박 가능하다.

오션 카약으로 바다에 머물며 스노클링까지 함께 즐기면 재미가 2배! P.170

나팔리 코스트 헬리콥터 투어
Napali Coast Helicopter Tour

숨이 멎을 듯한 카우아이의 절경을 단시간에 제대로 감상하고 싶다면 헬리콥터 투어가 최상의 선택. 하와이제도의 각 섬마다 헬리콥터 투어가 있지만, 공중에서 날렵하게 파고드는 헬리콥터가 아니면 절대 볼 수 없는 숨은 절경이 가장 많은 섬은 단연 카우아이다. 세상에서 가장 비가 많이 내리는 해발 1300미터의 와이알레알레 산 정상을 지나, 그랜드캐니언을 옮겨놓은 것 같은 와이메아 캐니언 사이를 누비고, 숨은 폭포를 향해 돌진하기도 한다. 바다에서 보는 것과는 스케일이 다른 나팔리 코스트의 절벽을 타고 나는 황홀한 기분까지. 입 벌린 채 탔다가 입 벌린 채 내린다는 농담이 있을 정도다. 헬리콥터 투어는 멀미약이 필요 없을 만큼 조용하고 안정감 있어서 남녀노소 누구에게나 권할 만한 액티비티. 일반적으로 리후에 공항에서 출발해 시계 방향으로 섬을 돈다. 해의 그림자가 최소한이 되는 낮 12시 전후에 시야 확보가 좋으며 유리창 반사가 적은 검은색 옷을 입는 것도 팁. 흰옷을 입은 탑승객에게는 조종사와 같은 곤색 유니폼을 무료로 대여해 준다.

 TIP 예약은 어떻게 할까?
업체 홈페이지를 통해 미리 예약하고 하루 전에 변동 유무를 확인하자. 알뜰 쿠폰과 기상 관련 정보도 홈페이지에서 확인 가능하다.

추천 업체

블루 하와이언 헬리콥터
Blue Hawaiian Helicopter
VOL.2 MAP p.561K INFO p.571

★ HAWAII ★
BIG ISLAND

짚라인
Zipline

다양한 액티비티의 천국이라 불리는 하와이에도 새로운 트렌드가 있다. 자연 친화적인 관광 상품을 선호하는 추세는 하와이의 빅아일랜드에 꼭 알맞다. 광활한 계곡과 밀림 지대, 화산활동으로 접근하기 힘든 지역, 거대한 폭포 또는 수백 년 전 원주민이 사용했던 수로나 계곡의 비밀 통로 같은 지역에 안전하고도 자연적인 에코투어리즘(Eco-tourism)이 속속 등장하고 있는데, 그중 가장 대표적인 것이 짚라인이다. '캐노피 어드벤처'라고도 부르며 공중에 안전선을 연결해 도르래에 몸을 의지한 채 폭포 또는 계곡 위로 나는 듯이 내려오는 익스트림 스포츠의 하나. 군대의 고공 낙하 훈련과 자연 체험을 합친 액티비티인데 남자보다 여자들이 더 선호한다. 여기저기서 아우성이 들리고, 끝나고 나면 다리가 후들거리는데도 '한 번 더!'를 외치는 사람들의 모습이 활기차다. 하와이는 짚라인의 성지와 같은 곳으로 여행의 본질이 모험심이라고 생각한다면 꼭 한 번 도전해 볼 만하다.

TIP 짚라인 체험, 안전할까?

놀이 기구와 마찬가지로 안전 검증은 필수, 매일 개장 시에 안전 테스트를 하므로 안심할 수 있다. 헬멧 착용은 필수이며 1분 내외로 심장이 쫄깃한 경험을 할 수 있다. 도착하면 안내서와 동의서에 서명한 후 체중과 키를 체크하고 짚라인 기구가 있는 숲으로 이동해서 목조물 탑승소에 오른다. 단체 이동하며 사진 구매도 가능하다.

추천 업체

코할라 짚라인 Kohala Zipline
VOL.2 MAP p.518A

- 찾아가기 렌터카 HI-19 북쪽 방향에서 HI-250 Hawi Rd로 연결 후 코할라 우체국 건물에 위치, 코나 공항에서 1시간 소요 주소 55-515 Hawi Rd, Hawi, HI 96719
- 전화 808-400-6510
- 시간 07:00~17:00 휴무 추수감사절 당일, 12월 25일, 1월 1일
- 가격 8~12세 $235, 13세~ $264
- 주차 무료 주차
- 홈페이지 www.kohalazipline.com

MANUAL 11 __ 트레일

걸어서 하와이 정복하기!

'어디까지 걸어봤니, 하와이 트레일 모음'을 별도로 만들어도 될 만큼 하와이에는 다양한 트레일 코스가 있다. 그 맛과 멋이 천차만별이지만 접근성과 난이도를 고려해 도전할 만한 곳을 선별했다. 편한 신발로 충분한 산책 코스부터 인생 트레일이라 할 만큼 짐을 꾸리고 수개월 전부터 체력을 키워야 하는 코스도 있으니 나에게 맞는 코스를 골라보자.

HAWAII BEST TRAILS TOP 5

인간이 정복할 수 없는 마지막 신의 땅
칼랄라우 트레일 Kalalau Trail

칼랄라우 트레일은 아마추어 산악인과 여행 전문가들 사이에서도 일생에 꼭 한 번 완주해 보고 싶은 곳으로 꼽히는 인생 트레일. 인간의 손길을 허락하지 않는 신비로움과 아름다움을 간직한 나팔리 코스트를 가장 가까이에서 느껴볼 수 있는 유일한 방법이기도 하므로 자연을 좋아하는 사람이라면 누구나 한 번쯤 도전해 볼 만하다. 칼랄라우 트레일은 나팔리 코스트 경사면의 낮은 중턱을 따라 칼랄라우 비치에 이르는 편도 17킬로미터 구간으로 입구가 하나뿐이며 편의 시설은 일절 없다. 완주는 1박 이상 소요되며 허가증(Camping Permit)이 필요하다. 식수, 취사, 화장실은 개별적으로 해결해야 한다. 칼랄라우 비치는 트레일의 종착점이지만 출구가 없어서 되돌아가야 한다. 칼랄라우 계곡 주변에는 수시로 소나기 구름이 생기기 때문에 평생 잊지 못할 무지개와 일몰을 볼 수 있는 곳으로도 유명하다. 미국에서 열 손가락 안에 꼽히는 위험한 트레일이라는 악명이 높은데도 포기할 수 없다면 17킬로미터 전체는 아니더라도 3킬로미터 부근에서 하나카피아이 비치(Hanakapi'ai Beach)로 나오는 구간을 추천한다. 캠핑과 허가증이 없어도 되고, 나팔리 코스트의 모습을 볼 수 있어서 좋다. 이 구간은 아침 일찍 시작해야 주차하기 쉽고, 반나절 코스로 다녀올 수 있다.

VOL.2 ⓜ MAP p.560A ⓘ INFO p.572

난이도	중상
소요 시간	왕복 35km, 완주 1박 이상, 하나카피아이 3km 지점, 왕복 약 5시간 소요
전망 포인트	해변, 나팔리 코스트, 바다, 계곡 폭포

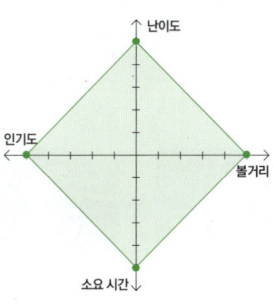

START 칼랄라우 트레일 완전정복!

STEP 1 출발 산행로 입구에서 전체 구간 지도와 당일의 트레일 상황 확인한다.

STEP 2 0.5마일마커(800m) 아래로 케에 비치가 내려다보인다.

STEP 3 1마일마커(1.6km) 진행 방향에 나팔리 코스트 전경이 보이기 시작한다.

STEP 4 2마일마커(3.2km) 하나카피아이 비치 도착

STEP 5 하나카피아이 계곡 계곡을 건너야 하며 이후부터는 허가증이 있어야 한다.

STEP 6 절벽 구간 산등성이 타고 좁은 길을 걷는 경사 구간 8마일(12.8km) 정도를 산행한다.

STEP 7 도착 칼랄라우 비치에 다다르면 최대 3일까지 머물 수 있다.

오아후 최고의 산행
다이아몬드 헤드 정상 트레일
Diamond Head Summit Trail

다이아몬드 헤드 정상은 단언컨대 한 번에 가장 많은 고층 빌딩을 내려다볼 수 있는 하와이 유일의 트레일. 정면으로 반짝이는 바다와 호놀룰루 고층 빌딩의 스카이라인, 그 반대편으로 하나우마와 마카푸우 정상까지 오아후를 360도 파노라마로 볼 수 있다. 몇 년 전 산행로를 재정비해 오르는 길이 수월하고 발도 편하다. 시간도 단축되어 왕복 1시간이면 충분. 다이아몬드 헤드 정상 트레일은 다이아몬드헤드 스테이트 모뉴먼트(Diamond Head State Monument) 시설의 일부로 주에서 엄격히 관리하기 때문에 흡연, 취사, 음주가 허용되지 않는다. 그늘이 거의 없어 여름철에는 이른 아침이나 오후 1시 이후에 올라가는 것이 무리하지 않고 산행할 수 있는 방법이다. 자외선 차단제와 물은 필수!

VOL.2 MAP p.385K INFO p.393

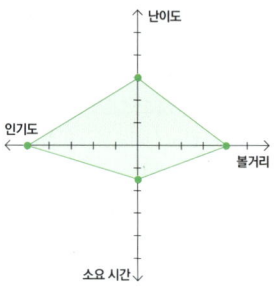

난이도	평이
소요시간	1시간 내외
전망 포인트	오르는 단계별로
	1. 경사면 전망 : 화산 분화구
	2. 1차 전망대 : 동쪽 바다 전망
	3. 2차 전망대 : 정상 호놀룰루 시내 및 바다 360도 파노라마 전망

START 다이아몬드 헤드 트레일 완전정복!

STEP 1 각종 기념품과 트레일 정보를 얻을 수 있다.

STEP 2 걷기 편하고 곳곳에 그늘이 있는 산행로, 오를수록 그늘이 사라진다.

STEP 3 1차 전망대에서 동쪽의 코코 헤드(Koko Head), 하나우마 베이까지 보인다.

STEP 4 이런 계단이 두 번 나온다!

STEP 8 2차 전망대에서 '이 세상 위에 내가 있고~!' 노래가 절로 나오는 풍경을 즐겨보자.

STEP 7 전망대로 가는 철계단, 딱 기다렷!

STEP 6 원형 철계단을 돌아 올라가면 고지가 코앞!

STEP 5 군사시설 벙커 같은 터널도 두 번 나온다!

사막부터 바다까지 한번에,
마카푸우 포인트 라이트하우스 트레일
Makapu'u Point Lighthouse Trail

이용객이 급격히 늘어 최근 대대적인 정비를 마친 가장 핫한 트레일. 바다에서 시작해 오아후 동쪽 끝 등대 위로 이어져 전망대까지 150미터 고도를 오른다. 빠른 걸음으로 단숨에 오르기에는 조금 숨이 찰 정도로 경사지다. 하와이에서 물색이 가장 고운 오색찬란한 동쪽 바다에 솟아오른 재미난 모양의 무인도들, 맑은 날이면 이웃 섬 몰로카이와 라나이, 마우이가 보인다. 트레일 코스는 사막기후 지대라서 선인장과 메마른 모래 바닥, 바닷가에는 기이한 암석 해변이 만든 천연 해수탕이 보인다. 전망대에서 보이는 것은 래빗(토끼) 섬과 호누(거북) 섬. 래빗 섬은 과거 토끼를 방목했던 데서 유래했고, 호누 섬은 바다 위로 고개를 내민 거북 모양 같다고 해서 붙여진 이름이다. 내려다보이는 바다는 부기보더의 천국으로 알려진 마카푸우 비치, 산 쪽으로는 돌고래와 함께 수영할 수 있는 체험 놀이 공원 시라이프 파크가 보인다.

VOL.2　MAP p.408J　INFO p.422

난이도	평이
소요 시간	왕복 3km, 1.5 시간 내외
전망 포인트	1. 경사면 전망 : 동쪽 바다 다이아몬드 헤드, 하나우마 베이 능선 2. 1차 전망대 : 바다 전망, 몰로카이, 마우이 등 이웃 섬 전망 3. 2차 전망대 : 정상 마카푸우 비치, 등대, 래빗 섬 호누 섬 등 바다 360도 파노라마 전망

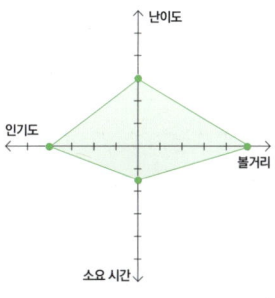

START 마카푸우 트레일 완전정복!

STEP 1 주차장 초입의 트레일과 지역 관련 표지판.

STEP 2 서쪽의 코코 헤드, 하나우마 베이와 멀리 다이아몬드 헤드까지 보이는 전망대.

STEP 3 겨울철에는 고래, 날씨 좋은 날은 마우이와 몰로카이가 보이는 전망대도 주목!

STEP 4 2차 전망대를 지나면 오아후 최북단을 밝히는 등대를 볼 수 있다.

STEP 5 정상 전망대에서는 마카푸우 비치와 래빗 섬, 호누 섬으로 불리는 무인도를 파노라마로 내려다볼 수 있다.

쭉쭉 뻗은 대나무 숲을 지나 웅장한 폭포까지, `Maui`
피피와이 트레일 Pipiwai Trail

'에브리바디 쿵후 파이팅~!' 어디선가 쿵후 팬더가 날아올 것 같은 신나고 흥미로운 트레일. 할레아칼라 산 중턱의 와이모쿠 폭포까지 올라가는 편도 1시간 넘는 코스다. 트레일 시작점은 할레아칼라 국립공원 키파훌루 방문자 센터 옆의 표지판을 따라 시작되며 바다 쪽으로 내려가는 오헤오 협곡 트레일과 반대 방향 산 쪽으로 올라간다. 걸음걸음마다 주변을 두리번거리게 하는 아름답고 때 묻지 않은 그야말로 가장 하와이다운 트레일. 길고 험난한 여정이 될 거라는 예상과 달리 대나무 숲길을 스치는 시원한 바람, 나뭇잎 흔들리는 소리 등 온몸으로 숲을 느낄 수 있다. 중도에서 만나는 거대한 반얀 트리는 젊은 남자들의 타잔 체험에 자주 이용된다. 크게 대나무 숲 구간과 바윗길로 나뉘는데 걷고 또 걷다 보면 들리기 시작하는 폭포 소리가 바로 화룡점정. 마우이에서 크기로는 다섯 손가락에 꼽히는 웅장한 폭포가 벽면을 따라 쏟아진다. 드물기는 하지만 물이 마르는 시기에 바닥을 건너가 절벽의 속살을 볼 수 있는 행운이 찾아오기도 한다.

VOL.2 ⊙ MAP p.477L ⊙ INFO p.487

START 피피와이 트레일 완전정복!

STEP 1 키파훌루 방문자 센터에서 트레일 시작, 산 쪽으로 올라간다.

STEP 2 700미터 정도 올라가면 반얀트리가 나온다.

STEP 3 울창한 대나무 숲 구간이 이어지며 2개의 샛강 다리를 통과한다.

STEP 4 120미터가 넘는 웅장한 와이모쿠 폭포의 절경이 종점!

✔ **TIP** 야생동물의 배설물로 생기는 박테리아가 있을 수 있어 폭포수를 식수로 사용하지 않도록 주의하자. 또한 오헤오 협곡 국립공원에 주차하고 방문자 센터에 들러 최근 상황을 체크한 후 산행을 시작하는 것이 최고의 안전 요령.

난이도	중상
소요 시간	왕복 6.5km, 3시간 내외
전망 포인트	1구간 : 산 전망
	2구간 : 대나무 숲
	3구간 : 절벽 폭포
	300m 고도를 오름

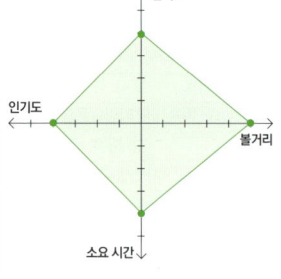

바깥 세상 사람들은 모르는 [Kauai]
와일루아 강 시크릿 폭포 리버 카약&트레일
Wailua River Kayak&Trail

카우아이에서만 즐길 수 있는 액티비티 리버 카약. 다른 섬들은 아직 나이가 어려서 강줄기가 제대로 형성되지 않았기 때문에 카우아이가 유일하다. 하와이어로 '파릇파릇한 초록의 생명'을 뜻하는 울루베히(Uluwehi) 폭포는 시크릿 폭포로 더 잘 알려졌다. 배를 타고 들어가 걸어 올라가는 것 말고 접근할 수 있는 방법이 없기 때문이다. 카약을 타고 들어가서 폭포까지 1킬로미터 정도 하이킹하는 데 반나절 정도 걸린다. 리버 카약도 신나지만 강을 건너면 시작되는 하이킹 트레일은 현지의 전문 가이드 없이는 백발백중 길을 잃을 것 같아 걷는 내내 스릴 만점이다. 보기 드문 워터 히비스커스(물가에 자라는 무궁화 종류), 썩은 블루치즈 냄새가 나는 하와이 노니, 망고, 구아바, 걸어 다니는 나무라 불리는 할라 트리 등 블록버스터급 원시림으로 구경거리가 많다. 현지 업체를 통해 가이드와 동반하는 카약 투어 프로그램을 이용하자.

[추천업체] 카약 와일루아(Kayak Waliua)
VOL.2 MAP p.561L INFO p.571

난이도	평이
소요시간	카약과 트레일 총 5시간 내외
전망 포인트	강과 계곡, 폭포
리버 카약 $50(1인, 세금 포함, 팁 별도)	

뜨겁게 더 뜨겁게 한 걸음 또 한 걸음 [Big Island]
칼라파나 용암 트레일 Kalapana Lava Viewing Trail

검붉게 빛나는 용암을 가까이에서 직접 볼 수 있는 칼라파나 용암 트레일. 끓는 용암을 지척에서 보려면 용기가 필요할 뿐 아니라 타이밍과 운도 따라야 한다. 칼라파나 지역은 아름다운 창조와 파괴를 반복하는 불의 여신 펠레의 흘러내리는 머릿결 같은 용암이 살아 움직이는 곳이다. 해발 천 미터에서 용암이 산등성이를 타고 흘러 바다로 떨어지는 경우 이 지역은 출입이 금지된다. 하와이에 머물 때 이런저런 경우의 수가 잘 맞아떨어진다면 열 일 제쳐두고 꿈틀대는 용암을 보러 가자. 세상에서 가장 엄숙하고 무시무시한 순간, 뜨거운 대지의 숨결이 나에게 말을 거는 듯 신비로운 체험을 하게 된다. 화산국립공원 밖으로 용암이 흐르는 경우 파크 레인저 대신 국토방위부에서 칼라파나 용암 트레일을 관리하며, 굳은 용암 위를 30분 정도 하이킹해 용암 관측 지점(Lava Viewing Point)에서 용암을 볼 수 있다. 용암 바위는 발에 닿는 느낌이 단단하고 까칠한 유리와 비슷하다. 날카로운 면에 다치기 쉬우니 긴 바지에 운동화가 가장 좋다. 저녁에는 손전등, 낮에는 자외선 차단제가 필수다.

난이도	중
소요시간	왕복 4.5km, 3시간 내외
전망 포인트	산 등성이 용암 분출

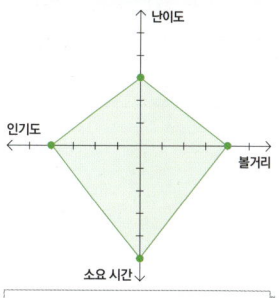

VOL.2 MAP p.512
찾아가기 렌터카 130번 고속도로 끝에 임시 주차장과 표지판, 힐로 공항에서 40분 소요
주소 End of Route 130, Volcano National Park, Kalapana, Island of Hawaii, HI 96778
전화 808-430-1966 시간 15:00~21:00(마지막 입차 18:00) 휴무 연중무휴 가격 무료 입장 주차 무료 주차 홈페이지 www.nps.gov/havo/planyourvisit/lava2.htm

MANUAL 12 ___ 테마파크 & 박물관

가볍게 즐길 수 있는 테마파크 & 박물관

쉽게, 빠르게, 재미있게, 또는 교육적으로! 꼭 보고 싶은 것만 쏙쏙 골라서 모아놓은 테마파크는 신나게 즐기면서 자연스럽게 교육의 기회까지 노려볼 수 있다. 거친 대자연을 잠시 뒤로하고 가볍게 즐길 수 있는 테마파크를 살펴보자.

TYPE TEST

Q1.
하와이의 아침, 당신에게 $100이 주어진다면 어디에 쓸까?

TYPE Y

뭐니 뭐니 해도 특별하고
아기자기한 기념품을 사야지!

TYPE N

재밌고 이색적인
체험 프로그램을 즐겨야지!

Q2.
당신의 오늘 여행 파트너는 누구?

1 나 혼자

2  아이와 함께

3  부모님과 함께

4  친구, 연인과 단둘이

Q3.
당신의 여행 스타일은?

TYPE A 궁금한 건 직접 해결하는 모험가

TYPE B 아이에게 많은 걸 주고픈 철학적 교육가

TYPE C 여행은 천천히 즐기는 낭만파

TYPE D 개성 있고 특별한 것을 모으는 수집가

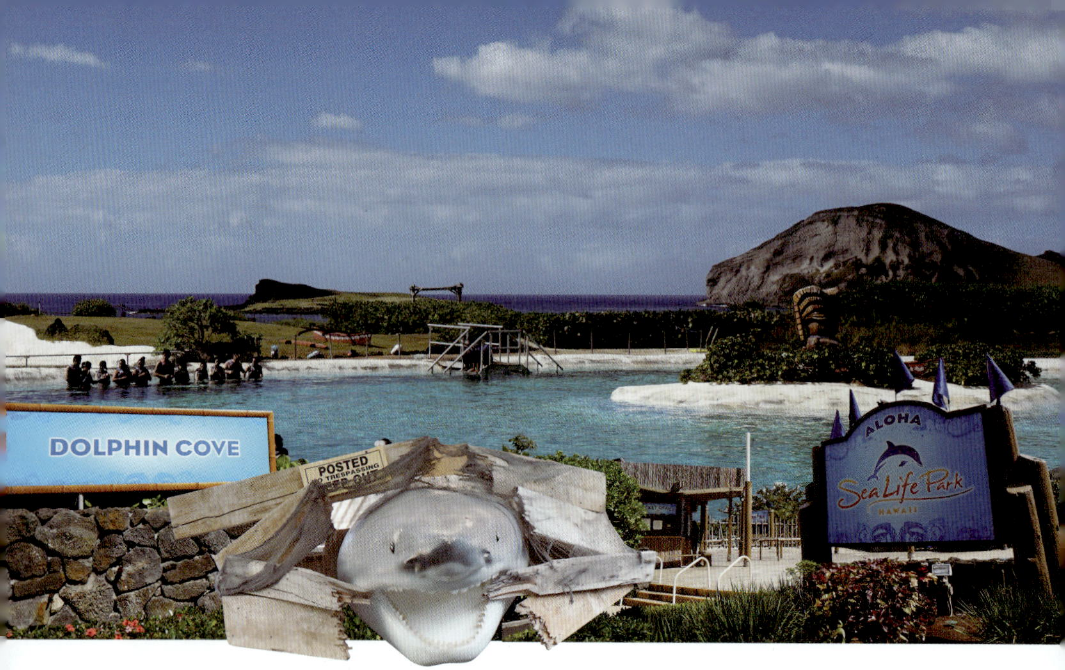

해양 동물과 함께 물놀이를 즐기자

시라이프 파크

Sea Life Park

N 2 B

Oahu

'마음이 바다를 만나는 곳(Where the heart meets the sea)'이라는 슬로건을 내건 시라이프 파크는 하와이에서 처음 생긴 테마파크다. 처음 문을 열 당시에는 해양 동물을 주제로 하는 테마파크가 전 세계적으로 많지 않았다. 더구나 하와이는 섬인데 왜 굳이 바다 동물들을 가둬놓느냐며 찬반 여론이 들끓었다. 현재 시라이프 파크는 야생에서 직접 볼 수 없는 해양 동물들과 안전한 방법으로 교감하는 교육적이고 문화적인 공간으로 부정적인 시선을 극복했다. 게다가 사람의 손길이 필요한 새끼와 건강이 좋지 않은 동물까지 관리하고 있다.

영화 〈첫 키스만 50번째〉의 주요 배경이 된 시라이프 파크는 귀여운 펭귄과 바다사자가 수의사들과 가족처럼 지낸다. 이곳에서는 일반적인 돌고래 쇼뿐만 아니라 물속에서 돌고래를 만나는 체험을 할 수 있다. 가오리, 펭귄, 거북, 바다사자, 바다표범, 물개 등 다양한 바다 동물에게 쉽게 다가갈 수 있어 어린이를 동반한 가족에게 더욱 특별한 추억을 만들어준다. 돌고래, 가오리와 함께 수영을 하고, 거북에게 말을 걸어보자. 바다를 보살피는 인간의 손길이 결과적으로 인간의 마음을 행복하게 만드는 기분 좋은 체험을 할 수 있다.

최근 하와이 전통 문화와 공연을 체험할 수 있는 '알로하 카이 루아우(Aloha Kai Luau)' 프로그램이 추가되어 가벼운 가족 나들이로 더욱 인기를 끌고 있다.

VOL.2 MAP p.408J INFO p.423

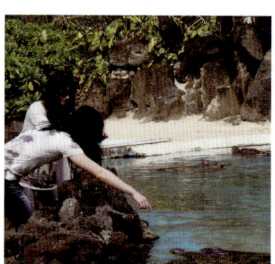

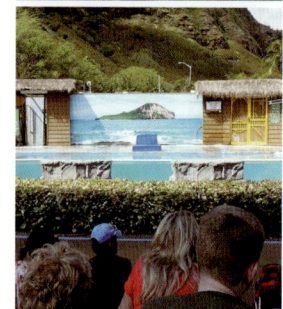

시라이프 파크 볼거리 전격 해부!

1. 샤크 케이브
Shark Cave
2층 높이의 수족관에서 상어, 가오리와 각종 해양 동물들을 보며 테마파크로 진입하는 원형 통로

2. 바다사자 공연
Sea Lion Stage Show
귀여운 바다사자와 강사가 함께 나와 생김새가 비슷한 해양 동물 간의 차이점을 재치있는 입담과 함께 공연으로 엮어 어른 아이 모두에게 인기 만점(무료)

3. 녹색 바다거북, 호누
Honu, Green Sea Turtle
자유로이 움직이는 가오리와 녹색 바다거북이 사는 곳으로, 손을 뻗으면 사람에게 가까이 다가오기도 한다.

4. 하와이언 오션 시어터
Hawaiian Ocean Theatre
돔형 거대 수족관 무대에서 정해진 시간에 돌고래와 펭귄들이 쇼를 펼친다. 공연 외 시간에는 먹이로 훈련하는 모습도 볼 수 있다.

5. 돌핀 스윔 어드벤처
Dolphin Swim Adventure
소규모 인원이 강사와 함께 재주 많은 돌고래를 만나 수영을 즐길 수 있는 가장 인기 좋은 프로그램. 가끔 신이 난 돌고래가 맘에 드는 사람에게 입맞춤을 해주기도 한다.
ⓢ **가격** 성인 아동 동일 $189.99(시라이프 입장료 포함 가격)

6. 바다사자 먹이 주기
Sea Lion Feeding
느긋하게 일광욕을 즐기던 바다사자들이 점심시간이 되면 강아지처럼 애교를 부리며 가까이 다가온다. 먹이용 생선을 던져 주면 받아먹기 때문에 재미있는 경험을 할 수 있다. ⓢ **가격** 자른 생선 1통 $10

7. 펭귄 마을
Penguins
남극에 서식하는 펭귄과 달리 아프리카에 서식하는 펭귄으로 하와이 기후에 잘 맞는다.

8. 아기 거북 체험
Baby Turtle Touch Pool
알에서 부화하고 얼마 되지 않아 보호가 필요한 어린 거북을 정성스럽게 돌보는 전용 구역에서 강사와 함께 거북을 만져볼 수 있는 절호의 기회! (무료)

9. 시라이언 카페
Sea Lion Café
내부석과 야외석이 있으며 바다 쪽에 전망 망원경이 있어 지루할 틈 없이 간단한 스낵을 즐기기 좋다.

세계 최대 규모의 폴리네시안 문화 전시관

버니스 파우아히 비숍 박물관
The Bernice Pauahi Bishop Museum

하와이 카메하메하 왕조의 마지막 상속녀 버니스 파우아히 비숍이 물려받아 개인 소장했던 왕가 유물들을 바탕으로 만들어진 박물관. 그녀는 미국인 찰스 리드 비숍(Charles Reed Bishop)과 사랑에 빠져 왕위를 거절하고 한 남자의 아내로 살았다. 그녀가 세상을 떠난 후 남편 비숍이 후손들을 위한 교육 시설을 만들고자 했던 그녀의 뜻을 기려 카메하메하 스쿨과 비숍 박물관을 건립했다. 현재 비숍 박물관은 세계 최대의 폴리네시안 문화 전시관이다. 넓은 대지에 세워진 3층 건물에 초기 폴리네시아인들이 사용했던 배와 집의 모형, 문화 용품부터 왕의 의복과 왕가의 유물, 초상화, 소장품은 물론이고, 하와이 문화에서 빼놓을 수 없는 문신 기술에 이르기까지 다양한 전시물이 갖춰져 있다. 또 근대 역사실에는 미국과 충돌했을 때 사용한 총기류와 문서 등이 전시되어 있다. 천장이 뚫린 건물 내부는 거대한 고래와 왕가를 상징하는 새, 거북의 조형물까지 있어 마치 자연사 박물관에 온 듯하다. 3D 입체 영상으로 체험할 수 있는 천문관측관과 하와이 전통 문화 체험 프로그램도 인기가 좋다.

VOL.2 ● MAP p.431C ● INFO p.438

TIP 폴리네시아가 뭐지?
남태평양의 다양한 섬나라의 문화를 통칭해서 부르는 말로 사모아, 통가, 타히티 마다가스카, 하와이와 호주 등 크고 작은 나라가 이에 속한다.

홈페이지 바로가기
온라인 입장권
예약 가능

🔍 비숍 박물관, 어떻게 볼까?

하와이에서 이렇게 심도 있는 박물관을 만날 줄 예상 못 했다면, 섬 문화에 대해 아는 것이 없어 모든 것이 생소하다면, 시간이 여유롭지 않다면, 무작정 따라하기 코스!

1. **입구** 티켓 부스에서 입장권 구매 후 입장
2. **플래니토리엄 홀 Planetarium Hall** 우측 천문관측관 플래니토리엄 홀은 이벤트 시간에 맞춰 개방하기 때문에 시간이 맞는다면 화산 분출 모형, 천체 모형 등 다양한 주제에 따라 진행되는 프로그램에 참석, 또는 건너뛰기!
3. **하와이언 홀 Hawaiian Hall** 메인 건물의 우측에 위치하며 고대부터 현대까지 하와이 역사와 문화를 들여다볼 수 있는 버니스 파우아히 비숍 박물관의 하이라이트
4. **퍼시픽 홀 Pacific Hall** 하와이언 홀과 같은 건물에 위치, 태평양 전반에 걸친 문화 역사적 전시물을 갖췄다.
5. **캐슬 메모리얼 빌딩 Castle Memorial Building** 특정 주제별 전시회가 열리는 이벤트 홀
6. **하와이 전통 정원 Native Hawaiian Garden** 토란 같은 농작물과 하와이 고유의 꽃과 나무들이 이름표와 함께 정돈되어 있다.
7. **출구** 퇴장 시 티켓 부스를 다시 지나 마지막으로 기념품 숍을 통해 외부로 나간다.

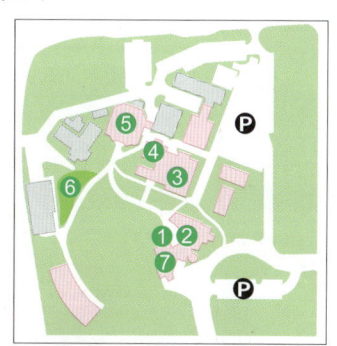

🔑 Must See 볼거리

원주민들의 주거지 모형

작고 희귀한 하와이 조개

하와이언 홀 1층
하와이 최초 원주민들의 생활양식에 관련된 것부터 시대별로 볼 수 있는 구조로 고대 주거지와 신전, 자연환경에 관한 전시물이 주를 이룬다.

플래니토리엄 홀
학생들과 어린이들에게 인기 좋은 천체 과학과 지구, 지질학에 대한 입체 영상과 조형물이 있어 체험 학습이 가능하다.

칼리히 룸
왕을 상징하는 예식 물품을 모두 진열한 전시관으로 새의 깃털 같은 특수 소재로 만든 용품이 눈길을 끈다.

하와이의 신, 쿠 (Ku, 전쟁과 번성의 신)

하와이 왕의 상징물과 같은 깃털로 만든 마지막 공주의 의복

왕의 의복

하와이언 홀 2층
하와이 고유 문화에 대한 전문 자료와 역사 자료가 다양하게 전시되어 볼거리가 많다.

하와이언 홀 3층
근대 역사관으로 식민 시대의 역사 자료, 독립군이 사용했던 총포 등이 전시되어 있고, 출구 쪽으로 갈수록 서핑과 음악 등 현대 문화 자료가 전시되어 있다.

폴리네시아 문화에서 흔히 볼 수 있는 얼굴 문신 전시물은 독특한 문화, 예술적 감각을 보여준다.

퍼시픽 홀 1층
다양한 폴리네시아 사모아 문화에 대한 전반적인 전시물과 영상 자료, 특히 섬 문화에 관련된 배와 농사에 대한 전시물이 많다.

퍼시픽 홀 2층
하와이에 도착한 최초의 인류가 타고 온 배와 그들 사회 문명을 설명하는 전시물이 종류별로 진열되어 있다.

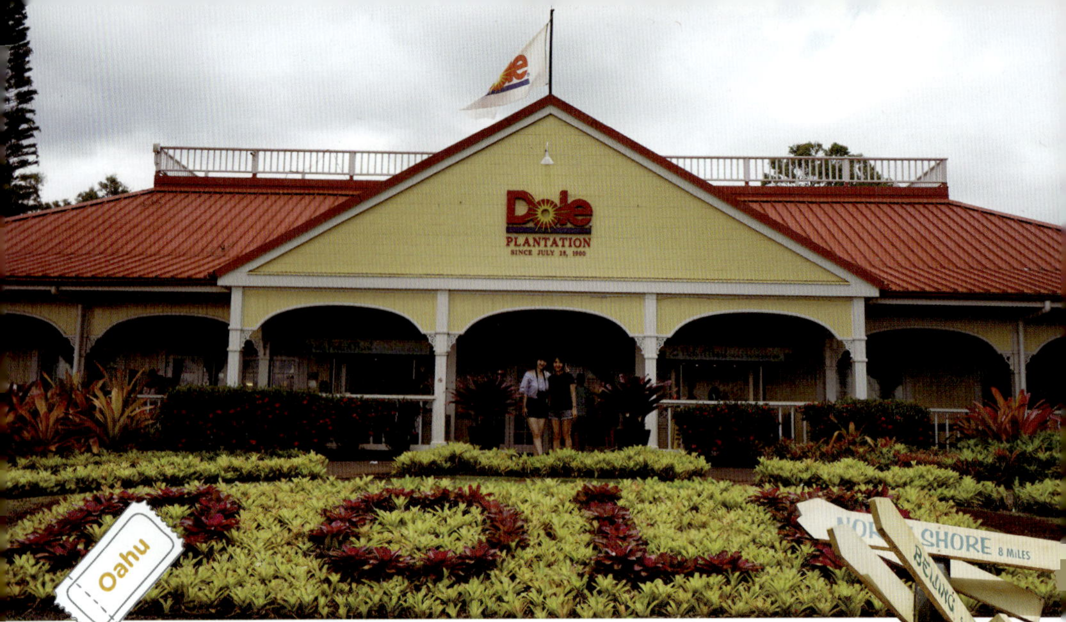

Oahu

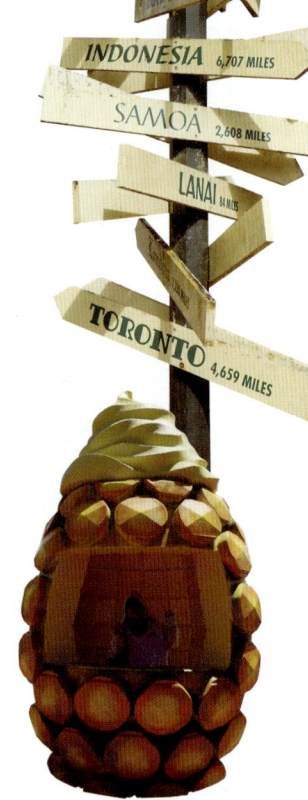

파인애플로 즐길 수 있는 모든 것이 한 곳에!

돌 플랜테이션
Dole Plantation

Y 2 4 B

1990년대 추억의 열대 과일 하면 단연 파인애플. 지금 망고의 인기 못지않았다. 당시 전 세계 파인애플 거래량의 절반 이상이 하와이에서 생산되었다고 할 정도였다. 사탕수수가 군림하던 하와이에서 파인애플의 상품성을 한눈에 알아본 사람은 다름 아닌 제임스 돌(James D. Dole). 정치인이자 기업가였던 그는 하와이제도의 가치를 일찍이 알아채고 식민지화에 앞장서서 불법으로 하와이 왕조를 전복하고 장악한 정권의 수장이기도 했다. 오아후의 가장 넓은 평야 지대에 파인애플 농장과 통조림 공장을 세우고, 나중에는 조카를 앞세워 라나이 전체를 사들여 파인애플 재배지로 사용하기도 했다. 전성기가 비교적 짧았던 돌 파인애플 회사는 현재 돌 플랜테이션(Dole Plantation) 테마파크만 남기고 모두 철수했다. 요즘 우리가 먹는 파인애플 통조림은 원산지가 대부분 태국이다. 돌 플랜테이션은 호놀룰루와 노스 쇼어를 연결하는 드넓은 평야 지대에서 몇 안 되는 규모 있는 볼거리로 잠시 차에서 내려 다리나 뻗어보자고 했다가 쏠쏠한 재미에 시간 가는 줄 모르고 붙들릴 수 있으니 조심할 것. 신선한 군것질거리가 기다리는 이곳은 파인애플 슬라이스, 파인애플 소프트 아이스크림, 말린 망고, 고소하게 말린 코코넛 등 열대 과일과 초콜릿, 귀여운 로고 용품이 입구부터 화려하게 눈과 입을 사로잡는다. 이곳에서 칙칙폭폭, 향수를 불러일으키는 추억의 노란 기차를 아이들과 함께 타보고 싶은 동심을 가진 어른이라면 슬로 모션으로 20여 분간 농장을 한 바퀴 도는 파인애플 익스프레스를, 숨바꼭질을 즐겨보고 싶다면 세계 최대 크기로 기네스북에 오른 파인애플 미로 찾기에 도전해 보자.

VOL.2 MAP p.408F INFO p.423

187

MANUAL 12 쇼핑몰 & 슈퍼마켓

🛍 Must Buy 살 거리

새콤달콤 파인애플 맛에 계속 먹고 싶은
소프트 아이스크림
Soft Ice Cream $5

선물로 제격인 다양한 과일맛
캔디 Candies
$12(1봉지)

내 열쇠를 빛내줄 블링블링한
키홀더
Key Holder
$6.95(1개)

파인애플 모양의 부드러운 순면 감촉 유아용
커들리 인형
Cuddly Doll $10.99(1개)

사르르 녹는 캐러멜 같은 질감이 독특한 **츄이 캔디**
Chewy Candies $12(1봉지)

기념으로 하나쯤 구매하고 싶은
파인애플 인형
Pineapple Doll $8.95(1개)

파인애플이 들어 있는 통조림으로 생각했다면 NO! 인테리어 소품으로도 좋은, 케이스를 열면 깜찍한 커들리 인형이 들어 있다.

민속 문화 체험과 화려한 공연으로 유명한
폴리네시안 문화 센터
Polynesian Cultural Center

마치 과거로 돌아간 것 같은 착각을 불러일으키는 폴리네시안 문화 센터에는 타히티, 통가, 뉴질랜드, 피지, 사모아 등 익히 알고 있는 섬나라들이 어떻게 바다로 이어져 있는지 느낄 수 있다. 이곳에서 일하는 사람들은 모르몬 신학교의 후원을 받아 일하면서 공부하는 학생들과 전문 공연 스태프들로 하나같이 뛰어난 유머 감각을 발휘한다. 웬만한 영화촬영소 못지않은 규모의 문화 센터는 구석구석까지 재미있는 구경거리가 있을 뿐 아니라 직접 만지고 체험하기도 하며, 중간 중간 소품들이 진열되어 지루할 틈이 없다. 배를 타고 운하를 따라 들어가서 부족별로 열리는 문화 이벤트에 직접 참여해 배우거나 자리를 잡고 앉아 공연을 볼 수도 있다. 모든 마을이 차례로 나와 맛보기로 펼치는 민속 공연 카누 패전트(Canoe Pageant)가 바로 하이라이트. 공연 전부터 자리 잡고 앉아 삼각대를 설치하는 사람들이 많으니 공연 시간(14:30~15:00)을 미리 알아두자. 입장할 때 한국인 직원이 한국어 안내서에 단체 공연 시간과 마을별 이벤트가 열리는 시간에 맞춰 볼 수 있는 가장 좋은 동선을 미리 표시해 주므로 루트를 따로 짤 필요도 없다.

VOL.2　MAP p.409C　INFO p.423

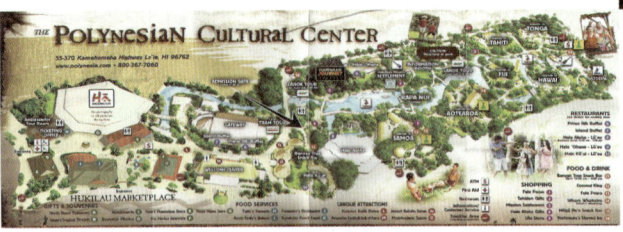

홈페이지 바로가기
온라인 입장권
예약 가능

영화광이라면 꼭 들러봐야 할 하와이 종합영화촬영소

쿠알로아 랜치
Kualoa Ranch

Oahu / N 2 4 A D

영화 〈쥬라기 공원〉 시리즈를 시작으로 〈첫 키스만 50번째〉, 〈진주만〉, 〈킹콩〉, 〈고질라〉, 〈하와이 파이브 오〉, 〈로스트〉, 〈쥬라기 월드〉 등 할리우드 영화사에 길이 남을 다수의 작품에 배경으로 등장한 하와이의 모습은 사실 쿠알로아 랜치 종합영화촬영소에서 제작되었다고 해도 과언이 아니다. 제2차세계대전 당시 개인 소유의 임야 지대를 정부가 군사 거점으로 사용했는데 전쟁이 끝난 뒤에도 계속 반환하지 않자 오랜 탄원 끝에 되찾았다. 쿠알로아 지역의 산과 바다까지 아우르는 방대한 지대를 소유하고 있기 때문에 상상할 수 있는 모든 종류의 액티비티가 쿠알로아 랜치에서 모두 가능하다. 목축, 승마, ATV, 카누, 피크닉, 영화 촬영까지 모든 일이 동시에 진행되고 있어도 서로 그림자도 보기 힘들 정도.

모든 액티비티는 홈페이지에서 예약 가능하다. 영화광이라면 헐리우드 무비 사이트 투어와 UTV 랩터 투어를 추천한다. 투어 스케줄이 정해져 있기 때문에 미리 예약하는 것이 좋다. 버스를 타고 가이드의 안내를 들으며 목장을 한 바퀴 도는 데만 1시간 30분 정도 소요되며, 중간에 이곳에서 촬영된 모든 영화가 전시된 벙커에 잠시 들른다. 전쟁 중에 사용하던 벙커로 영화 〈진주만〉의 촬영지이기도 하다. 영화 촬영이 끝나면 원상 복구해야 하지만, 기념을 위해 남겨둔 고질라의 발자국, 쥬라기 공원의 쓰러진 고목 등이 추억의 장면을 떠올리는 재미를 준다. 출발 전 멀미약을 복용할 것을 권하고, 황사 마스크를 쓰면 좋을 정도로 심한 비포장도로 투어라는 점을 미리 염두에 두자.

VOL.2 MAP p.409G INFO p.423

TIP 입장부터 깨알 재미 가득!
쿠알로아 랜치는 초원에서 스트레스 없이 싱싱한 풀을 먹고 자란 소를 키우기로 유명하다. 입구에 위치한 카페테리아에서 이곳의 소고기로 만든 유명한 수제 프레시 비프 버거(Fresh Beef Burger)를 맛볼 수 있다. 또한 독특하고 재미있는 로고 용품과 선물 용품이 가득한 기념품 숍도 들러보자.

홈페이지 바로가기
온라인 입장권
예약 가능

향긋한 파인애플 와인 어때?

마우이 와이너리
Maui Wine, Ulupalakua Vineyards

할레아칼라 산기슭의 한적하고 시원한 전원 마을 쿨라 지역의 명물. 일일이 사람의 손길을 거쳐 만들어지는 한 모금 한 모금이 귀한 신의 물방울이라고 할 와인이 모여 있다. 원래 이름은 테데스키 와이너리(Tedeschi Winery)이며, 1970년대부터 숨은 명소로 알려졌는데, 몇 년 전 이름을 바꿨다. 전통적인 쿨라 지역의 청량한 공기와 안개 자욱한 날씨, 할레아칼라의 건강한 화산토, 드넓고 가파른 경사지는 특히 포도 나무에게 기쁨의 땅이다. 와이너리가 생기기 전부터 이 농장은 칼라카우아 대왕과 카피올라니 여왕이 피서지로 이용하던 곳이다. 왕족들이 머물던 건물은 현재 와이너리 입구의 테이스팅 룸으로 사용되며, 아기자기한 와인 소품을 선보이며 많은 이들의 쉼터가 되고 있다. 하와이언 항공에서 선택한 마우이 블랑을 필두로 하와이의 향기가 그득한 파인애플 와인이라면 흔하지 않은 하와이 여행을 느낄 수 있을 것. 하루 세 번 와이너리 투어가 열리며, 신청 없이도 참가 가능하다. 무료 와인 시음을 하며 이곳에서 생산하는 와인 이야기를 듣다 보면 어느새 와인을 한 아름 골라 담는 자신을 발견할지도 모른다.

VOL.2 MAP p.476J INFO p.487

천국의 정원에서 보내는 힐링 타임
가든 오브 에덴 수목원
Garden Of Eden Arboretum

N 1 3 A

하와이 제1의 드라이브 코스로 손꼽히는 '하나 로드'를 지나갈 때마다 고민하는 것이 바로 '가든 오브 에덴에 들르느냐 마느냐'다. 하나 로드의 볼거리 중 유일하게 입장료가 있기 때문에 입구에서 돌아 나오는 차들을 볼 수 있다. 가든 오브 에덴 수목원은 말 그대로 식물들의 천국이다. 입장권을 내고 천국을 구경할 수 있다면 누구라도 그럴 것. 인공적인 정원이 아니라 자연스러움이 한껏 살아 있고 이름표 없이는 알아보기 힘든 온갖 종류의 꽃과 나무를 비롯해 공작과 거위, 깨끗한 화장실과 벤치, 피크닉 테이블이 잘 갖춰져 있다. 아이가 있거나 여유로운 일정을 선호하는 사람에게는 천태만상의 사람들로 붐비는 하나 로드를 통틀어 최고라고 할 수 있다. 백 년 된 반얀트리, 유칼립투스와 하와이 고유종인 코아 나무, 달콤한 냄새를 풍기는 망고 나무가 한껏 자라고, 해안선 전망대, 도로에서는 보이지 않는 비밀스런 폭포 전망대가 있다. 잠시 걸으며 둘러보기에 딱 좋은 소수 정예 프리미엄 정원이니 궁금하면 입장! 1시간 내외로 둘러보기 충분하다.

VOL.2 MAP p.477G INFO p.486

화산토에서 자란 포도로 만든 희귀한 와인

볼케이노 와이너리
Volcano Winery

빅아일랜드를 이루는 5개의 화산 중 현재까지 화산활동을 계속하고 있는 마우나 로아(Mauna Loa)와 킬라우에아 (Kilauea) 두 활화산이 겹치는 지점의 새로 뒤덮인 용암 위에 자리 잡은 것이 바로 볼케이노 와이너리다. 볼캐노(Volcano)라고 부르는 예술가들의 아지트 같은 숨은 볼거리로 가득한 마을 한쪽에 테이스팅 룸이 있다. 땅의 성질과 나이가 다른 마우이 와이너리와 비행기로 약 30분 거리지만, 마치 캘리포니아 나파 밸리 와인과 이탈리아 와인만큼 차이가 난다고 하니 와인 애호가들의 궁금증을 자아내기 충분하다. 다양한 종류의 시음 메뉴가 있고 빅아일랜드 와인을 마실 수 있는 레스토랑도 많으니 좋아하는 와인을 미리 알아두는 것도 좋다. 마우나 로아의 특산품이라고 할 수 있는 마카다미아 넛 허니를 이용한 스위트 와인이 바로 희소 가치와 풍미를 모두 갖춘 볼케이노 와이너리의 자랑거리다.

VOL.2 MAP p.501G INFO p.511

별들에게 물어봐~

이밀로아 애스트로노미 센터
Imiloa Astronomy Center

작은 마을 힐로(Hilo)의 핫플레이스로 천문 관측에 관한 가상 체험 센터다. 이밀로아 애스트로노미 센터는 빅아일랜드가 자랑하는 마우나 케아 천문관측소의 역할을 이해하기 쉽게 보여주는 곳으로 단체 관광객과 어린이를 동반한 가족들이 즐겨 찾는다.
외관은 마우나 케아 산을 본떠 만들었다. 은하계에서 벌어지는 우주쇼를 하와이 원주민의 관점으로 보는 것과 동시에 현재의 첨단 과학을 접목한 설명과 함께 입체 영상으로 보여주는 천체 투영관이 가장 인기다. 미래의 과학자들이 꿈을 키울 수 있도록 천제과학이라는 신비로운 주제를 쉽게 이해하고 체험하는 시뮬레이션 기계를 통해 우주항공선을 타거나, 폴리네시아인들의 배를 타볼 수도 있다. 정원이 바라보이는 카페테리아는 음식 맛으로 유명세를 탄 곳으로 바쁜 점심시간은 살짝 피하는 것이 좋다.

VOL.2 MAP p.530 INFO p.531

커피도 마시고 기념품도 챙기고 1석 2조
카우아이 커피 컴퍼니
Kauai Coffee Company

카우아이에 커피 농장이 있다는 것은 잘 알려지지 않았지만 생산량은 코나 커피보다 많다. 카우아이는 정원의 섬이라는 별명처럼 무엇이든 쑥쑥 잘 자라기 때문에 울창한 수목원이 많은 만큼 커피를 기르는 조건으로도 좋지만 특히 와이메아 지역의 강한 태양과 붉은 지질 단층의 토질이 카우아이만의 특별한 커피를 키운다. 카우아이 커피는 단체 관광버스가 빼놓지 않는 머스트 스톱. 하늘에서 보면 커피 나무의 검은색이 두드러져 카우아이 커피 농장은 건조한 주변 지역 중에서도 더 열기를 뿜어내는 느낌이다. 입구에 들어서면 허수아비가 안내하는 기프트 숍을 통해서 입장하는데, 테이스팅 룸 근처에 커피 농장 구역이 있으니 잠시 커피 나무 사이를 걸어보자. 내부에는 직접 다양한 커피 시음을 하며 기호에 맞는 원두를 고를 수 있는 셀프 시음장과 카페가 있다.

VOL.2 ⓞ MAP p.546J ⓘ INFO p.555

와이메아 캐니언의 보물 창고
코케에 자연역사박물관
Koke'e Natural History Museum

인간의 발길이 닿기 힘든 와이메아 캐니언 주립 공원 내에는 관광객들에게 잘 알려지지 않은 곳이 많은데, 야생 그대로의 산이므로 무작정 들어갔다가는 낭패를 볼 수 있다. 이 모든 궁금증과 모험심이 불끈불끈 솟아오를 때 찾는 곳이 바로 코케에 박물관. 각종 트레일 지도와 당일의 상태는 물론 야생동물 출현 시 적절한 행동 요령, 길을 잃거나 비상시 연락하는 요령까지 스태프와 보안관 역할을 하는 파크레인저들이 친절하게 알려준다. 고대 하와이 원주민들은 이 산을 넘어 섬 반대편 마을까지 가곤 했는데, 현대인들은 그 능력을 상실했다며 농담조로 투덜대는 스태프들의 얘기는 언제 들어도 흥미롭다. 산속에서 마주칠 수 있는 동물들의 박제 모형과 하와이 전통 서적까지 흔히 구할 수 없는 자료들로 가득하다. 보물 창고 같은 코케에 박물관에서는 기념 셔츠도 좋지만 대나무를 다듬어 만든 산행용 지팡이를 들고 정상으로 올라가는 꿈을 꿔보는 건 어떨까?

VOL.2 ⓞ MAP p.546B ⓘ INFO p.554

EATING

분위기를 타고 입맛도 살아나는 전망 좋은 레스토랑부터 유혹적인 커피와 디저트까지 맛난 음식과 함께 기억에 남는 하와이의 음식세계로 초대한다.

196	**MANUAL 13** 로컬 푸드
206	**MANUAL 14** 스타 셰프 레스토랑
218	**MANUAL 15** 테마별 추천 레스토랑
234	**MANUAL 16** 스테이크하우스
242	**MANUAL 17** 브런치 레스토랑
248	**MANUAL 18** 스낵&디저트
260	**MANUAL 19** 하와이 커피
266	**MANUAL 20** 칵테일바와 맥주펍

MANUAL 13 __ 로컬푸드

Hawaiian Local Food

중독을 부르는 하와이 로컬 푸드

얼핏 이름만 들으면 피식 웃음이 나는 생소한 이름의 하와이 로컬 푸드는
사실 문화적 배경을 알고 나면 결코 우습지 않다. 여러 아시아 인종이 농장 이주민으로
건너와 정착하면서 모국에 대한 그리움을 담아 만든 음식들이기 때문이다.
하와이 로컬 푸드는 여느 값비싼 요리보다 따뜻한 집밥처럼 한 그릇으로
빈속뿐만 아니라 영혼까지 채워지는 소울 푸드(Soul Food)다.
하와이를 떠나면 은근히 그리워지는, 하와이 홀릭이라는 말이 있을 만큼
중독을 부르는 하와이 로컬 푸드를 하나씩 맛보자.

간단하게 즐기는 사각형 스팸 누드 김밥

무수비 Musubi

하와이에서 가장 쉽게 접할 수 있는 음식 무수비. 초밥처럼 양념을 한 밥에 스팸을 얹어 네모나게 김으로 말아 주먹밥처럼 간편하게 먹는다. '무수비'는 '묶음'을 뜻하는 일본어지만 일식 초밥이 아닌 하와이 로컬 푸드고, 우리나라 삼각김밥과도 비슷하다. 스팸뿐 아니라 양념 치킨, 어묵전, 소시지 등을 얹은 다양한 무수비가 있어 식사 대용으로 좋다. 하와이 사람들은 물론 여행객들도 거부감 없이 무수비로 대동단결! 와이키키 ABC 스토어를 비롯해 각종 편의점에서 따뜻한 무수비를 구비해 두고 있으니, 이른 아침부터 액티비티를 시작하기 전 배를 채우기에 최고!

★★★ 맛있게 먹는 법!
무수비는 투명한 랩으로 꽁꽁 싸여 있다. 주먹밥 위에 스팸을 얹어 전체적으로 삼각김밥보다 조금 작다. 투명 포장을 살살 밀어 벗기면서 밥알이 떨어지지 않게 밥과 햄을 한입에 베어 무는 것이 팁!

1. 두툼하게 썰어 양념에 구운 스팸을 밥 위에 얹어 하와이만의 누드 김밥처럼 완성한다.

2. 한 손에 쥐고 먹기 좋은 크기로 네모나게 뭉친 밥의 한쪽 면에 양념이 배어 있어 간이 적당하다.

3. 마지막은 김으로 스팸과 밥을 돌돌 말아 고정한다.

무수비 카페 이야스메
Musubi Café Iyasume   Oahu

와이키키에서 무수비로 가장 유명한 집으로 와이키키 내에 여러 지점이 있다. 이야스메 무수비는 원래 일본식 도시락 전문으로 오리지널 메뉴에 일본 초밥식 무수비 메뉴가 추가로 많이 들어간다. 오리지널 스팸, 스팸과 베이컨, 아보카도를 얹은 브렉퍼스트 스타일, 일본식으로 절인 매실을 얹은 우메 무수비, 참치마요 무수비 등이 인기. 저렴하고 간단한 메뉴지만 기다리는 줄이 길고 그사이 품절되기도 한다.

Musubi Café Iyasume 본점
VOL.2 ⓜ MAP p.385G ⓘ INFO p.394
Musubi&Bento Iyasume 무수비&벤토 이야수메
VOL.2 ⓜ MAP p.384E ⓘ INFO p.394

스팸 무수비와 프라이드 치킨 등을 함께 담은 **무수비 콤보**
Musubi Combo $4.25

영양을 듬뿍 담은 한 접시의 하와이 홈스타일 푸드

로코모코 Loco Moco

밥에 햄버거 패티와 달걀 프라이를 얹고 스테이크 소스 맛이 나는 그레이비 소스를 부어 먹는 간단한 한끼 식사로 인기 좋은 음식. '로코(loco)'는 '크레이지(crazy)'라는 뜻의 하와이어다. 빅아일랜드 힐로의 유소년 스포츠 클럽 멤버들이 자주 들르던 작은 가게에서 로코라는 별명을 가진 소년이 빨리 먹고 운동하러 갈 수 있도록 영양도 부족하지 않으면서 간단하게 조리한 한 접시에 담아주던 음식에서 유래했다고 한다. 회갈색 질펀한 그레이비 소스의 첫인상이 그리 좋은 편은 아니지만 한번 맛보면 헤어나기 힘들다. 배불리 먹고 나면 기분이 좋아져 자꾸만 생각나는 하와이 증후군의 주범 중 하나. 로코모코는 하와이 대표 음식이라고 할 만큼 현지에서는 대부분의 로컬 레스토랑에서 점심 메뉴로 쉽게 만나볼 수 있다.

★★★
맛있게 먹는 법!
로코모코의 생명은 따뜻한 온도. 계란 프라이는 주문할 때 노른자를 익히는 정도에 따라 가장 날것부터 서니 사이드 업(sunny side up), 오버 이지(over easy), 오버 미디엄(over medium), 오버 하드(over hard)로 구분하니 기호에 맞게 요청할 것! 날계란을 싫어한다면 무조건 숙식숙식 비비지 말 것!

1. 원하는 만큼씩 떠 먹을 수 있는 고슬고슬하고 따뜻한 밥.
2. 따뜻한 밥 위에 얹은 도톰한 쇠고기 패티.
3. 쇠고기 패티 위에 얹은 계란 프라이는 원하는 조리 형태를 요청할 수 있다.
4. 마요네즈, 다진 양파와 후추를 넣어 느끼하지 않고 조화로운 맛의 마카로니 샐러드.
5. 부드럽고 짭조름한 그레이비 소스와 함께 촉촉하게 먹는다.

레인보우 드라이브인
Rainbow Drive-in Oahu

그릴에 구워 불맛을 느낄 수 있는
로코모코 Loco Moco $8.50

화려한 구석이라고는 없는 테이크아웃 식당이지만 편안한 스타일에 부담 없는 가격, 맛까지 부족함이 없어 늘 사람들로 북적인다. 여러 가지 로컬 푸드가 있는데, 특히 로코모코가 유명하다. 계란 조리법과 소스의 양 등 사소한 것까지 카운터에서 맞게 주문할 수 있다.

VOL.1 MAP p.408I INFO p.420

카페 100
Café 100 Big Island

익숙한 재료로 구성된 스모크 소시지 로코모코
Smoke Sausage Loco Moco $4.30

빅아일랜드의 작은 마을 힐로의 간이식당으로는 규모가 꽤 크고 깔끔한 편이다. 저렴한 가격에 간단히 먹을 수 있는 로컬 푸드와 30개 이상의 로코모코 메뉴가 있다. 이유는 바로 이곳이 로코모코의 탄생지이기 때문. VOL.2 MAP p.530 INFO p.531

한국식 회무침의 하와이 버전

포케 Poke

포케는 주로 참치나 데친 문어 등 해산물을 깍둑썰기 하거나 얇게 썰어서 양념에 무친 것으로 하와이 사람들에게는 밥이자 스낵이자 애피타이저 같은 음식이다. 오리지널 레시피는 쿠쿠이넛 오일과 천일염, 또는 간장에 다진 양파를 넣고 살짝 버무려 먹는다고 하는데, 1990년대 하와이 출신의 스타 셰프 샘 초이(Sam Choy)가 매주 뉴스에 나와 포케 만드는 요리 코너를 진행하면서 크게 유행했다. 포케 레시피 경연 대회를 통해 가문의 비법부터 불고기 양념까지 수백 가지 포케가 탄생했다. 슈퍼마켓이나 편의점에서 쉽게 구할 수 있는 포케는 하와이 라이프 스타일을 그대로 담은 음식으로 세계인이 모여 사는 하와이를 가장 잘 표현하고 있다. 현지 레스토랑은 대부분 애피타이저 또는 샐러드에 얹는 형식으로 포케를 선보이고 있다. 푸드랜드, 세이프웨이, 홀푸드 마켓 등 대형 슈퍼마켓에서도 쉽게 구할 수 있고, 무게를 달아 판다. 혹시라도 비릴까 혹시라도 입에 맞지 않을까 걱정은 접어두시라. 모든 포케는 시식이 가능하다는 것!

맛있게 먹는 법!
윤기를 더하는 쿠쿠이넛 오일과 천일염만 넣고 버무린 포케가 기본. 곁들이는 과일 또는 샐러드와 양념에 따라 여러 가지 맛으로 변형 가능하니 취향대로 고르자. 탄탄한 생선살과 채소, 과일을 한입에 넣어야 다양한 맛을 느낄 수 있다!

3. 다양한 색감과 아삭한 식감을 주는 아보카도와 샐러드.

2. 생선의 질감을 살리고 비린내를 없애주는 레몬 한 조각은 신의 한 수!

1. 두툼하게 썰어 탱글탱글한 참치와 연어.

할레이바 비치 하우스
Hale'iwa Beach House Oahu

타로 칩과 신선한 참치 무침을 쌓아 올린 튜나 타타르 Tuna Tatare $13

할레이바 비치 파크 맞은편에 있는 전망 레스토랑으로 세련된 2층 건물에 통유리창의 넓은 조망을 자랑한다. 메뉴는 생선, 스테이크류와 해산물로 만든 애피타이저가 많고 접시에 담음새가 예술적이다. 이곳의 포케는 부드러운 생참치 회를 바삭한 로컬 타로(토란) 튀김과 함께 쌓아 올려서 눈으로 한 번, 입으로 다시 한 번, 맛과 멋을 동시에 즐길 수 있다. **VOL.2 MAP** p.424 **INFO** p.425

샘 초이 카이 라나이
Sam Choy's Kai Lanai Big Island

살짝 튀기듯 볶은 **프라이드 아히 포케**
Fired Ahi Poke $시가

포케 레시피 경연 대회를 꾸준히 개최하면서 하와이 음식 문화를 발전시켜 온 하와이 출신의 스타 셰프 샘 초이의 빅아일랜드 레스토랑. 버라이어티한 조리법의 포케가 바로 샘 초이의 전문 분야. 타의 추종을 불허하는 신선도와 두툼한 사시미 등급의 생선을 사용하는 것으로 유명하다. **VOL.2 MAP** p.500E **INFO** p.509

훌리훌리 치킨 Huli Huli Chicken

하와이 스타일 숯불 향 가득한 양념 통닭

'돌리고, 돌리고'를 뜻하는 하와이어가 바로 훌리훌리. '계속 뒤집는다'는 뜻으로 꼬챙이에 닭을 통째로 꽂아 돌리면서 숯불에 굽는다. 이때 사용하는 꼬챙이에 따라 훈연의 맛이 달라지기 때문에 맛집에서는 주로 키아베(Kiawe)라는 나무를 쓴다. 우리나라도 동네마다 연기 자욱한 통닭을 파는 트럭이 있으니 낯설지 않은 광경이다. 맛은 훌리훌리 치킨의 겉이 더 바삭하고 매콤한 편. 우리나라처럼 튀김옷 위에 양념이 흥건하게 묻은 것이 아니라 바비큐 소스에 재워두었다가 굽는다. 대중적인 길거리 음식으로 푸드 트럭이 동네마다 다닌다. 운전 중 도로변에서 연기가 자욱한 곳이 눈에 띈다면 달려가서 줄부터 서고 보자. 진정한 훌리훌리 치킨 맛집은 늦게까지 닭이 남아 있지 않다. 더운 여름 맥주를 부르는 숯불 훈제 구이 통닭을 하와이에서 맛볼 줄이야!

마이크스 훌리훌리 치킨   Oahu
Mike's Huli Hul en

숯불 향이 밴 치킨과 싱싱한 샐러드를 곁들인
훌리 치킨 플레이트 Huli Chicken Plate $10.50

오아후의 작은 해변 마을 할레이바에서 유년 시절을 보낸 마이크 아저씨가 동네 잔치가 있을 때마다 마을 사람들과 만들어 먹던 홈스타일 바비큐 치킨을 많은 사람들과 나누고 싶어서 만든 노천 카페 스타일의 로컬 스폿. 하와이 로컬 나무인 '키아베' 향과 천일염만으로 맛을 낸다고 한다. 자욱한 연기와 고기 굽는 냄새로 지나가는 사람들의 발길을 붙잡는 곳이다. VOL.2 MAP p.409C INFO p.422

마우이 로티서리 치킨   Maui
Maui Rotisserie Chicken

매콤한 양념 치킨과 샐러드를 얹은 훌리훌리 치킨
플레이트 Huli Huli Chicken Plate $10

마우이를 통틀어 훌리훌리 치킨으로 가장 유명한 곳. 숯불에 통닭을 굽는 자욱한 연기와 맛있는 냄새로 사람들을 불러 모은다. 저렴한 가격도 인기 요인. 밥과 마카로니 샐러드, 양념이 맛있는 훌리훌리 치킨을 담은 한 접시가 $10부터 있으니 마우이에서 가장 저렴한 런치 메뉴라고 해도 과언이 아니다. 바다 앞 공터에서 해변을 보며 푸짐한 숯불구이 통닭을 즐겨보자. VOL.2 MAP p.468E

하와이 음식으로 재탄생한 중국의 서민 국수

사이민 Saimin

중국어에서 유래한 사이민은 얇은 면발의 국수를 뜻한다. 국수 문화를 공유하는 아시아계 이주민들이 국수에 들어가는 고유한 재료를 조금씩 섞으면서 완성된 국수라고 할 수 있다. 지금은 하와이 주 음식(State Dish)으로 인정받았다. 최초의 아시아계 이민자였던 중국인들이 국수를 들여왔고, 여기에 일본의 맛국물이 혼합되었다. 그리고 필리핀계 사람들이 계란을 섞어 먹기 시작하면서, 하와이에서 널리 유행하던 스팸, 일본의 어묵채를 넣기도 했고, 나중에 한국인들이 양배추로 담근 김치까지 고명으로 올리게 되었다. 전체적으로는 맵지 않고 깔끔한 국물에 생면 같은 국수와 고명으로 얹는 어묵, 스팸, 계란, 양배추 등은 기호에 따라 추가할 수 있다. 하와이에서는 간단한 식사 또는 스낵으로 편의점은 물론 레스토랑에서도 흔히 접하는 메뉴다. 심지어 전 세계 맥도날드 중에 유일하게 하와이에서만 내놓는 메뉴이기도 하다. 사이민을 제대로 맛보려면 인스턴트 반조리 제품보다 레스토랑에서 직접 조리한 것이 가장 좋은 방법이다.

★★★
맛있게 먹는 법!
일단 국물을 떠 먹어보고 나서 간이 입에 맞으면 면과 건더기를 스푼에 함께 올리고 국물에 살짝 담가 촉촉하게 한입 후루룩!

3. 양배추가 들어 있어 씹히는 맛과 함께 더욱 시원한 국물 맛.
4. 두꺼운 달걀 지단 고명.
5. 그래도 간이 밍밍하다면 취향에 따라 겨자를 풀어 넣자.
2. 어묵과 새우 등 탱탱한 해산물이 듬뿍 들어 있는 깔끔한 국물.
1. 일본의 생라면처럼 쫄깃한 면발.

애나 밀러 레스토랑
Anna Miller's Restaurant   Oahu

펄리지 센터 부근에서 30년 이상 영업해 온 레스토랑. 흰색 프릴이 달린 귀여운 앞치마와 발랄한 유니폼이 인상적이다. 1973년에 문을 연 오래된 곳이며, 부드러운 크림 케이크와 파이가 유명해 일본에도 지점이 있다. 로코모코, 팬케이크 같은 브런치 메뉴를 비롯해 사이민도 스팸&에그, 해산물 등 다양한 종류가 있다. 애나 밀러의 사이민은 양배추를 넉넉히 넣어 맑고 시원한 국물 맛이 일품이고, 면발이 적당히 탱탱하다. 면 요리를 좋아하는 사람이라면 누구나 입맛에 맞을 것이다. VOL.2 ⓜ MAP p.431G ⓘ INFO p.441

시원한 국물이 속을 달래주는
사이민 Samin $8

> 한국식 한상 차림과 일본식 벤토의 절묘한 만남

플레이트 런치 Plate Lunch

하와이에서 가장 대중화된 음식으로 일본식 도시락 벤토(Bento)에서 시작해 로컬 푸드로 자리 잡았다. 언제 어디서나 간편하게 먹을 수 있는 메뉴를 한 그릇에 담은 것으로 밥과 고기구이, 샐러드가 주를 이룬다. 한 접시에 제한된 수의 지정된 음식을 담는다는 이유로 음식 문화 발전을 저해한다는 평이 있었으나 결국 플레이트 런치는 하와이를 대표하는 음식으로 굳건히 자리 잡았다. 플레이트 런치는 크게 3가지가 있다. 밥에 고기와 마카로니 샐러드를 곁들인 '로컬 플레이트 런치', 하와이 전통 음식을 한 접시에 담은 '하와이언 플레이트 런치', 그리고 요즘 유행하는 '코리언 BBQ 플레이트 런치'는 한국식 양념으로 고기구이나 생선에 한국 반찬을 내놓아 인기가 많다.

> 치킨 또는 비프 등 고기류 + 밥 + 마카로니 샐러드

A 로컬 플레이트 런치

하와이 현지인들이 가장 보편적으로 먹는 로컬 플레이트 런치는 편의점과 슈퍼마켓을 비롯해 테이크아웃 체인 레스토랑, 길거리의 작은 가게 등에서 쉽게 만날 수 있다. 로컬 플레이트 런치의 주된 고기 메뉴는 치킨, 샐러드는 마카로니가 가장 대표적이다.

2. 고슬고슬하고 따뜻한 밥이 있어 더욱 든든하다.

3. 단맛은 제로(0)! 후추로 간을 해서 밥과 고기와 조화를 이루는 마카로니 샐러드.

1. 단백질을 제공하는 고기류. 비프, 생선, 치킨 등 다양하게 있다.

★★★
맛있게 먹는 법!
테이크아웃으로 해변이나 피크닉에도 어울리며 와인 또는 맥주와 간단히 곁들여도 좋다.

L&L 드라이브인
L&L Drive-in `Oahu`

하와이의 대표적인 플레이트 런치 체인점으로 이름만 런치일 뿐 하루 종일 주문이 가능하다. 테이크아웃 용기에 담아 나와 간편하고 빠르게 먹을 수 있어 대부분의 쇼핑센터의 푸드코트, 월마트 등 대형 마트 입구에서 자주 볼 수 있다. 로컬 푸드는 양이 많은 편이어서 양이 적다면 미니 플레이트(Mini Plate)를 추천한다. 가격대는 $7~15로 저렴한 편. **VOL.2** ◎ **MAP** p.431D

돈키호테
Don Quijote `Oahu`

돈키호테의 식품 코너에는 우리나라 편의점의 도시락 코너처럼 다양한 종류와 합리적인 가격대의 플레이트 런치와 일본식 돈부리 도시락을 만날 수 있다.
VOL.2 ◎ **MAP** p.431D ⓘ **INFO** p.443

비프 돈부리
Beef Donburi $5.99

칠리 치킨 벤토 **Chili Chicken Bento $6.29**

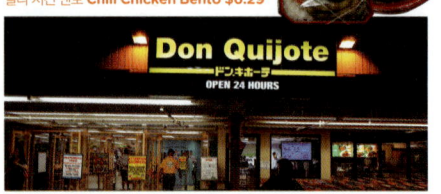

라우라우(비프 또는 치킨) + 포이 + 로미로미 새먼 + 하우피아 푸딩 디저트의 한상 차림

B 하와이언 플레이트 런치

Lau Lau
라우라우

하와이 사람들이 주로 먹는 라우라우(Lau Lau)는 돼지고기나 닭고기를 토란 잎(Taro Leaf)이나 하와이 고유 식물인 티리프(Ti Leaf) 잎에 싸서 담백하게 삶은 것을 말한다. 라우라우(Lau Lau), 또는 삶은 고기를 잘게 찢은 칼루아 포크(또는 치킨)를 밥과 곁들인 것이 전통 하와이언 플레이트 런치다. 여기에 토마토, 양파, 연어를 다져서 만든 로미로미 새먼(Lomi Lomi Salmon)과 토란 간 것을 발효해 만든 포이(Poi), 디저트로 먹는 코코넛 푸딩까지 곁들이면 끝! 로미로미는 하와이어로 '잘게 부수고 주무르고 토닥인다'는 뜻이다. 로미로미 새먼은 간이 잘 밴 피클처럼 고기, 밥과 함께 먹는다. 전형적인 하와이언 플레이트 런치의 경우 하우피아(Haupia)라고 부르는 코코넛 젤리가 주로 나온다. 여기에 포이를 곁들여 고기를 찍어 먹으면 완성. 포이는 무기질과 철분이 부족하기 쉬운 섬에서 중요한 영양소 공급원이니 꼭 챙겨 먹는 것이 좋다.

5. **하우피아.** 후식으로 먹는 코코넛 푸딩.

6. **말린 비프 저키.** 짭짤하게 간이 밴 말린 소고기를 반찬으로 함께 먹는다.

7. **칠리 소스.** 고기를 찍어 먹어도 좋은 매운맛의 양념.

8. **생양파.** 고기의 느끼함을 줄이기 위해 곁들여 먹는다.

4. **비프 스튜.** 가장 흔하게 추가할 수 있는 반찬.

3. **포이.** 토란을 갈아서 발효한 것으로 요구르트 같은 질감에 고기를 찍어 먹는다.

2. **로미로미 새먼.** 연어와 양파를 다져 천일염으로 버무린 반찬.

1. **라우라우.** 토란 잎에 싸서 찐 고기는 기름기가 거의 없이 촉촉하다. 포크로 건드리면 연하게 부서져 먹기 편하고 잡내가 나지 않는다.

하일리스 하와이언 푸드
Haili's Hawaiian Food
 Oahu

1948년 파머스 마켓에서 시작한 하일리스는 하와이 원주민이 직접 경영하는 곳이다. 하와이 원주민의 후손으로 하와이 경제를 빛낸 공로상을 많이 수상했다. 하와이언 플레이트와 함께 갈비 같은 현지화된 한국 음식도 있다.
VOL.2 MAP p.408I

다 오노 하와이언 푸드
Da Ono Hawaiian Foods
 Oahu

하와이 원주민 가족이 30년 넘게 운영하고 있는 곳으로 수많은 로컬 레스토랑 퀄리티 어워드 수상 경력이 화려하지만 아무것도 바뀐 것 없이 고집스레 전통 음식을 고수한다. 점심시간에는 늘 줄을 서며, 보기 드문 버터피시(민어과) 라우라우도 있어 특별한 것을 찾는다면 추천할 만하다. VOL.2 MAP p.408I B INFO p.419

역사를 알면 음식이 보인다

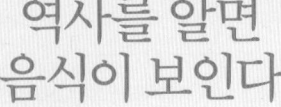

✔ 하와이 원주민들은 뭘 먹고 살았을까?

원주민들이 어떤 이유로 하와이에 들어와 정착하게 되었는지는 정확히 밝혀지지 않았다. 그러나 이들은 칼로(Kalo, 토란)라고 부르는 작물과 돼지, 닭 같은 가축을 섬으로 들여와서 터전을 일궜다고 알려진다. 나중에는 하와이 바다에서 얻은 물고기와 현지에서 나는 채소, 코코넛과 바나나 같은 열대 과일을 먹었다. 엄격한 계급사회여서 여자는 남자와 겸상할 수 없었고, 바나나와 돼지고기 같은 좋은 음식을 먹으면 처벌을 받았다. 신이 노하면 화산이 터지고 해일이 일어난다고 믿던 하와이 사람들은 우리 문화의 고수레처럼 무엇이든 먹기 전에 따로 떼어 화산의 여신 펠레에게 바쳤다. 부정을 막는다고 믿는 하와이 식물 티리프(Ti Leaf)로 돼지고기를 감싸두는 풍습은 이때부터 시작되었다고 한다.

✔ 손으로 먹었다고?

하와이 원주민들은 개인 스푼이나 나이프 같은 것이 없었고, 모든 것을 손으로 해결했다. 삶은 고기 (라우라우 Lau Lau)는 손으로 잘게 찢어서 먹었고, 섬에서 가장 중요한 영양공급원이었던 토란을 갈아 발효한 포이(Poi)를 먹을 때는 지금도 현지 사람들은 검지로 푹 찍어 입안에서 한 바퀴 빙글 돌리면서 맛을 음미한다.

A.D 300-
하와이에 피지, 통가 등 태평양 연안의 공통 섬 문화인 폴리네시아 문화 시작

A.D 1100-
타히티에서 온 이주민들로 인해 엄격한 규율의 카푸 계급사회 형성

1778
제임스 쿡 선장에 의해 최초로 하와이 발견

1810
카메하메하 대왕에 의해 하와이 통일

1830
사탕수수 농업 시기 시작

1850
중국의 첫 사탕수수 노동자 이주

1890
일본의 첫 사탕수수 노동자 이주

✔ 하와이, 이대로 사라지나?

하와이 왕국이 서양에 알려지면서 면역이 없던 하와이 사람들은 서양의 병으로 인구수가 대폭 감소했다. 설상가상으로 하와이는 국권을 빼앗겼고, 미국의 강제 점유 기간 동안 미국의 사업가들이 사탕수수, 파인애플 같은 상업 작물을 재배해서 파는 무역으로 큰 이윤을 남기고 하와이의 정치 경제를 장악했다. 그들은 농장에 필요한 인력을 충원하기 위해 중국, 일본, 한국 등 아시아계 이주민을 차례로 투입했다. 고된 노동과 가난, 고국에 대한 그리움이 가득한 이들 삶의 애환이 새로운 음식 문화를 만들어냈다.

이렇게 만들어진 것이 바로 사이민(Saimin)! 중국인들이 국수를 하와이에 들여와 먹으면서 시작된 것이 사이민. 나중에 일본의 맛국물이 혼합되고, 거기에 필리핀 사람들이 계란을 넣어 먹었으며, 한국인들이 양배추, 일본인들이 유부, 어묵을 올리면서 완성되었다. 하와이의 사이민은 이주민의 삶을 엿볼 수 있는 음식이지만 현재까지 가장 흔히 먹는 서민 음식으로 자리 잡았다.

✔ 하와이 대표 음식은 스팸이다?

일본이 하와이의 진주만을 습격하면서 제2차세계대전이 벌어지자 하와이 섬 주변에 일체 어업 활동이 금지되었다. 설상가상으로 하와이의 모든 토지가 지난 100년간 사탕수수 재배로 황폐해졌고, 쓸 만한 토지에서는 관광객에게 팔 수 있는 식자재만 키웠다. 당시 군인들의 휴양지이자 군수품 보급을 위한 주둔지였던 하와이의 주민들은 수입 물품에 의존할 수밖에 없었고 군수품인 스팸 같은 통조림이 유일한 희망이었다.

이렇게 탄생한 것이 바로 무수비(Musubi)!
일본계 이주민들이 신선한 회 대신 스팸을 올려 먹은 것에서 유래된 것이 무수비. 서민층의 삶이 안정되고 하와이 경제가 성장하면서 풍부하고 신선한 해산물과 주식인 쌀이 만나 서양식 소스가 조금씩 곁들여진 로컬 푸드가 만들어졌다.

1893
민중 봉기로 하와이 국왕 폐위

1898
미국의 식민 통치 시작

1901
와이키키 첫 리조트 설립

1903
한국 첫 사탕수수 노동자 이주

1941
진주만 공습

1945
제2차세계대전 종식

1959
식민 통치 종료, 미국의 50번째 주로 편입

서양식 롤 스시인 캘리포니아 롤(California Rolls)과 햄버거와 밥이 만난 로코모코(Loco Moco) 등장!

1990
하와이 셰프들 '하와이 리저널 퀴진' 창시

✔ 2022년, 지금 하와이는 무엇을 먹을까?

일본계 이주민의 후손이 많은 하와이는 벤토(Bento)의 영향을 받은 플레이트 런치(Plate Lunch)를 어디서나 볼 수 있다. 간단한 한상 차림으로 밥과 고기, 야채를 도시락처럼 담은 것이다. 한국의 불고기나 갈비가 나오는 코리언 BBQ 플레이트 런치도 인기가 좋다. 이렇게 많은 아시아인들이 다국적 문화를 이루고 사는 하와이에는 다양한 서민 음식이 만들어졌다. 반세기를 거치면서 주식은 쌀이 되었고, 관광객들이 먹는 고급스럽고 비싼 유럽식 음식과 값싸고 양 많은 로컬 푸드로 양극화되었던 음식 문화를 스스로 보완하고 있다. 하와이 음식을 한 줄로 평하면 '극복과 화합의 산물'이라고 하겠지만 창조적 예술성도 한몫했다고 보여진다. 이처럼 음식으로 본 하와이는 전혀 미국스럽지 않다.

MANUAL 14 __ 스타 셰프 레스토랑

REGIONAL CUISINE

세계적인 스타 셰프의 레스토랑

하와이에서 체인 레스토랑, 패스트푸드, 한국 음식 이 3가지에 비싼 돈을 낭비하고 싶지 않다면 맨 먼저 시도해야 하는 것이 바로 하와이 셰프 레스토랑이다. 하와이 리저널 퀴진(Hawaii Regional Cuisine, HRC)이라고 부르는 하와이 음식은 세계적으로 명성이 높다. 세계적인 스타 셰프의 레스토랑들이 모두 자신의 이름을 걸고 경쟁하는 미식의 천국 하와이에서 하와이 출신 셰프들이 각광받기까지 우여곡절이 많았다. 무공해 청정 지역에서 키운 건강한 식자재를 가지고 오랜 경험과 문화에서 익힌 동서양의 조리법을 모두 사용하는 것은 기본, 하와이의 생태계를 보존하는 성숙한 문화의식까지 갖춘 하와이 스타 셰프들의 이름을 내건 레스토랑들을 살펴보자.

뭐? 하와이에 먹을 것이 없었다고?

최근 우리나라에서 요리하는 멋진 남자와 스타 셰프가 강력한 문화 트렌드라면 1990년대 후반 하와이가 같은 양상을 먼저 보였다. 이들이 하와이 음식 문화에 일으킨 새바람은 당시 독립운동만큼이나 쉽지 않은 것이었다. 하와이가 세계적 관광지로 성장해 호화 유람선이 몰려들던 시절에는 주로 유럽의 부유층에 모든 초점이 맞춰져 있었기 때문이다. 호화 유람선은 유럽 부호들의 기호에 맞게 유럽 요리와 유럽의 최고급 재료를 고집했을 뿐 아니라 셰프들도 유럽인들이었다. 하지만 유럽에서 들어온 최고급 재료라 할지라도 하와이까지 도달하는 과정에서 신선도가 떨어지고 가격은 오르게 마련이었다. 점차 관광객들은 신선하지도 않은데 값만 비싼 유럽 음식 외에 선택할 수 있는 것이 없었고, 현지 주민들은 경제적 효용이 없기 때문에 농작물 생산을 꺼렸다. 결국 스팸 같은 통조림에 크게 의존하는 등 관광객과 주민들의 식품 양극화 현상이 심했다.

이러한 불균형을 눈여겨본 선각자들이 뜻을 모아 새로운 시각을 제시하며 발족식을 거행했는데 이것이 바로 HRC의 전신이다. HRC 이념은 신토불이의 개념에서 시작해 환경 보전과 음식 문화 발전의 예술적 승화라는 점에서 차별된다.

하와이에서 나고 자란 신선한 식자재를 사용하니 지역경제가 좋아지고, 소비자와 공급자가 함께 손잡고 하와이 생태환경 보호에도 힘쓰며, 동서양 문화가 어우러진 예술적인 음식을 계속 개발하고 있다. 당시 발족식에 참여했던 셰프 군단에는 마스터 셰프 코리아의 조상 격인 '아이언 셰프'에서 우승한 현지인 조리사부터 이미 저명한 유럽 출신의 프렌치 셰프까지 있었다. 처음에 이들은 기존 셰프들의 반발에 부딪혔지만 결국 이 흐름은 주류로 자리 잡았다.

퓨전 요리? 퍼시픽 림? 하와이 리저널 퀴진? 어떤 게 맞는 말이야?

1990년대 하와이 요리를 적절히 표현할 단어가 없어 퓨전 요리라고 불렀다. 그 후 퍼시픽 림(Pacific Rim)과 혼용하다가, 마지막에 하와이 리저널 퀴진 Hawaii Regional Cuisine(줄여서 HRC, 즉 하와이 지역 요리)으로 부르게 되었다. 하와이 리저널 퀴진의 셰프들은 모두 국내외에서 유명한 스타 셰프로 현지 농장에서 생산한 질 좋은 채소와 어린 물고기를 보호하는 어업으로 사회적 참여에도 적극적이다. 해외와 미국 내 다른 주에 레스토랑 지점을 열어 성공한 셰프 겸 사업가로 활약하고 있다. 또한 이들이 졸업한 KCC 카피올라니 커뮤니티 칼리지(Kapiolani Community College) 조리학부는 지금도 미국 전체 조리 대회를 여러 차례 석권하며 실력을 인정받고 있다. 얼마 전 한식의 세계화 프로그램의 일환으로 우리나라에서 열린 외국 셰프들의 한국 음식 대회에서도 하와이의 셰프가 우승했다. 입맛에도 잘 맞고 좋은 재료로 건강한 맛을 느낄 수 있는 품격 있는 레스토랑이 궁금하다면 꼭 알아두어야 할 하와이 스타 셰프들을 소개한다.

SHOW ME THE MONEY!

팁, 줄까 말까?

일반적으로 격식 있는 레스토랑은 입구에서 직원에게 인원수를 알려주면 테이블로 안내해 준다. 식사 후에는 서버에게 계산서를 요청해 테이블에서 계산을 끝내고 일어나는 것이 일반적이다.

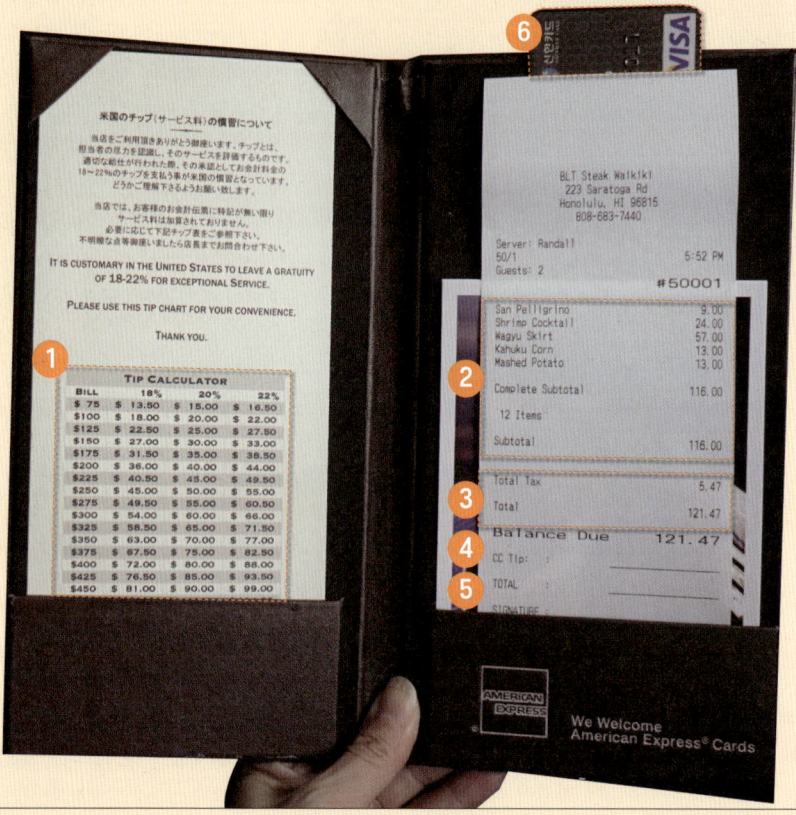

❶ **팁 비율 환산표** 미국 내 통상적인 관습으로 레스토랑에서는 주문 금액의 15~20%의 팁(봉사료)을 따로 놓는다. 프리미엄 레스토랑의 경우 25%를 추천한다. 최근 팁 비율 환산표가 함께 제공되는 곳이 많으므로 원하는 팁 비율에 맞는 금액을 편리하고 정확하게 계산하자.
❷ **주문 내역** 주문한 메뉴가 맞게 나와 있는지 확인한다.
❸ **주문 금액** 하와이 주 소비세 4% 외에 다른 세금이 별도 부과되었는지 확인한다.
❹ **팁 금액** 팁 환산표를 보고 적는다.
❺ **총액** 영수증 가격에 팁을 더한 총액을 적는다(4번과 5번 중 한쪽만 기입해도 무방).
❻ 신용카드를 꽂은 후 커버를 덮어 웨이터에게 주거나 테이블 위에 둔다.
❼ 계산이 끝나면 카드와 영수증을 돌려받는다.

SHOW ME THE AWARD!

상 받은 레스토랑이라고? 무슨 상인데?

수많은 홍보 문구를 다 받아들일 수는 없다. 듣도 보도 못 한 상 말고, 진짜 믿을 수 있는 하와이 레스토랑의 척도가 되는 레스토랑 어워드를 알아보자.

하와이 어워드

1. 일리마 어워드 Ilima Awards
하와이 일간지 〈호놀룰루 스타 애드버타이저(Honolulu Star Advertiser)〉에서 주최하는 레스토랑 어워드로 1997년 이후 매년 개최한다. 다양한 종목별로 일반인과 평론가 부문으로 나뉘는데, People's Choice는 일반인이 가장 신뢰하는 지표로 자리 잡았다.

2. 할레 아이나 어워드 Hale Aina Awards
하와이 레스토랑 평가를 주로 외부 소식지에 의존하다가 1984년 최초로 〈호놀룰루 매거진(Honolulu Magazine)〉에서 주최, 매년 시상식을 거행하는 하와이 최고 권위의 상. 특히 일반인들이 직접 투표하기 때문에 객관적이다.

인터내셔널 어워드

1. 자갓 레이티드 Zagat Rated
1979년 예일 대학교 출신의 자갓(Zagat) 부부가 친구들과 함께 음식점에 점수를 매기면서 시작한 미국의 대표적인 레스토랑 안내서. 세계 각 도시별 레스토랑 평점이 제공되며 하와이 지역에도 다수의 레스토랑이 포함되어 있다.

2. 미슐랭 가이드 Michelin Guide
프랑스의 타이어 회사 미슐랭(Michelin)이 매년 발간하는 레스토랑 평가서로 세계 최고 권위의 여행 정보 안내서다. 하와이에서도 미슐랭 별점을 받은 호텔 레스토랑, 셰프 레스토랑을 찾아볼 수 있다.

3. 제임스 비어드 파운데이션 어워드 James Beard Foundation Award
요식 업계의 아카데미상으로 불리는 영예로운 상으로 맛과 서비스 만족도, 레스토랑 시스템 전반에 걸쳐 평가하는 깐깐한 상으로 알려져 있다.

4. 트립어드바이저 TripAdvisor
최근 대세로 떠오르는 여행 정보 사이트 트립어드바이저에서 15년 이상 주최하고 있는 레스토랑 평점 제도로 실제 이용 고객의 후기를 통해 수상자가 결정된다.

로이 야마구치 Roy Yamaguchi

"눈으로 한 번, 맛으로 다시 한 번 빠져드는 로맨틱 하와이언 요리를 실현하는 요리 마술사"

일본 도쿄에서 태어났다. 마우이에서 살던 할아버지의 영향으로 하와이에서 뉴욕 컬리너리 인스티튜트 오브 아메리카(Culinary Institute of America)를 졸업하고, LA의 할리우드에 첫 레스토랑을 열었다. 캘리포니아 셰프 오브 더 이어(California Chef of the Year) 등 다수의 상을 수상했다.

'Eat Creative Hawaii' 하면 떠오르는 셰프 겸 사업가. 동서양의 크로스오버 요리를 선보이는 로이 야마구치는 하와이에서 살았던 가족의 영향으로 아시아식 조리법과 소스를 서양 요리와 믹스매치하는 데 일가견이 있다. 그가 재탄생시킨 일식 소바와 함께 나오는 연어는 그를 유명하게 만든 요리 중 하나다. 유자 간장 소스를 매치에 이질감이 전혀 없이 한국인의 입맛에도 잘 맞는다. 그의 시그니처 디저트는 1990년대부터 변함없이 초콜릿 수플레다. 초콜릿 수플레 케이크를 반으로 가르면 초콜릿이 쏟아져 나오며, 바삭하게 구워진 겉면과 차가운 아이스크림의 대조적인 식감을 한 번에 누리는 즐거움을 선사한다. 특별한 날이라면 누구도 실망시키는 법이 없는 로이스 레스토랑을 추천할 만하다. 드레스 코드는 스마트 캐주얼로 조금 격식 있게 입는 것이 좋으며 예약은 필수. 지점에 따라 바 주변에 예약 없이 앉을 수 있는 테이블이 있으니 운이 좋다면 내 차지가 될 수 있다. 본점인 하와이 카이 지점을 비롯해 와이키키, 빅아일랜드, 카우아이 등 이웃 섬에서도 만날 수 있는 로이스 레스토랑은 캘리포니아에 9개 지점을 비롯해 미국 전역으로 영역을 확장 중이며, 서비스 업계 최고의 상으로 불리는 제임스 비어드 어워드를 수상한 경력이 있다. 최근, Eating House 1849 by Roy Yamaguchi라는 캐주얼 레스토랑을 열어 기대를 모으고 있다.

- 오아후 하와이 카이 본점 -
오리지널 로이스 하와이 카이 레스토랑 Roy's Hawaii Kai
VOL.2 ⊙ MAP p.408J

- 찾아가기 렌터카 HI-1 동쪽 방향 Kalaianaole Hwy로 연결되면서 Keahole St에서 좌회전해 주차장 진입. 와이키키에서 20분 소요 버스 The Bus 1, 22, 23번 Kalanianaole Hwy+Opp Keahole St 하차 후 도보 5분
- 주소 6600 Kalanianaole Hwy, Honolulu, HI 96825
- 전화 808-396-7697 ⊙ 시간 월~목요일 17:30~21:30, 금~토요일 17:30~22:00 ⊙ 휴무 추수감사절 당일
- 가격 애피타이저 $9~, 디너 $24.95~
- 주차 무료 주차 홈페이지 www.royshawaii.com

- 오아후 와이키키 지점 -
로이스 레스토랑 Roy's
VOL.2 ⊙ MAP p.384F ⊙ INFO p.396

(오아후 본점) 오픈 키친으로 요리가 만들어지는 과정을 구경하는 재미!

SIGNATURE MENU
로이 야마구치의 대표 메뉴는?

Hibachi Grilled Salmon with Yuzu Ponsu Sause

유자 간장 소스를 곁들인 일본식 히바치 그릴에 구운
연어와 소면 $25.95

양이 조금 적은 듯하지만 눈과 입 둘 다 호강하는 인생 연어 스테이크!

로이 야마구치의 시그니처 애피타이저 컬렉션
카누 애피타이저 포 투 $26.95

테이블이 꽉 차는 크기의 접시에 담긴 베스트 오브 더 베스트 메뉴로구나!

뜨겁고 진한 핫초코 소스와 차갑고 부드러운 바닐라 아이스크림의 대조적인 질감이 환상적인 맛

진한 초콜릿을 품은 겉은 바삭한
초콜릿 수플레와 홈메이드 바닐라 아이스크림 $16

Canoe Appetizer for Two

Roy's Melting Hot Chocolate SouffleCake

― 마우이 지점 ―
로이스 카아나팔리 Roy's Ka'anapali Maui
VOL.2 ⓜ MAP p.459H
🚗 찾아가기 카훌루이 공항에서 HI-30 남쪽 방향 Ka'anapali Pkwy에서 좌회전하면 오른쪽, 공항에서 50분 소요 🏠 주소 2290 Ka'anapali Pkwy, Lahaina, HI 96761 ☎ 전화 808-669-6999 🕐 시간 11:00~21:30 🚫 휴무 추수감사절 당일 💰 가격 애피타이저 $9~, 디너 $24.95~ 🅿 주차 무료 주차
🌐 홈페이지 www.royshawaii.com

― 빅아일랜드 지점 ―
로이스 와이콜로아 바&그릴 빅아일랜드
Roy's Waikoloa Bar&Grill Big Island
VOL.2 ⓜ MAP p.519FD ⓘ INFO p.527

샘 초이 Sam Choy

"하와이언 포케의 아버지, 푸짐한 양과 맛을 자랑하는 가장 하와이다운 셰프"

하와이에서 중국인 아버지와 하와이인 어머니 사이에서 태어났다. 카피올라니 커뮤니티 칼리지 조리학부를 졸업했으며, 아이언 셰프 아메리카(Iron Chef America), 제임스 비어드 어워드를 석권했다.

샘 초이는 하와이 리저널 퀴진이 자리를 잡아가던 시기 대중과의 소통을 통해 가장 활발한 활동을 펼친 셰프. 오늘날 하와이를 대표하는 음식이자 가장 널리 사랑받는 아히 포케(Ahi Poke) 레시피 경연 대회를 꾸준히 개최하는 한편 뉴스의 한 코너로 주말 요리 프로그램을 담당하면서 대중 음식 문화를 견인하는 데 혁혁한 공을 세웠다고 해도 과언이 아니다. 하와이 출신의 200킬로그램에 육박하는 거구로 아이언 셰프 출신의 실력파이자 친근한 이미지를 가진 셰프. '엉클 샘'이라는 애칭으로 하와이 주민들의 전폭적인 지지를 받는 그의 레스토랑은 음식 양이 많기로 유명했다. 당뇨 합병증으로 일선에서 물러났다가 건강이 호전되자 몇 년 전 자신이 거주하는 빅아일랜드 코나 지역에 다시 레스토랑을 열었다. 샘 초이 레스토랑은 괌과 시애틀 등에도 지점이 있다. 버라이어티한 아히 포케와 하와이 리저널 퀴진의 가장 대표적인 겉만 살짝 익힌 참치 스테이크가 바로 샘 초이의 시그니처 메뉴. 타의 추종을 불허하는 싱싱한 해산물과 스테이크 등급처럼 두툼한 생선살을 사용하는 것으로 유명하며 비린내가 전혀 없고 밥이나 샌드위치, 샐러드와 먹기 좋은 메뉴가 많다. 최근 오아후 알로하 타워 내에 피어 나인 바이 샘 초이(Pier 9 by Sam Choy) 레스토랑을 열었다.

- 빅아일랜드 본점 -
샘 초이 카이 라나이 Sam Choy's Kai Lanai
VOL.2 MAP p.500E INFO p.509

- 오아후 지점 -
**호놀룰루 피어 9 바이 샘초이
Honolulu Pier 9 by Sam Choy**
VOL.2 MAP p.431C INFO p.442

(빅아일랜드 본점) 바다 전경의 칵테일바가 있어 더욱 인기!

SIGNATURE MENU
샘 초이의 대표 메뉴는?

Fried Brie Cheese Dumplings

바삭한 튀김옷 사이로 느껴지는 고소한 치즈의 맛
브리치즈 덤플링 $9

와인을 부르는 애피타이저 겸 스낵

Sam's Plate Lunch Fresh Fish On A Bed Of Cabbage With Shoyu Butter Sauce

이런 두툼한 마히마히 생선 스테이크는 하와이에서도 여기뿐!

오늘의 생선으로 만든 샘 초이 스타일
플레이트 런치와 간장 버터 소스 $16

Fresh Ground Beef Hawaiian Loco Moco

볶음밥에 끼얹은 버터 향의 그레이비 소스는 건강한 메뉴의 미스매치라는 느낌이 있지만 맛있으니 오케이!

볶음밥 위에 두툼한 햄버거 패티와 계란 프라이를 얹은
로코모코 $13.95

피터 메리맨 *Peter Merriman*

"돌아온 승부사, 재료부터 직접 키우는 호텔 출신의 자연 친화적인 셰프"

미국 피츠버그에서 태어났다. 저명한 요리 칼럼니스트 어머니의 영향으로 음식과 문화에 관심을 가지면서 자랐고, 펜실베이니아 주립대학 정치사회학과를 다니다가 진로를 바꿨다. 하와이 리저널 퀴진 음식문화협회 회장을 역임하고 있다.

피터 메리맨은 빅아일랜드의 와이메아 지역에 본점을 두고 다수의 현지 농장과 식자재 공급 업자들과 연계하여 서로 선한 영향력을 주고받는 본보기가 되는 스타 셰프다. 하와이 지역 경제로부터 최상급 해산물과 신선한 채소, 육류, 낙농 제품을 첫번째로 공급받고 소비와 보호에 기여하면서 철저하게 등급을 유지할 수 있는 시스템을 구축했다. 하와이의 자연에 대한 신뢰와 사랑을 표현하는 셰프로 유명하며, 하와이 섬마다 프리미엄 지역에 그의 이름을 내 건 메리맨 레스토랑이 있다. 피터 메리맨은 샘 초이나 알란웡 세대보다 젊다. 커리어의 시작은 한 호텔 그룹의 조리사로 하와이에 정착했지만 토종 식자재를 고수하며 전통 음식을 많이 선보인다. 또, 타고난 승부사 기질로 트렌디함을 멋지게 리드하는 경향이 있어 한식 갈비 양념을 스테이크에 접목시키는 등 메뉴 구성에서도 센스를 발휘한다. 각 섬의 지점들은 각각 개성이 다른데 와이메아 본점의 경우 예전의 마을 모습을 그대로 담은 흑백 사진들로 꾸며져 있다. 파인 다이닝인 메리맨 레스토랑(Merriman Restaurant) 이외에도 몽키포드 키친 바이 메리맨 (Monkeypod Kitchen by Merriman)은 화덕 피자와 샐러드, 포케 등을 주메뉴로 하는 캐주얼 다이닝으로 해마다 소비자가 뽑은 만족도 평가 최고의 자리에 이름을 올린다. 현재 No.1 스타 셰프라는 데 이견이 없다.

– 빅아일랜드 본점 –
메리맨 레스토랑 빅아일랜드
Merriman's Restaurant BigIsland
VOL.2　MAP p.518F　INFO p.526

– 마우이 지점 –
메리맨 레스토랑 **Merriman's Restaurant**
VOL.2　MAP p.459D　INFO p.465

EAT LOCAL

〈몽키포드 키친 오아후 지점〉
오후의 햇살을 즐기기 좋은 야외석 테이블은 언제나 꿀초이스!

SIGNATURE MENU
피터 메리맨의 대표 메뉴는?

몰로카이 자색 고구마를 곁들인
프레시 포케 볼 $시가

탱글탱글한 참치회는 얼리지 않은 생참치가 진리! 비싸지만 신선하니까 한 번쯤은 괜찮다.

Poke Bowl and Molokai Chips

오노 생선을 옥수수 콘 케이크에 얹은
애피타이저 $16

Ono & Jalapeno Corn Cakes

나초를 집어 먹듯 자꾸 당기는 맛에 양까지 푸짐!

Margherita Pizza

한국식 갈비 양념으로 살짝 재웠다가 그릴에 구운
갈비 양념 스테이크 $46

갈비인 듯 갈비 아닌 갈비 같은 두툼한 안심 스테이크, 나눠 먹기 아까운 맛

Korean Kalbi Marinated Steak

피자의 끝을 남기는 사람도 다 먹게 되는 바삭하고 고소한 크러스트가 일품!

신선한 토마토와 쫀득한 치즈가 입안에서 춤을 추는 듯

- 오아후 지점 -
메리맨 Merriman's
VOL.2 ⊙ MAP p.431D 🅘 INFO p.442

- 오아후 지점 -
몽키포드 키친 바이 메리맨 Monkeypod Kitchen by Merriman
VOL.2 ⊙ MAP p.430J 🅘 INFO p.440

HAWAII FISH DICTIONARY
하와이의 생선 이름 배우기, 누가 누구일까요?

아히 AHI
조리법 그릴, 훈연, 회

참치, 하와이 근해에서 1년 내내 잡히는 어종. 붉은 살 참치를 스테이크처럼 두툼한 크기로 사용한다. 하와이 근해에서 잡은 참치는 냉동 제품과 달리 생선살이 탱글거리고 씹을수록 쫀득한 단맛이 싱싱하게 차오른다. 완전히 익히면 질기거나 닭고기 맛이 나기 때문에 겉면만 익히거나 회로 먹을 때 질감이 더욱 훌륭하다.

[BEFORE] Ahi
[AFTER] 시어드 아히 스테이크 Seard Ahi Steak

버터피시 BUTTERFISH
조리법 구이, 찜

일반적인 대구를 하와이에서는 버터피시라고 부르며 바닐라 색 생선살이 퍽퍽하지 않고 기름지며 쫀득하다. 하와이식 파티를 뜻하는 '루아우'에 가장 흔히 사용되며 켜켜이 쌓인 부드럽고 두툼한 생선살이 아시안 스타일 소스와 잘 어울려 간장이나 된장 소스를 사용하는 경우도 많다.

[BEFORE] Butterfish
[AFTER] 버터피시 미소야키 Butterfish Misoyaki

마히마히 MAHI MAHI
조리법 구이, 찜, 조림, 튀김

마히마히는 유독 청록빛이 강한 알록달록한 색으로 머리 부분이 암수가 다르게 생겼다. 바다 낚싯배를 타면 가장 쉽게 잡아 올리는 어종으로 몸통은 얇고 길며 대가리는 네모나고 무겁다. 간혹 두툼하고 단단한 경우도 있지만 단맛이 약하고 촉촉한 흰살이 누구에게나 인기 만점.

[BEFORE] Mahi Mahi
[AFTER] 마히마히 스테이크 Mahi Mahi Steak

모이 MOI
조리법 훈연, 조림, 찜, 오븐 구이

얼마나 맛있었으면 생선 중에 왕이라는 이름이 붙었을까. 모이는 예부터 왕족을 위한 생선 (Fish for Kings)으로 불렸다. 크기는 30센티미터 내외로 주로 어장에서 관리하며 흰살이 촉촉하고 부드럽다. 요즘은 자연산을 보기 힘들다고 한다.

[BEFORE] Moi
[AFTER] 팬 프라이드 모이 Pan Fried Moi

이름은 어색하고 맛은 알다가도 모를 하와이 레스토랑에서 자주 만나는 생선,
한국어로 읽어보고 자신 있게 주문할 수 있는 스페셜 팁. 하와이 생선을 배워보자.

오나가 ONAGA

`조리법` 그릴이나 팬에 굽거나 찜, 조림

스내퍼, 우리나라의 도미과에 속한다. 심해 어종으로 굉장히 비싼 생선이기 때문에 간혹 캘리포니아산 붉은 도미를 속여 파는 경우도 많다. 하와이언 오나가는 형광빛이 도는 선홍색으로 모양이 특출나고 질감이 부드럽다. 살이 두툼해 다양한 조리법으로 미식가들의 연회에 자주 등장한다. 오파카파카와 함께 하와이에서 가장 고급 생선이다.

[BEFORE] Onaga

[AFTER] 팬 시어드 오나가 Pan Seared Onaga

오파 OPAH

`조리법` 튀김, 구이, 생선 스테이크

오파는 반짝이는 둥근 모양의 은빛 생선으로 바다의 보름달 같다고 해서 문피시(Moonfish)라는 별명이 붙었다. 크기는 60센티미터 이상으로 큰 편이며 예전에는 보름달 같은 오파가 그물에 걸리면 행운의 상징으로 여겨 놓아주곤 했다고 한다. 살이 기름진 편이고 질감도 단단해 두툼한 생선 스테이크의 풍미를 느끼기에 제격이다.

[BEFORE] Opah

[AFTER] 프라이드 오파 Fried Opah

오파카파카 OPAKAPAKA

`조리법` 팬 구이, 찜, 조림, 그릴 구이

하와이제도의 심해어로 가장 중요한 생선 중 하나다. 도미과에 속해 오나가와 비슷하지만 오파카파카는 연보라색이다. 핑크 스내퍼라고 부르기도 하며, 생선 중에는 오나가와 함께 최상급 어종으로 손꼽기도 한다. 질감은 어느 정도 단단하면서도 촉촉하고 쫀득함이 살아 있는데, 연회색 살이 조리하면 흰색으로 변한다.

[BEFORE] Opakapaka

[AFTER] 오파카파카 구이 Broiled Opakapaka

오노 ONO

`조리법` 주로 팬이나 그릴 구이

오노는 하와이어로 '맛있다'는 뜻이다. 미국 본토에서도 볼 수 있으며 하와이 밖에서는 와후(Wahoo)로 불리기도 한다. 고등어류의 생선으로 팔뚝만큼 두껍고 길며 입이 뾰족하다. 연분홍 살이 조리 후에는 바닐라 색으로 변하는데, 달고 단단하며 지방 함량이 많아 맛이 좋다.

[BEFORE] Ono(Wahoo)

[AFTER] 오노 찜 Steamed Ono

MANUAL 15 ___ 테마별 추천 레스토랑

Restaurant

하와이 테마별 추천 맛집

현지 맛집 탐방은 여행의 재미이자 행복한 고민이다.
줄 서는 맛집이라고 다 만족스러운 건 아니니 대표적인 맛집들은 미리 훑어보고 가는 것이 좋다.
동서양 문화가 뒤섞여 멜팅팟(Melting Pot)이라 부르는 미식 천국 하와이에서
이왕이면 한식도 한 번 먹어보고, 바다가 보이는 자리에서 분위기를 즐기거나,
가족 모두 먹기에도 부담 없는 곳을 찾는다면 이 매뉴얼이 모범 답안이다.

Theme Choice

MENU

A. 분위기 Flex, 전망 좋은 레스토랑 Top 6 — p.220

B. 누구나 부담 없이, 캐주얼 레스토랑 — p.224

C. 머스트잇(MUST EAT), 하와이 3대 버거 — p.228

D. K-푸드 열풍, 한식과 아시안 레스토랑 — p.230

BEST VIEW
석양이 물드는 와이키키 비치와 다이아몬드 헤드

A. 분위기 Flex, 전망 좋은 레스토랑 Top 6

와이키키 비치의 오션 뷰부터 하와이만의 특별한 전망을 감상하며 즐길 수 있는 레스토랑을 모았다.
어느 각도에서 봐도 완벽한 하와이의 경치를 즐길 수 있는 맛집을 소개한다.

호놀룰루 전망 디너의 꽃, 로맨틱한 크루즈와 민속 춤, 라이브 재즈 뮤직까지!

스타 오브 호놀룰루 디너 크루즈
Star of Honolulu Dinner Cruise

VOL.2 ⓜ MAP p.431C ⓘ INFO p.445

전망 좋은 디너를 논할 때 빼놓을 수 없는 것이 바로 움직이는 전망 레스토랑 선셋 디너 크루즈. 호화로운 크루즈에 승선한다는 것만으로도 로맨틱하지만 환상적인 다이아몬드 헤드 전경과 바다 위의 일몰 감상, 출렁이는 푸른 물결에 맞춰 리듬을 타는 훌라 공연과 풍성한 요리, 어두운 밤을 장식하는 와이키키의 불빛은 그야말로 최고다. 섬마다 디너 크루즈가 있지만 화려한 야경을 곁들이는 데는 오아후가 가장 좋다. 오후 늦게 시작하는 반나절 추천 관광으로는 첫손가락에 꼽히며 크루즈가 출발하는 알로하 타워 주변을 잠시나마 둘러볼 수 있어서 더욱 좋다. 가격대는 일반적으로 배 안의 위치에 따라 정해져 있다. 4층짜리 스타 오브 호놀룰루는 아래층부터 1스타, 3스타, 5스타로 나뉘며 등급에 따라 디너 메뉴와 가격이 다르다. 아이를 동반한 가족, 친구, 동료와 함께라면 1, 3스타가 적합하고, 로맨틱하고 조용한 이벤트를 원한다면 5스타를 추천한다. 영어에 자신 있더라도 웹사이트에서 직접 예약하거나 미국 여행사를 통하는 것보다 한국 여행사 가격이 더 저렴하다. 금요일 밤에는 와이키키의 하이라이트인 힐튼 하와이언 빌리지의 불꽃놀이를 배에서 감상할 수 있으니 같은 가격이라면 금요일 밤을 공략할 것!

 선상 크루즈 레스토랑
승선 시 오른편 항구 쪽 테이블은 알로하 타워, 반대편 테이블은 와이키키 전망이다. 일몰을 감상하기에는 와이키키 쪽 테이블이 더 적합하다. 일몰을 감상한 후 뱃머리를 돌리면 누구나 야외의 데크에서 정면으로 와이키키 전경을 볼 수 있다.

↑ 디너 크루즈 내부

→ 로맨틱한 분위기를 더욱 북돋우는 럭셔리한 바닷가재 요리
Lobster Steak

↑ 5스타 코스에서만 맛볼 수 있는 푸아그라 소스를 얹은 부드러운 안심 스테이크
Beef Tenderloin Steak

53 바이 더 시
53 by the Sea

VOL.2 MAP p.431H INFO p.440

분위기 있는 레스토랑에서 로맨틱한 순간을 기억하고 싶다면 여기!

53 바이 더 시에서 바라보이는 알라모아나 비치 파크와 다이아몬드 헤드. 전면 통유리에 고급스러운 인테리어로 누구나 한 번쯤 가보고 싶은 로맨틱한 디너 레스토랑의 최강자로 손꼽힌다. 웨딩 하우스로도 명성이 자자한 레스토랑. 입구에 들어선 순간 영화 〈바람과 함께 사라지다〉에 나올 법한, 천장에서 바닥까지 이어지는 웅장한 계단과 샹들리에가 눈길을 끈다. 2층 레스토랑으로 들어가면 전면 통유리 너머로 보이는 와이키키와 다이아몬드 헤드 전경이 아름답다. 로맨틱한 웨딩 사진을 촬영하는 커플과 하와이에서 드라마를 촬영 중인 배우, 주지사 등 유명 인사들을 자주 목격할 수 있다. 맛집이라기보다는 멋집으로 분류할 만한 곳으로 점심에는 간단한 샌드위치와 파스타, 저녁에는 다양한 해물 요리와 스테이크를 맛볼 수 있다. 그만큼 가격이 높은 편이라서 음식 맛보다 분위기에 더 후한 점수를 주게 된다. 낮에는 자연 채광이 훌륭해 멋진 사진 한 컷을 기대하는 사람들에게 최고의 선택이 될 것. 맛과 가격은 이견이 있을 수 있지만 최고의 전망 레스토랑이라는 점에는 이견이 없다.

BEST VIEW
런치와 디너 모두 운영해 시시각각 변하는 매력을 감상할 수 있다.

↑ 실외 테라스 경관

쉿! 비밀 매주 금요일 밤 7시 45분 힐튼 하와이안 빌리지에서 쏘아 올리는 불꽃놀이를 감상하기에 베스트 스폿.

→ 알맞게 익은 면에 바다의 향이 골고루 스며든 해산물이 어우러진 Pasta Marinara

↑ 부드럽고 고소한 아보카도와 게살을 듬뿍 올린 오픈 샌드위치
Crab Avocado Sandwich

쿨라 로지&레스토랑
Kula Lodge Restaurant
VOL.2 MAP p.468F INFO p.473

섬 전체의 실루엣을 감상할 수 있는 하와이 최정상에 위치한 레스토랑

쿨라 로지&레스토랑은 할레아칼라 산등성이에 위치한 산장에 딸린 레스토랑으로 통유리창을 통해 마우이가 한눈에 내려다보는 전경이 압권이다. 고도가 높기 때문에 운이 좋은 날은 마치 비행기를 탄 것 같은 광경을 즐길 수 있다. 이 레스토랑에서 유명한 것은 일출 직후의 아침 식사 명소로 특히 직접 만든 잼과 야외 정원에서 먹는 화덕 피자이다. 기다리는 동안 레스토랑 정원을 구경하는 재미도 쏠쏠하다. 새벽에 일출을 보러 할레아칼라로 올라가는 일정이라면 이 산장에서 하룻밤을 지내는 것도 굿 아이디어!

BEST VIEW
레스토랑은 통유리창으로 마우이의 서쪽 전체 모습을 볼 수 있다.

↑ 테라스와 피자 화덕

↓ 신선한 달걀과 갓 구운 빵의 조화가 일품인 에그 베네딕트
Eggs Benedict

마마스 피시 하우스
Mama's Fish House
VOL.2 MAP p.476B INFO p.485

이곳의 흑진주 디저트를 맛보지 않았다면 아직 마우이를 떠난 게 아니다!

마마스 피시 하우스는 윈드서핑으로 유명한 해변인 호오키파 비치를 끼고 있어 윈드서퍼들이 알록달록 열대어처럼 물 위를 수놓는 그림 같은 풍경을 내려다보며 식사를 즐길 수 있다. 마마스 피시 하우스는 '하나로 가는 길'로 접어드는 길목에 인상적인 난파선을 입간판으로 세워두었는데, 여기서 인증 사진을 찍는 사람들이 줄을 서기도 한다. 신선한 해산물을 주메뉴로 하고, 칵테일과 디저트 종류도 다양하다. 특히 마마스 피시 하우스 블랙펄(Mama's Fish House Black Pearl)이라는 디저트 메뉴가 유명하다. 이곳의 흑진주를 맛보지 않았다면 아직 마우이를 떠난 게 아니라는 농담이 있을 정도이니 놓치지 말 것.

BEST VIEW
미국에서 가장 유명한 윈드서핑의 메카.
윈드서핑이 수놓은 바다를 구경할 수 있다.

↑ 진하고 부드러운 초콜릿 소스를 얹은 아이스크림이 흑진주를 연상시키는 매혹적인 디저트
Mama's Fish House Black Pearl

↑ 레스토랑 실내 창가석

BEST VIEW
통유리 창가 자리는 전체적으로 킬라우에아 분화구의 할레마우마우를 볼 수 있다. 밤에는 분화구에서 붉은 용암이 피어 오르는 장관을 볼 수 있다.

부드러운 단호박과
로즈마리 소스로
향을 돋운 양갈비
Rack of Lamb

↑ 레스토랑 실내 전경

HAWAII
BIG ISLAND

더 림 앳 더
볼케이노 하우스
The Rim at the Volcano House
VOL.2 ◉ **MAP** p.512 ◉ **INFO** p.514

화산 분화구를 전망할 수 있는 유일한 레스토랑

화산 분화구를 내려다보며 식사를 즐긴다는 것은 어쩌면 하와이의 빅아일랜드에서만 가능한 일. 더 림 앳 더 볼케이노 하우스에서는 할레마우마우 분화구를 정면으로 바라보며 환상적인 식사를 할 수 있다. 화산국립공원 내 유일한 레스토랑으로 조식, 런치, 디너 모두 가능하다. 특히 저녁에는 붉게 피어오르는 분화구 속 용암 불빛과 그 위로 밤하늘을 수놓는 별빛을 볼 수 있다. 로맨틱하고 조용한 편이지만 가족 단위 방문객도 많은 곳. 조식에는 세련되지는 않지만 뷔페가 있고, 중식에는 벤토 박스 같은 간단한 메뉴도 있다. 이 특별한 레스토랑은 오래전부터 예약하고 준비한 사람들이 많이 찾기 때문에 창가 자리는 예약 필수!

BEST VIEW
빅 아일랜드의 해변을 느낄 수 있는 백만불짜리 뷰

↑ 레스토랑 실내 창가석

↑ 커피 향의 달콤한
디저트 케이크 티라미수
Tiramisu

HAWAII
BIG ISLAND

비치 트리
바&라운지
Beach Tree Bar&Lounge
VOL.2 ◉ **MAP** p.518I ◉ **INFO** p.527

특별한 날, 해변 레스토랑에서 분위기와 격식을!

빅아일랜드의 정취를 가장 잘 느낄 수 있는 최고의 스폿. 세계 최고의 포시즌스 리조트 후알랄라이의 캐주얼 레스토랑인 비치 트리 앞으로 흰 모래밭이 펼쳐지고, 바다로 흘러 들어간 검은 용암이 빚어내는 아름다운 해변에 커다란 나무들과 야자수가 가로수처럼 늘어서 있다. 정면에 보이는 큰 나무를 모티브로 하는 레스토랑의 콘셉트에 맞춰 화덕 피자를 비롯해 가볍게 먹는 샌드위치와 샐러드, 칵테일을 제공하며, 인근 지역에서 공수해온 최고의 식재료를 자랑한다. 밤에는 라이브 공연으로 좀 더 로맨틱한 분위기를 즐기기에 좋다. 맨발로 해변을 들락거리면서 편하게 눈과 입을 모두 만족할 곳을 찾는다면 바로 여기!

짭짤한 치즈와 프로슈토 햄,
쌉싸름한 아루굴라를 듬뿍 얹은
프로슈토 아루굴라 치즈 피자
Prosciutto Arugula Cheese Pizza

B. 누구나 부담 없이, 캐주얼 레스토랑

같은 음식도 어디서 누구와 먹는지에 따라 느낌은 천차만별!
부담없게, 기분 좋게, 맛있게 먹고 오래도록 추억할 맛집을 소개한다.

치즈케이크 팩토리
Cheesecake Factory

VOL.2 MAP p.404 INFO p.404

와이키키에서 제일 눈에 띄는 패밀리 레스토랑

와이키키 중심가 로열 하와이언 센터에 나타난 거물급 프랜차이즈 레스토랑으로 저녁에는 긴 대기 시간이 필수인 곳. 반면 점심에는 와이키키 대로를 거니는 사람들을 보며 조금 한적하게 식사를 즐길 수 있다. 애피타이저를 비롯해 버거, 파스타와 스테이크까지 방대한 메뉴를 선보이는데, 아이뿐 아니라 누구나 만족한다. 한 조각이 엑스트라 라지 사이즈와 비슷한 치즈케이크는 한 가지를 고르기 힘들 정도로 종류가 다양하지만 블랙아웃 케이크와 레드벨벳이 유명하다.

↑ 입구를 밝히는 다양한 치즈케이크

↓ 치즈케이크 팩토리에서 치즈케이크보다 더 유명한 메뉴! 버섯과 잘 말린 토마토, 다양한 채소의 맛이 하나하나 살아 있는 에블린스 페이버릿 파스타 Everlyn's Favorite Pasta

↑ 홈메이드 애플소스와 으깬 감자를 곁들인 포크찹 스테이크 Grilled Pork Chops

지오바니 알로하 쉬림프
Giovanni's Aloha Shrimp

VOL.2　MAP p.409 7C　INFO p.422

〈무한도전〉 팀도 반한 하와이 푸드 트럭의 묘미

오아후 노스 쇼어의 카후쿠 지역은 관광 불모지에 가까웠던 시절이 있었다. 이즈음 카후쿠의 어느 공터에 흰색 푸드 트럭이 들어섰는데, 그것이 지금 이 지역 명물로 자리 잡은 새우 요리점들의 원조다. 지금은 작은 상점들과 음료수 트럭이 더해지고, 새우를 까먹은 손을 씻을 곳과 큰 야외용 파라솔이 들어섰고, 할레이바 마을 안에 지점까지 운영하고 있다. 마늘 기름에 튀긴 새우와 밥 두 덩이, 레몬 한 조각이 전부이거나 혀가 얼얼할 정도로 매운 소스에 눈물을 찔끔찔끔 흘리는 메뉴도 있지만 이곳에서 까먹는 새우의 추억은 기분 좋고 새롭게 마련. 현지 주민들이 타지에서 하와이를 방문하는 손님들과 섬 일주를 할 때 반드시 데려가는 곳이다. 와이키키 지역을 벗어난다면 꼭 기억해 두자. 현금 결제만 가능하다.

→ 즉석에서 자른
코코넛 쥬스
Coconut Juice

→ 짭짤하게 튀긴
마늘을 쌀밥 위에
얹어 담백한
쉬림프 스캠피
Shrimp Scampi

듀크스 레스토랑
Duke's

VOL.2　MAP p.384 1　INFO p.396

무료 샐러드바와 오션 뷰까지 일석이조!

와이키키에서 가장 유명한 사람이라는 농담이 있을 정도로 누구나 그 앞에서 인증 사진을 찍는 서핑의 아버지 듀크 동상에서 얼마 떨어지지 않은 곳에 레스토랑이 있다. 이름하여 듀크스 와이키키. 와이키키 비치 근처 비치바&레스토랑으로 조식, 런치, 디너 메뉴를 모두 갖추고 있으며 어느 시간대를 불문하고 인기가 좋다. 오후부터 저녁에는 라이브 공연도 준비되어 있다. 어린이 메뉴가 따로 있고 주메뉴를 주문하고 $4를 추가하면 샐러드바를 이용할 수 있다. 단체 모임이나 아이를 동반했을 때 더욱 빛을 발한다. 즐거운 자리를 만들기로 유명했던 서핑의 신 듀크 카하나모쿠와 꼭 닮은 편안한 곳이다. 와이키키를 처음 찾는 사람들에게도 주저 없이 소개할 수 있는 부담 없는 곳이니 기억해 두자.

↓ 하와이의 건강한 바다에서 갓 잡은 생선과
상큼한 샐러드의 조화 마카다미아 넛&허브
크러스티드 아일랜드 피시
Mac Nut &Herb Crusted Island Fish

← 비주얼부터 압도적인
칵테일, '한여름의
가려움'이라는 이름에
걸맞게 효자손을 꽂아 나오는
칵테일 트로피컬 이치
Tropical Itch

↑ 해산물과 야채 본연의 맛을 살린
오일 파스타 Seafood Pasta

훌라 그릴 카아나팔리
Hula Grill Ka'anapali

VOL.2 MAP p.459H INFO p.464

오션 뷰, 라이브 뮤직까지 3대 만족
카아나팔리의 웨일러스 빌리지에는 많은 레스토랑과 푸드코트가 있는데, 그중 최고로 손꼽히는 곳이 훌라 그릴. 바닷가 비치바와 레스토랑을 함께 운영하고 있다. 하루 중 언제 들러도 기분 좋은 식사를 할 수 있는 곳이다. 처음에는 하와이 리저널 퀴진이라는 용어의 창시자 중 하나인 피터 메리맨이 함께하면서 큰 화제를 불러일으켰다. 수준 높은 음식과 해산물, 스테이크를 비롯해 간단한 버거와 안주로 먹을 만한 애피타이저가 잘 갖춰져 있다. 해변의 비치바에서는 라이브 뮤직을 연주하기도 한다. 웨일러스 빌리지는 마우이 최고의 해변에 자리한 쇼핑센터이기 때문에 훌라 그릴은 풍족하고 맛있는 음식은 물론 하와이의 바다와 사람 구경까지 모두 즐기기에 충분한 최고의 스팟이다.

어른들도 반할 고급스러운 맛!
하와이언 생선 마히마히를 바삭하게 튀긴
피시 부리토 Fish Burrito

숯불향 가득한 맛으로 유명한
훌라 버거 Hula Burger

카페 페스토, 힐로 베이
Cafe Pesto, Hilo Bay

VOL.2 MAP p.530 INFO p.532

빅아일랜드 대표 패밀리 레스토랑
카페 페스토는 빅아일랜드에서만 볼 수 있는 레스토랑으로 섬 반대편 끝, 즉 힐로(Hilo) 바닷가와 카와이하에(Kawaihae) 바닷가 앞에 각각 하나씩 지점이 있다. 카페 페스토는 전망도 좋지만 음식 평도 좋으며, 분위기도 특별히 치우치지 않고 지역 주민과 관광객, 아이 동반 가족과 연인들 모두에게 사랑받는 곳. 메뉴는 애피타이저, 피자, 파스타, 생선 스테이크와 홈메이드 디저트까지 없는 것이 없다. 특히 피자가 유명하고 샌드위치보다는 파스타를 추천한다. 힐로 지점은 비가 많이 내리는 지역이라 밤에는 마땅히 나들이할 곳이 없어 호텔이 많은 항구 주변에서 늦은 밤까지 시간을 보내는 사람들이 끊이지 않는다. 반대로 해양 액티비티가 많은 카와이하에 항구 지점은 이른 저녁과 점심에 테이블을 잡기 어려울 정도다. 사람들이 지나다니는 풍경과 바닷가, 빅아일랜드의 하늘을 하릴없이 바라보기에 딱 좋은 곳이다.

하와이 스타일로
파인애플 과즙이 들어
있어 살짝 새콤한
플랜테이션 아이스티
Plantation Iced Tea

두툼하고 신선한 연어 스테이크
조각들을 담백한 크림 소스로
버무려 아이들과 여자들이
좋아하는 새먼 크림 파스타
Salmon Cream Pasta

브레넥스 비치 브로일러
Brennecke's Beach Broiler

VOL.2 MAP p.547D INFO p.556

느긋한 해변 레스토랑의 대명사

카우아이 남부 최고의 관광지인 포이푸 해변을 마주 보고 있는 레스토랑. 밝은 인테리어와 잔잔한 바다를 전망할 수 있는 창가 자리로 꾸준히 사랑받는 지역의 터줏대감이다. 하루 종일 식사가 가능하며 해변의 특성을 반영한 캐주얼 아메리칸 스타일 메뉴를 선보인다. 점심에는 샌드위치와 샐러드 위주로, 저녁에는 스테이크와 가볍게 한잔할 수 있는 바텐더 테이블이 마련된다. 특히 인근에서 잡은 신선하고 두툼한 생선 요리를 공략해보자.

↑ 레스토랑 실내 창가석

↑ 오후의 나른함을 깨워줄 아이스 티 Iced Tea

← 부드럽고 담백한 하와이언 생선 오파(Opah)의 두툼한 질감을 살린 피시&칩스 Fish&Chips

C. MUST EAT, 하와이 3대 버거

미국을 대표하는 음식이 뭘까 묻는다면 단연 햄버거가 아닐까? 지금은 전 세계 사람들이 패스트푸드 체인으로 햄버거를 즐기지만 수제 버거는 비교 불가다. 좋은 고기로 직접 만든 두툼한 패티를 그릴에 구워 불향을 더하고 각종 로컬 과일과 야채를 곁들여 갓 구운 빵과 함께 한입 가득 베어 물면 입안에서 벌어지는 맛의 파티는 생각만 해도 군침이 돈다. 하와이에는 어떤 수제 버거가 있을까?

HAWAII OAHU

테디스 비거 버거
Teddy's Bigger Burger

VOL.2 MAP p.424 INFO p.425

왕크니까 왕맛있다!
이웃 섬을 비롯해 미국 본토와 해외 지점까지 가파른 성장세를 보이고 있는 로컬 수제 버거. 하와이 수제 버거의 전통 강자들에게 맛으로 정면 승부를 걸어 두각을 나타내는 브랜드. 편안한 동네 가게 같은 분위기에 웃음 요소가 곳곳에 배치된 인테리어도 사랑받는 이유. 고소하고 담백한 버거번과 육즙의 놀라운 조화는 꼭 경험해보시길!

← 버거의 크기를 체험해볼 수 있는 사이즈판

← 아보카도를 추가한 더블 샌드위치
Double Sandwich/Avocado

하와이 신토불이 수제 버거의 최강자

쿠아 아이나 샌드위치
Kua Aina Sandwich Shop

VOL.2 MAP p.424 INFO p.426

1975년 문을 연 로컬 수제 버거. 버락 오바마 미국 전 대통령도 줄 서서 먹을 정도로 하와이에서 모르는 사람이 없다. 그릴 자국이 또렷이 새겨진 육즙 풍부한 햄버거 패티와 신선한 생선을 아보카도, 파인애플 등과 다양하게 믹스매치하는 것이 포인트. '백 컨트리 홈(Back Country Home)'이라는 뜻의 하와이어로 소박한 라이프스타일과 신토불이를 의미하는 이름처럼 신선하고 건강한 수제 버거는 언제나 옳다.

→ 육즙이 가득한 소고기와 함께 그릴에 구워낸 그릴드 파인애플 버거
Grilled Pineapple Burger

아이언맨이 사랑한 치즈 버거

버바 버거
Bubba Burger

VOL.2 MAP p.561L INFO p.569

치즈 버거 성애자로 잘 알려진 할리우드 스타 로버트 다우니 주니어가 인정한 카우아이 베스트 버거 하우스! 카우아이에서 자란 소고기로 만든 패티와 유제품을 사용해 더욱 특별하게 느껴진다. 인스턴트 버거와 전혀 다른 섬세한 맛으로 카우아이에서 한가로운 어느 날 갑자기 햄버거가 생각난다면 주저 없이 이곳!

↓ 원하는 재료를 골라 층층이 쌓아 재미와 맛이 2배! 더블 버거
Double Burger

D. K-푸드 열풍, 한식과 아시안 레스토랑

하와이는 아시아계가 많은 곳으로 한국 음식을 먹을 수 있는 식당과 마트도 많다. 더구나 현지화된 맛이 아니라 한국 고유의 음식을 맛볼 수 있다. 최근 K-푸드 열풍이 전 세계를 휩쓸아치며 한국 음식점은 외국 관광객이 삼겹살, 파전과 떡볶이, 치맥을 먹으러 오는 핫플레이스가 되었다. 외국 여행객들이 한국의 셀럽들이 다녀간 곳들을 따라 방문하는 모습도 쉽게 볼 수 있다. 하와이에서 한글 간판도 일일이 열거하기 힘들 정도로 많다. VOL.1에서는 가장 잘 알려진 와이키키 인근의 한식과 냉면 전문점을 소개하고, 나머지는 VOL.2 지역별 가이드북에서 다루기로 한다.

HAWAII OAHU

미가원 본스 치킨
Mikawon&Vons Chicken

VOL.2 MAP p.385G

와이키키에서 쉽게 만나는 한식집

와이키키에 위치한 작은 한식집으로 최근 BTS가 다녀간 것이 화제가 되어 불야성을 이룬다. 다양한 한식 메뉴는 물론이고 한국의 치맥을 먹을 수 있어 더욱 인기다. 한국 여행사의 단골 방문 장소로 맛은 뒷전이라는 평가가 많았지만 워낙 지리적으로 접근성이 좋다. 방문했던 유명인들이 벽에 흔적을 남기면서 입소문을 타고 한식의 성지로 거듭난 곳.

→ 갈비구이
Grilled Korean Beef Plate

↑ 한국식 양념치킨
Vons Special Sauce Chicken

유천 칡냉면
YuChun Korean Restaurant

VOL.2 MAP p.431D INFO p.442

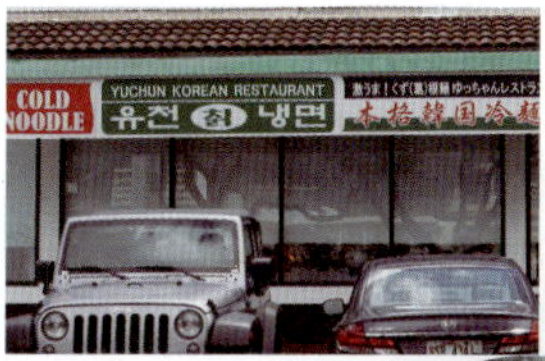

시원한 물냉면, 매콤한 비빔냉면, 지글지글 불갈비가 그리울 때
여름 음식으로 유명한 유천 칡냉면은 하와이의 햇살 쨍한 날 점심에 먹고 싶은 음식 영순위. 바로 숯불에 구워 철판 위에 지글지글 나오는 LA갈비와 불고기. 여기에 흰 쌀밥과 반찬, 해물파전까지 토속 음식처럼 먹을 수 있다. 쫄깃하고 얇은 면발에 한 번 놀라고, 마지막으로 메뉴판의 막걸리에 두 번 놀란다. 느끼한 감자 튀김과 햄버거가 질릴 때쯤 이 메뉴를 반드시 기억하자.

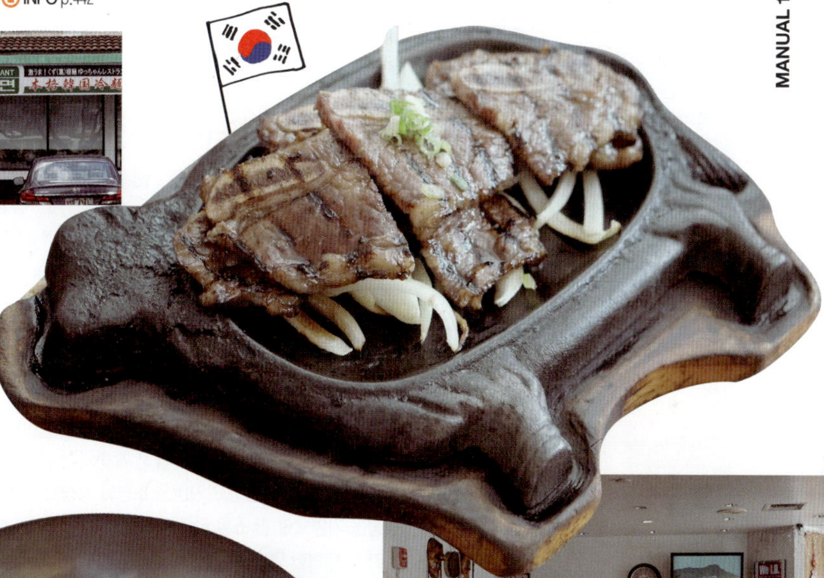

→ 물냉면 또는 비빔냉면과 그릴에 구워 나오는 LA 갈비 세트 Combo A

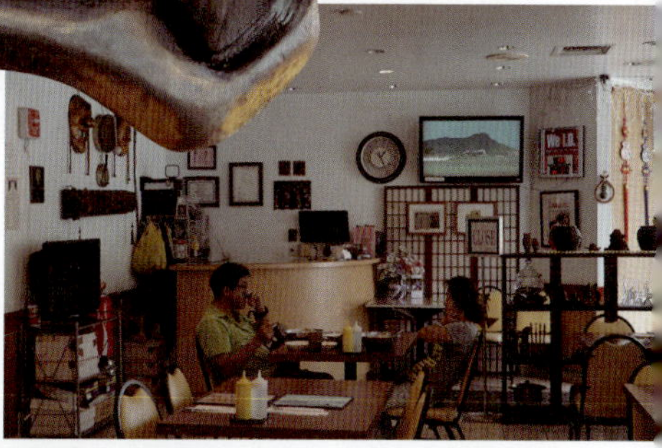

↑ 현지 주민들의 발길이 끊이지 않는 매장 전경

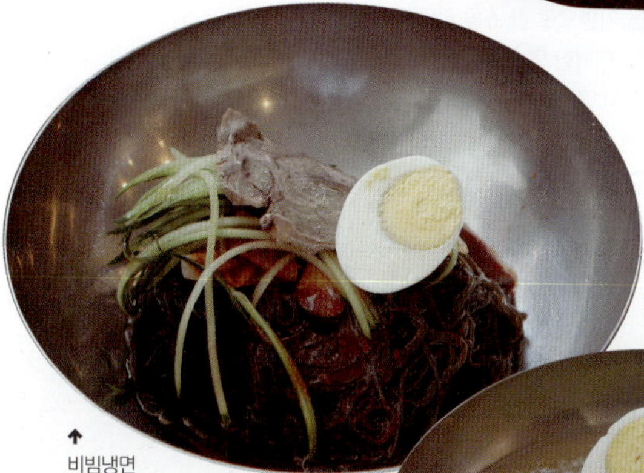

↑ 비빔냉면 Black Noodle with Spicy Sauce

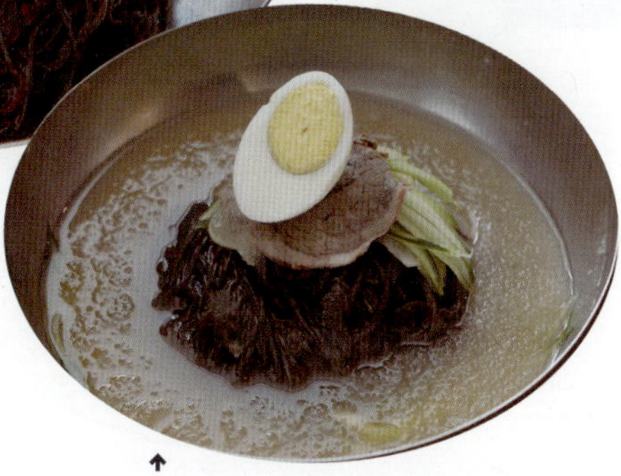

↑ 물냉면 Black Noodle in Iced Soup

마루카메 우동
Marukame Udon

VOL.2 MAP p.384J INFO p.397

줄 서서 먹어도 후회 없다! 내 맘대로 고르는 맞춤 식사

와이키키에서 줄 서서 기다리는 맛집. 일본 정통 사누키 우동의 맛을 그대로 재현하기 위해 반죽을 직접 발효해 하룻밤 숙성시킨 다음 면을 뽑는다. 국물도 나름의 비법으로 매일 새로 만들기 때문에 신선하면서도 진한 맛이 일품이다. 가게 내부가 넓은 데다 혼자 오는 손님들이 많아 테이블 회전이 빠른 편이다. 면과 국물을 정하고 나면 우동에 얹어 먹는 갓 튀긴 채소나 새우 등을 골라 담고 계산한다. 아침 일찍 문을 열기 때문에 국물이 있어야 아침을 먹는 사람, 해장으로 먹는 사람 등 와이키키의 다양한 모습을 들여다보는 특별한 재미가 있다. 가격도 저렴해 관광객은 물론 현지인의 전폭적인 지지를 받고 있으니 맛있는 우동 국물이 당기는 날에 적극 추천한다.

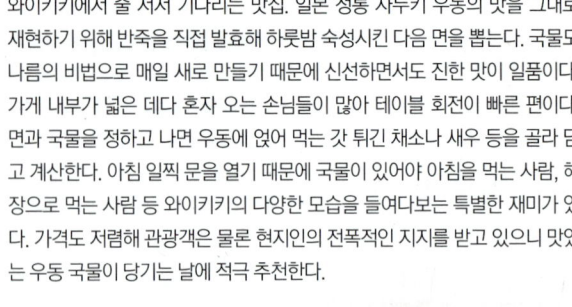

→ 가케 우동 Kake Udon

↑ 우동 토핑 Tempura

고마 테이 라멘
Goma Tei Ramen

VOL.2 MAP p.431D

일본 정통식 진한 국물의 탄탄 라멘과 두툼한 돼지고기 차슈

깊고 진하게 우려낸 육수로 매운맛이 특징인 도쿄 스타일의 일본 라멘 전문점. '고마 테이 라멘'은 '마루카메 우동'과 함께 하와이 일본 국수 전문점의 양대 산맥으로 불린다. 단, 깔끔하고 가벼운 소면을 상상했다면 조금 실망할 수 있으니 간장을 기본으로 한 쇼유 라멘을 추천한다. 고마 테이 라멘의 자랑은 바로 탄탄 라멘. 탱탱한 면발이 특징인 탄탄면은 원래 중국 쓰촨 지방 요리로, 국물이 거의 없이 매운 칼국수처럼 생겼다. 일본식 탄탄 라멘은 탄탄면보다 국물이 더 많은 편. 차슈라고 부르는 삶은 돼지고기 편육을 얇게 썰어 얹는데 국물과 잘 어울려 인기가 좋다.

↑ 차슈 탄탄 라멘
Char Siu Tan Tan Ramen

→ 쇼유 라멘
Shoyou Ramen

PF 챙스
P. F. Chang's

VOL.2 MAP p.404 INFO p.404

와이키키에서 만나는 퓨전 중식 요리

미국 본토에서 유명한 중국 음식 체인 레스토랑이다. 미국 본토 지점들은 진시황의 무덤 앞에서나 볼 법한 거대한 기마병 같은 말 조형물들이 이목을 끈다. 하지만 하와이 지점은 칼라카우아 대로의 분위기와 잘 어우러져 햇볕을 켠 자주색 파라솔의 노천 카페처럼 자연스러운 분위기다. 중국 음식의 장점을 잘 살린 퓨전 요리로, 주메뉴는 아삭아삭한 양상추에 볶은 닭고기를 얹어 먹는 양상추 말이(Lettuce Wrap), 우롱차로 맛을 잡은 농어(Sea Bass) 등이다. 고급스러운 재료와 맛으로 동서양의 조화가 잘 어우러져 인종, 성별, 나이에 상관없이 두루 사랑받는 곳이다.

← 비프 레터스 랩
Beef Lettuce Wrap

↑ 아이스티 Ice Tea

→ 쉬림프 덤플링
Shrimp Dumplings

비프 레터스 랩
Beef Lettuce Wrap

레전드 시푸드 레스토랑
Legend Seafood Restaurant

VOL.2 MAP p.431C INFO p.440

하와이 차이나타운의 명소, 딤섬이 맛있는 곳

호놀룰루 다운타운에 위치한 차이나타운 내 중심 건물에서 1990년부터 운영하고 있는 레전드급 레스토랑. 홍콩 칸토니즈(광둥식) 스타일로 점심이면 어김없이 만석이다. 딤섬을 수북이 담은 카트가 지나가고 중국말이 여기저기 들리는가 하면 종을 땡땡 울리며 신호하는 등 홍콩 현지의 모습을 느낄 수 있다. 하와이 최고의 딤섬이라는 평을 받고 있으며, 주중에는 오전 10시 30분, 주말에는 오전 8시에 시작한다. 주말에는 시작하자마자 100석이 넘는 자리가 다 차는 경우가 많으니 서두르는 것이 좋다. 저녁에는 신선한 해산물 요리를 주로 내놓는다. 메뉴가 굉장히 다양한 편이지만 다운타운 지역은 저녁에 나들이하기에 적합한 지역이 아니므로 점심 딤섬을 맛보는 것이 가장 좋은 선택이다.

↑ 샤오롱파오
스팀드 민스트 비프 덤플링
Steamed Minced Beef Dumpling

↑ 하르청
Steamed Rice Roll with Scallop

↑ 샤오마이 Shiu Mai

↑ 함수이꿕
Deep Fried Dumpling

MANUAL 16 ___ 스테이크하우스

기분 제대로 내고 싶다면
스테이크와 와인이 진리!

스테이크 하우스는 맛집 탐방에서 빠질 수 없는 항목이다.
〈수요 미식회〉, 캠핑과 맛집 탐험가들의 먹방 TV를 보며 군침을 삼켜왔던 사람들이여,
하와이는 바로 최고의 소고기와 해산물이 어우러진
세계적으로 유명한 스테이크 하우스들이
모두 모여 있는 천국이니 맘껏 고르고 즐겨보시길!

소고기 부위별 스테이크 명칭

텐더로인 스테이크
Tenderloin Steak

주먹 크기의 연한 안심 부위, 필레 미뇽(Fillet Mignon)으로도 표기.

서로인 스테이크
Sirloin Steak

뉴욕 주의 모양과 비슷하고 해서 뉴욕 스테이크라고 부른다. 채끝살에 해당하며 지방이 적고 씹는 맛이 좋다.

와규
Wagyu
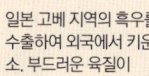
일본 고베 지역의 흑우를 수출하여 외국에서 키운 소. 부드러운 육질이 특징.

샤토브리앙 스테이크
Chateabriand Steak

텐더로인의 일부로 소 한 마리에서 단 두 쪽만 나온다는 안심 중 최고 부위.

스커트 스테이크
Skirt Steak

여자의 치마처럼 소의 하복부를 덮고 있다고 해서 치마살이라 부른다. 특유의 향과 육질이 강해 스테이크 마니아들이 선호하는 부위.

서프&터프
Surf&Turf

안심 스테이크와 랍스터 또는 왕새우 콤보를 부르는 말.

립아이 스테이크
Ribeye Steak

등심, 안심보다 크고 지방과 힘줄이 어느 정도 포함되어 씹는 맛이 있다.

티본 스테이크(포터하우스)
T-bone Steak(Porterhouse)

T 자 모양 뼈의 양쪽에 안심과 등심이 함께 붙도록 잘라서 티본 스테이크라고 부른다. 2가지 부위의 맛과 2배의 양으로 푸짐하게 즐길 수 있다.

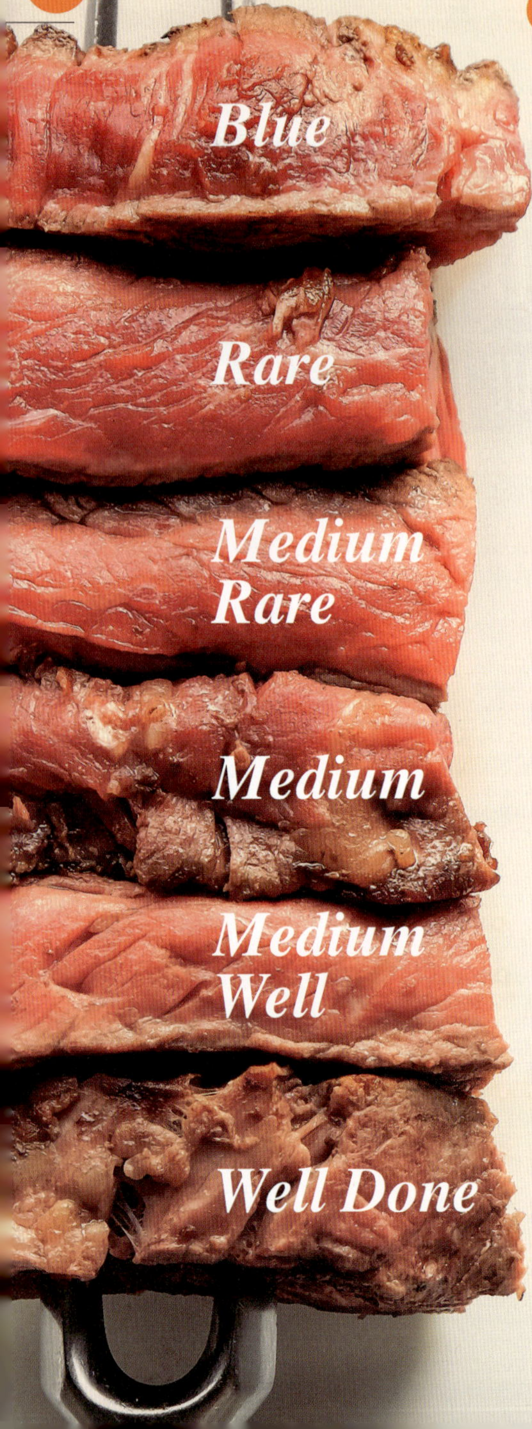

스테이크 조리 온도와 굽기

Blue — 블루 — 46-49 ℃
스테이크 겉면이 익자마자 먹는 99% 생고기에 가까운 상태를 이른다.

Rare — 레어 — 52-55 ℃

가장 연한 질감. 한 손가락을 모두 펴고 다른 손으로 엄지 아래쪽을 눌렀을 때와 같은 질감을 느낄 수 있으며 육즙이 그대로 남아 흐른다.

Medium Rare — 미디엄 레어 — 55-60 ℃

일반적으로 가장 선호하는 굽기. 엄지와 검지를 붙인 상태에서 다른 손으로 엄지 아래쪽을 눌렀을 때 단단함과 같은 정도로 부드럽게 씹히면서 육즙이 배어 나온다.

Medium — 미디엄 — 60-65 ℃

엄지와 중지를 붙였을 때 엄지 아래쪽 살만큼 단단한 질감으로 육즙이 거의 흐르지 않고 스테이크 가운데가 분홍색으로 익기 시작하는 단계를 말한다.

Medium Well — 미디엄 웰 — 65-69 ℃

엄지와 새끼손가락을 붙였을 때와 같은 단단한 질감으로 스테이크 겉면은 검고 속은 전체가 잘 익어 고기의 육즙을 꺼리는 사람들이 선호한다.

Well Done — 웰던 — 71-100 ℃

엄지와 약지를 붙이고 엄지 아래쪽을 다른 손으로 눌렀을 때 단단해서 눌러지지 않는 정도의 바짝 익힌 질감이다.

명성 그대로 하와이에 상륙한 미국 정통 스테이크하우스
모튼스 더 스테이크하우스
Morton's The Steakhouse

1978년 일리노이 주 시카고에 처음 생긴 후 미국 전역과 해외에 70여 개 이상의 매장을 가진 미국에서 가장 큰 스테이크하우스 체인 레스토랑. 숙성된 고기의 육즙을 잘 살린 스테이크의 부위별 메뉴와 랍스터 또는 왕새우 등 해산물 요리로는 맛집 중의 맛집이다. 모튼스 시카고로 더 잘 알려져 있으며 햄버거에서 시작해서인지 해피 아워 시간대에는 스테이크 고기의 우수함을 확실히 보여주는 햄버거를 맛볼 수 있다. 최고급 스테이크하우스의 품격에 따라 예약과 드레스 코드가 필요하며 가격대가 높은 편. 알라모아나 센터에 있어 주차가 편한 반면, 천장이 낮고 음악이 어울리지 않게 시끄러운 경향이 있다. 그러나 고객층과 음식 수준은 가히 최고급. 위스키 보관함으로 벽면을 장식한 입구가 인상적이며, 스테이크 메뉴와 함께 페어링할 와인 리스트도 훌륭하다.

VOL.2 MAP p.431D

찾아가기 알라모아나 센터 2층 렌터카 와이키키에서 Ala Moana Blvd로 주행 후 Atkinson St 교차로에서 우회전해 주차장 진입, 호놀룰루 공항에서 15분, 와이키키에서 10분 소요 **버스** The Bus 8번 알라모아나 센터 하차 **트롤리** 블루, 레드, 핑크 라인 알라모아나 센터 하차 **주소** Ala Moana Center, 1450 Ala Moana Blvd, Honolulu, HI 96814 **전화** 808-949-1300 **시간** 월~목요일 16:00~21:00, 금~토요일 16:00~23:00 **휴무** 추수감사절 당일 **가격** 애피타이저 $16~, 스테이크류 $48~85 **주차** 무료 주차 **홈페이지** www.mortons.com

안심 스테이크 ········· $57
그릴에서 한 번, 오븐에서 다시 익혀 부드러운 맛이 일품인 필레 미뇽(8oz, 230g)

Fillet Mignon

아이스버그 양상추 샐러드 ········· $18
얼음처럼 차고 아삭한 양상추에 블루치즈, 베이컨, 실파와 드레싱을 얹은 샐러드

Iceberg Lettuce Salad

WINE PAIRING MENU
추천 와인 페어링 메뉴
$35~50(1병) 가격대에서 스테이크 메뉴와 함께 마시면 좋다.

Robert Mondavi Private Selection Merlot
로버트 몬다비 프라이빗 셀렉션 메를로

캘리포니아 나파 밸리 대표 레드 와인, 미디엄 바디, 잘 익은 자두 등 과일의 아로마

TIP 저렴하게 즐기는 노하우!
저녁 메뉴가 부담스럽다면 바(Bar) 부근의 테이블에서 이른 저녁 해피 아워 (Happy Hour, 17:00~18:30) 메뉴를 공략하자. 햄버거에서 시작한 집인 만큼 다양한 햄버거도 있고 맥주와 함께 곁들일 수 있는 스낵류를 골라도 굿 초이스(해피 아워 스낵 $15~)!

프렌치 스타일의 고풍스러운 멋과 품격이 있는 곳

하이스 스테이크하우스
Hy's Steakhouse

35년 넘게 와이키키를 지켜왔으며, 높은 가격대와 최고급 서비스를 유지하고 있다. 현지인들도 특별한 날 가보라라 다짐하는 로망과도 같은 곳이다. 특히 프렌치 스타일 서비스와 유럽의 고성을 떠오르게 하는 실내가 매력 포인트. 특별히 제작된 그릴링 룸에서 거대한 크기의 스테이크 고기 굽는 모습을 통유리를 통해 볼 수 있다. 화장실까지 클래식한 분위기의 정수를 느낄 수 있고, 레스토랑 내부는 코너를 많이 두어 테이블을 눈에 띄지 않게 배치한 것이 특이하다. 분위기는 전체적으로 조용해 연인과 단둘, 혹은 어른들끼리 어울리거나 격식을 차리는 자리에 어울린다. 테이블 옆에서 불꽃을 일으키며 직접 요리하는 색다른 플램베 디저트 또한 명물이다.

VOL.2 ⓜ MAP p.385G ⓘ INFO p.395

ⓖ 찾아가기 렌터카 Kalakaua Ave에서 Kuhio Ave 경유 Kapuni St 코너에 위치, 공항에서 30분 소요 ⓐ 주소 2440 Kuhio Ave, Honolulu, HI 96815 ⓣ 전화 808-922-5555 ⓢ 시간 17:00~21:00 ⓗ 휴무 추수감사절 당일 ⓟ 가격 애피타이저 $16~, 식사 메뉴 $52~ ⓟ 주차 발레파킹 무료 ⓦ 홈페이지 www.hyshawaii.com

Fillet Mignon

▶ 안심 필레 미뇽 ·········· $58
숯불 그릴 향이 더해진 부드러운 안심 스테이크(12oz, 340g)

▶ 에스카르고 ·········· $18
프렌치 레스토랑 특유의 마늘 버터와 함께 오븐에 구운 달팽이 요리

Escargot

▶ 프루티 디 마레 ·········· $52
'바다에서 나는 열매'라는 뜻처럼 새우, 왕조개 관자 등이 골고루 들어 있는 해물 요리

Frutti di Mare

WINE PAIRING MENU
추천 와인 페어링 메뉴

Clos Du Bois Chardonnay
클로 뒤 부아 샤도네이

캘리포니아 소노마 지역 화이트 와인, 풀바디, 버터 맛과 고소하고 풍부한 아로마

TIP 드레스 코드 주의!
남자의 경우 슬리퍼와 티셔츠 차림은 입장 불가. 깃이 달린 셔츠가 없다면 레스토랑에서 셔츠를 사이즈에 맞게 무료로 빌려준다.

안심 필레 $39
연하고 부드러운 안심 스테이크(8oz, 230g)

Fillet

WINE PAIRING MENU
추천 와인 페어링 메뉴

Penfolds
Shiraz Cabernet
펜폴즈 쉬라즈 카베르네

호주 와인, 풀바디의 균형 잡힌
탄닌과 후추, 블랙베리 아로마

카우보이 립아이 $53
뼈가 함께 들어 있는(Bone-in) 립아이

Cowboy Ribeye

하와이 최고 맛집에 선정된
화려한 수상 경력의 스테이크하우스

루스 크리스 스테이크하우스
Ruth's Chris Steakhouse

신선함이 느껴지는 USDA(미국 농무부) 프라임 등급의 소고기를 구워 오븐에서 갓 꺼낸 접시 위에 지글거리는 버터와 함께 내는 스테이크가 예술적이다. 호놀룰루에 두 곳, 마우이와 빅아일랜드에 각각 하나씩 지점이 있다. 미국식 스테이크하우스로 하와이 내에서 최고의 맛집으로 여러 번 베스트 스테이크 부문을 수상한 경력이 있다. 2명이 나눠 먹기에 좋은 포터하우스 메뉴가 인기인데, T 자 모양의 뼈를 사이에 두고 한쪽은 등심 스테이크, 다른 쪽은 안심 스테이크로 두 부위를 모두 맛볼 수 있기 때문이다. 그릴에 구운 아스파라거스, 으깬 감자 등이 곁들여 나온다. 육류 외에도 새우, 연어 등 해산물 메뉴와 탄수화물이 없는 식단을 요청할 수 있다.

빅아일랜드 마우나 라니 지점
VOL.2 MAP p.518E
찾아가기 렌터카 코나 공항에서 HI-19 북쪽 방향 Mauna Lani Dr로 진입하면 마우나 라니 쇼핑센터 내 위치, 공항에서 30분 소요 주소 68-1330 Mauna Lani Dr, Waimea, HI 96743 전화 808-887-0800 시간 17:00~22:00 휴무 추수감사절 당일 가격 스테이크류 $39~ 주차 무료 주차 홈페이지 www.ruthschrishawaii.com

오아후 와이키키 지점
VOL.2 MAP p.385I INFO p.398

마우이 라하이나 지점
VOL.2 MAP p.459L
찾아가기 렌터카 HI-30 남쪽 방향 Papalaua St 경유해 Front St 교차로에 위치, 카훌루이 공항에서 50분 소요 주소 Lahaina Center, 900 Front St, Lahaina, HI 96761 전화 808-661-8815 시간 17:00~22:00 휴무 연중무휴 주차 무료 주차(주차 확인 도장 시 1시간 무료)

뉴욕 3대 스테이크로 유명한 정통 스테이크하우스에서 맛보는
울프강 스테이크하우스
Wolfgang's Steakhouse

하와이에 울프강 스테이크하우스가 들어온 것은 2009년 말 와이키키 중심가의 로열 하와이언 센터가 리모델링을 하던 때였다. 초기에는 미국 최고의 스타 셰프로 아카데미 영화 시상식 만찬을 담당하던 울프강 펔(Wolfgang Puck)과 혼동해 그릇된 정보를 담은 국내 여행 서적이 적지 않았다. 울프강스 스테이크하우스는 USDA 프라임 등급인 블랙 앵거스 비프를 사용하고 발효시키듯 고기를 숙성해 풍미를 끌어올리는 '드라이에이징' 기법으로 맛을 강화하기 때문에 고기 육질에 대한 자부심이 높다. 드라이에이징 과정에서 생기는 특유의 육향 때문에 개점 당시에는 하와이의 입맛을 사로잡지 못했다. 하지만 최근에는 런치 스페셜을 중심으로 점차 하와이에 어울리는 절충된 맛을 찾으면서 와이키키의 맛집으로 자리 잡았다. 울프강 스테이크하우스는 2015년 서울 청담동에도 론칭했다.

VOL.2 MAP p.404 INFO p.404

WINE PAIRING MENU
추천 와인 페어링 메뉴

La Crema Pinot Noir
라 크레마 피노 누아

캘리포니아 소노마 지역 레드 와인, 미디엄 바디, 체리 등 레드 베리류의 아로마

TIP 울프강이 셰프 이름?
울프강 즈위너(Wolfgang Zwiener)는 뉴욕에서 가장 유명한 스테이크하우스로 손꼽히던 피터 루거(Peter Luger)의 수석 웨이터였다. 어깨너머로 배운 스테이크 기술을 토대로 자신의 이름을 내건 스테이크하우스를 새로 열었고, 50년 넘게 맛과 서비스로 인정받으면서 명실공히 뉴욕 3대 스테이크하우스로 인정받고 있다. 다시 말해 울프강은 웨이터이자 셰프이자 창립자인 것!

Steak for Two

Lobster Combo

포터하우스 스테이크 포 투 ········· $115.95
T 자 모양의 뼈를 사이에 두고 양옆으로 안심과 등심이 붙어 있는 스테이크(16oz, 454g)

랍스터 테일과 안심 스테이크 콤보 ········· $시가
치즈를 얹어 구운 쫄깃하고 고소한 랍스터와 미니 사이즈 안심 스테이크가 함께 나오는 메뉴

진정한 고기 본연의 맛
알로하 스테이크 하우스
Aloha Steak House

예전 '키킨 케이준'이 있던 자리에 새로 오픈한 캐주얼 스테이크 하우스로 매장 전면이 거리로 오픈 되어 있어 바닷바람과 함께 활기찬 와이키키의 거리 분위기를 즐기기도 좋다. 가성비 좋은 가격에 뜨거운 철판 플레이트 위로 버터와 함께 녹아드는 스테이크는 육즙 가득한 스테이크 장인의 핸드컷과 풍미가 만족스럽다. 정육점 'Aloha Butcher Shop'을 함께 운영하며 주변에 조식 맛집 〈알로하 테이블〉을 필두로 여러 자매 레스토랑이 있다. 입구에 와인과 위스키를 담당하는 바가 있어 사시미 플래터, 마히마히 카르파초 등 가벼운 해산물 에피타이저와 함께 스테이크 없이 주류를 맛깔나게 즐기기도 좋은 분위기다. DFS 티 갤러리아, 태양의 서커스 등 대표 액티비티와 쇼핑 명소가 포진해 있어 와이키키를 즐기기 좋은 동선에 위치한다는 것도 장점! 고급스럽고 조용한 스테이크 하우스보다는 '시끌벅적하고 맛있는 육즙 가득한 디너'에 어울리는 감성 맛집.

VOL.2 MAP p.385G INFO p.395

WINE PAIRING MENU
추천 와인 페어링 메뉴

Clos Du Val Cabernet Sauvignon
끌로 뒤 발 카베르네 쇼비뇽

미국 와인의 자존심 나파 밸리를 대표하는 유명 와이너리의 균형잡힌 탄닌이 스테이크와 베스트 매치

TIP 어디에 앉을까?
비록 오션뷰는 아니지만 와이키키 거리 구경을 입맛 도는 소스처럼 곁들여 보고 싶다면 야외 테이블을, 혼밥처럼 조용하고 간단하게 즐기고 싶다면 바 쪽을 이용하자.

트러플 콘스프 $11
크리미한 프랑스식 스프라기 보다는 씹히는 맛까지 더해진 미국식 스테이크 메뉴와 곁들였을 때 사이드 디쉬로 어울리는 맛

Truffle Corn Soup

Sashimi Platter

사시미 플래터 $67
신선함은 하와이 생선회를 따라올 수 없다. 여럿이 나누기도 좋은 에피타이저

Tomahawk Steak

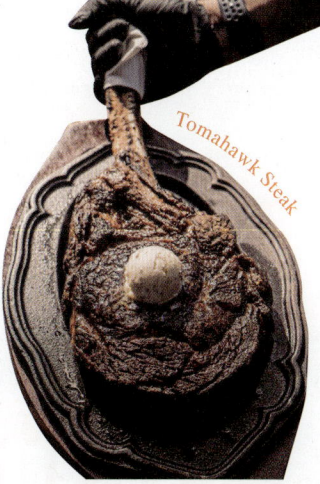

토마호크 스테이크 $120
도끼를 닮은 긴 뼈가 시그니처인 마블링과 육즙, 씹는 맛까지 두 번 먹고 싶은 토마호크 스테이크 (31oz, 900g)

MANUAL 17 ___ 브런치 레스토랑

하와이 최고의 브런치 맛집

바다를 보며 오믈렛과 팬케이크를 먹는 것도 좋고, 향긋한 커피로 아침잠을 깨우는 것도 좋다. 어디서 뭘 먹을까 골라보는 것도 여행의 로망 중 하나. 아침부터 줄을 서서 기다리는 진짜 맛집에서는 일찍 일어나는 새가 아침을 먼저 먹는다는 것을 기억하자. 여자들만의 여행이라면 더욱 빠질 수 없는 브런치 맛집을 소개한다.

Brunch in Hawaii

말해~ YES or NO!
취향에 따라 찾는 브런치 스타일, 내 타입은?

- CHOICE 01 -
브런치의 정석은 달달한 팬케이크지!

☐ **YES**

A 타입 팬케이크 프렌치 토스트

☐ **NO**
CHOICE 02로 고고!

- CHOICE 02 -
아침에는 밥을 먹어줘야지!

☐ **YES**

B 타입 로코모코와 볶음밥

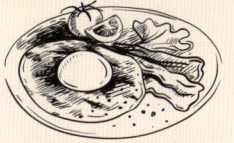

☐ **NO**
CHOICE 03로 고고!

- CHOICE 03 -
나는 아침부터 배불리 먹는 대식가야!

☐ **YES**

C 타입 브런치 뷔페

☐ **NO**
CHOICE 04로 고고!

- CHOICE 04 -
차로 이동하면서 먹는 아침이 최고!

☐ **YES**

D 타입 샌드위치와 토스트

☐ **NO**

E 타입 에그 베네딕트와 오믈렛

하와이 브런치는 한국과 똑같을까?
하와이는 일반적으로 아침 일찍 하루를 시작하기 때문에 아침 식사 또는 브런치 문화가 발달했다. 팬케이크와 오믈렛 등 대부분 메뉴도 비슷하지만 하와이 평균 1인분 메뉴의 양은 일본과 한국 등 아시아 국가보다 훨씬 많으니 한 번에 여러 개를 주문했다가는 낭패를 볼 수 있다!

TYPE A 팬케이크&프렌치 토스트

카페 칼리아 Café Kalia
VOL.2 MAP p.408I INFO p.420

와이키키에서 조금 떨어진 주택가 지역에 있는 카페 칼리아는 줄을 서서라도 꼭 먹어 봐야 하는 브런치 레스토랑. 하와이에서 시작해 이미 일본 도쿄까지 진출했다. 특히 에스프레소 바라고 부를 만큼 좋은 커피 기계가 눈길을 끈다. 밝은 노랑색과 꽃무늬, 자연 친화적인 하와이 소재를 곳곳에 사용해 부담스럽지 않다.

Check! 이곳의 체크 포인트
- 로컬 베스트 맛집으로 화려한 수상 경력
- 와이키키에서 섬 일주 시 렌터카로 들를 것 추천
- 하와이 가정식의 건강한 맛과 푸짐한 양으로 승부
- 신선한 과일은 원하는 대로 토핑처럼 추가 주문 가능

크림 팟 Cream Pot
VOL.2 MAP p.384B INFO p.395

와이키키에 생긴 브런치 레스토랑의 신흥 주자로, 백설공주나 잠자는 숲속의 미녀라도 만날 듯 외관부터 예사롭지 않다. 플레이팅과 테이블 웨어, 커피 잔 세팅까지 소꿉놀이를 하는 듯 귀엽고 아기자기하다. 수플레 팬케이크는 폭신하고 부드러워 푸딩과 팬케이크의 질감을 함께 느낄 수 있다. 메뉴는 창의적인 디저트와 브런치를 선보인다.

Check! 이곳의 체크 포인트
- 소녀 감성 물씬 풍기는 공주풍 인테리어
- 마당의 로맨틱한 야외 정원 테이블 추천
- 실내 테이블 촬영은 사전 허가 필요
- 모든 메뉴는 사진으로 구성되어 주문하기 편리

신선한 제철 과일과 고소한 향이 감도는 **시나몬 프렌치 토스트** Cinnamon French Toast **$10.50**

부드러운 푸딩과 산뜻한 과일, 팬케이크의 고소함을 함께 즐기는 **수플레 팬케이크 스트로베리** Souffle Pancake **$9.25**

과일과 휘핑크림을 듬뿍 얹어 쫄깃하고 폭신한 맛이 배가되는 **바나나 팬케이크** Banana Pancake **$13.95**

더 가제보의 대표 메뉴 고소하고 쫄깃한 **마카다미아 넛 팬케이크** Manadamia Nut Pancake **$8.50**

에그스 앤 싱스 Egg's n Things
VOL.2 MAP p.384F, 385K INFO p.395

1990년대부터 와이키키의 에그스 앤 싱스는 경쟁 상대 없는 브렉퍼스트 레스토랑 최강자로 군림하다가 법률 소송 문제로 하루아침에 사라졌다가 10년 만에 와이키키에 다시 문을 열었다. 현재는 와이키키와 호놀룰루에 4개 지점이 있고, 하와이의 상징과도 같은 코코넛 시럽을 뿌려 먹는 각종 팬케이크로 사랑받고 있다.

Check! 이곳의 체크 포인트
- 아침 6시 넘으면 줄을 서시오.
- '에그스 앤 싱스'지만 계란 요리보다 팬케이크가 더 인기
- 오후 3시부터 6시까지 브레이크 타임 주의!
- 팬케이크 믹스와 코코넛 시럽은 따로 구매 가능

더 가제보 The Gazebo
VOL.2 MAP p.459D INFO p.464

마우이에서 가장 유명한 조식 레스토랑. 마우이의 아름다운 나필리 베이의 리조트에 딸린 수영장 옆의 작은 가제보는 새벽부터 줄을 선다. 한입 먹을 때마다 와우 하고 탄성을 내뱉는 사람들은 몰로카이까지 날아갈 맛이라고 농담을 한다. 오전 10시 이후에 방문하는 것이 오히려 좌석 확보가 수월하다.

Check! 이곳의 체크 포인트
- 마우이 최고의 브런치 맛집
- 아침부터 줄을 서야 먹을 수 있으니 서두를 것
- 대표 메뉴는 마카다미아 넛 팬케이크
- 몰로카이 전경 해변 산책 코스에 위치해 전망도 Good!

PANCAKE & FRENCH TOAST

부츠&키모스 Boot's&Kimo's
VOL.2 MAP p.409L INFO p.421

하와이에서 문전성시라는 단어의 의미를 가장 잘 보여주는 브런치 레스토랑 중 하나. 마우이의 유명한 브런치 전문점 더 가제보(The Gazebo)의 비밀 레시피를 공유해 카일루아에 레스토랑을 오픈했다고 하며 이들은 부츠와 키모라는 별명을 가진 사촌지간이라고 한다.

Check! 이곳의 체크 포인트
- 마카다미아 넛 소스 팬케이크의 원조 맛집
- 현금 결제만 가능, 오후 3시에 문을 닫음
- 하와이언 오믈렛 종류도 다양
- 와이키키에서 1시간 거리

더 레스토랑 앳 하나-마우이
The Restaurant at Hana-Maui
VOL.2 MAP p.477H INFO p.485

마우이의 하나 마우이 리조트의 조식 레스토랑. 하나 마을에서 유일하게 4성급 리조트 레스토랑이기 때문에 쾌적하고 수준 높은 레스토랑 음식을 맛볼 수 있는 둘도 없는 곳이다. 자연의 힐링과 영혼의 휴식을 위해 이곳을 찾는 사람들을 위한 건강 식단과 유기농 재료로 만든 무던한 맛이 매력적이다.

Check! 이곳의 체크 포인트
- 깐깐한 유기농 재료로 만든 건강한 가정식 메뉴
- 해변과 초원 전망의 고즈넉한 분위기가 일품
- 마우이에서 가장 외딴 지역 하나 마을에 위치

달콤하고 크리미한 소스 맛과 함께 씹히는 바나나의 환상적인 조합! **마카다미아 넛 소스 팬케이크** Macadamia Nut Sauce Pancake $12.99

유기농 딸기와 메이플 시럽을 얹은 **스트로베리 팬케이크** Satrawberry Pancake $18

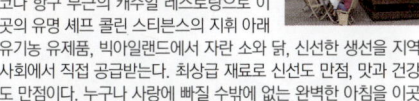

고소한 견과류와 소시지, 신선한 과일까지 곁들여 한끼로 충분한 **바나나 팬케이크** Banana Pancake $14.95

깔끔한 팬케이크의 정석 오리지널 **버터밀크 팬케이크** Buttermilk Pancake $4.99

아일랜드 라바 자바 Island Lava Java
VOL.2 MAP p.501L INFO p.508

코나 항구 부근의 캐주얼 레스토랑으로 이곳의 유명 셰프 콜린 스티븐스의 지휘 아래 유기농 유제품, 빅아일랜드에서 자란 소와 닭, 신선한 생선을 지역사회에서 직접 공급받는다. 누구나 사랑에 빠질 수밖에 없는 완벽한 아침을 이곳에서 시작하는 것은 어떨까?

Check! 이곳의 체크 포인트
- 유럽에 온 듯한 스트리트 카페 스타일
- 빅아일랜드 코나 항구와 거리 전망, 석양도 일품
- 직접 구운 베이커리와 다양한 코나 커피 보유
- 신선한 현지 식자재를 사용한 메뉴와 하와이 특유의 친절함

켄즈 하우스 오브 팬케이크
Ken's House of Pancakes
VOL.2 MAP p.530 INFO p.531

빅아일랜드의 작은 마을 힐로를 대표하는 레스토랑으로 1971년으로 거슬러 올라가는 긴 역사를 지녔다. 켄즈는 특히 힐로에서 찾아보기 힘든 24시간 레스토랑이다. 뿐만 아니라 14년 연속 베스트 브렉퍼스트 레스토랑으로 선정된 곳. 다양한 팬케이크와 로코모코, 샌드위치를 선보인다.

Check! 이곳의 체크 포인트
- 24시간 운영하는 레스토랑
- 힐로 공항과 5분 거리로 편리함
- 샐러드와 스테이크까지 다양한 메뉴

TYPE B 로코모코 LOCO MOCO

카페 100 Café 100
VOL.2 MAP p.530 INFO p.531

오늘날 하와이 국민 음식이 된 로코모코를 처음 만든 곳이다. 이곳 주인아주머니가 바삐 이동하는 한 소년에게 빨리 만들어 먹이느라고 탄생한 메뉴가 바로 로코모코. 로코는 '크레이지(crazy)'라는 뜻으로 그 소년의 별명이고, 모코는 로코에 맞춰 운율을 넣은 것이라고 전해진다. 현재 로코모코 음식의 상표권을 소유한 것으로 알려져 있다.

Check! 이곳의 체크 포인트
- 하와이 로컬 푸드 로코모코가 탄생한 곳
- 30여 개가 넘는 로코모코 메뉴
- 저렴한 가격에 수수한 분위기의 로컬 맛집
- 빅아일랜드 힐로 여행 중에 들러볼 것!

TYPE C 뷔페 BUFFET

이케나 랜딩 Ikena Landing
VOL.2 MAP p.518F

빅아일랜드의 가장 멋진 해변과 산봉우리를 한번에 감상하면서 야자 나무 그늘이 드리워진 시원한 바람까지 느낄 수 있는 아름다운 호텔 브런치 조식 명소. 오믈렛과 토스트, 각종 과일과 아시안 메뉴가 있어 더욱 반갑다.

Check! 이곳의 체크 포인트
- 마우나 케아 산과 하푸나 해변이 정면에
- 조식 메뉴별 스테이션이 다채로운
- 친근한 서비스와 여유로운 분위기
- 새들과 음식을 쟁탈할 수 있으니 주의!

화산 불처럼 핫한 매운 맛이 일품인
킬라우에아 로코모코 Kilauea Loco Moco $6.99

갓 구운 베이커리와 바삭한 베이컨, 치즈 스테이션까지 골라 담는
조식 뷔페 Breakfast Buffet $25

취향대로 만든 따끈한 오믈렛과 소시지, 이국적인 열대 생과일까지 호사스러운
조식 뷔페 Breakfast Buffet $25

TYPE D 샌드위치 SANDWICH

칼라헤오 카페&커피 컴퍼니
Kalaheo Café&Coffee Company
VOL.2 MAP p.547K INFO p.556

칼라헤오는 와이메아 캐니언(Waimea Canyon)으로 가는 중간에 있는 지역 이름으로, 칼라헤오 카페&커피 컴퍼니는 대로변에서 쉽게 눈에 띄는 레스토랑이다. 커피 농장이 발달해서 지역 명물인 신선한 카우아이 커피를 맛볼 수 있다. 실내에 커피바가 따로 있어 커피만 테이크아웃할 수 있다.

Check! 이곳의 체크 포인트
- 카우아이 커피와 다양한 브런치와 샌드위치 메뉴 보유
- 따뜻한 햇살 아래에서 즐길 수 있는 야외 테이블도 보유
- 와이메아 주립공원 가는 길에 위치해 이른 아침 식사 또는 브런치로 즐기기

신선한 제철 재료로 만들고 갓 튀겨 바삭한 어니언 링을 곁들인
로스트 비프 샌드위치 Roast Beef Sandwich $9.75

TYPE E 에그 베네딕트&오믈렛

EGGS BENEDICT&OMELETS

아일랜드 라바 자바 Island Lava Java
VOL.2 MAP p.501L INFO p.508

코나 항구 부근의 캐주얼 레스토랑으로 이곳의 유명 셰프 콜린 스티븐스의 지휘 아래 유기농 유제품, 빅아일랜드에서 자란 소와 닭, 신선한 생선을 지역사회에서 직접 공급받는다. 최상급 재료로 신선도 만점, 맛과 건강도 만점이다. 누구나 사랑에 빠질 수밖에 없는 완벽한 아침을 이곳에서 시작하는 것은 어떨까?

Check! 이곳의 체크 포인트
- 유럽에 온 듯한 스트리트 카페 스타일
- 빅아일랜드 코나 항구와 거리 전망, 석양도 일품
- 직접 구운 베이커리와 다양한 코나 커피 보유
- 신선한 현지 식자재를 사용한 메뉴와 하와이 특유의 친절함

크림 팟 Cream Pot
VOL.2 MAP p.384B INFO p.395

와이키키에 생긴 브런치 레스토랑의 신흥 주자로, 백설공주와 잠자는 숲속의 미녀라도 만날 듯 외관부터 예사롭지 않다. 플레이팅과 테이블 웨어, 커피잔 세팅까지 소꿉놀이를 하는 듯 귀엽고 아기자기하다. 수플레 팬케이크는 폭신하고 부드러워 푸딩과 팬케이크의 질감을 함께 느낄 수 있다. 메뉴는 창의적인 디저트와 브런치를 선보인다.

Check! 이곳의 체크 포인트
- 소녀 감성 물씬 풍기는 공주풍 인테리어
- 마당의 로맨틱한 야외 정원 테이블 추천
- 실내 테이블 촬영은 사전 허가 필요
- 모든 메뉴는 사진으로 구성되어 주문하기 편리

부드럽고 담백한 맛의 하와이안 생선 오노로 만든
아일랜드 피시 베네딕트 Island Fish Benedict $17.95

두툼한 홈메이드 베이컨과 유기농 채소를 얹은
클래식한 **에그 베네딕트 Eggs Benedict $11.95**

매콤하면서도 자꾸 당기는 맛의 홈메이드
미트로프&에그 Homemade Meatloaf&Eggs Benedict $9.95

반으로 자르면 매콤한 소스와 고소한 치즈가 흘러나오는
포르투기 소시지 오믈렛 Portugese Sausage Omelets $12.95

카페 칼리아 Café Kalia
VOL.2 MAP p.408I INFO p.420

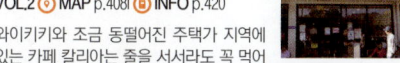

와이키키와 조금 동떨어진 주택가 지역에 있는 카페 칼리아는 줄을 서서라도 꼭 먹어봐야 하는 브런치 레스토랑. 하와이에서 시작해 이미 일본 도쿄까지 진출했다. 특히 에스프레소 바라고 부를 만큼 좋은 커피 기계가 눈길을 끈다. 밝은 노랑색과 꽃무늬, 자연 친화적인 하와이 소재를 곳곳에 사용해 부담스럽지 않다.

Check! 이곳의 체크 포인트
- 로컬 베스트 맛집으로 화려한 수상 경력
- 와이키키에서 섬 일주 시 렌터카로 들를 것 추천
- 하와이 가정식의 건강한 맛과 푸짐한 양으로 승부
- 신선한 과일은 원하는 대로 토핑처럼 추가 주문 가능

부츠&키모스 Boot's&Kimo's
VOL.2 MAP p.409F INFO p.421

하와이에서 운전성시라는 단어의 의미를 가장 잘 보여주는 브런치 레스토랑 중 하나. 마우이의 유명한 브런치 전문점 더 가제보(The Gazebo)의 비밀 레시피를 공유해 카일루아에 레스토랑을 오픈했다고 하며 이들은 부츠와 키모라는 별명을 가진 사촌지간이라고 한다.

Check! 이곳의 체크 포인트
- 마카다미아 넛 소스 팬케이크의 원조 맛집
- 현금 결제만 가능, 오후 3시에 문을 닫음
- 하와이언 오믈렛 종류도 다양
- 와이키키에서 1시간 거리

MANUAL 18 __ 스낵&디저트

SNACK DESSERT

맛있게 먹으면 노No 칼로리
보기만 해도 기분 업Up 되는 디저트

모양에 한 번 반하고 맛에 두 번 반하는 디저트의 세계!
뜨거운 태양에 지칠 때쯤 생각나는 달콤하고 시원한 한입.
하와이에는 도대체 뭘 기다리는 줄일까 하고 살펴보면
로컬 스낵숍인 곳이 많다. 맛있는 케이크와 아이스크림 맛집
도장 깨기를 즐기는 젊은 여성층, 먹을 때 얌전해지는 아이들은
특히 이 매뉴얼에 주목해보자.

하와이에서 꼭 먹어봐야 할
열대과일 대열전!

파인애플 Pineapple
하와이 하면 첫 번째로 떠오르는 과일!
하와이 파인애플은 과즙이 풍부하고 당도가 높다. 현재 하와이 대표 파인애플 브랜드는 마우이 골드(Maui Gold). 파머스 마켓이나 차이나타운, 길거리 과일 스무디 가게 등 어디서든 만날 수 있다. 약간 덜 익었을 때는 소금을 조금 뿌리면 단맛이 더 살아나며 블루치즈나 와인과 궁합이 잘 맞는다.

스타 프루트 Star Fruit
하와이 별이 내 가슴에!
카람볼라(Carambola)라고도 부르는 쌉쌀한 맛의 과일로 원산지는 필리핀이다. 연두색을 띤 과일인데 다 익으면 주황에 가까운 노란색을 띤다. 짧은 쪽 단면을 자르면 별 모양 같다고 해서 스타 프루트라는 이름이 붙었다. 단맛과 과즙이 별로 없고 구워 먹기도 하기 때문에 요리 장식에 자주 사용한다.

패션 프루트 Passion Fuit
하와이의 인기 스타!
하와이 이름은 리리코이(Liliko'i)이며 원산지는 브라질이다. 나무 열매로 겉은 적갈색이고 주황색 과육은 오렌지로 파파야와 비슷하다. 씨가 많은 편인데 씨까지 먹어도 된다. 오렌지의 상큼함과 멜론의 부드러움이 함께 느껴지는 질감으로 단맛이 좋아서 주스에 많이 사용된다.

브레드프루트 Breadfruit
빵 맛 과일 첨 봤지?
오세아니아 전역에서 볼 수 있는 연두색의 대형 둥근 과일로 나무에서 자란다. 굽거나 쪄서 먹는데 한국 과일 중에 비슷한 맛을 찾기 힘들다. 잘 익은 상태에서 조리한 브레드프루트는 밀도와 폭신함, 맛까지 감자나 갓 구운 식빵과 비슷하다. 과거 섬사람들에게는 과일이라기보다 탄수화물을 보충하는 음식으로 많이 사용되었다.

드래곤 프루트 Dragon Fruit
과일의 황제
한국에서 용과라고 부르며 겉은 붉고 용의 뿔처럼 뾰족한 잎으로 싸여 있다. 피타야(Pitaya)라고 부르는 아메리카 고유 선인장류 열매다. 흰색의 과육은 키위와 비슷한 질감과 맛을 내며 작고 검은 씨가 깨처럼 박혀 있다. 식이섬유, 항산화 성분, 비타민 함량이 높아서 젊음을 상징하는 과일이기도 하다.

파파야 Papaya
입속에 부드러움 한가득
5미터 이상 높이의 나무에 매달린 연두색 열매로 익으면 밝은 주황색을 띤다. 파파야는 아메리카 대륙과 카리브해 연안에 널리 분포되어 자라며 하와이에서는 일반 가정집의 흔한 과일 나무다. 비타민, 식이섬유와 수분, 당도가 풍부하며, 맛도 좋고 영양도 손색이 없어 주로 아침 식사에 많이 먹는다.

망고 Mango
달콤함의 대명사
하와이는 대표적인 열대 과일인 망고의 천국이다. 야산과 일반 가정집 마당에서도 흔히 볼 수 있는 망고는 4월~7월에 열매가 익어 길에 떨어지는 경우도 많고, 당도가 높아 야생동물이 좋아하는 먹이 중 하나다. 과육은 아이스크림, 디저트, 주스 등 활용도가 높으며 파머스 마켓에서 개인이 수확한 유기농 망고를 저렴하게 구할 수 있다.

멜론 Melon
한국에서는 귀하신 몸
멜론은 참외과의 과일로 수박보다는 수분 함량이 적고 질감은 더 단단하다. 멜론은 주황색의 칸타루프(Cantalupe)와 녹색의 허니듀(Honey Dew)로 나뉘는데, 일반적으로 하와이에서는 칸타루프 멜론이 당도가 높다. 주로 아침 식사에 많이 먹으며, 코티지 치즈(Cottage Cheese)와 잘 어울린다.

구아바 Guava
상큼함은 과일, 영양분은 고기
열대기후 어디서나 볼 수 있는 과일로 원산지는 멕시코다. 과일 중에는 독특하게 철분, 아연과 마그네슘 함유량이 높아 섬에서 부족하기 쉬운 영양소를 보충하는 데 큰 도움이 된다. 겉은 풋사과 같고 속은 선홍색으로 오렌지와 사과를 섞은 듯한 맛이 난다. 주스와 천연 화장품에 많이 사용된다.

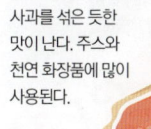

SHAVE ICE

알록달록, 무지개색 빙수는 뭐지?

하와이의 가장 대표적인 전통 디저트. 우리나라의 눈꽃 빙수와 비슷한데 무지개처럼 오색 찬란한 열대 과일향 시럽과 잘게 자른 과일, 연유, 빙수 떡, 아이스크림, 팥 등을 얹어 하와이 스타일로 재해석했다. 나른한 오후 셰이브 아이스 맛집들은 시원한 얼음으로 더위를 식히는 사람들로 붐빈다. 얼음에 시럽은 기본, 가게마다 필살기로 내놓는 토핑들이 점차 다양하게 발전하고 있으니 취향껏 토핑 플렉스를 해보자.

Oahu

1 마츠모토 그로서리 스토어
Matsumoto Shave Ice

원래 사탕수수 농장 근로자로 이주한 일본인들로부터 시작된 셰이브 아이스의 역사를 대변하는 집. 아즈키(Azuki) 빈 또는 레드빈으로 부르는 팥을 넣은 메뉴가 특히 인기다. 마츠모토 셰이브 아이스는 노스 쇼어 지역 최고의 인기 맛집으로 늘 대기 줄을 예상해야 한다. 기다리는 동안 다양한 로고 기념품을 훑어보는 것은 어떨까?

VOL.2 MAP p.424 INFO p.325

> 연유와 젤리, 단팥은 물론 아이스크림까지 추가한 레몬, 파인애플, 코코넛 시럽의 대표 메뉴
> **[마츠모토 셰이브 아이스]**
> Matsumoto Shave Ice
> $4.50~

> 단팥죽에 든 찹쌀 옹심이와 같은 모찌(Mochi) 토핑을 추가한 리리코이, 구아바, 파파야 시럽의 메뉴
> **[트로피컬]**
> Tropical
> $4.50~

MANUAL 18 스낵&디저트

Oahu
2. 아일랜드 빈티지 커피
Island Vintage Coffee

관광 명소마다 볼 수 있는 로컬 프랜차이즈 커피 전문점으로 쉐이브 아이스의 떠오르는 신흥강자. 독특한 맛 배합의 업그레이드 된 생과일 시럽과 신선한 과일 토핑, 플레이팅이 요즘 트렌드와 맞물려 인기가 좋다. 아삭아삭 씹히는 생과일과 큼직한 떡, 분자요리기법을 응용해 만든 과일 소스의 톡톡 터지는 식감이 단연 일품!

VOL.2 ⓜ MAP p.404 ⓘ INFO p.405

> 새콤 달콤한 열대과일, 톡톡 터지는 리리코이(패션 프룻) 시럽 알갱이가 터지는
> **[헤븐리 리리코이]**
> Heavenly Lilikoi
> $7.95

Oahu
3. 아오키 쉐이브 아이스
Aoki's Shave Ice

하와이 대표 맛집인 마츠모토 그로서리 스토어는 평균 20분 이상 줄을 선다는 것은 누구나 잘 아는 사실. 지금은 그 건너편에 신상 쉐이브 아이스 가게가 생겨 로컬 하와이언 감성의 아기자기한 인테리어로 입소문을 타더니 점점 방문객이 늘어나고 있으니 주목하자.

VOL.2 ⓜ MAP p.424 ⓘ INFO p.426

Maui
4. 울룰라니 하와이언 쉐이브 아이스
Ululani's Hawaiian Shave Ice

뜨거운 마우이 열기를 식혀줄 명물 쉐이브 아이스. 테라스가 있어서 더 좋은 카페 같은 곳. 미식가들이 찾는 레스토랑이 많은 마우이에서 다양한 수상 경력을 자랑하며 할레아칼라, 하와이언 레인보우 등 맛이 연상되는 이름을 붙인 메뉴도 독창적인 매력이 있다. 마우이에서 꼭 들러볼 곳 중의 하나.

VOL.2 ⓜ MAP p.468E ⓘ INFO p.473

> 빨대를 꽂아 쉐이크처럼 마실 수도 있는 블루하와이, 스트로베리, 패션프루츠 맛의
> **[서프 스페셜]**
> Surf Special
> $5.50~

> 구아바, 코코넛, 패션 오렌지 시럽 위에 연유를 더한
> **[선셋 비치]**
> Sunset Beach
> $2.75~

Big Island

5. 오리지널 빅아일랜드 쉐이브 아이스
Original Big Island Shave Ice Co

하와이 맛집을 잘 아는 사람들에게는 쉐이브 아이스 성지로 통하는 곳이다. 특히 날씨가 늘 화창한 코나 지역의 쇼핑 센터에 위치해 늘 긴 줄을 볼 수 있다. 시원 달콤은 기본! 홈메이드 아이스크림부터 토핑으로 얹은 생과일의 신선한 퀄리티와 불량식품 같지 않은 천연 과일 시럽을 맛볼 수 있다.

VOL.2 MAP p.519D

얼음 빙수가 입에서 사르르 녹으면 쫄깃하게 씹히는 고구마와 보바 떡의 식감이 살아나는
[할로할로]
HaloHalo
$8.50~

Kauai

6. 더 프레시 셰이브
The Fresh Shave

셰이브 아이스 맛집이 많은 카우아이에서도 두터운 팬층을 보유한 로컬 브랜드로 창의적인 메뉴가 많은 곳. 과일을 직접 얼려 만든 얼음이 특별한 맛을 선사하고, 아기자기한 장식 소품들도 메뉴 이름별로 다양해 보는 재미를 더한다. 누구에게나 추천할 만한 셰이브 아이스 맛집을 꼽으라면 단연 이곳!

VOL.2 MAP p.547K INFO p.557

각종 베리를 섞은 얼음 위에 꿀, 바나나, 구운 코코넛 조각을 얹어 맛과 건강을 모두 챙긴
[더 프로페서]
The Professor
$6

부드러운 코코넛 휘핑 크림과 튀긴 코코넛을 잔뜩 얹은 강렬한 보라색 고구마로 만든
[우베 스페셜]
Ube Special
$6

새콤달콤한 과일 시럽이 붉은 용암처럼 흘러내리는
[라바 플로우]
Lava Flow
$6.50

Kauai

7. 와일루아 셰이브 아이스
Wailua Shave Ice

독특한 하와이의 지명과 색을 연상시키는 과일 시럽과 생과일 토핑을 자체 개발해 샌디에고, 포틀랜드까지 미국 전역을 휩쓸고 있다. 저명한 음식 칼럼들의 주목을 받으며 고메 음식에 견줄만큼 전체적인 수준을 끌어올렸다는 평이다. 셰이브 아이스 명문가가 즐비한 카우아이를 대표하는 곳이다. **VOL.2** ◎**MAP** p.561L ◎**INFO** p.569

Kauai

8. 위싱웰 셰이브 아이스
Wishing Well Shave Ice

할리우드 영화 도입부에 자주 출현한 하와이언 스타일 푸드트럭. 느긋하고 아기자기한 마을 분위기에 딱 어울리는 알록달록한 과일 시럽으로 장식된 셰이브아이스는 하날레이의 명물 중 하나. 시원한 셰이브 아이스를 들고 개성 있는 하날레이 마을을 거닐어보자. **VOL.2** ◎**MAP** p.560E ◎**INFO** p.570

빨주노초파남보 다양한 컬러를 섞어 무지개를 닮은 눈꽃 빙수
[레인보우]
Rainbow
$2.50~

ICE CREAM

아이스크림 먹고 갈래?

하와이에서는 라면보다 강한 유혹이 바로 아이스크림!
차갑고 부드러운 크림에 초콜릿, 커피, 견과류와 열대과일의 농축된 풍미가 달달하게 뿜어 나오는 디저트 겸 간식!
햇살이 따가운 낮은 물론 열기가 식지 않은 밤거리를 걷다 입이 심심하다면 로컬 아이스크림 가게를 탐방해보자.

원하는 맛의 아이스크림과 토핑을 취향대로 디자인하는
[샤카 붐]
Shaka-Boom
$8

바삭한 쿠키와 크림을 한꺼번에
[아이스크림 샌드위치]
Ice Cream Sandwich
$ 5.50/1개

Oahu

1 코코로 카페
KOKORO Café

와이키키에 혜성처럼 나타나 소셜 네트워크를 점령한 아이스크림 숍. 귀염뽀짝하고 하와이스러운 샤카 손모양의 고소한 쿠키컵에 담긴 사르르 녹는 소프트 아이스크림과 톡톡 튀는 조화를 이루는 토핑들이 가득 올려져 한입에 넣어버리기 아까운 최강 비쥬얼! 아이스크림에 흥이라는 것이 제대로 폭발하는 바로 그런 맛이라고 할까? 이제 아무 아이스크림이나 먹지 않기로 약속!

VOL.2 MAP p.404

[레인보우 셔벗]
Rainbow Sorbet
$6.50

톡 쏘는 레몬 같은

[퍼플얌 아이스크림]
Purple Yam Ice Cream
$6.50

달달하면서 구수한 고구마 맛을 느낄 수 있는

Oahu

2. 데이브스 아이스크림
Dave's Ice Cream

30년 이상 현지 재료로 수제 아이스크림을 만들어온 원조 격. 버락 오바마 전 대통령이 즐겨 먹던 브랜드로 유명하다. 겉은 심플하지만 진하고 풍부한 맛, 크리미한 질감이 압권. 녹차, 레몬, 파인애플, 스트로베리, 라이치, 패션프루트와 자색 고구마, 바닐라 빈이 씹히는 프렌치 바닐라 등 종류별로 맛보고 결정할 수 있다.

VOL.2 MAP p.409L INFO p.421

[코나 커피 아이스크림]
Kona Coffee Ice Cream
$7.50~

직접 구운 와플컵에 담은

[코나커피&스트로베리]
Kona Coffee & Strawberry
$5.50

크리미한 100% 코나커피 젤라또의 쌉살함과 새콤달콤하게 어우러지는 스트로베리 셔벳

Big Island

4. 집시 젤라또
GypsGypsea Gelato

빅아일랜드 유명 지역마다 지점이 운영중인 아이스크림 젤라토 가게. 문을 열자마자 강렬한 색감의 포토월과 아이들이 좋아할 만한 알록달록한 젤라또로 가득한 쇼케이스가 눈길을 사로잡는다. 빅아일랜드 와이콜로아 마을을 구경 중이라면 추천.

VOL.2 MAP p.500l

Maui

3. 래퍼츠 아이스크림&커피
Lappert's Ice Cream and Coffee

카우아이에서 시작한 하와이 로컬 브랜드로 여러 섬에 지점이 있다. 달고 크리미한 질감의 코나 커피 맛, 다양한 하와이 열대과일 향의 셔벗과 젤라토 같은 아이스크림을 맛볼 수 있다. 특히 인기 좋은 곳은 라하이나의 프런트 스트리트 지점으로 한낮의 무더위가 기승을 부릴 때쯤 시원한 아이스크림을 들고 거리를 걷기 좋다.

VOL.2 MAP p.560E

AÇAI BOWL

어떤 조합이든 그야말로 꿀맛!

유행과 자기 관리에 민감한 인싸(인사이더, 리더와 주류를 일컫는 말)들이 특히 즐겨 먹는 건강한 스낵.
브라질이 원산지인 아사이베리는 항산화에 특효가 있는 슈퍼푸드 중 하나다.
떫고 시큼한 맛이 강해서 다른 베리류와 함께 섞어 갈아 빙수처럼 그릇에 깔고 다양한 과일, 뮤즐리와 꿀을 토핑한다.
비타민, 미네랄, 섬유소, 항산화 성분을 꽉 채운 아사이 볼은 첫 한입에 바로 눈이 번쩍 뜨일 정도.
현지 카페에서 쉽게 만날 수 있고, 가게마다 레시피가 다르지만 어떤 조합이든 그야말로 꿀맛!

아사이베리로 만든 얼음 위에 각종
과일과 견과류, 꿀을 얹은
[레미 프레시]
Lemi Fresh
$8.95

알갱이가 톡톡 터지는 리리코이
(패션프루트)로 상큼한
[오리지널 아사이볼]
Original Acai Bowl
$10.95

여러가지 컬러의 과일,
요거트와 꿀이 만난
[리스 무어]
Riss Moore
$7.50

반으로 자른 파파야에
비건 유지방 바나나로 만든 얼음을 올려
딸기, 견과류로 장식한
[오리지널 바난]
The Original Banan
$7.50

MANUAL 18 | 스낵&디저트

257

Oahu
**1. 블루 하와이언
라이프스타일 카페**
Blue Hawaiian Lifestyle Café
지역 주민들이 애정하는 로컬 카페로 알라모아나 센터에 위치하며 아사이볼뿐 아니라 하와이에서 생산되는 다양한 종류의 아이템이 모여 있다. 하와이 액세서리, 식재료, 스킨케어 제품은 물론 음악 감상도 할 수 있어 자투리 시간을 보내기에 안성맞춤.
VOL.2 ⓜ MAP p.431D

Oahu
2. 아일랜드 빈티지 커피
Island Vintage Coffee
로컬 커피 프랜차이즈 카페로 섬 전역에 지점이 여러 곳 있다. 관광객이라면 와이키키 지점을 추천한다. 아사이볼은 물론 다양한 카페 음료 메뉴를 비롯해 간단한 샐러드와 샌드위치도 온라인 주문으로 테이크아웃 가능하다.
VOL.2 ⓜ MAP p.404 ⓘ INFO p.405

Oahu
3. 바난
Banan
바나나로 만든 얼음이라니! 비유제품으로 얼음 요거트와 비슷한 맛과 질감을 독창적으로 개발한 해변 스낵숍의 최강자. 과일의 화려한 비주얼과 푸드트럭이나 스낵 윈도로 접근성이 좋아 신흥 브랜드이지만 가파른 성장세에 있다.
VOL.2 ⓜ MAP p.404

BAKERY

디저트 배 따로 밥 배 따로!

부드럽고 달콤한 디저트가 탄수화물이라면 사랑에 빠지지 않을 수 있을까? 하와이에서는 어떤 베이커리를 먹을까?

손으로 톡톡 쳐서 설탕을 조금 덜어내면 더 좋다.
[오리지널 말라사다]
Original Malasada
$1.70

잠을 자다가도 생각나서 벌떡 일어나는 맛, 부드러운 생크림과 치즈가 어우러진 과일 케이크
[스트로베리 치즈케이크]
Strawberry Cheesecake
$18

Oahu
1. 레오나즈 베이커리
Leonard's Bakery

하와이의 셰이브 아이스 다음으로 유명한 로컬 디저트는 '말라사다(Malasada)'라고 부르는 튀긴 도너츠. 포르투갈에서 유래한 음식으로 솜사탕같이 부드러우면서 쫀득한 식감이 일품이다. 갓 튀긴 설탕에 묻힌 말라사다를 손에 들고 함박웃음을 짓는 사람들이 문전성시를 이루는 곳이 와이키키 외곽의 레오나즈 베이커리다. 30분 넘게 기다리는 줄이 순식간에 생겼다 줄어들기를 하루 종일 반복하니 운을 시험해 보자. 기다리는 동안 쇼케이스의 다양한 로컬 베이커리 제품을 구경하는 재미도 있다.

VOL.2　MAP p.408I　INFO p.420

Oahu
2. 애나 밀러 레스토랑
Anna Millers' Restaurant

1973년 개점 이래 꾸준히 사랑받는 로컬 레스토랑으로 애나 밀러를 모르는 하와이 사람은 없을 정도로 유명한 곳. 앙증맞은 앞치마 유니폼으로 유명하다. 잠 못 드는 밤 머릿속을 빙글빙글 돌아다닌다는 애나 밀러의 크림 파이는 인기 좋은 디저트다. 생딸기가 통째로 한 알씩 얹힌 비주얼 킬러 딸기 케이크를 필두로 다양한 맛의 케이크로 유명하다. 바나나 크림, 레몬 커스터드, 코코넛 크림과 하우피아 크림으로 속을 채운 부드러운 맛이 일품이다.

VOL.2　MAP p.431G　INFO p.441

Oahu
3. 릴리하 베이커리
Liliha Bakery

1950년 릴리하라고 부르는 주택가의 작은 베이커리로 시작해 입소문을 타고 성장했다. 와이키키와 공항 사이 지역에 깨끗한 새 간판으로 장식을 한 릴리하 베이커리 지점이 생겨 관광객들과 한층 가까워졌다. 원래 샘 초이 레스토랑이 있던 자리로 매장이 넓다. 릴리하 베이커리의 마스코트와도 같은 크림 퍼프 중에는 오리지널 코코 퍼프가 가장 인기 아이템. 영화 〈하와이 파이브 오〉에도 등장하면서 작지만 비싼 몸값을, 잊지 못할 달콤함을 자랑한다.

작고 앙증맞은 크기로 한입에 쏙!
[민트 오레오 머핀]
Mint Oreo Muffin
$2.59

VOL.2　MAP p.431C　INFO p.442

귀여운 거북 모양, 싱그러운 과일이 쏙쏙 담긴
[각종 케이크들]
Cakes
$3.50~

Oahu

4. 쿠루쿠루
Kulu Kulu

맛집 잡지에 자주 소개되는 단골 디저트 전문점. 과일이 넉넉히 들어간 부드러운 생크림 케이크를 비롯해 하와이에서 유행처럼 번지고 있는 커피 젤로의 원조로 커피 젤로는 빨대로 마시면 젤리가 입으로 들어오는 순간 커피로 변하는 재미난 식감의 음료다. 제일 인기 좋은 아이템은 다이몬드 헤드 퍼프. 파삭한 크러스트 속에 부드러운 커스터드 크림이 들어 있다. 비슷한 종류로 호누 퍼프는 거북이라는 하와이어에 꼭 맞게 귀여운 거북 모양. 녹차맛 커스터드 크림이 들어 있다.

VOL.2 MAP p.404 INFO p.405

Maui

5. 슈가 비치 베이크 숍
Sugar Beach Bake Shop

마우이를 대표하는 디저트 전문점. 제로 글루텐에 도전하는 신개념 디저트부터 주문과 동시에 만드는 메뉴가 많은 건강한 동네 베이커리로 유명하다. 신선한 유제품과 과일을 사용하는 자부심이 강하며 현지 과일을 사용하기 때문에 보기 드문 베이커리가 많다. 키라임 파이, 리리코이 파이 등 한 번에 먹기 좋은 크기로 구워낸 과일 파이와 슈가 프리 케이크, 레인보우 케이크 등 다양한 디저트를 한꺼번에 만날 수 있다.

VOL.2 MAP p.468E

리리코이 무스가 부드럽게 입안에 퍼지는 1인용 파이
[리리코이 파이]
Lilikoi Pie
$7

바삭바삭 달콤달콤 네모난 모양의 도너츠
[말라사다]
Malasada
$1.50~

Big Island

6. 텍스 드라이브인
TEX Drive-in

광활한 빅아일랜드의 초대형 볼거리인 와이피오 계곡으로 진입하는 고속도로 옆에 자리 잡은 간이 레스토랑. 이 작은 드라이브인은 하와이 슈가 러시(Sugar Rush)라는 별명이 있을 만큼 재빠르게 전 세계 사람들이 차로 골인하듯 모여드는 곳이다. 사람들이 슈가 러시를 일으키는 이유는 바로 말라사다. 통유리 너머로 조리 과정을 볼 수 있고 로고 기념품 숍까지 있다. 원조 말라사다로 불리는 오아후의 레오나즈 베이커리에 비하면 덜 바삭하고 모양이 사각형이라는 것이 특징. 이 곳은 오리지널보다 커스터드 크림이나 딸기잼으로 속을 채운 것이 더 맛나다는 평이다.

VOL.2 MAP p.519G INFO p.526

MANUAL 19 __ 하와이 커피

이 맛 모르고 먹지 마오, 아는 만큼 더 맛있는 하와이 커피

미국에서 유일하게 커피를 생산하는 하와이 주.
세계 3대 커피로 인정받는 특별한 빅아일랜드 코나 커피부터
다른 섬에서도 만날 수 있는 그 지역만의 특별한 커피를
취향에 맞게 골라서 즐기는 법을 알아보자.

HAWAII COF

한눈에 보는 커피 취향

(유럽 스타일의 진하고 깔끔한 맛을 즐기는 나~)   (하루 종일 커피를 손에서 놓지 않는 나~)   (커피는 쓰고 진하게 거품은 풍부하게 즐기는 나~)

[에스프레소]
Espresso
🔍 89cc 컵에 에스프레소 59cc가 담겨 있다.

[아메리카노]
Americano
🔍 236cc 컵에 에스프레소 59cc + 89cc 뜨거운 물

[에스프레소 마키아토]
Espresso Macchiato
🔍 89cc 컵에 에스프레소 59cc + 30cc 우유 거품을 올린다.

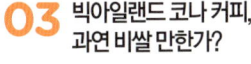

01 하와이 커피 정말 맛있나?

21세기 최고의 기호 식품인 커피는 하와이를 대표하는 생산품이기도 하다. 하와이 커피는 화산토, 풍부한 강수량과 일조량으로 인해 산도와 당도의 균형이 좋다. 유독 깊고 부드러운 향이 입안에 머물며 마무리가 깔끔한 것으로 유명하다. 빅아일랜드의 코나 지역이 유독 스포트라이트를 받지만 사실 카우아이, 오아후, 마우이에도 커피 농장이 있다. 카우아이는 '카우아이 커피'라는 단일 브랜드로 생산량은 빅아일랜드보다 월등히 많다. 마우이와 오아후에는 개별 커피 농장의 이름을 딴 브랜드들이 늘어나는 추세다. 커피의 맛을 결정하는 1차적 요인은 원두의 퀄리티. 이 때문에 가장 정확한 수확 시기에 사람의 손으로 한 알 한 알 따는 빅아일랜드 코나 커피를 으뜸으로 친다. 하지만 커피의 맛에 영향을 주는 요소는 로스팅 시간, 로스팅 후의 신선도, 커피를 내리는 물의 온도 등 다양하기 때문에 평가는 달라질 수 있다.

02 코나 커피, 넌 누구냐?

하와이의 빅아일랜드 코나 커피라고 하면 자메이카의 블루 마운틴, 예멘의 모카와 더불어 세계 3대 커피 중 하나이자 백악관에서 귀빈 접대에 사용하는 '미국의 자존심'이다. 세계 미식가들이 가장 선호하는 커피 중 하나이기도 하다. 마우나 로아 화산 기슭의 코나 커피 벨트 지역에서 자란 원두만을 사용해야 100% 코나 커피라는 이름을 사용할 수 있고 빅아일랜드의 다른 지역에서 자란 원두를 섞은 경우 코나 커피의 혼합 비율을 기재한 블렌디드 퍼센트(%)가 적을수록 가치가 떨어진다.

03 빅아일랜드 코나 커피, 과연 비쌀 만한가?

코나 커피 벨트는 카일루아 코나 지역의 산중턱에 생긴 좁은 지역으로 2~3킬로미터 정도 높이에 길이는 40킬로미터 남짓으로 생각보다 넓지 않다. 커피 나무 한 그루는 커피 체리를 평균 35킬로그램 정도 생산하는데 3킬로그램짜리 패키지의 볶은 원두를 만드는 데는 커피 나무 한 그루 전체에 달린 커피 체리를 모두 거둬들여야 한다. 게다가 비탈진 경사면에 농기계를 들여오는 것이 여의치 않고 수확하기 가장 좋은 때가 나무마다 조금씩 다르기 때문에 일일이 사람 손으로 따야 한다. 미국은 에티오피아, 과테말라 등 다른 커피 생산지에 비해 최저 임금 자체가 높기 때문에 코나 커피의 가격은 높을 수밖에 없다. 그런데도 신의 선물이라 불릴 만큼 특별한 하와이의 화산토와 햇빛과 비의 절묘한 조화를 통해 생산된 코나 커피는 어마어마한 가격이 무색할 정도로 인기가 좋다. 코나 커피의 인기 비결은 단연 맛과 희소성에 있지만, 로스팅한 지 오래되었거나 분쇄 후 밀폐 보관하지 않은 경우, 내리는 물의 온도가 너무 높은 경우는 제아무리 비싼 원두라도 코나 커피의 맛을 제대로 느낄 수 없으니 유통 경로와 마시는 법에 유의하자.

부드럽고 크리미한 커피에 풍부한 거품, 계피를 솔솔 뿌리는 미식가~

[카푸치노]
Cappucino

236cc 컵에 59cc 에스프레소 + 118cc 우유 거품을 올린다.

초콜릿과 커피 모두 맛보고 싶은 욕심 많은 나~

[카페 모카]
Café Mocha

355cc 컵에 59cc 에스프레소 + 59cc 녹인 초콜릿 + 207cc 데운 우유 + 30cc 우유 거품을 올린다.

부드럽고 밀키하고 순한 커피가 좋은 나~

[카페 라떼]
Café Latte

355cc 컵에 59cc 에스프레소 + 266cc 데운 우유 + 30cc 우유 거품을 올린다.

코나 커피의 1년 라이프사이클

1 **2 3 4** 5 **6 7 8 9** 10 **11** 12

코나 커피 벨트는 단일 작물 재배 지역으로 2월부터 4월 말까지 눈송이가 달린 듯 희고 향기로운 꽃송이가 피어나면서(코나 스노우, Kona Snow), 커피 체리라 불리는 열매를 맺는다.

여름 내내 코나 지역의 강한 햇살과 풍부한 강수량으로 알이 굵어진 커피 체리는 마치 대추처럼 초록색에서 점점 빨갛게 변한다. 충분히 익은 것부터 손으로 하나씩 따기 시작하는데, 지역에 따라 10월부터 수확이 가능하다.

11월 초 수확이 거의 끝나면 코나 지역 최대 축제인 코나 커피 페스티벌이 일주일간 열린다. 여기에서 그해 최고의 농장과 커피를 결정하는 커핑(Cupping) 챔피언십이 열린다. 와인 테이스팅처럼 전문가들이 모여 향과 여운, 산도 등을 조합해 평가하며 엄격한 심사회가 끝나면 지역 축제로 모두 퍼레이드를 즐기고 건강과 행복을 기원하는 춤을 추며 축제를 마감한다. 지역 최대 축제인 만큼 퍼레이드와 코나 커피 페스티벌의 일부 축제 장소는 관광객에게 최고의 즐길 거리다.

▶▶ WHAT TO EAT
코나 커피 등급제

맛과 가격이 천차만별! 코나 커피에도 등급이 있다. 1년 내내 수확량과 원두의 상태를 꾸준히 모니터링하는 하와이 농산물 관리국(Hawaii Department of Agriculture, HAD)이 코나 커피 등급을 관리한다. 원두의 크기, 습도와 상태, 모양, 생산량에 따라 각 농장마다 아래의 단계로 커피 등급을 나누며 가격 차이도 크다.

피베리
Peaberry

엑스트라 팬시
Extra Fancy

팬시
Fancy

넘버원
No.1

프라임
Prime

'피(pea, 완두콩)' 모양의 원두로 보통 2개의 원두가 들어 있어야 하는데 기형적으로 1개의 원두가 들어 있다. 크기는 작지만 풍미는 2배 더 강하다. 생산량이 적은 만큼 값이 비싸다. $38(10z, 283g) 이상

원두가 가장 크고 풍미가 깊은 최상급 커피. 대부분 농장에서 20% 내외가 이 범주에 속하며 농장의 시그니처 로스트 상품에 많이 사용된다. 가격은 $38(10oz, 283g) 이상.

엑스트라 팬시에 가까운 크기의 원두와 미디엄 바디의 부드러운 맛을 낸다.

코나 그로브(Kona Grove)라고 부르는 중간 크기의 원두. 부드러운 견과류 맛을 내며 대부분 농장의 에스테이트 브랜드에 많이 사용된다. 가격은 일반적으로 $26(10oz, 283g) 이상.

가장 작은 원두. 농장의 에스테이트 상품에 사용되며, 캐러멜, 바닐라 등 다른 향과 어울림이 좋아 가장 대중적이다. 가격은 대체로 $17(10oz, 283g) 이상.

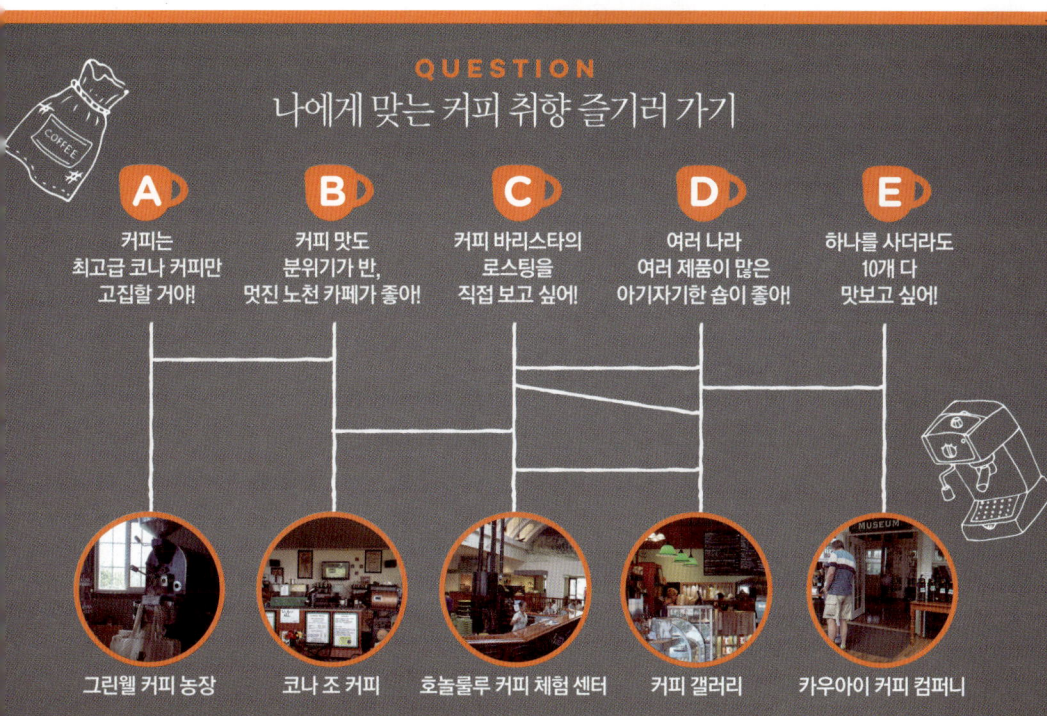

커피 갤러리 Coffee Gallery

노스 쇼어 할레이바 타운 내의 많은 아트 갤러리들 사이에서 유독 인기 많은 곳은 다름 아닌 커피 갤러리. 주말이면 커피 한 잔을 사기 위해 줄을 서는 일도 다반사. 커피 갤러리는 차가운 시멘트 벽의 어두운 듯한 실내에 원두 분쇄하는 소리, 로스팅하는 원두를 휘젓는 소리와 함께 그윽한 향에 코끝이 찡하다. 커피 갤러리는 예술 마을 할레이바의 영향을 많이 받은 듯 미술 작품 같은 도자기 타일 간판과 색감이 예쁜 메뉴 사인이 유명해 사진 한 장 찍지 않을 수 없는 매력적인 곳이다. 커피에 곁들이는 베이커리 스낵도 하와이 고유의 재료로 만들었는데 맛이 좋다는 평. 열이면 열 모두 좋아할 커피 로스터 숍이니 기억해 두자.

VOL.2 MAP p.424 INFO p.426

100% 코나 커피 kona coffee
$17.95(8oz 1팩, 227g)

그린웰 커피 농장
Greenwell Farms

1850년으로 거슬러 올라가는 긴 역사를 자랑하는 그린웰 커피 농장은 미국 역사 사적지로 등재되어 있을 만큼 유서 깊은 곳이다. 그야말로 코나 커피 1세대로 역사의 산실이기도 해서 커피에 대한 교육 자료들이 많다. 그린웰 커피 농장 투어는 가장 잘 만들어진 프로그램을 갖추고 있다고 해도 과언이 아니다. 따라서 커피 재배에 관한 일반적인 개요부터 원두 로스팅과 향에 대해 제대로 알아보고 싶다면 이곳에 들러보자. 시간이 되면 무료 농장 투어를 추천한다. 코나 커피 품질 경연 대회에서 많은 상을 수상한 전통의 강자인 만큼 원두 쇼핑을 제대로 하고 싶다면 기프트 숍을 공략하자.

VOL.2 MAP p.500l INFO p.509

코나 조 커피 Kona Joe Coffee

명실상부 세계 3대 커피 중 하나로 꼽히는 코나 커피를 빅 아일랜드 현지 농장에서 커피 원두가 자라나는 순간부터 한 잔의 커피가 되기까지의 전과정을 직접 체험할 수 있는 곳. 이 농장은 일조량을 최대한 흡수할 수 있도록 자체 개발한 트렐리 시스템(Trellis system)을 도입해 커피 나무를 수평으로 키우며, 그 가지들은 마치 포도 넝쿨처럼 길게 뻗어 자란다. 초록이 펼쳐진 언덕 위에 위치한 이곳에서는 카페와 원두 쇼룸, 로스터리, 바리스타 바를 함께 운영하며, 정제된 프렌치프레스로 추출한 진한 아로마의 커피를 해변까지 내려다 보이는 농장 풍경과 함께 즐길 수 있다. 커피 애호가를 위한 유료 농장 투어 프로그램과 함께, 농장과 오션뷰가 동시 가능한 숙박 시설이 마련되어 있어 팬데믹 이후 업그레이드되었으니 방문해 볼 것을 추천한다.

VOL.2 MAP p.500l INFO p.509

균형 잡힌 바디감의 로카히 커피
Lokahi Coffee $17.95(12oz 1팩, 340g)

호놀룰루 커피 체험 센터
Honolulu Coffee Experience Center

호놀룰루 커피 컴퍼니는 하와이 로컬 브랜드로 알라모아나 센터의 작은 노점과 노천 카페로 시작해, 2000년대에 성장세를 멈추지 않고 현재 호놀룰루뿐 아니라 마우이와 빅아일랜드를 비롯해 미국 본토, 일본, 괌, 중국까지 진출하고 있다. 하와이 로컬 커피 전문점으로는 가장 큰 브랜드로 성장한 케이스. 다양한 에스프레소 베이스 커피 음료를 비롯해 질 좋은 코나 커피 원두를 살 수도 있다. 최근에는 예전 하드록 카페가 있던 와이키키 초입의 상징적인 자리에 커피 체험 센터를 열었다. 이곳에서 바리스타가 직접 로스팅한 어마어마한 양의 커피가 각 지점으로 보내진다. 바리스타는 카운터에서 고객과 대화를 나누며 취향에 맞는 원두를 에스프레소로 내려준다. 에스프레소 실험실이 따로 있어 조합 맞춤 테이스팅을 하는 전문가 과정을 구경할 수 있다. 매장 내부에서 거대한 로스팅 기계와 하와이 토양 및 원두에 관한 각종 전시물을 구경할 수도 있다.

VOL.2 MAP p.431D
찾아가기 렌터카 와이키키에서 Kalakaua Ave 경유해 Kapiolani Blvd 교차로 직전 우회전, 호놀룰루 공항에서 20분, 와이키키에서 5분 소요 버스 The Bus 2, 4번 Kalakaua Ave+Kapiolani Bl 하차 트롤리 레드 라인 호놀룰루 커피 하차 주소 1800 Kalakaua Ave, Honolulu, HI 96815 전화 808-202-2562 시간 06:00~18:00 휴무 연중무휴 가격 커피 $3~, 베이커리류 $3~, 원두는 종류마다 다름 주차 무료 주차
홈페이지 www.honolulucoffee.com

카우아이 커피 컴퍼니
Kauai Coffee Company

카우아이의 커피 농장을 방문하기 전까지는 카우아이에서 커피를 재배하는지 모르는 경우가 많다. 품질은 코나 커피를 넘어서지 못하지만 생산량으로는 하와이 최고다. 카우아이 서쪽에 마치 사막처럼 태양이 작열하고 붉은 토양을 이룬 지역이 있다. 하와이어로 '붉은 강'이라는 뜻의 와이메아에 자리 잡은 카우아이 커피 농장은 유독 검은색이 도드라지는 커피 나무 본연의 색 때문에 그곳의 열기를 더욱 끌어올리는 듯다. 커피 농장 내에서는 아기자기한 기프트 숍을 비롯해 카우아이 커피 농장의 역사를 들여다볼 수 있는 작은 커피 박물관이 있다. 농장에서 생산하는 다양한 원두를 시음해 보거나, 카페에서 직접 사서 마실 수 있기 때문에 쉬어 가기 좋은 곳. 하와이에 사는 사람들도 자주 찾지 못하는 곳인 만큼 기회가 생긴다면 그냥 지나치지 말아야 할 머스트 스톱의 하나다.

VOL.2 MAP p.546J INFO p.555

MANUAL 20 ___ 칵테일바와 맥주펍

Bar & Brew

궁금하면 따라와!
현지 맥주와 해변의 칵테일

여행지의 로맨틱한 밤,
또는 신나는 밤을 기대할 때 한잔하기 딱 좋은 곳!
하와이는 주류 이용에 관한 법이 엄격해
늦은 시간에 알코올을 팔지 않는 곳도 많고
해변 같은 야외의 지붕 없는 곳에서 술을 마시는 것도 불법이다.
안전하고 깔끔하며 분위기 좋은 곳,
게다가 한국처럼 늦은 밤에 열기가 더하는 곳을
찾는다면 기억해둘 곳을 소개한다.

ning House

하와이의 불타는 밤을 즐기고 싶은 당신이 꼭 알아둘 것!

01
술을 살 땐 신분증을 반드시 지참하세요. 하와이는 주류 구매 시 신분증 제시 필수!

02
귀중품이 든 가방은 항상 몸에 지니고 다니세요. 큰 가방을 가지고 들어갈 수 없는 클럽도 있으니 소지품은 간단히!

03
술 조심하세요. 테이블을 잠시만 비워도 음료잔이 바뀌거나 이상한 첨가물을 넣을 수 있으니 주의!

Bar
신나는 분위기의 바가 있는 곳

럼파이어 Rum Fire

쉐라톤 와이키키 리조트의 럼파이어는 와이키키를 대표하는 칵테일바 중 하나. 와이키키 중심부 해변에 있기 때문에 쉐라톤 리조트의 인피니티 풀과 이어지는 태평양, 다이아몬드 헤드 등 아름다운 전망을 자랑한다. 음식은 나눠 먹어야 제맛이라는 철학에 따라 소셜 컴포트 푸드(Social Comfort Food)라고 부르는 메뉴들을 선보인다. 와이키키에 생긴 첫 칵테일바 중의 하나로 역사가 깊은 만큼 퀄리티 높은 럼을 종류별로 보유하고 있어 럼주를 베이스로 하는 마이 타이(Mai Tai) 메뉴가 다양하며, 하와이언 러브 어페어(Hawaiian Love Affair), 더 스키니 걸(The Skinny Girl) 같은 독특하고 재미있는 이름의 칵테일이 흥미를 더한다. 미국과 유럽 맥주 외에도 롱보드, 빅웨이브, 비키니 블론드 같은 하와이 토종 맥주까지 맛볼 수 있어 선택의 폭이 넓다. 밤이면 불타오르는 듯한 실내 인테리어가 인상적이다.

VOL.2 MAP p.384F ⓖ 찾아가기 쉐라톤 와이키키 리조트 내 위치 도보 와이키키 중심부 Kalakaua Ave에서 Royal Hawaiian Ave로 진입 렌터카 호놀룰루 공항에서 25분 소요 ⓐ 주소 2255 Kalakaua Ave, Honolulu, HI 96815 ⓟ 전화 808-922-4722 ⓣ 시간 월~목요일 11:30~24:00, 금~토요일 12:00~01:30 ⓗ 휴무 연중무휴 ⓢ 가격 맥주 $4~, 칵테일 $8~ ⓟ 주차 인근 유료 주차장 ⓗ 홈페이지 www.rumfirewaikiki.com

핑크 마티니
Pink Martini

마이 타이 바 Mai Tai Bar

알라모아나 센터 4층 호오키파 테라스의 식당가 중심에 야외 테라스처럼 꾸며진 마이 타이 바는 현지 주민들이 퇴근 후 가볍게 한잔하는 스폿이자 만남의 장소. 라이브 공연과 텔레비전 스포츠 방송이 있어 쇼핑하다 들르는 사람들이 많다. 요즘 유행하는 플랫 브레드 피자와 샐러드 메뉴가 인기 좋고, 다양한 에피타이저가 있어 요기를 하기에 적합하다. 4층은 버바 검프 쉬림프, 캘리포니아 피자 키친 등 유명한 체인 레스토랑들이 대거 입점해 있어 다른 층에 비해 조용한 편이다. 로열 하와이언 리조트의 마이 타이 바와는 관계가 없다!

VOL.2 MAP p.385G INFO p.394

하드록 카페 Hard Rock Cafe

로큰롤 포에버 베이비! 로큰롤 음악을 테마로 한 하드록 카페는 1990년대 말 와이키키 초입에 문을 열었다가 최근 와이키키 비치 워크 쪽으로 자리를 옮겨 유수의 리조트와 쇼핑 중심가와도 가깝다. 아메리칸 스타일의 펍&레스토랑(Pub&Restaurant)으로 누구나 쉽게 기분이 업(Up)되는 에너지 넘치는 로큰롤 음악이 흐른다. 버거와 샐러드, 칵테일과 맥주 등 전형적인 아메리칸 스타일이지만, 보통의 프랜차이즈 음식 수준을 훨씬 뛰어넘는다. 1층에 들어서면 전설적인 뮤지션들의 소장품과 기념품들이 눈길을 사로잡고, 기타들이 선율처럼 뻗어 올라가는 조형물이 놀랍다. 라이브 공연이 열리기도 하며, 해피 아워(15:00~18:00)에는 각종 음료가 할인되어 찾는 사람이 많다.

VOL.2 MAP p.384F INFO p.397

데이브&버스터 Dave&Busters

어른은 물론 어린이들도 함께 즐길 수 있는 다양한 오락 게임기가 놓인 공간에 스포츠바, 레스토랑이 더해진 복층 구조의 복합 엔터테이먼트 홀. 입장권을 끊어서 게임 층으로 올라가면 라스베이거스에나 있을 법한 금화 코인들을 딸 수 있는 기계를 비롯해 스타워즈와 고스트버스터즈 같은 테마 게임기, 오토바이, 사격, 농구, 4D 스크린 게임 머신이 있다. 어른과 아이 모두 흥분하기에 충분한 2백여 개의 게임기가 휘황찬란하다. 전자식 오락 게임기 외에도 파트너와 함께 몸을 움직이며 즐길 수 있는 포켓볼과 미국식 핸드 하키 같은 스포츠 경기를 할 수 있어 팀플레이도 가능하다.

VOL.2 MAP p.431D 찾아가기 렌터카 와이키키에서 Ala Moana Blvd로 주행 후 Atkinson St 교차로에서 우회전해 주차장 진입, 호놀룰루 공항에서 15분, 와이키키에서 10분 소요 버스 The Bus 8번 알라모아나 센터 하차 트롤리 블루, 레드, 핑크 라인 알라모아나 센터 하차 주소 Ala Moana Center, 1250 Ala Moana Blvd, Honolulu, HI 96814 전화 808-947-2900 시간 일~목요일 11:00~23:00, 금~토요일 휴무 추수감사절 당일 가격 음료 $3.50, 식사 메뉴 $13.95~ 주류 무료 주차 홈페이지 www.daveandbusters.com

Brewing House

미국식 수제 맥주를 맛보자

요즘 하와이에서 맥주 브루잉 하우스는 그야말로 최고 인기. 수제 맥주 전문점이라고 할 수 있는데 시끌벅적 활력 넘치는 분위기에 미국식 푸짐한 안주가 식사로도 손색없다. 친구와 연인은 물론 점심시간에 아이 동반 가족도 많이 찾는다. 다음 3곳이 하와이 3대 브루잉 펍이다.

> 야드 하우스라는 이름에 걸맞게 맥주잔은 야드 단위의 길이로 되어 있다.
> 하프야드 글래스 45cm $8
>
> 탑으로 쌓아 올린 어니언 링
> Onion Rings
> $6.50

야드 하우스 Yard House

스포츠바 겸 체인 레스토랑으로 와이키키 비치 워크(Waikiki Beach Walk™)가 새로 생기면서 문을 열었다. 130여 종이 넘는 맥주를 보유하고 있고, 에피타이저, 버거, 샐러드 같은 방대한 아메리칸 스타일 메뉴를 선보인다. 여러 사람과 함께 즐기려면 맥주 샘플러를 추천한다. 분위기와 음식 맛이 좋기로 유명해 저녁 시간대부터 대기 줄이 길어진다. 레스토랑 테이블과 별도의 바 구역은 예약 없이 앉을 수 있다. 하루에 뽑아내는 맥주의 양이 어마어마한 이곳의 맥주 저장소가 궁금하다면, 비밀은 바로 맥주 디스펜서 뒤로 연결된 은색 파이프. 천장으로 해서 벽 뒤의 대형 맥주 숙성실까지 연결되어 있다. 맥주 흐르는 소리를 감추기 위한 비밀 장치 중 하나가 바로 신나는 펍 음악, 로큰롤과 댄스 팝송이 끊이지 않는 이유가 바로 이것이다.

VOL.2 MAP p.384I INFO p.396

맥주 안주로 최고
아보카도 샌드위치
Avocado Sandwich
$10

마우이 브루잉 컴퍼니 Maui Brewing Co.

하와이 수제 맥주의 양대 산맥 중 하나인 마우이 브루잉 컴퍼니가 마우이의 3개 지점을 거쳐 와이키키에도 문을 열었다. 와이키키 해변 중앙 내륙 2층에 위치해 접근성이 좋으며 다양한 수제 맥주는 물론 식사 메뉴도 있다. 넓은 야외석과 실내석이 있지만 1층 입구부터 대기줄이 있는 경우가 많다. 오후 4~6시 해피아워에는 특히 사람이 많다.

VOL.2 MAP p.385J INFO p.398

4종의 시음 맥주
비어 플라이트
Beer Flight
$7.75

시음용 4종 맥주 샘플러
Beer Sampler $4

코나 브루잉 컴퍼니 Kona Brewing Co.

빅아일랜드의 코나 지역에서 시작된 하와이 수제 맥주 전문점. 하와이의 신화와 지역 이름을 딴 맥주와 음식 이야기로 색다른 흥미를 준다. 어떤 모임도 소화할 수 있는 스펙트럼이 넓은 미국식 메뉴와 다양한 수제 맥주로 하와이만의 신선한 경험을 할 수 있다. 특히 본점인 빅아일랜드 코나 지점이 맛있기로 정평이 나 있다.

VOL.2 MAP p.408J INFO p.421

병아리콩과
마늘로 만든 스낵
후알랄라이 후무스
Hualalai Hummus
$10.25

트로피컬 이치 Tropical Itch

트로피컬 이치는 힐튼 하와이언 빌리지에서 블루 하와이와 같은 해에 소개된 칵테일로 하와이 태생이다. 칵테일은 주로 여성을 위한 술로 알려진 만큼 비주얼과 장식을 많이 사용하는데 트로피컬 이치는 이런 점에서 가장 스타일리시한 칵테일 중 하나다. 시원하면서 새콤달콤한 칵테일로 패션 프루트의 노란색을 띤다. 벌레가 날아들 듯이 혹은 끈끈이라도 되는 듯 자꾸 입에 달라붙는 환상적인 맛.

TIP 트로피컬 이치는 라바 플로 이전 세대에 전성기를 누렸다. 미니어처 효자손을 따로 만들어 사용하던 칵테일 라운지는 많이 사라지고 와이키키의 듀크스(Duke's) 레스토랑과 힐튼 하와이언 빌리지 등이 남아 있다. 주문 시 점원에게 확인해 보는 것이 팁!

알코올 도수 상 중 하
맛 마이 타이와 비슷하지만 새콤달콤함 추가

▶▶ | WHAT TO DO
하와이니까! 오감 만족의 힐링 타임에 필요한 특별한 한잔

연인의 입맞춤처럼 부드럽게 살랑거리는 바람을 느끼며 해변 그늘에 앉아 코코넛 내음 가득한 칵테일을 머금어보는 것은 누구나 꿈꾸는 휴양지의 로망! 저마다 다른 이름과 사연을 가진 하와이의 특별한 칵테일은 때로는 꽃향기가 날 것 같은, 입술이 붉게 물들 것 같은, 하와이의 시원한 바다를 보는 것 같은 개성이 있다. 하와이다운 특별한 한잔을 알아보자.

마이 타이 Mai Tai

마이 타이는 블루 하와이와 함께 흔히 볼 수 있는 하와이 대표 트로피컬 칵테일이다. 하지만 태어난 곳은 하와이가 아닌 캘리포니아, 기원은 블루 하와이보다 훨씬 이전으로 거슬러 올라간다. 마이 타이는 오렌지 주스와 라이트 럼, 다크 럼에 코코넛 과즙을 섞기 때문에 생각보다 알코올 도수가 조금 높을 수도 있다. 하와이 꽃 한 송이를 귀에 꽂은 수줍은 여인 같은 모습에 누구나 좋아할 만한 칵테일. 반면 대량으로 서빙하는 곳에서는 저렴한 럼을 섞는 경우가 있어, 많이 마시면 두통을 유발하기로 악명 높다.

TIP 마이 타이는 맛보다 향이 풍부한 칵테일. 무알콜로 주문하면 짙은 갈색빛이 사라지고 달콤함이 살아나는데, 국내 음료 중에 자두맛 주스와 비슷하다.

알코올 도수 상 중 하
맛 코코넛 향과 함께 상큼한 과일향

블루 하와이 Blue hawaii

하와이를 대표하는 칵테일 중 하나로 1957년 힐튼 하와이언 빌리지에서 처음 소개되었다. 럼주가 거의 유일한 술이던 하와이에 다양한 종류의 주류가 유입되면서 신메뉴 개발의 일환으로 다양한 칵테일이 선보였는데, 그중 파란색의 시원한 색감과 상큼한 맛을 보고 바텐터가 붙인 이름이 바로 블루 하와이다. 얼음을 잘게 부숴 파인애플 주스와 코코넛 주스를 갈지 않고 따로 섞으면 맑은 색감이 나온다. 하지만 알코올 도수가 높아지니 입맛에 맞게 조절해 주문하는 것이 좋다. 하와이의 바다는 검푸르기보다 에메랄드빛이 섞여 더욱 오묘하다. 이름처럼 하와이 바다를 꼭 닮은 특별한 한잔을 기억하자.

알코올 도수 상 중 하
맛 상큼하고 새콤함, 달지 않음

TIP 특별한 색감을 내는 열쇠는 바로 블루 큐라소라는 알코올이다. 국내에서 마셔본 블루 하와이를 떠올리며 무알콜로 주문하면 돌아오는 대답은 '쏘리(Sorry)'! 단, 블루 하와이는 일반적으로 독한 칵테일이 아니라는 점을 알아두면 좋다.

✓ 하와이 맥주를 맛보자

하와이를 대표하는 코나 브루잉 컴퍼니(Kona Brewing Co.)가 생산하는 맥주 중에 누구에게나 입맛에 맞고 잘 알려진 맥주들이 있으니 한 번쯤 시도해 보자. 주의할 점은 직접 양조한 맥주들은 국내 시판 맥주보다 맛과 향이 거칠고 도수가 높다는 것. 이런 맥주들은 비어(Beer)가 아니라 에일(Ale)이라고 부르며, 특유의 쌉싸름한 맛이 있다.

[빅웨이브 골든 에일]
Big Wave Golden Ale
빅웨이브는 색이 옅은 편으로 골든 에일이라고 부르며 에일 중에 가벼운 편. 목 넘김이 좋고 부드러운 거품으로 유명하다. 누구나 좋아할 만한 맛으로 특히 물놀이와 야외 활동 후 시원하게 즐기기 좋다. 가벼운 질감으로 어떤 음식과도 궁합이 잘 맞지만, 빅웨이브만으로도 충분하다.

[파이어 록 페일 에일]
Fire Rock Pale Ale
아메리칸 페일 에일 양조법으로 특유의 연한 컬러와 깨끗한 맛으로 정평이 난 맥주. 약간 쌉쌀함과 새콤함이 풍부한 아로마로 음식과 잘 어울린다. 육류 바비큐나 오리엔탈 소스의 샐러드와 잘 어울리기 때문에 치킨윙 등 에피타이저나 한국 음식과도 잘 맞는다.

라바 플로 Lava Flow

다른 칵테일보다 최근에 나온 트렌디한 음료인 라바 플로는 빅아일랜드의 선명한 붉은색 용암이 흘러내리는 것을 형상화했다. 빅아일랜드를 상징하기도 하는 하와이 칵테일. 딸기와 라즈베리 맛이 나고 무알콜로 스무디처럼 조절할 수 있어서 젊은 층이 많이 찾는다. 대조적인 색감이 사진을 잘 받는 칵테일 중의 포토제닉이다. 단, 과일 퓨레와 코코넛 크림이 들어가기 때문에 열량이 높은 편. 요거트 셰이크를 좋아하는 사람에게 추천할 만하다.

알코올 도수 상 중 하
맛 새콤달콤한 과일맛과 밀키한 질감

TIP 집에서도 만들어 먹기 쉬운 라바 플로 레시피는 (라즈베리+딸기+바나나+파인애플 주스+코코넛 크림)=(무알콜 라바 플로)이며 여기에 말리부 럼과 코코넛 럼을 더하면 라바 플로가 된다.

SHOPPIN

한 번 보면 손에서 내려놓기 힘든 아기자기한 기념품과 선물용 먹거리, 평소에 사고 싶던 모든 것을 장바구니에 채우는 순간을 상상해보자.

276	**MANUAL 21**	하와이 스타일 아이템
282	**MANUAL 22**	하와이 뷰티 아이템
284	**MANUAL 23**	하와이 기념품
296	**MANUAL 24**	알라모아나 센터
312	**MANUAL 25**	아웃렛
320	**MANUAL 26**	슈퍼마켓
332	**MANUAL 27**	재래시장

MANUAL 21 __ 하와이 스타일 아이템

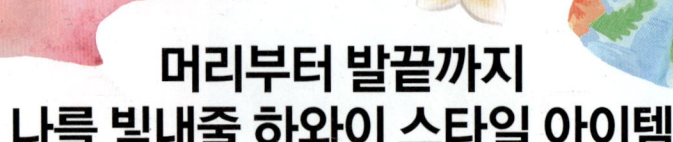

머리부터 발끝까지
나를 빛내줄 하와이 스타일 아이템

하와이에서는 하와이 스타일로 꾸미라!
도시에서 입던 옷을 벗어던지고
하와이 분위기를 내보자.
여자들은 머리에 꽃송이를 꽂고
하늘하늘한 실루엣 원피스를 입어보자.
남자들은 해변의 왕자 스타일도 좋다.
스치는 바람결에 코코넛과 꽃향기를
더한다면 낭만이 한껏 넘칠 것이다.
백화점부터 벼룩시장까지!
안 사면 반드시 후회할
아이템을 소개한다.

Aloha~!
내 의상에 블링블링을
더해 주는
포인트 액세서리

Made in HAWAII
ITEM 01

블링블링한 팔찌 Bracelets

하와이에서는 주로 짧은 소매나 민소매 옷을 입게 마련이다. 이때는 팔목에 더욱 눈길이 가는 법. 움직일 때마다 찰랑찰랑 흔들리며 반짝거리는 팔찌가 특히 인기 아이템.

하와이 로고 빅 쇼퍼백 Shopper Bags

하와이 로고가 화려한 빅 쇼퍼백. 가볍고 때가 잘 타지 않으며 넉넉히 넣을 수 있어 명품 가방 못지않게 인기 좋은 하와이 유니크 아이템.

꽃목걸이 레이 Flower Leis

하와이를 상징하는 넘버원 아이템은 뭐니 뭐니 해도 꽃목걸이 레이. 은은한 꽃향기가 나는 생화 또는 가볍고 색감이 화려한 조화 둘 중 무엇이든 상관없다. 때, 장소, 시간과 옷차림에 상관없이 걸치자마자 '알로하~!'로 100% 변신을 책임진다. 남자들은 대부분 쿠쿠이 넛으로 만든 레이 한 가지만 하는 편이고, 여자들은 다양한 종류를 액세서리처럼 착용한다. 조개와 진주 등 스페셜한 레이도 있으니 취향껏 골라보자.

귀걸이&목걸이 Earings&Necklaces

자유로운 감각의 레게풍 귀걸이와 하와이 꽃 문양, 조개와 불가사리 등 바다와 자연을 테마로 한 귀걸이 하나만으로도 눈길을 사로잡는 포인트가 된다. 하와이의 대표적인 스타일 아이콘이기도 한 슬리퍼 모양의 반짝이는 목걸이 역시 인기 만점!

꽃 모양 장신구 Flower Pieces

하와이 전통 꽃을 본떠 만든 장신구로 귀 옆에, 머리에 또는 목걸이로 활용할 수 있는 형형색색의 다양한 액세서리를 하와이 곳곳에서 볼 수 있다. 루아우 디너쇼 혹은 비치바에서 기분을 만끽하고 싶은 날 한 번쯤 이국적인 변신을 시도해 보는 것은 어떨까?

코아 우드 반지 Koa Wood Rings

하와이의 고유종으로 희소성이 있어 더욱 가치 있는 코아 나무를 깎아 만든 반지는 특히 글씨를 새겨 넣을 수 있어서 인기가 좋다. 자연 소재에서 편안하고 고상한 품격이 느껴지는 매력적인 아이템.

액세서리를 좋아하는 사람이라면 꼭 가봐야 할 스토어

ABC 스토어 ABC STORES

와이키키 골목의 코너마다 있는 편의점으로 가격대는 편의점에 비해 높은 편. 하와이언풍 액세서리의 종류와 색상이 다양해서 선택의 폭이 넓고 구경하는 재미로 시간 가는 줄 모르기 십상이니, 하루 일과의 마지막에 들러볼 것을 추천한다.

홈페이지 www.abcstores.com

Royal Hawaiian Center
로열 하와이언 센터 지점
VOL.2 MAP p.404

Hyatt Regency Waikiki Beach Resort&Spa
하얏트 리전시 와이키키 비치 리조트&스파 지점
VOL.2 MAP p.385G INFO p.399

Hilton Hawaiian Village
힐튼 하와이언 빌리지 지점
VOL.2 MAP p.384A

마우이 다이버스 주얼리 Maui Divers Jewelry

하와이를 대표하는 프리미엄 보석 및 액세서리 브랜드로 매장을 방문하면 독특한 하와이 진주를 실제로 캐내는 경험도 해볼 수 있다. 꽃과 달, 돌고래 등 하와이 자연을 모티브로 한 고유 디자인으로 사랑 받는다. 전 지역에 여러 지점이 있다.

VOL.2 MAP p.431D

MANUAL 21 | 하와이 스타일 아이템

하와이에서 꼭 입어야 할 알로하 셔츠와 무우무우
Made in HAWAII
ITEM 02

무우무우 Muumuu

다채로운 색감과 드레시한 디자인의 무우무우는 우리가 보기에 휴양지 의상 같지만 하와이 여성들에게는 정장으로 입는 무릎 덮는 길이의 세미-롱 또는 롱 드레스. 몸에 딱 달라붙지 않아 시원하고 활동하기도 편해 리조트뿐만 아니라 사무실과 결혼식 피로연, 생일 파티 같은 격식 있는 자리에서도 입는다. 하와이 곳곳에서 무우무우 매장을 쉽게 발견할 수 있다.

알로하 셔츠 Aloha Shirts

하와이에서는 격식 있는 정장으로 입는 알로하 셔츠는 자연을 모티브로 한 문양과 심플한 디자인으로 사랑받고 있다. 남자들이 좋아할 만한 실키하고 구김이 적은 시원한 소재와 부드러운 색감으로 하와이뿐만 아니라 범 아일랜드 문화권의 대표적인 남성복이다. 와이키키 거리에서도 쉽게 찾아볼 수 있으며, 토리 리처드(www.toririchard.com), 토미 바하마(www.tommybahama.com), 카할라 셔츠(www.kahala.com) 등 다양한 프리미엄 리조트 웨어 브랜드로 만날 수 있다.

알로하 셔츠와 무우무우를 구매한다면 꼭 가봐야 할 스토어

카할라
Kahala

명품에 못지않은 퀄리티 좋은 남성용 알로하 셔츠와 드레스 셔츠, 골프웨어 대용으로 입어도 손색이 없는 다양한 팬츠까지 선보이며 여러 매장이 운영중이다. 주로 리조트웨어로 손색이 없어 고급 리조트의 1층에 매장이 있는 경우가 많다.

VOL.2 ⓜ MAP p.408I

T갤러리아 DFS
T Galleria by DFS

팬데믹 기간 레노베이션을 거쳐 새로 문을 연 DFS 갤러리아 1층에는 명품 의류 브랜드가 주를 이루는 사이로 여러 의류, 잡화를 모아 편집숍처럼 운영중이다. 대부분 여성복 위주로 품질이 좋은 하와이안 스타일 모던 드레스와 전통 무우무우 숍으로 한번쯤 둘러볼 것을 추천!

VOL.2 ⓜ MAP p.384E ⓘ INFO p.400

무우무우 몰
MUMU

와이키키 내에서 ABC 스토어의 천편일률적인 디자인 아이템과 의류는 싫증 나고, 남과 조금이라도 다르게 입고 싶을 때 들러보면 좋은 집. 도매로 물건을 만드는 공장과 연계되어 있어 저렴한 가격으로 새로운 패턴의 무우무우와 알로하 셔츠를 발견하는 행운을 만날 수 있다. 특히 아시아인들에게는 디스카운트의 묘미를 느낄 수 있는 곳이니 발품을 팔아볼 만하다.

VOL.2 ⓜ MAP p.404

스타일 업, 하와이 필수 아이템 엣지 있는 모자

Made in HAWAII
ITEM 03

챙 모자 Floppy Hats

여성스러운 스타일의 일등 공신이라 할 수 있는 챙 모자는 다양한 연출이 가능하지만 넓은 챙 모자를 미니스커트나 숏팬츠와 매치하면 전체적인 실루엣이 역삼각형으로 자칫 4등신으로 보일 수도 있으니 긴 맥시드레스를 추천!

카우보이 모자 cowboy Hats
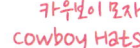
한국에서 제대로 된 카우보이 모자를 사는 것이 하늘의 별 따기였던 사람들에게 하와이 쇼핑 목록 중 꼭 추천하고 싶은 아이템. 편한 데님과 가죽에 매치하면 좋다. 카우보이 부츠와 함께 코디하면 스타일 완성!

페도라 Fedora

바람이 많은 하와이에서 챙이 큰 모자 못지않은 인기 아이템. 가벼운 천연 소재부터 울과 가죽에 이르기까지 다양한 종류와 색상이 있다. 짧은 머리에 더 잘 어울리는 모자.

모자를 좋아하는 사람이라면 꼭 가봐야 할 스토어

노드스트롬 랙
Nordstrom Rack

노드스트롬 백화점의 잡화 코너에서 아웃렛으로 나온 제품들이기 때문에 유명 디자이너 브랜드의 챙모자와 소재가 독특한 제품을 할인된 가격으로 구입할 수 있다. 휴양지에서 한두번 쓰기에 야깝지 않은 가격으로 퀄리티가 좋은 제품을 고르는 재미를 느껴보자.
VOL.2 ⓜ MAP p.431D ⓘ INFO p.443

알로하 햇 컴퍼니
Aloha Hat Company

모자야말로 모든 패션 스타일링에 화룡점정이라는 신념을 가지고 20년간 업계 경력을 쌓아온 주인이 운영하는 숍. 매일 다른 모자를 쓰자는 마음으로 평범한 디자인보다 마우이의 강한 자외선과 로맨틱한 해변 정취에 어울리는 디자인과 색상이 많다. 핸드메이드로 유니크한 컬러와 디자인이 눈길을 사로잡는다. 특히 중세 귀족들이 썼을 법한 로맨틱 챙 모자가 인기. 숍스 앳 와일레아 지점
VOL.2 ⓜ MAP p.468I

채플 해츠
Chapel Hats

특수 의상에 어울릴 것 같은 깃털 장식 모자부터 챙 모자와 페도라, 가죽 모자 등 다양한 브랜드의 모자 편집 숍. 비니, 야구 모자, 플로피햇, 페도라와 클로슈를 비롯해 분장 소품 같은 재미있는 모자까지 상황별 취향별로 구비하고 있다. 모자 외에도 패션 액세서리 소품이 많아 자칫 충동구매를 하기 쉬우니 천천히 둘러보고 신중하게 고르자. 하와이 전 지역에 매장이 있어 여행 중 쉽게 찾아볼 수 있는 고급 모자 전문점.
VOL.2 ⓜ MAP p.384F

MANUAL 21 하와이 스타일 아이템

내 발은 소중하니까, 편안한 슬리퍼
Made in HAWAII
ITEM 04

내가 직접 디자인하는 슬리퍼
하와이의 최신 유행 트렌드는 나만의 유니크한 맞춤 디자인의 플립플랍. 진정한 패셔니스타의 스타일을 완성하는 한끝 차이. 남들도 신는 것은 필요 없다! 내 발에 꼭 맞는 사이즈, 원하는 색 배합에 영문 이니셜 같은 유니크한 장식을 달아 완성한다면 세상에 하나뿐인 나만의 플립플랍을 신을 수 있다.

유명 브랜드 제화의 하와이 한정 제품
브라질에서 탄생한 이파네마, 젤리 슈즈로 인기 있는 하바이아나스 등 할리우드 셀럽들도 즐겨 신는 핫한 브랜드로 감각적인 디자인과 편한 착화감, 자연적인 소재로 가격대가 높은 편이다. 하와이 한정 디자인은 파인애플과 야자수, 석양 같은 하와이의 자연을 그려 넣어 발끝에 포인트를 준다.

하와이 로고 슬리퍼
와이키키 거리 상점들과 대형 슈퍼마켓에서도 흔히 볼 수 있는 'HAWAII' 로고가 알록달록 박힌 형형색색의 플립플랍. 착화감이 훌륭하지는 않지만 하와이를 내 발에 깔아본다는 생각만으로도 기분 좋아진다. 저렴한 가격 또한 구매 상승 욕구 플러스 요인이다. 형광펜으로 보일 요량이 아니라면 옷은 무채색 또는 단색으로 맞춰보자.

슬리퍼를 구매한다면 꼭 가봐야 할 스토어

플립플랍 숍
Flip Flop Shop

2004년부터 와이키키와 마우이 섬 전역에 매장을 열기 시작해 플로리다 주까지 확장한 플립플랍 류의 휴양지 스타일 신발을 전문으로 취급하는 브랜드다. 라이프스타일 의류 컨셉을 즐긴다면 서핑 선수들도 즐겨 찾는 여러 프리미엄 샌들을 직접 신어 보자.
와이키키 지점
VOL.2 MAP p.384J

노드스트롬 랙
Nordstrom Rack

다양한 브랜드의 플립플랍을 만날 수 있으며 노드스트롬 백화점의 아웃렛 매장이기 때문에 가격도 부담 없다. 정상 가의 70% 이상 저렴한 놀라운 할인율로 여름 용품이 필요한 경우, 여행 첫날 들르는 것도 좋다! 와이키키에도 지점이 생겨 호텔 근처에서 이용하기 편리하다.
워드 센터 지점
VOL.2 MAP p.431D INFO p.443
와이키키 지점
VOL.2 MAP p.384F INFO p.401

아일랜드 솔
Island Sole

하와이 전역의 쇼핑센터에서 만날 수 있는 신발 가게로 여러 종류의 브랜드를 취급하는 편집 매장이다. '걸음걸음마다 알로하를 퍼뜨리세요'라는 모토로 멸종 위기에 처한 하와이 주의 상징 새 네네를 마스코트로 하고 있다. 대부분 로컬 브랜드로 하와이 풍토를 누구보다 잘 아는 사람들이 제작하는 의류, 잡화, 플립플랍은 물론 워킹화와 러닝화까지 현지 주민들과 관광객이 모두 좋아할 만한 제품이 많다.
와이키키 지점 VOL.2 MAP p.385K
코올리나 지점 VOL.2 MAP p.430J

하와이 아가씨 되기 참 쉽죠~! 하와이언 사롱처럼 묶어 입기

비키니 차림의 해변의 여인들이 하나둘 집으로 돌아갈 때면 깔고 누워 있던 천을 옷처럼 몸에 두르는 진기한 광경을 보게 된다. 하와이언 사롱(Sarong)이란 180cm×20cm 스카프보다 더 큰 크기의 천에 하와이언 문양이 프린팅된 것으로 두께에 따라 용도가 다양하다. 하늘하늘 얇은 것은 가볍게 비치 타월 대신 해변에서 사용하기 좋다. 하와이 사람들이 자주 쓰는 방법 중에 누구나 따라 하기 쉽고 옷매무새도 예쁜 몇 가지 방법을 소개한다. 큰 하와이 꽃 프린트 천을 원피스처럼 두르고 꽃목걸이 레이만 두르면 누구나 하와이 패셔니스타!

홀터넥 드레스 The Halter Dress
❶ A와 B를 목 뒤에서 서로 묶는다.
❷ C와 D를 들어서 허리 위로 겹쳐 올린 후,
❸ C와 D를 허리 뒤에서 서로 묶는다.

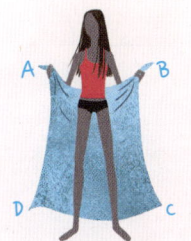    

미디 스커트 The Midi Skirt
❶ A와 B를 허리에서 서로 묶는다.
❷ C와 D의 안쪽 면이 바깥으로 보이게 접어 올린다.
❸ 허리에서 A와 B 매듭의 반대쪽에서 서로 묶은 후 아랫단 매무새를 다듬는다.

오픈 프론트 홀터넥 드레스 The Open-Front Halter Dress
❶ 사롱을 등에서 둘러 A와 B를 가슴 위에서 교차시킨다.
❷ A와 B를 한 번 묶은 후 양끝을 비틀어 돌리면서 목 뒤로 넘긴다.
❸ 목 뒤에서 매듭을 묶어 고정한다.

MANUAL 22 ___ 하와이 뷰티 아이템

내 피부를 부탁해, 스킨케어 뷰티 아이템

Beauty item

여행하는 동안 강한 자외선과 환경의 변화로 인해 민감해진 피부를 지켜줄
스킨케어 제품부터 하와이에서만 만날 수 있는 특별한 향기와 재료로 만든 배스&바디 제품까지
구석구석 샅샅이 뒤져서 고른 하와이 잇 아이템. 하와이의 대자연이 선사하는
치유의 명약을 피부에 양보하고 싶은 사람, 하와이 향기를 오래도록 간직하고 싶은 사람, 모두 모여라!

ITEM 01

이거 안 바르면 못 나가!
자외선 차단제

➜ **하와이언 트로픽** 선스크린
Hawaiian Tropic Sunscreen
$10.99(1개 8oz, 236ml)
피부 자극을 최소화하고 발림성이 좋은 제품으로 유아용과 스포츠용, 로션과 오일, 스프레이 타입 등 다양한 종류가 있다.

➜ **선범 오리지널** 선스크린
Sun Bum Original Sunscreen
$15.99(1개 8oz, 236ml)
물놀이와 야외 활동에 최적화된 선케어 제품으로 서핑 선수들이 특히 선호한다.

ITEM 02

한국에만 있는 게 아니야! 마스크 시트 팩

➜ **세포라** 마스크 팩
Sephora Mask Pack $6(1개)
영양은 물론 미백 효과까지 있는 세포라 마스크 시트 팩은 한국과는 달리 하와이에서는 흔히 구할 수 있는 아이템이 아니다. 화장품 편집숍 세포라 브랜드에서 출시한 마스크 팩은 품절되기 쉬우니 일단 보면 곧바로 구입하자!
(아보카도, 알로에 베라, 로즈 등)

ITEM 03

내 피부를 돌려줘! 애프터 선케어

➜ **마우이 오가닉스** 쿨 알로에
Maui Organics Cool Aloe $13.99
(1개 4.5oz, 133ml)
젤 타입으로 유분기가 전혀 없고 빠르게 흡수되어 하와이를 자주 방문하는 사람들 사이에 인기 좋은 아이템. 동물 실험을 하지 않으며 수익의 일부를 해안경비대에게 돌려주는 사회적 기업이 정성껏 만들어 더욱 인기 있다.

➜ **바나나 보트** 알로에 애프터 선 젤
Banana Boat Aloe After Sun Gel
$7.99(1개 16oz, 473ml)
장시간 태양에 노출되고 나서 피부가 살짝 붉어지거나 화끈거릴 때 사용하면 좋다. 피부가 쓰려 상처가 나거나 긁은 경우에도 자극을 완화해 주고 열기를 빼주며 세포 재생을 촉진하는 알로에 젤을 적극 추천한다.

ITEM 04

하와이 향기를 입으세요!
바디 워시와 바디 로션

▶ 배스&바디 웍스 바디 워시
Bath & Body Works
Body Wash $14.50
(1개 8oz, 236ml)
한국 사람들이 선호하는 브랜드 중 하나인 배스&바디 웍스의 하와이언 아이템 라인업은 가볍고 싱그러운 향기와 산뜻한 질감이 특징이다. 브랜드 특유의 젊고 활기찬 디자인과 코코넛, 망고, 플루메리아 등 하와이를 떠올리는 향기로 마음을 움직인다.

◀ 말리에 오가닉스 바디 워시
Malie Organics Body Wash $16.99(1개 2.5oz, 74ml)
하와이에 바탕을 둔 오가닉 스킨케어 스파 제품으로, 미국에서는 상류층을 위한 브랜드로 이미 잘 알려져 있다. 각종 럭셔리 잡지와 스파 잡지 등에서 소비자가 뽑은 베스트 제품으로 자주 등장한다. 하와이의 다양한 꽃과 과일이 함유된 오가닉 오일과 향수, 바디 용품이 있다. (코코넛, 바닐라, 피카케 등)

▶ 라라인 트래블 키트
Laline Travel Kit(Hawaii Body Souffle, Body Mist, Body Scrub) $29.90(1세트, 각 1.7oz, 50ml)
한국 최고의 뷰티 바이블이라 불리는 <겟 잇 뷰티> '하와이 편'에서 뷰티 멘토들이 앞다퉈 장바구니에 담으며 사랑에 빠졌던 제품을 눈여겨보았다면 당신은 이미 뷰티 고수! 사해 소금이 함유된 오가닉 스킨케어 제품의 하와이 한정판 바디 로션, 바디 스크럽, 바디 미스트가 한 세트로 구성된 트래블 키트.

ITEM 05

열대 과일과 꽃내음으로
기분까지 업! 비누와 향초

↑ 아일랜드 솝&캔들 핸드메이드 비누
Island Soap&Candle Handmade
Soaps(Gardenia, Pineapple, Hawaiian
Clay) $4.50(1개 4oz, 118ml)
1990년대 카우아이에서 처음 시작한 수제 비누와 스킨케어 전문 매장. 파인애플과 파파야 등 천연 과일향과 색을 그대로 담은 비누와 향초는 언제나 선물 아이템 1순위다.

↓ 버블색 하와이 오가닉 비누
Bubble Shack Hawaii Organic Soap
$1.75(1개 1oz)
하와이에서 직접 생산하는 천연 유기농 재료의 배스(Bath), 바디(Body) 제품과 향초로 유명하다. 그을음이 없는 소이 캔들과 향기로운 열대 과일 향의 비누는 홀푸드 마켓(Whole Foods Market)과 T갤러리아 DFS에서도 만날 수 있다.

ITEM 06

다양한 향기, 독특한 패키지까지!
하와이 립밤

▶ 버츠비
비즈왁스 립밤
Burt's Bees Beeswax
Lip Balm $3.99(1개 8.5g)
친환경 스킨케어 제품의 대명사로 벌집에서 채취한 밀랍과 꿀 성분을 함유하고 있어 어린이를 비롯해 온 가족이 안심하고 사용할 수 있다. 한국에서 가장 유명한 립밤 중 하나인 버츠비 립밤은 하와이에서 훨씬 저렴하게 살 수 있다.

↓ 필티 팜걸 하와이언 스무치 립밤
Filthy Farmgirl Hawaiian Smoochie
Lip Balm $4.50(1개 0.2oz)
복고풍 포장으로 눈길을 사로잡으며, 하와이의 독특한 재료와 부드러운 촉감으로 유명하다. 코코넛과 초콜릿 향이 특히 인기가 높다.

↑ 포에버 플로럴스 립밤 Forever
Florals Lip Balm $3.50(1개 0.15oz)
메이드 인 하와이(Made in Hawaii)를 모토로 하와이의 열대 과일과 꽃 향기를 그대로 느낄 수 있는 스킨케어 제품. 특히 립밤은 비타민 E가 함유되어 부드러운 발림성과 코코넛, 망고, 파인애플, 오렌지 등 흔하지 않은 향으로 인기가 좋다. 선물용으로 더할 나위 없는 아이템.

↓ 허니걸 오가닉스 립밤 Honey Girl
Organics Lip Balm $5.25(1개 1.5oz)
100% 자연 성분으로 만들어 민감한 피부는 물론 임산부와 어린이도 안심하고 사용할 수 있는 USDA(미국 농무부) 공식 인증 제품. 우수한 품질로 입소문을 타면서 일본 관광객들 사이에 오랜 베스트셀러로 자리 잡았다.

MANUAL 23 ___ 하와이 기념품

이것만은 꼭! 누구나 챙기는 기념품과 독특한 로고 아이템

선물을 챙겨야 할 사람들이 있다면 이 코너를 주목하시라.
누구나 다 구입하는 식상한 물건들이 아니다. 하와이 구석구석을 돌아다닐 때마다
생각나는 가족이나 친구들을 위해 하나씩 모은 듯한 특별한 선물과 추억이 될 만한
기념품을 만나보자. 이렇게 모은 기념품과 개성 만점 로고 용품을 전부 선물하기에는
너무 아까워 나를 위해 하나쯤 남겨두는 것이 진정한 쇼핑 마니아의 룰!

☐ Kauai Coffee Swell Bottle

☐ Chicky Pine Plush Doll

☐ Key Holder

☐ Organic Paw Balm

☐ Crazy Shirts

☐ Coffee Logo Mug

☐ Been-There Hawaii Mug

☐ Cellphone Charms

☐ Macadamia Nuts

☐ Starbuck Tumbler

☐ Swaddle

☐ Chocolate Donkey balls

1. 크레이지 셔츠
Crazy Shirts

1964년 하와이에서 생겨난 아일랜드 스타일 남녀 의류 브랜드. 시원하고 부드러운 감촉의 품질 좋은 천연 소재를 사용해 세탁 후 변형이 없다는 장점과 다양한 테마의 독특한 디자인으로 전 세계에서 폭넓은 사랑을 받고 있다. 시즌마다 한정품을 내놓는데, 이를 수집하는 크레이지 셔츠 골수팬도 많다. 캘리포니아, 플로리다, 네바다 등 하와이처럼 리조트 웨어가 일상복으로 잘 발달된 지역에 많은 지점을 두고 있다. 하와이 스페셜 라인은 소재와 디자인이 차별적이다. 빅아일랜드 화산재, 코나 커피, 맥주, 바닷물 등의 재료로 염색하는 남녀 공용 라인이 있다. 하와이의 대표 꽃 히비스커스 여성용 스페셜 염색 라인은 티셔츠에서 꽃향기가 난다. 유머러스하고 재치 발랄한 디자인과 레터링으로 각 섬에서만 파는 한정판 아이템들이 지갑을 열게 한다. 이러한 아이템들은 각 섬의 주요 쇼핑센터와 거리, 심지어 호놀룰루 국제공항에서도 만날 수 있다. 한 번 사면 또다시 살 수밖에 없다는 소문의 주인공 크레이지 셔츠를 기억하자.

ⓖ **찾아가기** 각 쇼핑센터, 와이키키 스트리트 내, 공항 편집숍 내 등 무수

ⓢ **가격** 액세서리 $6~, 여성 티셔츠 $18~, 남성 티셔츠 $18~, 여성 팬츠 $32~, 남성 팬츠 $44~, 여성 5부 수피마 면바지 $44~, 스페셜 프린트(화산재, 코나 커피, 맥주, 미국 지폐 등) 반팔 티셔츠 $24~

마우나 로아는 빅아일랜드 공장에 직접 방문해 견학도 하고 기념품도 구매할 수 있다.

2. 마카다미아 넛
Macadamia Nuts

달콤 짭짜름 바삭한
허니 로스티드 마카다미아 넛
Honey Roasted Macadamia Nuts
$10.50(1봉지 8oz, 226g)

이륙한 비행기도 돌리게 한다는 마카다미아 넛. 견과류 중 가장 고급스러운 맛과 질감을 자랑하는 마카다미아 넛은 하와이 토종 특산물이 아니다. 상록수에서 열리는 열매로 1882년 호주에서 들어와 빅아일랜드 농장에서 토착화에 성공해 지금은 하와이가 세계 최대 생산지로 알려져 있다. 광활한 빅아일랜드 마우나 로아 화산 기슭의 비옥토를 기반으로 한 '마우나 로아(Mauna Loa)' 브랜드를 시작으로 유수의 초콜릿 브랜드들이 가세해 마카다미아 넛과 초콜릿의 혼합 상품들을 선보인다. 마카다미아 넛은 버터처럼 고소한 데다 부드럽고 촉촉하며 좋은 영양분을 함유하고 있다. 통째로 먹을수록 특유의 맛이 잘 살아나기 때문에 크기와 함량에 따라 가격 차이가 크다. 다른 양념과 함께 볶으면 다양한 맛으로 변신하기도 하지만, 열량이 높고 견과류 알레르기가 있는 사람은 조심하는 것이 좋다. 대표 브랜드로는 마우나 로아(Mauna Loa), 하와이언 호스트(Hwaiian Host)가 있다. 슈퍼마켓과 ABC 스토어를 비롯해 월마트, 코스트코, T갤러리아, 호놀룰루 공항에서도 쉽게 볼 수 있다.

천일염으로 고소하게 볶은
하와이언 시 솔트 마카다미아 넛
Hawaiian Sea Salt Macadamia Nuts
$10.50(1통 6oz, 170g)

향긋하고 부드럽게 입안을 감싸는
하와이 코코넛 시럽
Hawaii Coconut Syrup
$7.99(1병 10oz, 296ml)

3. 코코넛 시럽
Coconut Syrup

하와이 말로 니우(Niu)라고 하는 코코넛은 섬사람들에게 버릴 것이 없는 소중한 작물이다. 잎과 줄기는 생활 용품과 집을 만드는 데 이용하고, 열매는 영양가 높은 과즙을 마신 후 쪼개서 과육을 먹는다. 치아 건강에도 좋고 단백질과 섬유질이 풍부한 과육은 요리 재료에도 많이 쓰인다. 다양한 베이커리 제품에 뿌려 먹을 수 있는 코코넛 시럽은 맛을 한층 높이는 마법의 한 방울이다. 입속을 감싸는 달콤하고 부드러운 시럽은 특히 팬케이크, 와플, 스콘 등과 커피 음료에 잘 어울린다. 국내에서도 코코넛 오일이 열풍이지만 이 제품만큼 오일감 없이 농도와 당도가 적절하면서 천연의 맛을 내는 시럽을 구하기 어렵다. 하와이에서는 대부분 팬케이크 레스토랑에서 처음 접하게 되는데 레스토랑에서 판매하기도 한다. 슈퍼마켓, ABC 스토어, 호놀룰루 공항 선물 코너에서도 좀더 저렴하게 살 수 있다.

4. 초콜릿과 쿠키
Chocolates&Cookies

'하와이 초콜릿이 유명해?' 하고 잠시 주춤했다면, 1990년대 후반 해외 여행 선물의 상징처럼 여겨지던 하와이언 선(Hawaiian Sun) 초콜릿 상자를 떠올려보라. 미국에서 유일하게 카카오를 생산하는 지역이 바로 하와이다. 초콜릿 축제가 따로 있을 만큼 제품이 다양하고, 수제 초콜릿 브랜드의 품질과 명성이 높다. 요즘은 마카다미아 넛이나 캐러멜과 결합된 상품이 선물 코너를 가득 채우고 있다. 결정 장애가 있다면 브랜드를 따져보자. 전통의 강자는 1990년대부터 활약해 온 하와이언 선, 최근 강세는 하와이언 호스트(Hawaiian Host)다. 수제 초콜릿 전문 브랜드로는 호놀룰루 초콜릿 컴퍼니(Honolulu Chocolate Company)가 가장 오랫동안 사랑받고 있다. 고디바(Godiva), 시즈 캔디즈(See's Candies) 같은 인터내셔널 브랜드가 식상하다면 하와이에서만 볼 수 있는 수제 초콜릿을 추천한다. 호놀룰루 쿠키 컴퍼니(Honolulu Cookie Company) 또는 빅아일랜드 캔디즈(Big Island Candies) 같은 수제 쿠키에 초콜릿을 입힌 제품을 고르면, 마카다미아 넛과 초콜릿 2가지를 한꺼번에 맛볼 수 있다.

어머, 이건 꼭 사야 해!

1

초콜릿, 캐러멜, 마카다미아 넛의 환상적인 조화
아일랜드 맥스
Island Macs
$4.49 (1상자 5oz, 142g)

하와이언 호스트 Hawaiian Host
초콜릿 속에 마카다미아 넛이 들어가 있는 제품으로 가장 유명한 브랜드. 밀크 초콜릿, 다크 초콜릿에 이어 화이트 초콜릿과 캐러멜이 가미된 제품이 인기가 좋다.
🏠 홈페이지 www.hawaiianhost.com

2

프리미엄 초콜릿과 통 마카다미아 넛이 들어가 있는
아일랜드 트래디션 초콜릿 커버드 마카다미아 넛
Island Tradition Chocolate Covered Macadamia Nuts
$4.99 (1상자 2oz, 57g)

하와이언 선 Hawaiian Sun
전통의 강자로 오랜 역사와 프리미엄 제조법을 자랑하는 핸드 디핑 초콜릿의 브랜드 이미지를 가지고 있다. 다양한 크기의 선물용 포장 제품이 있어 합리적인 구입이 가능하다.
🏠 홈페이지 www.hawaiianfoodonline.com

3

말린 열대 과일 조각을 초콜릿에 퐁당!
초콜릿 딥드 파파야
Chocolate-dipped Papaya
$1.25 (1개)~

호놀룰루 초콜릿 컴퍼니
Honolulu Chocolate Company
수제 초콜릿으로 유명하며 무게에 따라 판매하므로 가격이 비싼 편이다. 고급스러운 포장지가 돋보일 뿐만 아니라 프랑스, 벨기에 등에서 수입한 최고급 재료로 만들어 한번 맛보면 중독되게 마련이다. 현지인들과 일본 관광객들 사이에서 특히 유명해 와이키키 쉐라톤 리조트에도 매장이 있을 정도다. 파인애플과 체리, 망고 등의 과일을 초콜릿에 디핑한 것과 달걀 모양의 트러플 초콜릿이 인기 아이템.
🏠 홈페이지 www.honoluluchocolate.com

5. 하와이 엽서 Postcards

'Live Aloha', 'I ♡ Hawaii' 등 눈길을 사로잡는 엽서와 빈티지풍의 하와이언 이미지를 담은 엽서는 호텔에서 바로 부칠 수 있기 때문에 특색 있는 기념품이 된다. 여러 가지 다른 모양의 엽서를 모자이크처럼 장식할 수도 있다. 각종 편의점과 호텔 기념품 숍, 와이키키 ABC 스토어, 월마트 등 대형 마트의 하와이 기념품 코너에서 볼 수 있다. ⓢ 가격 1$(1장)~

올해의 유행 컬러를 반영하여 눈길을 사로잡는
하와이 컬렉션 텀블러
Starbucks Hawaii Collection Tumbler
$26 (1개, 16oz)

하와이 파인애플을 모티브로 한
2022 지압 텀블러
Starbucks Hawaii Pineapple Tumbler
$36 (1개, 24oz)

하와이 빈데어 시리즈
하와이 머그컵
Starbucks Been-There Hawaii Mug
$22 (1개, 14oz)

6. 스타벅스 하와이 로고 머그&텀블러
Starbucks Hawaii Logo Mug&Tumbler

스타벅스 하와이 컬렉션은 스타벅스와 하와이가 컬래버레이션으로 진행하는 한정판으로 언제나 인기가 좋다. 소장 욕구가 저절로 생기는 디자인과 컬러감으로 유명하다. 국내의 스타벅스 컬렉터들에게 선망의 대상인 모델이 많아 온라인 해외 직구로도 가격이 기본 2배 또는 그 이상 호가하기 때문에 하와이 여행 중이라면 꼭 챙길 아이템!

통통 튀는 개성의 귀여운 파인애플 문양으로 디자인한 촉감 좋은 자연 소재 담요

스와들
Swaddle
$26 (1개, 120cmX120cm)

7. 오가닉 뱀부 코튼 스와들
Organic Bamboo Cotton Swaddle

하와이에서 만든 우수한 오가닉 면 제품이 크게 유행하면서 셀러브리티는 물론 일반인들의 소셜 미디어에서도 자주 볼 수 있는 유아용품이다. 스와들이란 일종의 유아용 담요를 말한다. 부드럽고 먼지 날림이 없는 대나무 섬유 70%, 면 30%로 만든 커다란 담요는 사계절 어디서든 가까이 두고 쓰기 좋다. 피부가 민감해서 소재를 신중하게 고르는 사람들에게 인기 만점. 소라와 조개껍데기, 파인애플, 열대식물 등 하와이 특유의 무늬와 알록달록한 색감으로 아기와 엄마가 함께 쓸 수 있다. 애착 이불과 유아 담요, 무릎 담요는 물론 실내에서 에어컨 바람을 피하고 싶을 때, 해변에서 타월 대신 자외선을 차단하거나 수영복 위에 두르는 것도 좋다. 가방에 묶고 다니면 멋진 패션 아이템으로 변신하기도 한다. 일반 매장에서는 쉽게 볼 수 없고 부티크 호텔과 리조트, 트렌디한 편집 매장 또는 온라인에서 만날 수 있다.

각 섬에서 놓치면 후회하는 희귀 아이템

여러 섬을 한 번에 여행하는 경우, 호놀룰루가 있는 오아후에 쇼핑센터가 가장 많은 데다 이웃 섬으로 가는 주내선 비행기의 수화물 무게도 감안해야 하므로 오아후에서 쇼핑을 모두 해결하려는 경우가 많다. 하지만 특산품처럼 그 섬에만 매장이 있거나 섬마다 제품 라인이 다른 경우가 있으니 꼼꼼히 확인할 필요가 있다. 하와이 쇼핑의 불문율은 맘에 드는 물건은 봤을 때 바로 사야 한다는 것!

니먼 마커스의 상징인 나비 모양
버터플라이 쿠키
Butterfly Cookies
$12~36(1상자)

니먼 마커스 한정판 호놀룰루 쿠키 컴퍼니와 니먼 마커스 백화점이 콜라보레이션한 쿠키로 알라모아나 센터의 프리미엄 백화점 니먼 마커스 3층 구어멧(식품) 매장에서 구입할 수 있다.

8가지 맛의 쿠키가 혼합된 시그니처 기프트 박스 컬렉션
시그니처 기프트 박스 컬렉션
Signature Gift Box
$21.95(1상자 24개입)

OAHU

1. 호놀룰루 쿠키 컴퍼니의 수제 쿠키
Honolulu Cookie Company

마카다미아 넛이 들어간 고소하고 달콤한 쇼트브레드 쿠키로 수제 쿠키 시장을 평정할 만큼 누구나 좋아하는 선물 아이템이다. 하와이를 상징하는 파인애플 모양이 귀엽고 사랑스럽다. 쿠키 중앙에 박힌 과일맛 젤리로 다양한 맛을 즐길 수 있고, 플레인 쿠키 또는 초콜릿을 입힌 디핑 쿠키 등 취향대로 고를 수 있다. 와이키키 내에 여러 매장이 있어 쉽게 발견할 수 있지만, 오아후와 마우이에만 매장이 있는 프리미엄 쿠키이므로, 슈퍼마켓 등 일반 매장에서 찾으려 한다면 낭패를 볼 수 있으니 알아두자.

가격 $10~30(1상자)   홈페이지 www.honolulucookie.com

대표 지점

Oahu [오아후 대표 지점]

1. 하얏트 리전시 와이키키 비치 리조트&스파
Hyatt Regency Waikiki Beach Resort&Spa
VOL.2 MAP p.385G INFO p.399

2. 로열 하와이언 센터
Royal Hawaiian Center
VOL.2 MAP p.404
찾아가기 렌터카 와이키키 중심가 Kalakaua Ave와 Royal Hawaiian Ave 교차로에서 바다 쪽에 위치, 호놀룰루 공항에서 20분 소요
주소 #123, 2201 Kalakaua Ave, Honolulu, HI 96815   전화 808-971-6024
시간 10:00~22:00   휴무 연중무휴
주차 유료 주차(1시간 $2)

3. 알라모아나 센터
Ala Moana Center
VOL.2 MAP p.431D
찾아가기 렌터카 Ala Moana Blvd와 Atkinson St 교차로에서 우회전해 진입, 호놀룰루 공항에서 25분, 와이키키에서 10분 소요 버스 The Bus 8번 알라모아나 센터 하차 트롤리 블루, 레드, 핑크 라인 알라모아나 센터 하차   주소 1450 Ala Moana Blvd, Honolulu, HI 96814
전화 808-973-4003   시간 09:30~21:00
휴무 연중무휴   주차 무료 주차

Maui [마우이 대표 지점]

웨일러스 빌리지 Whalers Village
VOL.2 MAP p.459H   찾아가기 렌터카 카훌루이 공항에서 HI-30 남쪽 방향 Ka'anapali Pkwy로 주차장 진입, 공항에서 50분 소요
주소 2435 Ka'anapali Pkwy, Lahaina, HI 96761   전화 808-661-0117   시간 09:00~22:00   휴무 연중무휴   주차 유료 주차(1시간 $8)

파인애플 통조림, 초콜릿, 사탕 등 시즌마다 신제품이 출시된다.

2. 돌 플랜테이션 파인애플 기념품
Dole Plantation

전 세계 유일의 파인애플 테마파크라고 해도 손색없는 돌 플랜테이션의 기념품 숍은 아기자기하고 블링블링해서 손에서 내려놓기 힘든 파인애플 관련 기념품들로 가득하다. 파인애플 모양 인형, 심심풀이로 먹기 좋은 젤리와 캔디를 비롯해 키홀더와 향긋한 비누까지 돌 플랜테이션과 하와이 로고가 예쁘게 박혀 있어 10점 만점에 10점짜리 쇼핑 품목이다. 친구, 직장 동료, 가족 선물이나 개인 소장용, 여행 중 간단한 기분 전환용 스낵으로도 손색없다.

VOL.2 MAP p.408F INFO p.423

먹고 싶을 정도로 향긋한 향의
파인애플 수제 비누
Handmade Pineapple Chunk Soap
$10 (1개)

입안에서 사르르 녹아 없어지는
파인애플 츄이 캔디
Pineapple Chewy Candies
$12 (1팩)

어린이들이 좋아하는 스퀴즈
Squeeze $10.99 (1개)

감각적인 디자인의
로고 기념 티셔츠
Dole Plantation T Shirt
$19

'서퍼 지나감'이라는 주의 표시가 인상적인
서프 앤 시의 로고 스티커
Surfer X-ing **$1.99~**

재사용 가능한
서프 앤 시 비치백
Surf N Sea Beach Bag **$6.99**

3. 서프 앤 시 Surf N Sea

오아후 노스 쇼어 서핑 숍 중 가장 역사가 오래된 숍으로 이곳의 로고 아이템을 소장하는 것은 하와이에서 서핑을 해봤다는 증거. 우리나라 셀럽들의 하와이 휴가 인증 또는 서핑 마니아 인증샷에 자주 등장하는 로고 용품으로 잘 알려져 있다. 서프 앤 시의 간판이자 로고는 '서퍼 걸이 출현하는 구간'이라는 뜻의 교통 표지판처럼 생긴 모양에 머리를 휘날리며 달리는 여자의 모습이 특색 있다. 차 유리에 붙이는 스티커, 수영복 파우치 등 실용적인 아이템이 많고, 가격은 두 손 가득 골라도 부담스럽지 않아 서핑 동호회처럼 여러 사람에게 선물하기에 제격이다.

VOL.2 **MAP** p.424 **INFO** p.427

새로 단장한 기념품 숍은 가방, 장난감, 의류와 소품으로 가득하다.

만지작거리게 되는 귀여운
셰이브 아이스 모양의 열쇠고리
Key Holder **$4.25**(1개)

재미 삼아 입어보고 싶어지는 귀여운 문양의
로고 티셔츠
Logo T Shirts **$24**(1장)

4. 마츠모토 그로서리 스토어 기념품
Matsumoto Grocery Store

셰이브 아이스(Shave Ice) 단 한 가지 아이템으로 반세기 넘게 하와이 최고의 명가로 손꼽히는 마츠모토 그로서리 스토어의 로고 아이템. 매일 줄을 서는 방문자들이 기념으로 가지고 싶은 것은 녹아 없어지는 얼음 빙수가 아니라 바로 마츠모토의 로고가 적힌 귀여운 셰이브 아이스 모양의 핸드폰 고리, 열쇠고리, 그리고 로고 티셔츠. 작고 앙증맞은 소품으로 기분 좋은 추억을 나눌 수 있어 친구 또는 어린이를 위한 선물로 제격이다.

동글동글 앙증맞은
셰이브 아이스 모양의 핸드폰 고리
Cell Phone Charms **$4**(1개)

VOL.2 **MAP** p.424 **INFO** p.425

100% 마우이 파인애플로 만든
마우이 블랑 화이트 와인
Maui Blanc White Wine
$14 (1병)

와인 파티 용품으로 인기 좋은
훌라 스커트 와인병 장식
Hula Skirt Wine Bottle Cover
$9.95

5. 마우이 와이너리 파인애플 와인 Maui Wine, Ulupalakua Vineyards

마우이 와이너리의 대표적인 와인 중 하나로 드라이하면서도 파인애플과 패션 프루트 등 상큼한 과일향이 일품인 화이트 와인. 마우이에서 꼭 사야 하는 아이템의 하나로 인기가 좋다. 비행기를 이용할 경우 부치는 짐에 넣어야 하는 것을 잊지 말자. 짐이 될까 봐 구입한 첫날 밤에 마셨다는 신혼부부들의 재미있는 경험담이 많다. 와인병에 두르는 훌라 스커트 장식과 코코넛 장식도 하와이에서만 볼 수 있는 희귀한 아이템으로 호기심과 구매욕을 불러일으킨다.

VOL.2 | **MAP** p.476J | **INFO** p.487 | **찾아가기** 렌터카 카훌루이 공항에서 HI-37과 377 분기점 부근 왼편에 입구, 공항에서 50분 소요 | **주소** 14815 Piilani Hwy, Kula, HI 96790 | **전화** 808-878-6058 | **시간** 10:00~17:30 | **휴무** 연중무휴 | **가격** 와인병 장식 $9.95, 마우이 블랑 화이트 와인 $14 (1병) | **주차** 무료 주차 | **홈페이지** mauiwine.com

6. 알리이 쿨라 라벤더 스킨케어 제품
Ali'I Kula Lavender

천혜의 할레아칼라 산기슭에서 유기농으로 천연 재배한 라벤더 오일을 활용한 다양한 스킨 케어 제품은 소염, 진정, 피부 재생 효과가 탁월하다. 고체 크림 타입의 밤, 비누, 반려견의 발바닥의 갈라짐을 보호해 주는 특별한 제품까지 있어 매니아 층까지 있으니 기회가 있을 때 반드시 겟!

VOL.2 | **MAP** p.468J | **INFO** p.472

사람은 물론 반려견의 발바닥 보습 및 상처 치료에 좋은
오가닉 포 밤
Organic Paw Balm
$20 (1개)

산호초 유해 성분이 없는 100% 유기농 라벤더
멀티 밤
Da' Balm
$14 (1개)

7. 마우이 로고 티셔츠 Billabong

호놀룰루 서프, 빌라봉, 립 컬 등의 매장에서 만날 수 있는 캐주얼 비치 웨어 슬리브리스 탑. 'LIFE'S BETTER IN MAUI'라는 문구가 적힌 아이템은 마우이에만 있는(Maui Store Only) 품목으로 구하기 어렵다. 웨일러스 빌리지, 라하이나 캐너리몰, 숍스 앳 와일레아 등 쇼핑센터 브랜드 스토어를 공략하자.

빌라봉의 '마우이에 살면 더 좋다'는 뜻의 'LIFE'S BETTER IN MAUI'가 프린트된
마우이 한정 티셔츠
Maui Limited Edition T Shirts
$28

다양한 맛의 초콜릿에 담근
프리미엄 수제 마카다미아 넛
쇼트브레드 쿠키
Macadamia Nut Shortbread
$18(1상자)

BIG ISLAND

8. 빅아일랜드 캔디즈의 프리미엄 수제 쿠키
Big Island Candies Inc

호놀룰루에 호놀룰루 쿠키가 있다면 빅아일랜드에는 빅아일랜드 캔디가 있다. 단, 빅아일랜드 캔디의 역사가 더 오래되었고, 수제 쿠키로 명성이 더 높다. 온라인으로 주문하면 미국 전역으로 배송이 가능하다. 마카다미아 넛을 넣어 만든 부드럽고 바삭한 쇼트브레드 쿠키에 밀크, 다크, 화이트 초콜릿을 디핑해 선물 상자에 담은 다양한 종류의 상품을 선보여 선물용으로 좋다. 과거에는 빅아일랜드에서만 살 수 있는 아이템으로 하나뿐인 매장이 관광객들이 꼭 들러야 하는 곳이었지만, 몇 해 전 호놀룰루의 알라모아나 센터에 지점이 생겼다. 빅아일랜드 공장에서 쿠키 만드는 과정을 직접 볼 수도 있다.

VOL.2 MAP p.530 INFO p.532

해 가리개로도 굿! 기념으로도 굿!
로고 베이스볼 캡
Logo Baseball Cap
$12.95

초콜릿과 마카다미아 넛 향이 가미된 순도 100%
코나 커피
Kona Coffee
$31.95(1팩 16oz, 454g)

BIG ISLAND

9. 그린웰 커피 농장의 코나 커피
Greenwell Farms

세계 3대 커피 중 하나로 미식가들에게 인정받고 백악관의 귀빈 접대 시에 내놓는 코나 커피. 미국의 자존심과 같은 코나 커피는 빅아일랜드를 방문하는 관광객의 쇼핑 아이템 넘버원이다. 하와이 전역의 슈퍼마켓과 편의점, 기념품 가게 등에서 구입할 수 있지만, 대량생산된 것보다 신선한 커피를 선호한다면 빅아일랜드의 커피 농장에서 직접 맛을 보고 살 것을 추천한다. 단, 코나 커피는 일반적으로 가격이 혀를 내두를 만큼 비싸다는 것을 염두에 두자. 커피 원두 재배와 테이스팅을 직접 경험해 보고 싶다면 견학과 커피 교육 프로그램이 잘되어 있는 그린웰 커피 농장을 추천한다. 역사와 전통이 오래된 만큼 그린웰 커피 농장의 로고 용품은 다른 농장에 비해 선호도가 매우 높다.

VOL.2 MAP p.500I INFO p.509

BIG ISLAND

10. 오리지널 동키볼 팩토리 앤 스토어
Original Donkey Balls Factory and Store

빅아일랜드에는 당나귀에 대해 전설 같은 얘기가 전해진다. 과거 커피 농장에서 키우던 당나귀들이 농장 밖으로 탈출했는데, 농업이 기계화되면서 굳이 잡아들이지 않아 야생 당나귀 번식 지역이 확대되어 '야생 당나귀 출현 구간'이라는 교통 표지판이 세워진 지역도 있었다. 실제로는 야생 당나귀를 보기가 힘들다. 하지만 지역 특산물처럼 동글동글한 모양의 당나귀 배설물을 닮은 초콜릿 속에 마카다미아 넛이 통째로 들어 있는 동키볼(Donkey Ball)은 지금도 자주 볼 수 있다. '신기해서 재미 삼아 사봤는데 맛은 최고더라'며 입소문이 날 만큼 빅아일랜드에서만 살 수 있는 기념품으로 인기가 좋다.

VOL.2 ⓜ MAP p.500 | ⓘ INFO p.510

한입 크기의 초콜릿 속에 통 마카다미아 넛이 들어 있는
클래식 밀크 초콜릿 동키볼
Classic Milk Chocolate Donkeyballs
$10 (1팩 8oz, 227g)

BIG ISLAND

11. 화산국립공원 로고 기념품
Volcanoes National Park

쇼퍼홀릭과는 거리가 멀지만 특별한 곳을 여행할 때 기념품 하나 정도는 챙기고 싶은 사람들을 위한 추천 아이템! 하와이 화산국립공원의 다양한 이미지가 담긴 플레잉 카드 $10, 로고가 적힌 틴케이스의 무설탕 휴대용 민트 사탕 $3.99, 로고 머그잔 $15, 다양한 디자인의 로고 티셔츠 $20~30.

VOL.2 ⓜ MAP p.512 | ⓘ INFO p.512

빅아일랜드에서만 살 수 있는 화산국립공원 틴케이스 무설탕 민트 사탕
슈가 프리 민트
Sugar Free Mints
$3.99

화산국립공원의 다양한 모습을 유니크한 사진으로 담은 카드
플레잉 카드
Playing Cards
$10

BIG ISLAND

12. 우주 식량 Space Food

지구 밖에서 사람들은 무얼 먹을까? MBC 〈무한도전〉의 우주인 프로젝트에서도 볼 수 없었던 실제 우주 식량을 빅아일랜드에서 맛볼 수 있다! 우주선에 탑승하는 우주인들이 간식으로 먹는 말린 과일, 다양한 맛의 아이스크림 등을 마우나 케아 천문관측소의 방문자 센터와 코나 국제공항의 기념품 숍에서 살 수 있다. 음식을 동결 건조한 것인데 그 맛이 궁금한 것은 어린이나 어른이나 마찬가지. 빅아일랜드의 마우나 케아 천문관측소에 들르면 꼭 시도해 보자.

오니주카 방문자 센터 VOL.2 MAP p.519K INFO p.524

물을 살짝 부으면 크림 같은 아이스크림으로 변하는 건조 스낵

우주인 아이스크림
Astronaut Ice Cream
$4(1개)

KAUAI

13. 카우아이 커피 컴퍼니 로고 기념품
Kauai Coffee Company

카우아이 커피는 카우아이 커피 컴퍼니에서 운영하는 농장 방문자 센터와 카페에서 구입할 수 있는 최고의 쇼핑 아이템. 섬을 방문하는 관광객이라면 누구나 들르는 쇼핑 성지다. 손으로 직접 열매를 따는 것이 아니라 기계 생산을 하기 때문에 빅아일랜드 코나 지역에 비해 생산량이 더 많고 가격이 조금 더 저렴하다. 청정 지역 하와이의 비옥한 화산토에서 생산된 질 좋은 카우아이 커피는 지역 명물로 커피 농장 견학보다 테이스팅과 커피 구매에 열을 올리는 방문자로 항상 북적인다.

VOL.2 MAP p.546J INFO p.555

'ALOHA&COFFEE' 레터링이 귀여운 얇고 부드러운

면 티셔츠
Aloha&Coffee T-Shirt
$32(1장)

커피는 물론 시리얼과 라면도 담을 수 있는 넉넉한 사이즈의

카우아이 커피 컴퍼니 로고 머그잔
Coffee Logo Mug
$15(1개)

카우아이 커피 컴퍼니와 스웰(Swell) 브랜드의 콜라보레이션 한정품

보냉 캐리어
Kauai Coffee Swell Bottle
$35(1개 17oz, 505ml)

MANUAL 24 __ 알라모아나 센터

세계 최대 규모의 복합 문화 공간, 알라모아나 센터

홈페이지 바로가기

하와이의 쇼핑은 이곳에서 시작된다. 세계 최대 규모의 알라모아나 센터는 지역 주민에게 만남의 광장이자 문화 공간으로 사랑을 듬뿍 받는다 알라모아나 호텔 및 알라모아나 비치 파크와 도로 하나를 사이에 두고 야외형으로 만들어져 오션 뷰를 통해 해변의 정취를 즐길 수 있는 레스토랑이 많다. 알라모아나 센터에서 많은 시간을 할애할 수 없는 여행자라면 공략이 필요한 매장의 정보를 미리 파악해 두자.

인포메이션 센터

쇼핑 유토피아에서 보내는 멋진 하루

쇼핑 천국 하와이를 대표하는 알라모아나 센터는 인터내셔널 명품 브랜드부터 로컬 브랜드까지 340여 개의 매장과 대형 푸드코트를 포함해 90개가 넘는 레스토랑, 공연용 야외 무대와 휴식 공간을 갖춘 세계 최대 규모의 아웃도어 쇼핑센터다. 센터 내에 미국을 대표하는 메이시스(Macy's), 블루밍데일스(Bloomingdale's), 프리미엄 백화점 노드스트롬(Nordstrom), 니먼 마커스(Neiman Marcus) 등 총 4개의 백화점과 일본 백화점 시로키야(Shirokiya)가 재팬 빌리지 워크(Japan Village Walk)로 운영 중이며 아웃렛 백화점 색스 피프스 애버뉴(Saks Fifth Avenue)와 타겟(Target)이 가세했다. 와이키키와 가까운 동쪽의 메이시스 윙(Macy's Wing)에서 시작해 서쪽의 에바 윙(Ewa Wing) 끝까지 거리가 850미터에 이른다. 4층으로 이루어진 센터에 점차 많은 대형 매장이 입점하는 가운데 한국에서도 잘 알려진 브랜드를 비롯해 서핑 용품과 같은 전문 용품 매장, 아직 한국에 상륙하지 않은 해외 유명 브랜드 매장까지 만날 수 있다. 센터 중앙부에 있는 프리미엄 백화점 니먼 마커스는 무료 셀프파킹과 함께 발레파킹($10)을 제공하므로 주말과 블랙 프라이데이 세일처럼 붐비는 날 이용하면 편리하다. 하와이 최대 규모일 뿐 아니라 미국에서도 가장 큰 야외형 쇼핑센터이니 쇼핑을 좋아하는 사람이라면 종일 있어도 볼거리와 살 거리가 넘친다. 원하는 매장의 위치를 파악할 수 있는 쇼핑센터 지도와 편한 신발을 신고 All Day Shopping을 즐겨보자.

VOL.2 ⓞ MAP p.431D ⓘ INFO p.443

알라모아나 쇼핑 고수 팁!

TIP 01
할인 제품에 또 할인을 더하는 무료 쿠폰북

✔ 한국어 웹사이트(www.alamoanacenter.kr)에서 제공하는 무료 쿠폰북 교환권을 출력해 인포메이션 센터 또는 1층 센터 스테이지 뒤 서비스 센터에 제시하면 50여 개 이상의 매장에서 사용 가능한 특별 할인 쿠폰을 받을 수 있다.

✔ 프리미엄 매장과 할인율이 다른 VIP 쿠폰북도 공수하자! 한국어 웹사이트에서 eVIP 등록을 마치고 출력한 쿠폰을 서비스 센터에 제시하면 VIP 쿠폰북과 알라모아나 센터 내 무료 와이파이 사용 등록이 가능하다.

TIP 02
몸도 마음도 가볍게! 당일 상품 배송 서비스

양손 가볍게 맘 편히 쇼핑하는 방법이 생겼다. 최근 알라모아나에서 쇼핑한 물건을 호텔 또는 주소지까지 배달해 주는 서비스를 시작한 것. 배송료는 기본 $5, 지역에 따라 추가 금액이 발생한다. 인포메이션 센터에 문의하자.

TIP 03
관광객을 위한 메이시스 백화점 할인

메이시스 백화점에서 의류, 속옷, 잡화 등을 구입할 때 주소지와 우편번호를 묻는데, 이때 관광객(visitor, tourist)이라고 말하면 10% 추가 할인을 해준다. 점원에 따라 생략하는 경우가 있으니 알아서 챙겨야 이득!

알라모아나 센터 집중 공략!

알라모아나 센터 층별 안내도

버스(The Bus)와 와이키키 트롤리(Waikiki Trolley)의 허브 역할을 하며 각종 대중교통의 정류장이 곳곳에 위치한다. 센터 중심에 마카이 푸드코트(Makai Food Court)가 있고 알라모아나 센터 스테이지(Ala Moana Center Stage) 공연 무대에서 각종 문화 이벤트(매일 낮 1시 훌라 공연)가 정기적으로 열린다. 실생활 브랜드와 생활용품 매장이 많다.

알라모아나 센터의 대표 층. 루이비통, 티파니, 빅토리아 시크릿 핑크와 애플 스토어 등 다양한 종류의 명품, 프리미엄 브랜드 매장이 주를 이룬다. 센터 양옆으로는 매장이 있고 가운데는 비단잉어가 노니는 연못과 함께 쉼터가 조성되어 있다. 곳곳에 소품을 파는 가판대(Kiosk)가 입점해 있고 인포메이션 센터, 각각의 백화점 정문과 연결된다.

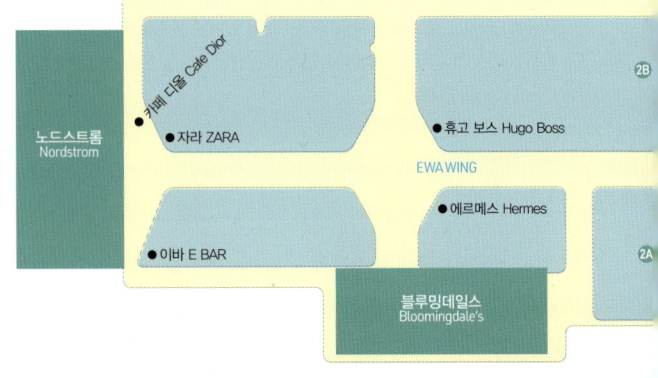

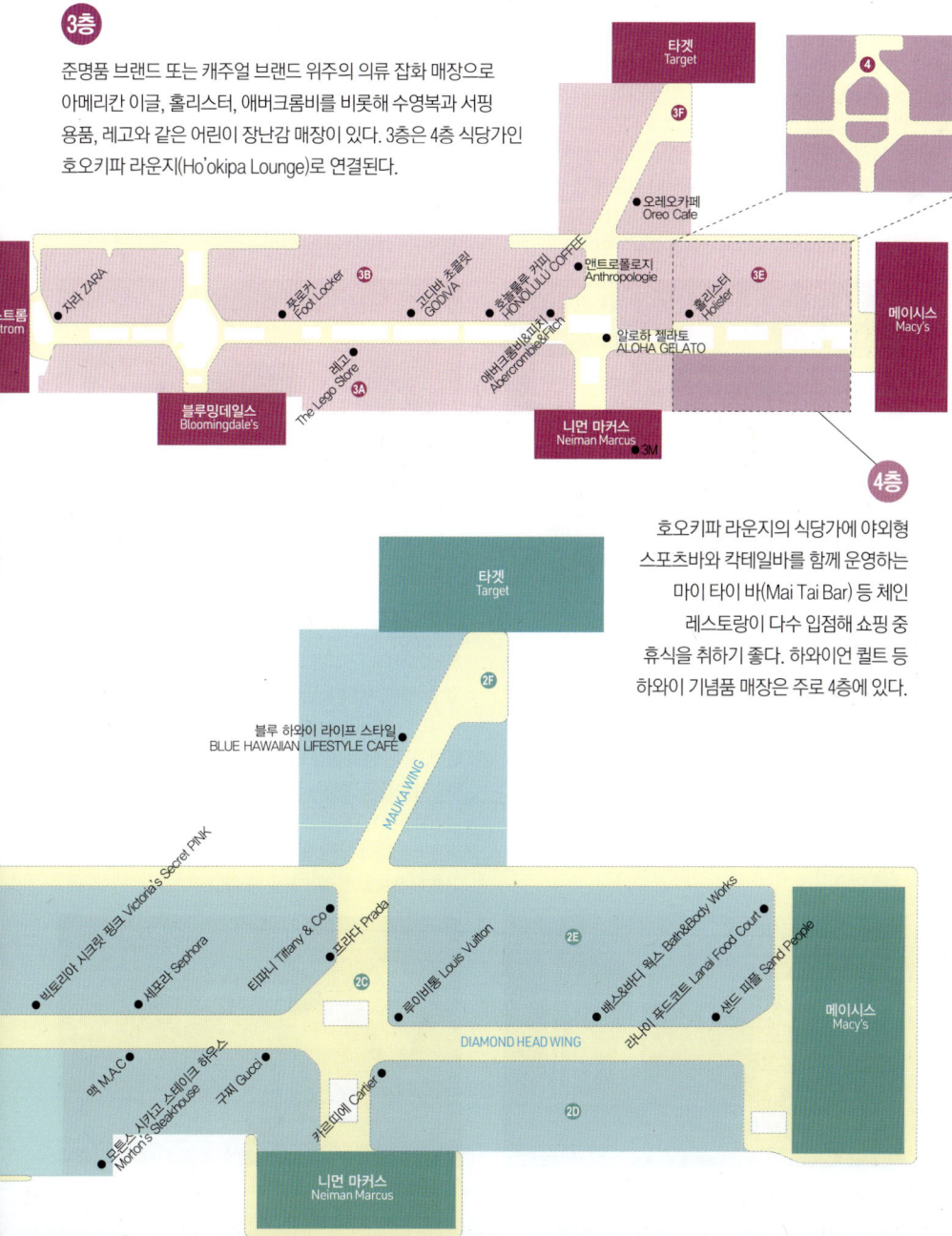

[LADY'S CHOICES]
여자들이 한번 들어가면 안 나온다는 마성의 스토어

2B | 빅토리아 시크릿 Victoria's Secret

여자들이 그냥 지나칠 수 없는 매장의 대표 주자는 바로 빅토리아 시크릿 속옷 매장이다. 특별한 날에만 입는 속옷이 아니라 슈퍼모델들과 셀럽의 피부 가장 가까이에 무엇이 있을지 전면 개방으로 친밀감 있게 보여주는 매장 컨셉은 남자 친구, 가족과 함께 들어가도 크게 어색하지 않을 만큼 이국적이고 신선한 면이 있으니 걱정 말고 직진! 1+1 또는 묶음 가격 혜택은 바로 옆의 핑크 매장과 믹스매치가 가능하고 두 매장은 내부에서 연결 통로가 있다.

2B | 빅토리아 시크릿 핑크 Victoria's Secret PINK

슈퍼모델들의 화려한 란제리 쇼로 명성이 자자한 빅토리아 시크릿은 알라모아나 센터에서 주니어 브랜드 '핑크'로 만날 수 있다. 한국에 공식 스토어가 없어 여성들이라면 빼놓지 않고 들르는 곳이다. 직접 입어보며 사이즈 교정을 받을 수 있다. 수영복 라인도 갖추고 있으니 비키니를 적극 추천한다. 디자인과 색상이 다양하고, 여러 개를 살수록 할인율이 커지기 때문에 좀처럼 쇼핑을 멈출 수 없다. 스킨케어 제품은 선물로 그만이다.

2A | 맥 M.A.C

세계적으로 가장 핫한 화장품 브랜드. 한국에서 품절 제품이 많아 갈증을 느꼈다면 현지에서 직접 쇼핑해 보자. 메이크업 아티스트들의 전문적인 조언과 테스트를 받을 수 있어서 만족도가 높다. 한국의 3분의 2 가격으로 저렴해 색상명을 알아두면 득템 성공률이 더욱 높아진다. 단, 국가별로 선호하는 화장법과 톤이 다르기 때문에 현지 메이크업 아티스트의 추천 제품을 그대로 샀다가는 낭패를 볼 수 있다.

2E | 샌드 피플 Sand People

하와이에 다녀왔다면 이런 아이템 하나 정도는 소장해야 할 것 같은, 바다 느낌을 강조하면서도 자유로운 개성의 유니크한 하와이 스타일 아이템들이 눈길을 끄는 스토어. 문어, 고래, 인어 등을 모티프로 한 벽시계와 보석함 등 인테리어 소품과 액세서리, 필기류 등 선물하기 좋은 소소한 아이템들이 많다. 자연주의 느낌을 잘 살려 언제 어디서나 어울리는 데다 부담 없는 가격으로 인기가 좋다. 선물을 고를 때 필수로 들러야 할 곳 중 하나.

2B | 세포라 Sephora

유럽에서 들어온 화장품 편집숍 개념의 브랜드로 고품질 스킨케어, 화장 도구, 소품, 향수 등을 한자리에 모아놓았다. 하와이와 한국에 아직 공식적으로 론칭하지 않은, 백 달러가 넘는 크리스챤 루부탱 립스틱까지 만날 수 있다. 단, 인기 좋은 아이템은 품절되기 쉬우니 발빠르게 움직이는 것이 좋다. 해외 직구 브랜드는 물론 세포라 자체 브랜드의 트래블 사이즈 샤워젤, 립스틱, 마스크팩 등 여행 필수 아이템까지 챙겨보자.

2E | 메이시스 백화점 Macy's

하와이 최초의 백화점 리버티 하우스(Liberty House)라는 이름으로 알라모아나 센터에 자리 잡은 뒤 메이시스(Macy's)로 이름을 바꾼 안방마님 격의 백화점. 패션 주얼리, 속옷과 잡화 등은 온라인 직구 통로가 열려 한국에서 점점 인기가 오르는 추세. 현지에서 구매할 때는 패션관보다 현지 가격이 상대적으로 매우 저렴한 리빙관을 공략하자. 랄프 로렌, 케이트 스페이드 같은 프리미엄 침구 브랜드가 있어 색다른 쇼핑을 할 수 있다.

2B | 니먼 마커스 백화점 Neiman Marcus

미국 본토에서 시작한 프리미엄 백화점으로 입점 브랜드 퀄리티가 높은 것으로 유명하다. 니먼 마커스 백화점 내의 카페들은 쿠키 레시피가 인터넷을 통해 대유행을 할 정도로 카페, 레스토랑의 수준 또한 높다. 나비 문양이 브랜드 심벌마크인 만큼 나비를 모티프로 하는 인테리어, 여유로운 공간과 퍼스널 쇼핑 컨시어지 등 차별화된 서비스를 제공한다. 멋진 포장이 탐나는 과자와 차 등 기호 식품이 특히 유명하다.

[CHILDREN'S CHOICES]
아이들과 함께 가면 좋은 스토어

3L | 레고 The Lego Store

한국에서 구하기 힘든 레고 시리즈도 만날 수 있고, 직접 조립해 볼 수도 있기 때문에 아이를 위한 쇼핑 리스트 상위 랭킹을 놓치지 않는 스토어. 키덜트 취미를 가진 어른들도 사랑하는 매장이다. 움직이는 레고와 새로 나온 신상은 물론 내가 원하는 블록들을 구매해 다시 짜맞출 수 있는 묘미의 픽&빌드(Pick&Build) 코너를 많이 찾는다.

1E | 반즈앤노블 Barnes & Noble

미국 대표 오프라인 대형 서점으로 아동용 도서와 캐릭터 굿즈, 디즈니 픽사와 마블 시리즈부터 하와이 테마 동화책까지 다양한 연령대의 어린이부터 가족 모두를 위한 문화 공간처럼 구성되어 있다. 한켠에 스타벅스 카페와 레고, 장난감 코너와 문구 용품 쇼핑 공간도 모여 있으니 책, 장난감, 커피가 어우러진 호기심과 쉼표가 만나는 따뜻한 놀이터처럼 활용해 보자.

1A | 데이브&버스터 Dave&Buster's

1층 블루밍데일스 백화점 방면. 식사, 음료, 아케이드를 모두 즐길 수 있는 복합 엔터테인먼트 공간이다. 100여 종의 최신 게임과 셰프 특선 메뉴, 스포츠 중계에 최적화된 스포츠 바까지 갖췄다. 어린이와 성인 모두가 즐길 수 있는 여러 종류의 체험형 게임존으로 구성되어 미국적인 놀이 문화를 경험할 수 있다. 티켓을 모아 경품으로 교환하는 재미도 쏠쏠하다.

1C | 정글 펀 Jungle Fun

알라모아나 센터를 방문한 아이들은 대부분 정글 펀 앞에서 시선을 빼앗긴다. 일종의 아동용 오락실인데 부모가 함께 입장하는 경우가 대부분이며, 주말과 공휴일에는 가족과 함께 찾는 어린이들이 많아 붐비는 편이다. 기린 등 동물 인형이 많은 입구에는 정글의 야생 동물 소리가 들리고, 내부에는 다양한 오락 게임기가 구비되어 있다.

[INTERNATIONAL BRAND LOVER'S CHOICES]
해외 직구 브랜드로 더 유명한 스토어

3B | 애버크롬비&피치 A&F

미국 오하이오에서 시작한 하이 퀄리티 영 캐주얼 브랜드의 대표 주자로 국제적으로 가장 성공적인 케이스다. 국내에 매장이 없어 하와이 쇼핑에서 빼놓을 수 없는 머스트 리스트가 되었다. 사이즈와 핏이 옷마다 달라 반드시 입어볼 것을 추천하며, 특히 향수 제품의 반응이 좋다.

3E | 홀리스터 Holister

애버크롬비&피치와 비슷한 캐주얼 의류 브랜드. 미국 서부의 캘리포니아를 상징하는 자유롭고 경쾌한 스타일을 반영해 소비자층이 좀더 어리다. 애버크롬비&피치보다 미세한 듯 가격이 저렴한 아이템들이 있으니 잘 비교해 볼 것을 권한다.

2E | 배스&바디 웍스 Bath & Body Works

목욕 용품과 퍼스널 프래그런스 제품을 취급하는 브랜드. 미국에서 소위 가장 잘나가는 샤워젤, 비누, 핸드솝과 핸드크림은 배스&바디 웍스 제품이다. 세일 기간에는 묶음 판매 가격이 저렴해서 여행 가방 무게가 늘어나는 것도 잊은 채 쇼핑 삼매경에 빠져든다.

[MEN'S CHOICES]
남자들이 좋아하는 명품 쇼핑

2C | 티파니 Tiffany & Co

영화 <티파니에서의 아침을>의 주인공 오드리 햅번의 뒷모습으로 유명한 세계적인 명품 주얼리 브랜드. 특히 하와이의 경우, 주 세금이 뉴욕의 절반도 되지 않아 결혼반지 같은 고가의 제품은 왕복 여행비 이상으로 한국보다 저렴하다. 머니 클립과 볼펜, 향수 등 한국에서 자주 품절인 제품도 모두 만날 수 있다.

3C | 엠포리오 아르마니 Emporio Armani

향수와 바디 제품을 비롯해 트렌디한 남성 캐주얼 루킹 스타일을 선보이는 엠포리오 아르마니는 매장 내에서 시즌 오프 패션 아이템 세일을 하는 경우가 많아 아시아 관광객과 남성 고객이 많은 매장 중 하나. 국내에는 들어오지 않는 가방과 패션 잡화도 발견할 수 있어서 트렌디한 쇼핑족이라면 놓치지 않는 매장이다.

2H | 휴고 보스 Hugo Boss

댄디한 남성 정장의 대명사와도 같은 휴고 보스 매장은 특히 셔츠 핏이 좋아 많은 남자들이 한 번쯤 입어보고 싶어 하는 곳. 매장 분위기가 자유로워 원하는 제품을 착용해 보기 편하다. 숍 마스터가 자신에게 어울리는 제품을 추천해 주기도 해 스타일링에 도움을 받을 수 있다.

[SNACK & SWEETS]
쇼핑하다 배고플 땐 여기! 너무나 맛있는 스낵

2F | 블루 하와이언 라이프스타일 카페 Blue Hawaiian Lifestyle Café

항산화 성분과 비타민이 풍부해 스타들의 건강 비결로 유명한 아사이 베리를 갈아 만든 빙수에 과일과 꿀, 견과류 등을 얹은 아사이 볼은 하와이에서 많이 먹는 빙수다. 블루 하와이언 라이프스타일 카페는 아사이 볼 맛집으로 유명한 곳이다. 라이프 스타일 카페인 만큼 명반으로 알려진 하와이 음악을 감상할 수도 있고, 천연 유기농 제품을 구경하거나 책을 읽을 수 있도록 꾸며진 예술적 인테리어 감각의 매장이다. 쇼핑 도중 쉬어 가기 좋은 베스트 스폿.

아사이 베리를 갈아 만든 빙수 위에 과일, 견과류와 꿀을 얹은 아사이 볼, **레미 프레쉬 Lemi Fresh $8.95(대)**

2G | 카페 디올 Café Dior

블루밍 데일스 백화점과 에르메스 명품 매장 앞 노천 공원 코너에 자리한 야외 부스형 카페. 명품 브랜드 디올의 시그니처 문양을 따뜻한 핑크색으로 표현한 외관과 파라솔들이 눈길을 사로잡는다. 개장한지 얼마 되지 않았지만 점심에는 간혹 줄을 서야 된다. 간단한 케이크와 아이스크림 등 쇼핑 중 즐기기 좋은 스낵과 종류가 다양하진 않지만 몇가지 커피 음료 메뉴들이 있다. 시원하게 즐기려면 시그니처 음료 메뉴를 추천!

부드러운 크림 거품에 새겨진 로고 문양으로 마지막 거품의 목넘김까지 차원이 다른 고급스러운 맛, 디올 시그니처 아이스 카푸치노 **Signature Iced Capuccino $12**

2N | 이 바 E bar

명품 백화점 노드스트롬에서 운영하는 노천 카페로 와이파이 연결이 자유롭고 베이커리와 샐러드, 커피가 맛있는 것으로 유명하다. 각종 샌드위치와 디저트 브레드, 마카롱 등과 함께 바리스타가 제조하는 품질 좋은 커피 메뉴를 제공한다. 모든 메뉴는 당일 만들어낸 건강식, 모든 음료는 메뉴별 사이즈별로 영양 성분과 칼로리를 표시해 먹거리에 특히 신경 쓰는 현대인들을 배려했다.

노드스트롬 백화점 공식 바리스타의 손길을 거친 풍부한 아로마의 원두 커피 **Nordstrom Whole Beans $13.95(1팩 10oz, 283g)**

3B | 호놀룰루 커피 컴퍼니 Honolulu Coffee Company

하와이 로컬 브랜드 커피로 현재 하와이에서 가장 큰 커피 컴퍼니로 성장했다. 초기에 이름을 알리던 시절부터 지켜온 자리가 바로 알라모아나 센터 3층 중앙에 있는 작은 커피 스탠드다. 현재는 같은 3층에 커피 로스팅 기계까지 들여 더 큰 매장을 동시에 운영 중이며, 커피 외에도 아사이 볼, 베이커리를 갖추고 있다.

전체적인 아로마의 하모니와 균형이 좋은 원두 **로카히 Lokahi $17.95(12oz, 340g)**, 향이 좋고 부드러운 카페 아메리카노 **Café Americano $3.25(12oz, 350ml)**

3C | 알로하 젤라토 Aloha Gelato

호놀룰루 커피 맞은편에서 젤라토 아이스크림과 커피 메뉴를 제공하는 또 다른 노천 카페. 이전에는 명품 도자기 그릇 브랜드에서 운영하던 애프터눈 티 카페였는데 젤라토 아이스크림을 내놓으면서 좀더 대중적인 공간으로 탈바꿈했다. 알라모아나 센터를 조망하는 재미는 덜하지만 다리를 쉴 겸 시원하고 부드러운 아이스크림을 즐기는 사람들의 발길이 끊이지 않는다.

상큼한 레몬 맛의 젤라토 **리모네 Limone $4.75(싱글콘)**, 부드럽고 진한 초콜릿 맛 **티라미수 Tiramisu $5.25(더블컵)**

3B | 고디바 초콜릿 Godiva

밸런타인데이나 특별한 날 찾는 사람이 더욱 많은 초콜릿 전문점. 하와이에서는 초콜릿 외에도 매장에서 바로 만들어 내는 초콜릿을 디핑한 과일과 과자, 하와이 한정 기념품 등 군것질거리가 많다. 명성에 걸맞은 부드럽고 진한 고디바 초콜릿과 상큼한 과일은 계속되는 쇼핑으로 자신도 모르는 사이 지친 몸에 활력을 불어넣는다. 단, 한국으로 가져가는 선물용으로는 적합하지 않은 제품이 많으니 무조건 사려는 생각은 잠시 접어두자.

신선한 딸기를 화이트, 밀크, 다크 초콜릿으로 디핑한 **초콜릿 커버드 스트로베리 Chocolate Covered Strawberry $4(1개)**

[LUNCH & DINNER]
밥은 먹고 다니냐, 알라모아나 센터 맛집

3M | 마리포사 Mariposa

명품 백화점 니먼 마커스의 시그니처 레스토랑 마리포사는 브랜드 심벌인 '나비'를 뜻하는 스페인어로, 하와이의 초창기 개화 시절에 유명한 호화 유람선의 이름이기도 하다. 그래서 마리포사는 유람선에 앉아 바다를 떠다니는 느낌으로 알라모아나 비치를 조망할 수 있고, 하와이풍의 인테리어와 이곳으로 오르는 길 공중에 떠 있는 나비 조형물이 인상적이다. 비즈니스 런치와 디저트, 커피, 로맨틱한 디너 메뉴로 구성되어 있어 쇼핑을 하지 않더라도 찾는 맛집이다.

↑ **추천 메뉴** 팬에 구운 샤프론 소스의 조개 관자 요리, 팬 시어드 스캘럽 Pan Seared Scallops $32
- **찾아가기** 니먼 마커스 백화점 3층
- **전화** 808-951-3420 **시간** 11:00~21:00 **휴무** 연중무휴
- **가격** 런치 $20~30, 디너 $25~40, 음료 $5~10, 디저트 $10~15
- **홈페이지** http://kr.neimanmarcushawaii.com

1S | 아사지오 Assaggio

편안한 동네 이탈리안 레스토랑 같은 분위기에서 부담 없는 가격에 맛있는 식사를 하고 싶다면 꼭 들러볼 곳 중 하나. 이탈리안 레스토랑이지만 재료와 소스가 풍부하고 음식을 크기별로 고를 수 있다. 들어가는 재료와 소스도 웨이터에게 얘기하면 맞춤형 파스타로 만들어주기 때문에 매운 정도, 해산물과 육류, 야채 등 원하는 것을 골라보자. 주요 시간대를 잠시 피해 가면 기다리지 않아도 된다. 중간에 영업 준비 시간으로 15:00~16:30까지 문을 닫는다.

↑ **추천 메뉴** 갖가지 해산물과 토마토 소스가 어우러진 파스타 마리나라 Pasta Marinara $10.95
- **찾아가기** 메이시스 백화점 옆 바다 쪽 1층 **전화** 808-942-3446
- **시간** 런치 11:00~15:00, 디너 16:35~21:30 **휴무** 추수감사절 당일
- **가격** 에피타이저 $10~20, 런치 $15~20, 디너 $15~30
- **홈페이지** www.assaggiohawaii.com

2A | 모튼스 더 스테이크하우스 Morton's The Steakhouse

미국 본토에 기반을 두고 전 세계 70여 개 지점이 있는 정통 스테이크 체인 레스토랑. 가격대가 높은 편이지만 육질이 훌륭하고 매시 포테이토, 기름에 살짝 익힌 버섯, 시금치와 야채 등 곁들여 나오는 메뉴만 먹어도 배가 부를 만큼 맛과 양에 대한 만족도가 높다. 특별한 이벤트를 위해 하와이를 여행 중이라면 꼭 들러볼 만한 레스토랑. 저녁 메뉴가 부담스럽다면 해피 아워(16:45~18:00)를 이용해 스낵 메뉴를 맛볼 것을 추천!

↑ **추천 메뉴** 부드러운 육질과 풍부한 육즙의 센터컷 필레 미뇽 Center-cut Fillet Mignon $51(8oz, 227g)
- **찾아가기** 니먼 마커스와 블루밍 데일스 백화점 사이 바다 쪽 3층
- **전화** 808-949-1300 **시간** 16:45~22:00
- **휴무** 추수감사절 당일
- **가격** 스테이크 $45~75, 해피 아워 햄버거 $15~, 글라스 와인 $8~
- **홈페이지** www.mortons.com/honolulu

2E | 라나이 푸드코트 Lanai

메이시스 백화점 앞에 위치한 모던 감성의 푸드코트. 실내외 공간의 테이블 주변으로 전문점 못지않은 다양한 로컬 레스토랑들이 모여 있다. 특히 이야스메 무스비 카페와 마할로하 버거, 포케볼 전문점 등 로컬 음식 전문점들이 유명하고 입구에 스타벅스와 로컬 셰이브 아이스 전문점이 마주 보고 있어 시너지를 이끌어낸다.

↑ **추천 메뉴** 신선한 참치회를 얹은 하와이식 회덮밥 포케볼 Poke Bowl $14.95
- **찾아가기** 메이시스 백화점 앞 2층 **전화** 808-955-9517
- **시간** 10:30~17:00 **휴무** 추수감사절 당일
- **가격** 업체마다 다름 $3~
- **홈페이지** www.alamoanacener.com/en/dining/the-lanai

'하와이는 세일 중', 쇼핑 필승 전략, 세일 기간을 노려라!

아웃렛보다 비쌀 거라는 생각은 금물! 발품만 잘 팔면 따끈따끈한 신상과 유명 백화점 브랜드 제품도 올킬! 득템의 천국 알라모아나 센터는 연중 크고 작은 세일 이벤트와 시즌이 바뀔 때마다 매장별로 진행하는 세일이 있어 늘 새롭다. 1년 중 주목할 만한 세일 이벤트를 알아보자.

1월 JANUARY
- **N** New Year's Sale
- **SG** Signature Sale

2월 FEBRUARY
- **P** President's Day Sale
- **S.OFF** 시즌 오프 세일

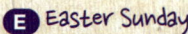

3월 MARCH
- **E** Easter Sunday

4월 APRIL
- **SG** Signature Sale

5월 MAY
- **S** Super Sunday
- **M** Memorial Day

6월 JUNE
- **First Call, Last Call**
- First call, Last call

7월 JULY
- **A** Anniversary Sale
- **I** Independence Day

8월 AUGUST
- **S.OFF** 시즌 오프 세일
- First call, Last call

9월 SEPTEMBER

10월 OCTOBER
- **SG** Signature Sale

11월 NOVEMBER
- **B** Black Friday

12월 DECEMBER
- **C** Christmas Sale

N 신년 세일 New Year's Sale
신년 세일은 무닉만 세일이라기보다 FW 시즌 오프 세일의 의미도 있기 때문에 명품 브랜드들도 품목별로 세일 구역을 따로 만들어 아웃렛보다 좋은 퀄리티의 신상 제품을 세일 가격으로 만날 수 있다.

SG 시그니처 세일 Signature Sale
국경일과 상관없는 알라모아나 센터의 시그니처 세일 이벤트는 1월과 4월 정해진 주말에 진행되며 센터 내 참여 매장이 점점 확대되고 있어 공식 웹사이트에서 이벤트 프로모션을 확인하는 것이 좋다. eVIP 등록은 필수.

SW 사이드 워크 세일 Side Walk Sale
알라모아나 센터 고유의 세일로 1월·4월·7월·10월에 한 번씩 정해진 주말에 3일간 다양한 인기 브랜드 제품들을 최대 50%까지 세일한다. 매장 앞에 따로 설치된 가판대에 세일 품목을 전시하고 있다.

S 슈퍼 선데이 세일 Super Sunday
미국이 열광하는 슈퍼볼 선데이에 맞춰 열리는 세일로, 패밀리 브랜드 또는 피크닉과 식품 관련 브랜드 제품을 득템할 좋은 기회.

M 메모리얼 데이 세일 Memorial Day
메모리얼 데이는 매년 5월 마지막 월요일이다. 주말부터 이어지는 메모리얼 데이 세일은 미국의 가장 큰 세일 중 하나이자 여름철의 시작을 의미하기도 한다.

First Call, Last Call
퍼스트 콜, 라스트 콜 First Call, Last Call
여름 시즌 오프 세일의 시작과 끝. 프리미엄 백화점 브랜드의 알토란 같은 득템 기회. 니먼 마커스의 여름 세일은 퍼스트 콜(First Call)로 6월 말 시작해서 라스트 콜(Last Call)로 8월에 마감한다.

S.OFF 시즌 오프 세일 Season OFF
계절이 바뀔 때마다 재고를 세일 가격으로 정리하는 시즌 오프 세일. 하와이는 겨울옷이 잘 소진되지 않기 때문에 현지 주민들에게는 여름 세일이 큰 이득이고, 관광객에게는 겨울 세일이 큰 이득이다.

P 프레지던트 데이 세일 President's Day Sale
미국의 초대 대통령 조지 워싱턴의 생일을 기념하는 날로 2월 셋째 주 월요일이지만 주말부터 반짝 세일을 연다.

E 부활절 세일 Easter Sunday
부활절은 해마다 날짜가 다르므로 확인해야 하며, 주로 3월 말, 간혹 4월 초 일요일로 미국에서는 큰 명절 중 하나다. 세일 규모도 큰 편이라 해당 주말에는 특별 상품도 많고 매장마다 이벤트도 많이 열린다.

A 애니버서리 세일 Anniversary Sale
알라모아나 센터 창립 기념 세일을 말하며, 해마다 7월이면 해당 기간에 특별 이벤트 프로모션이 열린다. 참여 매장은 해마다 바뀌므로 웹사이트에서 확인할 것.

I 인디펜던스 데이 세일 Independence Day
미국의 독립기념일인 7월 4일은 가장 큰 국경일 중 하나다. 여름 세일과 함께 진행되는 경우가 많아 패션 브랜드보다 가정용품, 선물 용품 등의 이벤트 할인율이 크다.

B 블랙 프라이데이 Black Friday
1년 중 가장 큰 쇼핑 이벤트는 블랙 프라이데이 세일. 매년 11월 넷째 주 목요일 추수감사절 연휴 주말 자정을 기해 미국 전역에서 일제히 실시되는 최대의 쇼핑 찬스. 선착순 또는 타임 찬스로 진행되는데, 개장 전부터 몇 시간 동안 줄을 서서 기다릴 만큼 어마어마하게 할인된 가격으로 내놓는다. 알라모아나 센터 내 대부분의 매장과 백화점이 믿을 수 없는 쇼킹 딜을 제시한다. 단, 명품 패션 또는 주얼리 매장은 노세일(No Sale) 브랜드가 많아 큰 기대를 걸기 어렵다.

C 크리스마스 세일 Christmas Sale
크리스마스 세일은 블랙 프라이데이와 함께 미국에서 가장 큰 세일 축제 중 하나. 겨울 시즌 오프의 시작을 알리는 의미도 있다. 주로 패션 주얼리, 화장품, 선물 용품, 식료품 등이 특별 이벤트를 많이 진행한다.

Welcome to the Shopping World!
하와이 쇼핑센터 총망라

새로 나온 아름다운 자태의 신상품에 마치 걸그룹 아이돌을 만난 것만큼이나 심장이 뛰는 당신, 쇼윈도만 보다 돌아설 수 없는 당신에게 꼭 필요한 쇼핑의 기술! 나에게 꼭 맞는 쇼핑센터를 골라 적절한 쇼핑으로 후회 없는 여행을 하자.

T갤러리아 DFS
T Galleria DFS '코로나 영향으로 잠시 휴점중, 재오픈 예정

홍콩, 뉴욕, 시드니 등 국제적인 도시마다 자리 잡은 세계 최대 규모의 면세점 T갤러리아. 그중 가장 큰 하와이점은 공항 면세점과 공동으로 운영된다. 다른 쇼핑센터와 아웃렛이 문을 닫는 시간인 밤 10시 30분까지 영업을 한다. 1층은 패션 브랜드 버버리, 마이클 코어스 등과 하와이 토산품을 비롯한 구어멧 푸드, 주류, 담배가 있고, 2층은 톰포드, 샤넬, 디올 등 명품 화장품과 향수로 가득하며, 3층은 IWC, 불가리, 카르티에 같은 보석과 시계 등 고가의 명품이 있다. 1층과 2층은 하와이 주 특별소비세(Hawaii State Excise Tax) 4%를 제외한 면세 가격으로 구입한 제품을 현장에서 바로 인수할 수 있어서, 가벼운 마음으로 구입하기 좋다.

VOL.2 MAP p.384E INFO p.400

로열 하와이언 센터
Royal Hawaiian Center

와이키키 명품 쇼핑의 대명사로 칼라카우아 대로를 명품 스트리트로 만든 장본인이다. 에르메스, 펜디, 오메가를 비롯한 거물급 명품 숍들은 언뜻 독립 매장처럼 보이지만, 사실 야외와 실내 구조를 갖춘 4층 건물의 로열 하와이언 센터 일부다. 내부에는 포에버 21과 같은 스파(SPA) 브랜드와 로컬 브랜드, ABC 스토어, 하와이언 기프트 숍 등 크고 작은 브랜드 매장이 있다. 상시 열리는 무료 문화 공연과 인기 좋은 프랜차이즈 레스토랑, 커피숍이 즐비하고, 비싼 와이키키 음식값의 부담을 덜어주는 푸드코트도 있어 쉬엄쉬엄 즐기기에 좋다. 와이키키 내의 가장 큰 셀프파킹 주차장이 있다.

VOL.2 MAP p.404 INFO p.404

와이키키 인터내셔널 마켓 플레이스
Waikiki International Market Place

와이키키 한복판에 위치한 인터내셔널 마켓 플레이스는 원래 재래시장이었는데 리노베이션을 거쳐 럭셔리하고 스타일리시한 쇼핑 다이닝 문화거리를 모두 즐길 수 있는 복합 쇼핑센터로 다시 돌아왔다. 와이키키의 상징과도 같았던 입구의 영문 사인 간판은 그대로 두고, 내부에는 다수의 명품 매장과 미국을 대표하는 프리미엄 백화점 색스 피프스 애버뉴, 유명 체인 레스토랑들이 모여 있다. 주변에 T갤러리아 DFS와 로열 하와이언 센터가 밀집해 있어 와이키키의 밤 쇼핑이 더욱 풍성해졌다. 낮에는 한가한 편이니 유유히 구석구석을 구경하는 재미가 있다.

VOL.2 MAP p.384J INFO p.401

④ 웨일러스 빌리지
Whalers Village
MAUI

카아나팔리 지역 최대 규모의 복합형 쇼핑센터로 실생활과 밀접한 브랜드 스토어가 주류를 이룬다. 90여 개의 브랜드 네임 스토어와 푸드코트, 해변가에는 레스토랑이 다수 포진되어 있다. 마우이의 와이키키라 불리는 최고의 백사장 카아나팔리 비치를 끼고 있다. 웨일러스 빌리지라는 이름에 걸맞게 고래 박물관을 함께 운영하고 있으며 마우이를 대표하는 황금 작물 마우이 어니언 페스티벌이 열리는 곳이기도 하다. 백화점 없이 브랜드 매장만 모여 있고, ABC 스토어와 크록스, 블루진저, 퀵실버, 록시, 호놀루아, 크레이지 셔츠 등 휴양지에서 필요한 것을 긴급 공수하기에 적합한 캐주얼 브랜드가 많아 편리하게 이용할 수 있다.

VOL.2 ⓖ MAP p.459H ⓘ INFO p.465

---

⑤ 퀸 카아후마누 센터
Queen Kaahumanu Center
MAUI

퀸 카아후마누는 하와이를 통일한 카메하메하 대왕이 가장 총애했던 왕비로 당대 실세였던 인물이다. 주민의 대다수가 거주하는 지역에 자리 잡고 있으며 관광객보다는 지역 주민들이 더 많이 이용하는 곳이기도 하다. 2층 구조로 야외와 실내에 매장들이 균형 있게 배치되어 있다. 메이시스와 시어스 백화점을 비롯해 포에버21과 같은 스파(SPA) 브랜드와 푸드랜드(Foodland) 슈퍼마켓, 카페, 레스토랑, 영화관까지 두루 갖추었다. 마우이에서 머물 시간이 충분하다면 지역 주민들 틈에서 함께 즐기며 부담 없이 구경하자.

VOL.2 ⓖ MAP p.459G ⓘ INFO p.465

---

⑥ 라하이나 캐너리 몰
Lahaina Cannery Mall
MAUI

라하이나 캐너리몰은 마우이 유일의 인도어 쇼핑센터로 잘 알려진 명품 브랜드는 없지만 소소한 기념품과 아기자기한 아이템을 원 없이 쇼핑할 수 있는 진짜 살거리가 많은 곳이다. 전체가 실내 공간이라는 것이 믿어지지 않을 만큼 채광이 좋고 공기가 시원한 쇼핑센터 중앙 무대에서는 매일 훌라 레슨과 폴리네시아 춤 공연 등 다채로운 이벤트가 열린다. 마우이 리조트웨어, 마우이 워터웨어, 마우이 로고웨어 등 마우이에서만 볼 수 있는 아이템이 많아 잘 고르면 독특하고 개성 있는 마우이 기념품을 건질 수 있다.

VOL.2 ⓖ MAP p.459L ⓘ INFO p.465

7 킹스 숍스
Kings' Shops
BIG

빅아일랜드 프리미엄 리조트 단지이자 명품 주택 단지인 와이콜로아 지역을 대표하는 킹스 숍스는 마우나 케아 산과 코할라 산, 후알랄라이 산 등 아름다운 경치에 둘러싸여 있으며 강과 골프 코스에 인접해 마치 여유로운 리조트 같은 느낌을 준다. 킹스 숍스의 테마는 하와이 왕들의 전유물과 같은 분위기를 내는 것으로 쇼핑센터 입구 벽면에는 하와이 왕들을 소개한 조각판이 새겨 있다. 마이클 코어스, 티파니, 코치 등 미국 명품 브랜드 매장과 메이시스 백화점이 있으며 근교에서 유일한 주유소가 있다. 쇼핑센터 곳곳에 소파가 놓여 있어 담소를 나누며 쉬기에 좋고, 식료품 매장 제너럴 스토어와 하와이의 스타 셰프 로이스(Roy's) 레스토랑이 있다.

VOL.2 MAP p.519D INFO p.528

---

8 퀸스 마켓 플레이스
Queens Market Place
BIG

킹스 숍스와 마주 보고 있는 퀸스 마켓 플레이스는 입구 벽면에 하와이 왕가의 왕비, 여왕들의 이름과 소개를 새긴 조각판이 이색적인 곳으로 킹스 숍스보다 더 다양하고 실제로 접할 기회가 많은 브랜드 스토어가 다수 포진되어 있다. 블루진저 데일리 웨어와 볼컴 등 비치 웨어를 비롯해 로마노스 마카로니 그릴, 산세이 시푸드 같은 패밀리 레스토랑, 스타벅스, 푸드코트와 품질 좋은 먹거리로 유명한 아일랜드 구어멧 마켓이 입점해 있다. 최근에 문을 연 데이라이트 마인드 카페는 커피 향으로 아침을 열며 야외에서 브런치를 즐길 수 있어 인기가 좋다.

VOL.2 MAP p.519H INFO p.527

---

9 쿠쿠이 그로브 센터
Kukui Grove Center
KAUAI

카우아이 최대 규모의 쇼핑센터로 메이시스 백화점과 우체국, 롱스 드럭스, 로스 드레스 포 레스, 타임스 슈퍼마켓 같은 실생활에서 자주 찾게 되는 매장들과 다수의 레스토랑, 커피, 스낵숍이 밀집해 있다. 뿐만 아니라 도로를 사이에 두고 주유소, 코스트코, 홈디포(The Home Depot)와 피어 원 임포트(Pier 1 Imports) 같은 대형 창고형 매장이 모두 모여 더 큰 쇼핑센터 단지를 이루고 있어 카우아이 여행에서 쿠쿠이 그로브 센터만 알아두면 만사형통이다. 공항에서 멀지 않은 거리, 카우아이의 시내 중심부에 있는 반면, 해변 또는 주요 관광지와는 조금 떨어져 있는 편. 실속파 여행객에게 더 어울린다.

VOL.2 MAP p.547H INFO p.557

MANUAL 25 __ 아웃렛

마음은 가볍게, 양손은 무겁게!
아웃렛 쇼핑

하와이는 1년 365일 세일 중! 하와이의 프리미엄 아웃렛은 매장에 갓 들어온 신상 라인도 폭탄 세일을 하는 경우가 많기 때문에 쇼핑을 좋아하는 사람이 아니라도 눈이 번쩍 뜨이게 마련이다. 내 지갑을 위해 주는 곳이 있다면 바로 프리미엄 아웃렛. 평소 꿈꿔 오던 명품 브랜드 제품들을 파격적인 가격으로 구매할 수 있는 프리미엄 아웃렛과 유명 브랜드 제품을 말도 안 되는 가격으로 업어 올 수 있는 세컨드 아웃렛까지! 득템의 기회와 지갑이 동시에 활짝 열리는 프리미엄 아웃렛을 꼼꼼히 살펴보자.

탐나던 명품도 척척!
와이켈레 프리미엄 아웃렛
Waikele Premium Outlets®

미국을 시작으로 캐나다, 멕시코, 일본에서도 세계 최고급 명품 브랜드와 다수의 유명 브랜드의 사소한 하자품을 취급하는 프리미엄 아웃렛 전문 쇼핑센터. 국내의 파주, 여주, 부산에 있는 프리미엄 아웃렛과 같은 회사라고 보면 된다. 와이켈레 프리미엄 아웃렛은 캘빈 클라인, 코치, 케이트 스페이드 뉴욕, 마이클 코어스, 폴로 랄프 로렌 등 브랜드 의류 잡화부터, 스케쳐스, 크록스, 어그(UGG) 등의 신발 매장과 아동복 브랜드 매장, 색스 피프스 애버뉴 백화점과 바니스 뉴욕 백화점의 아웃렛 매장 등 50여 개 이상의 명품 및 브랜드 매장이 포진되어 있다. 창고형 대형 매장과 스타벅스, 맥도날드, 칠리스 레스토랑 등 쇼핑 중 요기할 만한 카페며 식당들과 새로 생긴 야외 푸드코트까지 가세해 관광객과 지역 주민 모두의 새로운 쇼핑 문화 공간으로 거듭나고 있다. 와이키키에서 차로 30분 거리의 외곽에 위치하기 때문에 와이키키 지역과 아웃렛 센터를 왕복 운행하는 셔틀버스가 있다.

홈페이지 바로가기
예약 가능

와이켈레 프리미엄 아웃렛 셔틀버스
Waikele Premium Outlets Shuttle

하와이 최대 관광용 교통수단을 보유한 로버스 하와이(Robers Hawaii)에서 운영하는 버스로, 와이키키와 와이켈레 프리미엄 아웃렛 사이를 왕복한다. 매일 오전 9시부터 1일 2회 와이키키 내 7개의 주요 승하차장 중 하나를 지정해 미리 웹사이트에서 예약해야 한다(크리스마스 당일 휴무). 예약 시에는 출발편만 와이키키 내 승차장, 인원수, 시간을 지정 가능하다. 와이켈레에서 돌아오는 교통편은 아웃렛 내 셔틀 서비스 데스크에서 승차장, 인원수, 시간을 지정 확인해야 한다(데스크 위치 Solstice Sunglass Outlet 옆). 한국어 사이트를 운영하므로 어렵지 않다.
요금 왕복: 성인 $20 편도: 성인 $15
VOL.2 ● **MAP** p.431G ● **INFO** p.443

 TIP 아웃렛 쇼핑, 알짜배기 팁!

01. 많은 매장 어떻게 다 볼까?
하와이는 본래 명품 쇼핑이 유명한 데다 쇼핑 스케일이 남다른 신혼부부와 명품을 좋아하는 아시아 관광객들의 성원에 힘입어 1년 내내 세계 어느 나라와 비교해도 뒤지지 않는 신상 라인이 포진되어 있고 구매 회전도 빠르다. 섬이라는 이유로 운송비로 인한 재고 부담이 더 크기 때문에 미국 디자이너 브랜드는 특히 전략적으로 더 큰 할인율로 내놓는다. 하와이에서 명품 아웃렛을 이용할 때 딱히 선호하는 브랜드가 없다면 코치, 마이클 코어스, 폴로 랄프 로렌 같은 미국 명품 브랜드를 제1순위로, 그다음 이월 상품이 큰 폭의 할인을 감행하는 아르마니, 어그, 색스 오프 피프스 애버뉴 같은 외국 브랜드를 공략하는 것이 팁! 블랙 프라이데이나 크리스마스 같은 명절에는 대대적인 추가 할인이 있으니 이 기간을 놓치지 말자!

02. 더 저렴한 셔틀버스도 있다?
영어나 일본어에 자신 있는 사람이라면 매일 아침 와이키키 T갤러리아 DFS 건물 옆 티켓 부스에서 와이켈레 셔틀버스 승차권을 구매하고 바로 탈 수 있다. 현지 업체들이 운영해 한국어 사이트는 없지만 훨씬 더 저렴하다(왕복 $10, 부정기 운영).

NO NO!!
충동구매는 No No! 프리미엄 아웃렛은 교환 환불이 일반 매장에 비해 자유롭지 않다. 매장마다 차이는 있으나 대부분 예외 없이 14일 이내만 교환이 가능하고 환불을 해주는 대신 다음 기회에 사용할 수 있는 스토어 크레딧(Store Credit)으로 주기도 한다.

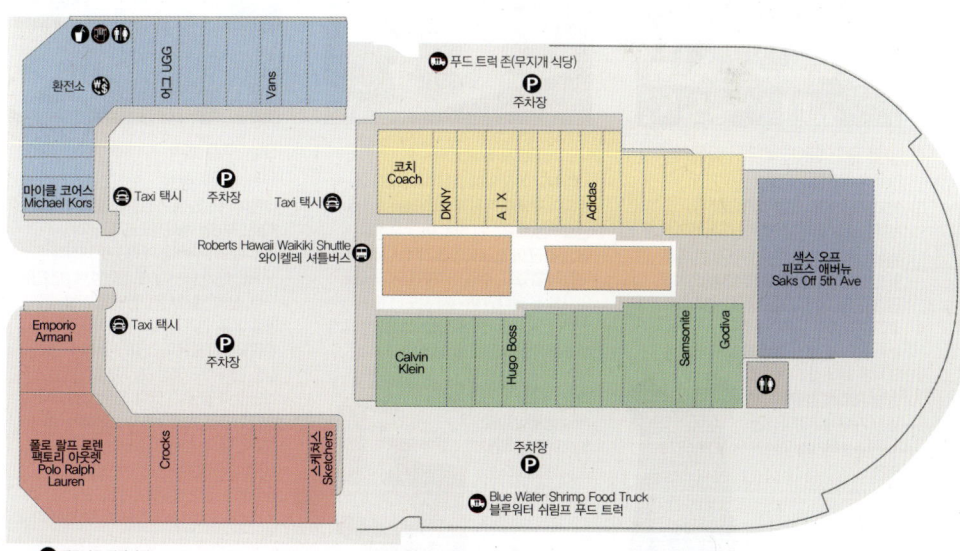

명불허전 브랜드&매장

와이켈레 아웃렛에서 여기만은 꼭!

코치 Coach
와이켈레에서 한국 관광객이 가장 많이 찾는 브랜드 1순위. 넓고 잘 정돈된 매장에 한국어를 할 줄 아는 직원까지 있다. 국내에 잘 알려진 시즌 대표 상품부터 브랜드 카탈로그에서만 볼 수 있었던 아메리칸 라인, 게다가 지난 시즌 모델까지 갖추고 있다. 의류, 스카프, 액세서리, 가방, 지갑 등 품목도 다양하다. 주눅 들 것 없이 가격표부터 보자. 국내 가격에 배신감이 들 정도로 어마어마한 할인 폭에 눈이 커질 것이다. 소재의 특성상 여름 상품이 대체로 더 저렴하다.

마이클 코어스 Michael Kors
합리적인 가격이 장점인 미국 최고의 패션 디자이너 브랜드. 아메리칸 스타일의 심플한 디자인으로 부담스럽지 않은 멋이 있어 유행과 연령대에 구애받지 않는다. 가방 등 가죽 제품이 주로 많아 직장인의 데일리 백이나 가족 선물로 좋은 장지갑과 가죽 장갑 등이 인기 아이템.

스케쳐스 Skechers
국내에서 인기 좋은 브랜드로 양말을 신은 듯한 초경량의 가벼움, 라텍스 소재의 획기적인 착화감, 화려한 컬러로 누구나 하나쯤 갖고 싶은 운동화. 하와이 현지에서 신기 좋은 플립플랍도 인기 만점. 스케쳐스 와이켈레 매장은 신상품이 같이 들어오는데 아웃렛 가격으로 약간 더 저렴하다. 국내 정상가에 비해 가격 차이가 크기 때문에 미리 봐둔 모델이 있다면 와이켈레 아웃렛 매장에서 사는 것이 득이다. 또 와이켈레 매장에서 더 저렴하게 산 모델이라도 알라모아나 센터에서 판매하는 것이라면 그곳에서 사이즈 교환이 가능하다.

폴로 랄프 로렌 팩토리 아웃렛 Polo Ralph Lauren
미국을 대표하는 프리미엄 캐주얼 브랜드로 남성복뿐 아니라 아동복 매장이 함께 있다. 내 아이에게 한번쯤 꼭 입혀보고 싶을 만큼 클래식하면서도 귀여운 색상과 디자인, 좋은 소재에 로고까지 패션으로 만들어내는 센스에 눈을 떼기가 힘들다. 큰맘 먹고 국내에서 티셔츠 하나 살 가격에 한 벌 세트를 장만할 수 있는 기회이니 엄마라면 누구나 들어가게 되는 매장.

어그 UGG Australia
시즌마다 매장 앞에 줄을 서서 매장 내 손님이 구매를 마친 후 입장하는 모습을 연출하는 브랜드가 바로 어그 부츠로 잘 알려진 어그(UGG). 초기에는 국내에 매장이 없었고, 수입 가격이 너무 높아서 엄두를 못 냈다면 여기서 시도해 볼 만하다. 국내에서 이름 없는 브랜드의 양털 부츠를 사는 가격으로 정품 어그 부츠 또는 모카 신발을 내 것으로 만들 수 있다. 매장 내에는 언제나 특별 세일 품목이 따로 있으니 점원에게 문의하는 것도 팁!

색스 오프 피프스 애버뉴 Saks Off 5th Ave.
니먼 마커스, 노드스트롬과 함께 미국의 3대 프리미엄 백화점으로 잘 알려진 색스 피프스 애버뉴의 아웃렛 매장에는 '오프(Off)'가 붙는다. 프리미엄 백화점답게 구두, 잡화, 액세서리, 주얼리, 가방, 명품 의류, 인테리어 소품까지 방대한 카테고리의 품목이 집중되어 있어 여기만 집중 공략해도 명품 프리미엄 아웃렛 쇼핑을 다 끝낼 수 있다. 명품 브랜드의 할인 가격을 확인하면서 보물찾기라도 하듯이 나와 지인, 가족들이 좋아하는 취향의 아이템을 시간 가는 줄 모르고 골라볼 수 있는 조용한 매장.

와이켈레 아울렛 주변 추천 레스토랑

겐키 스시 Genki Sushi

일본에서 시작된 회전 초밥 브랜드로 각종 군함말이 초밥과 샐러드, 녹차맛 아이스크림 등 우리 입맛에도 잘 맞는 음식을 선보인다. 혼자 앉아서 먹기에도 좋은 스시 카운터와 일행이 앉을 수 있는 테이블, 주문 초밥, 초밥을 모둠으로 구성한 파티 플래터까지 다양한 메뉴가 있다. 회전 레일의 초밥을 고르면, 생선 구이 등 요리는 셰프가 데워주고, 튀김 요리는 주문하면 따로 갓 튀겨 낸다.

VOL.2 MAP p.459G
- 찾아가기 엠포리오 아르마니 매장 쪽에서 Lumiania St 건너편 센터 내에 위치
- 주소 Waikele Center Holdings LP, 94-799 Lumiaina St, Waipahu, HI 96797
- 전화 808-678-3180 시간 월~토요일 11:00~22:00, 일요일 11:00~21:00
- 휴무 12월 25일 가격 $2.75(1접시)~
- 홈페이지 www.gengisushiusa.com

칠리스 그릴&바 Chili's Grill & Bar

미국의 패밀리 레스토랑 체인으로 그릴 스테이크가 주메뉴이고, 파스타와 에피타이저, 햄버거 등 다양한 멕시칸 스타일이 가미된 아메리칸 음식을 제공한다. 치킨, 생선과 해산물, 비프스테이크 등의 주메뉴에서 조금만 가격을 추가하면 샐러드바를 무료로 이용할 수 있다. 음료와 칵테일을 주문하는 별도의 바를 운영하며 바에서도 식사가 가능하다. 음식이 빨리 나오므로 쇼핑 중 잠시 식사를 하며 쉬고 싶은 사람에게 안성맞춤. 저녁에는 지역 주민들이 많이 이용하며 생일 파티 등 가족 단위 손님이 많다.

VOL.2 MAP p.431G INFO p.442

레오나즈 말라사다 Leonard's Malasadas

하와이의 대표적인 핑거푸드 간식 중 하나인 말라사다의 원조 맛집이다. 원래 와이키키 부근의 베이커리로 1953년부터 줄서는 맛집으로 유명하다. 말라사다는 포르투갈식 도넛으로 공기가 많은 반죽을 튀겨 설탕을 뿌린 일종의 도넛인데 하와이에서 로컬화 되면서 많은 사람들의 최애 간식이 되었다. 와이키키 부근의 오리지널 매장은 이른 아침부터 줄이 길기 때문에 위성 매장으로 섬의 몇 몇 지역에 푸드트럭을 운영 중이며 와이켈레 프리미엄 아울렛의 경우 명품 매장 지역 길 건너 펫코 Pet Co. 건물 옆 주차장에 위치한다. 구멍이 없는 도넛의 바삭 폭신한 식감이 입에서 사르르 녹아 없어질 정도라 오리지널 메뉴도 유명하고 현재는 커스터드 크림, 파인애플, 시나몬 파우더를 함께 넣은 메뉴도 있으니 취향껏 골라 보자. 당충전으로 활기찬 쇼핑을 이어가려면 찜!

◎ MAP p.431G
◎ 찾아가기 명품 매장 구역 도로 건너편 블럭 펫코 Pet Co 매장 옆에 위치
◎ 주소 94-849 Lumiaina St, Waipahu, HI 96797 ◎ 전화 808-737-5591
◎ 시간 07:00~18:00
◎ 휴무 12월 25일 ◎ 가격 $1.15(1개)
◎ 홈페이지 www.leonardshawaii.com

무지개 식당 Rainbo Stream

처음 무작정 따라하기 하와이를 집필 할 당시만 해도 와이켈레 프리미엄 아울렛에는 한국 음식점이 없었다. 한국 방문객이 많은 코치 매장 뒤쪽의 주차장 공터에 처음 문을 연 무지개 식당은 SNS 와 그룹 투어 방문객들의 입소문을 타고 와이켈레 방문 루틴의 하나가 되었고 현재는 그 옆으로 더 많은 푸드트럭이 가세해 푸드트럭 존 Food Truck Zone 이라는 안내 표지판이 따로 생길 정도로 많은 이용객의 사랑을 받고 있다. 비빔밥, 라면, 제육 볶음, 갈비 구이 등 한식 메뉴는 물론 태국 음식, 멕시코 음식 등 다양한 나라 음식을 선보이는 푸드 트럭을 간편하게 이용해 보자. 카드를 받지 않는 업체도 있으니 현금을 준비하면 좋다.

◎ MAP p.431G
◎ 찾아가기 코치 일반 매장 뒤쪽 주차장 푸드트럭 존에 위치
◎ 주소 Waikele Center Holdings LP, 94-797 Lumiaina St, Waipahu, HI 96797
◎ 전화 808-556-4868 ◎ 시간 월~금 10:00~19:00, 토 · 일 11:00~15:00
◎ 휴무 12월 25일 ◎ 가격 플레이트 런치 $16.50~, 신라면 $10~

워드 빌리지 숍스의 '아웃렛'도 놓치지 말자!

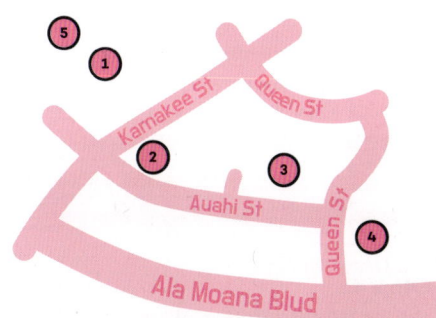

워드 센터는 알라모아나 대로(Ala Moana Blvd) 안쪽 워드 애버뉴(Ward Ave)에서 카마케에 스트리트(Kamake'e St) 교차로에 이르는 5개 쇼핑센터 밀집 지역을 말한다. 기존 쇼핑센터의 이름을 따서 빅토리아 워드 센터(Victoria Ward Center)로 부르다가 워드 빌리지 숍스(Ward Village Shops)로 공식 명칭이 바뀌었다. 메가톤급 규모의 창고형 아웃렛 브랜드들과 레스토랑, 영화관이 모여 있어 모든 것을 한 지역에서 해결할 수 있는 신개념 쇼핑 센터 같은 분위기를 느낄 수 있는 거리라고 보면 된다. 트렌디한 하와이의 라이프 스타일을 엿보며 창고형 아웃렛과 편집숍까지 공략하고 싶다면 지금 당신의 키워드는 워드 빌리지!

VOL.2 ⓜ **MAP** p.431D ⓖ **찾아가기** 렌터카 Ala Moana Blvd에서 Ward Ave 경유해 Auahi St에서 주차장 진입, 호놀룰루 공항에서 20분 ⓐ **주소** 1170 Auahi St, Honolulu, HI 96814 ⓣ **전화** 808-591-841 ⓗ **시간** 매장마다 다름 ⓡ **휴무** 매장마다 다름 ⓟ **주차** 무료 주차 ⓦ **홈페이지** www.wardvillage.com

❶ *Pier 1 Imports*
피어 원 임포트

인테리어 소품 직구에 관심 많은 사람 모여라! 홈스타일링에 관심이 많은 패셔니스타들이 즐겨 찾는 것으로 유명한 고급스러움과 모던함을 모두 갖춘 라이프 스타일 매장.

❷ *SOUTH SHORE MARKET*
사우스 쇼어 마켓

인터내셔널 SPA 브랜드 쇼핑에 싫증 날 때면 생각나는 독특하고 개성 만점의 의류 잡화 편집숍과 카페, 간단한 스낵숍이 모여 있는 복합 쇼핑몰. 흔하지 않은 하와이 로컬 브랜드가 주를 이루며 전반적인 분위기는 마치 뉴욕 소호 거리 전체를 실내로 옮겨놓은 듯 아기자기하고 매력적이다.

❸ *WHOLE FOODS MARKET*
홀푸드 마켓

와인, 치즈, 유기농 차와 스낵, 반려동물 먹거리까지 두루 갖춘 슈퍼마켓 위의 슈퍼마켓. 고품질 유기농 식자재와 스킨케어 제품으로 명성이 자자한 홀푸드 마켓에 테이크아웃 카페테리아를 접목한 새로운 스타일의 마켓. 카페테리아에서 구입한 음식을 매장 곳곳에 차려진 테이블에서 먹을 수 있어 부담 없는 아웃도어 카페로 사랑받고 있다.

❹ *Nordstrom Rack*
노드스트롬 랙

프리미엄 백화점 노드스트롬의 아웃렛 스토어 프리미엄 백화점의 대명사인 노드스트롬 백화점의 정식 아웃렛스토어. 모스키노, 마이클 코 어스, 세븐진스(7Jeans), 지미추, 버버리, 코치 등 다양한 프리미엄 브랜드의 이월 상품을 이곳에서 찾아보자.

❺ *Ross Dress for Less*
로스 드레스 포 레스

이월 상품, 미세 하자 상품 초저가를 노린다면 바로 여기! 폴로 랄프 로렌, 노티카, DKNY, 나이키, 타미힐피거 등 누구나 다 아는 미국 의류 브랜드의 이월 상품과 미세 하자 상품을 전문으로 하는 대형 매장이다. 최초 가격에서 70% 이상 할인은 기본!

디스카운트 스토어에서 고르고 고른 쇼핑 리스트

▲ 젊고 감각적인 문양과 내구성 좋은 퀼팅의 실용적인 남녀 공용
모스키노 백팩
Moschino Back Pack
$89.99
(노드스트롬 랙)

◀ 400수 이상의 면으로 부드러운 촉감과 고급스런 디자인을 자랑하는
노티카 퀸 시트 세트
Nautica Queen Sheet Set
$15.99~34.99
(로스 드레스 포 레스)

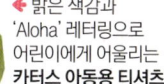

◀ 밝은 색감과 'Aloha' 레터링으로 어린이에게 어울리는
카터스 아동용 티셔츠
Carter's Tee $12
(와이켈레 프리미엄 아웃렛)

▶ 최고급 특수 피혁인 뱀피의 세련된 디자인으로 품격을 더한
엠포리오 아르마니 가죽 재킷
Emporio Armani Leather Jacket $580
(와이켈레 프리미엄 아웃렛)

▶ 고급스런 가죽 안쪽에 하와이의 무지개를 닮은 컬러 매치가 돋보이는
코치 장지갑
Coach Wallet $59
(와이켈레 프리미엄 아웃렛)

▶ 겨울철 방한화의 선두 주자, 따뜻한 양털과 앙증맞은 디자인의 **어그 부츠**
UGG Boots $119
(와이켈레 프리미엄 아웃렛)

▲ 슈퍼모델 미란다 커가 착용한 반짝임이 화려한
스와로브스키 팔찌
Swarovski Bracelet $40
(와이켈레 프리미엄 아웃렛)

◀ 윤기 좋은 가죽 질감이 살아나는 스니커즈 형태의
마크 제이콥스 남성 캐주얼 슈즈
Marc Jacobs Leather Shoes $149
(색스 오프 피프스 애버뉴, 와이켈레 프리미엄 아웃렛)

◀ 시즌 한정 제품으로 하와이의 겨울을 추억할 수 있는
크리스마스 홈데코 소품
Christmas Home Deco Star Fish
$10
(피어 원 임포트)

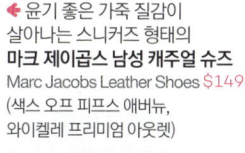

▲ 프리미엄 진 브랜드의 힙합 스타일이 돋보이는 디자인 **트루릴리전 진**
True Religion Jeans $159
(와이켈레 프리미엄 아웃렛)

MANUAL 26 __ 슈퍼마켓

소소한 기념품도 실속 있게, 좋아하는 기호 식품도 한 번에 구입! 신나는 슈퍼마켓 쇼핑

굳이 백화점에 가지 않아도 모든 것이 해결 가능한 쇼핑 해결사, 바로 슈퍼마켓이다.
정말 하와이답다 싶을 정도로 관광 특수 지역이라는 편의성까지 더해져
식료품과 과일, 기념품, 비상약까지 밤새워 하나하나 구경하며
카트를 끌고 다니는 재미가 쏠쏠한 곳, 어마어마한 규모의
냉동식품 코너 근처에만 가도 감기 기운이 들 정도로 시원한 곳,
한국으로 데려가고 싶은 소소한 아이템들이 즐거운 고민을 안겨주는 곳,
슈퍼마켓 쇼핑을 시작해 보자.

"하와이에서 주류 구매 시 알아두자!"

❶ **주류 구매 시 여권 등 신분증 지참!** 주류 소비 판매법이 엄격한 하와이에서 주류를 구매하려면 구매자 인적 사항을 간략하게 기입해야 하기 때문에 아무리 나이가 많아 보이는 사람이라도 여권 등 신분증 확인을 거쳐야 한다. 맥주 한 캔만 사더라도 신분증을 지참할 것.

❷ **오픈에어(Open-air) 음주 불가!** 하와이는 해변, 공원, 도로 등 지붕이 없는 공공장소에서 음주 행위는 원칙적으로 위법이다. 해변 비치바의 파라솔은 지붕을 만들기 위한 방편과 같은 것. 만약 ABC 스토어에서 와인을 산 후 해변에서 마시기 위해 직원에게 코르크를 따달라고 하면 대답은 노(No)! 와인 중에는 코르크 마개가 아닌 음료수처럼 돌려서 따는 트위스트 오픈(Twist-open) 종류들이 있으니 잘 보고 구매하는 것이 좋다.

ABC STORES

와이키키 쇼핑의 시작과 끝
ABC 스토어 ABC STORES

하와이를 시각화한 예쁜 디자인의
슈가 프리 민트 Sugar Free Mints $3.99(1통)

"와이키키를 처음 방문해 ABC 스토어 앞에서 만나자고 하고 헤어진 일행은 절대 만나지 못한다"는 농담이 있다. 그만큼 수십 개가 와이키키 거리를 장악한 하와이 최대 규모의 편의점 체인. 1970년대 농장 일손을 도우며 자란 필리핀계 이민자 2세가 발에 난 상처에 붙일 반창고 하나를 구하기가 힘들어 실생활에 필요한 편의품을 몇 가지 모아 와이키키에 노점상을 연 것이 그 시초다. 관광객이 머무는 동안 필요한 모든 것을 구비했다고 해도 과언이 아니다. 하와이언풍 기념품과 액세서리, 의류, 잡화, 주류와 스낵을 비롯한 먹거리, 스킨케어 제품, 해변 물놀이 용품과 휴대용 전자제품 액세서리까지 없는 것이 없다. 다만 가격이 로컬 마트와 크게 차이 나는 것은 어쩔 수 없으니 편의성과 가격을 맞바꾸었다고 생각하는 것이 좋다. 와이키키 내에 대부분의 매장이 있고 이웃 섬의 관광지에도 많이 들어가 있다. 하와이에만 50개 이상의 매장이 있고, 괌과 라스베이거스 등 하와이 이외 지역에 20여 개의 매장을 운영하고 있다.

코코넛 향이 살짝 나는 땅콩잼
노스쇼어 코코넛 피넛 버터 Northshore Coconut Peanut Butter $9.99(1병)

곰돌이 모양의 100% 하와이언 꿀
마노아 허니 Manoa Honey $3.99 (1병 2oz, 60ml)

부드럽게 발리는
코나 커피 버터 Kona Coffee Butter $9.99 (1개 150ml)

하얏트 리전시 와이키키 비치 지점 Hyatt Regency Waikiki Beach
VOL.2 ⓖ MAP p.385G ⓘ INFO p.399

> **TIP ABC 스토어 추천 쇼핑 리스트**
> ABC 스토어의 기념품 코너는 다른 슈퍼마켓에 없는 제품들이 많으니 훑어볼 가치가 충분하다. 묶음 패키지가 다양해 낱개로 샀을 때의 번거로움을 피할 수 있다. 선택의 폭이 너무 넓어 즐거운 비명을 지를지도 모를 일! ABC 스토어의 기념품 맞춤형 쇼핑을 실컷 누려보자.

먹거리가 화려하다고 음식만 있는 게 아니야
푸드랜드 FOODLAND

푸드랜드는 슈퍼마켓이 갖춰야 할 모든 카테고리를 다 충족하면서도 특히 먹거리에 포커스를 맞췄다. 일반 매장은 푸드랜드(Foodland), 프리미엄 매장은 푸드랜드 팜스(Foodland Farms)로 업그레이드되어 매장 내에 커피 빈&티 리프(Coffee Bean&Tea Leaf)가 함께 있다. 신선한 빵을 구워 내는 베이커리도 있고, 핫스테이션(Hot Station)에서 직접 만든 따뜻한 수프와 프라이드 치킨 등을 원하는 크기의 용기에 담아 구매할 수 있다. 또 조리사가 상주하는 하와이언 포케 코너가 따로 있어 신선한 해산물 포케(하와이식 회무침)를 맛보고 살 수 있다. 그 외 매장에서 직접 만든 도시락, 스시 초밥, 샌드위치 등 간단하게 먹을 수 있는 다양한 먹거리가 있다. 와인 코너 역시 국내에서 상상하기 힘든 가격으로 발길을 붙잡는다. 잡지, 기호 식품, 조리 도구, 일회용품, 기념품을 비롯해 신용카드로 결제 가능한 다양한 브랜드의 기프트 카드까지 모두 갖추고 있어, 관광 중에 먹거리를 위해 장을 보고 싶다면 베스트 초이스!

알라모아나 지점 Ala Moana VOL.2 ⓟ MAP p.431D

 **찾아가기** 알라모아나 센터 에바 윙 1층 **렌터카** 와이키키에서 Ala Moana Blvd 경유해 Atkinson Dr 교차로에서 우회전해 진입, 호놀룰루 공항에서 25분, 와이키키에서 10분 소요 **버스** The Bus 8번 알라모아나 센터 하차 **트롤리** 블루, 레드, 핑크 라인 알라모아나 센터 하차
ⓐ **주소** 1450 Ala Moana Blvd, Honolulu, HI 96814 ⓣ **전화** 808-949-5044 ⓗ **시간** 05:00~22:00 **휴무** 연중무휴
ⓟ **주차** 무료 주차
ⓗ **홈페이지** www.foodlandalamoanacenter.com

 TIP 현지 쇼핑 꿀팁
즉석에서 발급하는 푸드랜드 회원 카드 마이카이 카드(Maika'i Card)를 이용하면 매장 내에서 할인받을 수 있다. 하와이 주민 전용이 아니므로 누구나 가입할 수 있고, 처음 가입 시 일종의 임시 카드인 인트로덕토리 카드(Introductory Card)를 내준다. 필요한 건 여권(사진이 있는 신분증)과 호텔전화번호뿐이니 매장 내 회원 가격 할인율을 확인하고 알뜰하게 쇼핑하자!

MANUAL 26 | 슈퍼마켓

323

🅖 **찾아가기** 렌터카 와이키키에서 Kalakaua Ave 동쪽 방향으로 주행, Kapahulu Ave에서 좌회전하면 왼편, 와이키키에서 15분 소요 **버스** The Bus 13, 14, 24번 Kapahulu+Paliuli St 하차
🅐 **주소** 888 Kapahulu Ave, Honolulu, HI 96816 ☎ **전화** 808-733-2600
🕐 **시간** 24시간 🚫 **휴무** 연중무휴
🅟 **주차** 무료 주차 🌐 **홈페이지**
www.local.safeway.com

와이키키에서 현지 주민처럼 장을 보자
세이프 웨이 SAFE WAY

1929년 캐나다에서 시작해 미국 전역에 유통망을 갖춘 전문 슈퍼마켓. 편리한 시스템과 좋은 품질의 제품을 다양한 카테고리별로 제공하기 때문에 세이프 웨이의 위치를 알아두는 것만으로도 안심이 된다고 할 만큼 실생활에 필요한 모든 것을 믿고 구매할 수 있다. 현지 주민들이 거주하는 지역에 주로 있었는데, 와이키키 경계의 카파훌루 애버뉴(Kapahulu Ave)의 복합 쇼핑센터 내에 문을 열었다. 런치 카페와 샐러드 바를 비롯해 생활용품과 기호 식품, 기념품, 영양제에 이르기까지 모든 품목을 구입할 수 있는 대형 매장이다. 지점에 따라 24시간 운영하는 곳이 많으며, 약국이 따로 있기 때문에 처방전 없이(Over the Counter) 살 수 있는 의약품을 고를 때 약사에게 간단히 증상을 자문할 수 있어서 여행객들에게 도움이 된다.

향긋한 열대 과일향의
하와이언 아일랜드 티
Hawaiian Island Tea
$3.99(1팩 36g)

TIP 현지 쇼핑 할인 꿀팁
푸드랜드의 마이카이 카드처럼 세이프 웨이 클럽 카드가 있다. 신청서에 이름과 호텔 전화번호를 적어 내면 바로 카드를 발급받을 수 있고, 영수증에서 할인 금액을 확인할 수 있으니 꼭 활용하자.

와이키키 카파훌루 지점 Kapahulu VOL.2 ◎ MAP p.408I

유기농 인증 먹거리, 민감한 아이를 가진 엄마들의 꿈의 공간
홀푸드 마켓 WHOLE FOODS MARKET

유기농 제품, 에코 마크를 고집하는 사람들이라면 꼭 찾게 되는 내추럴 오가닉 식품점으로 입구부터 신선한 과일과 채소가 가득하다. 품질 좋은 유기농 채소와 과일뿐만 아니라 훌륭한 와인 셀러와 방대한 주류를 갖추고 있으며, 수십 종류에 이르는 대형 치즈 매장에서 시식도 가능하다. 카페테리아 또는 뷔페에 가까운 요리가 있는 핫스테이션과 싱싱하고 차가운 샐러드바, 이국적인 올리브가 다양하게 구비된 올리브바가 있다. 일반 슈퍼마켓과 확연히 차이 나는 스시, 샌드위치 섹션은 매장에서 직접 조리한 것. 이탈리안 크림 소다와 다양한 브랜드의 스파클링 미네랄 워터 등 유럽에서 건너온 독특한 음료도 눈길을 끈다. 매장 내 수제 화덕 피자를 만드는 피제리아(Pizzeria)와 베이커리에서 구매한 음식을 매장 외부에 마련된 야외 테이블에서 먹을 수 있다. 먹거리뿐 아니라 유기농 스킨케어 섹션과 유아 용품도 다양해서 아토피 등 특별한 관리가 필요한 민감성 피부에 사용하는 천연 제품도 쉽게 찾을 수 있다. 하와이에서 만든 다양한 유기농 목욕 용품, 아로마 테라피 용품도 인기. 한국에서 인기 좋은 유기농 브랜드 닥터 브로너스(Dr. Bronner's)의 트래블 사이즈도 다양하게 만날 수 있다.

카할라 몰 지점 Kahala Mall VOL.2 ⓜ MAP p.408 ⓘ INFO p.422

TIP 홀푸드 쇼핑 공략 팁
홀푸드 마켓의 공략 아이템은 바로 희귀 유기농 천연 오일! 먹거나 바를 수 있고 면세점보다 저렴하다.

피부에 순한 비누 거품을 만드는 수제 비누
코코넛 선라이즈 루파 Coconut Sunrise Loofa $1.75 (1oz 28g)

복숭아와 멜론 향이 나는
이탈리안 소다 Italian Soda $3.75(1병 750ml)

화장품과 기념품까지, 신나는 드럭스 스토어
롱스 드럭스 LONGS DRUGS

하와이는 아시아 방문객이 많아 드럭스 스토어에서 전 세계의 화장품과 먹거리, 상비약을 판매하고 있다. 이외에도 동남아에서 익숙한 호랑이 연고, 아기자기한 일본 과자와 캐릭터 소품까지 주변 사람들과 나눠 갖기 좋은 부담 없는 가격의 쇼핑을 원 없이 할 수 있다. 이것이 바로 드럭스 스토어 쇼핑의 매력! 저렴한 가격의 비타민제, 기타 영양제와 일회용 상비약, 생활용품과 소소한 선물 용품, 스킨케어와 헤어 제품 등 눈 깜짝할 사이에 장바구니가 가득하다. 와이키키를 약간 벗어나면 지역 거주지마다 대형 매장이 있고 알라모아나 센터 2층에 주차장 쪽으로 지점이 있으니 렌터카가 있다면 이용해 봐도 좋다. 비슷비슷한 제품을 갖춘 곳으로 ABC 스토어와 월마트가 있는데, ABC 스토어보다 저렴하고, 단품 구매가 가능한 제품은 월마트보다 많은 편이다.

와이키키 지점 Waikiki VOL.2 MAP p.384F INFO p.401

토크 SAY
TIP 롱스 드럭스가 와이키키에?
캘리포니아와 하와이에서 가장 큰 드럭스 스토어 중 하나로 최근 와이키키에 24시간 운영 매장을 오픈해 접근성이 더 좋아졌다. 단, 스토어가 계단식으로 되어 있어 카트 이동이 불편하고 와이키키는 도보 이동이 많으니, 쇼핑할 것이 많다면 운반이 용이한 매장을 찾아보는 것도 방법이다.

부담 없는 쇼핑을 원할 때
월마트 WALMART

K마트와 월마트는 비슷한 점이 많은 창고형 대형 슈퍼마켓으로 한국의 이마트와 비슷하다. 월마트는 비교적 관광 밀집 지역 부근에 매장이 많은 편. 가격은 K마트와 비슷하고 ABC 스토어보다는 월등히 저렴하다. 마카다미아 넛, 초콜릿, 커피, 하와이 스킨케어 제품, 현지에서 사려고 미뤄뒀던 물놀이 용품, 선스크린, 아쿠아 슈즈, 보드 쇼츠 같은 품목을 쇼핑할 때 반드시 들르게 된다. 항간에는 하와이 쇼핑의 시작과 끝을 월마트와 함께하면 비용을 많이 줄일 수 있다는 여행 팁을 주기도 한다. 시작은 물놀이 용품과 스낵으로, 마지막은 기념품 쇼핑으로, 월마트와 함께해 보자.

오아후 알라모아나 지점
Oahu Ala Moana
VOL.2 MAP p.431D INFO p.443

빅아일랜드 카일루아-코나 지점
Big Island Kailua-Kona
VOL.2 MAP p.500E
찾아가기 렌터카 코나 공항에서 H-19 남쪽 방향, Henry St에서 좌회전해 쇼핑센터 진입, 공항에서 20분 소요 주소 75-1015 Henry St, Kailua-Kona, HI 96740
전화 808-334-0466
시간 06:00~24:00
휴무 연중무휴 주차 무료 주차
홈페이지 www.walmart.com

카우아이 리후에 지점
Kauai Lihue
VOL.2 MAP p.547H
찾아가기 렌터카 리후에 공항에서 HI-560 Ahukini Rd, 교차로에서 우회전해 쇼핑센터 진입, 공항에서 10분 소요 주소 3-3300 Kuhio Hwy, Lihue, HI 96766 전화 808-246-1599 시간 06:00~24:00
휴무 연중무휴 주차 무료 주차
홈페이지 www.walmart.com

톡톡 SAY
TIP 섬별 추천 대형 마트
월마트는 오아후, 빅아일랜드, 카우아이 매장, K마트는 마우이 매장을 이용하는 것이 가장 편리하고, 비슷한 아이템을 일반 슈퍼마켓보다 저렴하게 구매할 수 있다. 단, 창고형 매장이기 때문에 소량으로 구매할 경우 가격 차이가 거의 나지 않는다.

물놀이 필수품
아쿠아 슈즈
Aqua Shoes
$10 (1켤레)

갈라진 입술을 빠르게 진정시키는 립밤
서퍼스 살브
Surfer's Salve
$5 (1개 0.8oz, 22.5g)

스프레이, 로션, 오일 등 다양한 자외선 차단제
하와이언 트로픽
Hawaiian Tropics
$10.99 (1개 8oz, 226g)

파인애플, 오렌지 등 상큼한 과일 향이 가득한
셰어 버터 비누
Shea Butter Soap $5 (1개 3oz, 85g)

MANUAL 26 슈퍼마켓

없는게 없는 미국식 대형 마트의 본보기
타겟 TARGET

하와이 현지의 지역 주민들이 많이 이용하는 대형 마트 체인 중에 가장 최근에 하와이에 들어와 인기가 좋다. 특히 번화한 지역에 지점을 두어 편리한 것이 타겟을 찾는 큰 이유 중 하나이다. 호놀룰루에서는 가장 큰 쇼핑 메카인 알라모아나 센터와 연결되어 있다. 자외선 차단제와 화장품 등 개인 위생 용품이 발달해 있고 커피 등의 음료, 스낵은 물론 생활 용품과 의류, 심지어 간단한 조립식 소가구까지 다양한 카테고리의 제품군이 잘 진열되어 있다. 우리나라의 이마트를 연상하면 쉽다. 월마트, 코스트코에 비해 작은 용량의 제품과 유아 용품이 많다는 것도 장점 중 하나이다. 깔끔한 분위기의 알라모아나 지점은 정돈이 잘된 청결함을 선호하는 사람이라면 더욱 만족할 것이다.

오아후 알라모아나 지점
VOL.2 MAP p.431D
- 찾아가기 렌터카 알라모아나 센터 내 Kapiolani Blvd 대로 변에 위치, 호놀룰루 공항에서 25분 소요
- 주소 1450 Ala MoanaBlvd Suite 2401 Honolulu, HI 96814
- 전화 808-206-7162 시간 08:00~22:00 휴무 연중무휴
- 주차 알라 모아나 센터 무료주차
- 홈페이지 www.target.com

빅아일랜드 힐로 지점
VOL.2 MAP p.530
- 찾아가기 렌터카 힐로 공항에서 HI-11 남쪽 방향, Puainako St에서 진입, 공항에서 15분 소요
- 주소 391 Makaala St.Hilo, HI 96720
- 전화 808-920-8605
- 시간 07:00~22:00
- 휴무 연중무휴 주차 무료주차
- 홈페이지 www.target.com

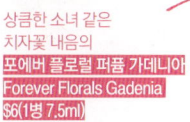
상큼한 소녀 같은 치자꽃 내음의
포에버 플로럴 퍼퓸 가데니아
Forever Florals Gadenia
$6(1병 7.5ml)

우아한 하와이언 자스민 향의
로열 하와이언 퍼퓸 피카케
Royal Hawaiian Perfume Pikake
$6.99(1병 6.5ml)

먹고 싶은 과일향이 폴폴 나는
**망고, 구아바 립밤 Mango Mania,
Guava Ginger Lipbalm $5.50**
(1개 0.8oz, 22g)

모형으로 만든
하와이 자동차 번호판
License Plate $4.99

토크 SAY
TIP 타겟 공략 아이템은?
개인 위생 용품, 자외선 차단제 등은 관광지보다 저렴하니 반드시 겟! 렌터카 여행자는 차량용 아이스박스를 저렴하게 구입해 더위를 식힐 음료수는 물론 차안의 귀중품이 보이지 않도록 활용해 보자.

코스트코 COSTCO

한국 코스트코와 똑같네, 회원이라서 다행이야

사업하는 사람들을 위한 도매 품목을 취급하는 창고형 대형 매장으로 잘 알려진 미국의 체인점. 한국에서 만든 멤버십 카드를 하와이 코스트코에서도 사용할 수 있다. 하와이 특산품 코너가 따로 있어 마카다미아 넛, 초콜릿, 커피, 건강식품 등을 도매 가격에 구매할 수 있기 때문에 선물로 나눠 주고 내 것까지 따로 챙길 수 있다. 의류, 식품, 가구, 잡화, 의약품, 냉동식품과 전자 제품까지 다양한 제품을 구비하고 있으며 일반 매장보다 할인 폭이 크다. 단, 소량으로 구매가 불가능한 제품이 많아 필요한 만큼만 살 수 없는 점이 아쉽다. 전자 제품 중에는 고프로(GoPro) 방수 액션 카메라를 눈여겨 보자. 또 캠코더 등 전자 제품과 브랜드 캐리어를 다른 매장보다 저렴한 가격에 장만할 수 있다. 특히 하와이 전체를 통틀어 휘발유 가격이 가장 저렴한 곳이 바로 코스트코다. 단, 회원만 이용할 수 있으니 주유를 해야 할 경우 참고하자. 코스트코는 계산 또는 주유 전 회원 카드를 제시해야 한다.

호놀룰루 지점 Honolulu VOL.2 ⓜ MAP p.431C
- 찾아가기 렌터카 호놀룰루 공항에서 92번 Nimitz Hwy 동쪽 방향으로 진입, Alajawa St에서 좌회전하면 오른쪽. 공항에서 10분 소요 ⓞ 주소 525 Alakawa St, Honolulu, HI 96817
- 전화 808-526-6100 ⓢ 시간 월~금요일 10:00~18:30, 토~일요일 09:00~18:00
- 휴무 연중무휴 ⓟ 주차 무료 주차 ⓗ 홈페이지 www.costco.com

> **클로즈 UP** **TIP 코스트코 회원이 아니라면?**
> 하와이의 코스트코에서는 비회원의 경우 현금으로 결제하는 것을 전제로 1회에 한해 구매할 수 있는 경우가 있으니 입장 전 직원에게 문의하면 도움을 받을 수 있다.

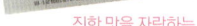
진한 맛을 자랑하는
하와이언 선 70%
다크 초콜릿 마카다미아 넛
Hawaiian Sun Dark Chocolate Macadamia Nuts $34.99
(1상자 6개입 5oz, 142g)

캐러멜이 들어 더욱 달콤한
하와이언 호스트 캐러맥스
Hawaiian Host Caramacs $31.99
(1상자 6개입 6oz, 170g)

다양한 맛을 한 번에 즐길 수 있는
마우나 로아 마카다미아 넛 버라이어티 6팩
Mauna Loa Variety 6 Pack $18.99

어린이 선물로 좋은
푹신한 곰인형
플러시 베어
Plush Bear $36.99

OPEN 24 HOURS

아시아 식자재가 한자리에 있는 24시간 슈퍼마켓
돈키호테 DON QUIJOTE

호놀룰루에서 한국 교포들이 많이 사는 키아모쿠(Ke'eaumoku) 지역은 예전에 일본인들이 주로 살던 곳이다. 돈키호테는 원래 일본의 다이에(Daiei) 마트가 상호를 변경한 것. 오아후 주민들이 많이 이용하는 슈퍼마켓으로 하와이 기념품과 기호 식품, 과일 및 식자재, 생활용품, 약국과 간이 우체국까지 있다. 특히 식품군이 큰 비중을 차지하며 일본, 중국, 베트남, 태국, 필리핀, 한국 등 아시아 국가에서 직접 들여온 반조리 식품과 면류, 채소류, 소스류 등이 한자리에 있다. 한국 사람들이 특히 좋아하는 주류 코너에는 아시아에서 인기 좋은 다양한 주류가 구비되어 있다. 돈키호테 입구에 일본 도시락, 여미 코리언 비비큐 등 테이크아웃 음식을 주문할 수 있는 패스트푸드점이 모여 있다. 24시간 운영으로 시간에 구애받지 않고 쇼핑할 수 있다. 주변에 한인 타운이 있고 한국 슈퍼마켓 팔라마 마켓과 나란히 붙어 있어 한국 음식 재료가 필요할 때 이용하기 좋다.

오아후 지점 Oahu VOL.2 MAP p.431D INFO p.444

미국의 '국민 영양제' 네이처 메이드 사의 비타민 E와 칼슘
Nature Made Vitamin 1000mg $7.39(1병), Calcium 600mg $9.99(1병)

카우아이 전통주나 다름없는 특산품, 끝맛이 깨끗한
콜로아 럼
Koloa Rum
$31.99(1병, 750ml)

조리가 간편한 인스턴트 미소 된장국
두부 시금치 미소 수프
Tofu Spinach Miso Soup $2.79
(1팩 1oz, 30ml)

 TIP 추천 쇼핑 아이템은?
하와이 쇼핑 리스트 중 하나인 비타민 영양제 코너를 주목하자! 상표만 봐도 알아볼 수 있는 허브 영양제와 비타민, 칼슘, 오메가3 등을 하와이에서 가장 저렴한 가격에 구입할 수 있는 곳이 바로 돈키호테다. 성분 함유량과 브랜드를 미리 알아보고 한국과 가격 비교를 해보는 것도 좋다.

한국 마트를 그대로 옮겨놓은 슈퍼마켓을 찾는다면 여기!
팔라마 마켓 PALAMA MARKET

원래 한국인이 많이 모여 살던 호놀룰루 외곽의 칼리히(Kalihi)에 지점이 있었는데 반갑게도 돈키호테 옆에 매장이 하나 더 생겨 접근성이 좋아졌다. 한국 마트에서 파는 한국 음식을 구입할 수 있는 반가운 슈퍼마켓. 식자재 위주로 구성되어 있으며, 한국의 신상 라면과 주류를 여기서도 거의 동시에 구입할 수 있다. 한인 신문과 소식지, 구인광고 등 교류 센터의 역할도 한다. 직접 만든 해물 파전, 족발과 김치, 떡볶이까지 있으니, 한국 음식이 그리울 때 찾으면 좋다. 직원들도 모두 한국인인 데다 한국어로 계산까지 끝낼 수 있으니 하와이에 와 있다는 것을 잠시 잊을 정도. 팔라마 마켓 앞에 있는 핸드폰 매장에서 현지 개통에 도움을 받을 수 있어 편리하다.

오아후 지점 Oahu VOL.2 ⓜ MAP p.431D ⓘ INFO p.444

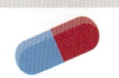

비상약, '깜빡'하고 못 챙겼나요?

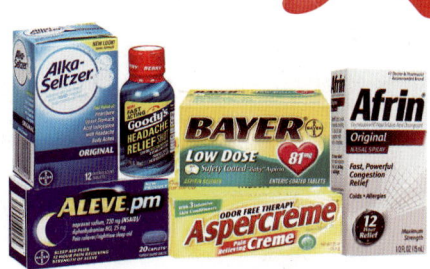

미국은 오버 더 카운터 메디슨(Over the Counter Medicine)이라고 통칭하는, 약국 또는 약사의 처방전 없이 편의점, 슈퍼마켓, 드럭 스토어 등에서 구입할 수 있는 약이 우리나라보다 훨씬 많다. 단, 현지의 약값은 한국보다 비싼 편이다. 여행 중 멀미를 비롯해 감기 기운, 두드러기, 피부 가려움증이 있거나 아이들이 갑자기 열이 날 때, 베아제, 펜잘 등 한국에서 쓰던 약을 현지에서 찾을 수 없을 때 당황하지 말고 같은 성분, 같은 증상을 다루는 약을 찾으면 된다. 대부분의 슈퍼마켓이 오버 더 카운터 메디슨을 보유하고 있으니 여행 중에 있을 법한 증상을 가지고 아래의 약을 구입하면 무리가 없다. 약국(Pharmacy)을 함께 운영하는 곳은 약사에게 간단히 자문을 구할 수 있지만 특수 약은 처방전 없이 구입할 수 없다. 이 경우 약사가 처방전 없이 살 수 있는 다른 약을 알려준다. 비상약을 미리 챙기지 못했다면 아래를 참고하자.

01. 펩토 비스몰
Pepto Bismol
일반 소화제로 액상 타입과 알약 타입 2가지로 나온다. 소화관 분비를 촉진하며 위벽을 보호해 속쓰림이나 과식으로 인한 식체에도 두루 사용한다. 어린이도 사용 가능하다. 약의 강도에 따라 사용량이 정해져 있으므로 권장량을 사용하면 된다.

02. 어린이용 드라마민
Dramamine fir Kids
스노클링, 뱃멀미, 차멀미 등 다양한 멀미 종류를 다스리며 어린이들이 안심하고 먹을 수 있다. 아이들이 이유 없이 토하고 어지럼증을 호소할 때는 비행기 또는 뱃멀미인 경우가 많으니 상비약으로 챙겨두는 것도 좋다.

03. 알레그라 알러지
Allegra Allergy
두드러기, 가려움증, 붉게 부어 오르는 등 다양한 알레르기성 증세뿐 아니라 비염 질환에도 사용한다. 음식이 맞지 않거나 침구류, 물놀이 후 비슷한 증상을 호소하는 대부분의 경우에 사용할 수 있다. 지르텍(Zyrtec)과 같은 약이다.

04. 테라플루 소어 스로트
Theraflu Sore Throat
테라플루, 데이퀼(Dayquil) 등은 비슷한 약으로 낮 전용, 밤 전용, 목감기, 기침감기, 코감기, 몸살감기 등 다양한 종류로 나뉜다. 테라플루는 이미 유명해 국내에서도 판매하지만 특히 목감기 전용 테라플루의 효과는 정평이 나 있다. 물에 타 마시는 가루약과 알약 2가지 타입이 있다.

05. 이부프로펜
Ibuprofen
미국은 일반 진통제 제품의 종류가 어마어마하게 다양하고 증상이 세분화되어 있다. 타이레놀, 애드빌, 알리브 등 다양한 진통제에 대다수 포함된 성분이 한국에서 '이부프로펜'으로 부르는 것이다. 해열, 진통, 소염 작용을 동시에 한다.

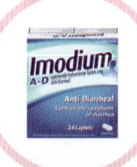

06. 이모디엄
Imodium
물갈이에서 자주 발생하는 설사, 세균성 설사가 아닌 일반적인 경우 가장 많이 사용하는 지사제다. 유아도 복용 가능하다. 단, 과도한 복용 시 변비가 생길 수 있다. 일부 위경련, 복부팽만, 가스로 인한 소화 기능 저하에도 사용된다.

MANUAL 27 __ 재래시장

여기 주목! 관광객에게도 유용한 재래시장

명품 매장과 대형 아웃렛이 하와이 쇼핑의 가장 큰 즐거움이라고 생각했다면 이 매뉴얼을 주목하시라! 하와이만의 쇼핑 목록이 또 하나 있으니, 바로 로컬 파머스 마켓과 벼룩시장이다.

하와이는 지금 '신선한 먹거리를 식탁까지(Farm to Table)' 열풍
파머스 마켓 Farmer's Market

하와이 사람들은 백화점이나 마트에 공급되는 상품이 아니라 텃밭에서 직접 기른 농작물을 가지고 나와 장터를 여는 파머스 마켓을 많이 이용한다. '하와이에서 직접 정성껏 재배한 농산물을 소비하자'는 의미의 'Eat Local' 또는 'Made in Hawaii with Aloha'라는 기분 좋은 슬로건과 함께 유기농은 기본. 하와이 농업협회(Hawaii Farms Bureau)가 생긴 이래 많은 농장과 농민조합을 대표해 토양과 환경, 농업 제품 개발과 소비를 함께 고민하면서 생산자에서 소비자까지 유통 단계를 최소화하기 위해 노력하고 있다. 가장 유명한 것이 호놀룰루의 KCC 파머스 마켓이다. 하와이 농업협회는 오아후에 국한하고, 섬마다 파머스 마켓을 운영하는 기관이 따로 있다. 다른 섬의 장터 중 특히 유명한 것이 빅아일랜드의 힐로 파머스 마켓(Hilo Farmer's Market)이다. 마을마다 장터의 특색과 물건 종류가 달라 다양한 매력과 장단점을 가지고 있다. 힐로 파머스 마켓은 큰 장터로 먹거리뿐만 아니라 하와이 난과 같은 생화, 액세서리와 공예품, 의류까지 있다. 장터 주변으로 주스바와 간이 레스토랑 등 다양한 가게가 모여들기 때문에 현지 문화를 구경하는 재미도 있다.

 토크 SAY

TIP 신선하게, 맛있게, 저렴하게!
홈메이드 로컬 푸드는 별 볼일 없다는 말은 옛이야기다. 파머스 마켓은 최근 가장 큰 트렌드 '팜 투 테이블(Farm to Table)'과 공유하는 부분이 많고 그 지역에서 직접 길러서 안심하고 먹을 수 있는 과일과 채소를 마트보다 크게는 반값 가까이 저렴하게 구할 수 있다. 그 자리에서 먹을 수 있는 홈메이드 무수비 가게는 일찍 품절될 때가 많으니 먼저 공략할 것!

힐로 파머스 마켓
VOL.2 MAP p.530 INFO p.532

KCC 파머스 마켓
VOL.2 MAP p.408l INFO p.422

파머스 마켓 구경하기

1. 하와이언 무우무우와 알로하 셔츠도 다양하니 직접 입어보고 고르자.
2. 과일과 생화 등은 파머스 마켓의 주력 분야. 파머스 마켓의 메인 지역에서 만날 수 있다.
3. 생화는 마트에서 사는 것보다 70% 저렴한 편이며 신선도는 최고!
4. 로컬 액세서리를 살 때는 꼼꼼하게 직접 착용해 보자. 핸드메이드 팔찌는 손목 굵기에 맞춰 조절 가능하지만 매듭 부분이 불량품이 있는지 꼼꼼하게 착용해 보자!
5. 여행용 지갑, 앞치마, 헤어 액세서리 등 소소한 기념품과 소품 매장이 많아 가격 비교와 흥정이 가능하다.
6. 하나씩 낱개 포장되어 있는 베이커리와 간단한 스낵은 직접 만든 것으로 금세 다 팔린다.
7. 쇼핑하다 출출할 때는 즉석에서 직접 조리한 따뜻한 로컬 플레이트 런치를 골라보자.
8. 색다른 별미로 즐기는 직접 짜 낸 시원한 사탕수수 음료 한 잔!

흥정은 되지만 카드는 안 돼요!
알로하 스타디움 스왑밋 Aloha Stadium Swapmeet

스왑밋(Swapmeet)은 유럽의 플리마켓(Flea Market)과 같은 벼룩시장으로 알려져 있지만, 하와이의 스왑밋은 대규모 재래시장이라고 할 수 있다. 중고품을 거저 주거나 교환하는 것이 아니기 때문이다. 하와이 스왑밋이 열리는 곳은 오아후의 알로하 스타디움(Aloha Stadium)과 마우이의 퀸 카아후마누(Queen Ka'ahumanu) 센터 근처 두 곳뿐이다. 홈메이드 잼과 음식, 의류, 기념품, 공예품, 액세서리, 장식 용품은 물론 가방과 여행 트렁크까지 없는 것이 없을 정도. 스왑밋의 룰은 하나, 오직 현금만 받는다는 것. 흥정은 되지만 신용카드는 안 된다. 대신 곳곳에 이동식 현금 지급기가 설치되어 있다. 최근 금액대가 높은 여행 캐리어 가게에서 예외적으로 신용카드를 받기 시작했다. 일반적으로 제품 하나마다 가격이 책정되어 있는 것이 아니라 5개에 15달러, 10개에 20달러 식으로 적혀 있다. 가격을 물어보고 나서 잠깐 생각하고 있으면 뜸 들이기 전에 상점 주인이 먼저 흥정을 제시하니, 머릿속 계산 없이 바코드 스캔에 익숙한 하와이 쇼핑에서 색다른 재미를 느낄 수 있다.

알로하 스타디움 스왑밋 VOL.2 MAP p.431G INFO p.444

TIP 벼룩시장 서바이벌 팁!
알로하 스타디움의 '존(Zone)'으로 표시된 주차 구역 기둥의 숫자로 찜해 놓은 상점 위치를 기억하면 편리하다. 같은 제품군이 계속 반복되기 때문에 벼룩시장 전체를 둘러보는 것은 큰 의미가 없고, 안쪽으로 들어갈수록 일찍 와서 터를 잡은 사람들이라 가격을 세게 부르는 편이다. 가게마다 비슷한 아이템들이 많으니 흥정이 이루어지지 않으면 굳이 살 필요 없이 다른 숍에 가서 찾아보면 된다.

알로하 스타디움 스왑밋 구경하기

1. 비치타올은 스왑밋 머스트 바이 아이템!
2. 그을음이 생기지 않는 소이 캔들로 다양한 하와이 향의 수제 향초
3. 흥미로운 하와이 민속 투구로 차 또는 문 앞에 액운을 없애기 위한 부적처럼 걸어두는 일종의 드림캐처
4. 로컬 액세서리 가게에서는 흥정이 가능하며 한국어를 쓰는 가게 주인을 만나면 행운!
5. 쇼핑한 물건들을 담기에도 좋은 핸드메이드 하와이언 백
6. 천연 조개 껍질로 엮은 벽장식 월데코(Wall-deco)는 시중가의 반값에 구매할 수 있다.
7. 머리나 귀에 꽂는 꽃 장식도 저렴하게!
8. 스왑밋의 유명 홈메이드 과일 잼 가게. 시식용 제품이 있으니 맛을 보자.

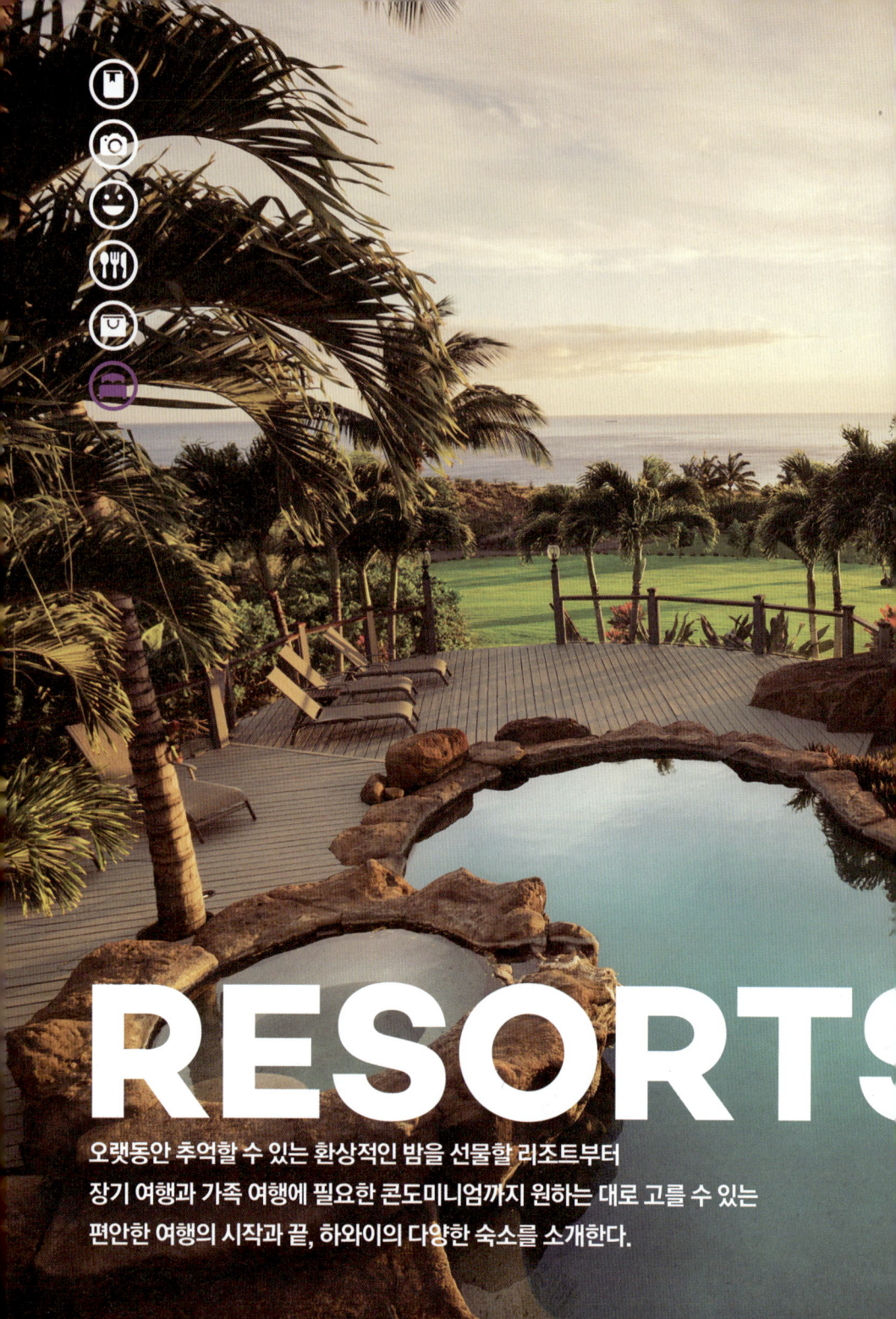

RESORTS

오랫동안 추억할 수 있는 환상적인 밤을 선물할 리조트부터 장기 여행과 가족 여행에 필요한 콘도미니엄까지 원하는 대로 고를 수 있는 편안한 여행의 시작과 끝, 하와이의 다양한 숙소를 소개한다.

| 338 | **MANUAL 28**
럭셔리 리조트 |
| 344 | **MANUAL 29**
추천 인기 호텔 |

MANUAL 28 ___ 럭셔리 리조트

천국 같은 잠자리, 하와이 최고급 럭셔리 리조트 컬렉션

구름 위에 누운 듯 푹신한 침구 세트, 럭셔리 브랜드 샤워 용품이 가지런히 놓인 대리석 욕조, 왕족이 된 듯 각별한 서비스로 더욱 멋진 여행을 원한다면 정답은 럭셔리 리조트! 하와이의 섬별 최고 리조트를 소개합니다.

Hawaii 5-Star Hotel

Q 하와이에는 7성급 리조트가 없다구요? 하와이의 5성급 호텔

맞습니다. 우리가 말하는 "몇성급이다" 라는 Star 등급은 레스토랑 등급인 미슐랭과 같은 AAA에서 주관하는 시스템인데 Star 등급 체계에서는 안전성을 최상의 가치로 두고 객실 도어락의 크기, 24시간 운영하는 레스토랑의 개수 같은 상세한 부분까지 여러 항목의 심사 기준이 있습니다. 관광지로서의 역사가 섬의 현대 문화와 같은 하와이에는 AAA 스타 등급 체계가 7 성급까지 다분화되기 이전에 문을 연 호텔들이 많고 하와이 특성상 리모델링이 없어도 안전성과 지역 문화에 어울리는 건물 양식이 인정되기도 해 현재까지 5성급이 최고급입니다. 전통적으로 소수의 럭셔리 리조트는 다섯 손가락으로 꼽을 정도였지만 2000년대 이후 더욱 큰 스케일의 모던 럭셔리 리조트들이 Five Star를 획득하고 있습니다.

Hawaii Resort Fee

Q 괜찮아요? 결제하다가 많이 놀랐죠? 하와이의 리조트피

리조트피(Resort Fee)는 하와이에만 있는 특수 요금으로 부대시설 이용료라고 볼 수 있습니다. 통상적으로 객실 요금을 조회할 때에는 표시되지 않고 예약 완료 시점에 드러나기 때문에 숨은 요금이라고 할 수 있습니다. 객실 1개당 1박마다 부과된답니다. 리조트피는 매년 오르는 추세로 현재 대부분 1박당 $40~50 정도입니다. 리조트 내 수영장, 피트니스, 생수, 하와이 내 무료 전화 통화, 신문 등이 포함되고 있습니다. 리조트에 따라 무료 조식, 무료 국제 전화 1시간, 셀프파킹 등이 포함되는 경우도 있으니 꼼꼼히 살펴보는 것이 좋겠죠?

Kauai | 카우아이

1 One Hotel, Hanalei
원 호텔, 하날레이

WOW POINT 카우아이에서 가장 럭셔리한 곳을 꼽으라면 주저 없이 바로 여기! 장기간의 리모델링을 마치고 럭셔리 리조트의 새로운 기준이 되다.

🌐 홈페이지 www.1hotel.com

2 Grand Hyatt Kauai Resort & Spa
그랜드 하얏트 카우아이 리조트 & 스파

WOW POINT 카우아이 섬 전통의 강자, 독보적인 화려함을 자랑하다. 연중 따스한 햇살이 가득한 남부 해안에 자리잡은 가장 큰 규모의 리조트.

🌐 홈페이지 www.kauaigrandhyatt.com

Oahu | 오아후

3 Four Seasons Oahu at Ko Olina
포시즌스 리조트 오아후 앳 코올리나

WOW POINT 와이키키의 번잡한 소음은 잊어라. 고즈넉한 휴식을 선물하는 오아후 유일의 포시즌스 리조트. 골프와 스파, 해양 스포츠를 리조트에서 즐길 수 있는 곳 🌐 홈페이지 www.fourseasons.com

4 Halekulani
할레쿨라니

WOW POINT 천상의 집이라는 뜻, 자타 공인 하와이 최고의 격조 높은 서비스. 와이키키의 첫번째 5성급 리조트이자 고객 만족도 1위를 놓친 적 없는 소리 없는 강자.

🌐 홈페이지 www.halekulani.com

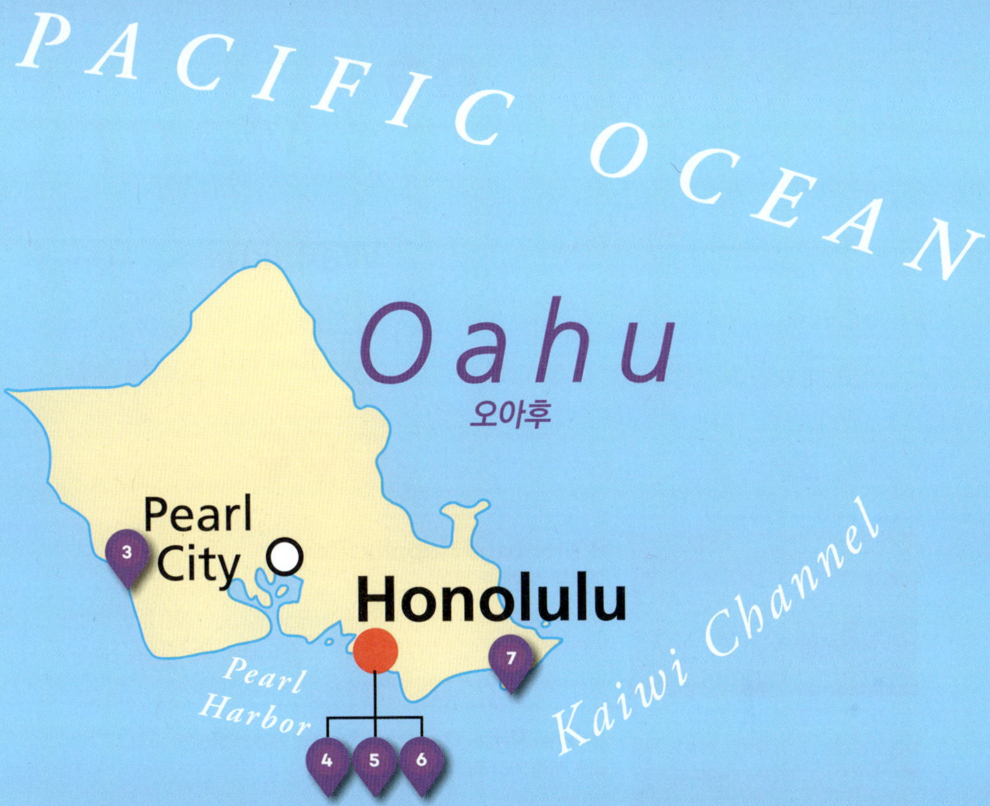
PACIFIC OCEAN
Oahu
오아후
Pearl City
3
Honolulu
7
Pearl Harbor
Kaiwi Channel
4
5
6

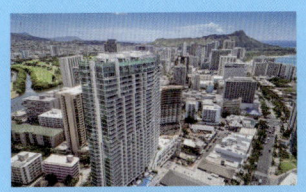

5 The Ritz-Carlton Residence

더 리츠칼튼 레지던스

WOW POINT 와이키키 럭셔리 리조트의 무게 중심을 DFS 와 리츠칼튼 구역으로 끌어 당기며 대중 교통이 편리한 위치, 애견동반, 거대한 키친까지 가족 방문객을 유혹하는 곳. **홈페이지** www.ritzcarlton.com

ROYAL HAWAIIAN CENTER

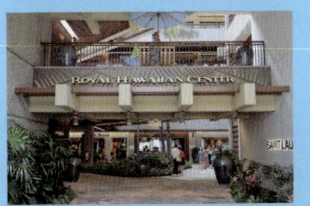

6 The Royal Hawaiian, A Luxury Collection Resort, Waikiki

더 로열 하와이언 리조트, 와이키키

WOW POINT 와이키키 해변의 정중앙, 하와이를 대표하는 핑크색 리조트. 1930년대부터 오늘에 이르는 와이키키의 전통을 담고 있는 터줏대감이자 리모델링의 새로움을 갖춘 곳. **홈페이지** www.kr.royal-hawaiian.com

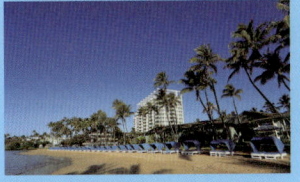

7 Kahala Resort

카할라 리조트

WOW POINT 일본 왕실이 지은 세계 정상들의 명예의 전당 같은 리조트. 사유지 끝에 있어 보안이 중요한 각국 정상들의 휴가와 저명한 셀럽들의 해변 웨딩을 전담해온 독보적인 곳. **홈페이지** www.kahalaresort.com

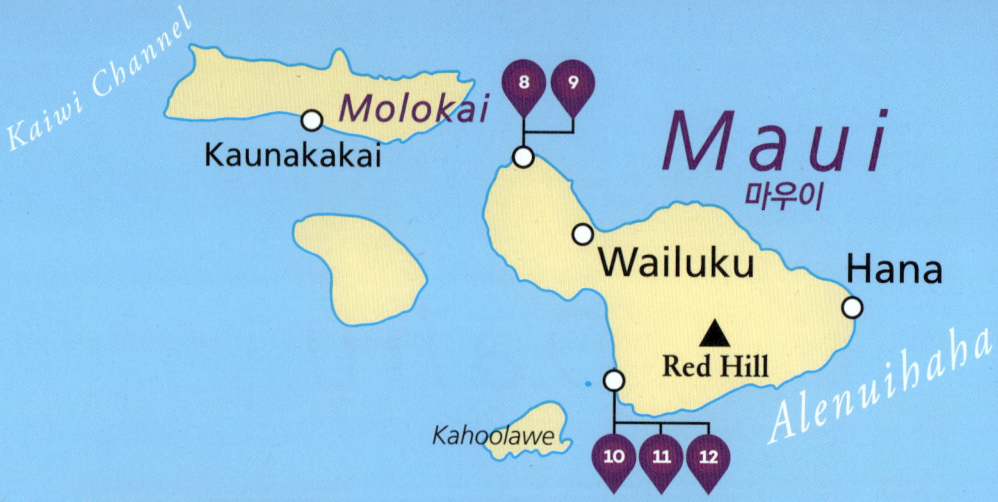

Maui | 마우이

8 Montage Kapalua Bay
몽타쥬 카팔루아 베이

WOW POINT 럭셔리 끝판왕. 세계 최정상급 호텔 그룹이 직접 투자, 개발한 지역 단위의 리조트. 자연 환경에 녹아 든 건축과 라이프 스타일로 진화하는 럭셔리한 삶 그 자체. 홈페이지 www.montagehotels.com

9 The Ritz-Carlton Maui, Kapalua
리츠 칼튼 카팔루아

WOW POINT 재벌집 막내아들? 프리미엄 리조트계의 종손. 퀄리티의 대명사로 불리는 하와이 최초의 리츠 칼튼 리조트로 골프, 스파, 해변을 모두 갖춘 독보적인 자연 환경 속에 위치. 홈페이지 www.ritzcarlton.com

10 Four Seasons Resort Maui at Wailea
포시즌스 리조트 마우이 앳 와일레아

WOW POINT 세련미 넘치는 프리미엄 라이프 스타일과 액티비티의 향연. 국내외 셀럽들이 자주 찾는 리조트로 다양하고 황홀한 부대시설을 갖춘 마우이 5성급의 대표 주자. 홈페이지 www.fourseason.com

11 Grand Waiea, A Waldorf Astoria Resort
그랜드 와일레아, 월도프 아스토리아 리조트

WOW POINT 9개의 수영장이 딸린 럭셔리 메가 리조트의 대명사. 압도적인 규모를 자랑하는 지역 최대 리조트로 힐튼 그룹이 지분을 가진 세계 최고급 럭셔리 브랜드 중 하나. 홈페이지 www.grandwailea.com

12 Andaz Maui at Wailea
안다즈 마우이 앳 와일레아

WOW POINT 신흥 리조트 브랜드의 이국적이고 모던한 감성. 이전 르네상스 호텔을 헐고 2014년 새로 지은 하얏트 그룹의 럭셔리 브랜드로 트렌디한 젊은 세대 취향을 저격. 홈페이지 www.maui.andaz.hyatt.com

The Big Island | 빅아일랜드

13 Four Seasons Resort, Hualalai
포시즌스 리조트 후알랄라이

WOW POINT 전 세계 상위 1%를 위한 천국 같은 리조트. 호화 리조트가 많은 빅아일랜드에서의 5성급 호텔의 품격을 담당하는 곳. 급이 다른 서비스와 분위기로 여유와 낭만을 느낄 수 있다. ⓘ 홈페이지 www.fourseasons.com

14 Mauna Lani, Auberge Resort Collection
마우나 라니, 오베르쥬 리조트 컬렉션

WOW POINT 레노베이션 후 등장한 빅아일랜드 5성급의 샛별. 코로나 휴식기 동안 변화가 많았던 빅아일랜드의 골드 코스트라 부르는 지역에서 최근 가장 기대되는 리조트. ⓘ 홈페이지 www.aubergeresort.com/maunalani

15 The Westin Hapuna Beach Resort
웨스틴 하푸나 비치 리조트

WOW POINT 빅아일랜드 최고의 전망이라 부를만한 마우나 케아 산과 백사장이 아름다운 하푸나 해변을 동시에 마주보는 명당 자리에 선선한 바람이 불어오는 건축 구조로 전객실 오션뷰. ⓘ 홈페이지 www.westinhapunabeach.kr

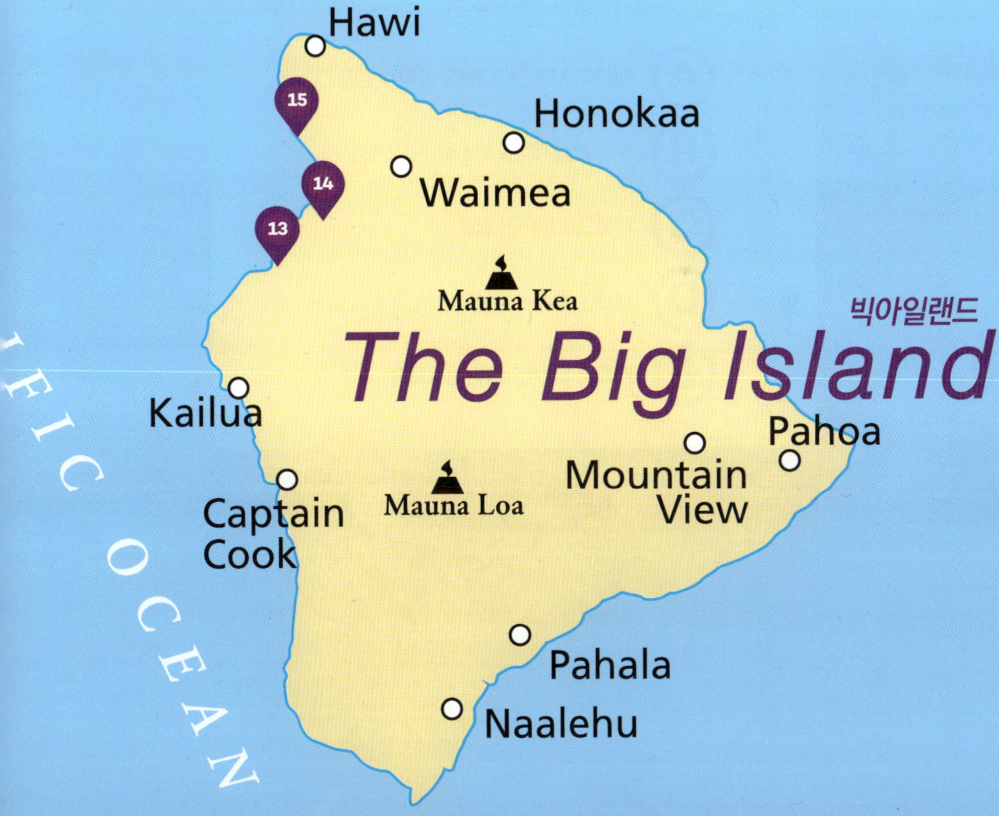

MANUAL 29 ___ 추천 인기 호텔

가성비 좋은 대중적 인기 호텔

코로나 영향으로 하와이 호캉스가 각광받으며 리조트 객실 가격이 폭등하고 있다. 이웃섬의 호텔 가격이 더 오르는 추세다. 항공권과 렌터카까지 여행 경비를 생각한다면 부담이 될 수 있다. 앞 매뉴얼의 프리미엄급 리조트와 비슷한 여러 장점을 그대로 누리면서 쇼핑 비용 정도는 건지고도 남는 호텔을 찾고 있는 당신, 어느 호텔을 가면 좋을까? 원하는 조건에 따라 추천 호텔을 골라보자.

☞ **조건별 추천 리조트**

- **A** 워터파크까진 아니어도 야외 수영장
- **B** 주요 관광지에 도보 또는 셔틀 제공
- **C** 해변으로 이어진 호텔
- **D** 오션뷰 룸이 가능하다면
- **E** 비즈니스 센터, 스파, 기프트숍

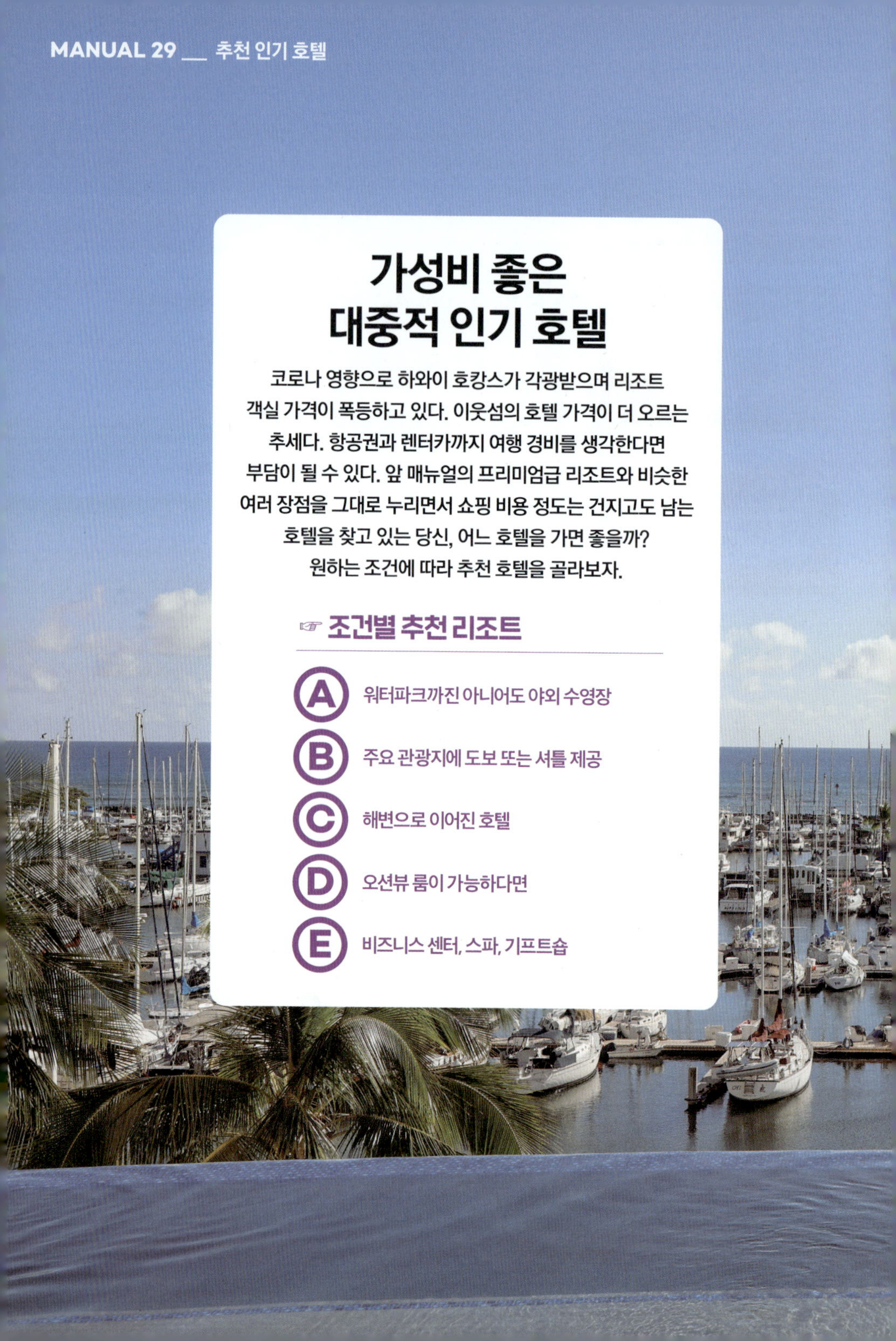

☞ 호텔 선택의 기술

✓ 뭉치면 싸다, 복합 예약 사이트

hawaiianairlines.co.kr
하와이언항공 한국어 페이지
하와이 국적기에 해당하는 최대 항공사로 이웃 섬(주내선) 예약을 위해서는 필수로 알아두어야 한다. 패키지 항공권 안에 이웃 섬으로 운항하는 항공편과 렌터카, 호텔을 묶어서 전체 예약을 한 번에 할 수 있기 때문에 별도로 예약하는 것보다 훨씬 저렴하다.

www.priceline.com
프라이스라인
최저가 낙찰을 실현할 수 있는 프라이스 비딩(price bidding)은 물론 공동구매 효과로 대기업의 시너지를 더해 가격만큼은 가장 경쟁력 있는 사이트다. 다른 지역보다 하와이는 호텔 그룹만의 이점이 큰 경우가 있으니 다양한 사이트에서 비교해보면 더 합리적인 가격을 찾을 수 있다.

HotelsCombined
호텔스 컴바인 호텔, 항공, 렌터카 비교 예약
국내 여행으로 마일리지를 많이 적립해두었다면 하와이 숙소와 렌터카를 비교 예약해보자. 하지만 항공편은 항공사 마일리지 혜택이 월등히 좋은 편이다.

Hotels.com
호텔스닷컴
10박을 이용하면 1박 무료 숙박권이 적립된다. 틈틈이 비즈니스 출장을 다니는 사람이라면 호텔스닷컴을 꾸준히 이용해서 하와이 숙박에 과감히 사용해보자. 하와이 여행으로 10박을 완성했다면 인천공항 셔틀을 운영하는 수준급 리조트에 무료 1박 숙박권을 활용해보자. 지방에 본가가 있거나 출국용 코로나 검사를 할 시간이 필요하다면 꿀 같은 혜택이 될 것이다.

디즈니 아울라니 리조트&스파
Aulani, A Disney Resort & Spa

VOL.2 MAP p.430J INFO p.445

알로하 셔츠 입은 미키 마우스와 함께 꿈과 낭만의 나라로

2011년 문을 연 디즈니 리조트는 복잡한 호놀룰루와 와이키키에서 멀찍이 떨어진, 4개의 아름다운 인공 라군과 요트 선착장, 골프 코스 사이에 자리 잡고 있다. 디즈니 캐릭터들과 함께 어울릴 수 있는 풀 파티와 레스토랑 역시 리조트에서 꼭 해볼 것 중 하나. 주변에 하와이 최고로 손꼽히는 4개의 인공 라군이 있으니 수영장보다 자연적인 바다를 선호한다면 이용해 보자.

○ 서쪽 해변 전망의 객실은 석양 조망이 아름답고 하와이 전통 인테리어로 멋을 자아낸다.

○ 동심의 주인공 미키 마우스와 미니 마우스, 구피가 알로하 셔츠를 입고 어린이들을 만난다.

모아나 서프라이더 웨스틴 리조트&스파
Moana Surfrider, A Westin Resort&Spa

VOL.2 MAP p.385G INFO p.402

미국의 사적지로 등재된 기품 있는 와이키키 퍼스트 레이디

더 퍼스트 레이디 오브 와이키키(The First Lady of Waikiki)라는 애칭을 가진 모아나 서프라이더 웨스틴 리조트&스파. 하와이의 근대 문화유산을 고스란히 담고 있으며, 하와이 첫 호텔이라는 자부심과 명성은 지금까지 이어져 내려와 미국의 역사적 명소로 등재되었다. 와이키키 중심에 위치해 있어 객실 이용이 아니라도 반드시 만나게 될 테니 알아두면 좋다.

○ 미국 사적지로 등재된 곳이라는 사실을 적은 동판

○ 리조트 투숙객들만 발레파킹을 이용할 수 있다.

프린스 와이키키
Prince Waikiki

VOL.2 MAP p.384A

전 객실 오션 뷰를 자랑하는
모던 클래식의 정수

알라모아나 센터에서 와이키키로 들어가는 초입에 위치하며 전객실이 알라모아나 보트 항구를 정면으로 조망한다. 30층이 넘는 2개의 트윈 타워로 야외 수영장과 오션뷰 레스토랑 등 다양한 편의시설이 있다. 아놀드 파머가 디자인한 하와이 프린스 골프 클럽과 연계되어 있어, 골프 티타임과 셔틀 혜택이 있다. 와이키키까지 무료 셔틀버스가 운행된다. 2016년 객실 리노베이션을 마치고 모던한 분위기로 업그레이드되었다.

무료 조식이 포함되는 스위트룸은 메뉴와 시간을 지정하면 객실로 가져다주는 차별화된 서비스 제공

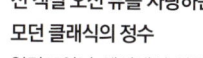
금빛 외관이 인상적인 쌍둥이 빌딩

ⓘ 찾아가기 렌터카 Ala Moana Blvd에서 Hobron Ln으로 진입, 호놀룰루 공항에서 25분 소요
ⓐ 주소 100 Holomoana St, Honolulu, HI 96815
ⓟ 전화 808-956-1111 ⓒ 시간 체크인 15:00 체크아웃 12:00 ⓢ 가격 $400(1박)~ ⓡ 리조트피 $45(1일)
ⓟ 주차 셀프파킹 $45(1박), 발레파킹 $50(1박)
ⓗ 홈페이지 www.princewaikiki.com

쉐라톤 리조트 와이키키
Sheraton™ Waikiki

VOL.2 MAP p.384F

최고의 오션 뷰와 바다로 떨어지는
인피니티 풀을 갖춘 리조트

3개의 날개 모양의 고층 빌딩으로 환상적인 다이아몬드 헤드와 오션 뷰를 자랑한다. 총 1636개의 객실 중 3분의 2가 바다를 향해 있다. 와이키키 바다로 떨어지는 것 같은 인피니티 풀(The Edge Infinity Pool)은 16세 이상만 입장 가능하다. 수영장과 선베드는 투숙객에 한해 선착순으로 사용할 수 있기 때문에 개장 직후부터 미리 자리를 잡는 것이 좋다.

와이키키 비치와 수영장이 이어진 듯한 착시를 주는 인피니티 풀

ⓘ 찾아가기 렌터카 와이키키 중심가 Kalakaua Ave에서 Royal Hawaiian Rd로 진입, 호놀룰루 공항에서 25분 소요 ⓐ 주소 2255 Kalakaua Ave, Honolulu, HI 96815 ⓟ 전화 808-922-4422 ⓒ 시간 체크인 15:00 체크아웃 11:00 ⓢ 가격 마운틴 뷰 룸 Mountain View Room $550(1박)~ ⓡ 리조트피 $52(1일)
ⓟ 주차 셀프파킹 $55(1박), 발레파킹 $65(1박)
ⓗ 홈페이지 http://kr.sheraton-waikiki.com

알라모아나 호텔
Ala Moana Hotel

Ⓑ Ⓓ VOL.2 📍 MAP p.431D

알라모아나 센터와 공생하는
비즈니스 호텔의 진화

오아후 최대의 알라모아나 비치 파크와 한 블록 거리에 있는 전망 좋은 비즈니스형 호텔. 세계 최대 규모의 알라모아나 쇼핑센터와 연결되어 있다. 와이키키까지 차로 10분 거리여서 이동 반경을 넓히고 싶은 이용객의 전폭적인 지지를 받고 있다. 1100개의 객실은 산 전망과 바다 전망으로 나뉘며, 무료 와이파이, 미니 냉장고, 전자레인지와 커피메이커가 구비되어 있고, 로비에는 스타벅스가 입점해 있다.

룸서비스가 없는 대신 로비의 기프트 숍에서 스낵을 구입할 수 있으며 매일 11시 30분까지 운영

◎ **찾아가기** 렌터카 호놀룰루 공항에서 HI-92 Nimitz Hwy 동쪽 방향 Ala Moana Blvd 경유해 Atkinson Dr에서 진입, 공항에서 25분 소요 ◎ **주소** 410 Atkinson Dr, Honolulu, HI 96814 ☎ **전화** 808-955-4811 ⏱ **시간** 체크인 15:00 체크아웃 12:00 $ **가격** $180(투숙내 1회 보증금$200) $ **리조트피** 없음 ℗ **주차** 셀프파킹 $20(1박), 발레파킹 $25(1박) 🌐 **홈페이지** kr.alonoanahotelhonolulu.com

힐튼 하와이언 빌리지 와이키키 비치 리조트
Hilton Hawaiian Village Waikiki Beach Resort

Ⓐ Ⓑ Ⓒ Ⓓ VOL.2 📍 MAP p.384A ℹ INFO p.402

〈무한도전〉 팀의
미션 장소로 선택된 리조트

'하나의 마을'이라는 이름에 어울리는 와이키키 최대의 리조트로 6개 타워에 3천여 개의 객실을 갖췄다. 객실 수로는 세계 최대 규모이다. 인공 해변 라군과 와이키키로 이어지는 바다, 5개의 수영장이 있어 아이들을 동반한 가족들에게 더할 나위 없다. 수영장 주변에서는 매일 다양한 체험 프로그램과 라이브 뮤직, 훌라 공연을 감상할 수 있다. 여러 개의 작은 마을이 모여 있는 것과 같은 컨셉으로 만들어진 리조트 단지 안에 레스토랑과 쇼핑 스트리트, 별도의 우체국까지 있는데, 머무는 동안 리조트 내부 시설을 다 이용해 보기도 어려울 정도다.

무지개가 그려 있어 레인보우 타워라고 부르는 빌딩과 인공 해변 라군

쉐라톤 마우이 리조트&스파
Sheraton Maui Resort & Spa

VOL.2 MAP p.459H INFO p.465

최고의 스폿에 자리 잡은 최고의 리조트

마우이의 얼굴이라 불리는 카아나팔리 비치에 자리 잡은 풀서비스 리조트. 6층 높이 건물에 508개의 모든 객실에 해변이 바라다보이는 테라스가 딸려 있고, 다수의 레스토랑과 수영장, 스파, 테니스 코트가 있다. 호화 리조트와 쇼핑센터가 복합적으로 탄생한 지역인 만큼 카아나팔리 리조트 단지와 라하이나 중심지를 오가는 무료 셔틀버스가 있어 편리하다. 가격 대비 시설과 만족도가 뛰어난 마우이의 대표 리조트다.

카아나팔리 지역의 핵심이자 스노클링하기 좋은 스폿으로 유명한 블랙록 위, 백만 불짜리 요지에 위치

하나 마우이 리조트
Hana- Maui Resort, a Destination by Hyatt Residence

VOL.2 MAP p.477H INFO p.487

아무것도 하지 않을 자유, 휴식과 힐링까지 책임지는 리조트

마우이 동쪽 하나(Hana) 지역에 오롯이 자리 잡은 4성급 힐링 리조트로, 오프라 윈프리가 손수 지은 별장과 멀지 않으며 할리우드 유명 배우들이 조용히 휴식하는 곳으로 알려져 있다. 주변에 하나 비치, 레드 샌드 비치가 있으며, 하모아 비치까지 셔틀버스가 운행된다. 오롯이 휴식을 위한 최적의 환경에서 몸과 마음이 자연을 통해 치유되는 것 같은 기분을 느낄 수 있다. 최근 하얏트 그룹에서 인수하였다.

해변 앞으로 펼쳐진 인적 드문 리조트 수영장과 바다가 한눈에 보이는 탁 트인 자연주의 인테리어 객실

쉐라톤 카우아이 리조트
Sheraton Kauai Resort

VOL.2 MAP p.457D

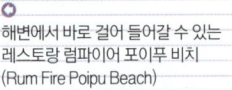

해변에서 바로 걸어 들어갈 수 있는
레스토랑 럼파이어 포이푸 비치
(Rum Fire Poipu Beach)

카우아이 리조트계의 살아 있는 전설

포이푸 비치로 걸어 나갈 수 있는 최고의 입지 조건을 자랑하는 4성급의 고급스러운 리조트. 바다와 정원 등 다양한 전망이 내다보이는 테라스가 있다. 서로 다른 분위기의 수영장이 해변과 정원에 각각 하나씩 있고, 아이들이 놀기 좋은 워터 슬라이드를 갖췄다. 자연경관을 해치지 않는 선에서 지어진 3층 건물로 안정감과 편안함을 준다. 포이푸의 중심에 위치해 포이푸 지역을 순환하는 셔틀버스를 타고 인근 쇼핑센터로 이동하기 편하다.

찾아가기 렌터카 리후에 공항에서 HI-50 남쪽 방향, 520번 Maluhia Rd 경유해 Poipu Rd에서 진입, 공항에서 30분 소요 **주소** 2440 Hoonani Rd, Koloa, HI 96756 **전화** 808-742-1661 **시간** 체크인 15:00 체크아웃 11:00 **가격** $990(1박)~ **리조트피** $40 **주차** 발레파킹 $20 **홈페이지** www.sheraton-kauai.com

---

아웃리거 코나 리조트&스파
Outrigger Kona Resort&Spa

VOL.2 MAP p.500E INFO p.511

SPG(Starwood Preferred Guest)에 가입하면 숙박 적립은 물론 로비에서 무료 인터넷 등 다양한 서비스 이용 가능

빅아일랜드 해안 절벽의 숨은 보석 같은 곳

빅아일랜드 남서쪽 케아우호우 비치에 자리 잡은 지역 최대 규모의 리조트로 바다 위에 지어져 용암석의 절경과 신비로운 코나 지역의 자연환경에 둘러싸여 있다. 태평양이 바라다보이는 로비와 피트니스 센터, 풀서비스를 제공하는 리조트. 리조트 해변에서 스노클링을 하기 위해 나온 배와 사람들 사이로 만타 가오리를 직접 볼 수 있다. 선셋 크루즈 여객선들이 모여드는 케아우호우 앞바다로 깔리는 석양과 밤바다의 운치를 느낄 수 있는 최적의 입지 조건을 자랑하며, 리조트에서 카일루아 코나 마을까지 무료 셔틀버스를 제공한다.

힐튼 와이콜로아 빌리지
Hilton Waikoloa Village

VOL.2 MAP p.519D INFO p.528

**독특한 인테리어와
급이 다른 메가 리조트**

라군, 팰리스, 오션 3개 타워가 와일루아 베이를 향해 서 있는 힐튼 와이콜로아 빌리지는 7층 높이의 3개 타워에 1240개의 객실을 보유하고 있는 메가 리조트다. 리조트 내에서 각 타워를 오가는 무료 케이블카와 마호가니 보트가 운행된다. 3개의 수영장과 라군, 8개의 실외 테니스 코트와 2개의 골프 코스를 이용할 수 있고, 키즈 프로그램이 유명하다. 인근에 와이콜로아 지역 최대 쇼핑센터 킹스숍과 퀸스 마켓 플레이스가 있다.

진시황제 시대로 돌아간 듯 독특한 리조트 내부 인테리어

코트야드 바이 매리어트 킹 카메하메하 코나 비치 호텔
Courtyard by Marriott King Kamehameha's Kona Beach Hotel

VOL.2 MAP p.501H

코나 항구 바로 앞 옛 왕조의 사저

코나 비치를 끼고 있는 위치, 편안한 분위기와 친절한 서비스, 적당한 가격대까지, 어느 것 하나 빠지지 않는 호텔을 찾는 관광객들에게 인기 좋은 곳. 호텔 내부에는 300년 역사를 자랑하는 하와이 왕조의 유물이 전시되어 있기도 하다. 하와이를 최초로 통일한 카메하메하 대왕이 주거지로 선택한 곳이 바로 호텔 앞이다. 2개의 타워에 총 452개 객실을 보유하고 있으며 코나 항구 앞에 자리 잡고 있기 때문에 지역의 거점이 되는 곳이기도 하다.

코나 항구와 이어진 최적 위치의 오션뷰 리조트

찾아가기 렌터카 코나 공항에서 HI-19 남쪽 방향, Palani Rd 경유해 진입, 공항에서 20분 소요
주소 75-5660 Palani Rd, Kailua-Kona, HI 96740
전화 808-329-2911 **시간** 체크인 15:00 체크아웃 11:00 **가격** $300(1박)~ **리조트피** $40
주차 셀프파킹 $40(1박), 발레파킹 $45
홈페이지 www.marriott.com

여행 계획 짜기 어려우세요?

여행 무작정 따라하기 시리즈만 믿고 따라오세요!

TRAVEL 무작정 따라하기

누적 판매 부수 50만!

블로그나 인스타그램을 뒤지지 않아도 **최신 핫플은 물론,
꼭 가봐야 할 맛집, 놓치지 말아야 할 쇼핑리스트**까지 무따기 한 권이면 충분합니다.

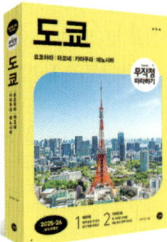

여행 무작정 따라하기 시리즈 이런 분께 추천합니다!
- 해외 여행이 처음이거나 그 지역에 처음 가는 **초보여행자**
- 여행 정보 찾는건 너무 어렵고 귀찮아! **책 한권으로 해결하고 싶어**
- 여행에 진심! 코스별로 딱딱 여행 계획 짜는거 좋아하는 **J형 인간**

여행자의 1초를 아껴주는 무작정 따라하기 시리즈

도쿄 | 오사카·교토·고베·나라 | 후쿠오카 | 홋카이도 | 홍콩 | 타이베이 | 방콕 | 싱가포르
스페인·포르투갈 | 이탈리아 | 파리 | 괌 | 하와이

무작정 따라하기

하와이

오아후 | 마우이 | 빅아일랜드 | 카우아이

VOL 2

| 가이드북 |

**꼭 가야할 지역별
대표 명소 완벽 가이드**

박재서 지음

길벗

무작정 따라하기

1 단계

STEP **1** ② ③ ④

하와이 이렇게 간다

비행기 타고 하와이 가기

호놀룰루 국제 공항 입국 절차 따라하기

하와이 주의 관문은 오아후에 있는 다니엘 K. 이노우에 국제공항(Daniel K. Inouye International Airport)이다. 통상 호놀룰루 국제공항(HNL)으로 부른다. 한국은 대한항공, 아시아나항공, 하와이언 항공, 에어프레미아 등 총 4개 항공사가 직항 노선을 취항하고 있다. 한국에서 하와이로 갈 경우 비행 시간은 약 8시간, 하와이에서 한국으로 올 때는 약 10시간 소요된다. 최종 목적지가 어느 섬이든 간에 일단 호놀룰루 공항으로 입국하고, 마우이, 빅아일랜드, 카우아이 등 이웃 섬으로 이동할 경우 국제선 터미널에서 반드시 입국 심사를 거친 후 수하물을 찾아 주내선 터미널에서 다른 섬으로 연결 이동한다.

1. 입국 절차 간소화
기내에서 종이로 작성했던 세관 신고서와 입국 서류는 현재 사라져서 입국 절차가 더욱 편리해졌다.

2. 호놀룰루 국제공항 도착
비행기가 완전히 착륙하면 개인 소지품을 빠짐없이 챙겨 비행기에서 내린다.

3. 위키위키 셔틀로 터미널 간 이동하기
하와이 국적기인 하와이언 항공과 연계 운

항하는 대한항공은 메인 터미널을 이용하므로 걸어서 출국장으로 이동한다. 아시아나항공 등 일반 외국 항공사는 제2 터미널에 도착하기 때문에 비행기에서 내려 대기 중인 위키위키 셔틀(Wiki Wiki Shuttle)을 타고 출국장으로 이동한다. 위키위키는 하와이어로 '빨리빨리'라는 뜻이다.

4. 하와이 국제공항 메인 터미널 출국장 진입
위키위키 셔틀에서 내려 출국장 계단을 내려가면 출입국 심사장으로 연결된다.

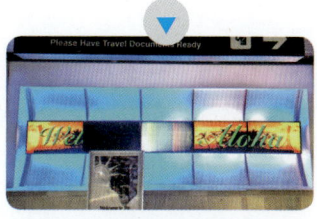

5. 입국 심사장 진입(사진 촬영 제한 구역)
출입국 심사장에서 국적과 여권의 종류에 따라 정해진 구역에서 입국 심사를 마친 후 수하물을 찾으러 이동한다. 비자 소지자와

ESTA(이스타, 전자여행허가) 무비자 입국 신청자는 모두 일반인 심사대에서 면접관을 통해 입국 도장을 받는다. 주로 묻는 질문은 방문 목적(답 : 허니문 또는 홀리데이)이다. 방문 목적이 의심스러울 때는 주로 하와이에 체류하면서 불법 이민 또는 불법 경제활동을 하지 않을까 하는 이유이므로 호텔 예약 내용과 신용카드, 보유 현금을 확인하는 경우도 있다. 지문 인식은 필수이므로 당황하지 말자.

7. 수하물 검색대 통과
수하물을 찾은 후 입국 반입 품목이 없는지 선별 검사하는 과정이 있다. 라면, 육류 가공품은 금지!

> **PLUS TIP**
> **이웃 섬 환승 시에도 수하물을 찾아야 할까?**
> 호놀룰루 공항에서 바로 주내선을 통해 이웃 섬으로 이동하는 경우, 수하물을 일단 모두 찾은 후 세관 직원에게 여행자 휴대품 신고서를 제출하고 0번 창구에서 다시 수하물을 체크인한 후 공항 밖으로 나가서 주내선 터미널로 이동한다. 이때 출구는 단체 관광 출구와 개인 출구로 나뉘어 있다.

6. 수하물 찾기
한국을 출발해 하와이에 도착하는 시간대에는 한국어로 된 수하물 찾기 간판과 한국인 공항 직원들이 나와 있기 때문에 어려움이 거의 없다. 수하물표와 대조해 자신의 짐을 빠짐없이 챙기자.

8. 공항 출구
국제선 출구를 나오면 관광 안내소와 항공편 출·도착 상황을 알리는 전광판, 화장실이 있고, 정면 도로에서 각 교통수단을 안내하는 표지판을 따라 이동하면 끝. Aloha, Welcome to Hawaii!

짐 보관 서비스

하와이는 전 세계 어느 공항보다 강력한 공항 보안 레벨을 유지하고 있어 주인 없는 짐이 공항 내에 있을 틈이 없도록 관리한다. 그 결과 무인 보관소는 없고 최근 높아지는 수요에 대응하고자 배기지 스토리지 하와이 Baggage Storage™ Hawaii에서 운영하는 공항 내 짐 보관 창구를 이용할 수 있다.

ⓘ **찾아가기** 국제선 실내 주차장 빌딩 맞은편 Advantage Rent A Car 사무실 부근 ⓘ **주소** 300 Rodgers Blvd, #46, Honolulu, HI 96819 ⓘ **전화** 808-833-2288 ⓘ **시간** 08:00~22:00 ⓘ **가격** 기내용 화물 크기 가방 $12(1일), 수하물 크기 가방 $15(1일)

관광 안내소

호놀룰루 국제공항의 경우 국제선 출구 왼편에 관광 안내소(04:30~11:45)가 있다. 이외에도 유인, 무인으로 운영하는 10개 이상의 관광 안내소가 공항 내에 있다. 하와이 각 섬의 주요 공항에는 수하물 창구 근처 또는 체크인 카운터 근처에 고객 서비스 센터가 있어 수하물 관련, 대중교통 이용 문의, 관광 안내 문의 등의 업무를 처리한다.

각 공항의 관광 안내소

공항	전화
힐로 국제공항 Hilo International Airport	808-961-9321
호놀룰루 국제공항 Honolulu International Airport	808-836-6413
카훌루이 공항 Kahului Airport	808-872-3893
코나 국제공항 Kona International Airport	808-329-3423
리후에 공항 Lihue Airport	808-274-3800

호놀룰루 국제공항 한눈에 보기

호놀룰루 국제공항은 미국 전체에서 가장 큰 공항의 하나로 연간 2천만 명의 이용객이 찾아오는 하와이 주의 관문이다. 1927년에 존 로저 공항(John Roger Airport)이라는 이름으로 항공 시대의 개막을 알렸으며, 그 후 대니얼 K. 이노우에 국제공항(Daniel K. Inouye International Airport)으로 공식 명칭이 변경되었다(일반적으로는 호놀룰루 국제 공항으로 불린다). 2층 건물에 주내선과 국제선 터미널이 나뉘어 있고 오아후 중앙의 남쪽 해변에 위치한다. 와이키키에서 약 30분 거리에 있다.

◎ **찾아가기** 와이키키에서 HI-1 서쪽 방향, Airport/Hickam/AFB/Pearl Harbor로 진출해 공항 진입, 와이키키에서 30분 소요 ◎ **주소** 300 Rodgers Blvd, Honolulu, HI 96819 ◎ **전화** 808-836-6411
◎ **홈페이지** www.airports.hawaii.gov/hnl

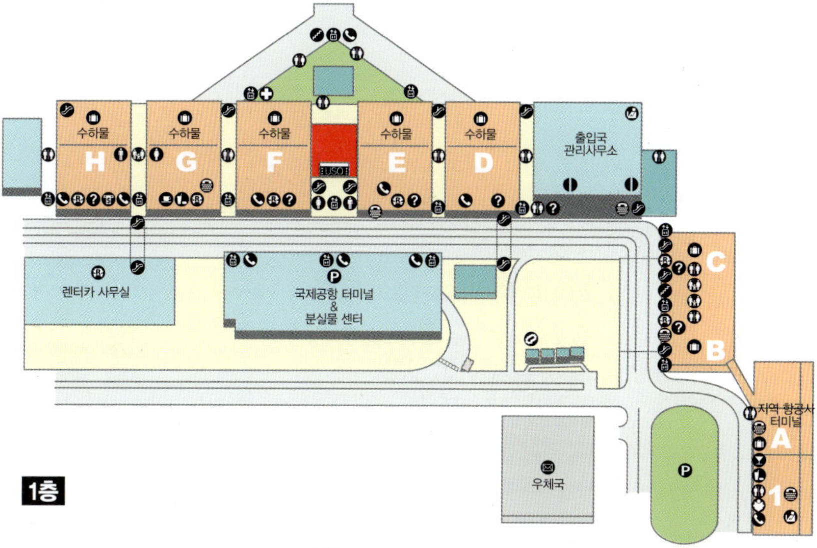

1층

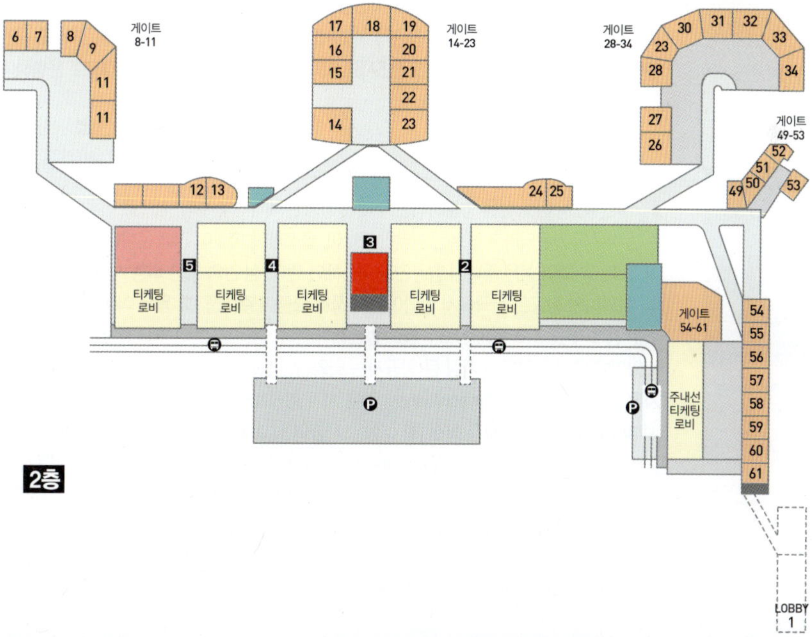

2층

무작정 따라하기 2단계

STEP 1 **2** 3 4

이웃 섬 이렇게 간다

하와이 주내선 항공 노선도 한눈에 보기

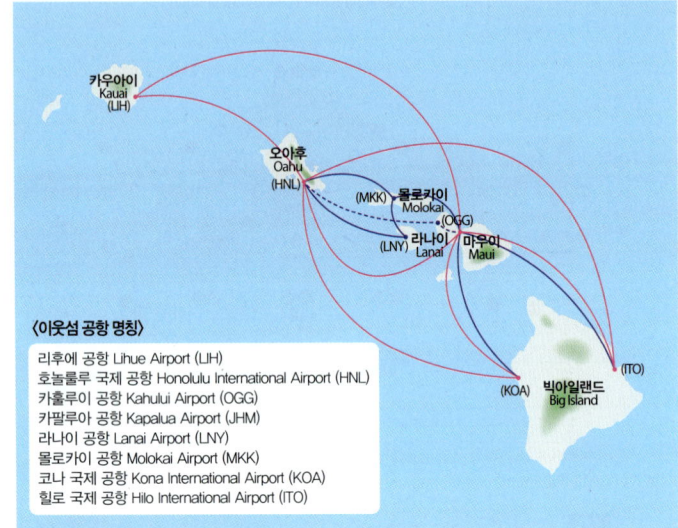

〈이웃섬 공항 명칭〉
- 리후에 공항 Lihue Airport (LIH)
- 호놀룰루 국제 공항 Honolulu International Airport (HNL)
- 카훌루이 공항 Kahului Airport (OGG)
- 카팔루아 공항 Kapalua Airport (JHM)
- 라나이 공항 Lanai Airport (LNY)
- 몰로카이 공항 Molokai Airport (MKK)
- 코나 국제 공항 Kona International Airport (KOA)
- 힐로 국제 공항 Hilo International Airport (ITO)

하와이 섬 간을 이동하는 주내선 항공기 루트는 오아후의 호놀룰루 공항을 중심으로 카우아이, 마우이, 라나이, 몰로카이, 그리고 빅아일랜드의 2개 공항을 왕복한다. 일반인과 관광객 모두 흔히 이용하는 하와이 최대 항공사 하와이언 항공을 기준으로 볼 때 각 섬 간 소요 시간은 평균 30분 정도다. 첫 운행은 오전 5시쯤 시작해 거의 1시간에 1~2회 간격으로 운행하며 저녁 11시쯤 마지막 항공편이 있다.

호놀룰루 공항에서 이웃 섬으로 이동하기

주내선 항공권

하와이 내에서 이웃 섬을 방문하려면 주내선 항공권 예약이 필수다. 섬으로 이루어진 하와이 주는 마우이 카운티라고 부르는 지역인 라나이, 몰로카이, 마우이 간에 운항하는 페리 여객선이 있고, 그 외의 섬은 주내선 항공편을 이용해야 한다. 섬 간의 평균 비행 시간은 30분 정도다. 하와이언 항공은 한국에서 하와이까지 국제 요금에 주내선 1회 왕복 이용권이 포함되어 있는 경우가 있고 그 외에는 모두 별도 발권해야 한다.

하와이 주내선 점유율이 가장 큰 항공사는 하와이언 항공(Hawaiian Airlines)이고, 그 외에 사우스웨스트항공(Southwest Airlines) 같은 저가 항공사들도 있다. 하와이언 항공은 오전 5시부터 밤 11시까지 매시간 최소 1회 이상 스케줄이 있고 공항의 메인 터미널을 이용한다. 그 외의 항공사는 코뮤터 터미널(Comuter Terminal)이라고 부르는 외부 터미널을 이용하고, 경비행기(8인승 등)를 이용하는 경우도 많다. 그러다 보니 수하물 운임 규정이 매우 까다로워 국제선 짐을 모두 가지고 다니면 오버차지(Overcharge, 추가 비용)가 발생하는 경우도 많으니 구입하기 전에 꼼꼼히 비교하는 것이 좋다. 주내선은 출발 1시간 전에 공항에 도착하는 것이 좋으며 출발 전 비행 스케줄에 변동이 없는지 재확인하는 것이 좋다.

주내선 예약하기

하와이 주내선은 다양한 프로모션이 있고 섬 간 비행 스케줄이 변동되는 경우가 많으니 각 항공사 홈페이지에서 회원 가입 후 직접 예약하는 것이 좋다. 좌석수가 모자라 취소되는 경우, 회원 특전으로 수하물 운임을 절약할 수 있는 경우 등을 잘 알아보고 현명하게 이용하자. 저렴한 항공권을 구입하고자 한다면 www.priceline.com 또는 www.hawaiianairlines.com 영문 사이트에서 Vacation Package를 선택해 호텔과 함께 구입하면 평소 가격보다 최대 70% 할인된 항공권을 찾을 수 있다. 섬 간의 비행 소요 시간은 평균 30~40분이다.

⊙ **홈페이지** 하와이언 항공 www.hawaiianairlines.co.kr, 모쿨렐레 항공 www.mokuleleairlines.com, 사우스웨스트 항공 www.southwest.com

이웃 섬 항공편 체크인 수속 무작정 따라하기

STEP 1 항공권 발급하기
하와이언 항공 주내선 수속 카운터는 무인 발권기로 운영되며 탑승권 발급, 항공사 마일리지 적립, 수하물 무게 측정, 수하물 요금 지급과 좌석 배정을 셀프 서비스로 이용한다. 상주 직원들이 발권기 사용을 도와주고 한국어 지원이 되므로 누구나 어려움 없이 사용할 수 있다.

STEP 2 Bag Drop 수하물 카운터
주내선 수하물 카운터에서 수하물 체크인을 한 후 짐이 들어가는 동안 잠시 기다렸다가 이상 없음을 확인한 후 주내선 게이트로 들어가는 보안 검색대를 통과한다.

STEP 3 GATES 주내선 게이트로 이동
게이트 진입 보안 검색대에서 여권과 탑승권을 제시하고 검색대를 통과한 후 탑승 게이트에서 비행기에 탑승한다.

STEP 4 Customer Service
이용에 문제가 있을 경우 발권기 옆에 위치한 하와이언 항공 고객 센터에서 도움을 받자.

※ 주내선 터미널에 STEP1, STEP2를 알려주는 깃발을 따라 이동하면 간단하답니다!

PLUS TIP
이웃 섬으로 이동하는 기내에서는 해당 섬의 지도와 개요가 있는 간략한 안내서를 나눠 주기도 한다. 각 섬에 도착한 뒤부터는 해당 섬의 무작정 따라하기 각 섬 공항 〈들어가기〉 항목을 참조하자.

무작정 따라하기
3단계 하와이 교통편 한눈에 보기

STEP ① ② ❸ ④

주요 섬 내에서는 일반적으로 버스, 택시, 트롤리, 렌터카 등을 이용한다. 오아후는 여행객들도 대중교통을 편리하게 이용할 수 있고, 그 외의 섬은 주민들의 출퇴근을 위한 대중교통이 많다. 스피디 셔틀과 택시는 공항에서 호텔까지만 이동할 경우 편리하고 저렴한 편이다. 그 외에 효율적인 섬 일주 관광을 원한다면 렌터카를 이용하는 것이 좋다. 섬마다 대중교통의 특성이 다르므로 각 섬의 교통편에서 확인하자.

렌터카(Car Rentals)의 모든 것

렌터카는 이동 반경이 크거나 여행 구성원이 여럿인 경우 가장 수월하게 움직일 수 있는 교통편이다. 모든 렌터카는 성수기·비수기, 요금 패키지, 차량 종류와 대여 기간에 따라 가격이 다르다. 한국 여행사를 통하거나 렌터카 업체의 홈페이지에서 미리 예약해 두는 것이 좋다.

1. 예약하기

각 공항마다 미국 주요 렌터카 사무실이 있으며 일반적으로 공항에 있는 렌터카 지점의 운영 시간이 가장 길다(05:00~23:00). 렌터카 업체와 지점마다 대여료와 제반 세금이 조금씩 다르다. 예약은 홈페이지에서 하는 것이 일반적이다. 원하는 픽업 지점, 대여 날짜, 차종을 선택하면 기본 금액을 조회할 수 있다. 예약을 원하면 예약자 이름과 이메일을 기입하고 예약 확인 번호를 이메일로 받으면 끝! 예약을 미리 하지 않았다면 공항의 렌터카 사무실에 직접 문의하자.

주요 렌터카 업체
허츠 Hertz ▶ www.herz.com (한국어 웹사이트 www.hertz.co.kr)
달러 렌터카 Dollar Rent a Car ▶ www.dollar.com (한국어 웹사이트 www.dollarrentacar.kr)
에이비스 Avis ▶ www.avis.com
알라모 렌터카 Alamo Rent a Car ▶ www.alamo.com (한국어 웹사이트 www.alamo.co.kr)
엔터프라이즈 Enterpise ▶ www.enterprise.com

2. 렌터카 사무실 이동하기

각 공항에서 수하물을 픽업하고 출구의 렌터카 표지판을 따라 렌터카 센터로 이동한다.

3. 렌터카 계약서 체결하기

한국 운전면허증(필수 사항)과 현지 사용이 가능한 신용카드, 예약 번호(선택 사항), 국제 운전면허(선택 사항)를 준비하고 렌터카 계약서(Rental Agreement)를 받는다. 이때 반드시 차량 보험을 결정해야 한다. 예약 시에 보험이 포함되어 있지 않다면 이때 선택하면 된다. 가장 기본이 되는 자차, 대

인, 대물 보험과 풀보험까지 다양한 종류가 있고 옵션으로 GPS 내비게이션, 타이어 펑크 시 무상 교체해 주는 로드 세이프(Road Safe)를 추가할 수 있다. 업체와 픽업 지점마다 다르지만 풀보험 가격은 $35(1일) 내외다. 한국어 웹사이트에서 4일 이상 대여 차량에 한해 저렴한 가격으로 풀보험 혜택이 제공되기도 하니 잘 비교해 보자. 연료 충전도 결정해야 하는데, 쓴 만큼만 보충하면 되는 자가 충전(Self Fuel)이 경제적이다.

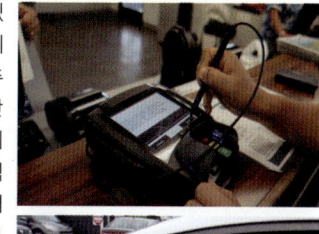

4. 검수 후 인수하기

계약서와 자동차 열쇠를 받으면 기본 작동 방법과 차량 상태를 확인해야 한다. 기본적으로 사이드미러, 깜빡이등, 와이퍼와 전조등 조작법, 에어컨을 확인한다. 오픈카의 경우 트렁크 여는 법이 차종마다 다르므로 작동법을 숙지하자. 계약서 외부에 차량 인수 시 잔존 스크래치를 표시하는 기입란이 있으면 차량의 상태를 기입해 두거나 핸드폰으로 기존 스크래치를 찍어두는 것이 좋다. 보통 1달러짜리 지폐 크기 미만의 스크래치 또는 25센트 동전 크기 미만의 파손, 하단 범퍼의 긁힘은 고려하지 않는 경우가 많으니 알아두자.

5. 주유하기

한국과 달리 주유소에서는 점원이 주유해 주는 것이 아니라 운전자 본인이 셀프 주유를 해야 하므로 아래 방식으로 쉽게 따라해 보자. 와이키키 외곽에서는 한국 신용카드를 사용할 수 없는 곳이 많으므로 현금이 편리하다. 주유기 번호를 확인하고 주유소 내 카운터에서 현금을 걸어두고 주유 후 거스름돈을 반환받는다. 예를 들어 주유기 번호가 2번이고 $20어치 주유를 원한다면 점원에게 $20을 내고 "Twenty on Number Two, Please"라고 말하고, 남은 돈을 받을 때는 "Changes from Number Two, Please"라고 말하면 계산서와 함께 거스름돈을 내준다.

▶ 무작정 따라하기 하와이에서 셀프 주유하기

1. 주유구의 위치는 오른쪽 또는 왼쪽으로 차량마다 위치가 다르므로 미리 확인한 후 가까운 쪽으로 차를 댄다.

2. 주유기 오른편의 노즐을 꺼내 차량 주유구에 연결한다.

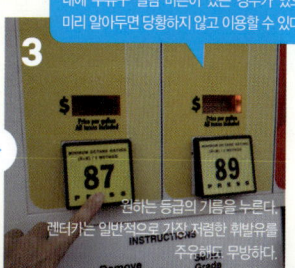

3. 원하는 등급의 기름을 누른다. 렌터카는 일반적으로 가장 저렴한 휘발유를 주유해도 무방하다.

🔍 PLUS TIP
주유구는 손으로 직접 눌러서 여는 타입과 차량 내에 주유구 열림 버튼이 있는 경우가 있으니 미리 알아두면 당황하지 않고 이용할 수 있다.

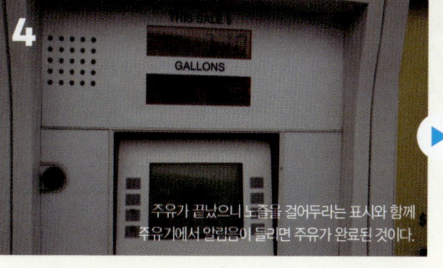

4. 주유가 끝났으니 노즐을 걸어두라는 표시와 함께 주유기에서 알림음이 들리면 주유가 완료된 것이다.

5. 차량의 주유구를 완전히 닫고 노즐을 제자리에 걸어둔다.

🔍 PLUS TIP
버튼으로 주유하는 것이 아니라 주유 노즐이 걸린 레버 전체를 들어 올려야 주유가 시작되는 기계도 있으니 기계와 노즐을 잘 확인하고 이용하면 좋다.

6. 유료 주차 하기

유료 주차는 기계로 주차증을 발급하는 경우와 동전 주입식 주차기가 있다. 주차증을 발급하는 경우 주차장 진입 또는 진출 시에 주차증을 기계에 넣어야 통로가 열리는 경우가 많다. 또 주차비를 미리 결제해야 하는 경우도 있으니 꼼꼼히 살펴보고 이용하자.

1 동전 주입식 주차기

와이키키 갓길 주차에서 많이 볼 수 있는 동전 주입식 주차기는 코인 파킹(Coin Parking)이라고도 부른다. 1센트짜리 동전 외에 다 이용할 수 있고 25센트짜리 동전 4개를 넣으면 보통 1시간 미터가 채워진다. 빨간색 'Expire' 표시 상태에서 주차되어 있는 차는 주차 위반 또는 주차비 과태료가 부과될 수 있다.

2 기계식 주차증 발급기

와이키키 동물원 앞 공터 주차장과 이웃 섬에서 흔히 볼 수 있는 기계식 주차증 발급기는 숫자판에서 차량 번호를 입력하고 원하는 시간만큼 금액을 결제하면 영수증이 발급된다. 이 영수증을 차량 대시보드 안쪽에 놓아두면 된다.

3 진입로 차단기

와이키키의 로열한 와이언 센터와 다운타운 지역에서 볼 수 있는 진입로 차단기가 있는 주차장은 출차 전에 주차 빌딩 각 층마다 있는 정산기에서 주차비를 먼저 지불한다. 정산이 완료된 후에도 주차증을 버리지 말고 진입로 개방 기계에 넣어야 출차할 수 있다.

7. 사고 처리하기

최근 하와이는 렌터카를 노린 도난 사고가 늘고 있으므로 운전자 스스로 조심하는 것이 좋다. 유리를 깨고 물건을 가져가는 경우가 대부분인데 분실물은 여행자 보험으로 보상받을 수 있는 물건이라면 좋지만 현지에서 사고를 예방하는 것이 가장 중요하다. 하와이는 선팅이 금지되어 있기 때문에 차량 밖에서 내부가 잘 보인다. 주차 시에는 내부의 물건이 보이지 않도록 검은 옷 등으로 덮어두거나 가방, 지갑, 노트북, 카메라, 내비게이션 등 표적이 되기 쉬운 물건은 트렁크에 넣거나 소지하는 것이 좋다. 사고 시에는 일단 가까운 경찰서에 피해 상황을 신고 접수한다. 차량이 파손되었거나 도난 사고가 생겼을 때

운전자가 사고를 낸 것이 아니더라도 반드시 렌터카 회사에 고지해야 한다. 업체의 대표 번호로 전화해 렌터카 예약 번호와 사고 접수 번호를 알려주면 된다.

8. 반납하기

렌터카 반납은 픽업과 같은 지점에서 하는 것이 대부분이며 'Car Return' 표지판을 따라 진입한 후 연료 사용량, 주행거리, 차량 상태를 직원이 확인한 다음 계산서를 받는다. 계약 시에 사용했던 신용카드로 결제하는 경우 그 자리에서 영수증을 준다. 결제 수단을 변경할 경우 사무실에서 다시 카드 취소 후 원하는 지불 방식으로 결제한다.

9. 렌터카 센터에서 공항으로 이동하기

공항에서 픽업 리턴한 경우 자신의 소지품을 모두 챙겨 출국편 항공사 터미널까지 이동한다. 흔히 내비게이션으로 쓰던 핸드폰을 차에 두고 오는 경우가 많으니 꼼꼼히 살펴볼 것. 렌터카 대여 사무실이 공항에서 도보로 이동 가능하다.

10. 알아두면 좋은 교통법규와 용어

안전벨트, 주행 중 전화 금지 등의 운전 법규는 세계 공용이지만 도로 표지판은 나라마다 특징이 다르고 문화적인 차이가 있다. 교통법규가 엄격한 편인 하와이에서 렌터카 운전을 할 때는 아래 사항을 준수하면 어려움 없이 여행을 즐길 수 있다.

① MILE MARKER와 SPEED LIMIT 마일마커와 제한 속도

하와이 도로에서 흔히 볼 수 있는 숫자판은 속도와 거리로 기본 단위는 킬로미터(km)가 아니라 마일(mile)이다. 제한 속도(SPEED LIMIT)와 거리 위치(MILE MARKER)를 마일로 표시하니 잘 알아두자. 가장 흔한 교통법규 위반 사항은 '제한 속도 위반'이다. 렌터카 주행 중에 학교나 좁은 도로에서 제한 속도 표시가 있다면 눈여겨보자.

② ALL WAY STOP 교차로 모두 일단 정지

'STOP' 표지판은 무조건 정지했다 3초 후 출발한다. 서행하면서 정지선을 무시하다가는 딱지를 떼기 십상! 정지 표시 중 사거리에서 'ALL WAY STOP(전방위 정지)' 표지판을 발견하면 정지선에 일단 멈춘다. 속으로 천천히 1, 2, 3초를 세고 나서 출발하는데 우선 출발권은 도착한 순서대로 주어진다. 누가 먼저 정지선에 도착했는지 미처 모르더라도 하와이 사람들은 다음 번 주행 차량에게 간단한 알림 손짓을 해주기 때문에 어렵지 않다.

③ YIELD 양보

'YIELD(양보)' 표지판이 보이는 차량의 운전자가 상대 차량에게 우선권을 주어야 하는 표시다. 상대편에서 오는 차량이 없는지 천천히 확인하면서 서행한다.

④ ONE WAY 일방통행

호놀룰루 도심과 와이키키에는 일방통행(ONE WAY) 도로가 많다. 거의 대부분이 일방통행이라고 해도 과언이 아니다. 이 길에 진입했다가는 큰 낭패를 보기 십상이다. 교통 업무 방해로 경찰차가 총출동하는 경우가 발생하니 눈여겨보며 주의해서 운전할 것!

⑤ SCHOOL BUS 스쿨버스

스쿨버스(SCHOOL BUS)는 모든 차량에 대해 우선권을 가진다. 일반 주행 중이면 상관없지만 등·하굣길에 스쿨버스가 아이들의 승하차를 위해 서행 중이거나 정차 중일 때는 버스 옆에 표지판이 열리면서 빨간불이 깜박이는데 절대 추월해서는 안 된다. 버스가 다시 운행할 때까지 뒤에서 대기했다가 서행한다.

⑥ BABY CAR SEAT 유아용 카 시트

영유아와 키 150센티미터 이하의 아이를 동반할 때는 별도의 유아용 카 시트(BABY CAR SEAT)를 이용해야 하는 것이 하와이의 교통법규. 주차 중인 차의 창문을 잠그고 아이를 혼자 방치하는 것은 살인죄에 해당하므로 극히 조심해야 한다.

무작정 따라하기

4단계

STEP ①②③❹

추천 여행 코스

하와이 항공편은 대부분 4박 6일, 5박 7일 형태로 정해져 있는 경우가 많고 호놀룰루 공항이 있는 오아후를 기본 여행지로 잡는다. 하와이가 처음이거나 일정이 4박 정도라면 오아후 한 섬으로 충분하다. 오아후가 재방문이거나 일정이 5박 이상이라면 취향에 따라 이웃 섬을 함께 여행하는 것이 요즘 트렌드다. 5~9박 정도 일정으로 하와이가 재방문이거나 해외 여행에 익숙한 경우, 오아후, 마우이, 빅아일랜드를 2~3박으로 할애해 돌아보는 여행도 점차 늘어나는 추세다. 한 번에 오아후, 마우이, 빅아일랜드, 카우아이 모두를 여행하는 것은 강행군에 가까우며 최소 10박 이상 잡는 것이 좋다.

여행 구성원별 테마에 맞는 추천 섬 조합

일생에 한 번뿐인 허니문 여행

쇼핑, 다이내믹 액티비티, 예쁜 추억 남기기 등으로 바쁜 커플	오아후에 올인!
젊고 트렌디한 커플	마우이!
둘만의 로맨틱한 휴식을 원하는 커플	카우아이!
해외 여행이 익숙하고 운전 경험 많은 능력자 커플	빅아일랜드!

① 4박 6일 ➔ 오아후
② 4박 6일 ➔ 오아후 4박 + 마우이 당일치기
③ 5박 7일 ➔ 오아후 3박 + 마우이 2박
④ 5박 7일 ➔ 오아후 4박 + 카우아이 1박
⑤ 5박 7일 ➔ 오아후 3박 + 빅아일랜드 2박

아이와 떠나는 3~4인 가족 여행

초등학생 이하의 어린이라면 놀거리가 많은	오아후에 올인!
초·중등생들에게는 지구과학의 산실	빅아일랜드!
일정이 길다면 지루할 틈 없는	마우이와 빅아일랜드!

① 4박 6일 ➔ 오아후
② 5박 7일 ➔ 오아후 4박 + 빅아일랜드 1박
③ 6박 8일 ➔ 오아후 4박 + 빅아일랜드 2박
④ 7박 9일 ➔ 오아후 3박 + 마우이 2박 + 빅아일랜드 2박

부모님과 떠나는 효도 여행

연로하신 부모님이라면 쉬엄쉬엄 일정을 짜고 조용하고 품위 있는	**카우아이!**
활동적인 부모님이라면 하루는	**마우이 당일치기!**
해외 여행을 자주 다니신 부모님이라면 리조트도 크고 볼거리도 많은	**빅아일랜드!**

① 4박 6일 ➜ 오아후
② 4박 6일 ➜ 오아후 4박 + 마우이 당일치기
③ 5박 7일 ➜ 오아후 4박 + 카우아이 1박
④ 5박 7일 ➜ 오아후 3박 + 빅아일랜드 2박

직장인 여자끼리 휴가 여행

해변의 휴식과 쇼핑을 원한다면	**오아후!**
해외 여행을 자주 다니고 새로운 여행을 원한다면	**빅아일랜드!**
트렌드에 민감하고 럭셔리한 휴가를 원한다면	**마우이!**

① 4박 6일 ➜ 오아후
② 4박 6일 ➜ 오아후 4박 + 빅아일랜드 당일치기
③ 5박 7일 ➜ 오아후 3박 + 마우이 2박

일정별 추천 코스

오아후 정석대로 4박 6일 코스

Day 1
호놀룰루 국제공항 도착
서부 오아후 코스 2 하와이 역사 문화유산 탐방 코스 P.434 + **남부 오아후 코스 1** 와이키키 핵심 맛보기 코스 P.386

Day 2
북동부 오아후 코스 1 오아후 일주 원데이 렌터카 코스 P.410 + 와이키키에서 저녁 보내기

Day 3
테마 1 해변 + 쇼핑
서부 오아후 코스 3 오아후 서부 원데이 풀코스 쇼핑 루트 P.436 + 코올리나 리조트 라군 일몰 감상 P.70
테마 2 액티비티 + 체험 테마파크
A 코스 하나우마 베이 스노클링 P.149 + 시라이프 파크 P.182
B 코스 쿠알로아 랜치 P.189 + 와이키키에서 서핑 배우기 P.158
C 코스 돌 플랜테이션 P.186 + PCC 폴리네시안 문화 센터 P.188

Day 4
테마 2 액티비티 + 체험 테마파크
A 코스 **서부 오아후 코스 1** 오아후 서부 자연경관 명소 코스 P.432 + 스타 오브 호놀룰루 크루즈 P.220
테마 3 액티비티 + 체험 테마파크
B 코스 **남부 오아후 코스 2** 구석구석 퍼펙트 원데이 코스 P.388 + 버니스 파우아히 비숍 박물관 P.184 + 스타 오브 호놀룰루 디너 크루즈 P.220

Day 5
호놀룰루 국제공항으로 이동

다다익선 5박 7일

A. 오아후 3박 + 마우이 2박 코스

Day 1 — 오아후
호놀룰루 국제공항 도착
북동부 오아후 코스 2 오아후 동부 해안 반나절 렌터카 코스 P.414 + 와이키키에서 저녁 보내기

Day 2 — 마우이
호놀룰루 공항 OUT– 카훌루이 공항 IN
서부 마우이 코스 1 렌터카 남서부 핵심 반나절 코스 P.460

Day 3 — 마우이
중부 마우이 코스 1 할레아칼라 정상 일출 보기 코스 P.470
카훌루이 공항 OUT– 호놀룰루 공항 IN

Day 4 — 오아후
테마 1 해변 + 쇼핑
서부 오아후 코스 3 오아후 서부 원데이 풀코스 쇼핑 루트 P.436 + 스타 오브 호놀룰루 크루즈 P.220
테마 2 액티비티 + 체험 테마파크
쿠알로아 랜치 P.189 + 폴리네시안 문화 센터 P.188

Day 5 — 오아후
호놀룰루 국제공항으로 출발

B. 오아후 3박 + 빅아일랜드 2박 코스

Day 1 | 오아후
호놀룰루 국제공항 도착
북동부 오아후 코스 2 오아후 동부 해안 반나절 렌터카 코스 P.414 + 와이키키에서 저녁 보내기

Day 2 | 빅아일랜드
호놀룰루 공항 OUT–코나 공항 IN
남부 빅아일랜드 코스 1 남부 빅아일랜드 명소 완전정복 코스 P.502 + 힐로 지역 숙소 선택

Day 3 | 빅아일랜드
북부 빅아일랜드 코스 1 북부 빅아일랜드 200% 즐기기 코스 1일차 P.520
코나 공항 OUT–호놀룰루 공항 IN

Day 4 | 오아후
테마 1 해변 + 쇼핑
서부 오아후 코스 3 오아후 서부 원데이 풀코스 쇼핑 루트 P.436 + 스타 오브 호놀룰루 크루즈 P.220
테마 2 액티비티 + 체험 테마파크
하나우마 베이 스노클링 P.149 + 쿠알로아 랜치 P.189

Day 5 | 오아후
호놀룰루 국제공항으로 출발

C. 오아후 4박 + 카우아이 1박

Day 1
호놀룰루 국제공항 도착
서부 오아후 코스 2 하와이 역사 문화유산 탐방 코스 P.434 + 와이키키에서 저녁 보내기

Day 2 / 카우아이
호놀룰루 국제공항 OUT– 리후에 공항 IN
북동부 카우아이 코스 1 북동부 카우아이 완전정복 렌터카 코스 P.562

Day 3 / 카우아이
남서부 카우아이 코스 1 렌터카 남서부 핵심 반나절 코스 P.460
리후에 공항 OUT– 호놀룰루 국제공항 IN

Day 4 / 오아후
테마 1 해변 + 쇼핑
서부 오아후 코스 3 오아후 서부 원데이 풀코스 쇼핑 루트 P.436 + 코올리나 리조트 라군 일몰 감상 P.70
테마 2 액티비티 + 체험 테마파크
A 코스 하나우마 베이 스노클링 P.149 + 북동부 오아후 코스 2 오아후 동부 해안 반나절 렌터카 코스 P.414
B 코스 북동부 오아후 코스 2 오아후 동부 해안 반나절 렌터카 코스 P.414 + 와이키키에서 서핑 배우기 P.158
C 코스 북동부 오아후 코스 2 오아후 동부 해안 반나절 렌터카 코스 P.414 + 스타 오브 호놀룰루 크루즈 P.220

Day 5 / 오아후
호놀룰루 국제공항으로 출발

이웃 섬 4박 5일 코스

이웃 섬의 비중을 크게 잡거나 모든 섬을 둘러보며 14일 이상 장기 여행을 계획하는 경우 VOL.2 각 섬의 여행 루트를 참조하면 일정별 여행 코스를 쉽게 정할 수 있다. 더불어 각 섬의 대표 액티비티와 명소를 체험하려면 1~2일을 더하면 된다. 일정은 강약을 조절해야 무리 없이 소화할 수 있다. 누구나 체험할 수 있는 각 섬의 대표 액티비티와 함께 섬 전체를 둘러보는 아래의 섬별 정통 4박 5일 코스를 기본으로 액티비티 개수와 테마를 조절하면 자신의 여행 일정과 예산에 맞는 완벽한 하와이 여행 코스를 짤 수 있다.

A. 마우이 정통 4박 5일 코스

Day 1
카훌루이 공항 도착
서부 마우이 코스 1 렌터카 남서부 핵심 반나절 코스 P.460 + 리조트 주변 즐기기

Day 2
중부 마우이 코스 1 할레아칼라 정상 일출 보기 코스 P.470

Day 3
동부 마우이 코스 1 하나 로드, 키파훌루 완전정복 렌터카 코스 P.478

Day 4
테마 1 해변 + 쇼핑
카아나팔리 해변 P.463 + 웨일러스 빌리지 P.465
테마 2 액티비티
몰로키니 스노클링 P.152 + 와일레아 해변 즐기기 P.136

Day 5
카훌루이 공항으로 이동

B. 빅아일랜드 정통 4박 5일 코스

Day 1
코나 공항 도착
북부 빅아일랜드 코스 2 북부 빅아일랜드 200% 즐기기 코스 2일차 P.523 + 마우나 케아 정상 P.74

Day 2
남부 빅아일랜드 코스 1 남부 빅아일랜드 명소 완전정복 코스 P.502

Day 3
테마 1 해변 + 쇼핑
하푸나 비치 파크 P.139 + 퀸스 마켓 플레이스 P.311 + 킹스 숍스 P.311
테마 2 액티비티
케알라케쿠아 베이 오션 카약 P.170 + 카할루우 비치 파크 스노클링 P.154

Day 4
북부 빅아일랜드 코스 1 북부 빅아일랜드 200% 즐기기 코스 1일차 P.520 + 힐로 마을 둘러보기 P.530

Day 5
코나 공항으로 이동

C. 카우아이 정통 4박 5일 코스

Day 1
리후에 공항 도착
남서부 카우아이 코스 2 완전정복 원데이 렌터카 코스 P.550

Day 2
북동부 카우아이 코스 1 북동부 카우아이 완전정복 렌터카 코스 P.562

Day 3
테마 1 해변 + 쇼핑
카우아이 헬리콥터 투어 + 포이푸 비치 파크 P.131 + 카파아 마을 돌아보기 P.86
테마 2 액티비티
와일루아 강 시크릿 폭포 리버 카약 P.179 + 나팔리 코스트 선셋 크루즈 P.78

Day 4
칼랄라우 트레일 P.175 + 터널스 비치 파크 스노클링 P.156

Day 5
리후에 공항으로 출발

AREA 1 오아후 OAHU

수도 호놀룰루가 있는 하와이의 관문이자 심장

하와이 주(State of Hawaii) 전체 인구의 2/3 이상이 거주하고 있는 주요 섬 오아후에는 수도 호놀룰루와 다이엘 케이아노우에 인터내셔날 에어포트(Daniel K. Inouye International Airport, HNL)로 이름을 바꾼 호놀룰루 국제공항(Honolulu International Airport)이 있고, 세계적인 관광지 하와이를 대표하는 와이키키를 중심으로 잘 발달된 해변 도시의 면모를 보여준다. 하와이의 관문이자 심장부에 해당 '만남의 섬'이라는 의미의 '개더링 플레이스(The Gathering Place)'라는 별명으로 불리기도 한다. ★★★ 추천 여행 기간 3~4일

면적 1545km² 인구 약 95만 명

자연환경

하와이제도 중에서 세 번째로 크고, 카우아이에 이어 두 번째로 생성된 섬이다. 2개의 산맥이 섬을 양분하며 최고 지점은 코올라우 산맥(Ko'olau Range)의 카알라(Ka'ala, 1203m)이다. 빅아일랜드와 마우이에 비해 넓고 고운 백사장이 많고 산세가 낮으며 화산은 모두 사화산이다. 여름철 평균기온은 27도, 겨울철은 22도로 1년 내내 여행하기 좋은 최적의 기후대를 자랑한다. 단, 수온이 높아지는 6월~9월에는 해안에 해파리가 많이 출몰해 바다에 들어가지 못하기도 한다.

교통수단

뉴욕에 버금가는 메트로폴리탄인 호놀룰루는 대중교통이 잘 발달되어 있어 어디서나 버스와 택시를 이용할 수 있고, 노선과 시간대가 많아 편리하다. 그 외에도 렌터카, 셔틀버스, 와이키키와 호놀룰루 도심 지역을 관광 테마별 노선으로 운행하는 '와이키키 트롤리'가 있어 관광하기에 더없이 편리하다.

수도

수도 호놀룰루(Honolulu)의 대표 지역은 세계적인 해변 휴양지 와이키키(Waikiki)와 쇼핑의 메카이자 거주 밀집 지역인 알라모아나(Ala Moana)이다. 다운타운은 하와이 왕국의 수도로 왕궁 등 문화 유적지와 차이나타운, 금융기관과 행정기관이 모여 있다. 호놀룰루는 인구 밀집 지역이기도 하지만 하와이가 미국으로 편입될 당시 관할이 정해지지 않은 모든 범위를 호놀룰루에 포함하기로 했기 때문에 주요 섬 8개를 제외한 130여 개 군도와 영해 모든 곳을 관할하는 세계 최대 면적의 도시로 기록되어 있다.

공항

남서쪽 해변에 다이엘 케이아노우에 인터내셔날 에어포트(Daniel K. Inouye International Airport, HNL)가 자리 잡고 있다(이하 호놀룰루 국제공항으로 통칭). 전 세계에서 하와이 주로 들어오기 위해 반드시 거쳐야 할 유일한 관문이며 이웃 섬으로 가려면 먼저 호놀룰루 공항으로 입국한 후에 주내선 항공기를 갈아타야 한다.

호놀룰루 국제공항

📍 **지도** P.409K
🚗 **찾아가기** 렌터카 와이키키에서 HI-1 서쪽 방향, Airport/Hickam/AFB/Pearl Harbor로 진출해 공항 진입, 와이키키에서 30분 소요 📍 **주소** 300 Rodgers Blvd, Honolulu, HI 96819
📞 **전화** 808-836-6411 🌐 **홈페이지** www.airports.hawaii.gov/hnl

관광 안내소

공항과 주요 관광지, 쇼핑센터 등에 관광 안내소가 있으며 이외에도 각 호텔의 컨시어지, 하와이 관광청(HTA)을 통해 관광 안내를 받을 수 있다. 하와이 관광청은 와이키키 인근에 본사, 한국에 지사를 두고 있고, 한국어 웹사이트를 운영한다.

호놀룰루 국제공항 관광 안내소
호놀룰루 국제공항 내 15개의 여행자 정보 센터(Visitor Information Program, VIP)에서 수하물, 탑승 수속과 여행 정보에 관한 도움을 받을 수 있다. ☎ 전화 808-836-6413

하와이 관광청
Hawaii Tourism Authority
- 지도 P.384I
- 찾아가기 렌터카 Kalakaua Ave와 Kapiolani Blvd 교차로에 위치, 호놀룰루 공항에서 20분, 와이키키에서 10분 소요
- 주소 1801 Kalakaua Ave, Honolulu, HI 96815
- 전화 808-973-2255
- 홈페이지 www.gohawaii.com

항구

알로하 타워에 페리와 항구가 있으며, 섬을 오가는 크루즈 여객선과 각종 액티비티 크루즈가 운항된다. 그 외에도 화물선이 이용하는 항구와 지역마다 소규모 항구가 있다. 단, 오아후에서 이웃 섬을 오가는 페리 여객선은 없다.

- 찾아가기 렌터카 Ala Moana Blvd에서 Aloha Tower Dr로 진입, 호놀룰루 공항에서 10분, 와이키키에서 20분 소요
- 주소 155 Ala Moana Blvd, Honolulu, HI 96813 홈페이지 www.alohatower.com

환전

세계 관광의 메카이자 대도시로 개발된 오아후 전역에 주요 은행 지점과 ATM이 있고, ATM에서 바로 달러($)를 인출할 수 있다. 여행자수표도 모든 쇼핑센터와 대형 마트에서 수수료 없이 현금으로 사용 가능하다.

우체국

지역마다 우체국이 있고 알라모아나 센터와 대형 마트에는 익스프레스 지점이 따로 있어 편리하지만 서비스 비용이 조금씩 다른 경우가 있다. 그 외에도 해외 배송 DHL을 취급하는 곳이 시내 곳곳에 위치한다. 대부분 토요일에도 문을 열고, 하와이의 해외 우편 요금은 한국보다 약간 비싸다.

와이키키 지점 우체국
US Post Office Waikiki Branch
- 지도 P.384F
- 찾아가기 렌터카 와이키키 내 Kalakaua Ave와 Saratoga Rd 교차로에 위치, 호놀룰루 공항에서 20분 소요
- 주소 330 Saratoga Rd, Honolulu, HI 96815 전화 808-973-7515
- 시간 월~금요일 09:00~16:30, 토요일 09:00~13:00 휴무 매주 일요일

경찰서

지역마다 관할 경찰서가 있다. 와이키키에서는 쿠히오 비치의 듀크 동상 옆 건물에 위치한 경찰청을 이용하면 된다. 해변과 와이키키 지역 순찰과 치안을 담당하며, 행사가 자주 열리고 교통이 복잡한 지역인 만큼 교통 관리에도 신경을 쓴다. 와이키키 해상안전요원과 업무를 연계하고 있다.

와이키키 경찰서
Waikiki Police Department
- 지도 P.385K
- 찾아가기 와이키키 Kalakaua Ave 동쪽 방향, 모아나 서프라이더 리조트와 듀크 카하나모쿠 동상 사이에 위치, 호놀룰루 공항에서 25분 소요
- 주소 2425 Kalakaua Ave, Honolulu, HI 96815 전화 808-529-3801

긴급 전화번호

수첩에 적어놓거나 휴대폰에 저장해두고 긴급할 때 이용하자.

- 경찰 및 응급의료
911(24시간, 무료, 영어로 운영)

주 호놀룰루 한인 총영사관
Consulate General of the Republic of Korea

하와이 한인 영사관은 외교부의 재외 공관으로는 가장 처음 생긴 곳으로 여권 분실과 긴급 사무, 재난, 사고, 외교 분쟁 같은 업무를 총괄한다.

- 지도 P.409K
- 찾아가기 렌터카 호놀룰루 공항에서 HI-1 동쪽 방향 21A 출구로 진출 후 Pali Hwy에서 유턴해 진입, 호놀룰루 공항에서 10분 소요
- 주소 2756 Pali Hwy, Honolulu, HI 96817
- 전화 808-595-6109
- 시간 월~금요일 08:30~16:00
- 휴무 매주 토·일요일, 미국 및 한국 주요 공휴일
- 홈페이지 overseas.mofa.go.kr/us-honolulu-ko

하와이 한인 영사관 바로가기

무작정 따라하기

1단계

STEP **1** ② ③ ④

오아후 이렇게 간다

호놀룰루 공항으로 들어오기

하와이 주의 수도 호놀룰루가 있는 오아후로 가려면 국제선이든 국내선이든 호놀룰루 국제공항을 이용해야 한다. 국제선인 경우 입국 심사대를 통과한 후 수하물을 찾아 공항 밖으로 이동하고, 주내선으로 도착한 경우 입국 심사대를 거치지 않고 바로 주내선 터미널에서 수하물을 찾아 공항 외부로 이동한다(호놀룰루 공항 정보, 입국 절차 따라하기 P.353 참조).

1 도착

비행기가 게이트에 도착한 후 기내용 화물을 챙겨 이동한다.

2 표지판 따라 이동

주내선의 경우 입국 심사 없이 'Baggage Claim' 표시를 따라 이동한다.

3 수하물 찾기

탑승 비행기 편명에 해당하는 수하물 벨트에서 짐을 찾는다. 간혹 다음 항공편으로 짐이 누락되는 경우가 있으니 수하물표와 대조해 자신의 것이 맞는지 빠짐없이 확인한다.

무작정 따라하기 2단계

STEP 1 **2** 3 4

오아후 교통편 한눈에 보기

호놀룰루 국제공항에서 시내로 가려면 버스, 택시, 셔틀버스, 렌터카 등을 이용한다. 가장 빠른 방법은 경유가 없는 택시, 가장 저렴한 방법은 버스다. 단, 버스는 여행 가방을 들고 탈 수 없다. 각자의 여행 스타일과 예산에 따라 선택하자.

호놀룰루 공항에서 시내로 이동하기

택시 Taxi

> **PLUS TIP**
> **팁, 어떻게 주나?**
> 팁은 자유이지만 택시 요금의 15% 이하로 지불하면 된다. 소액권이 없더라도 대충 계산해서 얼마를 거슬러달라고 하면 편리하다. 짐은 기사에게 맡기고 큰 가방의 경우 약 $3, 작은 가방은 $1 정도 지불하는 것이 관례다.

가장 쉽고 편리하게 이용할 수 있는 교통수단. 호놀룰루 국제공항의 경우 개인 여행자 출구 맞은편 횡단보도를 건너면 택시 승차장(Taxi Dispatch)이 있다. 노란색 유니폼을 입은 직원이 목적지를 확인한 후 택시를 선착순으로 배정해 준다. 택시 기사에게 호텔 이름이나 목적지를 알려주면 된다. 와이키키까지 평균 25분 소요되고, 하와이 택시는 바가지 요금이 없다.

공항에서 각 지역 평균 요금
ⓢ **가격** 공항에서 와이키키까지 $60 내외, 코올리나 리조트 단지까지 $100 내외, 노스 쇼어의 리츠 칼튼 터틀 베이 리조트까지 약 $120

주요 택시 회사
☎ **전화** 포니 택시(Pony Taxi) 808-944-8282, 찰리스 택시(Charley's Taxi) 808-233-3333

스피디 셔틀 Speedi Shuttle

> **PLUS TIP**
> '우버'도 이용해 보자.
> **출국장 (2층) 지정 승강장 위치:**
> 터미널 1 - 출국장, 로비 2 중앙분리대
> 터미널 2 - 출발층, 로비 8 앞 중앙분리대

공항과 리조트 또는 주요 관광 명소까지 이동하는 공항 공식 셔틀버스. 공항에서 와이키키까지 승객이 내리는 리조트마다 정차하므로 택시보다 시간이 조금 더 걸린다(약 45분). 공항에서 직접 요금을 결제하고 탑승할 수 있지만 웹사이트에서 미리 예약하거나 왕복으로 예약할 경우 10% 할인(한국어 지원).

스피디 셔틀
ⓢ **가격** 편도 $17.60~(거리에 따라 다름)
⏱ **평균 소요 시간** 와이키키까지 약 30분 소요
📍 **공항 내 스피디 셔틀 위치 확인하기** 터미널 내에 스피디 셔틀 표지판이 있고 개인 여행자 출구 앞에 직원이 있다. 탑승 위치는 그룹 여행자 출구 앞쪽에 있다.
☎ **전화** 877-242-5777
🕐 **시간** 24시간
🌐 **홈페이지** www.speedishuttle.com

> **PLUS TIP**
> **팁, 어떻게 주나?**
> 요금에 대한 팁은 없고 여행 가방은 택시와 마찬가지로 $1~3 (큰 짐 1개) 정도로 주는 것이 관례다.

버스
The Bus

저렴하게 이용할 수 있는 버스는 호놀룰루 곳곳에 노선과 배차 시간이 많아 편리하고 공항에도 정류장이 있다. 단, 여행 가방 같은 큰 짐을 가지고 탈 수 없다.

더 버스
- ⓢ **가격** 성인 편도 $3
- ⓛ **평균 소요 시간** 와이키키까지 약 45분 소요
- ⓟ **정류장 위치** 2층 출발 층 메인 터미널
- ⓡ **와이키키행 노선** The Bus 19, 20　ⓛ **시간** 첫차 05:30~막차 00:30
- ⓛ **배차 시간** 시간대에 따라 다름, 대략 30분 간격으로 운행
- ⓗ **홈페이지** www.thebus.org

렌터카
Car Rentals

공항 출구 맞은편 도로에서 '렌터카(Car Rental)' 표지판을 따라 이동한다. 출구 밖 횡단보도를 건너 렌터카 회사의 사무실과 대여 차량이 모여있는 곳을 찾아가자. 예약해 둔 렌터카 업체 사무실로 가서 차량을 픽업하면 된다. 와이키키 내에도 렌터카 대여점이 많지만, 1일 대여 요금이 가장 저렴한 곳은 호놀룰루 공항 지점이다. 렌터카 대여와 반납은 같은 지점에서 하는 것이 원칙으로 와이키키에서 대여했다가 출발 직전 호놀룰루 공항에서 반납하면 추가 요금과 복잡한 절차가 발생할 수 있으니 주의한다.

주요 렌터카 업체
- ⓗ 달러 렌터카(Dollar Rent a Car) www.dollar.com
- ⓗ 알라모 렌터카(Alamo Rent a Car) www.alamo.com
- ⓗ 허츠(Hertz) www.hertz.com

⊕ PLUS TIP
반납 장소를 확인하자!
렌터카는 픽업도 중요하지만 반납도 중요하므로 렌탈 기간 후 반납하는 장소를 미리 확인하는 것이 좋다.

▶ 무작정 따라하기 렌터카로 와이키키 가기

1 렌터카 표지판 따라 이동

공항 터미널을 나오자마자 정면 도로를 건너 표지판을 따라 예약해 둔 렌터카 셔틀 픽업 장소에 가서 기다린다.

2 렌터카 센터로 이동

미리 예약해 둔 렌터카 회사의 셔틀을 타고 사무소로 이동한다.

3 예약 확인 수속

한국 운전면허증, 국제 운전면허, 신용카드를 제시하고, 예약한 내용에 맞는 렌터카 계약서를 받는다.

4 계약서와 차량 인수

안내받은 위치의 렌터카를 인수받으면서 계약서에 맞춰 이상이 없는지 확인한다.

5 인수 전 상태 체크

렌터카를 인수할 때는 기존의 차량 상태를 꼼꼼히 확인하는 것이 중요하다. 렌터카 계약서의 차량 상태 체크 공란에 정확히 기입해 두면 나중에 생길지도 모르는 논란을 방지할 수 있다. 핸드폰 등으로 사진을 찍어두는 것도 굿 아이디어!

6 와이키키로 출발

짐을 확인한 후 와이키키로 출발!

오아후 내의 교통편 한눈에 보기

호놀룰루를 중심으로 오아후는 대중교통이 매우 발달했다. 지하철은 없지만 버스, 택시, 셔틀버스와 트롤리 등을 편의에 따라 이용하자.

더 버스(The Bus)는 일반 버스와 심야 버스, 장애인 버스 등으로 연간 7천 5백억 명이 이용하는 대중교통이다. 호놀룰루를 벗어나면 이동 거리가 길고 노선이 많지 않아 호놀룰루 내에서만 이용할 것을 추천한다.

버스 The Bus

하와이 버스 카드 홀로(HOLO)
기존의 종이 버스표를 대신하여 홀로(Holo)라는 이름의 버스 카드 제도가 도입되었다. 버스 앞문에 있는 기계에 대고 읽히는 시스템으로 국내 버스카드와 사용법이 같다. 1회 탑승 시 마다 충전 금액이 차감되고 같은 방향으로 2시간 30분 이내에 다시 탑승하는 경우 1회에 한해 무료 환승이 가능하다.

- ○ **구매처** 와이키키 ABC 스토어와 대부분의 마트에서 구입, 충전할 수 있고 최초 구입시 $2의 개통비가 부과된다.
- ⓢ **요금** 편도 1회 기준 18세~ $3(현금), 6~17세 $1.25, 5세 이하 무료 **승차권** $7.50(1일권)
- ○ **이용 시 주의 사항** 금연, 음식 및 음료 섭취 금지, 여행 가방 등 큰 짐 반입 금지, 자전거 무료 ⓗ **홈페이지** www.thebus.org

> ⊕ **PLUS TIP**
> 실시간 버스 앱 'DaBus'를 다운받아 이용하면 편리하고, 더 버스 홈페이지에서 Real-Time Bus Arrival 시간표를 확인할 수 있다.

▶ 무작정 따라하기 오아후 버스 이용하기

1 정류장

정류장에서 버스 번호 확인 후 기다린다.

2 승차

버스가 도착하면 앞문으로 탑승한다. 앞문은 승차 전용, 뒷문은 하차 전용이다.

3 요금

지불 편도 $3(성인), 거스름돈은 지급되지 않으므로 소액권 지폐를 준비한다.

4 홀로 버스카드

운전석 옆의 카드 인식기에 카드를 인식하면 교통비가 자동 차감된다.

5 하차 신호

버스 창문에 드리운 줄을 당기거나 뒷문 손잡이에 있는 버튼을 누르면 소리와 함께 'Stop Requested(정차 요청)' 표시에 불이 켜진다.

6 하차

버스가 정차하면 뒷문의 노란색 테를 손바닥으로 밀면서 내린다.

택시 Taxi

와이키키와 호놀룰루에서 가장 많이 이용하는 대중교통으로 짧은 거리를 일행과 함께 이동할 때 유리하다. 호텔 로비에 대기 중인 택시를 부르거나 쇼핑센터의 택시 승차장을 이용하면 된다. 와이키키 내에서는 한국과 마찬가지로 길에서 손을 흔들어 택시를 잡으면 된다. 한인 택시도 많아서 편리하다. 차량 위에 노란색 모자 모양 간판으로 승용차와 구별된다.

기본요금은 $3.10, 1킬로미터 당 $2.25가 추가된다. 호놀룰루 공항에서 와이키키 대부분의 지역까지 비용은 평균 $60, 팁은 택시 요금의 10~15%, 짐은 큰 가방의 경우 1개당 $3 정도로 계산하는 것이 관례다. 와이키키부터 공항까지 $40 한정 요금을 운영하는 택시들도 있으니 머무는 호텔에 문의하면 좋다.

주요 택시 회사
☎ **전화** 코아 택시(Koa Taxi) 808-944-0000, 포니 택시(Pony Taxi) 808-944-8282, 찰리스 택시(Charley's Taxi) 808-233-3333

와이키키 트롤리
Waikiki Trolley

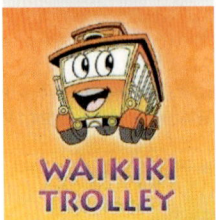

와이키키 트롤리는 관광객을 위한 특별한 교통수단으로 관광용 버스라고 보면 된다. 원래 나무로 된 클래식한 감각의 개방형 버스였으나 최근 등장하는 모델은 2층짜리 더블데크 오픈 탑 버스로 새로워졌다. 테마별로 나눠진 명소를 돌아보는 총 5개 라인으로 운영되며, 노선마다 다르지만 평균 1시간 정도 소요된다. 장점은 관광객이라면 누구나 한 번쯤 하와이만의 멋을 풍기는 명소 관광지를 두루 볼 수 있도록 구성되어 있다는 것. 단점이라면 자유롭지 않은 노선과 시간표, 복잡함을 들 수 있다.

홈페이지 www.waikikitrolley.com

이용 시 주의 사항 금연, 음식 및 음료 섭취 금지, 탑승 중 상의와 신발을 항시 착용해야 한다.

정류장 주요 명소와 쇼핑센터 근방의 버스 정류장에 트롤리 표시가 함께 있거나 트롤리 단독 정류장 표지판이 길가에 세워져 있다.

와이키키 트롤리 탑승권 종류와 가격

노선 구분	패스 종류	성인 (12세 이상)	아동 (3~11세)
1개 노선	핑크	$6	$5
	블루, 레드, 그린	$34	$22
모든 노선	1일권	$62	$34
	4일권	$74	$45
	7일권	$85	$56

티켓 구입 인터넷으로 구입하거나 제휴 할인 카드를 이용하면 10% 할인된 가격에 구입할 수 있다. 인터넷에서 출력한 티켓 교환권은 트롤리 티켓 판매소에서 교환한다.

전 라인 출발 정류장 및 티켓 판매소 위치
와이키키 쇼핑 플라자 1층 ⓢ **찾아가기** 와이키키 Kalakaua Ave와 Royal Hawaiian Ave 교차로에 위치

트롤리 루트 자세히 보기
레드 라인 이올라니 궁전 등 호놀룰루의 다운타운에 있는 역사 명소와 차이나타운을 돌아보는 코스
⏱ **총 소요 시간** 왕복 110분, 배차 간격 60분

그린 라인 와이키키 내 주요 명소와 다이아몬드 헤드, 카할라 몰까지 순환하는 자연경관 테마 코스. 무료 와이파이가 제공되는 유일한 트롤리.
⏱ **총 소요 시간** 60분, 배차 간격 20분

핑크 라인 와이키키 내 주요 리조트에 정차하며 와이키키와 알라모아나 센터 사이를 순환하는 쇼핑 테마 코스
⏱ **총 소요 시간** 60분, 배차 간격 20분

블루 라인 다이아몬드 헤드, 하나우마 베이 등 동쪽 해안 드라이브 코스를 따라 시라이프 파크까지 순환하며 자연경관을 감상하는 코스.
⏱ **총 소요 시간** 110분, 배차 간격 40분

> ➕ **PLUS TIP**
> 트롤리 루트는 바뀌는 경우가 있어 티켓 구입시에 문의하는 것이 바람직하다.

렌터카
Car Rentals

와이키키 내에 렌터카 사무소가 여러 곳 있다. 오아후는 대중교통이 발달해 여행 중 1~2일만 렌터카 대여를 하는 경우도 많은데, 이 경우 와이키키에서 대여, 반납하는 것이 유리하다. 단, 와이키키 지점은 예약을 받지 않고 선착순으로 운영하는 곳이 많아 오전 8시 이전에 소형차나 중형차가 품절(sold out)되는 경우가 많다. 1일 대여 가격은 공항보다 비싸지만 와이키키 내 주차와 리조트의 1박 주차 요금을 감안하면 총액은 비슷하다.

트롤리 노선 자세히 보기

PLUS TIP
축제나 도로 폐쇄 등 해당일의 상황에 따라 정류소를 건너뛸 수 있다.

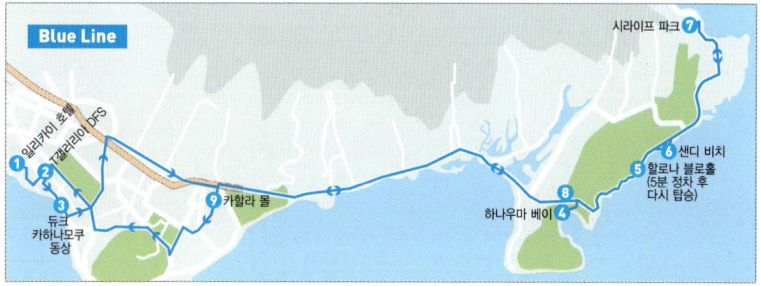

무작정 따라하기

3단계

STEP 1 2 3 4

오아후 지역 한눈에 보기

A 남부 리조트와 빌딩숲이 줄지어 늘어선 와이키키 해변은 최대 인구 밀집 지역으로 밤에도 불빛이 꺼지지 않는 아름다운 휴양지.
중심지 와이키키

B 북동부 하와이를 상징하는 서핑 문화가 가득한 해변의 아름다운 풍경, 낭만적이고 빈티지한 분위기의 여유로운 매력이 돋보이는 지역
중심지 하와이 카이, 카네오헤, 할레이바

C 서부 하와이의 수도 호놀룰루는 최대 인구와 시설이 집중되어 있는 지역이고 그 외곽으로는 섬주민들의 거주지와 새로 개발된 리조트 지역으로 범위가 넓은 편.
중심지 알라모아나, 다운타운 호놀룰루, 코올리나

출발지	도착지	소요 시간
호놀룰루 공항(HNL)	와이키키	약 30분
호놀룰루 공항(HNL)	마카푸우 전망대	약 40분
호놀룰루 공항(HNL)	카일루아 비치파크	약 45분
호놀룰루 공항(HNL)	코올리나 리조트	약 40분
호놀룰루 공항(HNL)	할레이바	약 50분
호놀룰루 공항(HNL)	폴리네시아 문화 센터	약 1시간

헐리우드 종합 영화 촬영지 겸 다양한 체험 테마파크
쿠알로아 랜치 Kualoa Ranch
쿠알로아 비치 파크 Kualoa Beach Park
중국인 모자섬 모콜리이 섬 Mokoli'i Island
보도인 사원 Byodo-in Temple
카네오헤 Kaneohe
미국 최고의 해변으로 손꼽히는 베스트 해변
카일루아 비치 Kailua Beach
라니카이 비치 Lani Kai Beach
누우아누 팔리 전망대 Nu'uanu Pali Lookout
해변 명소와 볼거리가 가득한 72번 국도 베스트 드라이브 코스
래빗 섬 Rabit Island
오아후 섬의 동쪽 제일 끝 지점, 최고의 해변 전망대
시라이프 파크 Sea Life Park
마카푸우 포인트 Makapu'u Point
미국의 유일한 궁전, 하와이 왕국의 마지막 유산
알로하 타워 Aloha Tower
이올라니 궁전 Iolani Palace
다운타운 호놀룰루 Downtown Honolulu
알라모아나 Ala Moana
하와이 카이 Hawaii Kai
샌디 비치 Sandy Beach
할로나 블로홀 Halona Blowhole
카할라 리조트 The Kahala Resort
오아후 최대 수중 분화구, 베스트 스노클링 포인트
하나우마 베이 Hanauma Bay
와이키키 Waikiki
하와이 관광 문화의 최대 중심지
다이아몬드 헤드 Diamond Head
하와이를 상징하는 해변과 맞닿은 화산 분화구, 트레일 가능, 최고의 전망 포인트

무작정 따라하기

4단계

STEP ①②③❹

오아후 추천 여행 코스

Course 1
당일치기 핵심 코스

처음 오아후를 방문하고 일정이 하루뿐이라면 동부 해안 명소를 간단히 둘러본 후 와이키키 대표 리조트에서 저녁 식사를 하며 마무리한다.

Day 1
① 호놀룰루 공항(IN) → ② 동부 오아후 코스 2 오아후 동부 해안 반나절 렌터카 코스 (P.414) → ③ 모아나 서프라이더 리조트(P.402) → ④ 호놀룰루 공항(OUT)

Course 2
오아후 핵심 볼거리 1박 2일 코스

Day 1
① 호놀룰루 국제공항 (IN) → ② 서부 오아후 코스 2 하와이 역사 문화유산 탐방 코스(P.434) → ③ 남부 오아후 코스 1 와이키키 핵심 맛보기 코스(P.386)

추천 숙소 와이키키 지역

Day 2
① 북동부 오아후 코스 1 오아후 일주 원데이 렌터카 코스(P.410) → ② 호놀룰루 국제공항 (OUT)

Course 3
오아후 꼼꼼히 둘러보기 3박 4일 코스

Day 1
① 호놀룰루 국제공항 (IN) → ② 서부 오아후 코스 2 하와이 역사 문화유산 탐방 코스(P.434) → ③ 남부 오아후 코스 1 와이키키 핵심 맛보기 코스(P.386)

Day 2
① 북동부 오아후 코스 1 오아후 일주 원데이 렌터카 코스(P.410)

Day 3
① 서부 오아후 코스 3 오아후 서부 원데이 풀코스 쇼핑 루트 (P.436)

Day 4
① 호놀룰루 국제공항 (OUT)

하와이 여행 플래너 Hawaii Travel Planner

휴가 날짜 Vacation Dates ;   .   .   .

출국 일정 Departure Date/Time/Location	체크 리스트 Check Lists
항공편 Flight No.	
숙소명 Accomodations	
교통편 예약 Transportation Arrangements	액티비티 Activities&Events
귀국 일정 Return Date/Time/Location	
항공편 Flight No.	

요일별 일정표 Weekly Planner

일	월	화	수	목	금	토

A WAIKIKI
[와이키키]

세계적인 휴양지,
파라다이스 하와이의 꽃

하와이 관광을 이끄는 와이키키는 하와이와 동의어로 쓰일 만큼 대표적인 곳이다. 하와이 전체 관광객의 90%가 와이키키에 숙소를 정할 정도로 해변, 야경을 즐기기 좋은 칵테일바, 레스토랑, 멋진 리조트와 쇼핑센터가 모여 있다. 와이키키는 화려한 도심 앞에 해변이 펼쳐져 색다른 휴양지 분위기를 자아낸다. 다양한 명소와 문화 이벤트가 많아 낮에는 해변을 즐기고 저녁에는 불빛 가득한 거리를 거닐며 최근 더 새로워진 와이키키에서 모든 시간을 알차게 누려보자.

와이키키, 면적은 얼마나 될까?
4킬로미터에 달하는 와이키키 비치는 한쪽을 방파제로 막아 잔잔한 파도에서 물놀이를 즐길 수 있다. 원래 왕가의 사냥터로 쓰이던 늪지대였는데 알라 와이(Ala Wai) 운하를 파서 늪지대의 물을 빼내고 운하와 해변 사이에 리조트, 콘도, 레스토랑, 쇼핑센터를 조성했다. 전체 넓이 3.4제곱마일로 에버랜드의 10배, 해운대의 1/6 크기다.

383

MUST SEE 이것만은 꼭 보자!

№. 1
금요일 밤의 하이라이트,
**힐튼 하와이언 빌리지
불꽃놀이**

№. 2
와이키키 비치의 화룡점정,
세상에서 가장 유명한
화산 분화구
다이아몬드 헤드

№. 3
서핑의 발상지
와이키키 거리에
세워진 서핑의 신
듀크 카하나모쿠 동상

인기
★★★★★
숙박, 쇼핑, 휴양 시설이 모여
있는 인기 지역.

관광지
★★★★★
하와이 여행에서 피할 수 없는
관문이자 하와이를 대표하는
관광의 꽃.

MUST EAT 이것만은 꼭 먹자!

№. 1
생과일을 수북이 올리고
휘핑크림과 코코넛
시럽을 뿌린 **에그스 앤
싱스의 팬케이크**

№. 2
줄 서서 먹는 와이키키
맛집, 한 조각의 유혹
**치즈케이크 팩토리의
치즈케이크**

№. 3
한여름의 열기를 식혀줄
하와이 수제맥주
**마우이 브루잉 컴퍼니의
비어 플라이트**

쇼핑
★★★★★
명품 쇼핑의 메카, 와이키키
비치 앞 칼라카우아 애버뉴
(Kalakaua Ave)를 따라 최고
급 명품 스토어가 모여 있다.

MUST EXPERIENCE 이것만은 꼭 경험하자!

№. 1
서핑의 본고장 와이키키 비치
**모쿠 하와이에서
서핑 배우기**

№. 2
시원한 바닷가 큰 나무
아래 앉아 문화 공연과
훌라 쇼 감상하기

№. 3
황홀한 석양의 정수,
**와이키키 선셋 세일
보트에서 일몰 감상하기**

식도락
★★★★★
세계 최정상급 스타 셰프의 레
스토랑부터 하와이 전통 로컬
푸드까지! 골목마다 한국, 일
본, 베트남 음식도 다양하다.

나이트라이프
★★★★★
해변 칵테일 라운지, 수제 맥주
전문점과 나이트클럽 등 낮의
열기가 자정 넘도록 이어진다.
거리마다 치안 경찰이 있어 안
전하다.

MUST BUY 이것만은 꼭 사자!

№. 1
파인애플 모양의 고소하고
바삭한 쇼트브레드 쿠키
호놀룰루 쿠키

복잡함
★★★★☆
대기 줄과 레스토랑 예약이 보
편화 되어 있고 주차가 복잡해
도보 이동이 최선.

COURSE 1 — 와이키키 핵심 맛보기 코스

첫 방문이나 짧은 일정에 꼭 들러야 할 족집게 코스. 와이키키 핵심 랜드마크와 해변, 가장 대표적인 명소들로 구성됐고 코스 마무리는 취향에 따라 골라보자. 와이키키를 둘러보고 해변의 석양을 더하면 짧지만 알찬 코스! 코로나 19 영향으로 이벤트와 마스크 착용, 입장 관련 규정은 변동될 수 있다.

(지도: 크림팟 Cream Pot, 달러 렌트카 Dollar Car Rental, ABC 스토어 ABC STORES, 킹 칼라카우아 동상 King Kalakaua Statue, 힐튼 하와이언 라군 공영 주차장, 힐튼 하와이언 빌리지 불꽃놀이 Hilton Hawaiian Village Friday Fireworks, 힐튼 하와이언 빌리지 Hilton Hawaiian Village, 스토리텔러 동상 Storyteller Statue, 와이키키 우체국 US Post Office, 에그스 앤 싱스 사라토가 Eggs n Things Saratoga, 카하나모쿠 비치 Kahanamoku Beach, 하드록 카페 Hard Rock Cafe, 와이키키 비치 워크 Waikiki Beach Walk, 포트 드 루시 비치 파크 Fort DeRussy Beach Park, 포트 드 루시 공원 주차장, 롱스 드럭 Longs Drug, 앰버시 스위트 와이키키 비치워크 Embassy Suites Waikiki Beachwalk, 로열 하와이언 센터 주차장, 포트 드 루시 군사 박물관 Fort DeRussy, US Army Museum, 버거킹 BurgerKing, 하우스 위드아웃 어 키 House without a Key, 에이비스 렌트카 Avis Car Rental, 나호쿠 II Na Hoku II, 그레이 비치 Gray's Beach, 마이타이 카타마란 Mai Tai Catamaran, 럼파이어 Rum Fire)

START

1. 로열 하와이언 센터 Royal Hawaiian Center

와이키키 최대 규모의 쇼핑센터로 야외 문화 공연과 다양한 브랜드 쇼핑, 푸드코트는 물론 대형 주차 타워까지 있어 와이키키 방문의 거점이 된다.

◎ 찾아가기 Kalakaua Ave 중심부 해변 쪽에 위치

PLUS INFO
로열 하와이언 센터에 주차 후 도보 여행을 시작하면 좋다.

2. 듀크 카하나모쿠 동상 Duke Kahanamoku Statue

와이키키 중심부 해변에 세워진 전설의 서핑 영웅 듀크 카하나모쿠의 동상은 와이키키 트롤리와 호텔 셔틀버스, 사진 찍는 사람들이 모여드는 대표적인 랜드마크.

◎ 찾아가기 Kalakaua Ave 바다 쪽으로 도보 5분, 시계탑 앞

3. 와이키키 월 Waikiki Wall

와이키키 쿠히오 비치에서 바다로 100미터 정도 뻗은 항구 시설. 해변과 거리를 전망하기 좋으며 매주 금요일 밤 7시 45분에 열리는 힐튼 하와이언 빌리지의 불꽃놀이를 볼 수 있는 명당 자리!

◎ 찾아가기 Kalakaua Ave와 Kapahulu Ave 교차로로 도보 10분, 바다 쪽에 위치

387

START

1. 로열 하와이언 센터

450m, 도보 5분

2. 듀크 카하나모쿠 동상

700m, 도보 10분

3. 와이키키 월

600m, 도보 6분

4. 쿠히오 토치 라이팅&훌라 세러모니

700m, 도보 10분

5-1. 마이 타이 바

700m, 도보 10분

5-2. 마우이 브루잉 컴퍼니

Finish

---

4 쿠히오 토치 라이팅&훌라 세러모니
Kuhio Hula Torch Lighting Ceremony

와이키키 중앙의 거대한 반얀트리 아래 세워진 잔디 무대. 석양 무렵 햇불을 밝히는 전통 의식과 함께 무료 훌라 공연(수·금·토요일 오후 6시 30분)을 즐길 수 있다.

ⓘ 찾아가기 Kalakaua Ave에서 듀크 동상 쪽으로 도보 6분, 해변에 위치

5-1 마이 타이 바
Mai Tai Bar

로열 하와이언 리조트가 자랑하는 비치바로 와이키키에서 가장 오랜 역사와 전통을 자랑하는 칵테일바. 저녁마다 훌라 공연을 감상할 수 있어 일석이조!

ⓘ 찾아가기 Kalakaua Ave와 Royal Hawaiian Ave 교차로에 위치, 쿠히오 비치에서 도보 10분, 바다 쪽에 위치

➕ BEST MENU
❶ 파인애플 주스를 넣어 만든 시원한 **플랜테이션 아이스티 Plantation Iced Tea $4.50**
❷ 매일 들어오는 그날의 신선한 해산물로 만든 **스시 플래터 Sushi Platter $22.50**

5-2 마우이 브루잉 컴퍼니
Maui Brewing Co.

와이키키 중심가를 내려다보며 저녁을 시원하고 활기차게 마무리하기 좋은 인기 맛집 수제 맥주 하우스. 한 끼 식사로 충분한 메뉴에 개성 넘치는 수제 맥주를 곁들여보자.

ⓘ 찾아가기 Kalakaua Ave 로열 하와이언 센터 길 건너편, 쿠히오 비치에서 도보 10분

➕ BEST MENU
4가지 수제 맥주를 맛볼 수 있는 **비어 플라이트 Beer Flight $8.75**

- 더 레이로우, 오토그래프 컬렉션 The Laylow, Autograph Collection
- 코나 커피 퍼베이어 파티세리 Kona Coffee Purveyors Patisserie
- 힐튼 가든 인 Hilton Garden Inn
- 마우이 브루잉 컴퍼니 Maui Brewing Co.
- 듀크스 레인 마켓 & 이터리 Duke's Lane Market & Eatery
- ABC 스토어 ABC STORES
- 프린세스 카이울라니 동상 Princess Kaiulani Statue
- 알라모 렌트카 Alamo Car Rental
- 하이스 스테이크하우스 Hy's Steakhouse
- 무수비 카페 이야스메 Musubi Cafe IYASUME
- 모쿠 하와이 Moku Hawaii
- 맥 24/7 M.A.C 24/7
- 로열 하와이언 센터 Royal Hawaiian Center
- 마이 타이 바 Mai Tai Bar
- 와이키키 선셋 세일 Waikiki Sunset Sail
- 듀크 카하나모쿠 동상 Duke Kahanamoku Statue
- 에그스 앤 싱스 와이키키비치 지점 Eggs n Things Kalakaua Express
- 쿠히오 토치 라이팅&훌라 세러모니 Kuhio Hula Torch Lighting Ceremony
- 모아나 서프라이더 리조트 The Westin, Moana Surfrider Resort
- 베란다 앳더 비치 하우스 Veranda at the Beach House
- 프린스 쿠히오 동상 Prince Kuhio Statue
- 마쿠아&킬라 동상 Makua & Kila Statue
- 와이키키 월 Waikiki Wall
- 호놀룰루 동물원 주차장 Honolulu Zoo
- 다이아몬드 헤드 스테이트 모뉴먼트 Diamond Head State Monument
- 카피올라니 비치파크 Kapiolani Beach Park

COURSE 2

구석구석 퍼펙트 원데이 코스

와이키키 비치에서 서핑도 배워보고 즐거운 거리 구경을 한 후 해변에 앉아 밤하늘에 퍼지는 불꽃놀이를 보며 하루를 마무리하는 일정이라면 그야말로 퍼펙트! 물놀이 체험 시간이 포함되는 일정으로 취향에 따라 다른 액티비티로 대체하면 된다. 해변 또는 각 지점에서 시간을 조절해도 좋다.

START

1. 와이키키 월 Waikiki Wall

잔잔한 아침 바다를 즐기며 걷기 좋은 베스트 포인트 중 하나! 아침 바다는 맑아서 알록달록 열대어가 모여드는 것을 구경하기 좋으니 잠시 시간을 내보자.

◎ 찾아가기 Kalakaua Ave와 Kapahulu Ave 교차로로 도보 10분, 바다 쪽

2. 무수비 카페 이야스메 Musubi Café Iyasume

하와이 베스트 먹거리 중 하나. 서핑 전 간단한 아침이나 물놀이 후 간식으로 최고! 삼각김밥처럼 다양한 무수비를 미리 만들어서 진열해두었으니 먹고 싶은 것을 고르면 된다.

◎ 찾아가기 Kalakaua Ave 와 Uluniu Ave 교차로 안쪽 모쿠 하와이 지나서 왼쪽

BEST MENU
입맛 따라 즐기는 **스팸, 햄&에그, 아메리칸 브렉퍼스트 무수비 Spam, Ham&Egg, American Breakfast Musubi $2~3**

3. 모쿠 하와이 Moku Hawaii

보드 렌탈숍으로 서핑과 다양한 물놀이 용품 대여와 개인 강습도 가능하다. 1시간이면 누구나 안전하고 재미있게 서핑을 배워 어느 정도 즐길 수 있다. 현지의 경험 많은 서핑 전문점을 활용해보자.

◎ 찾아가기 Kalakaua Ave Uluniu Ave 교차로 하얏트 리전시 리조트 맞은편 코너 1층

389

START

1. 와이키키 월
   700m, 도보 10분
2. 무수비 카페 이야스메
   50m, 도보 2분
3. 모쿠 하와이
   100m, 도보 5분
4. 쿠히오 비치
   (숙소에서 샤워후 휴식)
5. 치즈케이크 팩토리
   700m, 도보 10분
6. 와이키키 비치워크
   1km, 도보 30분
7. 힐튼 하와이언 빌리지 불꽃놀이

Finish

4 쿠히오 비치
Kuhio Beach

듀크 카하나모쿠 동상 뒤쪽 해변으로 대부분의 와이키키 서핑 레슨은 여기서 진행된다. 해변에서 간단한 몸풀기와 보드 타는 법을 배우고 즐기는 물놀이 타임!

◎ **찾아가기** 모쿠 하와이에서 바다 쪽으로 맞은편

➕ **PLUS INFO**
숙소에서 샤워후 휴식
물놀이 후 오후 일정을 시작해보자.

5 치즈케이크 팩토리
Cheesecake Factory

샐러드, 파스타, 버거는 물론 천국 같은 디저트 한 조각까지 모두를 위한 메뉴가 있는 치즈케이크 팩토리. 점심 시간에 가면 많이 붐비지 않아 더욱 좋다.

◎ **찾아가기** 듀크 카하나모쿠 동상 옆 매장들과 연결된 로열 하와이언 센터에 위치

➕ **BEST MENU**
한 조각의 유혹
치즈케이크
Cheesecake $8.50~

6 와이키키 비치워크
Waikiki Beach Walk™

로열 하와이언 센터와 교차하는 도로 변의 브랜드 매장과 크고 작은 카페, 레스토랑, 갤러리를 걸으면서 구경하는 즐거움이 가득한 거리.

◎ **찾아가기** 로열 하와이언 센터 끝에서 이어지는 거리로 트럼프 호텔과 함께 위치

7 힐튼 하와이언 빌리지 불꽃놀이
Firworks

매주 금요일 와이키키 비치의 하이라이트! 그림 같은 해변의 모래밭에 앉아 머리 위에서 퍼지는 형형색색 불꽃 퍼레이드를 가까이에서 느낄 수 있는 절호의 기회. 잊을 수 없는 추억을 만들어보자.

◎ **찾아가기** Rainbow Dr에서 힐튼 하와이언 빌리지 라군으로 진입, 와이키키 비치워크에서 해변으로 도보 10분

➕ **PLUS INFO**
이 코스를 거꾸로 움직여도 좋다. 와이키키 월에서 불꽃놀이가 보이니 잠시 해변이나 방파제에 앉아서 일몰을 즐겨보자.

Area 1 오후 | A 와이키키 | COURSE 1 | COURSE 2 | COURSE 3 | TRAVEL INFO

COURSE 3 — 와이키키 쇼핑 200% 즐기기 코스

휘황찬란한 명품 스트리트부터 이면 도로 구석구석에 자리한 희소 아이템을 찾아 밤늦은 시간까지 즐길 수 있는 쇼핑의 천국 와이키키에서 의미 없는 발품은 이제 그만 명품부터 트렌디한 길거리 쇼핑까지 쏙쏙 뽑은 알짜 코스를 따라 무궁무진한 와이키키 쇼핑을 200% 즐기자.

START

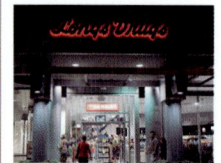

1 롱스 드럭스 — Long's Drugs
24시간 운영하는 와이키키 유일의 드러그 스토어. 약, 물놀이 용품, 일회용품 등 품목은 ABC 스토어와 비슷하지만 더 저렴하다. 조금 외곽에 있으니 구입 항목이 없다면 과감히 패스하자.

ⓘ **찾아가기** Kalakaua Ave 따라 도보 5분, Bank of Hawaii 건물에 위치

2 빅토리아 시크릿 — Victoria's Secret
미국의 대표적인 여성 란제리 브랜드로 다양한 분위기의 속옷, 트레이닝복, 향수, 화장품 등이 모두 있어 여자들의 머스트 쇼핑 1순위.

ⓘ **찾아가기** Kalakaua Ave와 Royal Hawaiian Ave 교차로에서 T갤러리아 지나자마자 도보 1분

3 세포라 — Sephora
프랑스에서 시작된 화장품 편집숍으로 전 세계의 유명 브랜드는 물론 세포라 자체 브랜드, 분장용 전문 화장 도구와 소품들, 마스크팩, 색조 화장품까지 인기가 많다.

ⓘ **찾아가기** Kalakaua Ave 내륙 쪽 빅토리아 시크릿 매장 옆으로 도보 1분

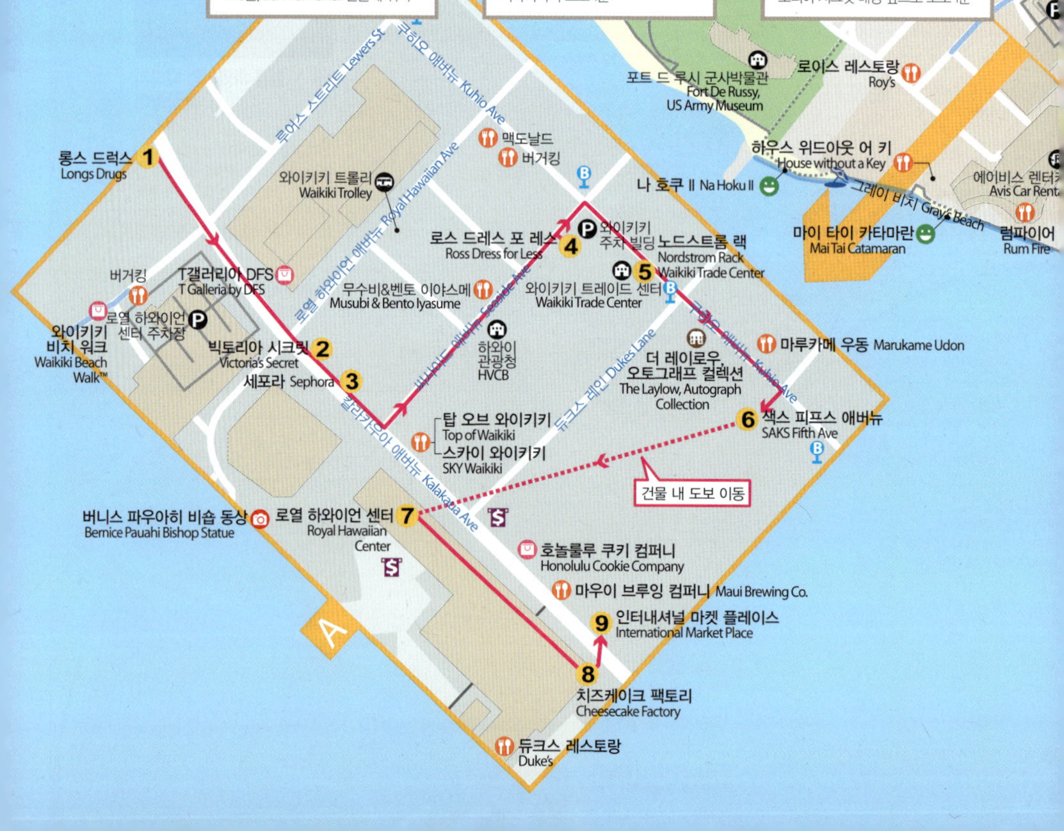

- 롱스 드럭스 Longs Drugs 1
- 와이키키 트롤리 Waikiki Trolley
- 버거킹
- T갤러리아 DFS T Galleria by DFS
- 와이키키 비치 워크 Waikiki Beach Walk
- 버거킹
- 빅토리아 시크릿 Victoria's Secret 2
- 세포라 Sephora 3
- 맥도날드
- 무수비&벤또 이야스메 Musubi & Bento Iyasume
- 로스 드레스 포 레스 Ross Dress for Less 4
- 와이키키 주차 빌딩
- 노드스트롬 랙 Nordstrom Rack
- 와이키키 트레이드 센터 Waikiki Trade Center 5
- 하와이 관광청 HVCB
- 탑 오브 와이키키 Top of Waikiki
- 스카이 와이키키 SKY Waikiki
- 버니스 파우아히 비숍 동상 Bernice Pauahi Bishop Statue
- 로열 하와이안 센터 Royal Hawaiian Center 7
- 호놀룰루 쿠키 컴퍼니 Honolulu Cookie Company
- 마우이 브루잉 컴퍼니 Maui Brewing Co.
- 더 레이로우 오토그래프 컬렉션 The Laylow, Autograph Collection
- 색스 피프스 애버뉴 SAKS Fifth Ave 6
- 마루카메 우동 Marukame Udon
- 포트 드 루시 군사박물관 Fort De Russy, US Army Museum
- 로이스 레스토랑 Roy's
- 하우스 위드아웃 어 키 House without a Key
- 나 호쿠 II Na Hoku II
- 마이 타이 카타마란 Mai Tai Catamaran
- 그레이 비치 Gray Beach
- 에이비스 렌터카 Avis Car Rental
- 럼파이어 Rum Fire
- 인터내셔널 마켓 플레이스 International Market Place 9
- 치즈케이크 팩토리 Cheesecake Factory 8
- 듀크스 레스토랑 Duke's

건물 내 도보 이동

391

↓
START

1. 롱스 드럭스	
150m, 5분	
2. 빅토리아 시크릿	
10m, 1분	
3. 세포라	
150m, 3분	
4. 로스 드레스 포 레스	
100m, 2분	
5. 노드스트롬 랙	
100m, 2분	
6. 색스 피프스 애버뉴	
400m, 5분	
7. 로열 하와이안 센터	
로열 하와이안 센터 내, 도보 1분	
8. 치즈케이크 팩토리	
150m, 3분	
9. 인터내셔널 마켓 플레이스	
Finish	

Area 1 오아후 · A. 와이키키 · COURSE 1 · COURSE 2 · COURSE 3 · TRAVEL INFO

4 로스 드레스 포 레스
Ross Dress for Less

백화점 브랜드의 상설 할인 판매점으로 DKNY, 폴로 랄프 로렌, 토미 힐피거, 캘빈 클라인 등의 의류, 침구, 액세서리, 잡화 등을 60% 이상 할인된 가격으로 구입할 수 있다.

찾아가기 Kalakaua Ave에서 Seaside Ave 경유해 도보 3분

5 노드스트롬 랙
Nordstrom Rack

와이키키에 새로 생긴 노드스트롬 백화점의 이월 상품 또는 하자 상품을 70% 저렴하게 구입할 수 있으니 놓치지 말 것!

찾아가기 Seaside Ave에서 Kuhio Ave로 우회전해 도보 2분

6 색스 피프스 애버뉴
Saks Fifth Ave

프리미엄 백화점의 선두주자 색스 피프스 애버뉴의 하와이 공식 쇼케이스 지점. 새로 단장을 마친 인터내셔널 마켓 플레이스 내에 있어 함께 둘러보면 좋다.

찾아가기 Kuhio Ave 따라 도보 1분, 길 건너편에 위치

7 로열 하와이안 센터
Royal Hawaiian Center

요일별 시간별 문화 이벤트가 많은 야외형 쇼핑센터로 와이키키 중심부에 있다. 펜디, 롤렉스 등 명품부터 애플, 포에버 21 등 다양한 매장이 있으니 천천히 둘러보자.

찾아가기 색스 피프스 애버뉴 맞은편, 도보 5분

8 치즈케이크 팩토리
Cheesecake Factory

수십여 가지의 큼직한 치즈케이크와 파스타, 스테이크 메뉴와 별도의 칵테일바가 있고 와이키키 도로변 풍경을 감상하면서 식사할 수 있는 야외석이 있으니 출출할 땐 여기서!

찾아가기 로열 하와이안 센터 1층, 센터 내 도보 1분

9 인터내셔널 마켓 플레이스
International Marketplace

오랜 리모델링 끝에 깔끔한 쇼핑센터로 돌아온 와이키키의 쇼핑 메카. 국내외에서 만날 수 있는 다양한 브랜드 매장을 시작으로 쇼핑 스타트!

찾아가기 Kalakaua Ave, 모아나 서프라이더 호텔 건너편 내륙 쪽에 위치

⊕ BEST MENU

❶ 버섯과 치즈가 듬뿍 올라간 시그니처 펜네 파스타 **에블린스 페이버릿 파스타** Evelyn's Favorite Pasta $16

❷ 깊고 풍부한 맛의 **캐러멜 치즈케이크** Caramel Cheesecake $8.50

와이키키 소방서
Waikiki Fire Station

파키 애비뉴 Paki Ave

아몬드 헤드 스테이트 모뉴먼트
Diamond Head State Monument

카피올라니 비치 파크
Kapiolani Beach Park

➕ Travel INFO

여행 핵심 정보

→

● 현지 여행 패턴을 고려해 여행 중요도가 높은 별점 순서로 배열하였습니다.

1 와이키키 월
Waikiki Wall 주차 불가

와이키키의 주요 해변 중 하나인 쿠히오 비치 부근에 위치하며 바다를 향해 100미터 정도 뻗은 항구 시설. 부두 근처로 모여드는 알록달록한 열대어도 볼 수 있고 와이키키 비치와 스카이 라인은 물론 노을을 감상하거나 금요일 밤 힐튼 하와이언 빌리지의 불꽃놀이도 조망할 수 있는 명당자리.

◎ VOL.1 P.69 ◎ 지도 P.385K
ⓢ 찾아가기 도보 Kalakaua Ave와 Kapahulu Ave 교차로에서 바다 쪽 렌터카 호놀룰루 공항에서 30분 소요 ◎ 주소 2605 Kalakaua Ave, Honolulu, HI 96815 ◎ 전화 808-497-9731 ⓒ 시간 24시간 ◎ 휴무 연중무휴 ◎ 가격 무료 입장 ◎ 주차 인근 유료 주차장 ◎ 홈페이지 www.waikikiwall.com

2 듀크 카하나모쿠 동상
Duke Kahanamoku Statue 주차 불가

와이키키 도로에서 상징적인 만남의 광장 및 위치 알림 포인트 역할을 하는 시계탑 앞에 세워진 동상. 듀크는 하와이 출신의 서핑, 수영 선수로 미국 최초의 수영 금메달리스트이기도 하다.

◎ 지도 P.385K
ⓢ 찾아가기 도보 와이키키 중앙 부근 Kalakaua Ave에서 Moana Surfrider Resort 옆 시계탑 부근 렌터카 호놀룰루 공항에서 25분 소요 ◎ 주소 Kalakaua Ave, Honolulu, HI 96815 ◎ 전화 808-529-3801 ⓒ 시간 24시간 ◎ 휴무 연중무휴 ◎ 가격 무료 관람 ◎ 주차 트롤리, 셔틀버스만 정차 가능 ◎ 홈페이지 www.publicartinpublicplaces.info

3 쿠히오 비치
Kuhio Beach 유료 주차

와이키키 비치를 대표하는 랜드마크. 와이키키 월(항구 시설)과 방파제, 훌라 공연이 열리는 거대한 반얀트리 공원을 아우르는 해변이다. 방파제로 막아서 수심이 깊지 않고 파도가 잔잔해 아이 동반 가족들이 선호하고 인명구조원이 상주한다. 와이키키 비치에서 물놀이할 예정이라면 선택 1순위!

◎ 지도 P.385K
ⓢ 찾아가기 렌터카 Kalakaua Ave에서 모아나 서프라이더 호텔 지나 와이키키 월 방향. 호놀룰루 공항에서 30분 소요 ◎ 주소 2453 Kalakaua Ave, Honolulu, HI 96815 ◎ 전화 808-768-3003 ⓒ 시간 24시간 ◎ 휴무 연중무휴 ◎ 가격 무료 입장 ◎ 주차 인근 유료 주차장 ◎ 홈페이지 www.honolulu.gov

4 로열 모아나 비치
Royal Moana Beach  유료 주차

듀크 카하나모쿠 동상 뒤 해변은 쉐라톤 리조트, 로열 하와이언 리조트, 모아나 서프라이더 리조트가 있는 와이키키의 가장 유서 깊은 지역으로 와이키키 비치라고 부르기도 한다. 해변에는 리조트별로 색상이 다른 파라솔이 나란히 늘어서 있다.

◎ 지도 P.385K
ⓢ 찾아가기 렌터카 Kalakaua Ave에서 듀크 카하나모쿠 동상 뒤쪽 리조트 앞으로 이어지는 해변. 호놀룰루 공항에서 25분 소요 ◎ 주소 2365 Kalakaua Ave, Honolulu, HI 96815 ◎ 전화 808-768-3003 ⓒ 시간 24시간 ◎ 휴무 연중무휴 ◎ 가격 무료 입장 ◎ 주차 인근 유료 주차장 ◎ 홈페이지 www.honolulu.gov

5 카하나모쿠 비치
Kahanamoku Beach 유료 주차

힐튼 하와이언 리조트 앞 해변으로 인공 라군과 이어져 크게 하나로 보고 그 옆으로 포트 데 루시 비치와 와이키키 비치까지 이어진다. 리조트 앞 인공 라군은 어린아이들도 놀기 좋은 반면 포트 데 루시 비치 부근은 바닷속 물살 때문에 수심과 파도가 달라지니 깊은 곳까지 나가지 않는 것이 좋다.

◎ 지도 P.384E
ⓢ 찾아가기 렌터카 와이키키 초입에서 바다 쪽, 보트 항구 옆에 위치. 호놀룰루 공항에서 20분 소요 ◎ 주소 2365 Kalakaua Ave, Honolulu, HI 96815 ◎ 전화 808-768-3003 ⓒ 시간 24시간 ◎ 휴무 연중무휴 ◎ 가격 무료 입장 ◎ 주차 인근 유료 주차장 ◎ 홈페이지 www.honolulu.gov

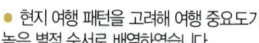

6 프린스 쿠히오 동상
Prince Kuhio Statue
★★ 주차 불가

하와이 왕족 출신으로 미국의 식민지가 된 후 정치가로 선출되어 하와이 민족을 위해 많은 업적을 남겼다. 이를 기리기 위해 와이키키 내에 도로와 동상이 건립되어 해변공원으로 사용 중이며, 그의 생일은 공휴일로 지정되어 동상을 꽃으로 장식하는 행사가 열린다.

지도 P.385K
찾아가기 도보 와이키키 중앙 부근 Kalakaua Ave에서 Duke Kahanamoku 동상 지나서 위치 렌터카 호놀룰루 공항에서 30분 소요 **주소** 2537, 2501 Kalakaua Ave, Honolulu, HI 96815 **전화** 808-529-3801 **시간** 24시간 **휴무** 연중무휴 **가격** 무료 관람 **주차** 인근 유료 주차장 **홈페이지** www.publicartinpublicplaces.info

7 프린세스 카이울라니 동상
Princess Kaiulani Statue
★★ 주차 불가

하와이 왕가의 마지막 후손으로 해외에서 불법 식민지 점령을 알리며 독립운동을 하던 중 폐렴을 얻어 젊은 나이에 사망한 아름다운 공주. 와이키키 내 그녀의 이름을 딴 도로와 함께 동상이 건립되어 교차로 지점에 세워진 랜드마크.

지도 P.385G
찾아가기 도보 와이키키 Kalakaua Ave에서 kaiulani Ave로 진입 후 Kuhio Ave 교차로 오른편 렌터카 호놀룰루 공항에서 30분 소요 **주소** 159 Kaiulani Ave, Honolulu, HI 96815 **전화** 808-529-3801 **시간** 24시간 **휴무** 연중무휴 **가격** 무료 관람 **주차** 인근 유료 주차장 **홈페이지** www.publicartinpublicplaces.info

8 킹 칼라카우아 동상
King Kalakaua Statue
★★ 주차 불가

동상 앞의 와이키키를 관통하는 칼라카우아 대로는 킹 칼라카우아의 이름을 딴 것이다. 하와이 왕들 중 최초의 통일 대왕 카메하메하와 함께 유일하게 대왕 칭호를 얻은 그의 동상이 세워진 공원은 와이키키의 시작을 알리는 분기점 역할을 한다.

지도 P.384B
찾아가기 도보 와이키키 초입 Kalakaua Ave와 Kuhio Ave 갈림길 Waikiki Gateway Park 내 렌터카 호놀룰루 공항에서 25분 소요 **주소** Waikiki Gateway Park, Kalakaua Ave, Honolulu, HI 96815 **전화** 808-529-3801 **시간** 24시간 **휴무** 연중무휴 **가격** 무료 관람 **주차** 인근 유료 주차장 **홈페이지** www.publicartinpublicplaces.info

9 다이아몬드 헤드 스테이트 모뉴먼트
Diamond Head State Monument
★★★★★ 유료 주차

와이키키 비치를 세상의 모든 야자수 해변과 차별화하는 존재감과 아름다움을 간직한 화산 분화구이자 와이키키의 트레이드 마크. 정상에 전망대가 있어 '세상 모두를 다이아몬드 헤드 아래, 그 다이아몬드 헤드를 내 발아래' 풍경을 감상하는 명소로 오아후 넘버원이다. 오아후의 마지막 화산 분출기에 생긴 분화구로 특이한 모양이 인상적인 와이키키의 랜드마크. 높이 약 200미터의 정상 전망대까지 오르는 트레일은 왕복 1시간 30분 소요되며, 와이키키 비치부터 호놀룰루 도시 전체가 내려다보이는 탁 트인 전망이 아름답다. 방문은 사전 예약제로 운영되니 홈페이지에서 예약부터!

VOL.1 P.50 **지도** P.385K
찾아가기 버스 The Bus 2번 Diamond Head Rd+18th Ave 하차 **트롤리** 그린 라인 Diamond Head Crater 하차 **렌터카** 와이키키 Kalakaua Ave에서 Monsarrat Ave 경유, Diamond Head Rd에서 주차장 진입, 호놀룰루 공항에서 25분 소요 **주소** Diamond Head Rd at 18th Ave, Waikiki, Honolulu, HI 96815 **전화** 808-464-2924 **시간** 06:00~18:00(마지막 입장 16:00) **휴무** 추수감사절 당일, 12월 25일 **가격** $5(성인 1명) **주차** $10(차 1대) **홈페이지** www.dlnr.hawaii.gov/dsp/park/oahu/diamond-head-state-monumenet

10 더 베란다 앳더 비치 하우스
The Veranda at the Beach House
★★★★★ 유료 주차

유서 깊은 모아나 서프라이더 리조트의 해변 레스토랑 겸 비치바. 조식과 런치, 애프터눈 티로 유명하며, 비치바는 100년 넘은 반얀트리 앞 해변에 위치한다.

VOL.1 P.123 **지도** P.385G
찾아가기 도보 Kalakaua Ave에서 Royal Hawaiian Rd 지나 해변 쪽 **렌터카** 호놀룰루 공항에서 25분 소요 **주소** 2365 Kalakaua Ave, Honolulu, HI 96815 **전화** 808-921-4600 **시간** 조식 06:00~10:30, 런치 11:30~14:30, 디너 17:30~21:30, 더 베란다 애프터눈 티 11:30~14:30 **휴무** 연중무휴 **가격** 음료 $10~, 식사 메뉴 $30~, 애프터눈 티 $35~ **주차** 투숙객에 한해 발레파킹, 인근 유료 주차장 **홈페이지** www.beachhousewaikiki.com

11 에그스 앤 싱스
Eggs n Things

팬케이크 맛집으로 칼라카우아 지점은 와이키키 비치 오션 뷰로 이른 아침부터 줄을 선다. 생과일을 듬뿍 얹은 촉촉한 팬케이크와 높이 쌓아 올린 눈처럼 녹는 휘핑크림으로 유명하다. 코코넛 시럽을 뿌려 달콤하게 먹어보자.

Kalakaua Express 지점
- VOL.1 P.244 · 지도 P.385K
- 찾아가기 도보 Kalakaua Ave에서 Kuhio Beach 듀크 동상 맞은편 Aston Waikiki Circle Hotel 1층 렌터카 호놀룰루 공항에서 25분 소요 · 주소 2464 Kalakaua Ave, Honolulu, HI 96815 · 전화 808-926-3447 · 시간 조식·런치 06:00~14:00, 디너 16:00~22:00 · 휴무 연중무휴 · 가격 팬케이크 $8.45~, 커피 $3~ · 주차 인근 유료 주차장 · 홈페이지 www.eggsnthings.com

Saratoga 지점
- VOL.1 P.244 · 지도 P.384F
- 찾아가기 도보 Kalakaua Ave에서 Saratoga Rd로 진입하여 우체국 맞은편 2층 렌터카 호놀룰루 공항에서 25분 소요 · 주소 343 Saratoga Rd, Honolulu, HI 96815 · 전화 808-923-3447
- **BEST MENU** ① 송송 썬 생과일을 듬뿍 얹은 바나나 팬케이크 Banana Whipped Cream&Mac Nuts $12.75 ② 시럽에 절인 생딸기를 얹은 스트로베리 팬케이크 Strawberry Whipped Cream&Mac Nuts $12.75

12 무수비 카페 이야스메
Musubi Café Iyasume

와이키키 내에 2개의 지점을 운영하는 최고의 무수비 맛집. 일본식 무수비 전문점으로 하와이식 스팸 무수비 이외에도 연어알, 날치알 등 다양한 일본식 재료를 얹은 무수비와 간단한 일본식 도시락 벤토(Bento)가 있다.

무수비 카페 이야스메 Musubi Café Iyasume(본점)
- VOL.1 P.197 · 지도 P.385G
- 찾아가기 도보 Kalakaua Ave에서 Uluniu Ave 교차로 진입, 하얏트 리젠시 리조트 다음 블록 렌터카 호놀룰루 공항에서 30분 소요 · 주소 2427 Kuhio Ave, Honolulu, HI 96815 · 전화 808-921-0168 · 시간 06:30~20:00 · 휴무 연중무휴 · 가격 무수비 $2(1개)~ · 주차 인근 유료 주차장 · 홈페이지 www.tonsuke.com/omusubiya.html

무수비&벤토 이야스메 Musubi&Bento Iyasume
- VOL.1 P.197 · 지도 P.384E
- 찾아가기 도보 Kalakaua Ave와 Seaside Ave 교차로 Dress for Less 건물 맞은편 지하 렌터카 호놀룰루 공항에서 25분 소요 · 주소 334 Seaside Ave, Honolulu, HI 96815 · 전화 808-921-0168 · 시간 07:00~20:00 · 휴무 연중무휴 · 주차 인근 유료 주차장 · 홈페이지 www.tonsuke.com/omusubiya.html
- **BEST MENU** 입맛 따라 즐기는 스팸, 햄&에그, 아메리칸 브렉퍼스트 무수비 Spam, Ham&Egg, American Breakfast Musubi $2~3

13 마이 타이 바
Mai Tai Bar

로열 하와이안 리조트가 자랑하는 해변 칵테일 라운지 겸 레스토랑. 저녁마다 훌라 공연과 라이브 뮤직을 감상할 수 있으며, 하와이에서 가장 오래된 칵테일바 중 하나인 만큼 칵테일 메뉴가 다양하다. 로맨틱한 비치 카바나가 있고 저녁에는 대기하는 사람이 많은 편.

- VOL.1 P.268 · 지도 P.385G
- 찾아가기 도보 와이키키 중심가 Kalakaua Ave에서 Royal Hawaiian Ave로 진입 렌터카 호놀룰루 공항에서 25분 소요 · 주소 The Royal Hawaiian, A Luxury Collection Resort, 2259 Kalakaua Ave, Honolulu, HI 96815 · 전화 808-923-7311 · 시간 11:00~23:00 · 휴무 연중무휴 · 가격 음료 $5~15, 식사 메뉴 $15~35 · 주차 발레파킹 또는 인근 유료 주차장 · 홈페이지 www.royal-hawaiian.com/dining/maitaibar
- **BEST MENU** ① 신선하고 두툼한 회를 즐길 수 있는 스시 플래터 Sushi Platter $22.50 ② 파인애플 주스와 아이스티의 만남, 플랜테이션 아이스티 Plantation Inced Tea $4.50

14 하이스 스테이크하우스
Hy's Steakhouse

★★★★★ 무료 주차

Escargo $18
Fruitti di Mare $52
Beef Fillet Mignon $58

와이키키에서 30년 이상 왕좌를 지켜온 정통 스테이크하우스. 프렌치 스타일 스테이크와 해산물 요리, 통유리로 된 그릴 스테이션, 고풍스러운 실내 인테리어, 300종 이상의 와인 리스트, 테이블에서 직접 불을 붙여 만드는 플램베 디저트로 유명하다.

피타이저 $16~, 식사 메뉴 $52~ Ⓟ 주차 발레파킹 무료 ⓦ 홈페이지 www.hyshawaii.com

🅑 VOL.1 P.238 ⓜ 지도 P.385G
🅐 찾아가기 도보 Hyatt Regency Waikiki Resort&Spa에서 한 블록 안쪽으로 Kuhio Ave Waikiki Park Heights Hotel 1층 렌터카 호놀룰루 공항에서 30분 소요 🏠 주소 2440 Kuhio Ave, Honolulu, HI 96815 📞 전화 808-922-5555 🕐 시간 17:00~21:00 🗓 휴무 연중무휴 💲 가격 에

BEST MENU ① 마늘 버터 향이 은은한 에피타이저 에스카르고 Escargo $15 ② 게살, 조개 관자, 왕새우 등 신선한 해산물을 한 접시에 담은 프루티 디 마레 Fruitti di Mare $49 ③ 하이스 안심 스테이크 비프 필레 미뇽 Beef Fillet Mignon $54(10oz, 320g)

15 크림 팟
Cream Pot

★★★★ 무료 주차

Strawberry Pancake Souffle $9.25
Kona Coffee $4

백설공주와 일곱 난쟁이가 숨어 있을 것 같은 동화 나라를 연상시키는 아기자기한 화이트 인테리어로 여자들에게 인기 좋은 브런치 레스토랑. 창밖에서 보이는 반짝이는 샹들리에와 정원의 야외석이 인상적이며 모든 메뉴가 사진으로 되어 있어 고르기 쉽다.

🅑 VOL.1 P.244, 247 ⓜ 지도 P.384B
🅐 찾아가기 도보 Kalakaua Ave에서 Niu St로 진입 후 Hawaiian Monarch Hotel 1층 렌터카 호놀룰루 공항에서 25분 소요 🏠 주소 444 Niu St, Honolulu, HI 96815 📞 전화 808-429-0945 🕐 시간 수~월요일 06:30~14:30 🗓 휴무 매주 화요일 💲 가격 팬케이크 $9.25~ ⓟ 주차 호텔 주차(확인 도장 시 2시간 무료) ⓦ 홈페이지 creampothawaii.com

BEST MENU ① 크림 팟의 시그니처 메뉴인 입속에서 사르르 녹는 스트로베리 팬케이크 수플레 Strawberry Pancake Souffle $9.25 ② 하와이의 아침을 여는 데 꼭 필요한 향 좋은 코나 커피 Kona Coffee $4

16 알로하 스테이크 하우스
Aloha Steak House

★★★ 유료 주차

캐주얼 스테이크 하우스로 매장 전면이 거리로 열려 있어 와이키키의 활기찬 분위기를 느끼기 좋다. 정육점과 함께 있어 질 좋은 스테이크 고기와 굽는 기술이 예술이다. 버터와 철판에서 지글거리는 스테이크는 가성비도 훌륭하고 와인과 위스키, 칵테일 메뉴도 괜찮은 편. 캐주얼하고 북적이는 분위기에서 맛있는 디너를 즐기고 싶은 이들에게 제격이다.

🅑 VOL.1 P.241 ⓜ 지도 P.385G
🅐 찾아가기 렌터카 와이키키 Kalakua Ave 와 Lewers St. 사이, 호놀룰루 공항에서 약 30분 🏠 주소 364 Seaside Ave 1st Floor, Honolulu, HI 96815 📞 전화 808-600-3431 🕐 시간 17:00~21:30 🗓 휴무 연중무휴 Ⓟ 주차 인근 유료주차 ⓦ 홈페이지 www.alohasteakhousewaikiki.com

BEST MENU ① 신선한 모둠 해산물 에피타이저 Sashimi Platter $67 ② 옥수수 알이 톡톡 터지는 크리미한 콘스프 Corn Soup $11 ③ 육즙과 씹는 질감이 완벽한 토마호크 스테이크 Tomahawk Steak $120

Sashimi Platter $67   Corn Soup $11

Tomahsawk Steak $120

17 야드 하우스
Yard House
⭐⭐⭐⭐⭐ 유료 주차

Onion Rings $6
Bud Light $8

햄버거, 간단한 스테이크 등 아메리칸 스타일 레스토랑 겸 직접 수제 맥주를 만드는 양조 시설이 있는 브루어리(Brewery)로 다양한 일반 맥주와 직접 주조한 하우스 맥주를 즐길 수 있다. 바텐더들이 서빙하는 스포츠바가 있어 혼자 찾는 사람도 많으며 와이키키에서 가장 늦게까지 문을 여는 곳 중 하나다.

📖 VOL.1 P.270 🗺 지도 P.384I
🚶 찾아가기 도보 와이키키 중심가 Kalakaua Ave와 Lewers St 교차로 Waikiki Beach Walk에 위치
🚗 렌터카 호놀룰루 공항에서 25분 소요 📍 주소 226 Lewers St, Honolulu, HI 96815 📞 전화 808-923-9273 🕐 시간 11:00~01:00 휴무 연중무휴 💲 가격 맥주 $3.25(500CC)~, 피자·샌드위치 $12~ 🅿 주차 인근 유료 주차장 🌐 홈페이지 www.yardhouse.com
BEST MENU ① 야드 하우스를 상징하는 긴 파이프를 연상시키는 하프 야드 글래스(Half Yard Glass, 45cm)에 담긴 **버드 라이트 Bud Light $8** ② 타워 모양으로 쌓아 올린 바삭한 **어니언 링 Onion Rings $6**

18 로이스 레스토랑
Roy's
⭐⭐⭐⭐ 유료 주차

Roy's Melting Hot Chocolate Souffle $16

하와이의 스타 셰프 로이 야마구치(Roy Yamaguchi)의 레스토랑 와이키키 지점으로 조식·런치·디너를 각각 운영한다. 하와이에서 나고 자란 건강한 해산물과 식자재를 아시안 스타일이 가미된 서양의 세련된 요리로 거침없이 재해석한 다양한 메뉴를 맛볼 수 있다.

📖 VOL.1 P.210 🗺 지도 P.384F
🚶 찾아가기 도보 Kalakaua Ave에서 Lewers St로 진입하면 도로 끝나는 지점 🚗 렌터카 호놀룰루 공항에서 25분 소요 📍 주소 226 Lewers St, Honolulu, HI 96815 📞 전화 808-923-7697 🕐 시간 월~목요일 09:00~21:30, 금~토요일 11:00~22:00 휴무 연중무휴 💲 가격 에피타이저 $11~, 메인 요리 $25~ 🅿 주차 인근 유료 주차장 🌐 홈페이지 www.royshawaii.com
BEST MENU ① 유자 간장 소스로 맛을 낸 연어 스테이크와 소바 **히바치 그릴드 새먼 Hibachi Grilled Salmon $25.95** ② 갓 구워 반으로 가르면 초콜릿이 흘러내리는 초콜릿 퐁당 케이크 **로이스 멜팅 핫 초콜릿 수플레 Roy's Melting Hot Chocolate Souffle $16**

Hibachi Grilled Salmon $25.95

19 듀크스 레스토랑
Duke's
⭐⭐⭐ 유료 주차

와이키키 비치 중앙의 아웃리거 와이키키 비치 리조트 1층 백사장에 자리한 레스토랑으로 해변에서 걸어 들어갈 수 있는 비치바, 레스토랑이 있고 각종 칵테일과 양이 푸짐한 미국식 메뉴로 사랑받는다. 하와이의 스포츠 영웅이자 서핑의 신으로 불리며 사랑받았던 듀크 카하나모쿠를 모티프로 한 캐주얼 패밀리 레스토랑. 샐러드바, 칵테일바와 기념품 숍까지 있어 누구에게나 추천할 만하다.

📖 VOL.1 P.225 🗺 지도 P.384I
🚶 찾아가기 도보 Kalakaua Ave 치즈케이크 팩토리와 모아나 서프라이더 리조트 사이 건물 1층 🚗 렌터카 호놀룰루 공항에서 25분 소요 📍 주소 Outrigger Waikiki Beach Resort, 2335 Kalakaua Ave #116, Honolulu, HI 96815 📞 전화 808-922-2268 🕐 시간 07:00~24:00 휴무 연중무휴 💲 가격 메인 요리 $25~, 칵테일 $10 내외 🅿 주차 인근 유료 주차장 🌐 홈페이지 www.dukeswaikiki.com
BEST MENU ① 독특한 이름에 어울리는 등굽개 효자손이 꽂힌 새콤달콤한 맛의 칵테일 **트로피컬 이치 Tropical Itch $10** ② 하와이의 전통 수호신 티키(Tiki) 모형의 잔에 담긴 무알콜 **마이 타이 Mai Tai $4**

Mai Tai $4
Tropical Itch $10

20 훌라 그릴 와이키키
Hula Grill Waikiki

하와이 호텔 그룹 중 하나인 아웃리거 리조트 체인이 자랑하는 레스토랑으로 미국 음식을 하와이 취향에 맞게 재구성한 메뉴를 선보인다. 팬케이크 같은 조식 메뉴, 샐러드와 버거 같은 런치 스테이크, 푸짐한 디너와 다양한 칵테일도 즐길 수 있다. 와이키키 비치가 보이는 리조트 2층에 자리해 특히 인기가 좋다.

◎ 지도 P.384I
◎ 찾아가기 도보 Kalakaua Ave 치즈케이크 팩토리와 모아나 서프라이더 리조트 사이 건물 2층 렌터카 호놀룰루 공항에서 25분 소요 ◎ 주소 Outrigger Waikiki Beach Resort, 2335 Kalakaua Ave Honolulu, HI 96815 ◎ 전화 808-923-4852 ◎ 시간 07:00~23:00 ◎ 휴무 연중무휴 ◎ 가격 메인 요리 $25~, 칵테일 $10 내외 ◎ 주차 인근 유료 주차장 ◎ 홈페이지 www.hulagrillwaikiki.com

21 하우스 위드아웃 어 키
House without a Key

와이키키 최고의 리조트로 손꼽히는 할레쿨라니 호텔의 오션 사이드 비치바. 와이키키 비치를 배경으로 아름드리 키아베 나무 아래에서 예술적인 훌라 공연이 펼쳐지는 분위기 좋은 야외 레스토랑 겸 라운지.

◎ 지도 P.384F
◎ 찾아가기 도보 Kalakaua Ave 경유해 Kalia Rd 에서 호텔 정문 진입 렌터카 호놀룰루 공항에서 25분 소요 ◎ 주소 2199 Kalia Rd, Honolulu, HI 96815 ◎ 전화 808-923-2311 ◎ 시간 17:00~21:00 ◎ 휴무 연중무휴 ◎ 가격 에피타이저 $12~, 메인 요리 $22~ ◎ 주차 호텔 발레파킹 또는 셀프파킹 ◎ 홈페이지 www.halekulani.com

22 마루카메 우동
Marukame Udon

Kake Udon $8

정통 사누키 우동의 맛을 그대로 재현한 깔끔한 국물과 수타면의 쫄깃함, 갓 튀겨낸 튀김까지, 나만의 메뉴를 만들 수 있다. 줄을 서서 계산대까지 가는 동안 취향에 맞는 국수와 국물에 메뉴를 얹어 한 번에 계산하는 형식으로 언제나 문전성시를 이룬다.

◎ VOL.1 P.232 ◎ 지도 P.384J
◎ 찾아가기 도보 Kuhio Ave에서 Nahua St 교차로에 위치 렌터카 호놀룰루 공항에서 30분 소요 ◎ 주소 2310 Kuhio Ave #124, Honolulu, HI 96815 ◎ 전화 808-931-6000 ◎ 시간 07:00~22:00 ◎ 휴무 연중무휴 ◎ 가격 우동 $4.25~, 튀김 $1.25~ ◎ 주차 인근 유료 주차장 ◎ 홈페이지 www.toridollusa.com

23 하드록 카페
Hard Rock Café

로큰롤 음악을 테마로 하는 아메리칸 스타일의 펍&레스토랑. 듣는 것만으로도 기분이 업 되는 록 스피릿 넘치는 음악에 햄버거, 샐러드, 맥주 같은 전형적인 미국 음식을 즐길 수 있다. 전설적인 뮤지션들의 소장품과 기념품을 찾아보는 재미는 덤!

◎ VOL.1 P.269 ◎ 지도 P.384F
◎ 찾아가기 도보 Kalakaua Ave에서 Waikiki Beach Walk로 진입하면 오른편 ◎ 주소 280 Beach Walk, Honolulu, HI 96815 ◎ 전화 808-955-7383 ◎ 시간 월~목요일·일요일 07:00~24:00, 금~토요일 07:00~01:00 ◎ 휴무 연중무휴 ◎ 가격 식사 메뉴 $11.95~ ◎ 주차 인근 유료 주차장 ◎ 홈페이지 www.hardrockcafe.com

24 탑 오브 와이키키
Top of Waikiki

와이키키 로맨틱 디너로 유명한 회전형 전망 레스토랑으로 360도 파노라마 뷰를 감상할 수 있다. 레스토랑 전체가 1시간에 1바퀴를 도는 형식이기 때문에 저녁 식사를 즐기면서 와이키키 전체의 스카이라인을 감상하기에 최적의 장소.

◎ 지도 P.384I
◎ 찾아가기 도보 와이키키 중심가 로열 하와이언 센터 맞은편 렌터카 호놀룰루 공항에서 25분 소요 ◎ 주소 Waikiki Shopping Plaza, 2270 Kalakaua Ave, Honolulu, HI 96815 ◎ 전화 808-923-3877 ◎ 시간 17:00~21:30 ◎ 휴무 연중무휴 ◎ 가격 디너 코스 메뉴 $115, 단품 메인 요리 $35~ ◎ 주차 쇼핑센터 주차(확인 도장 필수) ◎ 홈페이지 www.topofwaikiki.com

25 포케 바
Poke Bar

신선한 회무침을 다양한 샐러드와 함께 양념된 밥에 얹은 하와이 로컬 음식인 포케의 폭발적인 인기에 힘입어 우후죽순 늘어난 와이키키의 포케 전문점 중 인기 좋은 곳. 눈으로 보면서 원하는 대로 메뉴를 디자인 할 수 있고 포장해서 해변이나 숙소로 가져가기 좋은 것도 인기 비결! 로컬 맥주와도 잘 어울린다.

◎ VOL.1 P.43 ◎ 지도 P.384F
◎ 찾아가기 도보 와이키키 Kalakaua Ave에서 Beach Walk™로 진입 후 갓길 위치 렌터카 호놀룰루 공항에서 25분 소요 ◎ 주소 226 Lewers St, Honolulu, HI 96815 ◎ 전화 808-888-8616 ◎ 시간 11:00~21:00 ◎ 휴무 연중무휴 ◎ 가격 $14.95~ ◎ 주차 유료 주차 ◎ 홈페이지 www.noburestaurants.com

2 Scoop Poke $14.95

26 치즈버거 인 파라다이스
Cheeseburger in Paradise

유료 주차

와이키키 월 앞쪽 도로변에 위치해 거리를 구경하기 좋은 레스토랑. 하와이 전통 스타일의 티키 헛(Tiki-hut)이라 부르는 짚으로 엮어 만든 천장이 인상적이다. 캐주얼한 아메리칸 메뉴와 다양한 햄버거, 간단한 맥주를 즐길 수 있는 스포츠바가 함께 있다.

- 지도 P.385K
- 찾아가기 도보 와이키키 Kalakaua Ave와 Kealohilani Ave 코너에 위치 렌터카 호놀룰루 공항에서 25분 소요 주소 Foster Towers, 2500 Kalakaua Ave, Honolulu, HI 96815 전화 808-923-3731 시간 금·토요일 07:00~24:00, 일·목요일 07:00~23:00 휴무 연중무휴 가격 버거류 $13~ 주차 인근 유료 주차장 홈페이지 www.cheeseburgernation.com

27 스카이 와이키키
SKY Waikiki

유료 주차

Pink Martini $10

와이키키 쇼핑 플라자 건물의 테라스를 리노베이션한 전망 라운지 겸 클럽으로 야외형 옥상의 투명 유리 펜스 너머로 와이키키의 아름다운 스카이라인과 오션 뷰를 감상할 수 있다. 와이키키 거리의 불빛이 켜지고 석양이 깔릴 때 가장 로맨틱한 곳.

- 지도 P.384I
- 찾아가기 도보 와이키키 중심가 로열 하와이언 센터 맞은편에 입구 엘리베이터 렌터카 호놀룰루 공항에서 25분 소요 주소 Waikiki Shopping Plaza, 2270 Kalakaua Ave, Honolulu, HI 96815 전화 808-979-7590 시간 일·수·목요일 17:00~23:00, 금·토요일 17:00~02:00 휴무 매주 월·화요일 가격 음료 $10~ 주차 인근 유료 주차장 홈페이지 www.skywaikiki.com
- BEST MENU 스카이바의 분위기에 어울리는 핑크 마티니 Pink Martini $10

28 루스 크리스 스테이크하우스
Ruth's Chris Steakhouse

유료 주차

Petite Filer $39(8oz, 230g)

하와이 맛집 어워드를 여러 번 수상한 최고의 스테이크 중 하나. 미국 농무부 USDA 프라임 등급의 쇠고기를 뜨거운 접시에 버터와 함께 내는 스테이크로 유명하다.

- VOL.1 P.239 지도 P.385I
- 찾아가기 도보 Kalakaua Ave에서 Waikiki Beach Walk로 진입하면 2층 렌터카 호놀룰루 공항에서 25분 소요 주소 Waikiki Beach Walk, 226 Lewers St, Honolulu, HI 96815 전화 808-440-7910 시간 17:00~22:00 휴무 연중무휴 가격 에피타이저 $15~, 스테이크 $39~ 주차 인근 유료 주차장 홈페이지 www.ruthschrishawaii.com
- BEST MENU 버터 바른 접시에 나오는 부드러운 안심 필레 미뇽 Petite Filer $39(8oz, 230g)

29 마우이 브루잉 컴퍼니
Maui Brewing Co.

유료 주차

하와이 수제 맥주의 양대 산맥 중 하나인 마우이 브루잉 컴퍼니가 마우이의 세 개 지점을 거쳐 와이키키에 문을 열었다. 중심가의 해변 맞은편에 위치해 접근성이 좋으며 다양한 수제 맥주는 물론 식사 메뉴도 맥주와 어울리게 고를 수 있다. 오후 4시~6시 해피 아워에는 특히 사람이 많은 편.

- VOL.1 P.271 지도 P.385J
- 찾아가기 렌터카 공항에서 HH-1 동쪽방면 와이키키로 진입 후 로열 하와이언 센터 맞은편에 위치, 25분 소요 주소 2300 Kalakaua Ave, Honolulu, HI 96815 전화 808-843-2739 시간 07:00~24:00 휴무 연중무휴 가격 식사류 $10~, 맥주 $2.75~ 주차 인근 유료 주차장

Beer Flight $7.75

30 시암 스퀘어
Siam Sqare

유료 주차

Pad Thai $15.50

와이키키 해변 안쪽 도로 2층에 위치한 지역 주민들에게도 인기 좋은 타이 레스토랑. 건강한 채식 요리와 이국적인 향신료가 생각나는 날에 들러보자.

- 지도 P.384E
- 찾아가기 도보 Kuhio Ave에서 Lewers St 코너 건물 2층에 위치, 호놀룰루 공항에서 25분 소요 주소 408 Lewers St, Honolulu, HI 96815 전화 808-923-5320 시간 11:30~22:30 휴무 추수감사절, 12월 25일, 1월 1일 가격 스프링롤 $8.50, 팟타이 $15.50~ 주차 인근 유료 주차장 홈페이지 www.facebook.com/SiamSquare
- BEST MENU 아삭한 야채와 고소한 땅콩버터 소스가 부드럽게 어우러진 팟타이 Pad Thai $15.50

31 딘 앤드 델루카
Dean & Deluca

뉴욕 소호에서 시작된 브랜드 선호도 최상위의 프리미엄 식료품 체인점. 최근 문을 연 리츠칼튼 레지던스와 로열 하와이안 센터 두 곳에 지점이 있고 깔끔하면서 세련된 매장 분위기로 이목을 사로잡는다. 매장 내에 직접 운영하는 베이커리와 카페에서 테이크아웃을 해도 된다. 딘 앤드 델루카 로고가 찍힌 캔버스백은 여성들 위시리스트 1순위!

◎ 지도 P.384B
ⓐ 찾아가기 도보 Kalakaua Ave에서 Kalaimoku St 코너 좌측 리츠칼튼 레지던스 1층 렌터카 호놀룰루 공항에서 25분 소요 ⓐ 주소 383 Kalaimoku St, Waikiki, HI 96815 ⓐ 전화 808-729-9720 ⓒ 시간 07:00~21:00 ⓐ 휴무 연중무휴 ⓢ 가격 커피 $4.75~, 베이커리 $10 내외 ⓟ 주차 인근 유료 주차장 ⓗ 홈페이지 www.deananddeluca-hawaii.com

32 코나 커피 퍼베이어 파티세리
Kona Coffee Purveyors Patisserie

코나 커피 매장과 샌프란시스코에서 탄생한 명실상부 높은 베이커리 한 매장 안에 공동 운영 중이다. 아침마다 7시 오픈 이전부터 길게 대기줄의 행렬을 볼 수 있다. 커피만 마시거나 온라인으로 베이커리를 주문, 픽업하는 센스있는 시도를 추천한다. 맛은 그야말로 천국에서 온 달콤한 악마의 유혹!

◎ 지도 P.385G
ⓐ 찾아가기 도보 삭스 피프스 애비뉴 백화점 옆 Kuhio Ave에 위치 렌터카 호놀룰루 공항에서 25분 소요 ⓐ 주소 International Marketplace, 2330 Kalakaua Ave #160, Honolulu, HI 96815 ⓐ 전화 808-450-2364 ⓒ 시간 07:00~16:00 ⓐ 휴무 연중무휴 ⓢ 가격 커피 $5~, 베이커리 $10 내외 ⓟ 주차 인근 유료 주차장 ⓗ 홈페이지 www.konacoffeepurveyors.com

33 로열 하와이안 센터
Royal Hawaiian Center

거대한 면적의 4층 건물 내에 카르티에, 페라리, 에르메스, 오메가 등 명품 쇼핑부터 일반 브랜드 스토어, 편의점, 레스토랑, 푸드코트 등 110개 이상의 매장이 모여 있는 하와이 최대 규모의 쇼핑센터 중 하나로 와이키키 최대 규모의 주차장을 보유하고 있다. 쇼핑센터 내에서 각종 문화 공연이 열리기도 한다. 자세한 정보는 ZOOM IN (P.404) 참조.

ⓑ VOL.1 P.309 ◎ 지도 P.404
ⓐ 찾아가기 도보 와이키키 중심부 Kalakaua Ave에서 Royal Hawaiian Rd로 진입 렌터카 호놀룰루 공항에서 25분 소요 ⓐ 주소 2201 Kalakaua Ave, Honolulu, HI 96815 ⓐ 전화 808-922-2299 ⓒ 시간 10:00~22:00 ⓐ 휴무 연중무휴 ⓟ 주차 유료 주차 $2(20분) ⓗ 홈페이지 www.royalhawaiiancenter.com

34 호놀룰루 쿠키 컴퍼니
Honolulu Cookie Company

마카다미아 넛이 들어간, 하와이를 상징하는 파인애플 모양의 수제 쿠키. 다양한 선물용 포장 역시 매력적이다. 과일맛 젤리가 들어가 다양한 맛이 나며, 플레인 쿠키 또는 초콜릿을 입힌 디핑 쿠키 등 시즌 한정판 쿠키도 있어 취향대로 고를 수 있다.

하얏트 리전시 와이키키 지점 Hyatt Regency Waikiki ⓑ VOL.1 P.289 ◎ 지도 P.385G
ⓐ 찾아가기 도보 와이키키 중심가 Kalakaua Ave에서 Moana Surfrider 리조트 맞은편 렌터카 호놀룰루 공항에서 30분 소요 ⓐ 주소 2424 Ave #106, Honolulu, HI 96815 ⓐ 전화 808-921-8300 ⓒ 시간 09:00~23:00 ⓐ 휴무 연중무휴 ⓢ 가격 쿠키 $10~30 ⓟ 주차 인근 유료 주차장 ⓗ 홈페이지 www.honolulucookie.com

35 ABC 스토어
ABC STORES

Moana Honey Bottle $3.99(1개)

관광 특구에 맞춤 디자인된 편의점으로 와이키키에 수십 개의 매장을 보유하고 있다. 하와이언풍의 기념품과 액세서리, 의류, 잡화, 주류와 스낵을 비롯한 먹거리, 스킨케어 제품, 해변 물놀이 용품에서 휴대용 전자제품 액세서리까지 모두 갖추고 있다.

하얏트 리전시 와이키키 지점 Hyatt Regency Waikiki
ⓑ VOL.1 P.277, 321 ◎ 지도 P.385G
ⓐ 찾아가기 도보 와이키키 중심가 Kalakaua Ave에서 듀크 카하나쿠 동상 맞은편 렌터카 호놀룰루 공항에서 30분 소요 ⓐ 주소 2424 Kalakaua Ave #136, Honolulu, HI 96815 ⓐ 전화 808-923-8477 ⓒ 시간 06:30~24:30 ⓐ 휴무 연중무휴 ⓢ 가격 하와이 로고 거울 $4.99, 하와이안 플라워 귀고리 $2.59, 하와이 일러스트의 네일 버퍼 $1.99, 다양한 하와이 로고 민트 틴케이스 $3.99, 노스 쇼어 구디즈 코코넛 피넛 버터 $9.99, 부드럽게 발리는 달콤한 코나 커피 버터 스프레드 $9.99, 귀여운 곰돌이 모양의 모아나 허니 보틀 $3.99 ⓟ 주차 인근 유료 주차장 ⓗ 홈페이지 www.abcstores.com

노스 쇼어 구디즈 코코넛 피넛 버터 $10.99

코나 커피 버터 스프레드 $9.99

하와이 로고 거울 $4.99

하와이안 플라워 귀고리 $2.59

키아베 허니 $10.99

36 T갤러리아 DFS
T Galleria by DFS

와이키키에서 면세점 쇼핑을 즐길 수 있는 백화점 형태의 대형 매장. 와이키키 트롤리의 출발점이기도 하다. 다양한 브랜드 매장이 있고 화장품, 주류, 하와이 기념품과 특산물은 하와이 주 세금(4%) 없이 구매 가능하며, 고가의 면세품은 별도 운영한다. Covid-19(코로나) 영향으로 임시 휴업 중이었다가 리모델링 후 재개장했다.

🅟 VOL.1 P.278, 309 📍 지도 P.384E
ⓘ 찾아가기 도보 Kalakaua Ave와 Royal Hawaiian Ave 교차로에 위치 렌터카 호놀룰루 공항에서 25분 소요 🏠 주소 330 Royal Hawaiian Ave, Honolulu, HI 96815 📞 전화 808-931-2700 🕐 시간 11:00~22:30 휴무 연중무휴 🅟 주차 인근 유료 주차장 홈페이지 www.dfs.com

37 와이키키 비치 워크
Waikiki Beach Walk

와이키키 중심도로인 칼라카우아 대로에서 해변쪽으로 이어져 나오는 지붕이 달린 2층 상가 거리로 로열 하와이언 센터와 교차로를 형성하고 있다. 스타일리시한 쇼핑 거리로 맥주가 유명한 야드 하우스, 하드록 카페, 토미 바하마 등 크고 작은 레스토랑과 거리 맛집, 다수의 브랜드 매장, 아트 갤러리가 입점해 있다.

🅟 VOL.1 P.123 📍 지도 P.384I
ⓘ 찾아가기 도보 와이키키 중심가 Kalakaua Ave와 Lewers St 교차로에서 Waikiki Beach Walk로 연결 렌터카 호놀룰루 공항에서 25분 소요 🏠 주소 226 Lewers St, Honolulu, HI 96815 📞 전화 808-931-3591 🕐 시간 매장마다 다름 휴무 매장마다 다름 🅟 주차 유료 주차 홈페이지 www.waikikibeachwalk.com

38 빅토리아 시크릿
Victoria's Secret

화려한 런웨이 슈퍼 모델들이 대거 등장하는 미국의 대표적인 여성 패션 란제리 브랜드로 빅토리아 시크릿(Victoria's Secret)과 주니어 브랜드 핑크(PINK)가 1, 2층에 입점해 있고, 향수, 화장품 등 다양한 제품들이 있어 여자들이 놓치지 않는 1순위.

🅟 VOL.1 P.300 📍 지도 P.384I
ⓘ 찾아가기 도보 와이키키 Kalakaua Ave에서 Royal Hawaiian Center 맞은편 T Galleria 옆 렌터카 호놀룰루 공항에서 25분 소요 🏠 주소 Waikiki Shopping Plaza, 2230 Kalakaua Ave, Honolulu, HI 96815 📞 전화 808-922-6565 🕐 시간 10:00~23:00 휴무 연중무휴 🅟 주차 유료 홈페이지 www.victoriassecret.com

39 로스 드레스 포 레스
Ross Dress for Less

미국의 일반 백화점 브랜드의 상설 할인 판매점의 대표 주자인 로스 드레스 포 레스에서는 DKNY, 폴로 랄프 로렌, 토미 힐피거, 캘빈 클라인 등의 의류, 침구, 액세서리, 잡화 등을 70% 이상 할인된 가격으로 구입할 수 있다.

🅟 VOL.1 P.318 📍 지도 P.384F
ⓘ 찾아가기 도보 Kalakaua Ave에서 Seaside Ave 교차로 진입하면 오른쪽 렌터카 호놀룰루 공항에서 30분 소요 🏠 주소 333 Seaside Ave, Honolulu, HI 96815 📞 전화 808-922-2984 🕐 시간 07:00~01:00 휴무 연중무휴 🅟 주차 빌딩 유료 주차(구매 확인 시 2시간 무료 주차) 홈페이지 www.rossstores.com

40 크레이지 셔츠
Crazy Shirts

하와이 로컬 의류 브랜드로 천연 소재의 염색 워싱 가공을 통해 세탁 후 변형이 없다는 장점과 다양한 테마의 독특한 디자인 라인을 갖추고 있어 국제적으로 폭넓은 사랑을 받고 있다. 각 섬에서만 파는 한정판 아이템이 인기 품목.

와이키키 비치 워크 지점 Waikiki Beach Walk™
🅟 VOL.1 P.285 📍 지도 P.384I
ⓘ 찾아가기 도보 와이키키 비치 워크 내, 와이키키 Kalakaua Ave에서 Lewers St로 진입 렌터카 호놀룰루 공항에서 25분 소요 🏠 주소 226 Lewers St #109, Honolulu, HI 96815 📞 전화 808-971-6016 🕐 시간 09:00~22:30 휴무 연중무휴 🅟 주차 인근 유료 주차장 또는 앰버시 스위트 발레파킹 이용 후 구매 확인 도장 지참 홈페이지 www.crazyshirts.com

41 세포라
Sephora

프랑스에서 시작된 인터내셔널 브랜드 화장품 편집숍으로 전 세계의 유명 브랜드 화장품, 미용 기구를 비롯해 세포라 자체 브랜드의 전문가용 화장 도구와 소품들, 마스크팩, 색조 화장품으로 여자들에게 인기가 좋다.

🅟 VOL.1 P.301 📍 지도 P.384I
ⓘ 찾아가기 도보 와이키키 Kalakaua Ave에서 Royal Hawaiian Center 맞은편 T Galleria 옆 렌터카 호놀룰루 공항에서 25분 소요 🏠 주소 Waikiki Shopping Plaza, 2250 Kalakaua Ave Ste 153, Honolulu, HI 96815 📞 전화 808-923-3301 🕐 시간 10:00~23:00 휴무 연중무휴 💲 가격 마스크팩 $6 🅟 주차 유료 주차 홈페이지 www.sephora.com

42 노드스트롬 랙
Nordstrom Rack Waikiki Trade Center

와이키키에 새로 생긴 노드스트롬 백화점의 이월 상품과 하자 상품 할인점. 백화점에서 취급하는 명품과 준명품 브랜드의 여성 의류, 액세서리, 신발 등 다양한 종류의 상품 라인업이 화려하고 화장품까지 있어 들러볼 만하다.

📖 VOL.1 P.280 📍 지도 P.384F
🚶 찾아가기 도보 Seaside Ave에서 Kuhio Ave 교차로로 진입 후 오른쪽 렌터카 호놀룰루 공항에서 30분 소요 📍 주소 2255 Kuhio Ave #200, Honolulu, HI 96815 ☎ 전화 808-275-2555 🕐 시간 월~토요일 10:00~22:00, 일요일 10:00~20:00 🚫 휴무 연중무휴 🅿 주차 유료 주차 🌐 홈페이지 www.shop.nordstrom.com

43 색스 피프스 애버뉴
SAKS Fifth Ave

프리미엄 백화점의 선두주자 색스 피프스 애버뉴의 하와이 공식 쇼케이스 지점. 인터내셔널 마켓 플레이스 내에 명품 매장들과 함께 위치해 와이키키의 명품 쇼핑을 업그레이드했다는 평이다. 여유로운 쇼핑과 발레파킹을 제공한다.

📖 VOL.1 P.314 📍 지도 P.384J
🚶 찾아가기 도보 와이키키 중심가 Kalakaua Ave와 Kuhio Ave 양쪽에서 진입 가능한 International Market Place 내에 위치 렌터카 호놀룰루 공항에서 30분 소요 📍 주소 2345 Kuhio Ave, Honolulu, HI 96815 ☎ 전화 808-600-2500 🕐 시간 10:00~23:00 🚫 휴무 연중무휴 🅿 주차 유료 주차 🌐 홈페이지 www.saksfifthAve.com

44 인터내셔널 마켓 플레이스
The International Marketplace

와이키키 중앙에서 수십 년간 운영해오던 길거리 야시장 스타일의 마켓이 오랜 리모델링을 거쳐 럭셔리한 쇼핑센터로 재탄생해 새로운 랜드마크로 자리 잡았다. 다양한 브랜드 매장과 레스토랑 사이로 반얀트리도 여전히 있어, 여유로운 공간에서 휴식과 쇼핑을 함께 즐길 수 있다.

📖 VOL.1 P.309 📍 지도 P.384J
🚶 찾아가기 도보 와이키키 중심가 Kalakaua Ave와 Kuhio Ave 양쪽에서 진입 가능 렌터카 호놀룰루 공항에서 25분 소요 📍 주소 2330 Kalakaua Ave, Honolulu, HI 96815 ☎ 전화 808-931-6105 🕐 시간 11:00~20:00 🚫 휴무 연중무휴 🅿 주차 유료 주차 🌐 홈페이지 www.shopinternationalmarketplace.com

45 롱스 드럭스
Longs Drugs

24시간 드러그 스토어로 하와이 기념품, 일회용 상비약, 비타민 영양제, 생활용품, 물놀이 용품과 스킨케어, 헤어 제품, 화장품, 액세서리 등 방문객이 와이키키에서 필요한 물건을 저렴한 가격으로 구입할 수 있다.

📖 VOL.1 P.325 📍 지도 P.384F
🚶 찾아가기 도보 Kalakaua Ave와 Lewers St 교차로 First Hawaiian Bank 옆에 위치 렌터카 호놀룰루 공항에서 25분 소요 📍 주소 2155 Kalakaua Ave, Honolulu, HI 96815 ☎ 전화 808-922-8790 🕐 시간 24시간 🚫 휴무 연중무휴 🅿 주차 인근 유료 주차장 🌐 홈페이지 www.longsrx.com

BEST ITEM 물놀이에 유용한 멀미약 **드라마민**
Dramamine $3.25(1개)

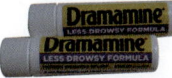

46 선셋 세일 카타마란
Sunset Sail Catamaran

와이키키 비치에서 출발해 약 1시간 30분 정도 칵테일 서비스와 함께 다이아몬드 헤드 앞까지 갔다가 바다 위 수평선으로 잠기는 일몰을 감상한 후 돌아오는 카타마란 돛단배 체험으로 구역마다 다른 업체가 있다. 가격대는 $50~.

마이 타이 카타마란
📖 VOL.1 P.69 📍 지도 P.384F
🚶 찾아가기 쉐라톤 와이키키 앞 🌐 홈페이지 www.leahi.com

나 호쿠 II
📖 VOL.1 P.69 📍 지도 P.384F
🚶 찾아가기 와이키키 비치 🌐 홈페이지 nahokuiiandmanukai.com/wp

47 모쿠 하와이 서핑 레슨
Moku Hawaii Surfing Lesson

서핑의 발상지 하와이에서 직접 서핑을 배워보자. 연중 고른 파도가 일고 와이키키의 아름다운 해변에서 현지 가이드에게 쉽고 빠르고 안전하게 서핑을 배울 수 있어 어린이들도 좋아하는 추천 액티비티.

📖 VOL.1 P.159 📍 지도 P.385K
🚶 찾아가기 도보 Kalakaua Ave에서 Hyatt Regency Waikiki Beach&Spa와 Billabong 매장 뒤편 Koa Ave 코너에 위치 렌터카 호놀룰루 공항에서 30분 소요 📍 주소 2446 Koa Ave, Honolulu, HI 96815 ☎ 전화 808-926-6658 🕐 시간 06:00~20:00 🚫 휴무 연중무휴 💰 가격 $120(1인 레슨, 1시간), 보드 렌탈 $15(1~2시간), 고프로 카메라 장착 비용 별도 🅿 주차 인근 유료 주차장 🌐 홈페이지 www.mokuhawaii.surf

48 쿠히오 토치 라이팅&훌라 세러모니
Kuhio Hula Torch Lighting Ceremony 유료 주차

와이키키 쿠히오 비치의 아름드리 반얀트리 아래서 일몰 즈음에 시작되는 무료 공연. 전통 복장으로 소라 고동을 불고 나서 해변가의 횃불을 밝힌 다음 아름다운 훌라 공연, 관중과 함께하는 라이브 연주 등이 펼쳐진다. 피크닉처럼 즐기기 좋다.

◎ 지도 P.385K
◎ 찾아가기 도보 Kalakaua Ave에서 듀크 동상을 지나 쿠히오 비치 도로변의 거대한 반얀트리 아래 무대 렌터카 호놀룰루 공항에서 30분 소요 ◎ 주소 Kuhio Beach Hula Mound, Honolulu, HI 96815 ◎ 전화 808-843-8002 ◎ 시간 화·목·토요일 18:00~19:00 ◎ 주차 인근 무료 주차장 ◎ 홈페이지 www.waikikiimprovement.com

49 힐튼 하와이언 빌리지 불꽃놀이
Hilton Hawaiian Village Friday Fireworks 유료 주차

매주 금요일 밤 7시 45분에 시작해 7분간 정열적인 불꽃놀이가 마법처럼 밤하늘을 수놓는 와이키키의 전통과도 같은 무료 이벤트의 하이라이트. 심장을 울리는 불꽃 터지는 소리와 영롱한 불빛이 야자나무 가득한 하와이 밤하늘에 퍼지는 모습을 즐겨보자.

◎ VOL.1 P.348 ◎ 지도 P.384A
◎ 찾아가기 도보 알라모아나 방향 Rainbow Dr에서 힐튼 하와이언 빌리지 라군으로 진입, 와이키키에서 도보 20분 버스 The Bus 8, 19, 20번 힐튼 하와이언 빌리지 하차 렌터카 호놀룰루 공항에서 20분 소요 ◎ 주소 2005 Kalia Rd, Honolulu, HI 96815 ◎ 전화 808-949-4321 ◎ 시간 매주 금요일 19:45 ◎ 가격 무료 관람 ◎ 주차 리조트 발레파킹 또는 인근 유료 주차장 ◎ 홈페이지 www.hiltonhawaiianvillage.com

50 태양의 서커스 아우아나
Cirque du Solei AUANA 유료 주차

하와이 최초의 태양의 서커스 상설 공연으로, 훌라·아크로바틱·음악이 빚어낸 오직 하와이에서만 만날 수 있는 서커스의 진화를 선보인다. 화산의 여신 펠레 전설과 환상적인 퍼포먼스가 차원이 다른 공연 예술로 감각을 깨우며 드웨인 존슨 등 할리우드 스타들도 이미 줄을 서서 관람했다는 후기가 쌓이고 있다.

◎ VOL.1 P.40 ◎ 지도 P.384J
◎ 찾아가기 도보 와이키키 중심부 로열 하와이언 센터 맞은편 아웃리거 비치콤버 호텔 렌터카 호놀룰루 공항에서 30분 소요 ◎ 주소 2300 Kalakaua Ave, Honolulu, HI 96815 ◎ 전화 877-773-6470 ◎ 시간 수·일요일 하루 2회 공연 17:30~19:00, 20:00~21:30 ◎ 가격 홈페이지 확인 ◎ 주차 인근 유료 주차장 ◎ 홈페이지 www.cirquedusoleil.com

51 모아나 서프라이더 리조트
The Westin, Moana Surfrider Resort 유료 주차

'와이키키의 퍼스트 레이디'라는 애칭을 가진 하와이 최초의 리조트. 흰색의 우아하고 고풍스러운 외관과 새로 단장한 실내는 해변과 이어져 있다. 100년이 넘는 역사적 건물과 아름드리 반얀트리는 그 가치를 인정받아 미국 사적지로 등재되었다.

◎ VOL.1 P.346 ◎ 지도 P.385G
◎ 찾아가기 도보 와이키키 중앙 Kalakaua Ave와 Kaiulani Ave 교차로 직전 호텔 입구 위치 렌터카 호놀룰루 공항에서 25분 소요 ◎ 주소 2365 Kalakaua Ave, Honolulu, HI 96815 ◎ 전화 808-922-3111 ◎ 시간 체크인 15:00 체크아웃 11:00 ◎ 휴무 연중무휴 ◎ 가격 $640(1박)~ ◎ 리조트피 $50(1일) ◎ 주차 발레파킹 $65(1박) ◎ 홈페이지 http://kr.moana-surfrider.com

52 힐튼 하와이언 빌리지
Hilton Hawaiian Village 유료 주차

전 세계 최대 객실 수. 5개의 수영장과 해변, 인공 라군을 보유한 풀 서비스 리조트 단지 내에 여러 개의 마을과 독립된 쇼핑 스트리트, 레스토랑, 우체국까지 있고, 매일 다양한 체험 프로그램과 라이브 뮤직, 훌라 공연이 열린다.

◎ VOL.1 P.348 ◎ 지도 P.384A
◎ 찾아가기 도보 알라모아나 방향 Rainbow Dr에서 힐튼 하와이언 빌리지 라군으로 진입, 와이키키에서 도보 20분 렌터카 호놀룰루 공항에서 20분 소요 ◎ 주소 2005 Kalia Rd, Honolulu, HI 96815 ◎ 전화 808-949-4321 ◎ 시간 체크인 15:00 체크아웃 11:00 ◎ 가격 $390(1박) ◎ 리조트피 $60(1일) ◎ 주차 발레파킹 $65(1박) 또는 인근 유료 주차장 ◎ 홈페이지 www.hiltonhawaiianvillage.com

53 엠바시 스위트 바이 힐튼 와이키키 비치워크
Embassy Suites by Hilton Waikiki Beackwalk™ 유료 주차

힐튼 호텔 체인에서 운영하는 전 객실 스위트룸의 합리적인 호텔로 가족, 비즈니스 고객이 선호한다. 로열 하와이언 센터 옆의 쇼핑과 레스토랑 전문 거리 와이키키 비치 워크의 요지에 자리 잡고 있다. 수영장과 무료 조식, 칵테일 파티를 제공한다.

◎ 지도 P.384F
◎ 찾아가기 도보 와이키키 Kalakaua Ave와 Waikiki Beach Walk 교차로에 위치 렌터카 호놀룰루 공항에서 25분 소요 ◎ 주소 201 Beach Walk, Honolulu, HI 96815 ◎ 전화 808-921-2345 ◎ 시간 체크인 15:00 체크아웃 11:00 ◎ 가격 $320(1박)~ ◎ 리조트피 $45(1일) ◎ 주차 셀프 파킹 없음, 발레파킹 $55(1박) ◎ 홈페이지 http://kr.embassysuiteswaikiki.com

보라빛 석양에 물든 와이키키 비치

ZOOM IN
로열 하와이언 센터
Royal Hawaiian Center

와이키키 중심가를 대표하는 문화, 쇼핑, 레스토랑의 멀티 센터

와이키키 중심가에 위치한 레스토랑과 쇼핑 매장, 야외 공연 스테이지까지 갖춘 멀티 센터. 4층 높이의 건물에 에르메스, 오메가, 카르티에, 펜디 등 하이엔드 명품 숍부터 준명품 브랜드와 편의점 ABC 스토어까지 수많은 매장이 모여 있다. 치즈케이크 팩토리, PF 챙스 등 유명 레스토랑과 푸드코트도 있어 와이키키 방문객의 발길을 잡는다. 로열 하와이언 센터의 최대 장점은 바로 접근성. 각종 쇼핑뿐 아니라 모아나 서프라이더 리조트, 쉐라톤 리조트를 통해 해변으로 이어진다. 와이키키 최대 규모의 주차 타워가 있어 와이키키를 여행할 때 이용하면 좋다.

1 치즈케이크 팩토리
Cheesecake Factory ★★★★★ 유료 주차

와이키키 대로변에서 거리 구경을 하며 에피타이저, 파스타, 디저트와 칵테일을 즐기기 좋은 명당으로 저녁마다 대기 줄이 길게 늘어서는 것으로 유명한 체인 레스토랑.

📖 VOL.1 P.123, 224 🗺 지도 P.404
📍 **찾아가기** Royal Hawaiian Center 1층 모아나 서프라이더 리조트 옆 **주소** Royal Hawaiian Center Building C, Level 1, C-101, Honolulu, HI 96815 **전화** 808-924-5001 **시간** 월~목요일 11:00~23:00, 금~토요일 11:00~24:00, 일요일 10:00~23:00 **휴무** 연중무휴 **가격** 에피타이저 $9.95~, 메인 요리 $15~ **주차** 유료 주차
홈페이지 www.cheesecakefactory.com

Caramel Cheesecake
$8.50

2 PF 챙스
PF Chang's ★★★★ 유료 주차

와이키키 도로변에 자리 잡은 캐주얼 레스토랑. 스포츠바와 야외석이 있고 거리 구경을 하기 좋다. 미국화된 중식 메뉴인 아시안 퓨전 요리를 선보인다.

📖 VOL.1 P.233 🗺 지도 P.404
📍 **찾아가기** Royal Hawaiian Center와 Lewers St 교차로 **주소** Royal Hawaiian Center, Building A, Level 1, A-10, Honolulu, HI 96815 **전화** 808-628-6760 **시간** 일~목요일 11:00~23:00, 금~토요일 11:00~24:00 **휴무** 연중무휴 **가격** 에피타이저 $5~, 메인 요리 $15.50~ **주차** 유료 주차 **홈페이지** www.phchanghawaii.com

Lettuce Wrap
$10.95

3 울프강 스테이크하우스
Wolfgang's Steakhouse ★★★★ 유료 주차

〈수요 미식회〉에서 미국 3대 스테이크 중 하나로 소개되었을 만큼 유명한 뉴욕 스테이크 명가 중 하나. 화려한 와인 셀러의 심도 있는 와인 리스트로 스테이크 메뉴와 페어링할 수 있어 드라이에이징 스테이크의 풍미를 한껏 끌어올린다.

📖 VOL.1 P.240 🗺 지도 P.404
📍 **찾아가기** Royal Hawaiian Center 3층 **주소** Royal Hawaiian Center, Building C, Level 3, C-306, Honolulu, HI 96815 **전화** 808-922-3600 **시간** 일~목요일 11:00~22:30, 금~토요일 11:00~23:30 **휴무** 연중무휴 **가격** 에피타이저 $6~, 메인 요리 $38~ **주차** 유료 주차
홈페이지 www.wolfgangssteakhouse.net

Porterhouse Steak for Two
$115.95

4 아일랜드 빈티지 커피
Island Vintage Coffee

로컬 커피 브랜드로 다양한 음료, 베이커리, 쉐이브 아이스와 아사이볼 등 퀄리티 높은 카페 메뉴가 있어 와이키키 베스트 스낵 플레이스로 꼽힌다. 2층에서 로열 그로브의 무대를 내려다 볼 수 있어 더욱 좋다.

VOL.1 P.251, 257 / 지도 P.404
찾아가기 Seaside Ave 교차로 부근 Royal Hawaiian Center 2층 중앙 / 주소 Royal Hawaiian Center Building C, Level 2, C-211, Honolulu, HI 96815 / 전화 808-926-5662 / 시간 06:00~11:00 / 휴무 연중무휴 / 가격 음료·베이커리 $2~ / 주차 유료 주차 / 홈페이지 www.islandvintagecoffee.com

Acai Bowl $10.95

5 쿠루쿠루
Kulu Kulu

일본 스타일 케이크 숍. 알록달록한 조각 케이크, 과일이 넉넉히 들어간 부드러운 생크림 케이크, 파삭한 크러스트 속에 부드러운 커스터드 크림이 꽉 찬 다이아몬드 헤드 퍼프가 인기 메뉴. 관광객과 로컬 주민 모두에게 인기가 많다.

VOL.1 P.259 / 지도 P.404
찾아가기 Royal Hawaiian Center 2층 중앙 푸드코트 내 / 주소 Royal Hawaiian Center Building B, Level 2, B-218, Honolulu, HI 96815 / 전화 808-931-0915 / 시간 10:00~22:00 / 휴무 연중무휴 / 가격 케이크 $3.50~ / 주차 유료 주차 / 홈페이지 www.kulukulucakes.com

6 파이나 라나이 푸드코트
Paina Lanai Food Court

와이키키 번화가에서 가장 간단하고 저렴한 식사류를 찾는다면 반드시 기억해 둘 곳. 테이크아웃 가능한 체인 레스토랑으로 아시안 푸드, 로컬 플레이트 런치, 쌀국수, 피자 등 간단한 먹거리를 즐길 수 있는 공간이 준비되어 있다.

지도 P.404
찾아가기 Royal Hawaiian Center 2층 중앙 부근 / 주소 Royal Hawaiian Center Building B, Level 2, B-216, Honolulu, HI 96815 / 전화 808-921-0011 / 시간 10:00~22:00 / 휴무 연중무휴 / 가격 매장마다 다름 / 주차 유료 주차 / 홈페이지 www.royalhawaiiancenter.com

7 포에버 21
Forever 21

한국에서 탄생한 캐주얼 의류 브랜드로 유행에 민감한 젊은 감각의 와이키키 쇼핑족이 열광하는 머스트 쇼핑 스폿으로 떠올랐다. 1층부터 3층까지 넓은 매장으로 구경하기 좋고 가격이 저렴한 편으로 와이키키의 패션 리더가 되고 싶다면 부담 없이 들어가 보자.

지도 P.404
찾아가기 Royal Hawaiian Center 1층 중앙 Duke's Lane 부근 / 주소 Royal Hawaiian Center Building C, Level 1, 2, 3, Honolulu, HI 96815 / 전화 808-923-5202 / 시간 10:00~23:00 / 휴무 연중무휴 / 주차 유료 주차 / 홈페이지 www.dpbolvw.net

8 말리에 카이 초콜릿
Maile Kai Chocolate

하와이에서 직접 재배한 유기농 카카오를 사용한 최상급 수제 초콜릿 브랜드. 하와이 특산물로 유명한 럼주를 넣은 트러플 초콜릿 등 예술에 가까운 유일무이한 제품이 많아 특별한 선물로 그만이다.

지도 P.404
찾아가기 Royal Hawaiian Center 1층 중앙 부근 / 주소 Royal Hawaiian Center Building C, Level 1, C-119, Honolulu, HI 96815 / 전화 808-922-9090 / 시간 10:00~22:00 / 휴무 연중무휴 / 가격 초콜릿 $40(12개들이 1박스) / 주차 유료 주차 / 홈페이지 www.maliekai.com

9 더 로열 그로브
The Royal Grove

로열 하와이언 센터 중앙에서 해변으로 가는 길목에 중앙 공원과 야외 문화 공연 무대가 있는 쉼터. 공원 안쪽에 버니스 파우아이 비숍 동상이 있고 훌라 공연과 강습, 레이 만들기 강좌, 하와이언 라이브 뮤직 등 매일 다양한 문화 이벤트가 열린다.

지도 P.404
찾아가기 Royal Hawaiian Center 1층 중앙 / 주소 Royal Hawaiian Center, 2201 Kalakaua Ave, Honolulu, HI 96815 / 전화 808-922-2299 / 시간 훌라 공연 매일 10:00~11:00, 하와이언 엔터테인먼트 매일 18:00~19:00 / 휴무 연중무휴 / 가격 무료 관람 / 주차 유료 주차 / 홈페이지 www.royalhawaiiancenter.com

B Northeast OA
[북동부 오아후]

소박한 해변 마을의 낭만과 여유를 간직한 오아후의 보물

스노클링을 즐기기 좋은 하나우마 베이, 할리우드 영화의 배경이 된 해변 지역의 크고 작은 볼거리, 세계적인 서핑 메카 노스 쇼어에 있는 옛 모습 그대로 간직한 할레이바 마을까지, 오아후 최고의 볼거리들이 모여 있어 많은 여행객들이 찾는 필수 지역이다. 낭만적인 해변과 다이내믹한 즐길 거리까지 곁들여 잊지 못할 여행의 잔상으로 남을 그 매력에 빠져보자.

북동부 오아후, 면적은 얼마나 될까?
오아후 전체 면적은 1600제곱킬로미터에 달하며 우리나라 제주도보다 약간 작다. 와이키키가 있는 호놀룰루 시와 해변이 아름다운 카일루아 마을과 할레이바 마을을 돌아보는 이 코스는 오아후 전체의 절반 정도에 해당한다. 총 길이 160킬로미터로 서울에서 대전까지 거리와 비슷하다.

407

MUST SEE 이것만은 꼭 보자!

No. 1
오아후 동쪽 끝
탁 트인 바다 전경
마카푸우 전망대

No. 2
노스 쇼어의 넓은
백사장과 클리프
다이빙 명소가 있는
와이메아 베이 비치 파크

No. 3
황금빛 석양과
겨울철 파도가 유명한
선셋 비치

스노클링 해변, 하와이 종합영화촬영소, 파인애플 테마파크까지 최고의 인기 지역.

인기
★★★★★

변화한 도시와 낭만적인 해변, 문화 유적까지 즐길 거리가 무궁무진한 세계적인 관광의 메카.

관광지
★★★★★

MUST EAT 이것만은 꼭 먹자!

No. 1
하와이식 찹쌀 도너츠,
달콤 쫄깃 따끈따끈한
**레오나즈 베이커리의
말라사다**

No. 2
하와이식 눈꽃 빙수
**마츠모토 그로서리
스토어의
셰이브 아이스**

No. 3
〈무한도전〉 멤버들도 줄 서서 먹은 노스 쇼어 명물
**지오바니 알로하
쉬림프의 쉬림프 스캠피**

스트리트 숍, 아트 갤러리 등
이색적인 쇼핑을 즐겨보자.

쇼핑
★★★★☆

MUST EXPERIENCE 이것만은 꼭 경험하자!

No. 1
투명한 물속 산호초가
풍부한 수중 생태 공원,
**하나우마 베이에서
스노클링 즐기기**

No. 2
하와이 종합영화촬영소,
**쿠알로아 랜치에서
무비 사이트 투어
체험하기**

No. 3
해양 생물들의
제2의 고향,
**시라이프 파크에서
돌고래 만나기**

노스 쇼어 3대 명물 셰이브 아이스, 쉬림프 햄버거 등 로컬 푸드를 즐겨보자.

식도락
★★★★★

현지 주민 위주의 소소한 나이트 라이프만 마을별로 발달했다. 로컬 펍과 리조트 라운지에서 현지인들처럼 즐겨보자.

나이트라이프
★★★☆☆

MUST BUY 이것만은 꼭 사자!

No. 1
할레이바 마을의 소하
리빙 할레이바에서
인테리어 소품

No. 2
파인애플 천국
돌 플랜테이션에서
향기 나는 비누

No. 3
마츠모토 그로서리
스토어에서
귀여운 셰이브 아이스
핸드폰 장식

테마파크와 해변, 할레이바 마을 등 관광지만 붐비는 편.

복잡함
★★★☆☆

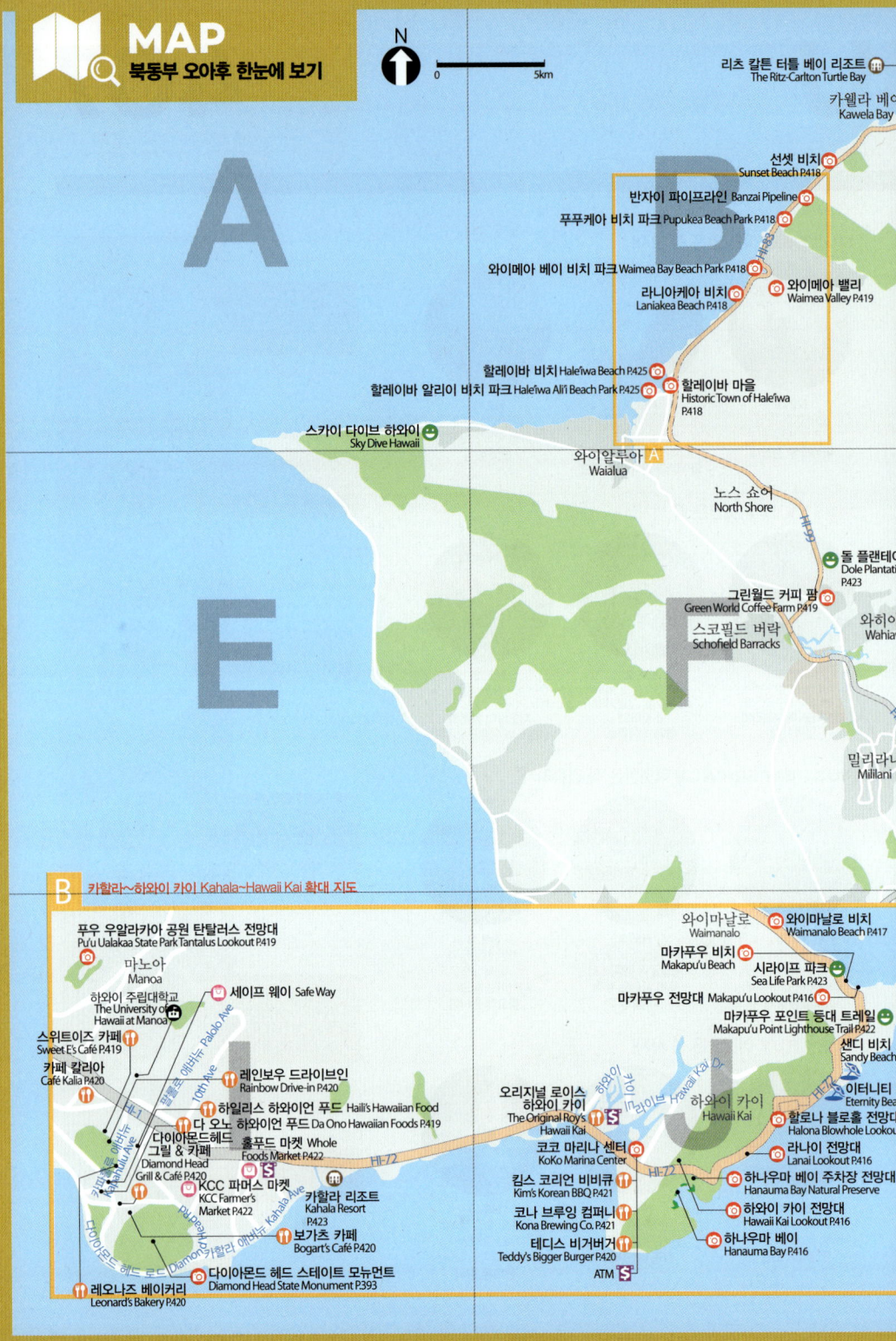

COURSE 1
오아후 일주 원데이 렌터카 코스

관광객 대부분이 머무는 와이키키를 떠나 동부 해안의 주요 명소와 볼거리, 먹거리를 섭렵하면서 한적한 시골 느낌의 소박한 멋이 있는 해안 고속도로를 달려보자. 렌터카로만 둘러볼 수 있는 코스로 노스 쇼어의 할레이바 마을 부근에서 쇼핑도 하고, 바다거북과 낭만적인 일몰까지 챙겨 볼 수 있는 오아후 감상의 황금 코스다.

START

1. 레오나즈 베이커리 / Leonard's Bakery
와이키키에서 꼭 먹어봐야 할 하와이식 찹쌀 도너츠 말라사다. 고속도로를 타기 전에 들러서 커피와 함께 간단한 스낵 겸 아침으로 시작하자.

◎ 찾아가기 Kalakaua Ave를 따라 Kapahulu Ave로 좌회전하면 오른편에 위치 ⓟ 주차 무료 주차

BEST MENU
설탕에 버무린 쫄깃한 하와이식 찹쌀 도너츠 말라사다 Malasada $1.70

2. 하와이 카이 전망대 / Hawaii Kai Lookout
하와이에 있는 한국 지도 마을로 유명한 곳. 산등성이에 자리 잡은 한국 지도를 닮은 마을 모습을 찾아보자.

◎ 찾아가기 72번 Kalanianaole Hwy 하나우마 베이 진입로 직전에 왼편
ⓟ 주차 무료 주차

3. 하나우마 베이 / Hanauma Bay
명실상부 하와이 최대 관광 스폿. 화산 분화구가 바닷속에 잠겨 산호초와 알록달록한 열대어로 해서 장관을 이루는 스노클링 포인트다.

◎ 찾아가기 72번 Kalanianaole Hwy 동쪽 방향으로 15km, 하와이 카이 전망대 지나자마자 오른쪽에 입구
ⓟ 주차 유료 주차($3)

PLUS INFO
입장 예약이 없다면 입구 주차장에서 전경 구경만으로 만족하고 다음 목적지로 이동하자.

4. 할로나 블로홀 전망대 / Halona Blow Hole Lookout
고래 숨구멍처럼 뿜어내는 물줄기가 검은 용암석 해안선과 극명한 대비를 이루는 인상적인 뷰 포인트다.

◎ 찾아가기 72번 Kalanianaole Hwy 하나우마 베이 지나서 바다 쪽
ⓟ 주차 무료 주차

PLUS INFO
전망대 옆으로 난 절벽 아래에 있는 숨은 해변은 영화 〈지상에서 영원으로〉의 배경이 되었던 곳으로 이터니티 비치 또는 할로나 비치라고 부른다.

- 터틀 베이 리조트 / Turtle Bay Resort
- 카엘라 베이 / Kawela Bay
- 선셋 비치 / Sunset Beach ⑩
- 반자이 파이프라인 / Banzai Pipeline ⑪
- 푸푸케아 비치 파크 / Pupukea Beach Park
- 와이메아 베이 비치 파크 / Waimea Bay Beach Park ⑫
- 라니아케아 비치 / Laniakea Beach ⑬
- 와이메아 밸리 / Waimea Valley
- 마츠모토 그로서리 스토어 / Matsumoto Grocery Store ⑭
- 할레이바 비치 / Hale'iwa Beach
- 할레이바 알리이 비치 파크 / Hale'iwa Ali'i Beach Park
- 할레이바 마을 / Historic Town of Hale'iwa
- 노스 쇼어 / North Shore
- 돌 플랜테이션 / Dole Plantation ⑮
- 그린월드 커피 팜 / Green World Coffee Farm
- 스코필드 버락 / Schofield Barracks
- 와히아바 / Wahiawa
- 밀리라니 / Mililani

오픈유어맵 by J-More
영상으로 보는 오아후 드라이브 코스와 구글 지도 연동 기능을 활용하세요!
*무단공유, 복제 금지.
비밀번호는 작가의 말(p.11)에 있습니다.

411

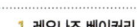

START

1.	레오나즈 베이커리
	14km, 20분
2.	하와이 카이 전망대
	800m, 5분
3.	하나우마 베이
	3km, 5분
4.	할로나 블로홀 전망대
	4km, 6분
5.	마카푸우 전망대
	25km, 35분
6.	보도인 사원
	25km, 35분
7.	쿠알로아 비치 파크
	21km, 25분
8.	라이에 포인트 전망대
	5.4km, 8분
↓	뒷면으로 이어짐

Area 1 오아후
B. 북동부 오아후
COURSE 1
COURSE 2
TRAVEL INFO

5 마카푸우 전망대
Makapu'u Lookout

'마카푸우'란 오아후의 '동쪽 끝 지점'을 뜻하는 하와이어. 해안 절벽 아래 펼쳐진 일곱 색의 물빛으로 유명한 마카푸우 비치와 거북섬, 토끼섬을 찾아보자.

- 찾아가기 72번 Kalanianaole Hwy 따라 4km 직진 후 바다 쪽
- 주차 무료 주차

6 보도인 사원
Byodo-in Temple

일본의 하와이 이민 100주년을 기념해 일본 교토의 천년 사찰 보도인 사원을 복제한 곳. 물 위로 보이는 부처상이 신비롭다. 인기 드라마 〈로스트〉의 촬영지.

- 찾아가기 83번 Kahekili Hwy에서 Hui Iwa St로 좌회전해 진입
- 주차 입장료 $7(차 1대)에 포함

9 지오바니 알로하 쉬림프
Giovanni's Aloha Shrimp

카후쿠
Kahuku

마이크스 리훌리 치킨
Mike's Huli Huli Chicken

8 라이에 포인트 전망대
Laie Point Lookout

폴리네시안 문화 센터
Polynesian Cultural Center

7 쿠알로아 비치 파크
Kualoa Regional Beach Park

해변 앞은 중국인 모자섬, 뒤로는 웅장한 기세의 쿠알로아 산맥을 에두른 비치 파크. 풍광이 좋고 여유로워 웨딩 촬영지로 자주 이용된다.

- 찾아가기 83번 Kamehameha Hwy에서 북서쪽으로 12km 주행 후 바다 쪽으로 입구 진입
- 주차 무료 주차

쿠알로아 랜치
Kualoa Ranch

쿠알로아 비치 파크
Kualoa Regional Beach Park

8 라이에 포인트 전망대
Laie Point Lookout

하와이어로 '꼭지점'이라는 뜻. 바다 위 우뚝 솟은 기암석 가운데가 동그랗게 뚫려 있다.

- 찾아가기 83번 Kamehameha Hwy에서 Anemoku St 경유해 Naupaka St로 진입
- 주차 무료 주차

보도인 사원
Byodo-In Temple

카네오헤
Kaneohe

펄 시티
Pearl City

진주만
USS Arizona Memorial at Pearl Harbor

누우아누 팔리 전망대
Nu'uanu Pali Lookout

누우아누 펀치볼
Nu'uanu Punchbowl

카일루아 로드
Kailua Rd

호놀룰루 국제공항
Honolulu International Airport

호놀룰루
Honolulu

카할라
Kahala

레오나즈 베이커리 1
Leonard's Bakery

다이아몬드 헤드 스테이트 모뉴먼트
Diamond Head State Monument

하와이 카이
Hawaii Kai

하와이 카이 전망대
Hawaii Kai Lookout

5 마카푸우 전망대
Makapu'u Lookout

4 할로나 블로홀 전망대
Halona Blowhole Lookout

3 하나우마 베이
Hanauma Bay

9 지오바니 알로하 쉬림프
Giovanni's Aloha Shrimp

하와이 카후쿠 지역의 명물이 된 카후쿠 쉬림프 트럭의 원조. 할레이바 지점은 <무한도전> 하와이 편에서 전체 회식 후 흰 트럭에 기념 사인을 남겼으니 찾아보자.

- 찾아가기 83번 Kamehameha Hwy에서 Kahuku District Park 건너편
- 주차 무료 주차

BEST MENU
짭짤하게 튀긴 마늘을 얹은 밥과 함께 나오는 **쉬림프 스캠피 Shrimp Scampi** $8

10 선셋 비치
Sunset Beach

노스 쇼어를 대표하는 넓은 백사장과 이국적인 풍경을 만끽할 수 있는 해변. 이름처럼 황홀한 석양과 겨울철 서핑 대회를 볼 수 있다.

- 찾아가기 83번 Kamehameha Hwy 서쪽으로 12km 후 바다 쪽
- 주차 무료 주차

터틀 베이 리조트 Turtle Bay Resort
카웰라 베이 Kawela Bay
선셋 비치 10 Sunset Beach
반자이 파이프라인 Banzai Pipeline
푸푸케아 비치 파크 11 Pupukea Beach Park
와이메아 베이 비치 파크 12 Waimea Bay Beach Park
와이메아 밸리 Waimea Valley
라니아케아 비치 13 Laniakea Beach
마츠모토 그로서리 스토어 14 Matsumoto Grocery Store
할레이바 비치 Hale'iwa Beach
할레이바 알리이 비치 파크 Hale'iwa Ali'i Beach Park
할레이바 마을 Historic Town of Hale'iwa
노스 쇼어 North Shore
돌 플랜테이션 15 Dole Plantation
그린월드 커피 팜 Green World Coffee Farm
와히아바 Wahiawa
스코필드 버락 Schofield Barracks
밀리라니 Mililani

11 푸푸케아 비치 파크
Pupukea Beach Park

샥스 코브(Shark's Cove)라는 애칭으로도 유명한 굳은 용암이 만든 천연 방파제로 스노클링을 하기 좋은 해변. 걸어서 바다로 내려가 잠시 열대어를 구경하자.

- 찾아가기 83번 Kamehameha Hwy 서쪽 방향 3.5km 주행 후 바다 쪽에 주차장
- 주차 무료 주차

PLUS INFO
여름에 바다가 더 잔잔하고 낮에는 거북도 자주 볼 수 있다.

12 와이메아 베이 비치 파크
Waimea Bay Beach Park

노스 쇼어에서 가장 큰 비치 파크 중 하나. 겨울철에는 '큰 파도타기 서핑 대회(Big Wave Surfing)'가 열리고, 여름철에는 바닥이 비칠 듯 조용하고 잔잔한 전혀 다른 두 얼굴의 해변이다.

- 찾아가기 83번 Kamehameha Hwy 바다 쪽에 비치파크 위치
- 주차 무료 주차

PLUS INFO
멋진 포즈로 바위 절벽에서 뛰어내리는 사람들을 구경해 보자.

13 라니아케아 비치
Laniakea Beach

정오 이후부터 체온을 올리기 위해 해변에 올라와 쉬고 있는 거북이 많으니 갓길 주차 후 해변으로 걸어가 거북을 찾아보자.

- 찾아가기 83번 Kamehameha Hwy 남서쪽으로 4km 후 바다 쪽
- 주차 갓길 무료 주차

PLUS INFO
별도의 부대시설과 주차장이 없다.

COURSE 2

오아후 동부 해안 반나절 렌터카 코스

동부 해안 고속도로의 전망 포인트와 핵심 랜드마크를 모은 베스트 드라이브 코스. 오아후 일정을 최소화할 경우 가장 기본이 되는 코스의 정석이다. 동부 해안과 북부 해안을 포함한 섬 일주가 약 9시간의 하루 코스라고 볼 때 이 코스는 반나절로 그 절반에 해당하는 면적을 돌아보는 축소판 코스라고 보면 된다.

- 터틀 베이 리조트 Turtle Bay Resort
- 카엘라 베이 Kawela Bay
- 선셋 비치 Sunset Beach
- 반자이 파이프라인 Banzai Pipeline
- 푸푸케아 비치 파크 Pupukea Beach Park
- 와이메아 베이 비치 파크 Waimea Bay Beach Park
- 라니아케아 비치 Laniakea Beach
- 와이메아 밸리 Waimea Valley
- 할레이바 마을 Historic Town of Hale'iwa
- 스카이 다이브 하와이 Sky Dive Hawaii
- 와이알루아 Waialua
- 노스 쇼어 North Shore
- 돌 플랜테이션 Dole Planta
- 그린월드 커피 팜 Green World Coffee Farm
- 스코필드 버락 Schofield Barracks
- 와히아 Wahia
- 밀리라니 Mililani

START

1 카페 칼리아 Café Kalia

렌터카 코스에서 빠질 수 없는 로컬 맛집. 푸짐하고 맛있는 아메리칸 브런치와 향긋한 커피로 기분 좋은 아침을 시작하자.

- 찾아가기 Kapiolani Blvd에서 H-1 고속도로 진입로 직전 쇼핑센터 내
- 주차 무료 주차

BEST MENU

❶ 매콤한 맛의 홈메이드 **미트로프&에그 베네딕트** Homemade Meatloaf&Eggs Benedict $18

❷ 신선한 생과일을 듬뿍 얹은 **시나몬 프렌치 토스트** Cinnamon French Toast $13

2 하나우마 베이 Hanauma Bay

하와이의 절대 비경 중 하나. 스노클링 성지이기도 한 수중 분화구의 아름다운 모습을 내려다보자. 시간 관계상 입구 주차장에서 하나우마 베이 전경을 감상하는 것으로 만족하고 다음 목적지로 이동하자.

- 찾아가기 72번 Kalanianaole Hwy 동쪽 방향으로 15km, 하와이 카이 지나자마자 오른쪽에 입구
- 주차 유료 주차($3)

3 라나이 전망대 Lanai Lookout

명실상부 하와이 최대 관광 스폿으로 아름다운 풍광을 자랑하는 해저에 잠긴 화산 분화구. 산호초와 알록달록한 열대어를 만날 수 있는 해양생태 보호구역이자 베스트 스노클링 포인트.

- 찾아가기 72번 Kalanianaole Hwy 동쪽 방향 1.6km 후 오른쪽에 입구
- 주차 무료 주차

415

↓
START

1. 카페 칼리아	Area 1 오아후
15km, 20분	
2. 하나우마 베이	
1.6km, 6분	
3. 라나이 전망대	B. 북동부 오아후
5km, 8분	
4. 마카푸우 전망대	
16km, 25분	
5. 카일루아 비치 파크	COURSE 1
500m, 도보 15분	
6. 라니카이 비치	
10km, 15분	
7. 누우아누 팔리 전망대	COURSE 2
14km, 20분	
8. 푸우 우알라카아 공원 탄탈루스 전망대	
Finish	TRAVEL INFO

4 마카푸우 전망대
Makapu'u Lookout

'마카푸우'는 오아후의 '동쪽 끝 지점'을 뜻하는 하와이어. 해변 앞에 우뚝 솟은 절벽과 바다 위에 보이는 무인도, 물빛이 아름다운 마카푸우 비치를 한눈에 볼 수 있다.

○ 찾아가기 72번 Kalanianaole Hwy 따라 6km 직진하면 바다 쪽
Ⓟ 주차 무료 주차

5 카일루아 비치 파크
Kailua Beach Park

오아후를 대표하는 넓은 백사장과 에메랄드빛 바다, 한적한 공원이 어우러진 선호도 높은 비치 파크. 오션 카약, 스노클링, 윈드서핑 등 다양하게 즐겨보자.

○ 찾아가기 72번 Kalanianaole Hwy에서 Keolu Dr로 진입하면 바다 쪽
Ⓟ 주차 무료 주차

6 라니카이 비치
Lani Kai Beach

미국 최고의 해변으로 자주 선정되는 베스트 스폿. 맑은 에메랄드빛 바다와 2개의 무인도, 백사장이 한 폭의 그림 같은 풍광에 빠져보자.

○ 찾아가기 카일루아 비치 파크에 주차 후 걸어서 Kawailoa Rd에서 Mokumanu 또는 Haokea 따라 해변으로 나감, 도보 15분
Ⓟ 주차 카일루아 비치 파크 이용

7 누우아누 팔리 전망대
Nu'uanu Pali Lookout

'바람산'이라는 별명을 가진 절벽 위의 전망대. 깎아지른 듯한 절벽 아래 마을과 바다, 첨탑 같은 절벽의 기이한 모습을 바라보고 웅장한 산세의 기운을 느껴보자.

○ 찾아가기 72번 Kalanianaole Hwy에서 HI-61 Pali Hwy 남쪽 방향 경유해 Nu'uanu Pali Dr로 진입
Ⓟ 주차 유료 주차($7)

⊕ PLUS INFO
킹 카메하메하가 오아후를 침략했을 당시 마지막 전투가 있었던 곳으로 전망대에 역사 명소 설명이 있다.

8 푸우 우알라카아 공원 탄탈루스 전망대
Pu'u Ualaka'a State Park Tantalus Lookout

다이아몬드 헤드 분화구를 비롯해 와이키키부터 호놀룰루 시 전경이 푸른 태평양을 배경으로 시원하게 파노라마로 펼쳐지는 최고의 뷰 포인트.

○ 찾아가기 Nehoa St에서 좌회전해 Makiki St에서 Round Top Dr로 진입
Ⓟ 주차 무료 주차

- 부츠&키모스 Boot's & Kimo's
- 라니카이 주스 Lanikai Juice Co.
- 우체국 US Post Office
- 푸드랜드 Foodland
- 홀푸드 마켓 Whole Foods Market

➕ Travel INFO

여행 핵심 정보

→

● 현지 여행 패턴을 고려해 동선에 따라 나오는 명소 순서로 배열하였습니다.

1 하와이 카이 전망대
Hawaii Kai Lookout 무료 주차

하와이의 부촌 중 하나인 하와이 카이 지역의 산과 강, 요트 정박장과 마을 전경을 볼 수 있는 뷰 포인트. 건너편 산기슭에 보이는 마을 실루엣이 한국 지도를 그대로 옮겨놓은 듯한 인상적인 곳. 마을에 켜진 불빛이 더욱 도드라지는 야경으로도 유명하다.

⊙ **지도** P.408J

🚗 **찾아가기** 렌터카 72번 Kalanianaole Hwy 하나우마 베이 진입로 직전 왼편, 와이키키에서 20분 소요 트롤리 블루 라인 하와이 카이 전망대 하차 ⊙ **주소** 7514-7538 Kalanianaole Hwy, Honolulu, HI 96825 ☎ **전화** 808-464-0840 ⏱ **시간** 24시간 ⊙ **휴무** 연중무휴 💲 **가격** 무료 입장 🅿 **주차** 무료 주차 🌐 **홈페이지** www.facebook.com/pages/Hawaii-Kai-Lookout

2 하나우마 베이
Hanauma Bay 유료 주차

하와이 최고의 방문객 수를 기록하는 화산 분화구의 관광 스폿. 해저로 잠긴 산호초와 알록달록한 열대어를 만날 수 있는 해양생태 보호구역이자 베스트 스노클링 포인트.

📖 VOL.1 P.149 ⊙ **지도** P.408J

🚗 **찾아가기** 렌터카 72번 Kalanianaole Hwy 동쪽 방향, 하와이 카이 지나자마자 오른쪽에 입구, 와이키키에서 30분 소요 버스 The Bus 22번 하나우마 베이 하차, 와이키키에서 45분 소요 트롤리 블루 라인 하나우마 베이 하차 ⊙ **주소** 100 Hanauma Bay Rd, Honolulu, HI 96825 ☎ **전화** 808-768-6861 ⏱ **시간** 수~월요일 06:45~16:00 ⊙ **휴무** 매주 월·화요일, 12월 25일, 1월 1일 💲 **가격** 유료 입장($25) 🅿 **주차** 유료 주차($3, 현금만 가능) 🌐 **홈페이지** www.hanaumabaystatepark.com

3 라나이 전망대
Lanai Lookout 무료 주차

동부 해변 드라이브에서 놓칠 수 없는 독특한 해안선과 환상적인 용암석 해안 절벽을 감상할 수 있는 뷰 포인트. 라나이는 '테라스'라는 뜻. 켜켜이 쌓인 용암층이 바람에 깎여 부드러운 조각 작품처럼 다듬어진 모습을 감상하자. 이른 아침에 돌고래를, 겨울철에는 혹등고래를 볼 수 있는 곳.

⊙ **지도** P.408J

🚗 **찾아가기** 렌터카 72번 Kalanianaole Hwy에서 하나우마 베이 지나 해변 쪽으로 입구, 와이키키에서 30분 소요 ⊙ **주소** 7967 Kalanianaole Hwy, Honolulu, HI 96825 ☎ **전화** 808 464-0840 ⏱ **시간** 24시간 ⊙ **휴무** 연중무휴 💲 **가격** 무료 입장 🅿 **주차** 무료 주차 🌐 **홈페이지** www.liveinhawaiinow.com

4 할로나 블로홀 전망대
Halona Blowhole Lookout 무료 주차

고래 숨구멍에서 뿜어 올리는 듯한 물줄기가 검은 용암석 해안선과 극명한 대비를 이루는 인상적인 뷰 포인트. 그 옆 절벽 아래 할로나 비치는 영화 〈지상에서 영원으로〉의 배경이 된 명소로 숨은 절경을 자랑한다.

📖 VOL.1 P.62 ⊙ **지도** P.408J

🚗 **찾아가기** 렌터카 72번 Kalanianaole Hwy 하나우마 베이 지나면 바다 쪽, 와이키키에서 30분 소요 ⊙ **주소** 8483 Hwy 72, Honolulu, HI 96825 ☎ **전화** 808-464-0840 ⏱ **시간** 24시간 ⊙ **휴무** 연중무휴 💲 **가격** 무료 입장 🅿 **주차** 무료 주차 🌐 **홈페이지** www.liveinhawaiinow.com/halona-blowhole-lookout

5 마카푸우 전망대
Makapu'u Lookout 무료 주차

'마카푸우'는 하와이어로 오아후의 '동쪽 끝 지점'을 뜻한다. 전망대 아래로는 물빛이 아름답기로 유명한 마카푸우 비치가 펼쳐져 있고 오른쪽 산 위로 마카푸우 등대가 보인다. 정면에 보이는 2개의 무인도 중 낮은 것은 거북 모양을 닮아 호누(거북) 섬, 높은 것은 예전에 야생 토끼가 많이 살았던 데서 유래한 래빗(토끼) 섬으로 불린다.

📖 VOL.1 P.63 ⊙ **지도** P.408J

🚗 **찾아가기** 렌터카 72번 Kalanianaole Hwy 따라 4km 직진하면 바다 쪽, 와이키키에서 30분 소요 ⊙ **주소** Kalanianaole Hwy, Waimanalo, HI 96795 ☎ **전화** 808-464-0840 ⏱ **시간** 24시간 ⊙ **휴무** 연중무휴 💲 **가격** 무료 입장 🅿 **주차** 무료 주차 🌐 **홈페이지** www.dlnr.hawaii.gov

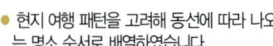

6 와이마날로 비치
Waimanalo Beach

★★★ 무료 주차

초승달 모양의 와이마날로 비치는 오아후가 자랑하는 긴 백사장과 얕은 바다, 앞에 보이는 기이한 무인도들로 풍광이 아름답고 조용하다. 하지만 주말에는 피크닉을 오는 사람들이 많으니 주중에 들르면 한가하게 즐길 수 있다.

ⓜ VOL.1 P.135 ⓟ 지도 P.408J
ⓐ 찾아가기 렌터카 72번 Kalanianaole Hwy 따라 직진하면 바다 쪽, 와이키키에서 40분 소요 ⓐ 주소 41-741 Kalanianaole Hwy, Waimanalo, HI 96795 ⓣ 전화 808-259-9106 ⓢ 시간 일출 후~일몰 전 ⓗ 휴무 연중무휴 ⓟ 가격 무료 입장 ⓟ 주차 무료 주차 ⓦ 홈페이지 www.honolulu.gov

7 벨로즈 필드 비치 파크
Bellows Field Beach Park

★★★ 무료 주차

인기 드라마 〈하와이 파이브 오〉에서 주인공이 말기암 선고를 받은 고모의 부탁으로 섬에서 가장 아름다운 해변을 찾아 데려온 곳. 미군 전용 휴양지로 금요일과 주말에만 일반인에게 공개되는 아름다운 해변이다. 넓고 고운 백사장의 고즈넉한 해변, 다양한 편의 시설이 있어 현지 주민들이 많이 찾는다.

ⓟ 지도 P.409L
ⓐ 찾아가기 렌터카 72번 Kalanianaole Hwy 따라 30km 지점 바다 쪽, 와이키키에서 40분 소요 ⓐ 주소 220 Tinker Rd, Kalanianaole Hwy, Waimanalo, HI 96795 ⓣ 전화 808-259-4200 ⓢ 시간 금~일요일 09:00~24:00 ⓗ 휴무 매주 월~목요일 ⓟ 가격 무료 입장 ⓟ 주차 무료 주차 ⓦ 홈페이지 www.camping.honolulu.gov

8 보도인 사원
Byodo-in Temple

★★★ 무료 주차

일본의 하와이 이민 100주년을 기념해 건립한 사찰로 일본 교토의 천년 사찰 보도인 사원을 그대로 본떠 크기만 작게 만들었다. 비단잉어가 노니는 연못, 야생 공작, 물 위에 앉은 듯한 불상 등이 이국적이고도 아름답다. 입구의 거대한 종을 직접 타종해 보자.

ⓟ 지도 P.409G
ⓐ 찾아가기 렌터카 83번 Kamehameha Hwy에서 Kahekili 경유해 진입, 와이키키에서 1시간 20분 소요 ⓐ 주소 47-200 Kahekili Hwy, Kaneohe, HI 96744 ⓣ 전화 808-239-8811 ⓢ 시간 08:30~17:00 ⓗ 휴무 연중무휴 ⓟ 가격 유료 입장($7) ⓟ 주차 무료 주차 ⓦ 홈페이지 www.byodo-in.com

9 카일루아 비치 파크
Kailua Beach Park

★★★★ 무료 주차

미국 최고의 해변으로 여러 번 이름을 올려 더욱 유명해진 카일루아 비치 파크. 오아후 주민들에게 마치 와이키키와 알라모아나 비치 파크와 같은 역할을 하는 지역 최대 비치 파크로 3킬로미터에 이르는 해안선과 백사장, 맑은 물과 잔잔한 파도를 자랑한다.

ⓜ VOL.1 P.135 ⓟ 지도 P.409H
ⓐ 찾아가기 렌터카 72번 Kalanianaole Hwy에서 Keolu Dr로 진입하면 바다 쪽, 와이키키에서 55분 소요 버스 알라모아나 센터에서 The Bus 57번 Wana'ao Rd+Awakea Rd 하차 ⓐ 주소 526 Kawailoa Rd, Kailua, HI 96734 ⓣ 전화 808-233-7250 ⓢ 시간 일출 후~일몰 전 ⓗ 휴무 연중무휴 ⓟ 가격 무료 입장 ⓟ 주차 무료 주차 ⓦ 홈페이지 www.kailuachamber.com/beaches

10 라니카이 비치
Lani Kai Beach

★★★★ 무료 주차

카일루아 비치 파크에서 도보로만 갈 수 있는 아름다운 백사장. 해안선에서 떨어진 독특한 2개의 무인도가 눈부신 장관을 이룬다. 누구나 꼭 가보고 싶어 하는 하와이 대표 이미지의 해변으로 유명하다. 주차장, 화장실 등 편의 시설이 없고 길 쪽으로 늘어선 호화 주택들 뒤에 자리 잡은 해변이 숨은 보물찾기 같은 매력이 있다.

ⓜ VOL.1 P.85 ⓟ 지도 P.409L
ⓐ 찾아가기 렌터카 카일루아 비치 파크에 주차 후 도보 15분, Kaiolena Dr에서 바다로 진입, 와이키키에서 55분 소요 ⓐ 주소 Kaiolena Dr, Kailua, HI 96734 ⓣ 전화 808-261-2727 ⓢ 시간 24시간 ⓗ 휴무 연중무휴 ⓟ 가격 무료 입장 ⓟ 주차 무료 주차(카일루아 비치 파크 주차장 이용) ⓦ 홈페이지 www.kailuachamber.com/beaches

11 쿠알로아 비치 파크
Kualoa Regional Beach Park

★★★★ 무료 주차

중국인 모자섬으로 불리는 기이한 무인도가 바로 앞에 보이는 넓은 잔디 공원과 캠핑장을 갖춘 비치 파크. 코올라우 산맥의 웅장한 모습이 해변을 두르고 있는 듯해 바다와 산을 모두 감상하기 좋다. 공원 내에 캠핑 구역이 있으며 웨딩 촬영 장소로도 인기가 좋다.

ⓜ VOL.1 P.135 ⓟ 지도 P.409G
ⓐ 찾아가기 렌터카 83번 Kahekili Hwy에서 북서쪽으로 12km 지나면 바다 쪽, 와이키키에서 1시간 15분 소요 ⓐ 주소 49-479 Kamehameha Hwy, Kaneohe, HI 96744 ⓣ 전화 808-237-8525 ⓢ 시간 일출 후~일몰 전 ⓗ 휴무 연중무휴 ⓟ 가격 무료 입장 ⓟ 주차 무료 주차 ⓦ 홈페이지 www.honolulu.gov

12 라이에 포인트 전망대
Laie Point Lookout ★★★★ 무료 주차

하와이어로 '꼭지점'을 뜻하는 라이에는 북쪽 해안 끝 지점에 자리 잡고 있으며 도로 끝에서 바다 위에 우뚝 솟은, 가운데가 동그랗게 뚫린 기암석이 보인다. 원래는 기암석 구멍 가운데 큰 바위가 있었는데 2011년 일본 대지진으로 인한 쓰나미 여파로 하와이에도 해일이 일어나 가운데 바위가 바닷속으로 떨어졌다고 한다.

📕 VOL.1 P.135 🗺 지도 P.409C
🚗 찾아가기 렌터카 83번 Kamehameha Hwy에서 Anemoku St 경유해 Naupaka St로 진입, 와이키키에서 1시간 40분 소요 📍 주소 Naupaka St, Laie, HI 96762 📞 전화 808-587-0300 🕐 시간 24시간 🚫 휴무 연중무휴 💰 가격 무료 입장 🅿 주차 무료 주차 🌐 홈페이지 www.hawaiistateparks.org

13 푸푸케아 비치 파크
Pupukea Beach Park ★★★★ 무료 주차

샥스 코브(Shark's Cove)라는 애칭으로도 유명한 노스 쇼어의 독특한 해변으로 검은 용암석이 바다로 쏟아져 들어가면서 생긴 천연 방파제가 있어 수영과 스노클링을 즐기기에 좋은 해변. 여름에 바다가 더 잔잔하고 낮에는 거북도 자주 볼 수 있다.

📕 VOL.1 P.151 🗺 지도 P.408B
🚗 찾아가기 렌터카 83번 Kamehameha Hwy 바다 쪽에 주차장, 할레이바에서 15분 소요 버스 알라모아나 센터에서 The Bus 52, 55번 Kamehameha Hwy+Opp Pupukea Rd 하차 📍 주소 59-727 Kamehameha Hwy, Haleiwa, HI 96712 📞 전화 808-638-7213 🕐 시간 일출 후~일몰 전 🚫 휴무 연중무휴 💰 가격 무료 입장 🅿 주차 무료 주차 🌐 홈페이지 www.lookintohawaii.com

14 선셋 비치
Sunset Beach ★★★★★ 무료 주차

11월부터 세계적인 서핑 대회와 키를 넘기는 큰 파도로 유명하다. 여름철에는 해가 정면에서 바다로 떨어지는 일몰을 볼 수 있고, 겨울과 정반대로 파도가 잔잔해 로맨틱하고 은은한 일몰 감상의 성지로 이름값을 톡톡히 한다.

📕 VOL.1 P.71 🗺 지도 P.408B
🚗 찾아가기 렌터카 83번 Kamehameha Hwy 서쪽으로 12km 지나면 바다 쪽, 와이키키에서 2시간 소요 버스 알라모아나 센터에서 The Bus 55번 Kamehameha Hwy+Sunset Beach 하차 📍 주소 59-104 Kamehameha Hwy, Haleiwa, HI 96712 📞 전화 808-464-0840 🕐 시간 일출 후~일몰 전 🚫 휴무 연중무휴 💰 가격 무료 입장 🅿 주차 무료 주차 🌐 홈페이지 www.to-hawaii.com/oahu/beaches/sunset-beach-park

15 라니아케아 비치
Laniakea Beach ★★★★ 갓길 무료 주차

정오 이후부터 많은 거북들이 체온을 올리기 위해 해변에 올라와 쉬는 것으로 유명한 일명 거북 해변으로 별도의 부대시설과 주차장이 없다. 거북을 쫓거나 만지는 것은 하와이 주 법규로 금지되어 있으니 유의하자.

📕 VOL.1 P.135 🗺 지도 P.408B
🚗 찾아가기 렌터카 83번 Kamehameha Hwy 바다 쪽, 와이키키에서 2시간 10분 소요 📍 주소 574, 61-574 Pohaku Loa Way, Haleiwa, HI 96712 📞 전화 808-464-0840 🕐 시간 일출 후~일몰 전 🚫 휴무 연중무휴 💰 가격 무료 입장 🅿 주차 갓길 무료 주차 🌐 홈페이지 www.liveinhawaiinow.com/lanikai-beach

16 와이메아 베이 비치 파크
Waimea Bay Beach Park ★★★★★ 무료 주차

노스 쇼어에서 가장 큰 비치 파크. 겨울철에는 입수 금지의 매몰찬 모래바람과 파도, 여름철에는 바닥이 비칠 듯 조용하고 잔잔한 두 얼굴의 해변이다. 바위 절벽에서 멋진 포즈로 뛰어내리는 사람들을 구경하는 재미가 있다.

📕 VOL.1 P.135 🗺 지도 P.408B
🚗 찾아가기 렌터카 83번 Kamehameha Hwy 바다 쪽, 와이키키에서 2시간 15분, 할레이바 마을에서 10분 소요 버스 The Bus 55번 Kamehameha Hwy+Opp Waimea Valley 하차 📍 주소 61-31 Kamehameha Hwy, Haleiwa, HI 96712 📞 전화 808-464-0840 🕐 시간 일출 후~일몰 전 🚫 휴무 연중무휴 💰 가격 무료 입장 🅿 주차 무료 주차 🌐 홈페이지 www.honolulu.gov

17 할레이바 마을
Historic Town of Haleiwa ★★★★★ 무료 주차

해변과 작고 오래된 건물, 하와이언 아트 갤러리를 구경하기 위해 많은 사람들이 찾는 매력적인 마을. 겨울철 서핑 대회가 열리는 해변은 서핑, 클리프 다이빙, 스노클링, 거북 구경 등 다양한 볼거리가 있으며, 로컬 맛집의 종류도 많고 하나하나 개성적이다. 작은 마을 안에 상가들이 오밀조밀 모여 있으니 식사 후 걸어 다니면서 천천히 둘러보자. 자세한 정보는 ZOOM IN(P.82) 참조.

📕 VOL.1 P.424 🗺 지도 P.408B
🚗 찾아가기 렌터카 Kamehameha Hwy와 Kilioe Plaza 교차로에 위치, 호놀룰루에서 1시간 소요 📍 주소 66-250 Kamehameha Hwy D203, Haleiwa, HI 96712

18 와이메아 밸리
Waimea Valley
★★★ 무료 주차

와이메아 베이 비치 파크 맞은편 계곡 공원으로 작은 트레일 겸 수목원을 지나 걸어 올라가면 물놀이를 즐길 수 있는 맑은 폭포가 있다. 입구에서 지역 역사 전시물과 잘 보존된 전통 신전을 함께 구경하자.

📍 **지도** P.408B
🚗 **찾아가기** 렌터카 83번 Kamehameha Hwy에서 와이메아 베이 비치 파크 맞은편 산 쪽으로 진입하면 입구. 할레이바에서 10분 소요 **버스** The Bus 55, 88번 Kamehameha Hwy+Opp Waimea Valley 하차 📍 **주소** 59–856 Kamehameha Hwy, Hale'iwa, HI 96712 📞 **전화** 808–638–7766 ⏰ **시간** 06:00~20:00 ❌ **휴무** 추수감사절 당일, 12월 25일 💰 **가격** 유료 입장(4~12세 $15, 13세~59세 $25, 60세~ $20) 🅿️ **주차** 무료 주차 🌐 **홈페이지** www.waimeavalley.net

19 그린월드 커피 팜
Green World Coffee Farm
★★★ 무료 주차

매일 신선하게 원두를 볶는 것을 직접 볼 수 있는 커피 농장의 작은 로스팅 하우스. 다양한 커피와 로고 기념품, 커피 용품이 잘 정리되어 있어 색다른 쇼핑을 즐길 수 있다. 커피 음료, 쉐이브 아이스 등 가볍게 더위를 식히기에도 좋다.

📍 **지도** P.408F
🚗 **찾아가기** 렌터카 와이키키에서 HI-2 노스쇼어 방면 Kamehameha Hwy로 진입하면 고속도로 오른편에 위치. 와이키키에서 50분 소요 📍 **주소** 71–101 N, Kamehameha Hwy, Wahiawa, HI 96786 📞 **전화** 808–622–2326 ⏰ **시간** 토·일요일 07:00~18:00, 월·금요일 06:00~17:00 ❌ **휴무** 추수감사절 당일, 12월 25일, 1월 1일 💰 **가격** 테이스팅 무료 🅿️ **주차** 무료 주차 🌐 **홈페이지** www.greenworldcooffeefarm.com

20 누우아누 팔리 전망대
Nu'uanu Pali Lookout
★★★★★ 유료 주차

'팔리'는 하와이어로 '절벽'이라는 뜻. 울창한 산 위의 전망대에서 400미터 높이의 절벽 아래로 와이키키 반대편 도시와 수평선까지 환상적인 풍경을 볼 수 있다. 전망대에는 킹 카메하메하가 오아후 침략 당시 이곳에서 치른 마지막 전투를 표현한 그림이 있다.

📍 **지도** P.409K
🚗 **찾아가기** 렌터카 HI-61에서 Nu'uanu Pali Dr로 진입, 와이키키에서 30분 소요 📍 **주소** Nu'uanu Pali Dr, Pali Hwy, Honolulu, HI 96817 📞 **전화** 808–587–0400 ⏰ **시간** 07:00~18:45 ❌ **휴무** 연중무휴 💰 **가격** 무료 입장 🅿️ **주차** 유료 주차 ($7) 🌐 **홈페이지** dlnr.hawaii.gov/dsp/parks/oahu/Nu'uanu-pali-state-wayside

21 푸우 우알라카아 공원 탄탈러스 전망대
Pu'u Ualaka'a State Park Tantalus Lookout
★★★★★ 무료 주차

호놀룰루 최고의 전망 포인트로 마노아 산 중턱에 위치해 다이아몬드 헤드 분화구와 와이키키의 빌딩 숲, 호놀룰루 도심을 비롯해 그 너머 수평선까지 펼쳐진 푸른 태평양과 섬의 모습을 한눈에 볼 수 있다. 특히 야경이 아름답다.

📖 **VOL.1 P.61** 📍 **지도** P.408I
🚗 **찾아가기** 렌터카 Nehoa St에서 좌회전해 Makiki St에서 Round Top Dr로 진입, 와이키키에서 15분 소요 📍 **주소** 2760 Round Top Dr, Honolulu, HI 96822 📞 **전화** 808 643–3567 ⏰ **시간** 07:00~19:45 ❌ **휴무** 연중무휴 💰 **가격** 무료 입장 🅿️ **주차** 무료 주차 🌐 **홈페이지** dlnr.hawaii.gov/dsp/parks/oahu/puu-ualakaa-state-wayside

22 스위트이즈 카페
Sweet E's Café
★★★★ 무료 주차

현지인들이 사랑하는 브런치 카페로 최근 SBS TV 프로그램 〈싱글와이프〉에서 소개되었다. 팬케이크와 프렌치 토스트, 오믈렛 등 메뉴가 많지는 않지만 맛이 좋기로 유명하다. 협소한 주차장이 감점 요인.

📍 **지도** P.408I
🚗 **찾아가기** 렌터카 와이키키에서 Kapahulu 경유하여 Kainuki Ave 교차로에서 오른편으로 진입, 와이키키에서 10분 소요 📍 **주소** 1006 Kapahulu Ave, Honolulu, HI 96816 📞 **전화** 808–737–7771 ⏰ **시간** 07:00~14:00 ❌ **휴무** 추수감사절 당일, 12월 25일, 1월 1일 💰 **가격** $10~ 🅿️ **주차** 무료 주차 🌐 **홈페이지** www.facebook.com/Sweet-Es-Cafe

BEST MENU 부드럽게 삶은 돼지고기에 수란을 얹은 **칼루아 오믈렛 Kalua Omelet $13.95**

Kalua Omelet $13.95

23 다 오노 하와이언 푸드
Da Ono Hawaiian Foods
★★ 무료 주차

하와이 전통 음식을 제대로 맛볼 수 있는 와이키키 근교의 맛집. 점심 시간이면 늘 북새통을 이룬다. 담백한 삶은 고기와 토란, 쌀밥을 한상 차림으로 내어 소박하고 정겹다. 로컬 음식을 시도해보고 싶다면 이 곳을 기억하자.

📖 **VOL.1 P.203** 📍 **지도** P.408I
🚗 **찾아가기** 렌터카 Kalakaua Ave 동쪽 방향 Kapahulu Ave에서 오른편에 위치 📍 **주소** 726 Kapahulu Ave, Honolulu Hi 96816 📞 **전화** 808–773–0006 ⏰ **시간** 10:30~21:00 (1500~1730 영업 준비시간) ❌ **휴무** 추수감사절 당일, 12월 25일, 1월 1일 💰 **가격** $7.95~ 🅿️ **주차** 갓길 유료 주차 🌐 **홈페이지** www.daonohawaiianfood.com

BEST MENU 정식 메뉴의 일부인 토란잎에 감싼 삶은 돼지고기 **라우라우 포크 Lau Lau Pork $13.95**

Lau Lau Pork $13.95

24 레오나즈 베이커리
Leonard's Bakery

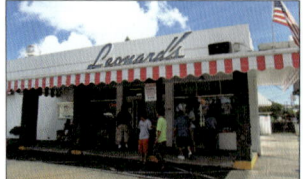

포르투갈 이민 후손들에 의해 계승된 로컬 스낵으로 바삭하게 튀긴 도너츠에 설탕을 묻힌 말라사다가 유명한 베이커리. 하와이 여행 중 꼭 먹어봐야 할 음식으로 아침부터 길가에 모여 있는 사람들로 유독 눈에 띄는 집이다.

VOL.1 P.258 지도 P.408I

찾아가기 렌터카 Kalakaua Ave를 따라 Kapahulu Ave로 좌회전 후 오른편에 주차장 진입. 와이키키에서 10분 소요 버스 와이키키에서 The Bus 13번 Kapahulu Ave+Opp Olu St 하차 주소 933 Kapahulu Ave, Honolulu, HI 96815 전화 808-737-5591 시간 05:30~22:00 휴무 연중무휴 가격 베이커리 1.50~ 주차 무료 주차 홈페이지 www.leonardshawaii.com

BEST MENU 설탕에 버무린 따끈하고 쫄깃한 하와이식 찹쌀 도너츠 말라사다 Malasada $1.70

25 레인보우 드라이브인
Rainbow Drive-in

하와이를 상징하는 무지개 색 벽면이 눈길을 끄는 오래된 테이크아웃 음식점으로 다양한 로컬 푸드 메뉴가 있고 특히 로코모코가 유명하다. 계란 조리법과 소스의 양 등 사소한 것까지 카운터에서 맞춤 주문을 할 수 있다.

VOL.1 P.198 지도 P.408I

찾아가기 렌터카 Kalakaua Ave를 따라 Kapahulu Ave로 좌회전 후 오른편에 주차장 진입. 와이키키에서 10분 소요 주소 3308 Kanaina Ave, Honolulu, HI 96815 전화 808-737-0177 시간 17:00~21:00 휴무 연중무휴 가격 식사 메뉴 $6~ 주차 무료 주차 홈페이지 www.rainbowdrivein.com

BEST MENU 서니 사이드 업 달걀 프라이를 얹은 하와이언 로코모코 Loco Moco $8.50

26 카페 칼리아
Café Kalia

Cinnamon French Toast $10.50

화려한 하와이 레스토랑 어워드 수상 경력을 자랑하는 브런치 맛집. 프렌치 토스트, 에그 베네딕트와 향이 좋은 커피로 유명하다.

VOL.1 P.244, 247 지도 P.408I

찾아가기 렌터카 Kapahulu Ave에서 Kaiolani Blvd 경유해 진입, 와이키키에서 10분 소요 버스 The Bus 4, 13번 Kapiolani Bl+Kaimuki Ave 하차 주소 2919 Kapiolani Blvd, Honolulu, HI 96815 전화 808-732-3330 시간 17:00~22:00 휴무 연중무휴 가격 식사 메뉴 $8.95~, 음료 $3~ 주차 무료 주차 홈페이지 www.cafe-kailia-hawaii.com

BEST MENU ① 매콤하면서도 자꾸 당기는 맛의 홈메이드 미트로프&에그 베네딕트 Homemade Meatloaf&Eggs Benedict $9.95 ② 신선한 제철 과일과 각종 베리를 얹은 시나몬 프렌치 토스트 Cinnamon French Toast $10.50

27 보가츠 카페
Bogart's Café

와이키키를 벗어나 동부로 여행할 때 들러보면 좋은 동네 카페로 감각적인 인테리어가 돋보인다. 건강 샐러드, 아사이 볼과 풍미 좋은 커피가 입소문을 타면서 단시간에 줄 서는 맛집이 되었다. 현금 결제만 가능하다.

지도 P.408I

찾아가기 렌터카 Kalakaua Ave에서 Monsarrat Ave 경유해 진입, 와이키키에서 10분 소요 주소 3045 Monsarrat Ave, Honolulu, HI 96815 전화 808-739-0999 시간 월~금요일 06:30~18:30, 토~일요일 06:00~18:00 휴무 연중무휴 가격 커피 $2.50~, 식사 메뉴 $11~ 주차 무료 주차 홈페이지 bogartscafe.webs.com

BEST MENU 훈제 닭가슴살과 다양한 야채에 허니 머스터드 소스를 얹은 치킨 아보카도 샐러드 Chicken Avocado Salad $11.70

28 다이아몬드헤드 그릴 & 카페
Diamond Head Grill & Café

지역 주민들의 사랑을 받으며 오랫동안 같은 자리를 지켜온 찐맛집. 슈퍼마켓처럼 보이는데 카운터에서 음식을 주문하고 받는다. 스콘 등의 수제 베이커리 제품이 특히 유명하고 다양한 플레이트 런치로 식사를 할 수 있다. 푸짐한 양과 저렴한 가격으로 이미 관광객들도 반해버린 곳이니 믿고 찾을 만하다.

지도 P.408I

찾아가기 렌터카 Monsarrat Ave 에서 보가츠 카페 대각선 교차로 건너에 위치, 와이키키에서 10분 소요 주소 3158 Monsarrat Ave, Honolulu, HI 96815 전화 808-732-0077 시간 07:30~21:00 휴무 추수감사절, 12.25 당일 가격 베이커리류 식사 메뉴 주차 무료 주차 홈페이지 www.diamondheadmarket.com

BEST MENU 우리 입맛에도 잘맞는 바비큐 치킨과 돼지 고기 요리, 마카로니 샐러드를 한접시에 담아 내는 믹스 플레이트 Mixed Plate $14.95

29 테디스 비거버거
Teddy's Bigger Burger

현지인들도 줄 서는 수제버거 맛집으로 하와이 3대 버거 맛집으로 통한다. 주문과 동시에 구워지는 두툼한 패티와 다양한 취향대로 조합할 수 있는 크기와 재료 구성이 인기 비결이 감자튀김 외에도 고구마 프라이와 밀크 셰이크의 조합도 추천할 만하다. 하와이식 감성과 볼륨이 살아 있는 현지 버거를 즐겨 보자.

지도 P.408J

찾아가기 렌터카 72번 Kalaianaole Hwy에서 Koko Marina Shopping Center로 좌회전해 진입, 와이키키에서 20분 소요 주소 Koko Marina Center, 7192 Kalanianaole Hwy E124, Honolulu, HI 96825 전화 808-394-9100 시간 10:00~21:00 휴무 추수감사절 당일 가격 버거류 $10.99~ 주차 무료 주차 홈페이지 www.teddysbb.com

30 킴스 코리언 비비큐
Kim's Korean BBQ

기존에 한식 프랜차이즈 브랜드 여미 코리언 비비큐(Yummy Korean BBQ) 체인의 하나였는데 상호만 변경됐다. 부둣가가 보이는 야외석과 실내석으로 나뉘어 있고 갈비, 불고기, 국 종류와 반찬, 밥을 믹스매치한 로컬 플레이트 런치로 다양한 메뉴를 제공한다.

📍 **지도** P.408J
🚗 **찾아가기** 렌터카 72번 Kalanianaole Hwy에서 Koko Marina Shopping Center로 좌회전해 진입, 와이키키에서 20분 소요 🏠 **주소** Koko Marina Center, 7192 Kalanianaole Hwy, Honolulu, HI 96825
📞 **전화** 808-395-4888 🕐 **시간** 10:30~20:00
🚫 **휴무** 추수감사절 당일 💰 **가격** 식사 메뉴 $8~15 🅿️ **주차** 무료 주차 🌐 **홈페이지** 없음

31 코나 브루잉 컴퍼니
Kona Brewing Co.

코코 마리나 센터 초입에 위치해 지역 주민들의 만남의 광장과도 같은 역할을 하는 수제 맥주 전문점. 바와 테이블, 야외석 등 다양한 구역으로 나뉘어 있고 맥주와 안주 이외에도 간단한 샌드위치와 피자 같은 식사 메뉴가 있어 가족 단위의 손님도 많이 찾는다. 빅아일랜드 코나 지역에서 처음 시작된 하와이를 대표하는 수제 맥주 전문점으로 고유의 신화와 지역 이름에 얽힌 맥주 맛 설명과 메뉴에 대한 재미난 이야기 거리로 흥미를 불러 일으킨다. 흔한 식당 말고 신선한 곳을 찾고 있다면 도전!

📖 **VOL.1** P.271 📍 **지도** P.408J
🚗 **찾아가기** 렌터카 72번 Kalanianaole Hwy에서 Koko Marina Shopping Center로 좌회전해 진입, 와이키키에서 20분 소요 🏠 **주소** Koko Marina Center, 7192 Kalanianaole Hwy, Honolulu, HI 96825
📞 **전화** 808-396-5662 🕐 **시간** 11:00~22:00
🚫 **휴무** 추수감사절 당일, 12월 25일, 1월 1일 💰 **가격** 식사류 $9~, 맥주 $2.50~ 🅿️ **주차** 무료 주차
🌐 **홈페이지** www.konabrewingco.com
BEST MENU ① 4종의 수제 맥주를 시음할 수 있는 **샘플러 Beer Sampler $4** ② 병아리콩과 마늘로 만든 **후무스 Hummus $10.25**

32 데이브스 아이스크림
Dave's Ice Cream

30년 이상 하와이를 대표하는 홈메이드 수제 아이스크림의 원조 중 하나로 오바마 대통령이 즐겨 찾던 곳으로 유명하다.

📖 **VOL.1** P.255 📍 **지도** P.409L
🚗 **찾아가기** 렌터카 72번 Kalanianaole Hwy에서 벨로즈 필드 비치 파크 지나 오른쪽 상가에서, 와이키키에서 40분 소요 🏠 **주소** 41-1537 Kalanianaole Hwy, Waimanalo, HI 96795 📞 **전화** 808-259-0356 🕐 **시간** 10:00~22:00 🚫 **휴무** 연중무휴 💰 **가격** 아이스크림 $5~ 🅿️ **주차** 무료 🌐 **홈페이지** www.daveshawaiianicecream.com
BEST MENU 라이치, 파인애플, 퍼플얌의 **3종 아이스크림 $8.55**

33 부츠&키모스
Boot's&Kimo's

로컬 페이버릿 레스토랑으로 이른 아침부터 늘 대기줄을 예상해야 하는 브런치 맛집. 인스타그램 등 SNS에서 인기 많은 뿌얀 코코넛 소스가 흘러 내리는 팬케이크가 바로 이 곳의 시그니처 메뉴. 달달하고 폭신함이 기분 좋아지는 맛으로 긴 대기줄은 아득히 잊혀질 것! 매장에 진열된 다양한 기념품도 흥미롭다. 현금 결제만 가능하니 잊지 말자.

📖 **VOL.1** P.245, 247 📍 **지도** P.409L
🚗 **찾아가기** 렌터카 72번 Kalanianaole Hwy에서 Keolu Dr 경유해 Hekili St 코너에서 쇼핑센터 진입, 와이키키에서 50분 소요 🏠 **주소** 151 Hekili St, Kailua, HI 96734 📞 **전화** 808-263-7929 🕐 **시간수~월요일** 07:30~15:00 🚫 **휴무** 매주 화요일 💰 **가격** 식사 메뉴 $9.55~, 커피 $2.75~ 🅿️ **주차** 무료 주차 🌐 **홈페이지** www.bootsnkimos.com
BEST MENU ① 크리미한 마카다미아 넛 소스에 바나나를 넣은 **마카다미아 넛 소스 팬케이크 Macadamia Nut Sauce Pancakes $19.99**

Macadamia Nut Sauce Pancakes $12.99

34 라니카이 주스
Lanikai Juice Co
무료 주차

Sunrise Chill $6.25(16oz, 454g)

주문과 동시에 만드는 생과일 주스 전문점. 재료의 색에 따라 노란 계열, 빨간 계열, 초록 계열로 만들어지는 특징적인 주스. 아사이 열매로 만든 빙수에 과일과 견과류를 얹은 아사이 볼(Acai Bowl)은 양이 푸짐해 간단한 한 끼로 손색없다.

- 지도 P.409L
- 찾아가기 렌터카 72번 Kalanianaole Hwy에서 Kailua Rd로 우회전, 와이키키에서 50분 소요
- 주소 600 Kailua Rd, Kailua, HI 96734
- 전화 808-262-2383
- 시간 월~토요일 06:00~20:00, 일요일 07:00~19:00
- 휴무 연중무휴
- 가격 주스 $4.45~
- 주차 무료 주차
- 홈페이지 www.lanikaijuice.com
- BEST MENU 베리류가 듬뿍 들어 있는 선라이즈 칠 Sunrise Chill $9.95(16oz, 454g)

35 마이크스 훌리훌리 치킨
Mike's kiabe broiled huli chicken
무료 주차

노스 쇼어에서 자란 마이크 아저씨가 유년 시절 동넷집 잔치 음식이 그리워 만든 푸드 트럭. 키아베 나무와 하와이언 천일염만으로 훈연향과 깔끔한 맛을 강조하며, 칼루아 포크 같은 로컬 푸드도 있어 찾는 사람이 많다.

- VOL.1 P.200 지도 P.409C
- 찾아가기 렌터카 83번 Kamehameha Hwy 북쪽 방향 바다 쪽으로 와이키키에서 1시간 20분 소요
- 주소 56-565 Kamehameha Hwy Kaneohe, HI 96744
- 전화 808-277-6720
- 시간 10:30~19:00
- 휴무 연중무휴
- 가격 식사 메뉴 $10.50~
- 주차 무료 주차
- 홈페이지 www.mikeshulihulichicken.com
- BEST MENU 그릴에 구운 양념 치킨과 샐러드로 구성된 훌리 치킨 플레이트 Huli Chicken Plate $19.50

36 지오바니 알로하 쉬림프
Giovanni's Aloha Shrimp
무료 주차

Shrimp Scampi $15

노스 쇼어의 명물 카후쿠 쉬림프 트럭의 원조. 메뉴는 새우 조리법에 따라 갈릭 스캠피와 스파이시, 단 2가지. 할레이바 마을에도 지점이 있으며, 〈무한도전〉 하와이 편에서는 할레이바 지점 쉬림프 트럭에 기념 사인을 남겼다.

- VOL.1 P.225 지도 P.409C
- 찾아가기 렌터카 83번 Kamehameha Hwy로 연결한 후 Kahuku District Park 건너편, 와이키키에서 1시간 40분 소요
- 주소 56-505 Kamehameha Hwy, Kahuku, HI 96731
- 전화 808-293-1839
- 시간 10:30~17:00
- 휴무 연중무휴
- 가격 식사 메뉴 $13.95(현금 결제만 가능)
- 주차 무료 주차
- 홈페이지 www.giovannisshrimptruck.com
- BEST MENU 짭짤하게 튀긴 마늘을 얹은 밥과 함께 나오는 쉬림프 스캠피 Shrimp Scampi $15

37 KCC 파머스 마켓
KCC Farmer's Market
무료 주차

로컬 마켓으로 평일 저녁에는 공산품과 기념품 위주로 주말 아침에는 음식 위주로 분위기가 바뀐다. 오아후의 내로라는 로컬 맛집의 음식 부스가 많은 것이 큰 장점. 다이아몬드 헤드 정상 등반 후에 들러보자!

- VOL.1 P.332 지도 P.408I
- 찾아가기 렌터카 와이키키에서 Kalakaua Ave 동쪽 방향 Monsarrat Ave 에서 KCC로 진입, 15분 소요 버스 더버스 #2 KCC 에서 하차
- 주소 4303 Diamond Head Rd, Honolulu, HI 96816
- 전화 808-848-2074
- 시간 화요일 16:00~19:00, 토요일 07:30~11:00
- 휴무 화·토요일 제외한 요일, 주요 공휴일
- 가격 스낵 $1~
- 주차 무료 주차
- 홈페이지 www.hfbf.org

38 홀푸드 마켓
Whole Foods Market
무료 주차

엄격한 관리로 품질 좋은 식자재와 유기농 인증 제품, 에코 마크를 획득한 먹거리와 스킨케어, 가정용품을 선호하는 사람들이 즐겨 찾는 슈퍼마켓. 하와이의 천연 재료를 이용한 유기농 목욕 제품과 아로마 테라피 용품을 비롯해 매일 직접 만드는 베이커리와 샐러드바까지 있어 인기가 많다. 구입한 먹거리는 야외 테이블에서 먹을 수 있다.

- VOL.1 P.324 지도 P.408I
- 찾아가기 렌터카 호놀룰루 공항에서 H-1 동쪽 방향 Waialae Ave로 연결된 후 우회전해 진입, 공항에서 30분 소요 버스 The Bus 1번 Kahala Mall 하차 트롤리 그린, 블루 라인 Kahala Mall 하차
- 주소 4211 Waialae Ave #2000, Honolulu, HI 96816
- 전화 808-738-0820
- 시간 07:00~22:00
- 휴무 연중무휴
- 주차 무료 주차
- 홈페이지 www.wholefoodsmarket.com

39 마카푸우 포인트 등대 트레일
Makapu'u Point Lighthouse Trail
무료 주차

오아후 동쪽 끝 지점 등대 위까지 올라가 360도 파노라마 뷰를 감상할 수 있는 아름다운 전망과 걷기 편한 왕복 1시간 이내의 간단한 트레일. 오르는 길에 하나우마 베이, 다이아몬드 헤드와 마우이, 마카푸 앞바다의 호누(거북) 섬과 래빗(토끼) 섬을 볼 수 있다.

- VOL.1 P.177 지도 P.408J
- 찾아가기 렌터카 72번 Kalanianaole Hwy 동쪽 방향 하나우마 베이 지나서 오른쪽에 입구, 와이키키에서 30분 소요 버스 The Bus 22, 23, 57번 Sea Life Park 하차
- 주소 Ka Iwi State Scenic Shoreline, Kalanianaole Hwy, Honolulu, HI 96795
- 전화 808-396-4229
- 시간 08:00~20:00
- 휴무 연중무휴
- 가격 무료 입장
- 주차 무료 주차
- 홈페이지 dlnr.hawaii.gov/dsp/hiking/oahu/Makapu'u-point-lighthouse-trail

40 시라이프 파크
Sea Life Park Hawaii

영화 〈첫 키스만 50번째〉의 배경으로 등장한 시라이프 파크는 돌고래, 바다사자, 거북과 펭귄 등 해양 동물들이 모여 있는 테마파크. 동물과 교감을 나눌 수 있는 다양한 체험 프로그램이 있어 어린이 동반 가족들이 많이 찾는다.

VOL.1 P.182　**지도** P.408J

찾아가기 렌터카 72번 Kalanianaole Hwy 동쪽 방향 25km 주행 후 오른쪽에 입구, 와이키키에서 30분 소요 버스 The Bus 22, 23, 57번 Sea Life Park 하차 트롤리 블루 라인 Sea Life Park 하차　**주소** 41-202 Kalanianaole Hwy, Waimanalo, HI 96795　**전화** 808-259-2500　**시간** 10:00~16:00　**휴무** 연중무휴　**가격** 일반 입장권 $49.99(입장권+루아우 디너 공연 $290)　**홈페이지** www.sealifeparkhawaii.com

41 쿠알로아 랜치
Kualoa Ranch

종합영화촬영소이자 UTV, 승마, 오션 액티비티 등 다양한 체험 프로그램을 운영하는 거대한 규모의 종합 테마파크. 이곳에서 촬영된 영화의 흔적을 구경할 수 있는 무비 사이트 투어는 1시간 30분 정도 소요되며 쿠알로아 랜치 투어를 겸할 수 있어 1석 2조.

VOL.1 P.189　**지도** P.409G

찾아가기 렌터카 83번 Kamehameha Hwy 왼편 산 쪽으로 진입하면 입구, 와이키키에서 1시간 10분 소요　**주소** 49-560 Kamehameha Hwy, Kaneohe, HI 96744　**전화** 808-237-7321　**시간** 09:30~17:30　**휴무** 연중무휴　**가격** 주라식 어드벤처 투어 $149.95, UTV 랩터 $154.95, 무비사이트 투어 $59.95　**주차** 무료 주차　**홈페이지** www.kualoa.com

42 폴리네시안 문화 센터
Polynesian Cultural Center

타히티, 통가, 뉴질랜드, 피지, 사모아, 하와이 등 폴리네시아 일곱 나라의 문화가 완벽하게 재현되어 고유 문화를 체험해 볼 수 있고 한국어 안내서가 있다. '브레스 오브 하(Breath of Ha)'는 횃불 공연과 민속춤, 뮤지컬 같은 스토리로 단연 하와이 최고의 루아우 쇼(디너쇼)라는 평이다.

VOL.1 P.188　**지도** P.409C

찾아가기 렌터카 83번 Kamehameha Hwy 북쪽으로 주행하면 왼편에 입구, 와이키키에서 1시간 40분 소요　**주소** 55-370 Kamehameha Hwy, Laie, HI 96762　**전화** 808-293-3333　**시간** 월~토요일 12:00~21:00　**휴무** 매주 일요일　**가격** 일반 입장권 성인 $94.95, 4~11세 아동 $75.95　**주차** 무료 주차　**홈페이지** www.polynesia.com

43 돌 플랜테이션
Dole Plantation

돌(Dole) 회사의 테마파크로 파인애플 나라에 온 것처럼 재미있는 곳이다. 칙칙폭폭 소리 내며 농장을 돌아보는 기차와 세계에서 가장 큰 미로 찾기, 파인애플과 관련된 아기자기하고 다양한 기념품을 만날 수 있다.

VOL.1 P.186, 290　**지도** P.408F

찾아가기 렌터카 99번 Kamehameha Hwy에서 Plantation Rd로 진입, 할레이바에서 15분 소요 버스 알라모아나 센터에서 The Bus 40, 52, 55번 돌 플랜테이션 입구 하차　**주소** 64-1550 Kamehameha Hwy, Wahiawa, HI 96786　**전화** 808-621-8408　**시간** 09:30~17:30　**휴무** 연중무휴　**가격** 농장을 한 바퀴 돌아보는 칙칙폭폭 기관차 파인애플 익스프레스(Pineapple Express) 4~11세 $12.50, 12세 이상 $15　**주차** 무료 주차　**홈페이지** www.doleplantation.com

BEST BUY ① 새콤달콤하고 부드러운 파인애플 아이스크림 $5
② 기념품 선물로 좋은 파인애플 향기가 나는 비누 $10 ③ 파인애플 맛 사탕 $2

44 카할라 리조트
The Kahala Hotel & Resort

각국의 수상과 셀러브리티의 사랑을 한몸에 받는 은밀한 리조트로 하와이의 베벌리힐스라고 불리는 카할라 지역의 사유지에 있다. 엘리자베스 영국 여왕을 비롯해 이곳을 다녀간 명사들의 친필 사인과 사진이 장식된 복도가 인상적이다. 이영애, 은지원 등 우리나라 스타들의 비밀 결혼식으로도 유명하다.

지도 P.408I

찾아가기 렌터카 호놀룰루 공항에서 H-1 동쪽 방향 Kahala Ave 도로 끝에 입구, 공항에서 25분 소요 버스 The Bus 1, 23번 Killauea Ave+Waialae Ave 하차　**주소** 5000 Kahala Ave, Honolulu, HI 96816　**전화** 808-739-8888　**시간** 체크인 15:00 체크아웃 12:00　**가격** $730(1박)~ 리조트피 없음　**주차** 발레파킹 $50(1박)　**홈페이지** www.kahalaresort.com

ZOOM IN

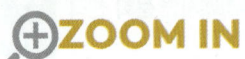

할레이바 마을

Historic Town of Hale'iwa

알로하 스피릿 넘치는 서핑과 예술의 마을

오아후 노스 쇼어를 대표하는 할레이바(Hale'iwa) 마을은 고층 빌딩 하나 없이 옛날 하와이 시골 마을의 모습을 그대로 간직한 것이 바로 첫 번째 매력 포인트. 그리고 알로하 스피릿이 넘치는 개성 있는 문화 코드가 두 번째 매력 포인트다. 서핑과 물놀이, 맛집과 예술가들의 갤러리 같은 올드타운 분위기의 멋집이 유난히 많아 한번 가보면 빠져들고 마는 할레이바. 바쁜 여행 일정과 일상에서 벗어나 마음의 여유를 느끼고 싶은 어느 하루, 할레이바를 찾아 노스 쇼어의 명물로 불리는 쉬림프 트럭, 마츠모토 셰이브 아이스와 쿠아 아이나 파인애플 햄버거도 느긋하게 즐겨보자.

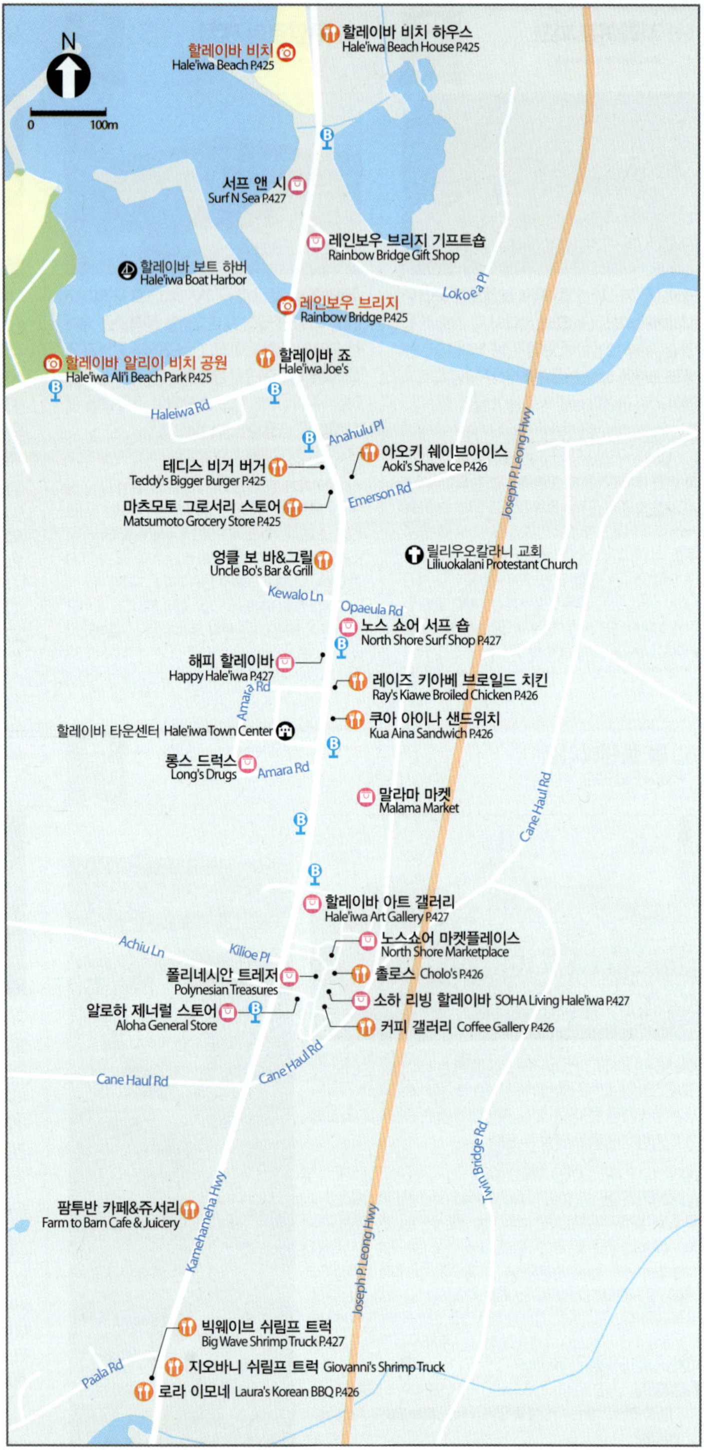
N
0
100m
할레이바 비치 하우스
Hale'iwa Beach House P.425
할레이바 비치
Hale'iwa Beach P.425
서프 앤 시
Surf N Sea P.427
레인보우 브리지 기프트숍
Rainbow Bridge Gift Shop
할레이바 보트 하버
Hale'iwa Boat Harbor
Lokoea Pl
레인보우 브리지
Rainbow Bridge P.425
할레이바 알리이 비치 공원
Hale'iwa Ali'i Beach Park P.425
할레이바 죠
Hale'iwa Joe's
Haleiwa Rd
Anahulu Pl
아오키 쉐이브아이스
Aoki's Shave Ice P.426
테디스 비거 버거
Teddy's Bigger Burger P.425
Joseph P. Leong Hwy
Emerson Rd
마츠모토 그로서리 스토어
Matsumoto Grocery Store P.425
엉클 보 바&그릴
Uncle Bo's Bar & Grill
릴리우오칼라니 교회
Liliuokalani Protestant Church
Kewalo Ln
Opaeula Rd
노스 쇼어 서프 숍
North Shore Surf Shop P.427
해피 할레이바
Happy Hale'iwa P.427
레이즈 키아베 브로일드 치킨
Ray's Kiawe Broiled Chicken P.426
Amara Rd
쿠아 아이나 샌드위치
Kua Aina Sandwich P.426
할레이바 타운센터 Hale'iwa Town Center
롱스 드럭스
Long's Drugs
Amara Rd
말라마 마켓
Malama Market
Cane Haul Rd
할레이바 아트 갤러리
Hale'iwa Art Gallery P.427
노스쇼어 마켓플레이스
North Shore Marketplace
Achiu Ln
Kilioe Pl
폴리네시안 트레저
Polynesian Treasures
촐로스 Cholo's P.426
소하 리빙 할레이바 SOHA Living Hale'iwa P.427
알로하 제너럴 스토어
Aloha General Store
커피 갤러리 Coffee Gallery P.426
Cane Haul Rd
Cane Haul Rd
Twin Bridge Rd
팜투반 카페&쥬서리
Farm to Barn Cafe & Juicery
Kamehameha Hwy
Joseph P. Leong Hwy
빅웨이브 쉬림프 트럭
Big Wave Shrimp Truck P.427
지오바니 쉬림프 트럭 Giovanni's Shrimp Truck
Paala Rd
로라 이모네 Laura's Korean BBQ P.426

1 할레이바 비치
Hale'iwa Beach

무료 주차

모래사장이 크게 발달하지 않았지만 놀이 시설, 큰 주차장과 피크닉 시설이 잘 갖춰진 넓은 잔디밭이 있어 주민들이 자주 찾는다. 눈에 띄는 흰색의 전쟁기념비가 세워져 있다.

📖 VOL.1 P.135 📍 지도 P.424
🚗 찾아가기 렌터카 83번 Kamehameha Hwy, 레인보우 브리지 옆 바다 쪽. 와이키키에서 2시간 15분. 할레이바에서 5분 소요 🚌 버스 The Bus 55번 Kamehameha Hwy+Hale'iwa Beach Park 하차
📍 주소 62-449 Kamehameha Hwy, Hale'iwa, HI 96712 📞 전화 808-233-7300 🕐 시간 일출 후~일몰 전 휴무 연중무휴 💰 가격 무료 입장 🅿️ 주차 무료 주차 🌐 홈페이지 www.aloha-hawaii.com/oahu/beaches/Hale'iwa-beach-park

2 할레이바 알리이 비치 파크
Hale'iwa Ali'i Beach Park

무료 주차

할레이바에서 가까운 비치 파크로 겨울에는 서핑의 초·중급자들이 많이 모이는 곳. 부대시설이 잘 갖춰져 있고 산맥과 풍력발전기 등이 빛어내는 주변 풍경이 아름답다.

📖 VOL.1 P.135 📍 지도 P.424
🚗 찾아가기 렌터카 83번 Kamehameha Hwy에서 Hale'iwa Rd 경유해 바닷가 쪽으로 진입. 와이키키에서 2시간 20분. 할레이바에서 5분 소요 🚌 버스 The Bus 55번 Kamehameha Hwy+Hale'iwa Rd 하차 📍 주소 66-279, Hale'iwa, HI 96712 📞 전화 808-768-3440 🕐 시간 24시간 휴무 연중무휴 💰 가격 무료 입장 🅿️ 주차 무료 주차 🌐 홈페이지 www.hawaii beachsafety.com/oahu/alii-beach-park

3 레인보우 브리지
Rainbow Bridge

주차 금지

할레이바의 상징과 같은 쌍무지개를 형상화한 다리. 아나훌루 강 위에 세워져 할레이바 마을에 진입하려면 꼭 거쳐야 한다. 1921년 처음 나무로 지어졌고, 나중에 콘크리트로 재건되었다. 마을 사람들은 아래에서 스탠드업 패들보드를 즐긴다. 세계적으로 권위 있는 트리플 크라운 서핑 대회 트로피는 레인보우 브리지 모양을 형상화한 것이다.

📍 지도 P.424
🚗 찾아가기 렌터카 Kamehameha Hwy에서 해변 쪽으로 할레이바 마을 초입에 위치. 와이키키에서 1시간 소요 📍 주소 62-620 Kamehameha Hwy, Haleiwa, HI 📞 전화 808-637-7770 🕐 시간 24시간 휴무 연중무휴 💰 가격 무료 🅿️ 주차 주차 금지 🌐 홈페이지 ⓕ www.facebook.com > Places > Haleiwa, Hawaii > Landmark

4 할레이바 비치 하우스
Hale'iwa Beach House

무료 주차

할레이바 비치 파크 맞은편에 위치한 전망 레스토랑. 메뉴는 스타일리시한 생선, 스테이크와 해산물 에피타이저가 많아 해변 마을 분위기를 즐기기 좋다.

📖 VOL.1 P.199 📍 지도 P.424
🚗 찾아가기 렌터카 Kamehameha Hwy의 Hale'iwa Beach Park 건너편에 위치 📍 주소 62-540 Kamehameha Hwy, Haleiwa, HI 96712 📞 전화 808-637-3435 🕐 시간 11:00~23:00 휴무 추수감사절 당일 💰 가격 음료 $4~, 식사 메뉴 $12~ 🅿️ 주차 무료 주차 🌐 홈페이지 www.Hale'iwabeachhouse.com

Tuna Tatare $13

5 마츠모토 그로서리 스토어
Matsumoto Grocery Store

무료 주차

60년 전통의 셰이브 아이스 맛집. 찹쌀 옹심이와 단팥, 아이스크림, 과일 맛 시럽이 어우러져 인기가 좋다.

📖 VOL.1 P.250, 291 📍 지도 P.424
🚗 찾아가기 렌터카 Kamehameha Hwy와 Emerson Rd 교차로 코너 상가 지역 내 쇼핑몰아나 센터에서 🚌 버스 The Bus 52, 55번 Kamehameha Hwy+Opp Emerson Rd 하차 📍 주소 66-111 Kamehameha Hwy Suite #605 Hale'iwa, HI 96712 📞 전화 808-637-4827 🕐 시간 09:00~18:00 휴무 추수감사절 당일, 12월 25일, 1월 1일 💰 가격 셰이브 아이스 $2.50~ 🅿️ 주차 무료 주차 🌐 홈페이지 www.matsumotoshaveice.com

Shave ice with bean and mochi $4.50

6 테디스 비거 버거
Teddy's Bigger Burger

무료 주차

하와이 3대 버거로 유명한 테디스 비거 버거는 카일루아에 본점이 있고, 하와이 카이와 노스쇼어 지점은 근래에 오픈했다. 100% 소고기로 원하는 굽기와 사이즈를 고를 수 있고 주문 전에 버거의 엄청난 크기를 가늠할 수 있는 사이즈 측정판이 있어 재미를 준다.

📖 VOL.1 P.228 📍 지도 P.424
🚗 찾아가기 렌터카 Kamehameha Hwy에서 해변 방향으로 위치한 할레이바 마을 초입에 위치. 와이키키에서 1시간 소요 📍 주소 62-111 Kamehameha Hwy, Haleiwa, HI 96712 📞 전화 808-637-8454 🕐 시간 일~수 10:00~21:00, 목~토 10:00~01:00 휴무 추수감사절 당일, 12월 25일, 1월 1일 💰 가격 버거 $10.99~ 🅿️ 주차 무료 주차 🌐 홈페이지 www.teddysbb.com

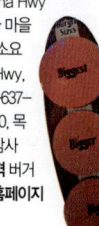

7 아오키 셰이브아이스
Aoki's Shave Ice

4대째 이어온 비밀 레시피와 할레이바 특유의 여유와 낭만이 가득한 아기자기한 포토 스폿이 많은 로컬 셰이브 아이스 맛집이다. 직접 깎은 부드러운 얼음, 수제 시럽과 다채로운 토핑이 어우러져 클래식한 맛을 완성한다. 깔끔한 외관과 아늑한 야외 좌석에서 여유롭게 셰이브아이스와 SNS에 올릴만한 사진 한 장 남기고 싶다면 여기가 정답이다.

ⓟ VOL.1 P.251 ⓜ 지도 P.424

ⓖ 찾아가기 렌터카 Kamehameha Hwy에서 할레이바 마을 마츠모토 그로서리 맞은편. 와이키키에서 1시간 소요. ⓐ 주소 66-082 Kamehameha Hwy, Haleiwa, HI 96712 ⓣ 전화 808.637.6782 ⓘ 시간 수~일 11:00~18:00 ⓗ 휴무 화요일 ⓟ 가격 셰이브아이스 $4.50~ ⓟ 주차 무료 주차 ⓗ 홈페이지 www.linktr.ee/AokiShaveIce

8 레이즈 키아베 브로일드 치킨
Ray's Kiawe Broiled Chicken

하와이 로컬 푸드인 훌리훌리 치킨 전문점으로 노스쇼어 유명 맛집이다. 주말에만 문을 열고 준비한 치킨이 다 소진되면 영업을 종료한다. 진한 훈연 향과 짭짤한은 한국 양념 통닭에선 느낄 수 없다. 현금 결제만 가능.

ⓜ 지도 P.424

ⓖ 찾아가기 Kamehameha Hwy를 따라 North Shore Surf Shop 옆 공터 주차장에 위치 ⓐ 주소 66-160 Kamehameha Hwy, Haleiwa, HI 96712 ⓣ 전화 없음 ⓘ 시간 토~일요일 09:00~16:00 ⓗ 휴무 월~금요일, 주요 공휴일 ⓟ 가격 1/2 치킨플레이트 $6~ ⓟ 주차 무료 주차 ⓗ 홈페이지 www.scoopofparadise.com

9 쿠아 아이나 샌드위치
Kua Aina Sandwich

하와이의 로컬 브랜드로 하와이 산 재료로 만든 신선한 샌드위치와 햄버거가 유명하다. 특히 그릴에 구운 파인애플 또는 부드러운 아보카도 반쪽을 두툼한 쇠고기 패티 위에 올려 푸짐하게 맛볼 수 있다.

ⓟ VOL.1 P.229 ⓜ 지도 P.424

ⓖ 찾아가기 렌터카 Kamehameha Hwy와 Amara Rd 교차로 맞은편 ⓐ 주소 66-160 Kamehameha Hwy, Haleiwa, HI 96712 ⓣ 전화 808-637-6067 ⓘ 시간 11:00~20:00 ⓗ 휴무 연중무휴 ⓟ 가격 버거 $7.50~ ⓟ 주차 무료 주차 ⓗ 홈페이지 www.kua-aina.com

Hamburger $8.40 Cheeseburger $7.90 Homemade French Fries $3.50

10 촐로스
Cholo's

멕시칸 레스토랑으로 현지 주민들과 관광객 모두의 사랑을 받는 곳. 20년 넘게 자리를 지켜온 터줏대감으로 주말이면 유명 서핑 선수들과 하와이에서 휴가 중인 셀럽들의 자연스러운 모습을 우연히 만나게 되는 곳이다.

ⓜ 지도 P.424

ⓖ 찾아가기 렌터카 Kamehameha Hwy의 Hale'iwa Town Center 내 버스 The Bus 55번 Hale'iwa Town Center 하차 ⓐ 주소 66-250 Kamehameha Hwy, Hale'iwa, HI 96712 ⓣ 전화 808-637-3059 ⓘ 시간 09:30~21:30 ⓗ 휴무 연중무휴 ⓟ 가격 음료 $5~, 식사 메뉴 $9.50~ ⓟ 주차 무료 주차 ⓗ 홈페이지 www.facebook.com/cholosHaleiwa

Meat Taco Salad $10.35

11 커피 갤러리
Coffee Gallery

직접 원두를 로스팅하는 커피 매장으로 그윽한 커피 향기가 주변에 퍼져 자연스럽게 발길을 유혹하는 곳이다. 자색 고구마 브라우니, 하우피아 스콘 같은 로컬 하와이언 스타일 홈메이드 베이커리를 함께 맛보면 좋다. 로고 머그잔 등 기념품도 있으니 둘러보자.

ⓟ VOL.1 P.263 ⓜ 지도 P.424

ⓖ 찾아가기 렌터카 Kamehameha Hwy의 Hale'iwa Town Center 내 촐로스 옆 코너 버스 The Bus 55번 Hale'iwa Town Center 하차 ⓐ 주소 66-250 Kamehameha Hwy C106, Hale'iwa, HI 96712 ⓣ 전화 808-637-5355 ⓘ 시간 06:30~20:00 ⓗ 휴무 추수감사절 당일 ⓟ 가격 커피 $2.75~, 베이커리 $2.50~ ⓟ 주차 무료 ⓗ 홈페이지 www.roastmaster.com

12 로라 이모네
Laura's Korean BBQ

편안한 분위기에서 플레이트 런치 스타일로 한국 음식을 맛볼 수 있어 김치와 밥이 그리웠던 모든 이들에게 더할 나위 없다. 동네에서 복직한 로라 이모가 있어 한국 사람들끼리 정을 나누고, 비상시 이모에게 질문할 수 있으니 일석이조!

ⓜ 지도 P.424

ⓖ 찾아가기 렌터카 할레이바 마을 초입 첫 번째 왼편 푸드코트 내에 위치 ⓐ 주소 66-521 Kamehameha Hwy, Haleiwa, HI 96712 ⓣ 전화 808-271-0078 ⓘ 시간 10:00~18:00 ⓗ 휴무 추수감사절 당일, 12월 25일, 1월 1일 ⓟ 가격 런치 플레이트 $8~ ⓟ 주차 무료 주차 ⓗ 홈페이지 www.roastmaster.com

Mix Plate $15

13 빅웨이브 쉬림프 트럭
Big Wave Shrimp Truck 무료 주차

노스 쇼어 대표 먹킷 리스트인 갈릭슈림프 맛집 중의 하나. 진한 마늘향 소스에 버무려 노릇하게 구운 새우가 입맛을 확 끌어당긴다. 플레이트엔 새우와 함께 밥 두 스쿱, 샐러드까지 든든하게 나와 포만감도 GOOD. 주변에는 지오바니 할레이바 지점과 여러 푸드 트럭이 모여있고 하와이 로컬 방송에 자주 소개되어 점심시간엔 대기 필수.

📍 지도 P.424
🚗 찾아가기 렌터카 Kamehameha Hwy에서 노스쇼어 마켓플레이스 인근 맞은편. 와이키키에서 1시간 소요 📍 주소 65-521 Kamehameha Hwy, Haleiwa, HI 96712 📞 전화 808-637-6782 🕐 시간 10:00~18:00 🚫 휴무 주요 공휴일 💰 가격 플레이트런치 $13.50~ 🅿️ 주차 무료 주차 🌐 홈페이지 www.bigwaveshrimp.com

14 서프 앤 시
Surf N Sea 무료 주차

100년이 넘은 할레이바의 전통 건물에 위치한 서프 숍으로 서핑 선수, 유명인들의 기념사진으로 장식된 벽이 따로 있을 정도. 경험 많은 강사에게 일대일로 서핑, 다이빙 강습을 받을 수 있다. 최근에 평화의 아이콘 밥 말리의 벽화를 그려 지역 명소로 거듭나고 있다.

📖 VOL.1 P.291 📍 지도 P.424
🚗 찾아가기 렌터카 Kamehameha Hwy에서 레인보우 브리지 직전 버스 알라모아나 센터에서 The Bus 52, 55번 Kamehameha Hwy+Lolokea Plaza 하차 📍 주소 62-595 Kamehameha Hwy, Hale'iwa, HI 96712 📞 전화 808-637-7873 🕐 시간 09:00~20:00 🚫 휴무 추수감사절 당일, 12월 25일, 1월 1일 💰 가격 서핑 개인 레슨(Beginner Surf Lesson 101) $85(1시간) 🅿️ 주차 무료 주차 🌐 홈페이지 www.surfnsea.com

15 노스 쇼어 서프 숍
North Shore Surf Shop LLC ★★★무료 주차

프로 서핑 선수들이 은퇴 후 모여 만든 서프 용품 매장으로 서핑보드 렌탈, 서핑 강습이 가능하며 유니크한 기념품 아이템과 햇볕에 그을린 피부를 위한 스킨케어 제품을 다양하게 보유하고 있다. 할레이바와 와이키키에 각각 지점이 있고 온라인 예약과 쇼핑도 가능하다. 가수 엄정화 등 한국의 서핑 마니아들이 찾아오는 숨은 보석 같은 곳.

📍 지도 P.424
🚗 찾아가기 렌터카 Kamehameha Hwy와 Amara Rd 교차로 맞은편 쿠아 아이나 샌드위치 옆 📍 주소 66-150 Kamehameha Hwy, Hale'iwa, HI 📞 전화 808-637-5002 🕐 시간 07:00~20:30 🚫 휴무 연중무휴 💰 가격 서핑 개인 레슨(Private Lesson) $100(1시간)~ 🅿️ 주차 무료 주차 🌐 홈페이지 www.northshoresurfshop.com

16 해피 할레이바
Happy Haleiwa ★★★★무료 주차

아웃도어 라이프를 즐기는 호쿨라니와 비글 캐릭터가 사랑스러운 로컬 라이프 스타일 브랜드로 의류, 잡화, 식자재까지 다양한 아이템을 갖추고 있다. 할레이바가 본점이며 와이키키 지점, 다이아몬드 헤드 부근의 카페도 운영 중이다. 페이스북 친구 맺기를 하면 현장에서 구매 시 10% 할인 혜택을 누릴 수 있다.

📍 지도 P.424
🚗 찾아가기 렌터카 Kamehameha Hwy를 따라 North Shore Surf Shop 맞은편에 위치 📍 주소 66-145 Kamehameha Hwy, Haleiwa, HI 96712 📞 전화 808-637-9713 🕐 시간 10:00~18:00 🚫 휴무 추수감사절 당일, 12월 25일, 1월 1일 🅿️ 주차 무료 주차 🌐 홈페이지 www.happyhaleiwa.net

17 할레이바 아트 갤러리
Hale'iwa Art Gallery 무료 주차

불로 녹인 유리에 색을 넣어 바닷속 생명체들을 테마로 한 유리 공예품을 만드는 아트워크 숍이 있는 갤러리. 할레이바 지역 출신 예술가의 작품만 전시 판매할 수 있는 규칙에 따라 현지 아티스트들이 현장에서 작업하는 과정을 관람하며 작품에 대한 얘기를 직접 나눌 수 있다. 갤러리 감상 무료, 갤러리 내 사진 촬영 금지.

📍 지도 P.424
🚗 찾아가기 렌터카 Kamehameha Hwy에서 Hale'iwa Town Center 진입로 코너 버스 The Bus 55번 Hale'iwa Town Center 하차 📍 주소 66-252 Kamehameha Hwy # 1, Hale'iwa, HI 96712 📞 전화 808-637-3366 🕐 시간 10:00~18:00 🚫 휴무 추수감사절 당일, 12월 25일, 1월 1일 🅿️ 주차 무료 주차 🌐 홈페이지 www.Hale'iwaartgallery.com

18 소하 리빙 할레이바
SOHA Living Hale'iwa ★★★★무료 주차

빈티지 아일랜드 스타일의 홈인테리어 소품과 여자들이 좋아할 만한 주방 용품 등 아기자기한 아이템이 한자리에 모여 구경하는 재미가 있는 소품 편집 숍으로 하와이의 주요 해변 마을마다 지점이 있다. 할레이바 지점에서만 살 수 있는 홈데코 소품을 공략하자.

📍 지도 P.424
🚗 찾아가기 렌터카 Kamehameha Hwy의 Hale'iwa Town Center 내 커피 갤러리 옆 버스 The Bus 55번 Hale'iwa Town Center 하차 📍 주소 66-250 Kamehameha Hwy C105, Hale'iwa, HI 96712 📞 전화 808-439-6198 🕐 시간 일~목요일 09:00~19:00, 금~토요일 09:00~20:00 🚫 휴무 추수감사절 당일, 12월 25일, 1월 1일 🅿️ 주차 무료 주차 🌐 홈페이지 www.sohaliving.com

C West OAHU
[서부 오아후]

현대적 도시와
옛 왕조의 발자취가
공존하는 반전 매력

하와이제도에서 세 번째로 큰 섬 오아후의 호놀룰루와 서쪽 지역은 섬의 관문이다. 처음에는 알로하 타워 인근에 다운타운이 생겼으나 이후 항공 시대와 함께 개발된 와이키키가 포화 상태에 이르면서 관광 시설이 점차 서쪽으로 옮겨 가 새로 생긴 리조트와 쇼핑센터들이 각광받고 있다. 하와이 왕조의 문화유산이 남아 있는 다운타운과 아름다운 해변까지 하와이가 자랑하는 다양한 명소와 매력이 공존하는 지역이니 관광과 쇼핑 두 마리 토끼를 잡아보자.

서부 오아후, 면적은 얼마나 될까?
오아후의 서부 지역은 고속도로 HI-1과 그 연장선인 HI-93 이남의 서쪽을 통칭한다. 알라모아나, 다운타운 호놀룰루부터 서쪽 끝 지점 카에나 포인트까지 길게 이어져 섬 전체 면적의 1/3 정도에 해당한다. 그중 주요 구간인 호놀룰루는 면적은 작지만 미국 10대 도시 중 하나로 인구밀도는 샌디에이고보다 35% 더 높다.

429

MUST SEE 이것만은 꼭 보자!

№. 1
1930년대 항구에 세워진 고풍스러운 시계탑
알로하 타워

№. 2
하와이를 대표하는 동상, 최초의 통일 대왕의 품격
킹 카메하메하 동상

№. 3
하와이 왕가의 문화유산, 최초의 서양식 궁전
이올라니 궁전

MUST EAT 이것만은 꼭 먹자!

№. 1
하와이 대표 스타 셰프 피터 메리맨의
랍스터 플레이트

№. 2
홍콩의 딤섬을 그대로 느낄 수 있는 차이나타운 딤섬 명가
레전드 시푸드 레스토랑의 딤섬

№. 3
어시장처럼 즐기는 신선한 하와이식 회무침
니코 피어 38 피시 마켓의 포케 샐러드

MUST EXPERIENCE 이것만은 꼭 경험하자!

№. 1
섬의 서쪽 끝 지점까지 가보자
카에나 포인트 주립공원 트레일헤드

№. 2
훌라 공연과 라이브 재즈가 있는 로맨틱 디너 크루즈
스타 오브 호놀룰루 크루즈

MUST BUY 이것만은 꼭 사자!

№. 1
프리미엄 아웃렛에서 저렴하게 득템하는 명품
코치

№. 2
포에버 플로럴 브랜드의 고보습 립 제품
하와이 과일향 립밤

№. 3
하와이풍의 패턴과 꽃으로 장식된
디즈니 하와이 머리띠

호놀룰루를 대표하는 관광, 쇼핑, 리조트가 문화 유적지와 함께 모여 있는 최고 인기 지역.
인기 ★★★★★

호놀룰루 국제공항, 진주만, 이올라니 궁전과 제2의 와이키키 알라모아나 지역 등 큼직한 볼거리가 많다.
관광지 ★★★★★

벼룩시장부터 프리미엄 아웃렛, 세계 최대 규모의 쇼핑센터와 대형 매장을 비롯해 각 지역마다 독특한 쇼핑센터가 있다.
쇼핑 ★★★★★

알라모아나, 다운타운, 코올리나, 펄리지 등 인구가 밀집한 곳 위주로 맛집이 넘쳐난다.
식도락 ★★★★★

펍, 나이트클럽, 가라오케 등 밤늦게까지 신나게 즐길 수 있는 곳들이 풍성하다.
나이트라이프 ★★★★☆

인구밀도가 높은 다운타운 호놀룰루는 매우 복잡한 편, 그 외에는 유유자적한 하와이언 스타일 그 자체다.
복잡함 ★★★★☆

COURSE 1 — 오아후 서부 자연경관 명소 코스

오아후 서부는 드라이브 코스 일순위로 꼽히는 지역이 아니기 때문에 하와이 여행 초보들은 빼놓기 쉽다. 하지만 무작정 따라하기 서부 경관 코스를 완성하면 남들이 보지 못한 숨은 명소를 챙겨 볼 수 있는 꿀팁 같은 코스다. 해변에 위치한 로컬 맛집에서 식사를 하면서 쉬엄쉬엄 코스를 즐겨도 좋다. 일정이 짧은 경우, 경관 명소 코스에 역사 명소와 쇼핑을 취향에 맞게 골라서 동선을 짤 것을 추천한다.

START

1. 매직 아일랜드 (Magic Island)

와이키키 스카이라인과 다이아몬드 헤드 분화구까지 한눈에 보이는 맑고 잔잔한 해변에서 그림 같은 기념사진을 남겨보자.

- **찾아가기** Kalakaua Ave에서 Ala Moana Blvd 경유해 알라모아나 비치 파크로 진입
- **주차** 무료 주차

2. 니코 피어 38 피시 마켓 (Nico's Pier 38 Fish Market)

알라모아나 항구를 전경으로 신선한 해산물을 저렴한 가격에 즐길 수 있는 유명 맛집. 간단한 점심을 하기에 좋다.

- **찾아가기** Ala Moana Blvd 서쪽 7km 후 N. Nimitz Hwy 경유해 부둣가 쪽으로 진입
- **주차** 무료 주차

BEST MENU

1. 달콤한 휘핑크림을 얹은 상큼한 맛 **라바 플로 Lava Flow $9**
2. 현지 어선에서 매일 들여오는 신선한 참치로 만든 **시어드 아히 포케 샐러드 Seared Ahi Poke Salad $13**

3. 이즈라엘 카마카위오올레 동상 (Israel Kamakawiwo'ole Statue)

우쿨렐레 선율에 '오버 더 레인보우'를 즐겨 부른 하와이 출신의 세계적인 가수 브라다 이즈를 기려 고향 주민들이 세운 숨은 보물 같은 동상을 찾아 기념사진을 남겨보자.

- **찾아가기** HI-93 Farrington Hwy 서쪽 방면으로 50km, Ala Hema St 교차로 지나서 우회전
- **주차** 무료 주차

모쿨레이아 삼림 보호 지역 Mokuleia Forest Reserve

카에나 포인트 주립공원 트레일헤드 Ka'ena Point State Park Trailhead

4. **요코하마 비치** Yokohama Beach

마카하 Makaha

3. **이즈라엘 카마카위오올레 동상** Israel Kamakawiwo'ole Statue

와이아내 Waianae

밀릴라니 Mililani

디즈니 아울라니 리조트&스파 Aulani, A Disney Resort&Spa

5. **몽키포드 키친** Monkeypod Kitchen by Merriman

파라다이스 코브 루아우 Paradise Cove Luau

포시즌스 리조트 오아후 앳 코올리나 Four Seasons Resort Oahu at Ko Olina

6. **코올리나 리조트 라군** Ko Olina Resort Lagoons

4 카에나 포인트 주립공원 트레일헤드
Ka'ena Point State Park Trailhead

오아후 서쪽 끝 지점으로 잠시 걸어가면서 사막 기후의 압도적인 해안선 풍광을 즐길 것. 해변에서 쉬는 알바트로스와 몽크실의 모습도 찾아보자.

- 찾아가기 HI-93 Farrington Hwy 서쪽 방면 도로 끝까지 가면 트레일 입구와 비치 파크
- 주차 무료 주차

5 몽키포드 키친
Monkeypod Kitchen by Merriman

건강한 자연주의 음식을 추구하는 하와이 유명 셰프 피터 메리맨의 레스토랑에서 수제 피자와 여유로운 리조트 단지 분위기를 즐겨보자.

- 찾아가기 HI-93 Farrington Hwy, Ko Olina 방면 출구에서 리조트 단지로 진입, 첫 번째 교차로에서 좌회전
- 주차 무료 주차

🍴 BEST MENU
1. 한낮의 더위를 잊게 하는 시원한 화이트 와인 **샤도네이** Chardonnay $7
2. 화덕에서 구워 고소한 도우가 일품인 수제 **마르게리타 피자** Margherita Pizza $21

6 코올리나 리조트 라군
Ko Olina Resort Lagoons

잘 가꿔진 잔잔한 인공 라군은 수심이 얕아 모두에게 좋은 해변. 환상적인 노을을 볼 수 있는 일몰 명소!

- 찾아가기 리조트 단지 내로 진입 1km 지나면 라군 2 주차장
- 주차 무료 주차

433

↓
START

Area 1 오아후 / C. 샤우오아후

1. 매직 아일랜드
   7km, 20분
2. 니코 피어 38 피시 마켓
   50km, 45분
3. 이즈라엘 카마카위오올레 동상
   14.5km, 17분
4. 카에나 포인트 주립공원 트레일헤드
   30km, 40분
5. 몽키포드 키친
   1km, 2분
6. 코올리나 리조트 라군
   Finish

COURSE 1 / COURSE 2 / COURSE 3 / TRAVEL INFO

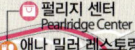

하와이 역사 문화유산 탐방 코스

COURSE 2

하와이 왕국의 문화유산이 잘 남아 있는 다운타운을 중심으로 흥미로운 이야깃거리와 사라진 왕조를 추억하는 시간 여행을 떠나보자. 폴리네시아 원주민 문화와 근대 유럽의 문화를 모두 엿볼 수 있어 교육적이고 박물관과 궁전 등 쾌적한 실내 볼거리도 많아 아이를 동반한 가족들이 선호하는 코스. 소요 시간이 짧아 도착당일 체크인 전 시간을 활용하거나 코스를 마친 후 알로하 타워에서 스타 오브 호놀룰루의 선셋 디너 크루즈 체험을 하는 것도 굿 아이디어!

START

1 버니스 파우아히 비숍 박물관
Bernice Pauahi Bishop Museum

세계에서 가장 큰 폴리네시아 사모아 문화 박물관. 귀중한 역사 유물이 잘 보존되어 있으니 원주민의 주거지부터 마지막 왕가의 의복과 소장품까지 천천히 둘러보자.

ⓘ **찾아가기** H1-1 20A 출구로 진출. Bernice St와 Kapalama Ave 교차로에서 주차장으로 진입.
ⓟ **주차** 유료 주차(개장 내 $3)

🔍 **PLUS INFO**

❶ 폴리네시아 문화관

❷ 하와이 원주민의 주거지를 복원해 놓은 모형

2 레전드 시푸드 레스토랑
Legend Seafood Restaurant

아름답고 맛있는 홍콩 스타일 딤섬을 차이나타운에서 현지인처럼 즐겨보자. 부담 없는 가격에 종류별로 맛이 다른 딤섬을 골라 먹는 즐거움이 가득!

ⓘ **찾아가기** N Vineyard Blvd로 진출 후 N. Bertania St 경유해 차이나타운 컬처럴 플라자 내
ⓟ **주차** 유료 주차(레스토랑 이용 확인 도장 지참 시 1시간 무료)

🔍 **BEST MENU**
접시별로 가격이 다른 다양한 종류의 딤섬 모음 $2.95(1접시)~

3 이올라니 궁전
Iolani Palace

유럽의 성당을 모티프로 한 서양식 건물로 현재 미국 유일의 왕궁. 마지막 왕가의 사연이 담긴 유물과 유산, 가구와 장신구 등 왕국의 품격을 보여주는 무궁무진한 볼거리가 있다.

ⓘ **찾아가기** S. King St 경유해 이올라니 궁전을 한 바퀴 돌아 뒤쪽 주차장으로 진입
ⓟ **주차** 유료 주차(2시간 $3)

🔍 **PLUS INFO**
칼라카우아 왕과 카피올라니 왕비가 사용했던 귀빈 영접실

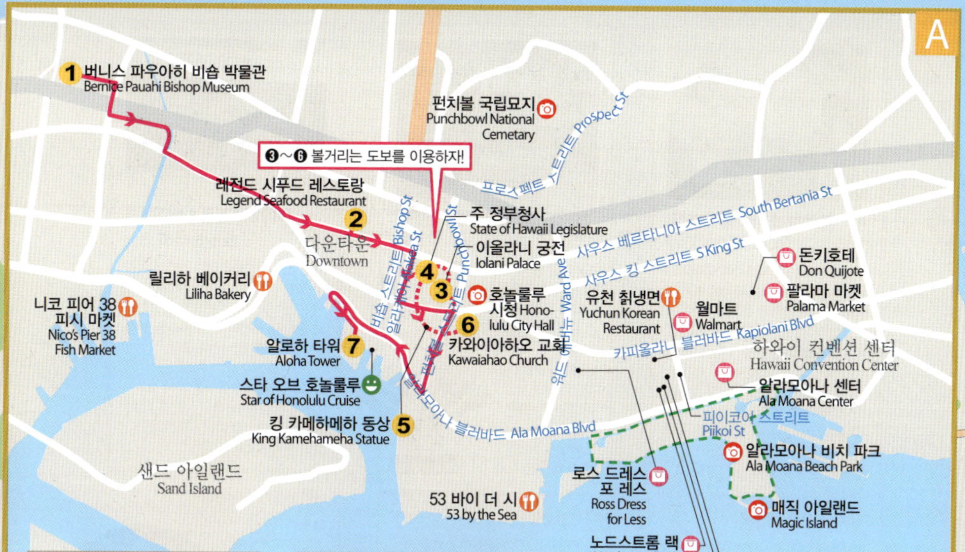
A
1 버니스 파우아히 비숍 박물관
Bernice Pauahi Bishop Museum
펀치볼 국립묘지
Punchbowl National Cemetary
❸~❻ 볼거리는 도보를 이용하자!
프로스펙트 스트리트 Prospect St
레전드 시푸드 레스토랑
Legend Seafood Restaurant
2
다운타운
Downtown
주 정부청사
State of Hawaii Legislature
이올라니 궁전
Iolani Palace
사우스 베르타니아 스트리트 South Bertania St
사우스 킹 스트리트 S King St
Bishop St
Punchbowl St
릴리하 베이커리
Liliha Bakery
4
3
호놀룰루 시청 Honolulu City Hall
돈키호테
Don Quijote
팔라마 마켓
Palama Market
니코 피어 38 피시 마켓
Nico's Pier 38 Fish Market
6
유천 췱냉면
Yuchun Korean Restaurant
월마트
Walmart
카피올라니 블러바드 Kapiolani Blvd
알로하 타워
Aloha Tower
7
카와이아하오 교회
Kawaiahao Church
워드 애비뉴 Ward Ave
하와이 컨벤션 센터
Hawaii Convention Center
스타 오브 호놀룰루
Star of Honolulu Cruise
알라모아나 센터
Ala Moana Center
킹 카메하메하 동상
King Kamehameha Statue
5
알라모아나 블러바드 Ala Moana Blvd
피이코이 스트리트
Piikoi St
샌드 아일랜드
Sand Island
알라모아나 비치 파크
Ala Moana Beach Park
로스 드레스 포 레스
Ross Dress for Less
53 바이 더 시
53 by the Sea
매직 아일랜드
Magic Island
노드스트롬 랙
Nordstrom Rack
판야 비스트로 & 베이커리
Panya Bistro & Bakery
TJ 맥스
TJ Maxx

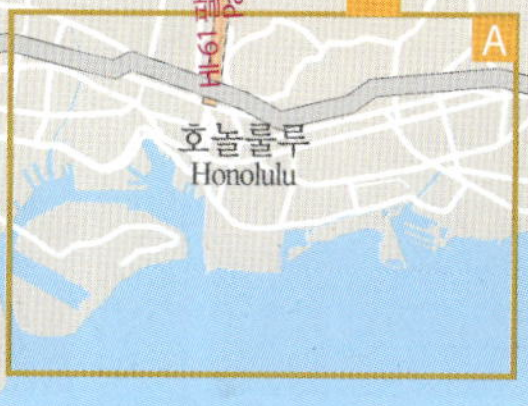
H-1 팔리 하이웨이
Pali Hwy
A
H-1
호놀룰루
Honolulu

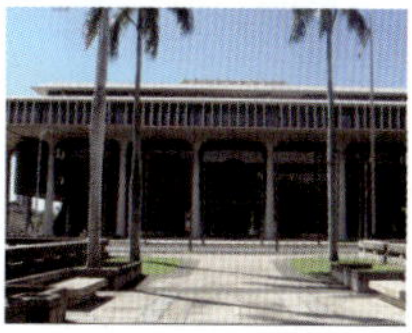

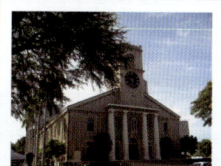

4 주 정부청사

State of Hawaii Legislature

하와이 왕국의 궁전을 대신해 하와이 주 입법 정부기관이 사용하는 건물. 하와이 문화를 반영해 바다를 상징하는 연못과 하늘을 상징하는 개방형 구조에 성인들의 동상이 있다.

찾아가기 이올라니 궁전 뒤쪽 주차장에 주차 후 도보 이동

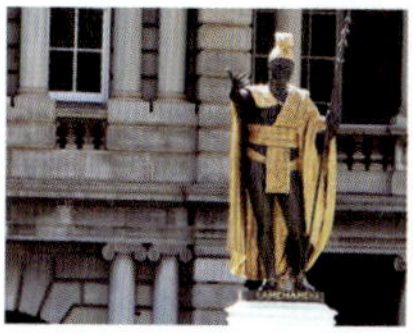

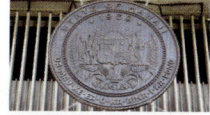

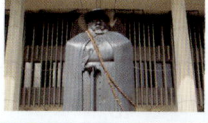

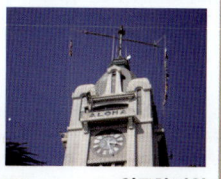

5 킹 카메하메하 동상

King Kamehameha Statue

하와이 왕국을 최초로 통일한 빅아일랜드 출신의 킹 카메하메하 동상. 생일인 6월 11일은 공휴일로 이 동상에 5미터가 넘는 거대 레이 꽃목걸이를 거는 행사가 열린다.

찾아가기 이올라니 궁전 맞은편 알리이올라니 할레 앞, 주 정부청사에서 도보 이동

PLUS INFO

❶ 하와이 왕국 고유의 모토가 새겨진 왕실 인장이 입구에 걸려 있다.

❷ 나병 환자 격리 섬에서 봉사 중 생을 마감한 성직자 데미안 신부의 동상이 입구에 있다.

6 카와이아하오 교회

Kawaiahao Church

오아후에 최초로 생긴 교회로 국교를 개종한 후 하와이 왕가가 직접 예배에 참석하던 곳. 미국의 사적지로 등재되었다.

찾아가기 S. King St와 Punchbowl St 교차로 건너편, 킹 카메하메하 동상에서 도보 이동

ALOHA

7 알로하 타워

Aloha Tower

하와이 관광 역사에서 가장 잘 알려진 건물의 하나. 각종 크루즈 배가 이 곳 항구에서 출항한다. 10층 전망대에 올라가 보자.

찾아가기 다시 이올라니 궁전에서 차를 타고 이동, Bishop St 경유해 Aloha Tower Dr에서 진입

주차 유료 주차(1시간 $2)

START

1. 버니스 파우아히 비숍 박물관

2.8km, 7분

2. 레전드 시푸드 레스토랑

1.6km, 7분

3. 이올라니 궁전

100m, 도보 5분

4. 주 정부청사

300m, 도보 5분

5. 킹 카메하메하 동상

300m, 도보 5분

6. 카와이아하오 교회

1km, 자동차 5분

7. 알로하 타워

Finish

START

1 알로하 스타디움 스왑밋
Aloha Stadium Swapmeet

기념품과 수공예 액세서리, 홈메이드 잼과 식료품을 저렴한 가격에 묶음 단위로 구매 가능하고 흥정도 할 수 있는 거리 시장 분위기를 즐겨보자. 현금을 준비할 것!

ⓘ 찾아가기 HI-1 서쪽 방면 HI-201 경유해 HI-3 1E 출구, Stadium/ Halawa/Camp Smith 방면으로 주행하면 주차장
ⓟ 주차 무료 주차(입장료 1인 $2)

⊕ **BEST ITEM**
재미있는 하와이 스타일 인테리어 소품. 최저 가격 $15(1개)

2 와이켈레 프리미엄 아웃렛
Waikele Premium Outlet

프리미엄 명품 브랜드 아웃렛으로 쇼핑 투어에서 빠질 수 없는 곳. 코치, 마이클 코어스, 어그부츠와 트루릴리전 청바지 매장을 공략할 것!

ⓘ 찾아가기 HI-201 경유해 HI-1 서쪽 방면 7번 출구 Waikele/Waipahu로 주행하면 주차장
ⓟ 주차 무료 주차

⊕ **BEST ITEM**
할인율이 높아 인기 좋은 코치 브랜드 장지갑 $79~

3 판야 비스트로 & 베이커리
Panya Bistro & Bakery

쇼핑 전후로 출출하다면 가볍게 즐길 수 있는 다양한 베이커리 메뉴와 아시아 음식을 선보이는 로컬 찐맛집으로 향하자. 주변으로 대형 쇼핑 센터들이 있어 걸어다니기도 좋다.

ⓘ 찾아가기 HI-1 동쪽 방향 HI-201 경유해 22번 Kinau St로 진출 후 Ward Ave에서 Auahi St 따라 워드센터 건물에 주차하고 도보 이동

⊕ **BEST MENU**
❶ 땅콩으로 고소함을 더하는 태국식 볶음 국수 **쉬림프 팟타이 누들 Shrimp Pad Thai Noodle $22**
❷ 20년 넘게 인기 시원하고 상큼한 100% 리얼 **청사과 착즙주스 Green Apple Juice $14**

카에나 포인트 주립공원 트레일헤드
Ka'ena Point State Park Trailhead

4 노드스트롬 랙
Nordstrom Rack

미국의 명품 백화점 노드스트롬 매장의 아웃렛 숍. 의류, 가방, 샌들, 모자, 화장품과 어린이 용품까지 있으니 하와이 여행 시 필요할 챙 모자와 슬리퍼는 이곳에서!

ⓘ 찾아가기 Auahi St에서 Kamakee St 방면으로 주행. 도로 끝에서 주차장 진입
ⓟ 주차 무료 주차

⊕ **BEST ITEM**
❶ 한국 여성들에게 인기 좋은 브랜드 샌들을 상상초월 아웃렛 가격으로!
❷ 명품 브랜드 챙 모자를 아웃렛 가격에 득템!

5 알라모아나 센터
Ala Moana Center

세계 최대 규모의 쇼핑센터. 다수의 백화점과 브랜드 매장, 레스토랑이 있으니 공략 매장을 정하고 가까운 곳에 주차 후 둘러보자. 인포메이션 센터 컨시어지를 이용하면 좋다.

ⓘ 찾아가기 Ala Moana Blvd 동쪽으로 주행. Piikoi St에서 좌회전해 쇼핑센터 진입
ⓟ 주차 무료 주차

⊕ **BEST ITEM**
하와이 유기농 재료로 만든 끈적임 없이 촉촉한 **핸드크림과 스킨케어 제품 $6.95**

6 월마트
Walmart

각종 하와이 기념품과 식료품, 현지에서 바로 사용할 아쿠아 슈즈와 물놀이 용품 등을 저렴하게 한 번에 해결할 수 있다.

ⓘ 찾아가기 Kona St 쪽 출구로 나와 Makaloa St에서 좌회전하면 주차장
ⓟ 주차 무료 주차

⊕ **BEST ITEM**
일회용품 같은 가격으로 구입할 수 있는 물놀이 필수 용품 아쿠아 슈즈 $10~

웻 앤 와일드 하와이
Wet n Wild Hawaii

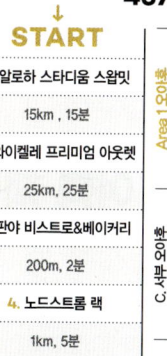

COURSE 3 오아후 서부 원데이 풀코스 쇼핑 루트

쇼핑의 천국 하와이가 자랑하는 쇼핑센터가 대거 모여 있는 오아후 서부 지역에서는 쇼핑 루트를 빼놓을 수 없다. 프리미엄 아웃렛, 세계 최대 규모의 야외형 멀티 센터 '알라모아나 센터'를 중심으로 벼룩시장과 저렴한 득템을 위한 창고형 할인 매장까지 잘 짜여진 코스를 따라 원없이 쇼핑을 즐겨보자.

⊕ Travel INFO

여행 핵심 정보

● 현지 여행 패턴을 고려해 여행 중요도가 높은 별점 순서로 배열했습니다.

1 매직 아일랜드
Magic Island

무료 주차

알라모아나 비치 파크의 맨 안쪽 인공 라군. 얕은 수심으로 어린이도 놀 수 있는 잔잔한 파도를 자랑한다. 와이키키 비치와 다이아몬드 헤드를 전망하기 좋은 뷰 포인트로 매주 금요일 밤 7시 45분 불꽃놀이 관람 명소 중 하나.

📖 VOL.1 P.135 📍 지도 P.431H
🚗 찾아가기 렌터카 Ala Moana Blvd와 Aktinson Dr 교차로에서 해변으로 진입, 와이키키에서 10분, 호놀룰루 공항에서 20분 소요 버스 The Bus 19, 20, 42번 Ala Moana Blvd+Queen St 하차 후 도보 10분 🏠 주소 1201 Ala Moana Blvd, Honolulu, HI 96814 📞 전화 808-768-3003 🕐 시간 24시간 🚫 휴무 연중무휴 💰 가격 무료 입장 🅿 주차 무료 주차(자정부터 일출까지 주차 불가) 🌐 홈페이지 www.ouralamoanapark.com

2 버니스 파우아히 비숍 박물관
Bernice Pauahi Bishop Museum

유료 주차

하와이 민족의 교육과 복지에 힘썼던 버니스 공주의 뜻을 기려 사후에 남편 찰스 리드 비숍이 만든 박물관. 왕가의 소장품과 폴리네시아 문화 관련 화려한 전시품이 세계 최대 규모를 자랑한다. 하와이 역사를 모두 배울 수 있다.

📖 VOL.1 P.184 📍 지도 P.431C
🚗 찾아가기 렌터카 Kapalama Ave+Bernice St 교차로에서 우회전해서 진입, 호놀룰루 공항에서 10분, 와이키키에서 25분 소요 버스 The Bus 2번 School+Kapalama St 하차 후 도보 5분 🏠 주소 1525 Bernice St, Honolulu, HI 96817 📞 전화 808-847-3511 🕐 시간 09:00~17:00 🚫 휴무 추수감사절 당일, 12월 25일 💰 가격 유료 관람 4~17세 평일 $30.95, 주말 $20.95 / 성인 평일 $26.95, 주말 $28.95 🅿 주차 유료 주차(개장 내 $16) 🌐 홈페이지 www.bishopmuseum.org

3 이올라니 궁전
Iolani Palace

유료 주차

칼라카우아 대왕이 유럽 성당을 모티프로 건축한 하와이 최초의 서구식 건물이자 왕궁으로 현재는 미국 유일의 궁전이다. 왕가의 가구와 집기들이 그대로 보존되어 있고 하와이 왕국의 국기만을 게양하고 있다.

📖 VOL.1 P.90 📍 지도 P.431C
🚗 찾아가기 렌터카 S. King St과 Punchbowl St 교차로에서 주차장 진입, 호놀룰루 공항에서 15분, 와이키키에서 20분 소요 버스 The Bus 2, 13, 19번 Hotel+Alakea St 하차 후 도보 3분 트롤리 레드 라인 이올라니 궁전 하차 🏠 주소 364 S. King St, Honolulu, HI 96813 📞 전화 808-522-0822 🕐 시간 화~토요일 09:00~16:00 🚫 휴무 매주 일요일, 월요일, 추수감사절 당일, 12월 25일, 독립기념일 주요 공휴일 💰 가격 18세~ 셀프 가이드 투어 $26.95 도슨트 투어 $32.95 🅿 주차 유료 주차(2시간 $3) 🌐 홈페이지 www.iolanipalace.org

4 킹 카메하메하 동상
King Kamehameha Statue

주차 불가

하와이를 최초로 통일한 빅아일랜드 출신 카메하메하 대왕의 업적을 기려 제작한 동상. 알리이올라니 할레(Ali'iolani Hale)라고 부르는 대법원 앞에 세워진 이 동상은 하와이를 상징하는 이미지의 하나로 각종 영화와 드라마에 자주 등장하는 대표적인 랜드마크.

📖 VOL.1 P.101 📍 지도 P.431C
🚗 찾아가기 렌터카 S. King St 이올라니 궁전 건너편, 호놀룰루 공항에서 15분, 와이키키에서 20분 소요 버스 The Bus 2, 19번 Alakea S + King St 하차 트롤리 레드 라인 이올라니 궁전 하차 🏠 주소 447 S. King St, Honolulu, HI 96813 📞 전화 808-539-4999 🕐 시간 24시간 🚫 휴무 연중무휴 💰 가격 무료 관람 🅿 주차 주차 불가 🌐 홈페이지 www.jhchawaii.net

5 알로하 타워
Aloha Tower

유료 주차

하와이 관광이 붐을 이루던 시절 항구에 세워진 56미터 10층 높이의 시계탑으로 전망대 겸 등대처럼 사용된 역사적인 랜드마크의 하나. 미국 역사 명소로 등록되어 있고 세계에서 가장 큰 시계탑의 하나. 전망대까지 오르는 승강기를 운영해 무료로 방문할 수 있다.

📖 VOL.1 P.92 📍 지도 P.431C
🚗 찾아가기 렌터카 Ala Moana Blvd에서 Aloha Tower Dr로 진입, 호놀룰루 공항에서 10분, 와이키키에서 20분 소요 버스 The Bus 19, 20, 56번 Alakea St + Nimitz Hwy 하차 후 도보 5분 트롤리 레드 라인 알로하 타워 하차 🏠 주소 155 Ala Moana Blvd, Honolulu, HI 96813 📞 전화 808-544-1453 🕐 시간 09:00~17:00 🚫 휴무 연중무휴 💰 가격 무료 입장 🅿 주차 유료 주차(1시간 $2) 🌐 홈페이지 www.alohatower.com

6 코올리나 리조트 라군
Ko Olina Resort Lagoons

아울라니 디즈니 리조트, 포시즌스 코올리나 리조트, US 오픈이 열리는 코올리나 골프 코스가 함께 조성되어 품격이 다른 코올리나 리조트 단지 내 4개의 인공 해변. 아름다운 일몰, 희고 넓은 백사장과 잔잔한 파도로 가족, 연인들이 즐겨 찾는다.

VOL.1 P.70 지도 P.430J

찾아가기 렌터카 HI-1 서쪽 방면 HI-93 Farrington Hwy 경유해 Ko Olina 출구로 진출, 리조트 단지로 진입. 호놀룰루 공항에서 20분, 와이키키에서 30분 소요 주소 AniniHonu Lagoon, 92-104 Waialii Pl, Kapolei, HI 96707 전화 818-720-4852 시간 일출 후~일몰 전 휴무 연중무휴 가격 무료 입장 주차 무료 주차 홈페이지 www.gokoolina.com

7 이즈라엘 카마카위오올레 동상
Israel Kamakawiwo'ole Statue

세계에서 CF 배경음악으로 가장 많이 사용되는 '오버 더 레인보우' 우쿨렐레 반주 버전을 부른 하와이 출신 가수의 동상. 거리에서 항상 그의 노래가 들릴 만큼 국민 가수로 사랑받았다. 불치병으로 사망한 후 그의 고향 와이아나에 커뮤니티 센터에 동상이 헌정되었다.

VOL.1 P.119 지도 P.430J

찾아가기 렌터카 HI-1 서쪽 방면, HI-93 Farrington Hwy 경유해 Ala Hema St 지나서 커뮤니티 센터로 진입. 호놀룰루 공항에서 45분, 와이키키에서 1시간 5분 소요 주소 Waianae Neighborhood Community Center, 85-670 Farrington Hwy #4, Waianae, HI 96792 전화 808-768-4900 시간 24시간 휴무 연중무휴 가격 무료 입장 주차 무료 주차 홈페이지 www.honolulu.gov

8 주 정부청사
State of Hawaii Legislature

이올라니 궁전을 대신해 정치 임무를 도맡은 입법, 행정기관이 위치한 건물. 8개의 주요 섬, 태평양, 화산, 하와이 왕국 인장을 인테리어에 세세히 모티프로 사용한 것으로 유명하며 나병 환자를 위해 희생함으로써 성인으로 추앙받고 있는 데미안 신부의 동상이 있다.

지도 P.431C

찾아가기 렌터카 S. Bertania St와 Punchbowl St 교차로에 위치. 호놀룰루 공항에서 15분 소요 버스 The Bus 2, 13번 S. Bertania+Punchbowl 하차 후 도보 3분 트롤리 레드 라인 주 정부청사 하차 주소 415 S. Beretania St, Honolulu, HI 96813 전화 808-586-0221 시간 월~금 요일 08:30~15:30 휴무 매주 토~일요일, 주요 공휴일 가격 무료 입장 주차 유료 주차 홈페이지 www.governor.hawaii.gov/hawaii-state-capitol-tours

9 카와이아하오 교회
Kawaiahao Church

하와이 왕실이 국교를 기독교로 바꾼 후 오아후에 세워진 첫 번째 교회. 하와이 첫 번째 교회는 빅아일랜드 코나에 있다. 이올라니 궁전에 거주하던 왕족들이 예배를 보던 곳으로 현재도 하와이어로 예배를 진행한다. 1962년에 미국 역사 명소로 등재되었다.

지도 P.431D

찾아가기 렌터카 S. King St에서 Punchbowl St 교차로 지나면 오른편. 호놀룰루 공항에서 15분 소요 버스 The Bus 2, 4, 13번 S. Bertania St + Punchbowl 하차 후 도보 3분 트롤리 레드 라인 주 정부청사 하차 주소 957 Punchbowl St, Honolulu, HI 96813 전화 808-522-1333 시간 24시간 휴무 연중무휴 가격 무료 입장 주차 인근 유료 주차장 홈페이지 www.kawaiahao.org

10 펀치볼 국립묘지
Puchbowl National Cemetery

다이아몬드 헤드와 같은 분화구 지형 내부에 지어진 국립묘지로 하와이의 명사들과 세계대전 참전 용사들이 안치되어 있다. 웅장한 조각상을 가운데 두고 하나의 큰 공원으로 조성되어 있으며 와이키키와 다이아몬드 헤드 전망대가 있어 관광객들도 많이 찾는다.

지도 P.431D

찾아가기 렌터카 HI-1 21번 출구로 진출한 후 Puowaina Dr로 진입. 호놀룰루 공항에서 15분, 와이키키에서 20분 소요 주소 2177 Puowaina Dr, Honolulu, HI 96813 전화 808-532-3720 시간 08:00~18:30 휴무 추수감사절 당일, 주요 공휴일 가격 무료 입장 주차 무료 주차 홈페이지 www.cem.va.gov

11 진주만
USS Arizona Memorial at Pearl Harbor

일본의 진주만 공습으로 하와이에 주둔 중이던 해군함 USS 애리조나호가 침몰하면서 1102명의 사망자를 낸 슬픈 역사 위에 세워진 전쟁기념관. 작은 보트를 타고 침몰선 위 기념관으로 이동해 내부를 관람한다.

지도 P.431G

찾아가기 렌터카 HI-1 서쪽 방향 Arisona Mem/ Stadium으로 진입. 와이키키에서 45분 소요 버스 The Bus 42번 Kamehameha Hwy + Kalaloa St 하차 트롤리 퍼플 라인 Pearl Harbor 하차 주소 1 Arizona Memorial Pl, Honolulu, HI 96818 전화 808-422-3399 시간 07:00~17:00 휴무 추수감사절 당일, 12월 25일, 1월 1일 가격 무료 입장 주차 방문자 센터 무료 주차 홈페이지 www.nps.gov/valr/planyourvisit/directions.htm

12 몽키포드 키친
Monkeypod Kitchen by Merriman

① Hand Cut Fries $9
② Margherita Pizza $16.95
③ Chardonnay $7

하와이 리저널 퀴진의 창시자 중 하나이자 유명 스타 셰프인 피터 메리맨이 오아후에 운영하는 유일한 레스토랑. 캐주얼 패밀리 스타일 음식으로 화덕 피자와 샌드위치가 주를 이루며 스포츠바가 있어 간단하게 맥주나 칵테일을 마시기 좋다.

VOL.1 P.215 지도 P.430J
찾아가기 렌터카 HI-1 서쪽 방면 HI-93 Farrington Hwy 경유해 Ko Olina 출구로 진출 후 Olani St 교차로에서 좌회전해 쇼핑 플라자로 진입. 호놀룰루 공항에서 20분, 와이키키에서 30분 소요 주소 92-1048 Olani St, Kapolei, HI 96707 전화 808-380-4086 시간 월~금요일 11:00~23:00, 토~일요일 09:00~23:00 휴무 연중무휴 가격 피자 $16.95~, 와인 $7~ 주차 무료 주차 홈페이지 www.monkeypodkitchen.com
BEST MENU ① 간단한 스낵으로 좋은 감자 튀김 핸드컷 프라이즈 Hand Cut Fries $12 ② 신선한 현지 유기농 치즈로 만든 수제 마르게리타 피자 Margherita Pizza $16.95 ③ 화이트 와인 샤도네이 Chardonnay $10

13 53 바이 더 시
53 by the Sea

① Point Panic Crab Sandwich $29
② Frutti di Mare Pasta $29

정면 통유리창으로 알라모아나 비치와 다이아몬드 헤드 전경이 보이는 로맨틱한 레스토랑. 웨딩 스튜디오를 함께 운영하고 있어 맛집보다 멋집으로 더 유명하다. 아름다운 3층 계단으로 이어지는 실내와 거대한 샹들리에, 정원의 분수까지 유럽의 작은 성에 온 듯해 건물 어디서나 화보 같은 사진을 촬영할 수 있다. 특히 매주 금요일 밤 7시 45분에 통유리 발코니에서 힐튼 하와이언 빌리지의 화려한 불꽃놀이를 구경하며 로맨틱한 저녁을 즐길 수 있다.

VOL.1 P.221 지도 P.431H
찾아가기 렌터카 Ala Moana Blvd에서 Ahui St 경유해 항구 쪽으로 도로 끝에 주차장. 호놀룰루 공항에서 15분, 와이키키에서 15분 소요 버스 The Bus 19, 20번 Ala Moana Bl + Ward Ave 하차 후 도보 7분 주소 53 Ahui St, Honolulu, HI 96813 전화 808-536-5353 시간 런치 11:00~14:00, 디너 17:00~22:00 휴무 연중무휴 가격 런치 $22~, 디너 $27~ 주차 무료 주차 홈페이지 www.53bythesea.com
BEST MENU ① 부드러운 게살과 아보카도로 만든 포인트 패닉 크랩 샌드위치 Point Panic Crab Sandwich $29 ② 알맞게 삶은 면과 해산물이 어우러진 프루티 디 마레 파스타 Frutti di Mare Pasta $29

14 레전드 시푸드 레스토랑
Legend Seafood Restaurant

다운타운에 위치한 차이나타운 최고의 맛집. 광둥식 해물 요리와 홍콩 사람들도 인정하는 현지 맛의 딤섬이 인기 좋다. 딤섬 카트에서 원하는 대로 직접 골라 먹는 재미가 있으며 현지 주민들이 자주 이용하는 만큼 가격도 저렴한 편.

VOL.1 P.233 지도 P.431C
찾아가기 렌터카 N. Bertania St에서 Chinatown Cultural Plaza로 좌회전, 호놀룰루 공항에서 15분, 와이키키에서 20분 소요 버스 The Bus 19, 20번 River St + N. Bertania St 하차 주소 100 N. Beretania St #108, Honolulu, HI 96817 전화 808-532-1868 시간 월~금요일 10:20~14:00 17:30~21:00, 토~일요일 08:00~14:00 17:30~21:00 휴무 연중무휴 가격 딤섬 $2.95(1접시) 주차 주차 확인 도장 첨부시 1시간 무료 홈페이지 www.legendseafoodhi.com
BEST MENU 맨 위부터 시계 방향으로 샤오롱파오 Steamed Minced Beef Dumpling, 함수이꿕 Deep Fried Dumpling, 하가우 Steamed Shrimp Dumpling, 로마이카이 Sticky Rice with Chicken $2.95(1접시)

Steamed Minced Beef Dumpling, Deep Fried Dumpling, Steamed Shrimp Dumpling, Sticky Rice with Chicken $2.95

441

15 미나스 피시하우
Minas Fish House

① 랍스터팟파이 $115

② 시푸드타워 $28.99

③ 무알콜목테일 $12

미슐랭 스타 셰프 마이클 미나(Michael Mina)가 선보이는 미나스 피시 하우스는 프리미엄 리조트 지역의 라군 앞에 자리한 고급 레스토랑을 캐주얼한 분위기로 완벽하게 구현했다. 신선한 현지 해산물을 중심으로 한 메뉴에 셰프 테이블처럼 요리사의 손길이 느껴지는 정제된 맛과 플레이팅이 돋보인다. 특히 피시 소믈리에(Fish Sommelier) 테이블을 돌며 오늘 가장 신선한 생선을 직접 소개해주는 '테이블 사이드 프레젠테이션'은 특별한 경험.

지도 P.430J

찾아가기 렌터카 호놀룰루 공항에서 H-1 서쪽 방향으로 H-93 경유해 Aulani Dr 를 따라 포시즈 리조트로 진입, 호놀룰루 공항에서 약 40분 소요 주소 92-1001 Olani St, Kapolei, HI 96707 전화 808-679-3347 시간 16:00~21:00 휴무 연중무휴 가격 음료 $12~, 식사류 $65~ 주차 무료 발레파킹 홈페이지 www.fourseasons.com

BEST MENU ① 트러플 크림 소스의 바닷 가재 파이리를 테이블에서 직접 하나로 조합해 완벽한 퍼포먼스를 선보이는 시그니처 메뉴 마이클 미나 랍스터 팟 파이 Michael Mina's Lobster Pot Pie $115 ② 신선한 모듬 해산물을 살짝 익혀 부드럽게 요리한 후 얼음 타워에 장식해 멋스러움을 더한 Shellfish Ice Cold $250

16 니코 피어 38 피시 마켓
Nico's Pier 38 Fish Market

① Seared Ahi Poke Salad $13

② Lava Flow $6

알라모아나 항구가 보이는 전망 좋은 위치에 2004년부터 문을 연 레스토랑. 로컬 피시 마켓과 함께 운영하며 저렴한 가격으로 신선한 해산물을 즐길 수 있는 로컬 메뉴가 많아 입소문을 타고 유명해졌다. 넓은 실내 중앙에는 스포츠 TV 스테이션이 있어 지역 주민들이 가족 모임이나 생일 등 이벤트와 파티를 자주 가진다. 특히 포장이 가능한 신선한 해산물을 파는 마켓과 야외석이 딸린 레스토랑, 맥주와 칵테일 전문 바가 있어 취향대로 즐길 수 있다.

지도 P.431C

찾아가기 렌터카 Nimitz Hwy 경유해 Pier 38 표지판에서 우회전하면 도로 끝에 주차장, 호놀룰루 공항에서 10분, 와이키키에서 15분 소요 버스 The Bus 19, 20번 Nimitz Hwy + Opp Pier 36 하차 후 도보 3분 주소 1129 N, Nimitz Hwy, Honolulu, HI 96817 전화 808-540-1377 시간 월~토요일 06:30~21:00, 일요일 10:00~21:00 휴무 연중무휴 가격 런치 $9.5~, 디너 $14.5~ 주차 무료 주차 홈페이지 www.nicospier38.com

BEST MENU ① 신선한 참치 포케를 얹은 샐러드 시어드 아히 포케 샐러드 Seared Ahi Poke Salad $13 ② 달달한 휘핑크림과 체리로 장식한 라바 플로 Lava Flow $6

17 애나 밀러 레스토랑
Anna Miller's

30년 이상 지역 주민들에게 사랑받아 온 동네 터줏대감 같은 레스토랑으로 귀여운 앞치마 유니폼이 상징적인 곳. 다양한 로컬 푸드를 갖췄고, 하루종일 아침 메뉴 주문이 가능하다. 애나 밀러의 인기 아이템은 다양한 과일 크림 필링 또는 생과일을 얹은 시그니처 크림 파이.

VOL.1 P.201, 258 지도 P.431G

찾아가기 렌터카 H-1 동쪽 방향 Aiea로 진출한 후 99번 Kamehameha Hwy와 Kaonohi St 교차로에서 우회전, 호놀룰루 공항에서 15분 소요 버스 The Bus 42번 Kamehameha Hwy + Kaonohi St 하차 후 도보 3분 트롤리 퍼플 라인 펄리지 센터 하차 주소 98-115 Kaonohi St, Aiea, HI 96701 전화 808-487-2421 시간 24시간 휴무 연중무휴 가격 식사 메뉴 $6.99~ 주차 무료 주차 홈페이지 www.annamillersrestaurant.com

BEST MENU ① 홈메이드 미트 소스와 미트볼에 갈릭 브레드를 곁들인 스파게티 위드 미트 소스 Spaghetti with Meat Sauce $11 ② 생크림에 해산물을 곁들인 깔끔한 국물의 사이민 Saimin $8 ③ 생크림과 신선한 생과일이 통째로 올라간 하우피아 스트로베리 케이크 Haupia Strawberry Cake $18

① Spaghetti with Meat Sauce $11

② Saimin $8

③ Haupia Strawberry Cake $18

18 칠리스
Chilis

미국식 프랜차이즈 레스토랑으로 스테이크, 파스타, 에피타이저와 함께 샐러드바를 이용할 수 있으며 키즈 메뉴가 있어 아이 동반 가족들이 많이 찾는다. 와이켈레 프리미엄 아웃렛 내에 있어 쇼핑 중 다리를 쉬어 가기에도 좋다.

VOL.1 P.315 지도 P.431G
찾아가기 렌터카 HI-1 7번 출구 Waikele Premium Outlet 내, 호놀룰루 공항에서 15분, 와이키키에서 25분 소요 주소 94-797 Lumiaina St, Waipahu, HI 96797 전화 808-677-7775 시간 일~목요일 11:00~22:00, 금~토요일 11:00~23:00 휴무 연중무휴 가격 스테이크 $20~ 주차 무료 주차 홈페이지 www.chilis.com

19 피어 9 바이 샘초이
Pier 9 by Sam Choy

하와이 셀럽 셰프로 '엉클 샘'이라 불리며 하와이 가정식 문화를 이끈 샘 초이가 알로하 타워 마켓플레이스 1층에 카페테리아 겸 뷔페 스타일 레스토랑을 열었다. 오션뷰로 즐기는 다양한 포케와 하와이의 신선한 해산물 메뉴가 많아 더욱 반가운 공간. 알로하 타워 방문 시 들러보자.

VOL.1 P.212 지도 P.431C
찾아가기 렌터카 Ala Moana Blvd에서 Aloha Tower Dr로 진입, 호놀룰루 공항에서 10분, 와이키키에서 15분 소요 알로하 타워 마켓플레이스 1층 주소 102 Aloha Tower Dr, Honolulu, HI 96813 전화 808-544-1436 시간 월~금요일 11:00~13:00, 17:00~19:00 휴무 토·일요일, 주요 공휴일 가격 뷔페 $15(1인) 주차 유료 주차(1시간 $2) 홈페이지 www.hpu.edu/residence-life

20 유천 칡냉면
Yuchun Korean Restaurant

한국의 맛을 그대로 재현해 입소문을 타고 유명해진 맛집. 매콤한 비빔 냉면과 얼음이 동동 뜬 시원한 물냉면은 물론 지글거리는 철판에 담아 나오는 LA 스타일 갈비와 해물 파전 등 한국 음식이 그리울 때 들려보면 좋다.

VOL.1 P.231 지도 P.431D
찾아가기 렌터카 Kapiolani Blvd에서 Kamakee St 지나 Chevron 주유소 옆, 호놀룰루 공항에서 20분, 와이키키에서 20분 소요 주소 1159 Kapiolani Blvd # A, Honolulu, HI 96814 전화 808-589-0022 시간 11:00~22:00 휴무 추수감사절 당일 가격 식사 메뉴 $13.95~ 주차 무료 주차 홈페이지 www.yuchunrestaurant.com
BEST MENU 물냉면 또는 비빔냉면과 그릴에 구워 나오는 LA갈비 세트 콤보 A Combo A $28

21 릴리하 베이커리
Liliha Bakery

코코넛 크림이 들어간 달콤한 한입 크기의 슈크림 퍼프로 유명한 60년 이상 된 로컬 레스토랑. 공항과 와이키키 사이에 규모가 큰 지점을 오픈하면서 바나나 팬케이크 등 브런치 메뉴로도 인기가 좋다.

VOL.1 P.258 지도 P.431C
찾아가기 렌터카 N. Nimitz Hwy 서쪽 방향 City Mill 맞은편, 호놀룰루 공항에서 10분, 와이키키에서 15분 소요 주소 580 N. Nimitz Hwy, Honolulu, HI 96817 전화 808-537-2488 시간 06:00~22:00 휴무 연중무휴 가격 팬케이크 $4.99~ 주차 무료 주차 홈페이지 www.lilihabakeryhawaii.com
BEST MENU 오리지널 코코 퍼프 Coco Puff $1.50(1개)

22 메리맨
Merriman's

하와이 리저널 퀴진의 대표주자 중 하나로 꼽히는 스타 셰프 레스토랑이 호놀룰루에 입성했다. 밝은 분위기로 연출된 넓은 공간, 기분 좋은 서비스와 함께 하와이가 자랑하는 최고의 식재료와 셰프의 터치로 격을 높인 맛깔나는 음식 세계를 경험해보자.

VOL.1 P.215 지도 P.431D
찾아가기 워드 빌리지 숍스 코너 1층 렌터카 Auahi St와 Kamakee St 교차 코너, 주차장은 건물 뒤에 위치, 호놀룰루 공항에서 20분 소요 주소 1108 Auahi St #170, Honolulu, HI 96814 전화 808-215-0022 시간 11:00~21:00 휴무 추수감사절 당일 가격 식사류 $12.50~ 주차 무료 주차 홈페이지 www.merrimanshawaii.com/honolulu
BEST MENU ① 그릴에 구운 야채와 어우러져 풍미가 뛰어난 랍스터 Lobster Plate $65 ② 바삭한 토란칩을 곁들인 신선한 아히 포케 Ahi Poke $17

23 판야 비스트로 & 베이커리
Panya Bistro & Bakery

로컬 베이커리 카페로 시작해 알라모아나 지역으로 확장 이전하면서 베이커리는 물론 팟타이와 커리 등 태국 음식을 기본으로 하는 가벼운 식사 메뉴와 음료 바를 더했다. 블링블링한 카페 인테리어와 반할 만한 음식 맛으로 주변 직장인과 주말 가족 나들이 인기 스폿으로 자리하고 있다.

지도 P.431D
찾아가기 워드 빌리지 숍스 코너 1층 렌터카 Ala Moana Blvd와 Queens St 교차 코너 1층, 호놀룰루 공항에서 20분 소요 주소 1288 Ala Moana Blvd Shop 116, Honolulu, HI 96814 전화 808-946-6388 시간 10:30~22:00 휴무 추수감사절 당일 가격 식사류 $8.50~ 주차 유료 주차 홈페이지 www.panyagroup.com
BEST MENU 단짠의 소스 조합으로 땅콩으로 고소함을 더하는 쉬림프 팟타이 누들 Shrimp Pad Thai Noodle $22

24 사우스 쇼어 마켓
South Shore Market ★★ 무료 주차

재개발로 모던해진 카카아코 지역에 눈에 띄는 산뜻한 외관의 상가 건물. 스트리트패션 위주의 의류 잡화 편집숍과 카페, 트렌디한 스낵숍들이 모여 있다. 전반적으로 뉴욕의 소호 거리 전체를 실내로 옮겨놓은 듯한 매력이 있다.

VOL.1 P.318 지도 P.431D
찾아가기 워드 빌리지 숍스 코너 1층 렌터카 Auahi St와 Queens St 교차 코너, 호놀룰루 공항에서 20분 소요 주소 1170 Auahi St, Honolulu, HI 96814 전화 808-591-8411 시간 10:00~20:00 휴무 추수감사절 당일 주차 무료 주차 홈페이지 www.wardvillage.com/centers/south-shore-market

25 홀푸드 마켓
Whole Foods Market ★★★★ 무료 주차

프리미엄 슈퍼마켓으로 고품질 유기농 식자재와 테이크아웃 키친, 스킨 케어 제품을 비롯해 건강관리용품, 반려동물을 위한 수제 간식까지 두루 갖추고 있다. 특히 홀푸드 마켓의 카페테리아 음식을 야외 테라스에서 즐길 수 있어 지역 주민과 관광객들의 전폭적인 지지를 받는다.

VOL.1 P.318 지도 P.431D
찾아가기 워드 빌리지 숍스 코너 1층 렌터카 Auahi St와 Queens St 교차 코너, 주차장은 건물 뒤편, 호놀룰루 공항에서 20분 소요 주소 388 Kamakee St Ste 100, Honolulu, HI 96814 전화 808-379-1800 시간 07:00~22:00 휴무 추수감사절 당일 주차 무료 주차 홈페이지 www.wholefoodsmarket.com/stores/queen

26 알라모아나 센터
Ala Moana Center ★★★★★ 무료 주차

세계 최대 규모의 야외형 쇼핑센터로 메이시스, 노드스트롬, 색스 피프스 애버뉴, 니먼 마커스, 시로키야, 블루밍데일 등 6개의 백화점과 다수의 레스토랑, 명품 및 브랜드 스토어가 모여 있다. 인포메이션 센터에서 쿠폰북과 무료 와이파이를 받아두면 좋다.

VOL.1 P.296 지도 P.431D
찾아가기 렌터카 Ala Moana Blvd와 Atkinson Dr 교차로에서 주차장 진입, 호놀룰루 공항에서 25분, 와이키키에서 10분 소요 버스 The Bus 8번 알라모아나 센터 하차 트롤리 블루, 레드, 핑크 라인 알라모아나 센터 하차 주소 1450 Ala Moana Blvd, Honolulu, HI 96814 전화 808-955-9517 시간 월~토요일 09:30~21:00, 일요일 10:00~19:00 휴무 연중무휴 주차 무료 주차 홈페이지 www.alamoanacenter.kr

27 와이켈레 프리미엄 아웃렛
Waikele Premium Outlets ★★★★★ 무료 주차

코치, 케이트 스페이드 뉴욕, 마이클 코어스, 폴로 랄프 로렌 등 명품 브랜드 의류 잡화부터 어그(UGG) 등의 신발 매장과 아동복 브랜드 매장을 비롯한 다수의 레스토랑과 푸드코트가 있어 하와이 쇼핑 투어에서 빼놓을 수 없는 곳.

VOL.1 P.312 지도 P.431G
찾아가기 렌터카 HI-1 7번 Waikele 출구로 진출하면 주차장, 호놀룰루 공항에서 10분, 와이키키에서 30분 소요 주소 94-790 Lumiaina St, Waipahu, HI 96797 전화 808-676-5656 시간 월~토요일 09:00~21:00, 일요일 10:00~18:00 휴무 연중무휴 주차 무료 주차 홈페이지 www.premiumoutlets.com
BEST ITEM 어그부츠 $80~

28 월마트
Walmart ★★★★★ 무료 주차

대량 구매가 가능한 창고형 매장으로 기념품부터 물놀이 용품과 선스크린, 아쿠아 슈즈, 보드 쇼츠 같은 품목을 저렴한 가격에 쇼핑할 수 있다. 알뜰 여행을 위해 커피, 초콜릿과 소소한 기념품은 여기서 해결하자.

VOL.1 P.326 지도 P.431D
찾아가기 렌터카 HI-1 23번 Ke'eamoku St에서 주차장 진입, 호놀룰루 공항에서 25분 소요 주소 700 Ke'eaumoku St, Honolulu, HI 96814 전화 808-955-8441 시간 24시간 휴무 연중무휴 주차 무료 주차 홈페이지 www.walmart.com
BEST ITEM ① 10% 코나 커피 Kona Coffee Blend $5.68(10oz, 283g) ② 하와이 기념 엽서 $0.65(1장)

29 노드스트롬 랙
Nordstrom Rack ★★★★ 무료 주차

명품 백화점 노드스트롬의 아웃렛 스토어로 종류별 상품을 최대 70% 할인 판매한다. 명품과 준명품 브랜드 의류, 액세서리, 신발 등 상품 라인업이 화려하고 트래블 사이즈 명품 화장품이 있다.

VOL.1 P.279, 280 지도 P.431D
찾아가기 Ward Village Shops 1층 렌터카 Kinau에서 Ward Ave 경유해 Auahi St에서 주차장 진입, 호놀룰루 공항에서 20분 소요 주소 1170 Auahi St, Honolulu, HI 96814 전화 808-589-2060 시간 월~목요일 09:30~21:00, 금~토요일 09:30~22:00, 일요일 10:00~19:00 휴무 연중무휴 주차 무료 주차 홈페이지 www.nordstromrack.com

30 TJ 맥스
TJ Maxx

무료 주차

프리미엄 브랜드의 상설 할인 매장으로 한국인들에게 만족도가 높은 매장의 하나. 패션, 잡화, 홈스타일링 아이템까지 두루 갖춰져 있다. 의류는 중저가 브랜드보다 럭셔리 브랜드가 많아 가격 할인 체감률이 높은 편이다. 노드스트롬 랙과 같은 건물에 있다.

🗺 **지도** P.431D

ℹ **찾아가기** Ward Village Shops 2층 **렌터카** Kinau에서 Ward Ave 경유해 Auahi St에서 주차장 진입, 호놀룰루 공항에서 20분 **주소** 1170 Auahi St, Honolulu, HI 96814 **전화** 808-593-1820 **시간** 월~토요일 09:00~22:00, 일요일 10:00~20:00 **휴무** 연중무휴 **주차** 무료 주차 **홈페이지** www.wardvillage.com/places/t-j-maxx

31 로스 드레스 포 레스
Ross Dress for Less

무료 주차

상설 할인 매장의 대표 주자 로스 드레스 포 레스에서는 DKNY, 폴로 랄프 로렌, 토미 힐피거, 캘빈 클라인 등의 의류, 침구, 액세서리, 잡화 등을 70% 이상 할인된 가격으로 구입할 수 있다. 특히 속옷과 양말, 주얼리가 인기 품목.

📕 **VOL.1** P.318 🗺 **지도** P.431D

ℹ **찾아가기 렌터카** Kapiolani Blvd에서 Ke'eamoku St로 진입하면 오른편에 주차장, 호놀룰루 공항에서 25분, 와이키키에서 15분 소요 **주소** 711 Ke'eaumoku St, Honolulu, HI 96814 **전화** 808-945-0848 **시간** 09:00~01:00 **휴무** 연중무휴 **주차** 무료 주차 **홈페이지** www.rossstores.com

32 돈키호테
Don Quijote

무료 주차

일본, 중국, 베트남, 태국, 한국 등 아시아 국가에서 직접 들여온 반조리 식품과 각국의 라면류, 소스류 등 다양한 식자재와 주류가 있는 24시간 슈퍼마켓. 테이크아웃 패스트푸드점과 우체국이 있어 편리하다.

📕 **VOL.1** P.329 🗺 **지도** P.431D

ℹ **찾아가기 렌터카** 와이키키에서 Kalakaua Ave 경유해 Kanunu St에서 좌회전 후 진입, 호놀룰루 공항에서 25분, 와이키키에서 15분 소요 **주소** 801 Kaheka St, Honolulu, HI 96814 **전화** 808-973-4800 **시간** 24시간 **휴무** 연중무휴 **주차** 무료 주차 **홈페이지** www.donquijotehawaii.com

BEST ITEM 버츠비 스킨케어 제품 $3.45~

---

33 팔라마 마켓
Palama Market

무료 주차

한국 음식을 한국 마트처럼 구입할 수 있는 반가운 슈퍼마켓. 식품과 식자재 위주, 한국의 최신상 라면과 주류를 현지에서 구할 수 있다. 직접 만든 해물파전, 족발과 김치, 떡볶이를 비롯해 하와이 한인 사회 소식을 가장 빠르게 전하는 소통의 장이다.

📕 **VOL.1** P.330 🗺 **지도** P.431D

ℹ **찾아가기 렌터카** 와이키키에서 Kalakaua Ave 경유해 Makaloa St에서 좌회전, 와이키키에서 15분 소요 **주소** 1670 Makaloa St, Honolulu, HI 96814 **전화** 808-447-7777 **시간** 08:00~21:00 **휴무** 연중무휴 **주차** 무료 **홈페이지** www.palamamarket.com

34 알로하 스타디움 스왑밋
Aloha Stadium Swapmeet
무료 주차

벼룩시장을 뜻하는 스왑밋은 알로하 스타디움 경기장에서 열리는 대규모 시장이다. 홈메이드 잼과 음식, 의류, 기념품, 공예품, 액세서리, 장식 용품과 여행용 캐리어까지 다양한 품목이 있으며 현금 결제만 가능하다. 일반적으로 가격은 5개, 10개 등 묶음 단위로 책정되어 있다.

📕 **VOL.1** P.334 🗺 **지도** P.431D

ℹ **찾아가기 렌터카** HI-1 서쪽 방면 HH-201 경유해 HH-3 1E 출구, Stadium/Halawa/Camp Smith 방면으로 주행하면 주차장, 호놀룰루 공항에서 10분, 와이키키에서 25분 소요 **주소** 99-500 Salt Lake Blvd, Honolulu, HI 96818 **전화** 808-486-6704 **시간** 수~토요일 08:00~15:00, 일요일 06:30~15:00 **휴무** 매주 월·화·목·금요일 **주차** $1(1차 1대 주차 및 1인 입장) **홈페이지** www.alohastadiumswapmeet.net

35 H 마트
H Mart

무료 주차

미국에서 가장 빠르게 성장 중인 아시안 마트 체인. 공항에서 와이키키로 향하는 길목에 있다. 김밥, 반찬 등 한국식 델리 코너는 물론, 태국·대만·베트남산 과일 주스와 간식도 인기. 현지인과 여행자가 모두 선호하는 '하와이 속 작은 아시아', 쇼핑과 간단한 식사까지 해결 가능.

🗺 **지도** P.431D

ℹ **찾아가기 렌터카** Ala Moana Blvd에서 Keawe St 경유해 진입, 호놀룰루 공항에서 15분 소요 **주소** 458 Keawe St floor 2, Honolulu, HI 96813 **전화** 808-219-0924 **시간** 08:00~22:00 **휴무** 연중무휴 **주차** 1시간 무료 **홈페이지** www.hmart.com

BEST ITEM ① 장충동 왕족발 Boiled Pork Hock $17.99 ② 불닭볶음면 $7.99(1팩)

36 스타 오브 호놀룰루 크루즈
Star of Honolulu Cruise

무료 주차

로맨틱한 석양을 즐기는 럭셔리 디너 크루즈. 알로하 타워가 있는 항구에서 출발해 다이아몬드 헤드 앞까지 갔다가 다시 돌아온다. 라이브 재즈 공연, 훌라 공연이 열리고, 매주 금요일 밤에는 힐튼 하와이언 빌리지의 불꽃놀이를 배 위에서 감상할 수 있으며 1석 4조!

◎ VOL.1 P.220 ◎ 지도 P.431C
◎ 찾아가기 렌터카 Ala Moana Blvd에서 Aloha Tower Dr로 진입, 호놀룰루 공항에서 10분, 와이키키에서 15분 소요 버스 The Bus 19, 20, 56번 Alakea St + Nimitz Hwy 하차 후 도보 5분 트롤리 레드 라인 알로하 타워 하차 ◎ 주소 1 Aloha Tower Dr, Honolulu, HI 96813 ◎ 전화 808-983-7827 ◎ 시간 15:30~21:30 ◎ 휴무 연중무휴 ◎ 가격 $90~250(식사와 선실 위치에 따라 다름) ◎ 주차 유료 주차(1시간 $2) ◎ 홈페이지 www.starofhonolulu.com

37 파라다이스 코브 루아우
Paradise Cove Luau

유료 주차

코올리나 리조트 단지 내의 해변에서 열리는 하와이식 디너쇼로 폴리네시아 문화 공연 의식을 시작으로 진행되는 아름답고 수준 높은 무대 공연을 선보인다.

◎ 지도 P.430J
◎ 찾아가기 렌터카 HI-1 서쪽 방향 HI-93 Farrington Hwy 경유해 Ko Olina로 진입 후 리조트 단지 게이트 직후 오른쪽, 호놀룰루 공항에서 15분, 와이키키에서 30분 소요 ◎ 주소 92-1089 Ali'inui Dr, Kapolei, HI 96707 ◎ 전화 808-842-5911 ◎ 시간 15:30~22:00(공연 18:00~20:00) ◎ 휴무 연중무휴 ◎ 가격 $110(1인) ◎ 주차 무료 주차 ◎ 홈페이지 www.paradisecove.com

38 카에나 포인트 주립공원 트레일헤드
Ka'ena Point State Park Trailhead

무료 주차

야생동물 보호구역이자 오아후의 서쪽 끝 지점으로 해마다 겨울철에는 알바트로스가 서식한다. 아름다운 절경을 자랑하는 해안선을 따라 바다 끝까지 걸어가는 동안 희귀 동물로 보호 중인 하와이언 몽크실을 볼 수 있다. 주립공원 입구 직전 오른편의 거대한 절벽에 자연 동굴이 있으니 잠시 탐험해 보는 것도 좋다.

◎ VOL.1 P.118 ◎ 지도 P.430E
◎ 찾아가기 렌터카 HI-1 서쪽 방향 HI-93 경유해 고속도로 끝에서 주립공원 트레일 주차장 진입, 호놀룰루 공항에서 1시간 소요 ◎ 주소 Ka'ena Point State Natural Area Reserve Mokuleia HI, Waialua, HI 96791 ◎ 전화 808-587-0290 ◎ 시간 일출 후~일몰 전 ◎ 휴무 연중무휴 ◎ 가격 무료 입장 ◎ 주차 무료 주차 ◎ 홈페이지 www.honolulu.gov

39 카카아코 벽화 마을 거닐기
Kakaako Pow Wow Murals

무료 주차

지난 몇 년간 이어진 파우와우(Pow Wow) 예술제로 건물 벽면을 이용해 전 세계의 유명 벽화 예술가들이 해마다 거리 예술을 실현해가는 카카아코 지역은 최근 호놀룰루에서 가장 주목받는 곳이다. 맘에 드는 벽화를 배경으로 재미있는 인증샷도 남겨보고 예술적 영감도 한껏 누려보자.

◎ 지도 P.431D
◎ 찾아가기 워드 빌리지 부근으로 Auahi St, Coral St 근방에 1000개 의 벽화가 있다. 렌터카 Auahi St 부근 여러 건물 벽면에 넓게 분포, 호놀룰루 공항에서 20분 소요 ◎ 홈페이지 www.powwowworldwide.com/festivals/hawaii

40 디즈니 아울라니 리조트&스파
Aulani, A Disney Resort & Spa

유료 주차

하와이 전통 스타일의 리조트에 알로하 셔츠를 입은 미키 마우스와 미니 마우스, 그 친구 캐릭터들을 만날 수 있다. 351개의 객실, 다수의 레스토랑과 유수풀, 워터 슬라이드를 갖춘 수영장과 해변이 있어 아이를 위한 가족 여행과 낭만적인 신혼여행으로 좋다.

◎ VOL.1 P.346 ◎ 지도 P.430J
◎ 찾아가기 렌터카 호놀룰루 공항에서 HI-1 서쪽 방향 HI-93 경유해 Ali'inui Dr에서 리조트 진입, 호놀룰루 공항에서 30분 소요 ◎ 주소 92-1185 Ali'inui Dr, Kapolei, HI 96707 ◎ 전화 866-443-4763 ◎ 시간 체크인 15:00 체크아웃 11:00 ◎ 휴무 연중무휴 ◎ 가격 $890(1박)~ ◎ 리조트피 없음 ◎ 주차 셀프파킹 $37(1박), 발레파킹 $37(1박) ◎ 홈페이지 www.disneyaulani.com

41 포시즌스 리조트 오아후 앳 코올리나
Four Seasons Oahu at Ko Olina

유료 주차

고즈넉한 코올리나 지역에 골프 코스와 라군 사이에 위치한 5성급 리조트. 신혼여행 또는 스파와 골프, 해변을 즐기며 조용한 휴식을 원할 때 최고의 선택이 될 것이다. 섬의 서쪽 해변에 위치한 만큼 해변의 석양을 즐기기 좋다. 주변에는 디즈니 리조트와 파라다이스 루아우가 있다.

◎ 지도 P.430J
◎ 찾아가기 렌터카 호놀룰루 공항에서 HI-1 서쪽 방향으로 HI-93 경유해 Aulani Dr에서 진입, 호놀룰루 공항에서 약 40분 소요 ◎ 주소 92-1001 Olani St, Kapolei, HI 96707 ◎ 전화 808-679-0079 ◎ 시간 체크인 15:00 체크아웃 12:00 ◎ 휴무 연중무휴 ◎ 가격 $1300(1박)~ ◎ 리조트피 없음 ◎ 주차 발레파킹 $48(1박) ◎ 홈페이지 www.fourseasons.com

AREA 2 마우이 MAUI

역사와 신화가 살아 있는 마법의 섬

마우이는 거대한 두 산맥과 가운데 평야 지대로 양분되는 지형 때문에 '계곡의 섬(The Valley Isle)'으로 불린다. 유난히 붉은 토양과 활화산의 극명한 지질적 대비로 아름답고 이국적인 절경을 보여준다. 부속 섬인 몰로카이, 카호올라웨와 함께 해수면 아래로 이어져 있어 '큰 마우이'라는 뜻으로 '마우이 누이(Maui Nui)'라고도 부른다.

★★★ 추천 여행 기간 2~3일

자연환경

강한 편서풍으로 침식작용이 활발해 특유의 거칠고 불규칙한 자연환경이 매력적이다. 섬의 절반이 해안 지역이며 인근의 수중 분화구 몰로키니는 열대어의 천국이다. 섬의 최고 지점은 할레아칼라 산(해발 3055m). 또 다른 산인 웨스트 마우이에 거대 관광단지가 있고, 할레아칼라 정상부는 화산 분화구의 광활한 국립공원으로 평균 21~28도의 온난한 기후까지 관광에 최적이다. 특히 11월 말~4월 초에는 희귀종인 혹등고래가 연안에 모여드는 고래의 낙원으로도 유명하다.

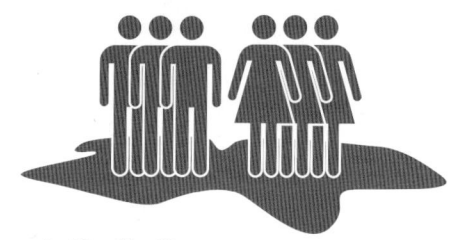

면적 1883km²
인구 약 16만 5천 명

교통수단

다른 섬과 마찬가지로 대중교통인 마우이 버스, 택시, 리조트에서 운영하는 셔틀버스 등이 있다. 마우이 버스가 점점 활성화되고 있지만 명소 간 거리가 멀고 도로는 매우 단조롭지만 복잡해 이동이 많은 관광객들은 렌터카로 둘러보는 것이 최선이다.

수도

마우이 카운티(마우이 누이)의 행정 수도는 섬의 동쪽 가운데 위치한 카훌루이(Kahului)로 인구가 가장 많다. 카훌루이는 거주 중심지로 금융, 지방관청, 병원 등이 모여 있고, 리조트와 레스토랑을 비롯해 관광 편의 시설은 카아나팔리(Ka'anapali)와 와일레아(Wailea)에 모여 있다.

공항

마우이의 주요 공항은 카훌루이 국제공항(Kahului International Airport, OGG)으로 할레아칼라와 웨스트 마우이 리조트 지역에서 1시간 거리에 있다. 제2공항으로 섬의 서쪽 지역에 카팔루아 웨스트 마우이 공항(Kapalua West Maui Airport, JHM)이 있으며 경비행기와 개인 소유 항공기들이 주로 이용한다. 카훌루이 공항은 미국 본토에서 직항이 운영되기도 한다.

카훌루이 공항

- 지도 P.459G
- 주소 1 Keolani Pl, Kahului, HI 96732
- 전화 808-872-3830
- 홈페이지 www.hawaii.gov/oggairport-information

관광 안내소

카훌루이 공항 내 수하물 찾는 곳 부근에 관광 안내소가 있다. 그 외에도 마우이 관광청(Maui Visirots Bureau)이 공항 부근의 시내에 위치한다.

관광 안내소
- 시간 07:45~21:45
- 휴무 연중무휴

마우이 관광청
- 주소 1727 Wili Pa Loop, Wailuku, HI 96793
- 전화 808-244-3530
- 홈페이지 www.visitmaui.com

항구

동쪽 지역에 카훌루이 항구와 마알라에아 항구가 있다. 라하이나 항구에는 하와이제도 간 크루즈 여객선이 정박하며 라나이와 몰로카이 구간을 운항하는 페리가 있다. 마알라에아 항구는 소규모 어선과 고래 관광, 스노클링 트립 보트 등이 이용한다.

카훌루이 항구
- 지도 P.459G
- 주소 103 Ala Luina St. Kahului HI 96732
- 전화 808-873-3350
- 홈페이지 www.hidot.hawaii.gov

마알라에아 항구
- 지도 P.458J
- 주소 101 Maalaea Boat Harbor Rd, Wailuku, HI 96793
- 전화 808-243-5818
- 홈페이지 www.maalaeaharbor.co

환전

카훌루이 공항과 번화가 지역에 주요 은행 지점과 ATM을 쉽게 찾을 수 있으며, ATM에서 달러($)를 바로 인출할 수 있다.

우체국

카훌루이, 라하이나, 키헤이, 와일루쿠 등 주요 지역마다 우체국이 있고, 가벼운 엽서나 편지는 국제우편이라도 호텔에서 처리 가능하다. 신용도가 좋고, 지점마다 운영 시간이 다르며, 대부분 토요일 오전까지 운영한다.

카훌루이 지점 우체국
US Post Office Kahului Branch
- 지도 P.459G
- 찾아가기 렌터카 카훌루이 공항에서 Keolani Pl 경유해 HI-36으로 진입하면 S. Pu'unene Ave 코너에 위치
- 주소 138 S Pu'unene Ave, Kahului, HI 96732
- 시간 월~금요일 08:30~16:30, 토요일 09:00~12:00
- 휴무 매주 일요일

키헤이 지점 우체국
US Post Office Lahaina Branch
- 지도 P.468I
- 찾아가기 렌터카 카훌루이 공항에서 HI-30 남서쪽 방향 Piilani Hwy 오른편에 위치, 공항에서 30분 소요
- 주소 1254 S.Kihei Rd HI 96753
- 전화 808-275-8777

경찰서

마우이 경찰서는 행정수도인 카훌루이 근처의 와일루쿠(Wailuku) 지역에 있다.

마우이 경찰서
Maui Police Department
- 지도 P.459G
- 찾아가기 렌터카 카훌루이 공항에서 W. Ka'ahumanu Ave와 Mahalani St 교차로 왼편에 위치, 공항에서 10분 소요
- 주소 55 Mahalani St, Wailuku, HI 96793
- 전화 808-244-6400

키헤이 경찰서
Kihei Police Department
- 지도 P.468I
- 찾아가기 렌터카 카훌루이 공항에서 HI-31 남서쪽 방향 Kanai Rd 지나서 왼편에 위치, 공항에서 20분 소요
- 주소 2201 Pi'ilani Hwy, Kihei, HI 96753
- 전화 808-875-8190

긴급 전화번호

수첩에 적어놓거나 휴대폰에 단축번호로 저장해 두는 것도 좋다.

- 경찰 및 응급의료
911(24시간, 무료, 영어로 운영)

무작정 따라하기 1단계

STEP **1** 2 3 4

마우이 이렇게 간다

카훌루이 공항으로 들어오기

1. 도착

비행기가 완전히 멈춘 다음 개인 소지품을 챙겨 비행기에서 내린다.

2. 표지판 따라 이동

수하물(Baggage Claim) 표시를 따라 이동한다.

3. 수하물 찾기

자신의 비행기 편명에 해당하는 수하물 벨트에서 나오는 짐을 찾는다. 간혹 다음 항공편으로 짐이 누락되는 경우가 있으니 수하물표와 대조해 빠짐없이 확인한다. 수하물 벨트 옆에 관광 안내소가 있다.

4. 공항 출구

수하물 벨트 맞은편 'Aloha! Welcome to Maui' 표지판 밖으로 나가면 끝!

카훌루이 공항 한눈에 보기

마우이의 제1관문은 카훌루이 공항(Kahului International Airport, OGG)이다. 연간 5백만 명 이상이 이용하는 공항으로 하와이제도에서 호놀룰루 국제공항에 이어 두 번째로 방문객이 많다. 주요 관광지와 리조트 지역은 대부분 공항 반대쪽에 있기 때문에 지역 항공기와 개인 비행기들이 이용하는 카팔루아 웨스트 마우이 공항과 하나 공항이 있다. 1952년에 문을 연 카훌루이 공항은 국제공항이지만 규모가 매우 작아 2개의 터미널로 운영한다. 도착 시에는 출구로 나와 수하물을 찾은 후 공항 밖으로 나가고, 출발 시에는 예약한 항공사 카운터에서 발권 및 수하물을 보내고 터미널로 들어가 2층의 탑승구에서 출발한다.

카훌루이 공항
- 지도 P.459G 주소 1 Keolani Pl, Kahului, HI 96732
- 전화 808-872-3830 홈페이지 www.hawaii.gov

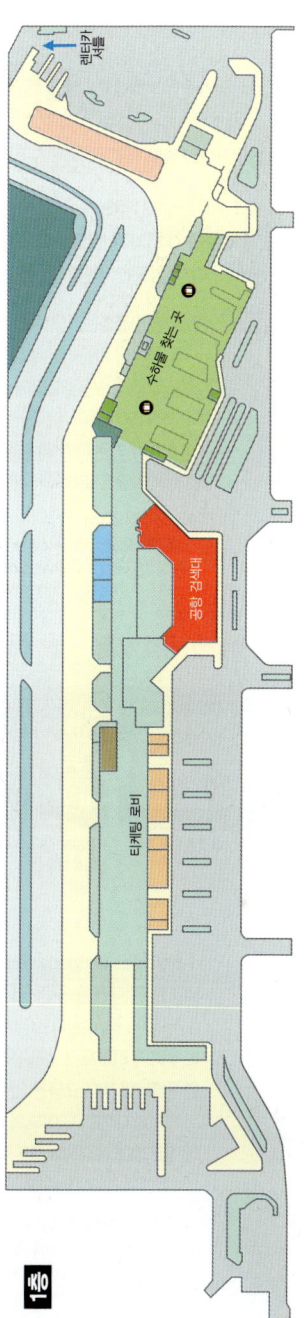
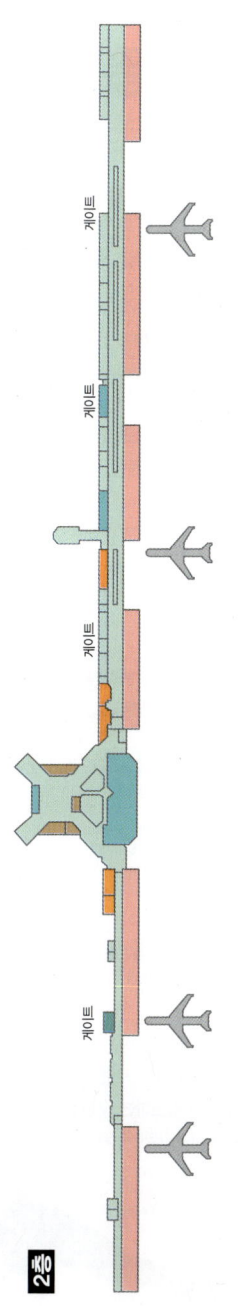

무작정 따라하기 2단계

STEP 1 2 3 4

마우이 교통편 한눈에 보기

다른 섬과 마찬가지로 버스, 택시, 트롤리, 렌터카 등 다양한 교통수단이 있다. 지리적 특성상 섬을 한 바퀴 돌고 산 정상에 오르려면 이동 폭이 크기 때문에 렌터카가 필요하다. 단, 리조트 지역에서 휴식 같은 여행을 원한다면 셔틀버스와 택시를 이용해 리조트로 직행하고, 하루 정도만 여행사의 섬 일주 관광 상품을 이용하면 된다.

렌터카 Car Rentals

카훌루이 공항은 작기 때문에 렌터카 셔틀 정류장까지 걸어서 갈 수 있다. 예약하지 않았다면 셔틀 정류장 카운터에서 당일 예약 가능한 업체를 문의한다. 마우이에는 렌터카 주행 금지 구역이 있고, 다른 섬에 비해 공항 세금이 가장 비싸서 같은 기간 렌터카를 대여했을 때 총비용이 가장 많이 든다. 마우이는 도로와 주차장 구획이 좁은 곳이 많으니 소형 또는 중형이 적합하다. 마우이 렌터카 회사들은 공항과 주요 리조트 단지에 사무소가 있다. 홈페이지에서 예약하거나 리조트 로비에서 예약 문의할 수 있다. 공항 지점들은 대부분 06:00~11:00 운영한다.

주요 렌터카 업체
- 홈페이지 달러 렌터카 Dollar Rent a Car www.dollar.com, 알라모 렌터카 Alamo Rent a Car www.alamo.com 허츠 렌터카 Herz www.hertz.com

▶ 무작정 따라하기 렌터카 픽업 사무소 찾아가기

1. 공항 출구 앞의 트램 플랫폼으로 간다.
2. 트램으로 렌터카 사무소가 집결되어 있는 센터로 이동한다.
3. 센터에 도착하여 자신이 예약한 사무소를 찾아간다.

택시 Taxi

수하물 벨트(Baggage Claim) 밖 대중교통 이용 표지판 부근에 택시 승차장이 있다. 공항에서 리조트 단지 또는 관광 명소까지 거리가 멀어서 왕복 택시 요금이 보통 1일 렌터카 대여료보다 비싸다. 택시는 카드 결제가 가능하다.

마우이의 리조트나 쇼핑센터에서 택시를 불러 이용할 수 있고, 현재 위치와 목적지를 알려주면 된다. 바가지 요금은 없지만 지역에 따라 택시 운영 회사가 다르므로 장거리 이동 시에는 목적지까지 가는지 여부와 비용을 먼저 확인하는 것이 좋다.

- 요금 공항에서 지역별 평균 택시 요금: 라하이나까지 약 $80, 카아나팔리까지 약 $90, 카팔루아까지 약 $110. 팁(요금의 10~15%) 별도 지급

주요 택시 회사
- 전화 마우이 공항 택시 셔틀 Maui Airport Taxi Shuttle 808-877-2002, 시브이 마우이 택시 CV Maui Taxi Service 808-243-8294, 아이나 라하이나 택시 Aina Lahaina Taxi 808-224-3021, 사우스 마우이 택시 A South Maui Taxi 808-874-1866

기타 셔틀버스
Shuttle, etc

수하물 벨트 밖 'Ground Transportation' 표지판을 따라가면 대형 리조트 단지까지 이동하는 셔틀버스 픽업 정류장이 나온다. 마우이 교통 요금과 호텔 비용은 다른 섬보다 비싸기로 악명 높아 리조트 왕복 셔틀버스의 활용도가 높다. 공항에서 리조트 단지로 이동하는 로버츠 하와이 픽업 셔틀, 스피디 셔틀이 있다. 스피디 셔틀은 공식 홈페이지에서 예약하고 리조트 셔틀버스는 각 리조트에 예약 문의한다.

스피디 셔틀
- ⓢ **요금** 편도 $31.88(거리에 따라 다름)~
- **평균 소요 시간** 카아나팔리까지 약 55분 소요
- **시간** 24시간
- **전화** 877-242-5777
- **홈페이지** www.speedishuttle.com

마우이 버스
Bus

마우이 제1의 대중교통으로 큰 지역에서 이어지는 연계 노선은 하와이 최대 운수 회사인 로버츠 하와이(Roberts Hawaii)가 맡아 운영하며, 총 5개 지역에 11개 노선이 주민 출퇴근 시간에 맞춰 구성되었다.

마우이 버스
- ⓢ **요금** 편도 $2(성인 1인)
- **시간** 노선마다 다르며 대략 첫차 06:30~막차 16:00
- **반입 화물 규정** 기내용 화물 크기 가방 1개(1인당), 자전거, 장바구니, 부기보드 허용. 서핑 보드, 오토바이, 뚜껑이 닫히지 않는 골프클럽과 낚시 용품 허용 불가, 식사와 음료 섭취 금지, 금연

마우이 지역 한눈에 보기

STEP ① ② ③ ④

- 나카렐레 블로홀 Nakalele Blowhole
- 오넬로아 베이 Oneloa Bay
- 호놀루아 베이 Honolua Bay
- 리츠 칼튼 카팔루아 리조트 The Ritz-Carlton Kapalua
- 더 가제보 The Gazebo
- 카팔루아 Kapalua
- 카팔루아 베이 Kapalua Bay
- 렌터카 주행 불가 지역
- 나필리 베이 Napili Bay
- 마우이 베스트 해변으로 리조트가 밀집한 관광 단지
- 블랙록 Black Rock
- 카아나팔리 비치 파크 Ka'anapali Beach Park
- 웨일러스 빌리지 Whalers Village — 마우이 최대 쇼핑센터
- 마우이 브루잉 컴퍼니 Maui Brewing Co.
- 카아나팔리 Ka'anapali
- 라하이나 캐너리 몰 Lahaina Canery Mall
- 카훌루이 Kahului 마우이의 행정 타운, 대형마트와 병원 등 생활 시설 밀집 지역
- 라하이나 프론트 스트리트 Lahaina Front St. *최고의 역사·거리 관광지였으나 2023년 9월 대형 화재로 전소, 현재 복구 중으로 출입 불가
- 라하이나 Lahaina
- 웨스트 마우이 West Maui
- 이아오 주립공원 Iao State Park
- 호오키파 비치 Ho'okipa Beach
- 마마스 피시 하우스 Mama's Fish House
- 카훌루이 공항(OGG) Kahului Airport
- 와일루쿠 Wailuku
- 라하이나 반얀트리 코트 Lahaina Banyan Tree Court
- HI-311
- 우쿠메하메 비치 파크 Ukumehame Beach Park
- HI-30
- HI-310
- 마알라에아 스몰 보트 항구 Maalaea Small Boat Harbor
- 키헤이 Kihei
- 마우이 브루잉 컴퍼니 Maui Brewing Co.
- 해저 분화구로 마우이 최대 스노클링 성지
- 몰로키니 분화구 Molokini
- 와일레아 Wailea
- 키헤이&와일레아 해변에 늘어선 관광 시설 밀집 지역, 몰로키니 섬이 보이는 일몰 명소와 스노클링 포인트 밀집
- 와일레아 비치 Wailea Beach
- 샵스 앳 와일레아 The Shops at Wailea
- 명품 매장이 모여있는 쇼핑몰
- HI-37
- 빅 비치 Big Beach
- 마우이 와인 Maui Wine
- 울루팔라쿠아 빈야드 Ulupalakua Vineyard

✈ **카훌루이 공항** 섬의 주요 관광지에서 1시간 거리, 행정 중심지 카훌루이 시내에서 10분 거리에 있는 카훌루이 공항은 국제선과 이웃 섬으로 연결하는 주내선 모두 운항한다.

출발지	도착지	소요 시간
카훌루이 공항(OGG)	할레아칼라 정상	약 50분
카훌루이 공항(OGG)	하나 베이 해변 공원	약 130분
카훌루이 공항(OGG)	와일레아 숍스앳 와일레아	약 25분
카훌루이 공항(OGG)	카아나팔리 웨일러스 빌리지	약 50분

A 서부 마우이를 대표하는 관광 휴양지. 고래 무역의 중심지였던 옛 수도 라하이나와 카아나팔리 비치를 끼고 개발된 관광단지와 다양한 해변이 조화를 이루는 지역.
지역 대표 도시 카아나팔리, 카팔루아

B 중부 **할레아칼라** 백두산 보다 높은 할레아칼라 정상으로 가는 길에 여러 다른 기후대와 야생 동식물을 볼 수 있고, 정상에 오르면 압도적인 전경이 펼쳐진다. 일출과 일몰 감상으로는 월드 베스트!
지역 대표 도시 할레아칼라

C 동부 해안선과 계곡, 폭포 등 야생 볼거리와 한적한 하나 마을은 휴식 같은 여행으로 만점. 마우이 베스트 드라이브 코스. **지역 대표 도시** 하나

하나 로드 지역
원데이 관광 추천. 천국 같은 드라이브 코스라는 별명에 어울리는 볼거리와 먹거리가 한 가득!

할레아칼라 해돋이 관람
마우이 관광의 하이라이트

할레아칼라 국립 공원 지역
할레아칼라 국립 공원의 출입 가능 지역은 산 정상 부근과 해변 부근의 두 지역으로 나뉘어 각각 방문자 센터가 있다. 하나의 입장권($30/차대)으로 3일간 두 곳 다 이용 가능.

무작정 따라하기

마우이 추천 여행 코스

STEP ① ② ③ ④

마우이 첫 방문의 경우 하루 동안 볼 수 있는 명소는 제한적이다. 공항 위치 때문에 지역 간 이동 시간은 거의 왕복으로 계산해야 하고, 비행기 출발 전 대기 시간도 넉넉히 잡아야 한다.

Course 1 당일치기 핵심 코스

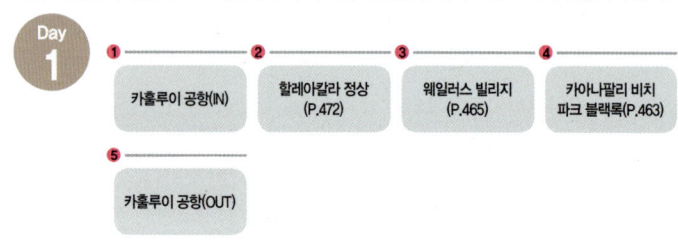

Course 2 마우이 핵심 볼거리 1박 2일 코스

Day 1
① 카훌루이 공항(IN) — ② 이아오 밸리 (P.462) — ③ 카아나팔리 (P.463)

단 하루를 위한 추천 호텔
쉐라톤 마우이 리조트&스파

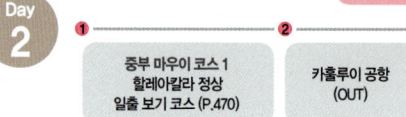

Course 3 마우이 꼼꼼히 둘러보기 2박 3일 코스

Day 1
① 카훌루이 공항 (IN) — ② 서부 마우이 코스 1 렌터카 남서부 반나절 코스 (P.460)

최소 이동 경로를 위한 추천 호텔
마우이 시사이드 호텔

하와이 여행 플래너 Hawaii Travel Planner

휴가 날짜 Vacation Dates ;　　　　.　.　.

출국 일정 Departure Date/Time/Location	체크 리스트 Check Lists
항공편 Flight No.	
숙소명 Accomodations	
교통편 예약 Transportation Arrangements	액티비티 Activities&Events
귀국 일정 Return Date/Time/Location	
항공편 Flight No.	

요일별 일정표 Weekly Planner

일	월	화	수	목	금	토

A West MAUI
[서부 마우이]

옛 수도와 해변의 낭만을 간직한 아름다운 휴양지

마우이 최초의 리조트 단지인 카아나팔리와 지역을 위주로 크고 작은 신비로운 자연과 먹거리, 쇼핑센터가 해변을 따라 포진되어 있다. 역사, 문화, 자연경관이 조화를 이루며 현대적인 멋까지 어우러진 완벽한 휴양지다. 화재에서 복구중인 라하이나 항구 부근도 속속 맛집이 문을 열고 있고 대부분의 숙소가 카아나팔리 지역에 있는 만큼 공항에서 숙소로 향하는 길에 크고 작은 볼거리를 콕콕 집어서 보자.

서부 마우이, 면적은 얼마나 될까?
마우이는 하와이제도에서 두 번째로 큰 섬이며, 반신반인 마우이의 뒷머리 모양을 닮은 이 지역은 크기가 364㎢다. 인구와 면적에 비해 볼거리와 관광 시설이 잘 갖춰져 있어 두 번째로 방문자 수가 많은 섬이고, 70% 이상의 관광객이 서부 마우이의 리조트 지역에서 머문다.

457

MUST SEE 이것만은 꼭 보자!

№.1
고래가 숨을 쉬듯
시원한 물줄기를
쏘아 올리는 해안가
나카렐레 블로홀

№.2
뾰족한 첨탑처럼 솟은,
계곡의 섬
마우이의 랜드마크
이아오 밸리 주립공원

MUST EAT 이것만은 꼭 먹자!

№.1
유명 관광지
라하이나 항구 앞 맛집
키모스의
키모스 클래식 버거

№.2
해변을 보며 즐기는
신선한 참치 회무침
시 하우스의
포케 나초

MUST EXPERIENCE 이것만은 꼭 경험하자!

№.1
마우이 최고의 해변
카아나팔리 비치 파크의
블랙록 다이빙과
스노클링 체험하기

№.2
떠오르는 스노클링 스폿
호놀루아 베이
전망대에서
스노클링 체험하기

MUST BUY 이것만은 꼭 사자!

№.1
라하이나 캐너리 몰에서
선물로도 좋은 자개로 만든
수공예 알약 케이스

№.2
라하이나 캐너리 몰에서
마우이 한정품 'Life is Better
in Maui' 레터링 티셔츠

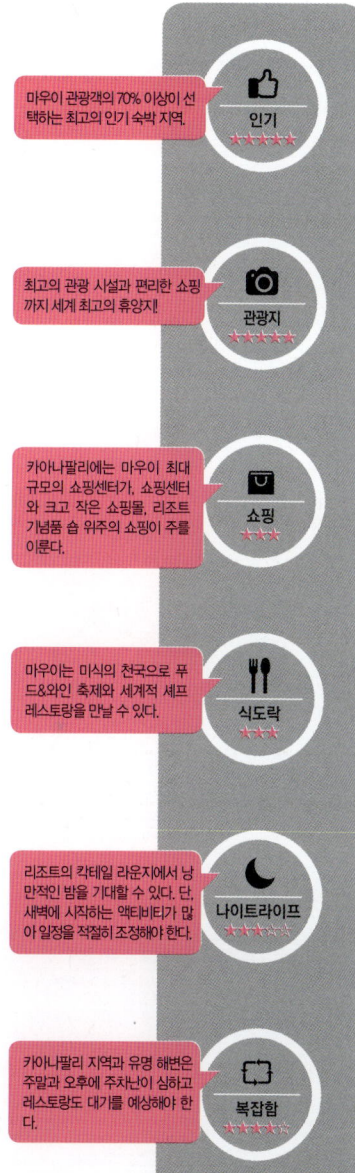

마우이 관광객의 70% 이상이 선택하는 최고의 인기 숙박 지역.
인기 ★★★★★

최고의 관광 시설과 편리한 쇼핑까지 세계 최고의 휴양지!!
관광지 ★★★★★

카아나팔리에는 마우이 최대 규모의 쇼핑센터가, 쇼핑센터와 크고 작은 쇼핑몰, 리조트 기념품 숍 위주의 쇼핑이 주를 이룬다.
쇼핑 ★★★

마우이는 미식의 천국으로 푸드&와인 축제와 세계적 셰프 레스토랑을 만날 수 있다.
식도락 ★★★

리조트의 칵테일 라운지에서 낭만적인 밤을 기대할 수 있다. 단, 새벽에 시작하는 액티비티가 많아 일정을 적절히 조정해야 한다.
나이트라이프 ★★★☆☆

카아나팔리 지역과 유명 해변은 주말과 오후에 주차난이 심하고 레스토랑도 대기를 예상해야 한다.
복잡함

MAP
서부 마우이 한눈에 보기

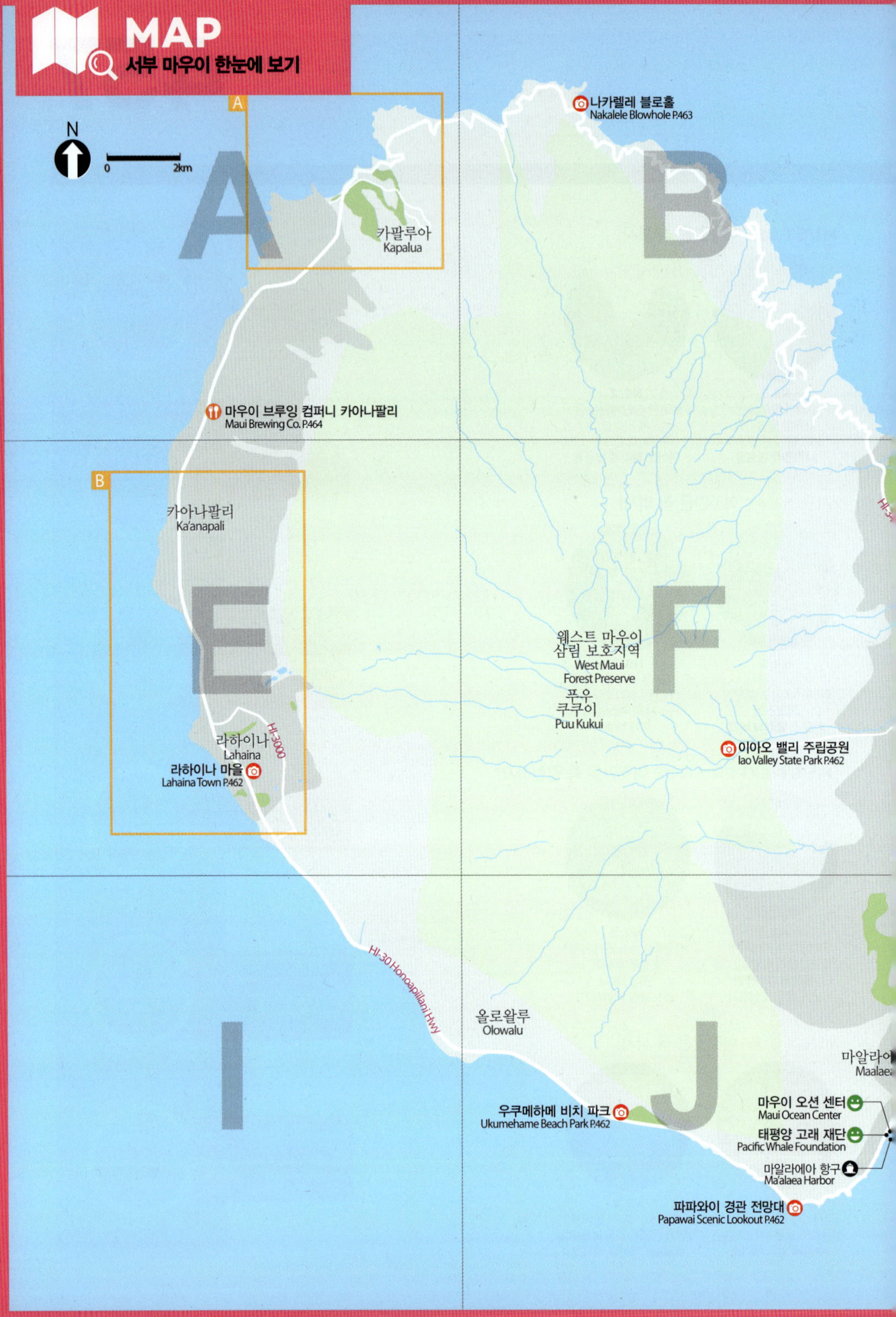

- 나카렐레 블로홀 Nakalele Blowhole P.463
- 카팔루아 Kapalua
- 마우이 브루잉 컴퍼니 카아나팔리 Maui Brewing Co. P.464
- 카아나팔리 Ka'anapali
- 웨스트 마우이 삼림 보호지역 West Maui Forest Preserve
- 푸우 쿠쿠이 Puu Kukui
- 이아오 밸리 주립공원 Iao Valley State Park P.462
- 라하이나 Lahaina
- 라하이나 마을 Lahaina Town P.462
- 올로왈루 Olowalu
- 우쿠메하메 비치 파크 Ukumehame Beach Park P.462
- 마알라에아 Maalaea
- 마우이 오션 센터 Maui Ocean Center
- 태평양 고래 재단 Pacific Whale Foundation
- 마알라에아 항구 Ma'alaea Harbor
- 파파와이 경관 전망대 Papawai Scenic Lookout P.462

461

START

1. 이아오 밸리 주립공원	
18km, 20분	
2. 파파와이 경관 전망대	
7km, 10분	
3. 우쿠메하메 비치 파크	
16km, 25분	
4. 웨일러스 빌리지	
1km, 도보 3분	
5. 카아나팔리 비치 파크	
12km, 16분	
6. 드래곤 티스	
4km, 8분	
7. 호놀루아 베이 전망대	
10km, 15분	
8. 나카렐레 블로홀	
Finish	

Area 2 마우이 · A. 서부 마우이 · COURSE 1 · TRAVEL INFO

3 우쿠메하메 비치 파크
Ukumehame Beach Park

마우이의 아름다운 실루엣을 감상할 수 있는 한적한 해변. 물놀이에 심취한 반려견과 아이들을 만날 수 있는 곳.

◎ **찾아가기** HI-30 남쪽 라하이나 방면으로 12마일마커 지나 바다 쪽에 입구
🅿 **주차** 무료 주차

4 웨일러스 빌리지
Whalers Village

카아나팔리 비치를 방문할 경우, 대형 주차장이 있는 웨일러스 빌리지에 주차 후 걸어서 해변으로 이동한다.

◎ **찾아가기** HI-30 남쪽 Lahaina Ka'anapali 방향 24마일마커에서 Ka'anapali Pkwy로 쇼핑센터 주차장 진입 🅿 **주차** 유료 주차(구매 확인 시 2시간 무료)

5 카아나팔리 비치 파크
Ka'anapali Beach Park

마우이 최고의 백사장 카아나팔리 비치를 걸어 절벽 다이빙 명소 블랙록을 구경하자.

◎ **찾아가기** HI-30 남쪽으로 Lahaina Ka'anapali 방향 24마일마커에서 Ka'anapali Pkwy로 쇼핑센터 주차장 진입 🅿 **주차** 쇼핑센터 유료 주차(1시간 $8), 매장 이용 시 구매 확인 도장 필수

6 드래곤 티스
Dragon's Teeth

마치 거대 공룡의 이빨처럼 솟아오른 사람의 키만 한 용암석들이 장관을 이루는 해변 앞 절벽까지 특별한 산책을 즐겨보자. 왕복 소요 시간은 단 5분이면 충분하다.

◎ **찾아가기** HI-30 북쪽 방향, 30마일마커 부근 Lower Honoapiilani Rd에서 Kapalua Pl 경유해 주차장 진입
🅿 **주차** 무료 주차

카훌루이 공항
Kahului Airport

퀸 카아후마누 센터
Queen Ka'ahumanu Center

월마트
Walmart

HI-380 Kuihelani Hwy
HI-311 Mokulele Hwy

7 호놀루아 베이 전망대
Honolua Bay Lookout

절벽 아래 숨은 아름다운 호놀루아 베이를 한눈에 관망할 수 있는 전망 포인트. 스노클링 보트와 멀리 서핑을 즐기는 사람들을 구경하며 잠시 다리를 쉬어 가자.

◎ **찾아가기** HI-30 북쪽 방향 32마일마커 지나서 해변 쪽으로 갓길 주차장 진입
🅿 **주차** 갓길 무료 주차

8 나카렐레 블로홀
Nakalele Blowhole

구석구석 숨은 보물까지 찾아내는 사람들이 꼭 가보는 곳. 머리섬 주행 가능 도로 끝자락의 거대한 블로홀과 하트 모양이 새겨진 특별한 바위를 놓치지 말자.

◎ **찾아가기** HI-30 북쪽 방향, 38마일마커 직후 해변 쪽으로 갓길 주차장 진입
🅿 **주차** 갓길 무료 주차

Travel INFO

여행 핵심 정보

- 이 지역은 2023년 9월 대형 화재로 인한 복구 작업으로 출입 통제 구간이 있는 곳입니다. 여행 전에 미리 방문 불가 장소를 확인해주세요.
- 현지 여행 패턴을 고려해 동선에 따라 나오는 명소 순서로 배열하였습니다.

1 이아오 밸리 주립공원
Iao Valley State Park

마우이를 만든 2개의 화산 중 하나의 분화구 일부로 이아오 니들은 뾰족한 바늘 모양에서 따온 별명이다. 시원한 계곡 물소리를 따라 걷는 산책로에서 그 모습을 볼 수 있으며 원래 마우이 왕족을 위한 신성 지역이었다. 구름이 끼이지 선 오션이 베스트 방문 타임. 입장은 온라인 예약제로 운영중이다.

📍 **지도** P.458F
🚗 **찾아가기** 렌터카 HI-32 서쪽 방향에서 Iao Valley Rd로 진입, 카훌루이 공항에서 25분 소요 🏠 **주소** 54 S. High St, Wailuku, HI 96793 ☎ **전화** 808-464-0504 🕐 **시간** 07:00~18:00 ❌ **휴무** 연중무휴 💰 **가격** 유료 입장(차 1대 $10) 🅿 **주차** $10(차 1대) 🌐 **홈페이지** dlnr.hawaii.gov/dsp/parks/maui/iao-valley-state-monument

2 파파와이 경관 전망대
Papawai Scenic Lookout

해변 갓길 절벽 위에 만들어진 전망 포인트로 탁 트인 태평양을 원 없이 바라볼 수 있다. 11월~4월까지 겨울철에는 아기 고래와 함께 다니는 혹등고래 가족이 해수면 위로 자주 떠올라 구경하는 사람들이 많이 모인다. 전망대로 진입 출차 시 반대 방향 운전 차량에 주의할 것.

📍 **지도** P.458J
🚗 **찾아가기** 렌터카 HI-30 남쪽 라하이나 방면으로 8마일마커 지나 바다 쪽에 입구, 카훌루이 공항에서 25분 소요 🏠 **주소** 8마일마커와 9마일마커 사이, Honoapiilani Hwy, Papawai Point, HI 96793 ☎ **전화** 808-464-0504 🕐 **시간** 24시간 ❌ **휴무** 연중무휴 💰 **가격** 무료 입장 🅿 **주차** 무료 주차 🌐 **홈페이지** www.mauihawaii.org/sights/whale-watch-lookout

3 우쿠메하메 비치 파크
Ukumehame Beach Park

마우이의 아름다운 실루엣을 감상할 수 있는 한적한 해변으로 주말에는 피크닉을 즐기러 나온 지역 주민들이 많다. 한가한 평일 오후에는 물놀이에 심취한 반려견들을 구경하는 재미가 있는 곳.

📒 VOL.1 P.137 📍 **지도** P.458J
🚗 **찾아가기** 렌터카 HI-30 남쪽 라하이나 방면으로 12마일마커 지나 바다 쪽에 입구, 카훌루이 공항에서 30분 소요 🏠 **주소** Ukumehame Beach Park, Honoapiilani Hwy, Lahaina, HI 96761 ☎ **전화** 808-464-0504 🕐 **시간** 일출 후~일몰 전 ❌ **휴무** 연중무휴 💰 **가격** 무료 입장 🅿 **주차** 무료 주차 🌐 **홈페이지** www.tohawaii.com/maui/beaches/ukumehamebeachpark

4 라하이나 마을(알로하 믹스트 플레이트 Aloha Mixed Plate)
Lahaina Town

한때 하와이 왕국의 수도였던 라하이나는 19세기 고래 포경 산업의 중심지로 번성하 하와이 역사에서 중요한 위치를 차지했다. 해안선을 따라 이어진 프런트 스트리트에는 오션뷰 레스토랑, 로컬 맛집, 예술 갤러리, 복고풍 목조 건물들이 어우러져, 낭만적인 정취를 만끽할 수 있었다. 그러나, 2023년 8월, 허리케인과 대형 산불이 발생해 이 지역 대부분이 전소되었다. 현재, 상징적인 라하이나 반얀트리에서는 새순이 자라고 있으며 마을 북단 일부 구간은 해변 산책로와 오래된 로컬 맛집인 Star Noodle, Aloha Mixed Plate 등이 문을 열면서 2025년 말부터 점차 예전의 모습을 찾을 예정이니 복구 지역에 관한 뉴스는 앞으로 좀 더 지켜보자.

📍 **지도** P.459L
🚗 **찾아가기** 렌터카 Wharf St과 Canal St 교차로에 위치, 카훌루이 공항에서 25분 소요 🏠 **주소** 1285 Front St, Lahaina, HI 96761 ☎ **전화** 808-661-3322 🕐 **시간** 10:00~21:00 ❌ **휴무** 주요 공휴일 💰 **가격** 식사류 $11~ 🅿 **주차** 무료 주차 🌐 **홈페이지** www.alohamixedplate.com

5 카아나팔리 비치 파크
Ka'anapali Beach Park
유료 주차

마우이의 왕들이 사랑했던 해변으로 넓은 백사장과 주변에는 리조트 및 쇼핑센터가 있다. 해변 끝에 있는 용암석 바위는 블랙록이라고 부르는데, 그 아래 바닷속에 열대어가 많아 스노클링을 하기 좋고 클리프 다이빙 명소로 용기를 시험하는 사람들이 줄지어 뛰어내리는 진풍경을 감상할 수 있다.

ⓜ VOL.1 P.124 ⓜ 지도 P.459H
ⓜ 찾아가기 렌터카 HI-30 24마일마커 지점 Whaler's Village에 주차 후 도보 3분, 카훌루이 공항에서 1시간 소요 ⓜ 주소 Whalers Village, 2435 Ka'anapali Pkwy, Lahaina, HI 96761 ⓜ 전화 808-464-0840 ⓜ 시간 24시간 ⓜ 휴무 연중무휴 ⓜ 가격 무료 입장 ⓜ 주차 쇼핑센터 유료 주차(1시간 $8) ⓜ 홈페이지 www.liveinhawaiinow.com/Ka'anapali-beach

6 나필리 베이
Napili Bay
갓길 무료 주차

라하이나와 카팔루아 베이 사이에 있는 초승달 모양의 작고 조용한 해변. 후추색 모래와 물고기, 거북도 많아 아이들이 좋아한다. 해상안전요원, 화장실, 바비큐 등과 같은 공용 부대시설은 없지만 크고 작은 레스토랑과 리조트로 둘러싸여 있어 잠시 산책하기에 좋다.

ⓜ VOL.1 P.137 ⓜ 지도 P.459D
ⓜ 찾아가기 렌터카 HI-30 29마일마커 주변 Lower Honoapiilani Rd 경유해 바다 쪽 Hui Dr로 진입, 라하이나에서 20분 소요 ⓜ 주소 Napili Bay, 33 Hui Dr, Lahaina, HI 96761 ⓜ 전화 808-771-3337 ⓜ 시간 일출 후~일몰 전 ⓜ 가격 무료 입장 ⓜ 주차 갓길 무료 주차 ⓜ 홈페이지 www.gohawaii.com

7 카팔루아 베이 비치 파크
Kapalua Bay Beach Park
갓길 무료 주차

마우이 최고의 부촌 카팔루아 리조트 단지 앞 초승달 모양의 해변. 주말이면 웨딩 사진을 찍는 사람들이 많이 눈에 띈다. 일몰과 깨끗한 환경으로 유명하며 각종 부대시설이 있다. 리츠 칼튼 리조트로 이어진 해안 산책로로 해변과 몰로카이 섬 전망 벤치가 있다.

ⓜ VOL.1 P.137 ⓜ 지도 P.459D
ⓜ 찾아가기 렌터카 HI-30에서 Lower Honoapiilani Rd 경유해 바다 쪽 Napili Kai Beach Club의 해변 진입 표지판 따라 진입, 라하이나에서 25분 소요 ⓜ 주소 Bay Dr, Kapalua, HI 96761 ⓜ 전화 808-665-4386 ⓜ 시간 일출 후~일몰 전 ⓜ 휴무 연중무휴 ⓜ 가격 무료 입장 ⓜ 주차 갓길 무료 주차 ⓜ 홈페이지 www.gohawaii.com

8 드래곤 티스
Makaluapuna Point, Dragon's Teeth
무료 주차

마치 거대한 공룡의 이빨처럼 솟아오른 사람의 키만 한 용암석들이 장관을 이루는 해변을 부르는 별명. 산책로를 따라 드래곤 티스까지 갔다 오는 시간은 단 5분으로, 특별한 산책을 즐겨보자.

ⓜ 지도 P.459D
ⓜ 찾아가기 렌터카 HI-30 라하이나 지나서 30마일마커 부근 Lower Honoapilani Rd에서 Kapalua Pl 경유해 주차장 진입, 라하이나에서 25분 소요 ⓜ 주소 Makalua-puna Point off Office Road, Kapalua, HI 96761 ⓜ 전화 808-464-0840 ⓜ 시간 일출 후~일몰 전 ⓜ 휴무 연중무휴 ⓜ 가격 무료 입장 ⓜ 주차 무료 주차 ⓜ 홈페이지 www.gohawaii.com

9 호놀루아 베이 전망대
Honolua Bay Lookout
갓길 무료 주차

절벽 아래 숨어 있는 에메랄드빛 호놀루아 베이 전경을 한눈에 내려다볼 수 있는 전망대로 스노클링 포인트답게 산호초가 들여다보이고 스노클링 보트들이 떠 있는 풍광이 아름답다. 2마일(약 3.2km) 정도 더 가서 산행로를 따라 15분 정도 내려가면 해변에 닿을 수 있다.

ⓜ VOL.1 P.153 ⓜ 지도 P.459D
ⓜ 찾아가기 렌터카 HI-30 서쪽 방향으로 32마일마커 지나 해변 쪽에 갓길 주차장, 라하이나에서 25분 소요 ⓜ 주소 6501 Honoapiilani Hwy, Lahaina, HI 96761 ⓜ 전화 808-464-0840 ⓜ 시간 24시간 ⓜ 휴무 연중무휴 ⓜ 가격 무료 입장 ⓜ 주차 갓길 무료 주차 ⓜ 홈페이지 www.gohawaii.com

10 나카렐레 블로홀
Nakalele Blowhole
갓길 무료 주차

입소문을 타고 유명해진 해안 절벽 아래의 블로홀. 해안선에 다다르면 50미터에 이르는 시원한 물기둥이 솟아오르는 것을 볼 수 있으며 올라오는 길에 바위 절벽의 하트 모양 구멍을 찾아보자. 바닥이 미끄럽고 바람이 심하니 안전에 유의할 것.

ⓜ 지도 P.458B
ⓜ 찾아가기 렌터카 HI-30 카팔루아 지나서 38마일마커 직후 바다 쪽으로 갓길 주차장, 카훌루이 공항에서 1시간 15분 소요 ⓜ 주소 Mile Marker 38 1/2, Nakalele Blowhole, HI-30, HI 96761 ⓜ 전화 808-464-0840 ⓜ 시간 일출 후~일몰 전 ⓜ 휴무 연중무휴 ⓜ 가격 무료 입장 ⓜ 주차 갓길 무료 주차 ⓜ 홈페이지 liveinhawaiinow.com/nakalele-blowhole

11 마우이 브루잉 컴퍼니 카아나팔리
Maui Brewing Co.
★★★★★ 인근 유료 주차

수제 맥주 열풍이 하와이를 강타하고 있는 가운데 코나 브루잉 컴퍼니와 함께 양대 산맥 중 하나다. 피자 버거 샐러드와 맥주와 궁합 좋은 에피타이저가 다양하며 양조장에서 직접 만드는 맥주 도감을 통해 취향에 딱 맞는 수제 맥주를 찾아가는 재미가 있다.

ⓥ 지도 P.458A
🚗 찾아가기 렌터카 HI-30 에서 아웃리거 카아나팔리 비치 리조트에 위치, 카훌루이 공항에서 50분 소요 📍 주소 2525 Kaanapali Pkwy, Lahaina, HI 96761 ☎ 전화 808-830-2337 🕐 시간 11:00~22:00 📅 휴무 없음 💲 가격 음료 $4.50~ 🅿 주차 호텔 유료 주차 🌐 홈페이지 www.mbc restaurants.com/kaanapali

Avocado Sandwich $10 & Pineapple Lager $4.50

12 판다 익스프레스
Panda Express
★★★ 무료 주차

테이크아웃 차이니즈 레스토랑으로 여미 코리언 비비큐(Yummy Korean BBQ)의 중국 음식 버전이라고 보면 된다. 볶음밥 또는 볶음국수에 원하는 중국 요리를 2~3가지 고를 수 있다. 오렌지 치킨과 비프 브로콜리가 인기 메뉴.

ⓥ 지도 P.459L
🚗 찾아가기 렌터카 HI-30 남쪽 Keawe St에서 우회전해 진입, 카훌루이 공항에서 45분 소요 📍 주소 312 Keawe St, Lahaina, HI 96761 ☎ 전화 808-661-7888 🕐 시간 일~목요일 10:00~21:00, 금·토요일 10:00~21:30 📅 휴무 연중무휴 💲 가격 런치 $6.80~ 🅿 주차 무료 주차 🌐 홈페이지 www.pandaexpress.com

Orange Chicken $4.70(small bag))

13 훌라 그릴 카아나팔리
Hula Grill Ka'anapali
★★★★ 유료 주차

웨일러스 빌리지 쇼핑센터에서 해변 쪽으로 자리 잡은 인기 좋은 레스토랑. 베어풋 비치바와 다이닝 공간으로 나뉜다. 비치바는 일몰 무렵부터 예약이 어렵고 대기가 긴 편이니 다이닝룸을 먼저 공략하자. 메뉴가 다양해 가족과 연인 모두에게 추천할 만하다.

ⓥ VOL.1 P.226 ⓥ 지도 P.459H
🚗 찾아가기 렌터카 HI-30 남쪽 방향 24마일마커, Ka'anapali Pkwy에서 쇼핑센터 진입, 카훌루이 공항에서 1시간 소요 📍 주소 Whalers Village, 2435 Ka'anapali Pkwy, Lahaina, HI 96761 ☎ 전화 808-667-6636 🕐 시간 10:45~22:00 📅 휴무 연중무휴 💲 가격 에피타이저 $15~, 식사 메뉴 $25~ 🅿 주차 쇼핑센터 유료 주차(1시간 $8), 식사 후 확인 도장 필수 🌐 홈페이지 www.hulagrillkaanapali.com

14 더 가제보
The Gazebo
★★★★ 인근 유료 주차

마우이에서 가장 유명한 조식 레스토랑. 몰로카이 섬이 보이는 아름다운 나필리 베이 수영장 옆의 작은 가제보에서 아침에 문을 열어 오후에 닫는다. 오전 일찍 줄을 서는 것이 부담스럽다면 점심에 찾는 것이 좋다. 식사 후 나필리 베이를 산책해 보자.

ⓥ VOL.1 P.244 ⓥ 지도 P.459D
🚗 찾아가기 렌터카 HI-30 남쪽 방향 Ka'anapali 지나서 Lower Honoapiilani Rd 경유해 Napili Pl 진입, 라하이나에서 15분 소요 📍 주소 Napili Shores Maui by Outrigger, 5315 Lower Honoapiilani Rd, Lahaina, HI 96761 ☎ 전화 808-669-5621 🕐 시간 07:30~14:00 📅 휴무 연중무휴 💲 가격 런치 $8.50~ 🅿 주차 인근 유료 주차장
🌐 홈페이지 www.facebook.com/pages/Gazebo-Restaurant
BEST MENU ① 우리 입맛에 잘 맞는 포르투기 소시지 프라이드 라이스 Portuguese Sausage Fried Rice $12 ② 대표 메뉴로 달달하고 부드러운 마카다미아 넛 팬케이크 Macadamia Nut Pancake $8.50

Portuguese Sausage Fried Rice $12

Macadamia Nut Pancake $8.50

15 시 하우스 레스토랑
Sea House
★★★ 무료 주차

나필리 베이 한쪽 끝에 자리 잡은 해변 전망 레스토랑으로 조식, 런치, 디너 모두 운영하며 캐주얼한 분위기와 가격대로 인기가 좋다. 일몰이 아름다워 로맨틱 디너에도 어울린다.

Ahi Napoleon $22

ⓥ 지도 P.459D
🚗 찾아가기 렌터카 HI-30 29마일마커 주변 Lower Honoapiilani Rd 경유해 Napili Kai Beach Resort 진입, 라하이나에서 20분 소요 📍 주소 5900 Lower Honoapiilani Rd, Lahaina, HI 96761 ☎ 전화 808-669-1500 🕐 시간 07:00~21:00 📅 휴무 연중무휴 💲 가격 에피타이저 $10~, 디너 $24~ 🅿 주차 무료 주차 🌐 홈페이지 www.seahousemaui.com
BEST MENU 겉만 살짝 익힌 참치와 아보카도, 나초칩을 쌓아 올린 아히 나폴레옹 Ahi Napoleon $22

16 메리맨 마우이
Merriman's Maui

빅아일랜드의 스타 셰프 피터 메리맨 레스토랑의 마우이 지점으로 카팔루아 비치에 별도의 건물이 있고 석양이 아름다워 로맨틱한 저녁 식사에 어울리는 자유로우면서도 격식을 갖춘 곳이다.

🅑 VOL.1 P.214 📍 지도 P.459D
🚗 찾아가기 렌터카 HI-30 남쪽 방향 Lower Honoapiilani Rd 경유해 주차장 진입, 카훌루이 공항에서 1시간 소요 📍 주소 1 Bay Club Pl, Lahaina, HI 96761 📞 전화 808-669-2200 🕐 시간 월~토요일 16:00~21:00, 일요일 브런치 09:30~13:30 🚫 휴무 연중무휴 💲 가격 디너 $45~ 🅿️ 주차 무료 🌐 홈페이지 www.merrimanshawaii.com
BEST MENU 몰로카이 자색 고구마를 곁들인 포케 볼 앤 몰로카이 칩스 Poke Bowl and Molokai Chips $시가

17 퀸 카아후마누 센터
Queen Ka'ahumanu Center

카훌루이 공항 쪽에 위치한 대규모 쇼핑센터로 마우이 주민들이 주로 이용하며 마우이 버스 시스템의 허브 역할을 한다. 메이시스(Macy's)와 시어스(Sears) 백화점을 비롯해 다양한 브랜드네임 스토어와 슈퍼마켓, 멀티플렉스 영화관이 모여 있다.

🅑 VOL.1 P.310 📍 지도 P.459G
🚗 찾아가기 렌터카 E. Ka'ahumanu Ave에서 Kea St 교차로 경유해 진입, 카훌루이 공항에서 10분 소요 📍 주소 275 W. Ka'ahumanu Ave, Kahului, HI 96732 📞 전화 808-877-4325 🕐 시간 월~토요일 09:30~21:00, 일요일 10:00~17:00(레스토랑과 영화관 개별) 🚫 휴무 연중무휴 🅿️ 주차 무료 주차 🌐 홈페이지 queenKa'ahumanucenter.com

18 라하이나 캐너리 몰
Lahaina Cannery Mall

마우이 유일의 인도어 쇼핑센터로 소소한 기념품과 아기자기한 아이템을 원 없이 쇼핑할 수 있는 진짜 살 거리 많은 곳이다. 매일 훌라 레슨과 폴리네시아 춤 공연 등 다채로운 이벤트가 준비되어 있다. 개성 있는 마우이 로고 기념품을 원한다면 꼭 들러볼 것.

🅑 VOL.1 P.310 📍 지도 P.459L
🚗 찾아가기 렌터카 HI-30 남쪽 방향, Keawe St 지나 첫 번째 교차로로 좌회전해 쇼핑센터 진입, 카훌루이 공항에서 45분 소요 📍 주소 1221 Honoapiilani Hwy, Lahaina, HI 96761 📞 전화 808-661-5304 🕐 시간 09:00~21:00 🚫 휴무 연중무휴 🅿️ 주차 무료 주차 🌐 홈페이지 www.lahainacannerymall.com

19 웨일러스 빌리지
Whalers Village

마우이 최대 규모의 인도어, 아웃도어 복합형 쇼핑센터로 다수의 명품 브랜드 숍을 비롯해 푸드코트와 ABC 스토어, 고래 박물관과 중저가 브랜드 숍들이 모여 있다. 해변과 석양을 즐길 수 있는 유명 레스토랑들이 있고, 마우이 문화 행사도 자주 개최한다.

🅑 VOL.1 P.125, 310 📍 지도 P.459H
🚗 찾아가기 렌터카 HI-30 남쪽으로 라하이나 카아나팔리 방면 24마일마커에서 Ka'anapali Pkwy로 쇼핑센터 주차장 진입, 카훌루이 공항에서 50분 소요 📍 주소 2435 Ka'anapali Pkwy, Lahaina, HI 96761 📞 전화 808-661-4567 🕐 시간 09:00~21:00 🚫 휴무 연중무휴 🅿️ 주차 쇼핑센터 유료 주차(구매 확인 시 무료 2시간), 매장 이용 시 구매 확인 도장 필수 🌐 홈페이지 www.whalersvillage.com

20 쉐라톤 마우이 리조트&스파
Sheraton Maui Resort & Spa

마우이의 얼굴 같은 카아나팔리 비치의 블랙록 위에 자리 잡은 풀서비스 리조트. 6층 높이, 508개 객실, 다수의 레스토랑과 수영장, 스파, 테니스 코트가 있다. 매일 저녁 블랙록에서 하와이의 전통 횃불 세러모니와 클리프 다이빙이 이어져 눈길을 끈다.

🅑 VOL.1 P.125 📍 지도 P.459H
🚗 찾아가기 렌터카 HI-30 남쪽 방향 라하이나 카아나팔리 방면 Honoapiilani Hwy 경유해 Ka'anapali Pkwy에서 진입, 카훌루이 공항에서 50분 소요 📍 주소 2605 Ka'anapali Pkwy, Lahaina, HI 96761 📞 전화 808-661-0031 🕐 시간 체크인 16:00 체크아웃 11:00 🚫 휴무 연중무휴 💲 가격 $1100(1박)~ 리조트피 $49(1일) 🅿️ 주차 파킹 $49 🌐 홈페이지 www.sheraton-maui.com

21 리츠 칼튼 카팔루아
The Ritz-Carlton, Kapalua

마우이 최고의 부촌 카팔루아 지역 고대 유적지 사이로 2개의 해변, 챔피언십 골프 코스와 스파, 계단식 야외 수영장을 보유한 품격 있는 리츠 칼튼 리조트의 명성을 보여주는 곳이다.

📍 지도 P.459D
🚗 찾아가기 렌터카 HI-30 남쪽 방향 라하이나 카아나팔리 방면 30마일마커 지나 Office Rd 경유해 Ritz Carlton Dr에서 진입, 카훌루이 공항에서 55분 소요 📍 주소 1 Ritz Carlton Dr, Lahaina, HI 96761 📞 전화 808-669-6200 🕐 시간 체크인 16:00 체크아웃 12:00 🚫 휴무 연중무휴 💲 가격 $1200(1박)~ 리조트피 $55(1일) 🅿️ 주차 발레파킹 $65(1박) 🌐 홈페이지 www.ritzcarlton.com

B Central MAUI
[중부 마우이]

경이로운 대자연의 신비 할레아칼라, 마우이의 하이라이트

중부 마우이는 사탕수수 경작지에서 시작해 거대한 할레아칼라 화산의 정상으로 오르는 고산지대가 차지하는 비중이 크다. 최정상 부분은 할레아칼라 국립공원으로 반신반인(Demi-god) 마우이가 떠오르는 해를 붙잡아 더 천천히 움직일 것을 약속받은 후 인간의 하루가 24시간이 되었다는 전설이 있는 곳이다. 기후가 서늘한 초원 지대의 매력과 백두산보다 더 높은 할레아칼라 정상 분화구 주변의 지구 밖인 것 같은 신비로운 광경을 만끽해 보자.

중부 마우이, 면적은 얼마나 될까?
키헤이, 와일레아 일대와 할레아칼라 국립공원이 있는 정상 부근을 합한 것으로 국립공원 면적만 134.6제곱킬로미터에 달하며 그중 절반 이상이 불모지다. 할레아칼라 국립공원 내 지역은 주로 자동차로만 접근이 가능하며, 정상의 분화구 계곡은 길이 12킬로미터, 폭 4킬로미터에 깊이가 900미터 이상으로 뉴욕의 맨해튼이 들어갈 정도의 크기다.

467

MUST SEE 이것만은 꼭 보자!

№. 1
구름 속에서 피어오르는
**할레아칼라 정상의
일출 감상하기**

№. 2
압도적인 풍광
**할레아칼라 정상
분화구 계곡 관찰하기**

№. 3
구름 위로 보이는
**빅아일랜드의
실루엣 찾아보기**

MUST EAT 이것만은 꼭 먹자!

№. 1
아늑한 산장의 아침 식사
**쿨라 로지&레스토랑의
홈메이드 크랩 케이크
베네딕트**

№. 2
업그레이드 된 열대 과일맛
눈꽃 빙수 울룰라니
**하와이언 셰이브 아이스의
라하이나**

MUST EXPERIENCE 이것만은 꼭 경험하자!

№. 1
수많은 별들이 쏟아지는
**할레아칼라 정상에서
밤하늘 별자리
찾아보기**

№. 2
할레아칼라 정상 구름
위로 특별한 산행,
**정상 분화구 부근
트레일 거닐어보기**

№. 3
할레아칼라 정상 주차장에서
하와이의 고산지에서만
자라는 신비로운 식물
마우이 은검초 찾아보기

MUST BUY 이것만은 꼭 사자!

№. 1
알리이 쿨라 라벤더의 유기농
라벤더 오일로 만든 수제 비누
라벤더 솝

세계 최대의 화산 분화구에서 맞이하는 해돋이 사진 찰칵!
인기 ★★★★★

마우이 관광의 하이라이트로 꼽히는 할레아칼라 정상 국립공원 전체가 하나의 큰 관광단지다.
관광지 ★★★★★

정상 방문자 센터에서 로고 기념품을 공략하자.
쇼핑 ★☆☆☆☆

쿨라 마을 레스토랑밖에 없다. 국립공원 내에는 레스토랑이나 편의점이 없으니 출발 전에 미리 도시락과 따뜻한 음료를 준비하자.
식도락 ★★☆☆☆

개발이 제한된 지역이므로 별 보기 외의 나이트 라이프는 기대하지 말 것.
나이트라이프 ★☆☆☆☆

마우이 관광의 하이라이트가 모여 있어 일출 전 붐비는 것은 당연하다. 안전을 늘 염두에 둘 것.
복잡함 ★★★★☆

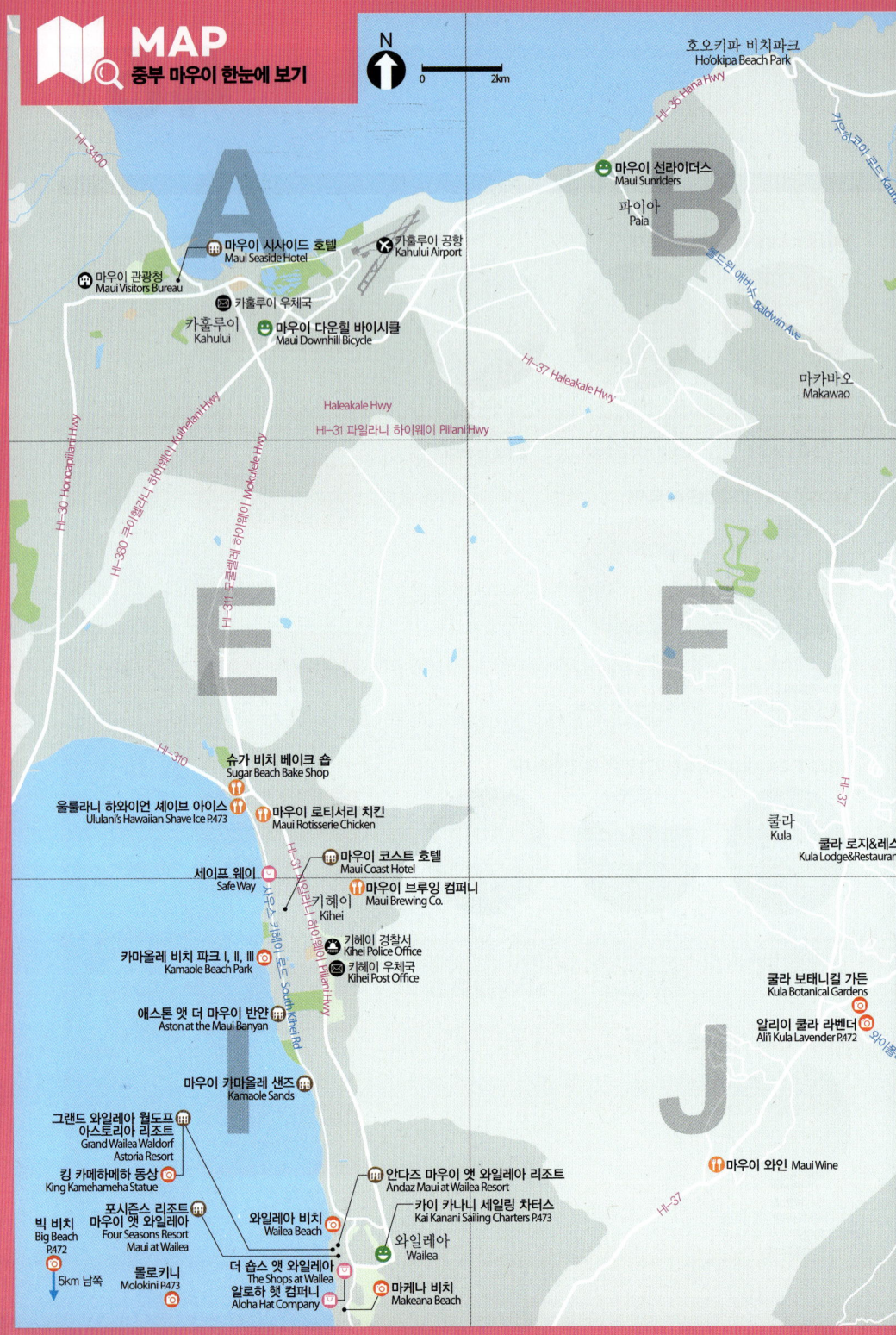

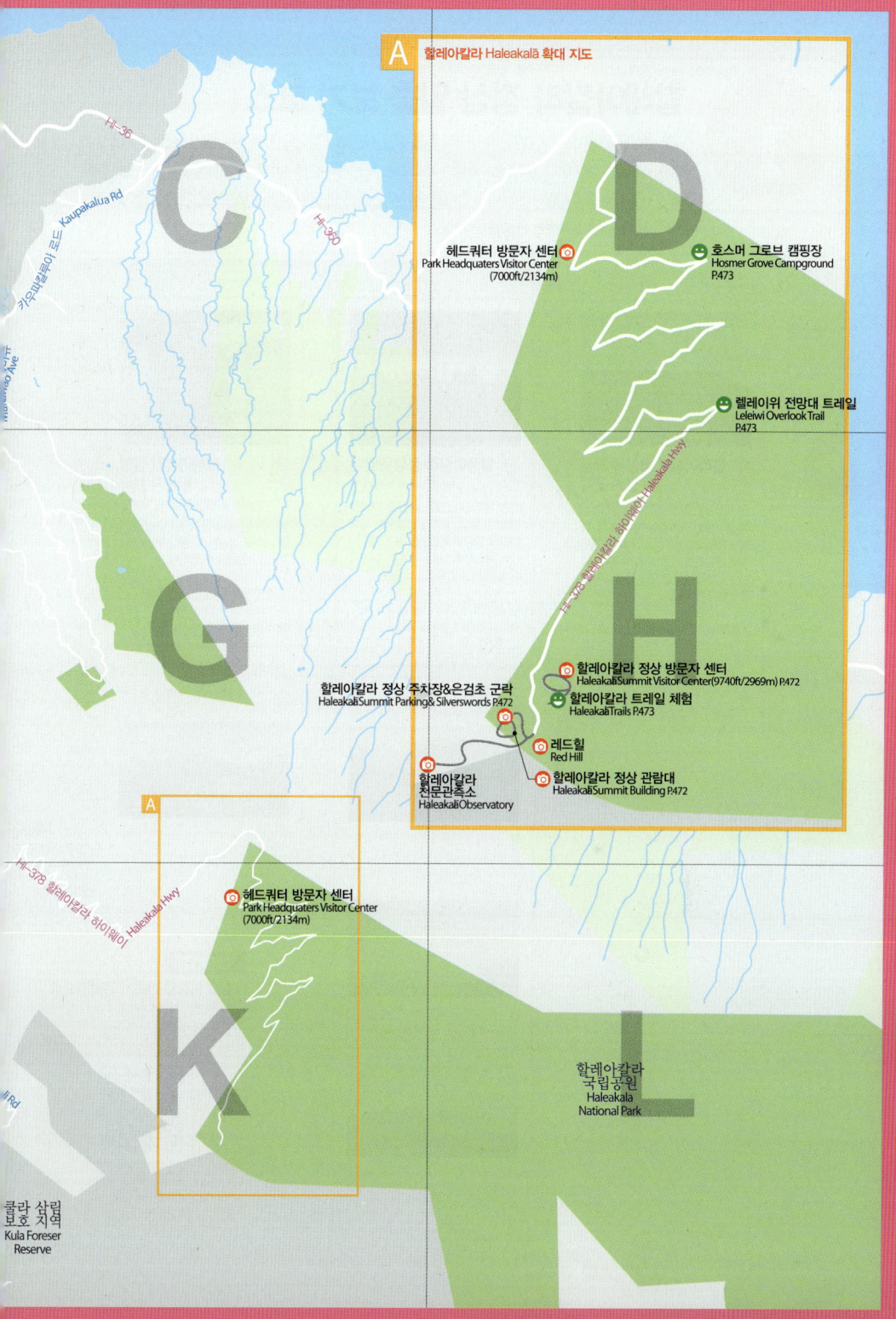

할레아칼라 정상 일출 보기 코스

일출 감상을 위해서는 정상 방문자 센터에 일출 예상 시간보다 적어도 30분 전(하절기 5시, 동절기 5시 45분)에 도착하는 것이 좋다. 정상에는 매점과 레스토랑, 자판기와 같은 서비스 시설이 없고 기온은 평지보다 30도 가까이 떨어진다. 영하권 날씨의 칼바람 속에서 손톱만 한 빛이 새어 나오는 순간까지 숨죽이며 기다리려면 겨울옷, 장갑, 따뜻한 음료를 준비하자.

START

1 할레아칼라 정상 주차장 & 은검초 군락
Haleakalā Summit Parking & Silverswords

정상의 원형 주차장에 주차한 후 하늘의 별자리와 반짝이는 하와이 희귀 식물 은검초를 찾아보자. 주차장 앞 방문자 센터에서 더 걸어 올라가야 정상 관람대가 있다.

ⓘ **찾아가기** HI-36 Hana Hwy, HI-377 Haleakalā State Hwy 경유해 HI-378 Haleakalā Summit Hwy에서 20마일 먹어 도로 끝에 위치. 카훌루이 공항에서 1시간 30분 소요
🅿 **주차** 무료 주차(공원 입장료 별도 $30, 차 1대, 3일간 유효)

2 할레아칼라 정상 관람대
Haleakalā Summit Building

전면 유리창이 있는 건물로 바람을 피할 수 있고 여명이 밝아오는 할레아칼라 정상부의 진귀한 볼거리를 하나씩 확인하며 일출을 기다리기에 가장 좋은 뷰 포인트.

ⓘ **찾아가기** 렌터카 Haleakalā Hwy 따라 내려가면 주차장 위치
🅿 **주차** 무료 주차

PLUS INFO

❶ 정상 관람대에서 보는 구름 위 일출

❷ 관람대 오른편 구름 너머 멀리 검은 두 삼각형 실루엣이 빅아일랜드 두 화산(왼쪽 마우나 케아, 오른쪽 마우나 로아의 모습)

❸ 관람대 맞은편은 태양의 흑점을 연구하는 사이언스 시티(Science City) 천문관측소

3 할레아칼라 정상 방문자 센터
Haleakalā Summit Visitor Center

붉은색이 유난히 돋보이는 정상 분화구 계곡을 감상한 후 정상 등반 기념 증서와 기념품까지 챙기자.

ⓘ **찾아가기** 렌터카 Haleakalā Hwy 따라 내려가면 주차장 위치
🅿 **주차** 무료 주차

PLUS INFO
관람대에서 보는 할레아칼라 분화구 계곡 모습

4 쿨라 로지 & 레스토랑
Kula Lodge & Restaurant

MUST!
일출 관람은 반드시 온라인으로 사전 예약해야 한다.
일출관람 예약요금 $1

온라인 예약페이지 바로가기

- 빅 비치 Big Beach P.132
- 몰로키니 Molokini
- 와일레아 비치 Wailea Beach
- 숍스 앳 와일레아 The Shops at Wailea
- 안다즈 마우이 앳 와일레아 리조트 Andaz Maui at Wailea Resort
- 카이 카나니 Kai Kanani Sailing Charters
- 와일레아 Wailea
- 마케나 비치 Makeana Beach
- 키헤이 Kihei
- 키헤이 경찰서 Kihei Police Office

5km 남쪽

471

A 할레아칼라 Haleakalā 확대 지도

4 쿨라 로지&레스토랑
Kula Lodge & Restaurant

전면 통유리창을 통해 마우이 머리섬 끝까지 모두 내려다보이는 최고의 전망 레스토랑!

- 찾아가기 HI-377 Haleakalā 5마일 마커 1/2 지점에 위치
- 주차 무료 주차

BEST MENU
홈메이드 잼과 갓 구운 빵이 일품인
크랩 케이크 베네딕트
Crab Cake Benedict $18

↓ **START**

1. 할레아칼라 정상 주차장&은검초 군락
   1km, 도보 5분
2. 할레아칼라 정상 관람대
   1km, 5분
3. 할레아칼라 정상 방문자 센터
   35km, 50분
4. 쿨라 로지&레스토랑
   Finish

Area 2 마우이 | B. 중부 마우이 | COURSE 1 | TRAVEL INFO

호스머 그로브 캠핑장
Hosmer Grove Campground

헤드쿼터 방문자 센터
Park Headquaters Visitor Center
(7000ft/2134m)

렐레이위 전망대 트레일
Leleiwi Overlook Trail

할레아칼라 정상 방문자 센터
Haleakalā Summit Visitor Center (9740ft/2969m)

할레아칼라 정상 주차장&은검초 군락
Haleakalā Summit Parking & Silverswords

레드힐
Red Hill

할레아칼라 천문관측소
Haleakalā Observatory

할레아칼라 정상 관람대
Haleakalā Summit Building

헤드쿼터 방문자 센터
Park Headquaters Visitor Center
(7000ft/2134m)

쿨라 삼림 보호 지역
Kula Foreser Reserve

주요 숙박 지역과 명소에서 할레아칼라 정상 주차장까지 평균 소요 시간

카훌루이 공항 ~ 할레아칼라 정상 주차장	1시간 30분
카아나팔리 ~ 할레아칼라 정상 주차장	2시간 5분
키헤이 ~ 할레아칼라 정상 주차장	1시간 30분
와일레아 ~ 할레아칼라 정상 주차장	1시간 45분
하나 베이 ~ 할레아칼라 정상 주차장	2시간 50분
키파훌루 국립공원 ~ 할레아칼라 정상 주차장	2시간 40분

➕ Travel INFO

여행 핵심 정보

● 현지 여행 패턴을 고려해 동선에 따라 나오는 명소 순서로 배열하였습니다.

1 할레아칼라 정상 주차장&은검초 군락
Haleakalā Summit Parking&Silverswords 무료 주차

하와이 희귀 식물 은검초(Silverswords)는 50년 정도 살며 일생에 단 한 번 꽃을 피우고 죽는다는 신비로운 식물로 사람이 손을 대면 죽기 때문에 멸종 위기에 이르렀다. 할레아칼라 정상 주차장 가운데 군락을 만들어 보존 중이니 잠시 둘러보자.

📖 VOL.1 P.54 📍 지도 P.469H
🚗 **찾아가기** HI-378 Haleakal˜a Summit Hwy에서 20마일마커 지나 도로 끝에 위치, 카훌루이 공항에서 1시간 30분 소요 **주소** Haleakal˜a Summit Visitor Center, 378 Haleakal˜a Hwy, Kula, HI 96790 **전화** 808-572-4400 **시간** 24시간 **휴무** 연중무휴 **가격** 공원 입장료(차 1대 $30, 3일 내 재입장 가능)에 포함 **주차** 입장료에 포함 **홈페이지** www.nps.gov

2 할레아칼라 정상 방문자 센터
Haleakalā Summit Visitor Center(9740ft/2969m) 무료 주차

정상 주차장 앞에 위치한 방문자 센터로 정상 분화구 계곡의 모습이 한눈에 보인다. 화장실과 각종 트레일의 시작점이 위치하며 로고 기념품과 할레아칼라 전체 모형도, 정상 등반 기념 증서 등을 챙길 수 있고 파크 레인저(보안관)에게 다양한 정보를 얻으려면 꼭 들러보자.

📍 지도 P.469H
🚗 **찾아가기** 36 Hana Hwy, 377 Haleakal˜a State Hwy 경유해 378 Haleakal˜a Summit Hwy에서 20마일마커 지나 도로 끝에 위치, 카훌루이 공항에서 1시간 30분 소요 **주소** Haleakal˜a Summit Visitor Center, 378 Haleakal˜a Hwy, Kula, HI 96790 **전화** 808-572-4400 **시간** 09:00~15:00 **휴무** 연중무휴 **가격** 공원 입장료(차 1대, $30 3일 내 재입장 가능)에 포함 **주차** 입장료에 포함 **홈페이지** www.nps.gov

3 할레아칼라 정상 관람대
Haleakalā Summit Building 무료 주차

정상 주차장에서 계단을 올라가면 정상 관람대가 나온다. 통유리창을 통해 360도 파노라마로 주변을 감상할 수 있다. 정면에 할레아칼라 분화구들이 자리한 계곡, 오른편에 레드 힐과 그 너머에 빅아일랜드, 뒤편에 태양 관측 연구소 사이언스 시티, 그 둘레로 정상 산책로가 이어진다.

📖 VOL.1 P.54 📍 지도 P.469H
🚗 **찾아가기** 정상 주차장 옆 계단으로 도보 1분 **주소** 378 Haleakal˜a Hwy, Kula, HI 96790 **전화** 808-572-4459 **시간** 09:00~16:30 **휴무** 연중무휴 **가격** 공원 입장료(차 1대 $30, 3일 내 재입장 가능)에 포함, 일출 관람비 $1 **주차** 입장료에 포함 **홈페이지** www.nps.gov

4 알리이 쿨라 라벤더
Ali'i Kula Lavender 무료 주차

할레아칼라 산기슭에 자리한 5천여 종의 라벤더 재배 농원. 뛰어난 풍경은 물론 천혜의 자연 환경에서 자란 오가닉 라벤더 비누와 스킨 케어 라인, 생활 용품이 있는 기념품 숍 안에 라벤더를 이용한 간단한 스낵 카운터가 있다. 떠오르는 관광 명소 중 하나로 무료 가이드 투어를 이용하면 자세한 설명을 들을 수 있다.

📍 지도 P.468J
🚗 **찾아가기** HI-37 Haleakal˜a Hwy에서 HI-377 경유하여 Waipoli Rd 교차로에서 진입, 카훌루이 공항에서 40분 소요 **주소** 1100 Waipoli Rd, Kula, HI 96790 **전화** 808-878-3004 **시간** 09:00~16:00 **휴무** 연중무휴 **가격** $3(1인) **홈페이지** www.aliikulalavender.com

5 빅 비치
Big Beach 무료 주차

중부 마우이 와일레아 지역에는 이름이 정확하지 않은 해변이 많은데 빅 비치가 그중 하나다. 3킬로미터에 육박하는 넓은 백사장과 일몰 명소로도 유명하며 작은 분화구 언덕을 사이에 두고 작은 해변과 큰 해변으로 나뉘어 있는데 각각 리틀 비치와 빅 비치라고 부르며 마케나 비치라고도 한다. 부근에 몰로키니, 카오훌라웨 등의 섬들이 있다.

📖 VOL.1 P.137 📍 지도 P.468I
🚗 **찾아가기** 렌터카 HI-31 남쪽 방향에서 Makena Alanui로 진입하면 입구, 카훌루이 공항에서 55분 소요 **주소** 6450 Makena Alanui Rd, Kihei, HI96753 **전화** 808-464-0840 **시간** 일출 후~일몰 전 **휴무** 연중무휴 **가격** 무료 입장 **주차** 무료 주차 **홈페이지** www.gohawaii.com

6 쿨라 로지&레스토랑
Kula Lodge&Restaurant

할레아칼라 산등성이에 위치한 산장에 딸린 레스토랑으로 통유리창을 통해 마우이를 한눈에 내려다보는 전경이 압권이다. 화덕 피자와 브런치가 유명하다. 새벽에 일출을 보러 할레아칼라로 올라가는 일정이라면 이 산장에서 하룻밤을 지내는 것도 굿 아이디어.

VOL.1 P.222 지도 P.468F
- **찾아가기** HI-377 5마일마커 1/2 지점에 위치. 카훌루이 공항에서 40분 소요, 할레아칼라 정상에서 50분 소요 **주소** Kula Market Place, 15200 Haleakalā Hwy, Kula, HI 96790 **전화** 808-878-1535 **시간** 07:00~21:00 **휴무** 연중무휴 **가격** 조식·런치 $20~, 디너 $30~ **주차** 무료 주차 **홈페이지** www.kulalodge.com

7 울롤라니 하와이언 셰이브 아이스
Ulalani's Hawaiian Shave Ice

마우이에서 지점이 가장 많은 로컬 셰이브 아이스 맛집. 유년 시절 먹던 셰이브 아이스를 잊지 못해 향수병을 앓던 주인이 직접 개발한 레시피로 만든다. 홈메이드 아이스크림에 천연 과일을 얹고 다양한 색깔과 맛의 시럽을 골고루 뿌린 특색 있는 셰이브 아이스로 인기가 많다.

VOL.1 P.251 지도 P.468E
- **찾아가기** 렌터카 HI-311 남쪽 방향에서 S. Kihei Rd로 진입하면 왼쪽에 입구. 카훌루이 공항에서 20분 소요 **주소** 61 S Kihei Rd, Kihei, HI 96753 **전화** 808-877-3700 **시간** 10:30~18:30 **휴무** 추수감사절 당일 **가격** $1.75~ **주차** 무료 주차 **홈페이지** www.ululanishawaiianshaveice.com

8 몰로키니 분화구 스노클링
Molokini Crater Snorkeling

초승달 모양의 작은 수중 분화구로 배를 타고 나가서 아름다운 수중 환경을 구경하는 스노클링과 선상 런치를 즐기는 보트가 많이 있다. 마우이 베스트 스노클링 스폿이기도 하며 돌고래와 혹등고래(겨울철)도 볼 수 있다.

대표업체_카이 카나니 세일링 차터스 Kai Kanani Sailing Charters

VOL.1 P.152 지도 P.468I
- **찾아가기** 렌터카 HI-311 남쪽 방향 Wailea Ike Dr 경유해 Wailea Gateway Plaza 내에 위치. 카훌루이 공항에서 30분 소요 **주소** 34 Wailea Ike Dr A105, Kihei, HI 96753 **전화** 808-879-7218 **시간** 07:00~19:00 **휴무** 추수감사절 당일, 12월 25일, 1월 1일 **가격** 몰로키니 익스프레스 $105 (1인 약 120분) **주차** 무료 주차 **홈페이지** www.kaikanani.com

9 할레아칼라 트레일 체험
Haleakalā Trails

할레아칼라 국립공원 내에는 다양한 코스와 난이도의 산행로가 있다. 분화구 속으로 들어가는 슬라이딩 샌즈 트레일(Sliding Sands Trail)은 소요 시간이 길고 난이도가 높지만 인기가 많다. 15분 정도 소요되는 렐레이위 전망대와 파카오아오 트레일도 인기다.

지도 P.469H
- **찾아가기** 36 Hana Hwy, 377 Haleakalā State Hwy 경유해 378 Haleakalā Summit Hwy에서 20마일마커 지나면 도로 끝에 위치. 카훌루이 공항에서 1시간 30분 소요 **주소** Haleakalā Summit Visitor Center, 378 Haleakalā Hwy, Kula, HI 96790 **전화** 808-572-4400 **시간** 일출 후 ~일몰 전 **휴무** 연중무휴 **가격** 공원 입장료 (차 1대, $30, 3일 내 재입장 가능)에 포함 **주차** 입장료에 포함 **홈페이지** www.nps.gov

10 호스머 그로브 캠핑장
Hosmer Grove Campground

해발 7천 피트(약 2134m) 높이에 위치한 무료 캠핑장. 별도 허가증이 필요 없고 바로 앞에 주차하고 선착순으로 자리를 잡으면 된다. 바비큐와 숲 속 산책로가 있어 하룻밤 지내기에 좋다. 단, 비가 잦으니 준비를 철저히 해야 한다.

지도 P.469D
- **찾아가기** 렌터카 378 Haleakalā Hwy에서 10마일마커 부근에 위치. 카훌루이 공항에서 55분. 할레아칼라 정상에서 30분 소요 **주소** Kula Market Place, 15200 Haleakalā Hwy, Kula, HI 96790 **전화** 808-572-4459 **시간** 24시간 **휴무** 연중무휴 **가격** 공원 입장료 외 캠핑 허가 $5(1텐트 1박) **주차** 입장료에 포함 **홈페이지** www.nps.gov

11 렐레이위 전망대 트레일
Leleiwi Overlook Trail

할레아칼라 국립공원 내 걷기 좋은 산책로 1순위. 전망대까지 250미터만 걸어가면 뉴욕 맨해튼이 다 들어가고도 남는 크기의 정상 부근과 여러 개의 분화구들을 조망할 수 있다. 이곳이 실제 나사(NASA)의 훈련에 사용되는 장소다.

지도 P.469D
- **찾아가기** HI-378에서 17마일마커 부근에 위치. 카훌루이 공항에서 1시간 20분 소요 **주소** 378 Haleakalā Hwy, Kula, HI 96790 **전화** 808-572-4400 **시간** 24시간 **휴무** 연중무휴 **가격** 공원 입장료(차 1대 $30, 3일 내 재입장 가능)에 포함 **주차** 입장료에 포함 **홈페이지** www.nps.gov

C East MAUI
[동부 마우이]

자연 속에서 즐기는
완벽한 힐링 여행

동부 마우이는 할레아칼라 산기슭이 바다와 닿는 해변 지역을 통틀어 말한다. 편서풍이 산맥에 걸려 많은 비가 내리는 지역으로 녹음이 우거진 굽이굽이 숲길을 따라 계곡과 바다가 나오는 전원 풍경이 아름답기로 유명해 이 지역의 대표적인 도로인 하나 하이웨이를 '천국으로 가는 길(Heavenly Road to Hana)'이라고 부른다. 56개의 좁은 일방통행 다리, 600번 이상 운전대를 꺾어야 한다는 궁극의 다이내믹 드라이빙과 자연 속 힐링 체험을 기대해도 좋다.

동부 마우이, 면적은 얼마나 될까?
할레아칼라 산의 동쪽 사면을 말한다. 할레아칼라 산이 카우아이 전체 면적과 비슷하다는 것을 알아두면 편리하다. 할레아칼라 산의 동부 지역을 통과하는 하나 로드는 기본적으로 하나 베이까지 34마일(55km) 구간을 말하지만 섬 일주 코스는 키파훌루 지역과 쿨라 지역을 거쳐 할레아칼라 산을 한 바퀴 도는 총 길이 180킬로미터(서울~논산 157km)에 이른다.

475

MUST SEE 이것만은 꼭 보자!

№. 1
굽이굽이 녹음이 우거진 하나 로드의 전체적인 실루엣 감상 뷰 포인트
호노마누 베이

№. 2
마우이의 희귀한 검은 모래 해변
와이아나파나파 주립공원

№. 3
바다를 향해 떨어지는 거대한 층계식 폭포
오헤오 협곡 폭포

MUST EAT 이것만은 꼭 먹자!

№. 1
하나 로드의 유명 먹거리
하프웨이 투 하나의 촉촉한 바나나 브레드

№. 2
인어들이 사는 곳
마마스 피시 하우스의 디저트 블랙펄

№. 3
매콤한 새우와 신선한 아일랜드 셰프의 스파이시 플레이트 런치 쉬림프

MUST EXPERIENCE 이것만은 꼭 경험하자!

№. 1
하나 로드의 계곡 푸아아 카아 주립공원 폭포수 아래에서 수영 즐기기

№. 2
대나무 숲이 아름다운 마우이 궁극의 트레일 피피와이 트레일 완주하기

№. 3
마우이 명물, 파인애플 와인을 맛볼 기회
마우이 와이너리

MUST BUY 이것만은 꼭 사자!

№. 1
'I Survived The Hana Highway (나는 하나 로드에서 살아 돌아왔다)' 하세가와 슈퍼마켓의 유머러스한 레터링 기념 티셔츠

№. 2
청아한 소리가 풍기는 묘한 매력이 있는
코코넛 열매 껍질로 만든 민속 악기

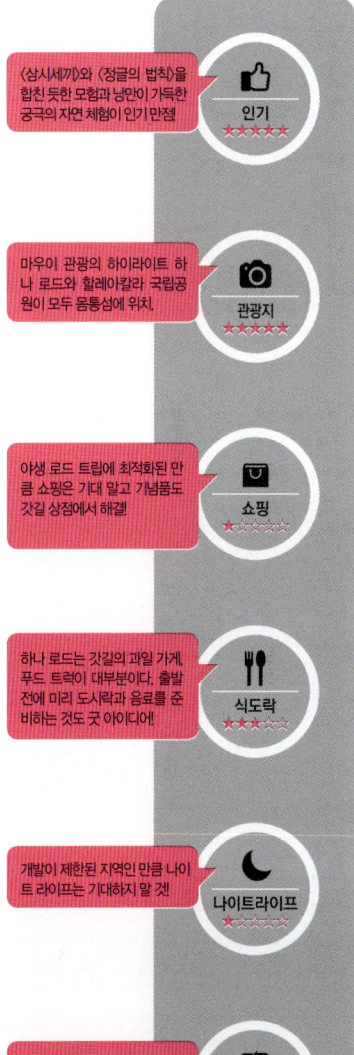

C　　　D

HI-36 Hana Hwy
HI-360
카우파칼라 로드
Kaupakala Rd
마카바오 삼림 보호지역
Makawao Forest Reserve

트윈폴스 마우이 팜 스탠드
Twinfalls Maui Farm Stand P.485

후엘로 전망대
Huelo Lookout P.482

와이카모이 트레일헤드
Waikamoi Nature Trailhead P.486

카우마히나 주립공원
Kaumahina State Wayside P.482

가든 오브 에덴 수목원
Garden of Eden Arboretum P.486

케아네 반도 전망대
Ke'ane Peninsula Lookout P.482

호노마누 베이
Honomanu Bay P.482

하프웨이 투 하나
Halfway to Hana P.485

와이카니 폭포
Waikani Falls P.483

와일루아 밸리 전망대
Wailua Valley State Wayside Lookout P.482

코올라우 삼림 보호지역
Koolau Forest Reserve

푸아아 카아 주립공원
Pua'a Ka'a State Wayside P.483

나히쿠
Nahiku

코코넛 글렌
Coconut Glen's P.486

G　　　H

HI-377
HI-378 할레아칼라 하이웨이
Haleakala Hwy
HI-37
와이폴리 로드
Waipoli Rd

하나위 자연림 보호지역
Hanawi Nature Forest Reserve

아일랜드 셰프
Island Chef P.485

와이아나파나파 주립공원
Waianapanapa State Park P.483

더 레스토랑 앳 하나-마우이
The Restaurant at Hana-Maui P.485

하나 베이 비치 파크
Hana Bay Beach Park P.483

하나 마우이 리조트 바이 하얏트
Hana-Maui Resort by Hyatt P.487

하나
Hana

할레아칼라 국립공원
Haleakala National Park

하나 삼림 보호지역
Hana Forest Reserve

하세가와 슈퍼마켓
Hasegawa General Store Inc P.486

코키 비치 파크
Koki Beach Park P.483

하모아 베이
Hamoa Bay P.483

쿨라 삼림 보호지역
Kula Forest Reserve

키파홀루
Kipahulu

와이모쿠 폭포
Waimoku Falls P.484

와일루아 폭포 전망대
Wailua Falls Lookout P.484

피피와이 트레일
Pipiwai Trail P.487

오헤오 협곡 폭포
Pools of Oheo P.484

라우리마 팜스 프루트 스탠드
Laulima Farms Fruit Stand P.486

키파홀루 방문자 센터
Kipahulu Visitor Center P.484

카우포 슈퍼마켓
Kaupo General Store P.486

팔라팔라 호오마누 교회
Palapala Ho'omanu Congregation Church P.484

K　　　L

HI-31 Piilani Hwy

카우포 협곡 브리지
Kaupo Gap Bridge P.484

COURSE 1
하나 로드, 키파훌루 완전정복 렌터카 코스

출발 전에 하루 먹거리, 비상금, 멀미약 등 상비약, 날씨에 맞는 옷과 충분한 주유량을 체크한 후 최대한 아침 일찍 시작하자. 리얼 야생 로드 체험을 위해 물놀이 여벌 옷과 신발은 필수! 일정에 구애받지 않는다면 하나 마을에서 하룻밤 더 머물며 더 천천히, 더 많이, 더 여유롭게 즐길 것을 추천한다.

START

1 트윈폴스 마우이 팜 스탠드
Twinfalls Maui Farm Stand

동네에서 수확한 과일을 그 자리에서 갈아 만든 쥬스와 스무디로 아침을 시작해 보자.

- **찾아가기** HI-36 Hana Hwy 4 마일 마커 부근 카훌루이 공항에서 30분 소요
- **주차** 갓길 주차

BEST MENU
이국적 낭만의 싱그러운 활력을 돋워 주는 **바나나 스무디** Banana Smoothie $6.50

2 가든 오브 에덴 수목원
Garden of Eden Arboretum

에덴동산을 떠올리게 하는 아름다운 수목원. 깨끗한 화장실과 일반 도로에서 볼 수 없는 폭포를 전망할 수 있는 비밀 스폿을 찾아보자.

- **찾아가기** HI-360 Hana Hwy 10마일마커 지나서 산 쪽에 입구
- **주차** 무료 주차

3 호노마누 베이
Honomanu Bay

굽이치는 하나 로드의 모습을 관망할 수 있는 베스트 포인트 중 하나. 바다 쪽 전망대 아래 검은 몽돌 해변이 나온다.

- **찾아가기** HI-36 Hana Hwy 14마일 마커 지나자마자 바다 쪽 내려가는 길로 진입
- **주차** 무료 주차

4 케아나에 반도 전망대
Ke'anae Peninsula Lookout

과거에 거대 쓰나미가 휩쓸고 간 용암석으로 만들어진 거친 해변. 올려다보면 지나온 하나 로드의 모습이 보인다.

- **찾아가기** HI-36 Hana Hwy 17마일 마커 못 미쳐서 바다 쪽으로 내려가는 길로 진입
- **주차** 무료 주차

5 하프웨이 투 하나
Halfway to Hana

'하나 베이까지 절반쯤 남았다는 뜻'의 갓길 스낵바. 지역 명물로 자리 잡은 촉촉한 바나나 브레드와 껍질을 벗겨 깎은 코코넛 과육이 유명하다.

- **찾아가기** HI-360 Hana Hwy 17마일마커 지나서 산 쪽에 위치
- **주차** 무료 주차

PLUS INFO
빨간 간판이 오리지널, 하얀색이 새로 생긴 간판. 옛 간판을 찾는 사람이 많아 길 옆에 두었으니 사진 한 장 찰칵!

BEST MENU
부드럽고 촉촉한 **바나나 브레드** Banana Bread $8(1개)

6 와이카니 폭포
Waikani Falls

연중 풍부한 강수량과 맑은 물을 자랑하는 발 담그기 좋은 폭포. 꽤 큰 규모의 세 줄기 폭포로 '곰 세 마리'라는 뜻의 '스리 베어스(Three Bears)'라는 별명이 있다.

- **찾아가기** HI-360 Hana Hwy 19마일마커 지나서 바다 쪽에 위치
- **주차** 갓길 무료 주차

마마스 피시하우스
Mama's Fish House

파이아
Paia

파이아 피시 마켓
Paia Fish Market

마우이 와이
Maui Wine, Ulupalakua Vineyards

START

1. 트윈폴스 마우이 팜 스탠드
14Km, 30분
2. 가든 오브 에덴 수목원
4.5km, 10분
3. 호노마누 베이
6.5km, 15분
4. 케아나에 반도 전망대
1.5km, 5분
5. 하프웨이 투 하나
2.7km, 3분
6. 와이카니 폭포
6km, 10분
7. 푸아아 카아 주립공원
10km, 20분
8. 아일랜드 셰프
6km, 10분

↓ 뒷면으로 이어짐

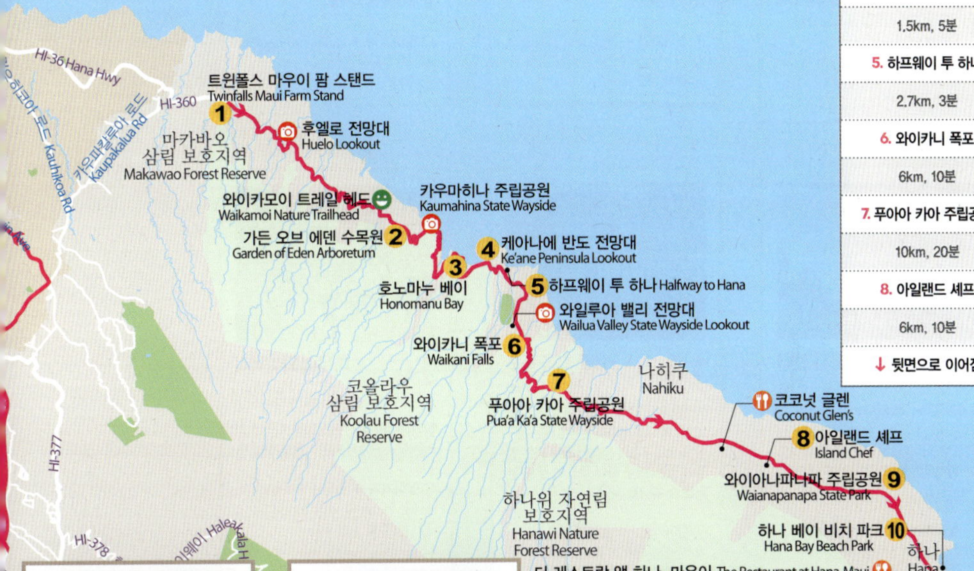
HI-36 Hana Hwy
HI-360
카우파칼루아 로드 Kaupakalua Rd
카우히코아 로드 Kauhikoa Rd
트윈폴스 마우이 팜 스탠드 Twinfalls Maui Farm Stand
1
후엘로 전망대 Huelo Lookout
마카바오 삼림 보호지역 Makawao Forest Reserve
와이카모이 트레일 헤드 Waikamoi Nature Trailhead
카우마히나 주립공원 Kaumahina State Wayside
가든 오브 에덴 수목원 Garden of Eden Arboretum
2
3
4
케아나에 반도 전망대 Ke'ane Peninsula Lookout
5
하프웨이 투 하나 Halfway to Hana
호노마누 베이 Honomanu Bay
와일루아 밸리 전망대 Wailua Valley State Wayside Lookout
와이카니 폭포 Waikani Falls
6
7
코올라우 삼림 보호지역 Koolau Forest Reserve
나히쿠 Nahiku
푸아아 카아 주립공원 Pua'a Ka'a State Wayside
코코넛 글렌 Coconut Glen's
8
아일랜드 셰프 Island Chef
와이아나파나파 주립공원 Waianapanapa State Park
9
HI-377
HI-378
하나위 자연림 보호지역 Hanawi Nature Forest Reserve
하나 베이 비치 파크 Hana Bay Beach Park
10
하나 Hana
더 레스토랑 앳 하나-마우이 The Restaurant at Hana-Maui
하나 마우이 리조트 바이 하얏트 Hana-Maui Resort by Hyatt
하세가와 슈퍼마켓 Hasegawa General Store Inc
코키 비치 파크 Koki Beach Park
하나 삼림 보호 지역 Hana Forest Reserve
하모아 베이 Hamoa Bay
11
와일루아 폭포 전망대 Wailua Falls Lookout
와이모쿠 폭포 Waimoku Falls
13
오헤오 협곡 폭포 Pools of Oheo
피피와이 트레일 Pipiwai Trail
12
키파훌루 방문자 센터 Kipahulu Visitor Center
라우리마 팜스 프루트 스탠드 Laulima Farms Fruit Stand
팔라팔라 호오마누 교회 Palapala Ho'omanu Congregation Church
HI-31 Piilani Hwy

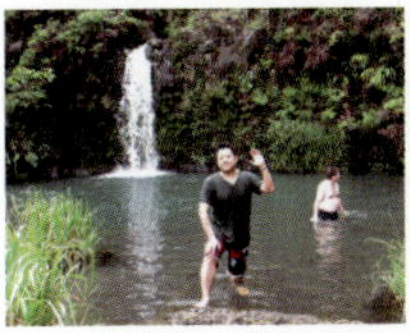

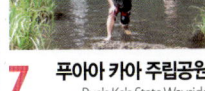

7 푸아아 카아 주립공원
Pua'a Ka'a State Wayside

잠깐 걸어 올라가면 놀기 좋은 폭포 2개가 나오는 인기 좋은 계곡 공원. 수영에 자신 있다면 폭포 아래까지 헤엄쳐 가보자.

찾아가기 HI-360 Hana Hwy 21마일마커와 23마일마커 사이 산 쪽에 주차장 **주차** 무료 주차

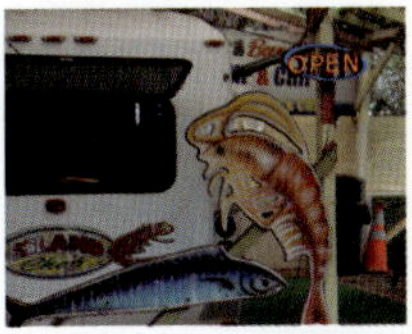
OPEN

8 아일랜드 셰프
Island Chef

녹음이 유난히 우거진 나히쿠 마을 마켓 플레이스 내에 간이 레스토랑이 모여 있으니 물놀이로 허기질 때 간단히 점심을 먹자.

찾아가기 HI-360 Hana Hwy 28마일마커 지나서 바다 쪽에 위치 **주차** 무료 주차

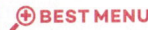

BEST MENU

매콤한 소스에 볶은 새우와 야채를 얹은 플레이트 런치

스파이시 쉬림프
Spicy Shrimp $25

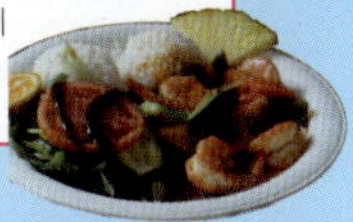

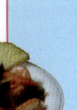

9 와이아나파나파 주립공원
Waianapanapa State Park

깨끗한 화장실, 샤워, 캠핑장이 잘 관리되어 있는 검은 모래 해변 위의 주립공원. 짧은 산책로를 거닐며 절벽뛰기를 즐기는 사람들을 찾아보자.

- 찾아가기 HI-360 Hana Hwy 32마일마커, 바다 쪽에 주차장
- 주차 무료 주차

10 하나 베이 비치 파크
Hana Bay Beach Park

작은 가게와 게스트하우스들이 모여있는 후추색 모래 해변으로 주민들도 많이 찾는다.

- 찾아가기 HI-360 Hana Hwy 35마일마커, 바다 쪽으로 주차장 위치
- 주차 무료 주차

11 와일루아 폭포 전망대
Wailua Falls Lookout

갓길에 주차하면 안쪽 계곡 벽을 타고 떨어지는 시원하고 큰 폭포를 바로 앞에서 볼 수 있다.

- 찾아가기 HI-360 Hana Hwy 45마일마커 부근에 진입로
- 주차 갓길 무료 주차

마마스 피시하우스 **15** Mama's Fish House

카훌루이 공항 Kahului Airport

파이아 Paia

파이아 피시 마켓 Paia Fish Market

12 키파훌루 방문자 센터
Kipahulu Visitor Center

할레아칼라 국립공원의 키파훌루 지역은 바다 쪽으로 오헤오 폭포와 산쪽으로 와이카모이 폭포까지 다녀오는 피피와이 트레일로 나뉘며 캠핑이 가능하다.

- 찾아가기 HI-360 Hana Hwy 42마일마커 부근에 진입로
- 주차 무료 주차

 **PLUS INFO**

키파훌루 공원은 할레아칼라 국립공원 정상과 연결되지 않고 입장권은 3일간(재입장 가능) 두 군데에서 모두 사용할 수 있다.

13 오헤오 협곡 폭포
Pools of Oheo

키파훌루 방문자 센터에서 왕복 도보 30분. 바다로 떨어지는 거대한 계단식 폭포로 '7개의 신성한 폭포'라는 별명이 있을 만큼 하나 로드의 주요 볼거리 중 하나로 꼽힌다.

- 찾아가기 키파훌루 방문자 센터에서 시작, 해변 산책로를 따라 왕복 도보 30분
- 주차 무료 주차

14 마우이 와이너리
Maui Wine, Ulupalakua Vineyards

할레아칼라 화산토의 청정 지역에 자리한 포도원에서 와인 시음을 해보자.

- 찾아가기 HI-31이 HI-37 Pi'ilani Hwy로 연결된 후 와이너리 진입로 위치
- 주차 무료 주차

BEST ITEM

마우이 와이너리 대표 와인: 마우이 특산물인 파인애플 향의 화이트 와인
마우이 블랑 Maui Blanc $16

15 마마스 피시 하우스
Mama's Fish House

인어 공주들이 사는 곳처럼 꾸며진 해변 레스토랑으로 입구의 흰색 보트 앞은 마우이 방문 인증 포토 스폿이니 사진 한 장 찰칵!

- 찾아가기 HI-36 Hana Hwy 8마일마커에서 바다 쪽에 위치
- 주차 발레파킹 무료

BEST MENU

❶ 마히마히, 아히, 오파카파카 생선으로 만든
파낭 커리 Panang Curry $73

❷ 흑진주를 닮은 초콜릿 아이스크림 케이크
블랙펄 Black Pearl $16

14 마우이 와이너리 Maui Wine, Ulupalakua Vineyards

481

↓ CONTINUE

9. 와이아나파나파 주립공원	
6km, 10분	
10. 하나 베이 비치 파크	
12km, 20분	
11. 와일루아 폭포 전망대	
5km, 15분	
12. 키파홀루 방문자 센터	
700m, 도보 왕복 30분	
13. 오헤오 협곡 폭포	
45km, 1시간 15분	
14. 마우이 와이너리	
41km, 50분	
15. 마마스 피시 하우스	
Finish	

Area 2 마우이
C. 동부 마우이
COURSE 1
TRAVEL INFO

- ① 트윈폴스 마우이 팜 스탠드 / Twinfalls Maui Farm Stand
- 후엘로 전망대 / Huelo Lookout
- 마카와오 삼림 보호지역 / Makawao Forest Reserve
- 와이카모이 트레일 헤드 / Waikamoi Nature Trailhead
- ② 가든 오브 에덴 수목원 / Garden of Eden Arboretum
- 카우마히나 주립공원 / Kaumahina State Wayside
- ③ 호노마누 베이 / Honomanu Bay
- ④ 케아네 반도 전망대 / Ke'ane Peninsula Lookout
- ⑤ 하프웨이 투 하나 / Halfway to Hana
- 와이카니 폭포 / Waikani Falls
- ⑥ 와일루아 밸리 전망대 / Wailua Valley State Wayside Lookout
- 코올라우 삼림 보호지역 / Koolau Forest Reserve
- 나히쿠 / Nahiku
- ⑦ 푸아아 카아 주립공원 / Pua'a Ka'a State Wayside
- 코코넛 글렌 / Coconut Glen's
- ⑧ 아일랜드 셰프 / Island Chef
- ⑨ 와이아나파나파 주립공원 / Waianapanapa State Park
- 하나위 자연림 보호지역 / Hanawi Nature Forest Reserve
- ⑩ 하나 베이 비치 파크 / Hana Bay Beach Park
- 더 레스토랑 앳 하나-마우이 / The Restaurant at Hana-Maui
- 하나 마우이 리조트 바이 하얏트 / Hana-Maui Resort by Hyatt
- 하세가와 슈퍼마켓 / Hasegawa General Store Inc
- 하나
- 코키 비치 파크 / Koki Beach Park
- 하나 삼림 보호지역 / Hana Forest Reserve
- 하모아 베이 / Hamoa Bay
- ⑪ 와일루아 폭포 전망대 / Wailua Falls Lookout
- 와이모쿠 폭포 / Waimoku Falls
- 피피와이 트레일 / Pipiwai Trail
- ⑬ 오헤오 협곡 폭포 / Pools of Oheo
- ⑫ 키파홀루 방문자 센터 / Kipahulu Visitor Center
- 라우리마 팜스 프루트 스탠드 / Laulima Farms Fruit Stand
- 팔라팔라 호오마누 교회 / Palapala Ho'omanu Congregation Church

⊕ Travel INFO

여행 핵심 정보

→

● 현지 여행 패턴을 고려해 동선에 따라 나오는 명소 순서로 배열하였습니다.

1 후엘로 전망대
Huelo Lookout

하나 지역은 과일 가판대가 계속 나오는데 하나 하이웨이 3마일마커 지나 바다 쪽에 새로 생긴 전망대와 과일 가판대가 함께 있다. 자연 먹거리가 많은 과일 가판대 뒤편으로 바다를 볼 수 있는 전망대가 있다.

📖 **VOL.1 P.104** 📍 **지도 P.477C**
🚗 **찾아가기** 렌터카 HI-36 Hana Hwy 따라 3마일마커 지나 바다 쪽에 위치, 파이아 피시 마켓에서 25분 소요 🏠 **주소** 7600 Hana Hwy, Haiku, HI 96708 ☎ **전화** 808-280-4791 🕐 **시간** 07:00~17:00 ❌ **휴무** 부정기 💰 **가격** 민속 악기 기념품 $10, 과일 스무디 $5~ 🅿 **주차** 무료 주차 🌐 **홈페이지** www.huelolookout.coconutprotectors.com

2 카우마히나 주립공원
Kaumahina State Wayside

하나 하이웨이 12마일마커 지나서 산 쪽에 자리 잡은 작은 전망 포인트. 주차하고 걸어 올라가면 푸른 바다를 배경으로 여러 가지 다른 녹색이 우거진 하나 로드 전경을 감상할 수 있는 뷰 포인트에 이른다.

📖 **VOL.1 P.104** 📍 **지도 P.477G**
🚗 **찾아가기** 렌터카 HI-36 Hana Hwy 12마일마커 지나서 산 쪽에 주차장, 휠로 전망대에서 23분 소요 🏠 **주소** 570-598 Hana Hwy, Haiku, HI 96708 ☎ **전화** 808-984-8109 🕐 **시간** 24시간 ❌ **휴무** 연중무휴 💰 **가격** 무료 입장 🅿 **주차** 무료 주차 🌐 **홈페이지** www.roadtohana.com/kaumahina-state-park.php

3 호노마누 베이
Honomanu Bay

희귀한 검은 몽돌 해변이다. 바다로 내려가면 굽이치는 할레아칼라의 해안선과 하나 로드의 전경을 볼 수 있는 인기 좋은 전망 포인트. 도로변에서 전경을 먼저 감상할 수 있으니 바다로 내려가기 전에 들러보자.

📖 **VOL.1 P.104** 📍 **지도 P.477G**
🚗 **찾아가기** 렌터카 HI-36 Hana Hwy 14마일마커 지나자마자 바다 쪽으로 내려가는 길로 진입, 카우마히나 주립공원에서 3분 소요 🏠 **주소** Honomanu Bay, 588 Hana Hwy, Haiku, HI 96708 ☎ **전화** 808-464-0840 🕐 **시간** 일출 후~일몰 전 ❌ **휴무** 연중무휴 💰 **가격** 무료 입장 🅿 **주차** 무료 주차 🌐 **홈페이지** www.roadtohana.com/honomanu-bay.php

4 케아나에 반도 전망대
Ke'anae Peninsula Lookout

다른 땅에 비해 비교적 최근에 있었던 마그마의 분출로 새로 만들어진 반도. 타로(토란) 농사를 주로 짓는 마을이 있었는데 1969년 하와이를 강타한 쓰나미로 폐허가 되고 지금은 교회 건물의 흔적과 하나 로드의 전체 실루엣을 감상하기 좋은 해변만 남았다.

📍 **지도 P.477G**
🚗 **찾아가기** 렌터카 HI-36 Hana Hwy 17마일마커 못 미쳐 바다 쪽 내려가는 길로 진입, 호노마누 베이에서 10분 소요 🏠 **주소** 210 Ke'anae Rd, Haiku, HI 96708 ☎ **전화** 808-464-0840 🕐 **시간** 일출 후~일몰 전 ❌ **휴무** 연중무휴 💰 **가격** 무료 입장 🅿 **주차** 무료 주차 🌐 **홈페이지** www.roadtohana.com/Ke'anae-arboretum.php

5 와일루아 밸리 전망대
Wailua Valley State Wayside Lookout

쉽게 올라갈 수 있는 작은 전망대. 할레아칼라 화산에 생긴 거대한 협곡을 올려다볼 수 있고, 바다 쪽으로는 작은 마을과 푸른 태평양이 수평선까지 막힘 없이 내려다보인다.

📖 **VOL.1 P.104** 📍 **지도 P.477H**
🚗 **찾아가기** 렌터카 HI-360 Hana Hwy 19마일마커 못 미쳐서 산 쪽으로 주차장과 전망대 계단 위치, 케아나에 반도 전망대에서 8분 소요 🏠 **주소** 14560 Hana Hwy, Haiku, HI 96708 ☎ **전화** 808-464-0840 🕐 **시간** 24시간 ❌ **휴무** 연중무휴 💰 **가격** 무료 입장 🅿 **주차** 무료 주차 🌐 **홈페이지** www.roadtohana.com/wailua-valley.php

6 와이카니 폭포
Waikani Falls
★★★★★ 갓길 무료 주차

20미터 높이에서 힘차게 떨어지는 세 갈래의 폭포수가 있는 넓은 계곡으로 하나 로드 10대 볼거리 중 하나로 꼽힌다. 가까이 갈수록 폭포가 웅장해서 '곰 세 마리'라는 뜻의 '스리 베어스(Three Bears)'라는 애칭으로 많이 부른다. 계곡으로 내려가는 길은 질퍽이는 편이고, 갓길에 주차를 해야 한다.

📖 VOL.1 P.104 🗺 지도 P.477H
🚗 찾아가기 렌터카 HI-360 Hana Hwy 19마일마커 지나서 바다 쪽으로 위치, 와일루아 밸리 전망대에서 2분 소요 📍 주소 14560 Hana Hwy, Haiku, HI 96708 ☎ 전화 808-464-0840 🕐 시간 일출 후~일몰 전 휴무 연중무휴 💲 가격 무료 입장 🅿 주차 갓길 무료 주차 🌐 홈페이지 www.liveinhawaiinow.com/upper-waikani-falls

7 푸아아 카아 주립공원
Pua'a Ka'a State Wayside
★★★★★ 무료 주차

널찍한 주립공원으로 산책로를 따라 5분 정도 올라가면 아담한 폭포 2개가 숨어 있다. 분위기 좋고 물살이 세지 않아 폭포 수영에 대한 로망이 있다면 이곳을 공략하자. 단, 체험해 본 사람들의 말에 따르면 물귀신이 잡아당기는 듯하다고 하니 수압을 조심할 것.

📖 VOL.1 P.105 🗺 지도 P.477H
🚗 찾아가기 렌터카 HI-360 Hana Hwy 21마일마커와 23마일마커 사이의 산 쪽으로 주차장, 와이카니 폭포에서 10분 소요 📍 주소 14560 Hana Hwy, Haiku, HI 96708 ☎ 전화 808-464-0840 🕐 시간 일출 후~일몰 전 휴무 연중무휴 💲 가격 무료 입장 🅿 주차 무료 주차 🌐 홈페이지 www.facebook.com/pages/Puaa-Kaa-State-Wayside-Park/376283462519820

8 와이아나파나파 주립공원
Waianapanapa State Park
★★★★★ 유료 주차

마우이에서 보기 드문 검은 모래 해변과 깨끗한 화장실, 샤워 시설, 바비큐, 캠핑장을 비롯해 신화에 얽힌 고대 신전과 담수 동굴, 아치형으로 된 용암석과 해변 산책로 등 볼거리가 다양하고 관리가 잘되어 있는 주립공원으로 인기 만점이다.

📖 VOL.1 P.105 🗺 지도 P.477H
🚗 찾아가기 렌터카 HI-360 Hana Hwy 32마일마커 지점, 바다 쪽으로 주차장, 와이카니 폭포 부근에서 30분 소요 📍 주소 Waianapanapa State Park, Hana, HI 96713 ☎ 전화 808-984-8109 🕐 시간 24시간 휴무 연중무휴 💲 가격 $5(1인) 🅿 주차 $10 🌐 홈페이지 www.roadtohana.com/waianapanapa-state-park.php

9 하나 베이 비치 파크
Hana Bay Beach Park
★★★★★ 무료 주차

검은색 또는 후추색이라고 부르는 작은 해변과 오른쪽의 항구 시설, 마을 주민들의 고깃배와 아웃리거 카누, 레드 샌드 비치로 이어지는 작은 언덕 등 소담스러운 분위기의 해변. 주변에 하나 마을의 생활 기반 시설이 모두 모여 있다.

📖 VOL.1 P.105 🗺 지도 P.477H
🚗 찾아가기 렌터카 HI-360 Hana Hwy 35마일마커, 바다 쪽으로 주차장, 와이아나파나파 주립공원에서 10분 소요 📍 주소 103-109 Keawa Pl, Hana, HI 96713 ☎ 전화 808-464-0840 🕐 시간 일출 후~일몰 전 휴무 연중무휴 💲 가격 무료 입장 🅿 주차 무료 주차 🌐 홈페이지 www.aloha-hawaii.com/maui/beaches/hana-bay-beach-park

10 하모아 베이
Hamoa Bay
★★★★★ 갓길 무료 주차

하나 마우이 리조트가 독점으로 운영하고자 하지만, 바다는 개인 소유가 될 수 없으므로 공공 진입 계단이 있다. 고요하고 풍경이 아름다워 미국 최고의 해변으로 자주 이름을 올린다. 부기보드 맞춤형 파도가 마우이 최고라고 정평이 난 곳.

📖 VOL.1 P.106 🗺 지도 P.477H
🚗 찾아가기 렌터카 HI-360 Hana Hwy 49마일마커 부근에 진입로 위치, 하나 베이에서 10분 소요 📍 주소 1-11 Haneo'o Rd, Hana, HI 96713 ☎ 전화 808-464-0840 🕐 시간 일출 후~일몰 전 휴무 연중무휴 💲 가격 무료 입장 🅿 주차 갓길 무료 주차 🌐 홈페이지 www.aloha-hawaii.com/maui/beaches/hamoa-beach

11 코키 비치 파크
Koki Beach Park
★★★ 무료 주차

드물기로 유명한 붉은 모래 해변. 캠핑, 서핑, 부기보드 등을 즐기는 지역 주민이 많다. 오프라 윈프리가 코키 비치 위쪽 산 부근의 거대한 땅과 여름 별장을 소유하고 있는데, 개발로 인해 이 지역이 훼손되지 않도록 보호하려는 의도로 소유하고 있는 것이기도 하다.

📖 VOL.1 P.106 🗺 지도 P.477H
🚗 찾아가기 렌터카 HI-360 Hana Hwy 49마일마커 부근에 진입로, 하나 베이에서 5분 소요 📍 주소 5670 Hana Hwy, Hana, HI 96713 ☎ 전화 808-464-0840 🕐 시간 일출 후~일몰 전 휴무 연중무휴 💲 가격 무료 입장 🅿 주차 무료 주차 🌐 홈페이지 www.roadtohana.com/koki-beach.php

12 와일루아 폭포 전망대
Wailua Falls Lookout

갓길 무료 주차

높이가 약 30미터에 이르는 거대한 폭포가 절벽의 사면을 타고 시원하게 떨어지는 장관을 볼 수 있는 전망 포인트. 도로에 인접해 있기 때문에 마우이에서 사진이 가장 많이 찍히는 폭포 중 하나라는 농담이 있을 정도. 갓길에 주차하고 50미터만 걸어 늘어가면 바로 폭포 위쪽부터 하단의 물웅덩이까지 한 번에 볼 수 있다.

- **VOL.1 P.106** · **지도 P.477L**
- **찾아가기** 렌터카 HI-360 Hana Hwy 45마일마커 부근에 진입로, 하나 베이에서 30분 소요 · **주소** 14560 Hana Hwy, Haiku, HI 96708 · **전화** 808-587-0300 · **시간** 24시간 · **휴무** 연중무휴 · **가격** 무료 입장 · **주차** 갓길 무료 주차
- **홈페이지** roadtohana.com/wailua-falls.php

13 키파훌루 방문자 센터
Haleakalā National Park Kipahulu Visit Center
무료 주차

키파훌루 방문자 센터는 할레아칼라 국립공원의 키파훌루 지역, 즉 오헤오 협곡과 피피와이 트레일, 캠핑장 등에 대한 관리와 정보 안내를 담당하고 있다. 파크 레인저(일명 보안관)들을 통해 날씨와 위험 지역, 수질 상태를 비롯해 공원 내 자연환경과 역사에 대한 정보를 얻을 수 있다.

- **VOL.1 P.106** · **지도 P.477L**
- **찾아가기** 렌터카 HI-360 Hana Hwy 42마일마커 부근에 진입로, 하나 베이에서 35분 소요 · **주소** Haleakalā National Park, Hana, HI 96713 · **전화** 808-248-7375 · **시간** 24시간 · **휴무** 연중무휴 · **가격** 유료 입장(차 1대 $30, 3일 내 재입장 가능, 할레아칼라 국립공원 사용 가능) · **주차** 입장료에 포함 · **홈페이지** www.nps.gov/hale

14 오헤오 협곡 폭포
Pools of Oheo

무료 주차

지역 주민들이 사랑하는 거대한 계단식 폭포가 바다로 흘러 떨어지는 장관을 연출하는 곳으로 이른 아침에 가야 인파를 피할 수 있다. 강수량에 따라 진입이 통제되는 경우가 있으니 키파훌루 방문지 센터에서 먼저 확인해 보는 것이 좋다.

- **VOL.1 P.137** · **지도 P.477L**
- **찾아가기** 도보 키파훌루 방문자 센터에서 시작, 해변 산책로를 따라 왕복 도보 30분 · **주소** Haleakalā National Park, Hana, HI 96713 · **전화** 808-248-7375 · **시간** 일출 후~일몰 전 · **휴무** 연중무휴 · **가격** 할레아칼라 국립공원 입장료(차 1대 $25, 3일 내 재입장 가능)에 포함 · **주차** 입장료에 포함 · **홈페이지** www.nps.gov/hale

15 와이모쿠 폭포
Waimoku Falls

무료 주차

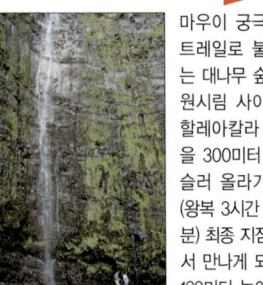

마우이 궁극의 트레일로 불리는 대나무 숲과 원시림 사이로 할레아칼라 산을 300미터 거슬러 올라가면 (왕복 3시간 30분) 최종 지점에서 만나게 되는 120미터 높이의 웅장한 폭포. 강수량에 따라 진입 금지인 경우가 있으니 키파훌루 방문자 센터에서 먼저 확인한다.

- **지도 P.477L**
- **찾아가기** 도보 키파훌루 방문자 센터에서 시작, 산 위로 난 산책로를 따라 왕복 도보 3시간 30분 · **주소** Haleakalā National Park, Hana, HI 96713 · **전화** 808-248-7375 · **시간** 일출 후~일몰 전 · **휴무** 연중무휴 · **가격** 할레아칼라 국립공원 입장료(차 1대 $20, 3일 내 재입장 가능)에 포함 · **주차** 입장료에 포함 · **홈페이지** www.nps.gov/hale

16 팔라팔라 호오마누 교회
Palapala Ho'omanu Congregation Church

무료 주차

애거서 크리스티의 《오리엔트 특급 살인 사건》의 실제 모델이었던 세기의 비행기 조종사 찰스 린드버그와 세계적인 부호이자 마우이 주민들을 위해 이 지역을 국립공원으로 만든 샘 프라이어가 반려 원숭이들과 함께 묻혀 있다. 하나 마을을 사랑해 이 곳에서 자신들의 장례를 손수 준비했으며 이들을 방문하는 사람들의 발길이 끊이지 않는다.

- **VOL.1 P.106** · **지도 P.477L**
- **찾아가기** 렌터카 HI-31 Hana Hwy 41마일마커 부근에 진입로, 키파훌루 방문자 센터에서 5분 소요 · **주소** 40990 Hana Hwy, Hana, HI 96713 · **전화** 808-464-0840 · **시간** 24시간 · **휴무** 연중무휴 · **가격** 무료 입장 · **주차** 무료 주차
- **홈페이지** roadtohana.com/palapala-hoomau-church.php

17 카우포 협곡 브리지
Kaupo Gap Bridge

주차 불가

할레아칼라 화산이 분출한 후 생긴 지각변동으로 산기슭이 두 갈래로 쪼개졌다. 과거에는 교량이 없었지만 현재는 철교가 생겨 주행이 가능하다. 사고 처리에 대한 어려움 때문에 렌터카 주행 불가 지역임에도 불구하고 마우이에서 가장 아름다운 드라이브 코스 중 하나로 꼽히며 많은 이들이 찾는다.

- **지도 P.477K**
- **찾아가기** 렌터카 HI-31 Hana Hwy 28마일마커, 키파훌루 방문자 센터에서 50분 소요 · **주소** State Hwy 31, Kula, HI 96790 · **전화** 808-464-0840 · **시간** 24시간 · **휴무** 연중무휴 · **가격** 무료 입장 · **주차** 주차 불가 · **홈페이지** www.hawaiihighways.com

18 마마스 피시 하우스
Mama's Fish House

무료 주차

호오키파 비치 전망과 함께 바닷속 인어들이 사는 듯한 인테리어와 스태프 복장이 인상적이며 블랙펄(흑진주) 디저트는 마우이 명물이라고 할 수 있다. 진입로에 간판처럼 세워진 흰 돛단배는 마우이 기념사진 명소로 유명하다.

📖 VOL.1 P.222 📍 지도 P.476B
🚗 찾아가기 렌터카 HI-36 Hana Hwy 8마일마커 지점, 카훌루이 공항에서 20분 소요 📮 주소 799 Poho Pl, Paia, HI 96779 📞 전화 808-579-8488 🕐 시간 11:00~21:00 📅 휴무 연중무휴 💰 가격 식사류 $38~ 🅿️ 주차 발레파킹 무료 🌐 홈페이지 www.mamasfishhouse.com

BEST MENU ① 마히마히, 아히, 오파카파카 생선으로 만든 **파낭 커리 Panang Curry $73** ② 흑진주를 닮은 초콜릿 아이스크림 케이크 **블랙펄 Black Pearl $16**

19 파이아 피시 마켓
Paia Fish Market

갓길 주차

생선 요리를 주제로한 캐주얼 레스토랑으로 하와이에서 둘째 가라면 서러울 곳이다. 인기를 반영하듯 여러 섬에 지점이 늘어나고 있지만 본점이 바로 하나 로드 초입의 파이아 마을이라는 것! 다양한 메뉴와 퀄리티에 비교적 저렴한 가격대로 늘 붐빈다.

📍 지도 P.476B
🚗 찾아가기 HI-36을 따라 마일마커 7 부근, 파이아 마을 초입에 위치 공항에서 15분 📮 주소 100 Hana Hwy, Paia, HI 96779 📞 전화 808-579-8030 🕐 시간 11:00~21:30 📅 휴무 추수감사절 12.25 당일 💰 가격 식사류 $8.50~ 🅿️ 주차 갓길 주차 🌐 홈페이지 www.paiafishmarket.com

BEST MENU 매일 아침 들어온 신선한 생선을 그릴에 구운 스테이크 두툼하게 즐길 수 있는 프레쉬 캐치 알라 카트 **Fresh Catch A La Carte $싯가**

20 트윈폴스 마우이 팜 스탠드
Twinfalls Maui Farm Stand

무료 주차

예전에는 자전거를 돌려 발전기로 과일 스무디 기계를 작동시켰던 작은 가게. 하나 로드에서 맨 처음 나오는 볼거리 중 하나로 15분 정도 걸어 들어가면 쌍둥이 폭포(트윈폴스)가 나오는데, 걷는 거리에 비해 즐길 거리가 많지 않아 이곳 과일 스무디 가게가 더 인기 있다.

📍 지도 P.477C
🚗 찾아가기 렌터카 HI-360 Hana Hwy 2마일마커 주변, 카훌루이 공항에서 35분 소요 📮 주소 6300 Hana Hwy, Haiku, HI 96708 📞 전화 808-463-1275 🕐 시간 일출 후~일몰 전 📅 휴무 부정기 💰 가격 스무디 $4~ 🅿️ 주차 무료 주차 🌐 홈페이지 www.twinfallsmaui.net

21 하프웨이 투 하나
Halfway to Hana

무료 주차

'하나 마을까지 반쯤 왔다'는 뜻으로 하나 하이웨이 HI-360 17마일마커 지나면 나오는 스낵숍. 오랫동안 주민들과 방문객들의 사랑을 받아온 인기 많은 곳으로, 촉촉한 바나나 브레드와 깎아놓은 코코넛 과육은 꼭 먹어보자.

📖 VOL.1 P.104 📍 지도 P.477H
🚗 찾아가기 렌터카 HI-360 Hana Hwy 17마일마커 지나서 산 쪽에 위치, 하나 로드 초입의 트윈폴스에서 35분 소요 📮 주소 13710 Hana Hwy, Haiku, HI 96708 📞 전화 808-248-7037 🕐 시간 08:30~16:00 📅 휴무 부정기 💰 가격 바나나 브레드 $6~ 🅿️ 주차 무료 주차 🌐 홈페이지 roadtohana.com/halfway-to-hana-stand.php

Banana Bread $6(1개)

22 아일랜드 셰프
Island Chef

무료 주차

Spicy Shrimp $14

나히쿠 마켓 플레이스에 위치한 곳들 중 유독 인기 좋은 곳. 주메뉴는 플레이트 런치. 다양하게 조리한 새우 요리로 든든하고 저렴한 한 끼를 간단히 해결할 수 있으니 고민할 필요 없이 고고고!

📍 지도 P.477H
🚗 찾아가기 렌터카 HI-360 Hana Hwy 28마일마커 지나서 바다 쪽에 위치, 푸아아 카아 주립공원에서 17분 소요 📮 주소 1350 Hana Hwy, Haiku, HI 96708 📞 전화 808-248-4944 🕐 시간 10:30~16:30 📅 휴무 부정기 💰 가격 런치 $11~ 🅿️ 주차 무료 주차 🌐 홈페이지 없음

BEST MENU 매콤한 소스의 새우와 야채를 얹은 플레이트 런치 **스파이시 쉬림프 Spicy Shrimp $14**

23 더 레스토랑 앳 하나-마우이
The Restaurant at Hana-Maui

무료 주차

Strawberry Pancake $28

하나 마우이 리조트 내에 위치한 레스토랑으로 건강식 위주의 메뉴를 선보인다. 신선한 유제품과 과일을 얹은 브런치를 찾는 사람들이 많다. 넓은 초원과 바다를 보며 느긋한 시간을 보내고자 한다면 추천 1순위!

📖 VOL.1 P.245 📍 지도 P.477H
🚗 찾아가기 렌터카 하나 베이 지나자마자 HI-360 Hana Hwy에서 해변 쪽에 위치, 하나 베이에서 5분, 카훌루이 공항에서 2시간 10분 소요 📮 주소 5031 Hana Hwy, Hana, HI 96713 📞 전화 808-248-8211 🕐 시간 07:00~21:00 📅 휴무 연중무휴 💰 가격 조식 $13~, 런치 $20~ 🅿️ 주차 무료 주차 🌐 홈페이지 www.hyatt.com

BEST MENU ① 유기농 딸기와 메이플 시럽을 얹은 **스트로베리 팬케이크 Strawberry Pancake $18** ② 인근에서 방목한 닭이 낳은 계란과 홀랜다이즈 소스로 만든 **에그 베네딕트 Egg Benedict $22**

24 코코넛 글렌
Coconut Glen's
무료 주차

코코넛으로 만든 스낵은 다 맛있다! 시원한 홈메이드 아이스크림과 직접 껍질을 까서 코코넛 주스를 신선하게 즐길 수 있다. 최근에 문을 연 뉴 스폿 중 하나로 벌써부터 인기몰이 중이다.

- 지도 P.477H
- 찾아가기 렌터카 HI-360 Hana Hwy 27마일 마커 지나서 산 쪽에 위치. 푸아아 카아 주립공원에서 15분 소요
- 주소 1528 Hana Hwy, Haiku, HI 96708
- 전화 808-248-4876
- 시간 10:30~16:30
- 휴무 부정기
- 가격 아이스크림 $5~
- 주차 무료 주차
- 홈페이지 coconutglens.com

25 라우리마 팜 푸르츠 스탠드
Laulima Farms Fruit Stand
무료 주차

키파훌루 지역에 새로 생긴 로드숍. 이곳에 들어오는 과일은 가족이 소유한 인근의 넓은 들에서 키워 유기농 인증을 받은 것이다. 매일 직접 볶은 원두로 내린 커피, 즉석에서 만들어주는 스무디 등 정신이 번쩍 드는 간식이 생각날 때 들르면 좋다.

- 지도 P.477L
- 찾아가기 렌터카 HI-31 Hana Hwy 40마일 마커 부근 산 쪽에 위치, 하나 베이에서 35분 소요
- 주소 169 Hana Hwy, Kula, HI 96790
- 전화 808-464-0840
- 시간 09:00~17:00
- 휴무 부정기
- 가격 과일 $1(1개)~
- 주차 무료 주차
- 홈페이지 laulimafarm.com

26 하세가와 슈퍼마켓
Hasegawa General Store Inc
무료 주차

하나 마을에서 가장 오래된 로컬 슈퍼마켓. 먹거리, 생필품, 일회용품, 청소 도구 등 없는 것 없이 다 있는 슈퍼마켓. 심지어 한국 라면과 김치도 있다. 하나 로드 최고의 기념품 쇼핑은 바로 이곳에서!

- 지도 P.477H
- 찾아가기 렌터카 HI-360 Hana Hwy 36마일 마커 지나서 교차로 바다 쪽에 위치, 하나 베이에서 5분 소요
- 주소 5165 Hana Hwy, Hana, HI 96713
- 전화 808-248-8231
- 시간 07:00~19:00
- 휴무 무휴
- 주차 무료 주차
- 홈페이지 www.hanamaui.com/the-hasegawa-general-store-and-uniquely-hana-items

27 카우포 슈퍼마켓
Kaupo General Store
무료 주차

하나 로드 지나 키파훌루 지역에서 유일한 슈퍼마켓. 동네 편의점 규모로 지역 주민들이 담배와 생활용품을 사려고 들르기도 하고 야외 테라스에서 담소를 나누는 모습도 볼 수 있다. 옛 서부 활극에나 나올 법한 가게 모습이 사진 충동을 일으키는 곳.

- 지도 P.477L
- 찾아가기 렌터카 HI-31 Hana Hwy 34마일마커 주변에 위치, 키파훌루 방문자 센터에서 30분 소요
- 주소 217 Kaupo Rd, Hana, HI 96713
- 전화 808-248-8054
- 시간 09:00~17:00
- 휴무 부정기
- 주차 무료 주차
- 홈페이지 roadtohana.com/kaupo-store.php

28 와이카모이 트레일헤드
Waikamoi Nature Trailhead
무료 주차

하나 로드 초입에 등장하는 산책로로 작은 원시림이 우거져 있다. 대부분의 차들이 스치듯 지나가는 곳. 트레일은 유칼립투스와 대나무가 우거진 산길을 살짝 걸어 올라가 한 바퀴 돌아 나오는 루프(Loop)형으로 30분 내로 돌아보고 내려올 수 있다.

- VOL.1 P.104
- 지도 P.477G
- 찾아가기 렌터카 HI-360 Hana Hwy 9마일마커 지나서 산 쪽에 위치, 파이아 피시 마켓에서 40분 소요
- 주소 511 Hana Hwy, Haiku, HI 96708
- 전화 808-464-0840
- 시간 24시간
- 휴무 연중무휴
- 가격 무료 입장
- 주차 무료 주차
- 홈페이지 www.nature.org

29 가든 오브 에덴 수목원
Garden of Eden Arboretum
무료 주차

'하나 로드에 수목원이라니!'라는 의구심을 단번에 날려버릴 곳. '에덴의 정원'이라는 이름에 걸맞게 무릉도원에 온 듯 건강한 나무들과 철마다 다른 꽃들 사이로 한가로이 노니는 공작과 거위 떼들을 볼 수 있다. 특히 내부 전망대에서는 하나 로드를 달릴 때는 보이지 않는 폭포를 감상할 수 있어 시간이 없는 사람들에게 추천할 만하다.

- VOL.1 P.191
- 지도 P.477G
- 찾아가기 렌터카 HI-360 Hana Hwy 10마일 마커 지나서 산 쪽에 입구, 파이아 피시 마켓에서 45분 소요
- 주소 10600 Hana Hwy, Haiku, HI 96708
- 전화 808-572-9899
- 시간 08:00~16:00
- 휴무 연중무휴
- 가격 입장료 $20(1인)
- 주차 무료 주차
- 홈페이지 www.mauigardenofeden.com

30 피피와이 트레일
Pipiwai Trail ★★★★ 무료 주차

마우이 트레일의 하이라이트라 불리는 왕복 3시간 30분짜리 산길 코스. 할레아칼라 산을 따라 300미터를 거슬러 올라가면 최종 지점에서 2개의 폭포를 만난다. 대나무 숲, 초원 지대와 폭포수 계곡, 거대한 반얀트리 등 볼거리가 많다. 폭우 후에는 진입 금지인 경우가 있으니 키파훌루 방문자 센터에서 미리 확인해야 한다.

ⓑ **VOL.1** P.178 ⓜ **지도** P.477L
ⓖ **찾아가기** 도보 키파훌루 방문자 센터에서 산 위쪽 산책로를 따라 왕복 도보 3시간 30분 ⓐ **주소** Haleakalā National Park, Hana, HI 96790 ⓣ **전화** 808-248-7375 ⓣ **시간** 일출 후~일몰 전 ⓗ **휴무** 연중무휴 ⓟ **가격** 할레아칼라 국립공원 입장료 $20(차 1대, 3일 내 재입장 가능) ⓟ **주차** 무료 주차 ⓦ **홈페이지** www.nps.gov/hale

31 마우이 와이너리
Maui Wine, Ulupalakua Vineyards ★★★★ 무료 주차

할레아칼라 산기슭의 한적하고 시원한 전원 마을 쿨라 지역의 명물. 일일이 사람의 손길을 거쳐 만들어지는 한 모금 한 모금이 귀한 신의 물방울이라고 불러도 좋을 와인들이 모여 있다. 과거 하와이 왕족들이 휴가 때 머물던 건물에서 시음을 즐겨보자.

ⓑ **VOL.1** P.190, 292 ⓜ **지도** P.476J
ⓖ **찾아가기** 렌터카 HI-310J HI-37 Pi'ilani Hwy로 연결된 후 와이너리 진입로 위치, 키파훌루 방문자 센터에서 1시간 15분 소요 ⓐ **주소** 14815 Pi'ilani Hwy, Kula, HI 96790 ⓣ **전화** 808-878-6058 ⓣ **시간** 11:00~17:00 ⓗ **휴무** 추수감사절 당일, 12월 25일, 1월 1일 ⓟ **가격** 무료 입장, 시음 $12 ⓟ **주차** 무료 주차 ⓦ **홈페이지** www.mauiwine.com

32 하나 마우이 리조트 바이 하얏트
Hana-Maui Resort by Hyatt ★★★ 무료 주차

마우이 동쪽 하나(Hana) 지역에 오롯이 자리 잡은 4성급 힐링 리조트. 아무것도 하지 않을 자유, 아름다운 휴식과 건강까지 책임지는 리조트. 오션 뷰에 자쿠지가 있는 70개의 객실을 갖추고 있다. 하와이 전통 마사지를 재현한 스파가 인기다.

ⓑ **VOL.1** P.349 ⓜ **지도** P.477H
ⓖ **찾아가기** 렌터카 HI-360 Hana Hwy 35마일 마커 부근에서 진입, 카훌루이 공항에서 2시간 10분 소요 ⓐ **주소** 5031 Hana Hwy Hana, HI 96713 ⓣ **전화** 808-820-1043 ⓣ **시간** 체크인 16:30 체크아웃 12:00 ⓗ **휴무** 연중무휴 ⓟ **가격** $960(1박)~ ⓟ **리조트피** 없음 ⓟ **주차** 셀프파킹 무료, 발레파킹 무료 ⓦ **홈페이지** www.hyatt.com

시원한 폭포 소리와 깊이 우거진 대나무 숲의 운치를 느낄 수 있는 피피와이 트레일(Pipiwai Trail)

AREA 3 빅아일랜드 BIG ISLAND

하와이 첫 수도이자 살아 있는 전설의 땅

용암의 화산과 해변, 눈 쌓인 설산까지 대자연이 살아 움직이는, 신화와 하와이 왕국의 발상지. 별명은 빅아일랜드(Big Island)이지만 공식 명칭은 주의 명칭과 같은 아일랜드 오브 하와이(Island of Hawaii)로 명실상부 하와이의 정수가 깃든 곳이다.

★★★ 추천 여행 기간 3~4일

자연환경

빅아일랜드 카운티(지방자치구, County of Hawaii)는 하와이 주에서 가장 남쪽에 위치하며 5개의 화산으로 형성되어 있다. 그중 킬라우에아 화산은 1983년부터 현재까지 계속 활동 중이며 섬에서 가장 높은 지점은 마우나 케아(해발 4205m)다. 연중 고른 편서풍이 불지만 국지성 기후로 지역 차이가 크다. 우기와 건기로 나뉘며 여름철 평균기온은 27도, 겨울철 평균기온은 21도다. 동쪽의 힐로는 전 세계에서 강수량이 가장 많은 도시다. 다른 섬에 비해 백사장으로 이루어진 해변이 드물어 다양한 야생 동물이 빅아일랜드를 찾는 겨울철에 여행하기 좋다.

면적 10,432km²

인구 약 14만 명

교통수단

버스, 택시, 렌터카, 셔틀버스 등이 있다. 버스는 노선과 정류장이 한정적인 데다 배차 시간과 이동 시간이 길고 택시는 비싸므로 여행자들이 이용하기에 가장 편한 것은 렌터카다. 섬의 동쪽 도시에서 서쪽 도시까지 편도 약 3시간 거리이며, 버스는 대략 첫차 05:30~막차 15:00 운행된다.

수도

주민이 가장 많이 사는 곳은 행정수도 힐로(Hilo)이며, 관광객이 가장 많이 찾는 도시는 코나(Kona)이다. 리조트, 레스토랑과 관광 편의 시설은 코나에 편중되어 있고, 힐로는 반경 5킬로미터 내에 공공기관과 주민 생활 시설이 모두 밀집된 작은 도시다.

공항

빅아일랜드 동쪽의 힐로와 서쪽의 코나에 각각 국제공항이 있다. 도심에서 5분 거리에 힐로 국제공항(Hilo International Airport, ITO)이 위치한다. ITO는 'International Airport Transportation Association'에서 사용하는 약자로 일반적인 공항 약자와 다르다. 힐로 국제공항에서 약 3시간 거리에 코나 국제공항(Kona International Airport, KOA)이 있다. 이용객 수는 코나 공항이 힐로 공항보다 월등히 많다.

힐로 국제공항
- **지도** P.495
- **전화** 808-961-9300
- **홈페이지** hawaii.gov/ito/airport-information

코나 국제공항
- **지도** P.518I
- **전화** 808-327-9520
- **홈페이지** hawaii.gov/koa

관광 안내소
빅아일랜드 관광청은 2016년 공식 명칭을 아일랜드 오브 하와이 관광청으로 바꾸며 새로운 도약을 모색하고 있다. 관광 중심지인 코나 지역에 위치해 있다.

아일랜드 오브 하와이 관광청
Island of Hawaii Visitors Bureau
- **지도** P.518E
- **찾아가기** 렌터카 코나 국제공항에서 HI-19 Queen Ka'ahumanu Hwy 북쪽 방향, Mauna Lani Dr에서 좌회전해 진입, 공항에서 30분 소요
- **주소** 68-1330 Mauna Lani Dr #109, Waimea, HI 9674
- **전화** 808-885-1655

항구
힐로와 코나에 각각 페리 항구가 있으며 섬을 오가는 크루즈 여객선과, 해상 화물 선박만 이용 가능하다. 크루즈 여객선은 각 항구에 도착하는 요일이 정해져 있기 때문에 항구에서 육지 관광버스 또는 렌터카로 도시 주변을 둘러보고 정해진 시간에 다시 승선한다.

카일루아 항구 Kailua Pier
- **지도** P.501L
- **찾아가기** 렌터카 코나 공항에서 HI-19 남쪽 방향 Palani Rd 따라 우회전해 Ali'i Dr 교차로에 위치, 공항에서 25분 소요
- **주소** Ka'ahumanu Pl, Kailua-Kona, HI 96740
- **전화** 808-464-0840

힐로 항구 Hilo Harbor
- **지도** P.519L
- **찾아가기** 힐로 공항에서 HI-11 북쪽 방향 Kalanianaole Ave 따라 진입, 공항에서 10분 소요
- **주소** 99 Kuhio St, Hilo, HI 96720
- **전화** 808-935-8903

환전
빅아일랜드 전역의 마을과 쇼핑 중심지 등에 주요 은행 지점과 ATM이 모여 있으며 ATM에서 달러($)를 바로 인출할 수 있다.

우체국
하와이 지역마다 우체국이 있고 일처리가 빠르지는 않지만 신용도는 좋다. 와이메아 지역 우체국은 다른 섬의 와이메아 지역과 혼동을 피하기 위해 공식 명칭으로 카뮤엘라(Kamuela)라고 한다. 대부분 토요일에도 문을 연다.

코나 지점 우체국
US Post Office Kona Branch
- **지도** P.501H
- **찾아가기** 렌터카 코나 공항에서 HI-19 남쪽 방향 Palani Rd 교차로에 위치, 공항에서 25분 소요
- **주소** 74-5577 Palani Rd, Kailua-Kona, HI 96740 **시간** 월~금요일 09:00~16:00, 토요일 09:00~13:00 **휴무** 매주 일요일

경찰서
지역마다 관할 경찰서가 있다. 중심도시 힐로와 관광객 밀집 도시 코나 경찰서를 이용하면 된다.

힐로 경찰서
Hilo Police Department
- **찾아가기** 렌터카 Hualalai St와 Kapiolani St 교차로에 위치, 힐로 공항에서 10분 소요
- **주소** 349 Kapiolani St, Hilo, HI 96720

하와이 카운티 경찰서
Hawaii County Police Department
- **지도** P.500A
- **찾아가기** 렌터카 코나 공항에서 HI-19 남쪽 방향 Hale Makai Pl로 진입, 공항에서 20분 소요
- **주소** 74-611 Hale Makai Pl, Kailua-Kona, HI 96740
- **전화** 808-326-4646

긴급 전화번호
수첩에 적어놓거나 휴대폰에 저장해두는 것이 좋다.

- **경찰 및 응급의료**
911(24시간, 무료, 영어로 운영)

무작정 따라하기 1단계

STEP **1** ❷ ❸ ❹

빅아일랜드 이렇게 간다

코나 공항으로 들어오기

1 도착 게이트

코나 공항은 야외형 공항으로 매우 작아 항공기 출·도착 터미널이 2개뿐이다. 출·도착이 같은 게이트에서 이루어지므로 편명과 시간 변동 사항을 잘 확인해야 한다. 이웃 섬에서 코나 공항으로 도착하면 바로 공항 내부 광장에서 밖으로 이어진다.

2 표지판 따라 이동

수하물(Baggage Claim) 표지판을 따라가 비행기 편명에 해당하는 수하물 벨트에서 짐을 찾는다. 간혹 다음 항공편으로 짐이 누락되는 경우가 있으니 수하물표와 대조해 빠짐없이 확인한다.

3 공항 출구

수하물 벨트 맞은편 도로에 택시, 버스, 렌터카 등 대중교통 위치가 적힌 표지판이 있다. 길을 건너면 공항 터미널과 렌터카 사무소를 순환하는 셔틀버스 정류소가 있으니, 자신이 예약한 렌터카 회사의 셔틀을 기다렸다가 승차한다.

빅아일랜드 주요 공항 한눈에 보기

관광객이 가장 많이 이용하는 것은 코나 국제공항으로, 그 주변에 섬 전체의 90%에 달하는 숙박, 레스토랑, 관광 편의 시설이 모여 있다. 주요 관광지가 섬 전체에 분포되어 있기 때문에 사실 최적의 조합은 힐로 공항을 통해 빅아일랜드로 들어가서 코나 공항을 통해 나오는 것(힐로 IN, 코나 OUT)이다. 그러나 렌터카 픽업과 반납을 같은 공항에서 해야 한다거나 숙소 등 기타 편의상의 이유로 코나 공항만 이용하는 경우가 많다.

코나 국제공항(Kona International Airport, KOA)
코나 공항은 2개의 터미널이 연결된 건물로 하와이 제1의 항공사 하와이언 항공(Hawiian Airlines)이 메인 터미널(Terminal 2)을 사용한다. 출발 시에는 자신의 항공사 카운터에서 발권 후 수하물을 보내고 터미널로 들어가 비행기에 탑승한다.

ⓢ 지도 P.190| ⓢ 전화 808-327-9520 ⓢ 홈페이지 hawaii.gov/koa

힐로 국제공항(Hilo International Airport, ITO)
힐로 공항은 코나 공항보다 더 작고 이용객이 적은 편이어서 발권 카운터와 수하물 벨트가 터미널 밖 입구에 있다. 렌터카 사무소에 가려면 터미널 맞은편으로 도보 이동하면 된다.

ⓢ 지도 P.167 ⓢ 전화 808-961-9300 ⓢ 홈페이지 hawaii.gov/ito/airport-information

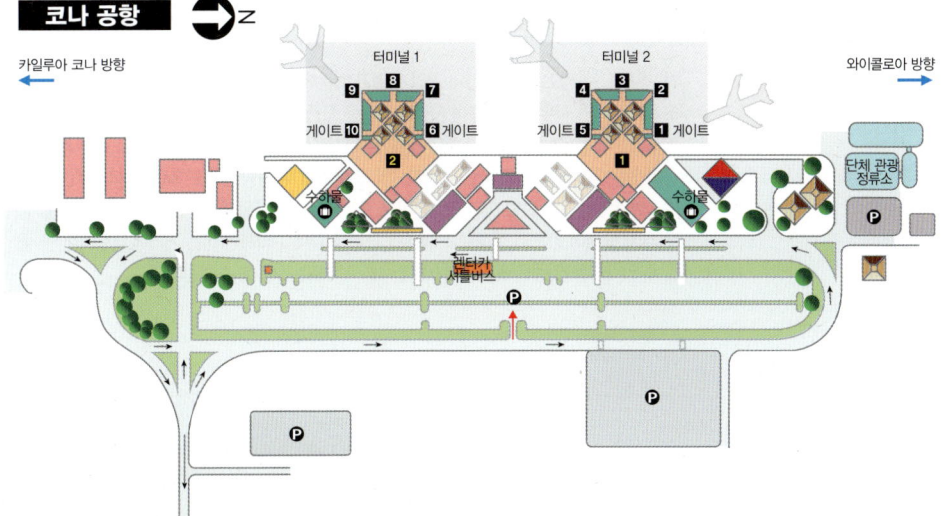
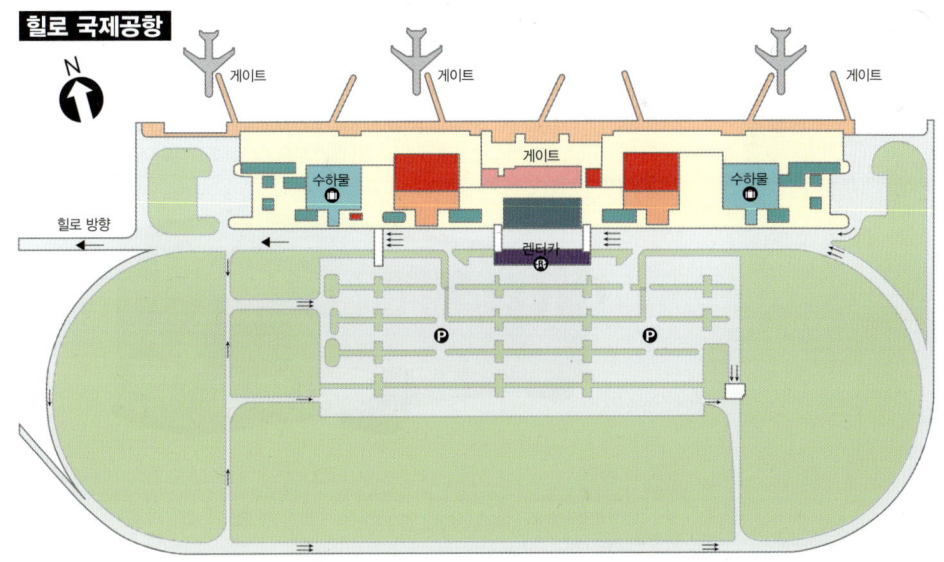

무작정 따라하기

2단계

STEP 1 **2** 3 4

빅아일랜드 교통편 한눈에 보기

다른 섬과 마찬가지로 버스, 택시, 트롤리, 렌터카 등 다양한 방법이 있다. 단, 대중교통은 주민들의 출퇴근을 위한 교통수단이다. 힐로 지역에 사는 주민들이 코나 지역의 관광업에 종사하는 경우가 많기 때문이다.

렌터카
Car Rentals

빅아일랜드는 명소와 지역 간의 거리가 멀기 때문에 렌터카가 필요하다. 각 공항과 주요 리조트에 렌터카 사무소가 있으며 지점마다 같은 차종이라도 가격 차이가 큰 편이다. 렌터카는 픽업과 반납을 같은 지점에서 하는 것을 원칙으로 히며 디른 지점으로 반납할 경우 추가 요금이 있는 경우(최대 $60~80)가 많다. 빅아일랜드의 두 공항은 편도 3시간 거리이기 때문에 숙소와 동선을 고려하기 까다로운 편이다. 렌터카를 픽업했을 때와 다른 공항에서 반납할 경우 추가 요금이 없는지 살펴보고 숙소와 공항을 함께 고려하면 이동 거리에 대한 부담을 줄일 수 있다. 빅아일랜드 곳곳을 누비려면 4륜구동 또는 SUV를 추천한다.

주요 렌터카 업체
홈페이지 달러 렌터카 Dollar Rent A Car www.dollar.com, 알라모 렌터카 Alamo Rent A Car www.alamo.com, 허츠 Hertz www.hertz.com

코나 트롤리
Kona Trolley

코나 트롤리는 케아우호우 트롤리라고도 부르며 카일루아 항구에서 케아우호우 리조트 사이에 있는 주요 관광지에 정차하는 특정 지역을 위한 대중교통이다. 오전 9시부터 밤 9시까지 매시간 1대의 순환 버스가 운행되며 요금은 매번 탑승 시마다 $2(1인)이다.

홈페이지 www.keauhouvillageshops.com

주요 버스 정류장
아웃리거 코나 리조트&스파 Outrigger Kona Resort & Spa → 카할루우 비치 파크 Kahalu'u Beach Park → 코코넛 그로브 마켓플레이스 Coconut Grove Marketplace → 코나 마켓 플레이스 Kona Market Place → 카일루아 항구 Kailua Pier

빅아일랜드 헬레온 버스
Hele On Bus

빅아일랜드 내의 대중교통인 헬레온 버스는 총 4개 지역에 14개 노선을 운영하며 힐로와 코나를 왕복하는 노선도 있다.

- **요금** 편도 $2(성인 1인, 여행 가방 1개당 $1 별도), 자전거 무료, 같은 방향 2시간 내 1회 무료 경유
- **시간** 노선마다 다르며, 대략 첫차 05:30~막차 16:00
- **버스 에티켓** 반려동물은 케이지로 운반, 음식과 뚜껑이 없는 음료수 반입 불가

택시
Taxi

코나 국제공항의 경우 수하물 벨트 맞은편에 대중교통 표지판과 함께 택시 승차장이 있다. 힐로 공항의 경우 터미널 맞은편 도로에 택시 승차장이 있다. 필요에 따라 전화로 택시를 불러서 탈 수 있는데, 현재 위치와 목적지를 알려주면 된다.

주요 택시 업체
- **전화** 코나 지역 대표 택시 LLC 코나 택시캡 LLC Kona Taxicab 808-324-4444, 힐로 지역 대표 택시 W.J 택시 투어 W.J Taxi Tours 808-938-9786
- **코나 지역 택시 요금** 요금 공항에서 와이콜로아까지 약 $50, 공항에서 카일루아 코나 마을까지 약 $30, 힐로 공항까지 약 $350
- **힐로 지역 택시 요금** 요금 공항에서 힐로 베이까지 약 $20, 화산국립공원까지 약 $120

무작정 따라하기

3단계

STEP 1 2 **3** 4

빅아일랜드 지역 한눈에 보기

A 남부

살아 움직이는 화산을 직접 만날 수 있는 빅아일랜드 관광의 하이라이트. 코나 거키 농장과 스노클링에 최적화 된 해변들이 연달아 모여 있는 매력적인 지역.
중심지 카일루아, 카일루아-코나, 화산국립공원, 힐로

B 북부

웅장하고 험준한 빅아일랜드의 야성적인 지향이 드러나는 지역. 최첨단 천문 과학 기지가 있는 세계에서 가장 높은 산과 검은 용암 대지, 거대 협곡의 숨 막히는 불거리로 중무장한 지역.
중심지 와이콜로아, 와이메아

라우파호에호에 기차 박물관 Laupahoehoe Train Museum
4마일 경관 해변 드라이브 4Mile Scenic Dr.
카페 100 Café 100
빅아일랜드 캔디 Big Island Candies Inc
힐로 베이 Hilo Bay
힐로 파머스 마켓 Hilo Farmer's Market
킹 카메하메하 동상 King Kamehameha Statue
힐로 국제공항 Hilo International Airport
힐로 Hilo
빅아일랜드의 행정수도, 화산 국립공원 관광의 거점
푸나 Puna
HI-11
HI-132
HI-130
용암 피해 지역
HI-137
케이프 카무카히 등대 Cape Kamukahi Lighthouse
칼라파나 Kalapana
홀레이 시 아치 Holei Sea Arch

✈ **코나 국제공항 Kona International Airport**
관광 중심지인 서쪽 지역에 위치한 공항

✈ **힐로 국제공항 Hilo International Airport**
빅아일랜드의 행정수도 힐로에 위치한 섬의 관문

출발지	도착지	소요 시간
힐로	화산국립공원	약 45분
힐로	마우나케아 오니주카 방문자센터	약 45분
힐로	와이피오	약 60분
코나	화산국립공원	약 150분
코나	마우나케아 오니주카 방문자센터	약 70분
코나	하위	약 70분
코나	힐로 새들로드 경유시	약 130분

무작정 따라하기

4단계

STEP ① ② ③ ④

빅아일랜드 추천 여행 코스

Course 1
당일치기 핵심 코스

빅아일랜드 첫 방문에 일정이 하루뿐이라면 어차피 많은 것을 기대하기 어렵다. 날씨 변수가 많은 마우나 케아에 모험을 걸기보다 인생 경험이 될 수 있는 화산국립공원을 선택하는 것이 좋으며 힐로 공항을 이용하는 것이 가깝다.

Day 1
① 힐로 공항(IN) → ② 힐로 베이 킹 카메하메하 동상(P.525) → ③ 힐로 파머스 마켓(P.532) → ④ 하와이 화산국립공원(P.512) → ⑤ 볼케이노 와이너리(P.511) → ⑥ 푸날루우 블랙 샌드 비치(P.507) → ⑦ 힐로 공항(OUT)

Course 2
빅아일랜드 핵심 볼거리 1박 2일 코스

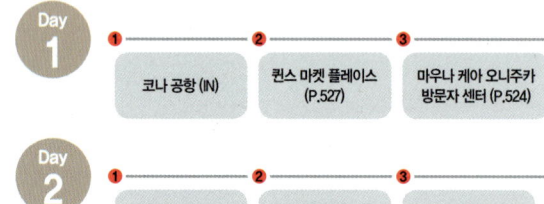

Day 1
① 코나 공항(IN) → ② 퀸스 마켓 플레이스(P.527) → ③ 마우나 케아 오니주카 방문자 센터(P.524)

Day 2
① 하와이 화산국립공원(P.512) → ② 아일랜드 라바 자바(P.508) → ③ 코나 공항(OUT)

Course 3
빅아일랜드 꼼꼼히 둘러보기 2박 3일 코스

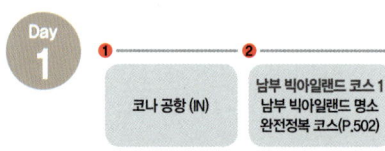

Day 1
① 코나 공항(IN) → ② 남부 빅아일랜드 코스 1 남부 빅아일랜드 명소 완전정복 코스(P.502)

Day 2
① 북부 아일랜드 코스 1 북부 빅아일랜드 200% 즐기기 코스 1일차(P.520)

Day 3
① 북부 아일랜드 코스 2 북부 빅아일랜드 200% 즐기기 코스 2일차(P.523) → ② 코나 공항(OUT)

하와이 여행 플래너 Hawaii Travel Planner

휴가 날짜 Vacation Dates ;   .   .   .

출국 일정 Departure Date/Time/Location	체크 리스트 Check Lists
항공편 Flight No.	
숙소명 Accomodations	
교통편 예약 Transportation Arrangements	액티비티 Activities&Events
귀국 일정 Return Date/Time/Location	
항공편 Flight No.	

요일별 일정표 Weekly Planner

일	월	화	수	목	금	토

A South BIG IS
[남부 빅아일랜드]

빅아일랜드의 명소 종합 선물 세트

빅아일랜드 남부는 코나 국제공항을 기준으로 섬의 남쪽 지역을 말한다. 하와이 최초의 수도였던 코나 항구를 시작으로 거북이 자주 출현하는 해변, 하와이 왕가의 고대 유적지와 해양 보존 지구인 케알라케쿠아 베이 등 명소가 밀집되어 있다. 이 지역의 하이라이트는 하와이 최대 규모의 활화산인 마우나 로아, 킬라우에아를 아우르는 화산국립공원이다. 밤이면 붉은 마그마를 볼 수 있는 화산 분화구를 비롯해 경이로운 자연과 역사, 꿈틀대는 대지의 뜨거운 숨결을 느낄 수 있는 빅아일랜드 남부 지역은 하와이를 '신의 땅'이라고 부르는 이유를 몸으로 느끼게 해준다.

남부 빅아일랜드, 면적은 얼마나 될까?

빅아일랜드는 우리나라의 경상남도와 비슷한 크기다. 고도 변화가 심해서 주행거리와 체감 면적은 그보다 훨씬 더 넓다. 남쪽 지역을 대표하는 화산국립공원은 빅아일랜드를 형성하는 3개의 거대한 화산 중 2개의 활화산이 살아 움직이는 넓은 지역이다. 화산활동이 멈춘 해변 지역으로만 도로와 관광, 주거 시설이 제한적으로 형성되어 있다.

LAND 499

MUST SEE 이것만은 꼭 보자!

No. 1
바닷가에서 노니는
바다거북 보기
카할루우 비치 파크

No. 2
미국의 최남단 사우스
포인트에서 절벽 뛰기를
즐기는 사람들 구경하기
사우스 포인트(칼래에)

No. 3
낮과 밤의 분위기가
달라 매력적인
킬라우에아 전망대

인기
★★★★★
해변, 리조트, 관광 명소가 모여 있는 인기 만점 지역.

MUST EAT 이것만은 꼭 먹자!

No. 1
코나 항구 거리의
노천 카페
**아일랜드 라바 자바에서
브런치 즐기기**

No. 2
세계 3대 커피를
현지에서 직접 맛보자.
**그린웰 커피 농장의
코나 커피**

관광지
★★★★★
빅아일랜드 최고의 볼거리로 꼽히는 화산국립공원과 코나 커피 농장, 고대 역사 유적지 등 빅아일랜드 관광의 필수 코스가 모두 모여 있는 곳.

쇼핑
★★★☆☆
명품 쇼핑은 접어두자. 대신 코나 커피 농장, 화산국립공원의 기념품과 빅아일랜드의 특산품을 공략하자.

MUST EXPERIENCE 이것만은 꼭 경험하자!

No. 1
천혜의 아름다움,
**케알라케쿠아 베이
주립역사공원에서 카약과
스노클링 체험하기**

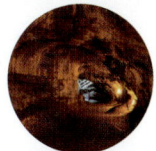
No. 2
하와이 화산국립공원의
신비로운 체험
서스턴 용암 동굴 걷기

No. 3
희귀한 화산토에서
자란 포도로 만든
**볼케이노 와이너리에서
와인 시음하기**

식도락
★★★☆☆
코나 지역에 맛집이 모여 있고 특히 전망 좋은 레스토랑이 많은 편.

나이트라이프
★☆☆☆☆
인구밀도가 낮고 밤에는 별만 가득하므로 특별한 나이트 라이프를 기대하기 힘들다.

MUST BUY 이것만은 꼭 사자!

No. 1
흙냄새와 적절한
산도를 갖춘
**그린웰 커피 농장의
100% 코나 커피**

No. 2
빅아일랜드에서만
만날 수 있는 기념품
**하와이 화산국립공원
로고 티셔츠**

복잡함
★★☆☆☆
주말, 지역 축제일 개최 장소, 성수기의 화산국립공원은 사람이 많은 편이다.

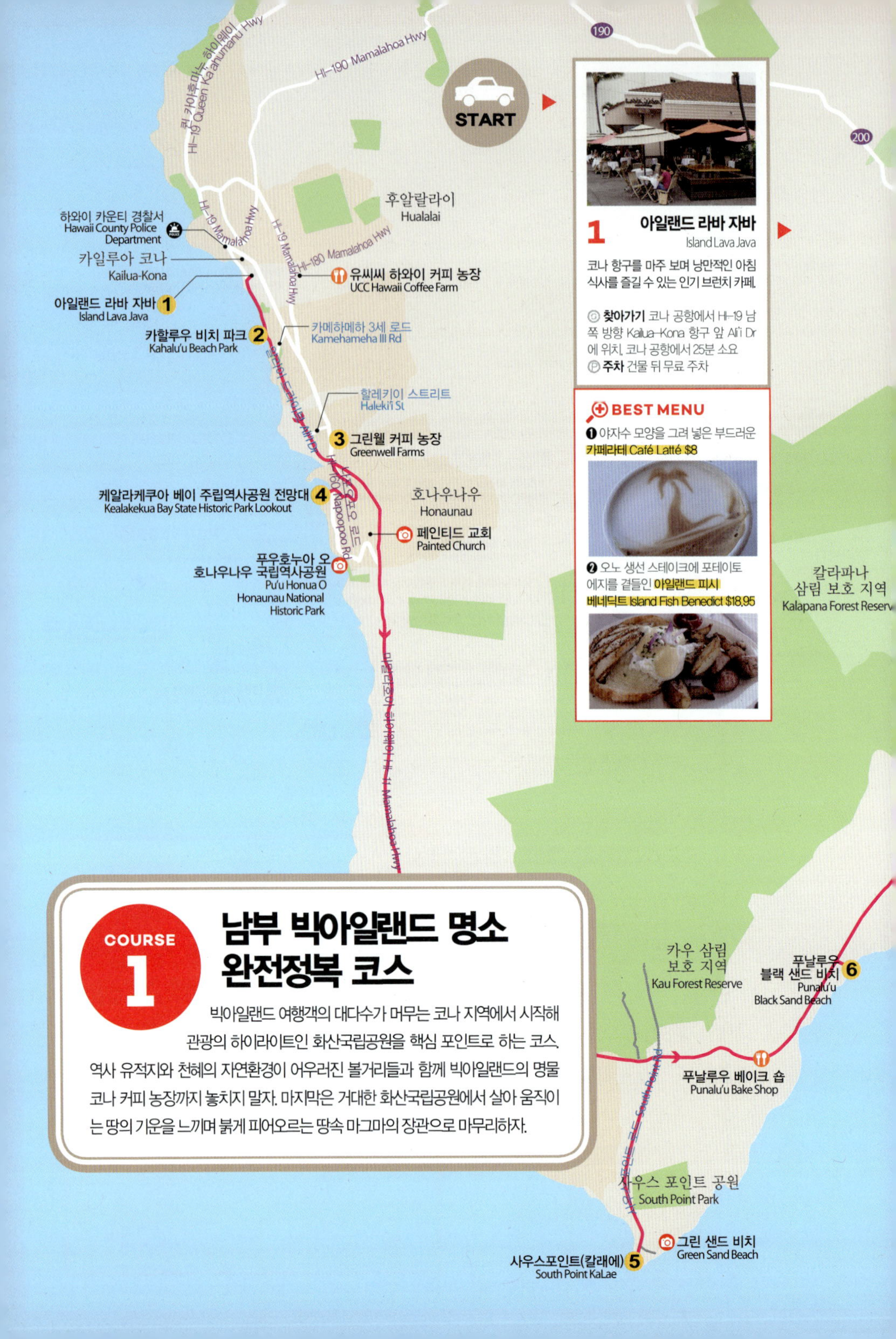

START

1 아일랜드 라바 자바
Island Lava Java

코나 항구를 마주 보며 낭만적인 아침 식사를 즐길 수 있는 인기 브런치 카페.

◉ **찾아가기** 코나 공항에서 HI-19 남쪽 방향 Kailua-Kona 항구 앞 Ali'i Dr에 위치. 코나 공항에서 25분 소요
◉ **주차** 건물 뒤 무료 주차

🔍 **BEST MENU**

❶ 야자수 모양을 그려 넣은 부드러운 **카페라테** Café Latté $8

❷ 오노 생선 스테이크에 포테이토 에지를 곁들인 **아일랜드 피시 베네딕트** Island Fish Benedict $18.95

하와이 카운티 경찰서
Hawaii County Police Department

카일루아 코나
Kailua-Kona

아일랜드 라바 자바 **1**
Island Lava Java

후알랄라이
Hualalai

유씨씨 하와이 커피 농장
UCC Hawaii Coffee Farm

카할루우 비치 파크 **2**
Kahalu'u Beach Park

카메하메하 3세 로드
Kamehameha III Rd

할레키이 스트리트
Haleki'i St

그린웰 커피 농장 **3**
Greenwell Farms

케알라케쿠아 베이 주립역사공원 전망대 **4**
Kealakekua Bay State Historic Park Lookout

호나우나우
Honaunau

푸우호누아 오 호나우나우 국립역사공원
Pu'u Honua O Honaunau National Historic Park

페인티드 교회
Painted Church

칼라파나 삼림 보호 지역
Kalapana Forest Reserve

COURSE 1
남부 빅아일랜드 명소 완전정복 코스

빅아일랜드 여행객의 대다수가 머무는 코나 지역에서 시작해 관광의 하이라이트인 화산국립공원을 핵심 포인트로 하는 코스. 역사 유적지와 천혜의 자연환경이 어우러진 볼거리들과 함께 빅아일랜드의 명물 코나 커피 농장까지 놓치지 말자. 마지막은 거대한 화산국립공원에서 살아 움직이는 땅의 기운을 느끼며 붉게 피어오르는 땅속 마그마의 장관으로 마무리하자.

카우 삼림 보호 지역
Kau Forest Reserve

푸날루우 블랙 샌드 비치 **6**
Punalu'u Black Sand Beach

푸날루우 베이크 숍
Punalu'u Bake Shop

사우스 포인트 공원
South Point Park

사우스포인트(칼라에) **5**
South Point KaLae

그린 샌드 비치
Green Sand Beach

503

↓ **START**

Area 3 빅아일랜드

1. 아일랜드 라바 자바

   7km, 11분

2. 카할루우 비치 파크

   11km, 15분

3. 그린웰 커피 농장

   9km, 15분

4. 케알라케쿠아 베이 주립역사공원 전망대

   83km, 1시간 20분

5. 사우스 포인트(칼래에)

   37km, 40분

6. 푸날루우 블랙 샌드 비치

   50km, 40분

↓ 뒷면으로 이어짐

A. 남부 빅아일랜드 | COURSE 1 | TRAVEL INFO

2 카할루우 비치 파크
Kahalu'u Beach Park

수심이 얕고 거북과 열대어가 가득한 빅아일랜드 대표 스노클링 스폿

📍 **찾아가기** 아일랜드 라바 자바에서 HI-19 남쪽으로 주행. Ali'i Dr에서 바다 쪽
🅿️ **주차** $12

3 그린웰 커피 농장
Greenwell Farms, Inc

코나 커피 수상 경력이 많은 최고의 농장 중 하나. 커피 무료 시음, 무료 농장 투어를 이용하자!

📍 **찾아가기** 코나 공항에서 HI-19 남쪽 방향 110마일마커 못 미쳐 오른편으로 입구 🅿️ **주차** 무료 주차

➕ **BEST ITEM**

균형 있는 바디감의 100% **코나 커피**
Kona Coffee $28(1팩 8oz, 230g)

지도 범례

- 더 림 앳 더 볼케이노 하우스 9 / The Rim at the Volcano House
- 스팀 벤츠 / Steam Vents 📷
- 볼케이노 와이너리 / Volcano Winery
- 트리 몰드 / Tree Molds 📷
- 킬라우에아 / Kilauea
- 킬라우에아 전망대 8 / Kilauea Overlook
- 하와이 화산국립공원 / Hawaii Volcanoes National Park
- 화산국립공원 / Hawaii Volcanoes National Park
- 7 하와이 화산국립공원 킬라우에아 방문자 센터 / Hawaii Volcanoes National Park Kilauea Visitor Center
- 🍴 킬라우에아 로지 레스토랑 / Kilauea Lodge Restaurant
- 2400 패런하이트 / 2400 Fahrenheit
- 킬라우에아 이키 트레일헤드 / Kilauea Iki Trailhead
- 10 서스턴 용암 동굴 / Thurston Lava Tube
- 데버스테이션 트레일 / Devastation Trail
- 파우아히 크레이터 룩아웃 📷 / Pauahi Carater Lookout
- 케알라코모 전망대 📷 / Kealakomo Lookout
- 11 홀레이 시 아치 / Holei Sea Arch
- 푸나 삼림 보호 지역 / Puna Forest Reserve
- 매켄지 주립공원 📷 / MacKenzie State Recreation Park
- 아이작 할레 비치 파크 📷 / Issack Hale Beach Park
- 칼라파나 / Kalapana
- 칼라파나 용암 트레일 / Kalapana Lava Viewing Trail

4 케알라케쿠아 베이 주립역사공원 전망대
Kealakekua Bay State Historic Park Lookout

빅아일랜드 최고의 절경을 자랑하는 베이. 탁 트인 전망과 건너편 제임스 쿡 선장의 기념비를 찾아보자.

📍 **찾아가기** 코나 마을에서 Ali'i Dr 주행, 160번 Lower Napo'o po'o Rd 경유해 해변으로 내려가 우회전 후 막다른 길에 주차장
🅿️ **주차** 무료 주차

5 사우스 포인트(칼래에)
South Point (Ka Lae)

미국의 최남단이자 빅아일랜드 최남단 땅끝 지점에서 30미터 절벽 다이빙의 아찔한 광경을 즐겨보자.

📍 **찾아가기** 코나 마을에서 HI-11 남쪽 방향 70마일마커 주변에서 South Point, Ka Lae Rd로 진입하면 도로 끝에 주차장
🅿️ **주차** 무료 주차

6 푸날루우 블랙 샌드 비치
Punalu'u Black Sand Beach

야자수가 우거진 검은 모래 해변에서 쉬고 있는 수많은 거북 가족을 만날 수 있는 곳.

📍 **찾아가기** 코나 마을에서 HI-11 주행, 55마일마커 주변에서 Punalu'u Rd 경유해 Ninole Loop에서 진입
🅿️ **주차** 무료 주차

CONTINUE ↓	
7. 하와이 화산국립공원 킬라우에아 방문자 센터	
4km, 6분	
8. 킬라우에아 전망대	
4km, 6분	
9. 더 림 앳 더 볼케이노 하우스	
3km, 6분	
10. 서스턴 용암 동굴	
32km, 35분	
11. 홀레이 시 아치	
Finish	

지도 속 장소

- 마우나 로아 마카다미아 넛 팩토리 / Mauna Loa Macadamia Nut Corp.
- 마운틴 뷰 / Mountain View
- 9 더 림 앳 더 볼케이노 하우스 / The Rim at the Volcano House
- 스팀 벤츠 / Steam Vents
- 볼케이노 와이너리 / Volcano Winery
- 트리 몰드 / Tree Molds
- 킬라우에아 / Kilauea
- 7 하와이 화산국립공원 킬라우에아 방문자 센터 / Hawaii Volcanoes National Park Kilauea Visitor Center
- 킬라우에아 로지 레스토랑 / Kilauea Lodge Restaurant
- 2400 패런하이트 / 2400 Fahrenheit
- 푸나 삼림 보호 지역 / Puna Forest Reserve
- 킬라우에아 이키 트레일헤드 / Kilauea Iki Trailhead
- 10 서스턴 용암 동굴 / Thurston Lava Tube
- 데버스테이션 트레일 / Devastation Trail
- 매켄지 주립공원 / MacKenzie State Recreation Park
- 8 킬라우에아 전망대 / Kilauea Overlook
- 하와이 화산국립공원 / Hawaii Volcanoes National Park
- 화산국립공원 / Hawaii Volcanoes National Park
- 파우아히 크레이터 룩아웃 / Pauahi Carater Lookout
- 케알라코모 전망대 / Kealakomo Lookout
- 아이작 할레 비치 파크 / Issack Hale Beach Park
- 칼라파나 / Kalapana
- 칼라파나 용암 트레일 / Kalapana Lava Viewing Trail
- 암각화 페트로글리프 트레일 / Petroglyphs Trail
- 11 홀레이 시 아치 / Holei Sea Arch

9 더 림 앳 더 볼케이노 하우스
The Rim at the Volcano House

통유리로 화산 분화구가 내다보이는 화산국립공원 내 유일한 레스토랑. 야외 데크에서 2025년 용암 분출을 직접 구경할 수 있고 밤에는 붉은 용암 불빛 위로 별빛이 쏟아지는 로맨틱한 레스토랑 겸 전망 포인트.

◎ **찾아가기** 화산국립공원 입구에서 Crater Rim Dr 따라 진입하면 방문자 센터 맞은편. 입구에서 5분 소요
◎ **주차** 입장료에 포함

➤ **PLUS INFO**
야외 데크에서 2025년 용암 분출을 직접 구경할 수 있고 밤에는 붉은 용암 불빛 위로 별빛이 쏟아지는 로맨틱한 레스토랑 겸 전망 포인트.

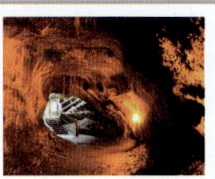

10 서스턴 용암 동굴
Thurston Lava Tube

짧게 체험할 수 있는 시원한 용암 동굴과 거대한 고사리의 원시림을 즐겨보자.

◎ **찾아가기** 서스턴 용암 동굴 입구에서 Crater Rim Rd 따라 주차장 진입, 입구에서 5분 소요
◎ **주차** 입장료에 포함

11 홀레이 시 아치
Holei Sea Arch

바다까지 이어진 도로 끝에 있는 파도가 만든 바위 절벽의 아치

◎ **찾아가기** 화산국립공원 입구에서 Chain of Craters Rd 따라 바다로 내려가면 길 끝에 위치. 입구에서 38분 소요
◎ **주차** 입장료에 포함

Travel INFO

여행 핵심 정보

현지 여행 패턴을 고려해 동선에 따라 나오는 명소 순서로 배열하였습니다.

1 카마카호누 국립 사적지
Kamakahonu National Historic Landmark ★★★★ 유료 주차

하와이를 통일한 카메하메하 대왕이 생을 마감할 때까지 정치를 돌보며 살던 주거지로 신전과 함께 지어져 있다. 현재는 현재는 국립역사 명소로 지정, 복원 과정을 거쳐 이전의 아후에나 헤이아후(Ahuena Heiau)라는 이름에서 변경되었다. 일반인 출입은 원칙적으로 금지되어 있어 해변 앞에서만 관람이 가능하다.

📖 VOL.1 P.95 📍 지도 P.501L
🚗 찾아가기 렌터카 코나 공항에서 HI-19 남쪽으로 주행하면 코나 항구 앞. 공항에서 20분 소요 📍 주소 75-5660 Palani Rd, Kailua-Kona, HI 96740 ☎ 전화 808-329-2911 🕐 시간 내부 비공개 📅 휴무 연중무휴 💲 가격 무료 관람 🅿 주차 인근 유료 주차장 🌐 홈페이지 www.htourshawaii.com/Ahu'ena-Heiau

2 훌리헤에 궁전
Hulihe'e Palace ★★★★ 유료 주차

카메하메하 왕가의 마지막 궁전으로 수도를 호놀룰루로 옮긴 후에도 왕가의 여름 별장으로 사용했으나 왕조 전복 후 가구와 유물이 모두 서양인에게 팔렸다. 대부분의 가구와 유물을 현 소유자에게 대여해서 전시하고 있으며, 현재 궁전은 도터스 오브 하와이(Daughters of Hawaii) 사회단체가 관리하고 있다.

📍 지도 P.501L
🚗 찾아가기 렌터카 코나 공항에서 HI-19 남쪽으로 주행하다 Ali'i Dr에서 해변 쪽, 공항에서 25분 소요 📍 주소 75-5718 Ali'i Dr, Kailua-Kona, HI 96740 ☎ 전화 808-329-1877 🕐 시간 09:00~16:00 📅 휴무 주요 공휴일 💲 가격 유료 입장(성인 $22, 5~12세 $14) 🅿 주차 인근 유료 주차장 🌐 홈페이지 www.daughtersofhawaii.org

3 모쿠아이카우나 교회
Mokuaikauna Church ★★★★ 유료 주차

카메하메하 대왕의 뒤를 이어 대리 정치를 하던 카아후마누 왕비가 전통 신앙을 철폐하고 기독교를 받아들이면서 지은 하와이 최초의 교회. 지금도 일정에 따라 예배가 이루어지고 있다. 산호석 외관과 나무로 지어진 내부, 왕의 휘장을 사용한 단상이 인상적이다.

📍 지도 P.501L
🚗 찾아가기 렌터카 코나 공항에서 HI-19 남쪽으로 주행, Ali'i Dr에서 Hulihee Palace 맞은편. 공항에서 25분 소요 📍 주소 75-5713 Ali'i Dr, Kailua-Kona, HI 96740 ☎ 전화 808-329-0655 🕐 시간 24시간 (매주 일요일 예배 시간 09:00, 11:00) 📅 휴무 연중무휴 💲 가격 무료 입장 🅿 주차 인근 유료 주차장 🌐 홈페이지 www.mokuaikaua.com

4 카할루우 비치 파크
Kahalu'u Beach Park ★★★★★ 유료 주차

검은 용암으로 이루어진 빅아일랜드는 다른 섬에는 없는 검은 모래 해변이 많고 지진으로 생긴 바닷속 퇴적물 때문에 모여드는 열대어가 어마어마하다. 카할루우 비치는 수심이 얕고 물에 발만 담가도 모여드는 수많은 열대어와 거북의 쉼터로 베스트 스노클링 스폿의 하나이니 꼭 들러보자.

📖 VOL.1 P.154 📍 지도 P.500E
🚗 찾아가기 렌터카 HI-19 남쪽으로 주행하다 Ali'i Dr에서 바다 쪽, 코나 공항에서 35분 소요 📍 주소 78-6740 Ali'i Dr, Kailua-Kona, HI 96740 ☎ 전화 808-961-8311 🕐 시간 06:00~23:00 📅 휴무 연중무휴 💲 가격 무료 입장 🅿 주차 $12 🌐 홈페이지 www.hawaiicounty.gov/pl-n-kona-map5

5 케알라케쿠아 베이 주립역사공원 전망대
Kealakekua Bay State Historic Park Lookout ★★★★★ 무료 주차

거대한 산사태로 생긴 절벽 아래의 케알라케쿠아 베이는 수중 환경이 아름다워 해양 생태 보존 구역이자 고대부터 신성한 지역이다. 건너편에 하와이를 서양에 소개한 캡틴 제임스 쿡의 기념비가 있고 하와이 최고의 스노클링 성지로 유명하다. 시간이 없다면 베이 전망대를 공략하자.

📖 VOL.1 P.77 📍 지도 P.500I
🚗 찾아가기 렌터카 160번 Lower Napo'o po'o Rd 경유해 해변으로 내려가 우회전 후 막다른 길에 주차, 코나 공항에서 50분 소요 📍 주소 82-6044 Pu'uhonua Rd, Captain Cook, HI 96704 ☎ 전화 808-961-9540 🕐 시간 일출 후~일몰 전 📅 휴무 연중무휴 💲 가격 무료 입장 🅿 주차 무료 주차 🌐 홈페이지 www.dlnr.hawaii.gov/dsp/parks/hawaii/kealakekua-bay-state-historical-park

6 푸우호누아 오 호나우나우 국립역사공원
Pu'u Honua O Honaunau National Historic Park

★★★★★ 유료 주차

고대 하와이의 엄격한 신분 체제와 사회법 카푸(Kapu) 제도가 인정하는 유일한 신성불가침 지역으로 어떤 죄를 짓더라도 이곳으로 도망쳐 일정 기간 속죄하고 나면 다시 사회로 돌아올 수 있었다. 고대 신전과 티키라고 부르는 신상 조형물, 원주민의 생활을 재현한 전시물이 많아 하와이를 쉽고 재미있게 배울 수 있다.

📖 VOL.1 P.96 📍 지도 P.500E

🚗 찾아가기 렌터카 Ali'i Dr 주행, Lower Napo'o po'o Rd 경유해 Pu'uhonua Rd에서 좌회전하면 길 끝에 주차장, 코나 공항에서 40분 소요 ● 주소 1871 Trail, Captain Cook, HI 96704 ☎ 전화 808-328-2326 🕐 시간 07:00~일몰 후 30분(방문자센터 08:30~16:40) 📅 휴무 연중무휴 💰 가격 $10(1인)(카드only) 🅿 주차 $20(대당) 🌐 홈페이지 www.nps.gov/puho/index.htm

7 페인티드 교회
Painted Church

★★★ 무료 주차

세상 어디에도 없는 작고 아름다운 교회로 정식 명칭은 세인트 베네딕트 로만 가톨릭 교회. 네델란드인 신부가 문자가 없던 하와이 원주민들에게 성경을 가르치기 위해 천국과 지옥, 내세를 구원하는 아기 천사들과 예수의 모습을 야자수와 바다를 배경으로 손수 그림으로 그려서 건물을 지었다.

📍 지도 P.500F

🚗 찾아가기 렌터카 160번 Napo'o po'o Rd에서 Painted Church Rd로 연결하면 왼편에 입구, 코나 공항에서 50분 소요 ● 주소 84-5140 Painted Church Rd, Captain Cook, HI 96704 ☎ 전화 808-328-2227 🕐 시간 24시간, 토요일 예배 16:00, 18:00 일요일 예배 19:15, 21:30 📅 휴무 연중무휴 💰 가격 무료 입장 🅿 주차 무료 주차 🌐 홈페이지 www.thepaintedchurch.org

8 사우스 포인트(칼래에)
South Point (Ka Lae)

★★★★★ 무료 주차

빅아일랜드의 최남단을 뜻하는 칼래에(Ka Lae)는 미국 전체 영토의 최남단이기도 하다. 칼래에로 가는 길에 늘어선 풍력발전기들이 빚어내는 장관과 푸른 태평양을 향해 마주한 해안 절벽의 절대 비경, 그리고 주변의 희귀한 그린 샌드 비치까지 태워주고 용돈을 받는 4WD 트럭들도 볼 수 있다.

📖 VOL.1 P.116 📍 지도 P.500J

🚗 찾아가기 렌터카 코나 마을에서 HI-11 남쪽 방향 70마일마커 주변에서 South Point, Ka Lae Rd로 진입하면 도로 끝에 주차장, 코나 마을에서 약 1시간 30분 소요 ● 주소 Ka Lae Rd, Na'alehu, HI 96772 ☎ 전화 808-464-0840 🕐 시간 24시간 📅 휴무 연중무휴 💰 가격 무료 입장 🅿 주차 무료 주차 🌐 홈페이지 www.gohawaii.com/big-island/regions-neighborhoods/kau/ka-lae-south-point

9 그린 샌드 비치
Green Sand Beach

★★★ 무료 주차

세계에서 단 두 곳뿐인 희귀한 녹색 모래 해변. 올리브 그린에 가까운 색감으로 이 모래를 만든 암석은 준보석에 해당하기 때문에 더욱 특별하다. 하지만 개인적으로 모래를 가져가는 것은 불법이라는 점! 하와이의 검은 모래, 흰모래, 붉은 모래 모두 개성이 있지만 가장 독특한 해변을 보고 싶다면 꼭 들러볼 것. 단, 4륜구동만 주행이 가능하다.

📖 VOL.1 P.139 📍 지도 P.500J

🚗 찾아가기 렌터카 (only 4WD) South Point Rd 갈림길에서 좌회전하면 길 끝에 위치, 사우스 포인트에서 10분 소요 ● 주소 Na'alehu, HI 96772 ☎ 전화 808-464-0840 🕐 시간 24시간 📅 휴무 연중무휴 💰 가격 무료 입장 🅿 주차 해변 갓길 무료 주차 🌐 홈페이지 www.liveinhawaiinow.com

10 푸날루우 블랙 샌드 비치
Punalu'u Black Sand Beach

★★★★★ 무료 주차

빅아일랜드 대표 이미지로 자주 등장하는 해변으로 길고 넓은 해안선을 따라 야자수와 검은 모래 해변에서 체온을 올리고 있는 바다거북을 셀 수 없이 많이 볼 수 있는 곳. 주말에 지역 주민들이 바비큐 파티를 자주 즐기는 것 외에는 늘 한가하다.

📖 VOL.1 P.130 📍 지도 P.501K

🚗 찾아가기 렌터카 코나 공항에서 HI-11 Mamalahoa Hwy 55마일마커 주변에서 Punalu'u Rd 경유해 Ninole Loop에서 진입, 공항에서 2시간 소요 ● 주소 Punalu'u Beach Park, Ninole Loop Rd, Na'alehu, HI 96772 ☎ 전화 808-464-0840 🕐 시간 일출 후~일몰 전 📅 휴무 연중무휴 💰 가격 무료 입장 🅿 주차 무료 주차 🌐 홈페이지 www.gohawaii.com/big-island/Punalu'u-black-sand-beach

11 하와이 화산국립공원
Hawaii Volcanoes National Park

★★★★★ 무료 주차

하와이를 대표하는 볼거리 중 하나이자 빅아일랜드 최대 볼거리. 마우나 로아, 킬라우에아 두 화산을 아우르며 해발 4천 미터에서 해안선에 이르는 거대한 면적을 자랑한다. 자세한 정보는 ZOOM IN(P.512) 참조.

📍 지도 P.501G

🚗 찾아가기 렌터카 HI-11 Mamalahoa Hwy 28마일마커 부근에 국립공원 입구, 코나 공항에서 약 2시간 40분, 힐로 공항에서 45분 소요 ● 주소 Hawaii Volcanoes National Park, 1 Crater Rim Dr, Volcano, HI 96785 ☎ 전화 808-985-6000 🕐 시간 화산국립공원 24시간, 방문자 센터 07:45~17:00, 킬라우에아 전망대 08:00~19:00 📅 휴무 연중무휴 💰 가격 유료 입장(차 대 $30, 7일 내 재입장 가능) 🅿 주차 입장료에 포함 🌐 홈페이지 www.nps.gov/havo

12 아이작 할레 비치 파크
Issack Hale Beach Park

2018~2019년 킬라우에아 용암 분출로 기존의 땅이 묻히고 새로 생긴 해안선에 용암이 굳은 후 발견된 검은 용암 해변. 새로운 해변의 등장이 궁금하다면 한번쯤 들려볼 수 있지만 가급적이면 리조트 부근의 해변 공원 시설과 안전 요원이 있는 곳에서 물놀이를 즐길 것을 권한다.

VOL.1 P.139 지도 P.501H
찾아가기 렌터카 HI-110에서 137번 Kalapana-pahoa Rd를 따라 해변 쪽으로 입구, 화산국립공원에서 1시간 소요 주소 Kalapana-Kapoho Rd, Pahoa, HI 96778 전화 808-961-8311 시간 07:00~18:30 휴무 연중무휴 가격 무료 입장 주차 무료 주차 홈페이지 www.hawaiicounty.gov

13 매켄지 주립공원
MacKenzie State Recreation Park

아름다운 해안 절벽 앞에 자리 잡은 해변공원으로 독특한 풍광을 자랑한다. 망고 나무와 열대림이 우거진 주변 환경과 해안 절벽에서 부서지는 백파가 아름다워 지역 주민들이 주말에 자주 이용하며 관광객의 방문은 드문 편.

지도 P.501H
찾아가기 렌터카 HI-11 Mamalahoa Hwy에서 130번 고속도로 경유하여 137번 고속도로에서 해변 쪽에 입구, 화산국립공원에서 1시간 소요 주소 Kalapana Kapoho Rd, Pahoa, HI 96778 전화 808-974-6200 시간 일출 후~일몰 전 휴무 연중무휴 가격 무료 입장 주차 무료 주차 홈페이지 www.hawaiicounty.gov

14 온 더 록
On the Rock

해변 모래밭에 앉아 파도 소리를 듣고 석양을 보며 식사와 칵테일을 즐길 수 있는 베스트 스폿. 주말 저녁 라이브 공연과 아시안 스타일 해산물 요리로 인기 맛집.

지도 P.501L
찾아가기 렌터카 코나 공항에서 HI-19 남쪽으로 주행, Ali'i Dr에서 해변 쪽에 위치, 공항에서 25분 소요 주소 Kahakai Rd, Kailua-Kona, HI 96740 전화 808-329-1493 시간 07:00~21:00 휴무 연중무휴 가격 조식 $15~, 런치 $25~, 디너 $35~ 주차 인근 유료 주차장 홈페이지 www.huggos.com

15 아일랜드 라바 자바
Island Lava Java

Island Fish Benedict $17.95

최상급의 현지 재료를 고집하며 레스토랑 어워드 수상 경력도 화려하다. 100% 코나 커피를 맛볼 수 있는 코나 지역 최고의 브렉퍼스트 명소로 유명하다.

VOL.1 P.245, 247 지도 P.501C
찾아가기 렌터카 코나 공항에서 HI-19 남쪽 방향 Kailua-Kona 항구 앞 Ali'i Dr에 위치, 공항에서 30분 소요 주소 75-5799 Ali'i Dr, Kailua-Kona, HI 96740 전화 808-327-2161 시간 06:30~21:00 휴무 연중무휴 가격 커피 $2.75~, 조식 $6.95~, 런치 $13.95~, 디너 $18.95~ 주차 무료 주차 홈페이지 www.islandlavajava.com
BEST MENU ① 야자수를 그려 넣은 부드러운 카페 라테 Café Latté $8 ② 오노 생선 스테이크에 포테이토 에지를 곁들은 아일랜드 피시 베네딕트 Island Fish Benedict $18.95

16 코나 브루잉 컴퍼니
Kona Brewing Co.

빅아일랜드에서 태어난 수제 맥주 양조장. 레스토랑의 완벽한 조화로 최고의 인기를 누리고 있다. 버거, 피자, 샐러드 등의 캐주얼한 메뉴로 술집이라기보다 가족 모두 외식하기에도 어색하지 않아 누구에게나 추천 수제 맥주 맛보기 샘플 4종과 가벼운 스낵 겸 안주로 부담 없이 즐겨보자.

지도 P.500A
찾아가기 렌터카 코나 공항에서 HI-19 남쪽 방향 HI-11과 Palani Rd 교차로에서 우회전, 공항에서 25분 소요 주소 74-5612 Pawai Pl, Kailua-Kona, HI 96740 전화 808-334-2739 시간 10:00~21:00 휴무 추수감사절 당일 주차 무료 주차 홈페이지 www.konabrewinghawaii.com

17 하이코
HICO

하와이 커피의 새바람, 감각적인 카페 프랜차이즈 중 하나. 인기 메뉴인 우베 콜드폼은 보랏빛 비주얼과 스푼으로 구름을 떠먹는 듯한 풍성한 거품이 특징이다. 건강식 메뉴가 많고, 화이트 타일과 우드 인테리어가 어우러진 모던하고 깔끔한 매장 분위기도 플러스 요인. 햇살 좋은 날엔 야외석도 즐겨보자.

지도 P.500A
찾아가기 렌터카 코나 공항에서 HI-19 남쪽 방향 HI-11과 Palani Rd 교차로에서 안쪽 쇼핑 센터, 공항에서 25분 소요 주소 74-5599 Pawai Pl #B3, Kailua-Kona, HI 96740 전화 808-437-0033 시간 06:30~19:00 휴무 추수감사절 당일 주차 무료 주차 홈페이지 www.hicohawaiiancoffee.com

Ube Machaa Cod Foam $5.50

18 카이 이츠 & 드링크스
Kai Eats & Drinks

무료 주차 ★★★★

인기 맛집 버바 검프 레스토랑 그룹이 하와이에서 철수하고 지역에서 명망 높은 온더 록 레스토랑에서 인수하여 새롭게 문을 열었다. 전면으로 보이는 코나 항구, 신경을 많이 쓴 미국식 메뉴와 음료 바, 멋진 플레이팅까지 더해져 오픈 직후부터 큰 사랑을 받고 있다.

◎ 지도 P.501L
◎ 찾아가기 렌터카 코나 공항에서 HI-19 남쪽 방향 Ali'i Dr에서 해변 쪽에 위치. 공항에서 25분 소요 ◎ 주소 75-5776 Ali'i Dr, Kailua-Kona, HI 96740 ◎ 전화 808-900-3328 ◎ 시간 12:00~21:00 ◎ 휴무 추수감사절 당일 ◎ 주차 무료 주차 ◎ 홈페이지 www.kaieats.com

BEST MENU 두툼한 생선 스테이크와 로컬 야채로 입맛을 돋우는 훅 라인 & 싱커 **Hook Line & Sinker Fresh Fish $38**

19 샘 초이 카이 라나이
Sam Choy's Kai Lanai

무료 주차 ★★★★

Fried Brie Dumplings $9

하와이의 스타 셰프 샘 초이 레스토랑의 빅아일랜드 지점. 고도가 높은 케아우호우 쇼핑센터 내에 위치해 내려다보는 전망이 압도적이다. 로컬 플레이트 런치 메뉴, 신선한 빅아일랜드의 해산물과 스테이크의 디너 메뉴를 다양하게 만날 수 있다.

◎ VOL.1 P.199, 212 ◎ 지도 P.500E
◎ 찾아가기 렌터카 Ali'i Dr에서 Kamehameha III Rd 경유해 Keauhou Shopping Center 진입, 코나 마을에서 10분 소요 ◎ 주소 78-6831 Ali'i Dr, Kailua-Kona, HI 96740 ◎ 전화 808-333-3434 ◎ 시간 월~금요일 11:00~21:00, 토·일요일 08:00~21:00 ◎ 휴무 연중무휴 ◎ 가격 런치 $15~, 디너 $30~ ◎ 주차 무료 주차 ◎ 홈페이지 www.kona123.com/samchoy.html

20 유씨씨 하와이 커피
UCC Hawaii Coffee Farm

무료 주차 ★★★★★

고도가 높은 코나 커피 농장 지역 초입에 위치한 고즈넉한 커피 로스팅 카페이자 코나 커피 농장으로 일본의 유명 커피 브랜드인 UCC와 연계되어 있다. 프리미엄 퀄리티의 원두와 수제 스낵을 만날 수 있으며 현장에서 구매, 시음, 음료 주문이 가능하다. 하와이의 풍광을 감상하기에도 제격인 곳.

◎ 지도 P.500A
◎ 찾아가기 렌터카 코나 커피 코나 공항에서 HI-19 남쪽 방향 N Kona Belt Rd 경유해 진입, 공항에서 30분 소요 ◎ 주소 75-5568 Mamalahoa Hwy, Holualoa, HI 96725 ◎ 전화 808-322-3789 ◎ 시간 월~금요일 09:00~16:30 ◎ 휴무 토·일 ◎ 가격 음료 $4~ ◎ 주차 무료 주차 ◎ 홈페이지 www.ucc-hawaii.com

21 코나 조 커피
Kona Joe Coffee

무료 주차 ★★★★

코나 커피 벨트에서 들러보면 좋은 커피 농장. 이 농장에만 있는 트렐리 시스템으로 담쟁이 덩굴처럼 커피 나무를 키우는 모습을 직접 볼 수 있다. 농장의 노천 카페는 케아우호우 베이와 프라이빗 골프 코스를 내려다보는 빼어난 전망을 자랑한다. 고즈넉한 분위기의 노천 카페에서 코나 커피를 즐겨보자.

◎ VOL.1 P.264 ◎ 지도 P.500I
◎ 찾아가기 렌터카 코나 공항에서 HI-19 남쪽 방향 105마일마커 지나면 입구. 공항에서 30분 소요 ◎ 주소 79-7346 Mamalahoa Hwy, Kealakekua, HI 96750 ◎ 전화 808-322-2100 ◎ 시간 08:00~17:00 ◎ 휴무 연중무휴 ◎ 가격 $30, 커피 $5~ ◎ 주차 무료 주차 ◎ 홈페이지 www.konajoe.com

22 그린웰 커피 농장
Greenwell Farms

무료 주차 ★★★★★

코나 커피 대회에서 다수의 수상 경력을 자랑하는 전통의 강자로 그린웰 커피 농장 투어와 기념품, 코나 커피는 놓칠 수 없는 빅아일랜드 관광 포인트 중 하나. 셀프 투어와 무료 커피 시음이 가능하다.

◎ VOL.1 P.264 ◎ 지도 P.500I
◎ 찾아가기 렌터카 코나 공항에서 HI-19 남쪽 방향 110마일마커 못 미쳐서 오른편에 입구. 공항에서 30분 소요 ◎ 주소 81-6581 Mamalahoa Hwy, Kealakekua, HI 96750 ◎ 전화 808-323-2275 ◎ 시간 08:00~16:00 ◎ 휴무 연중무휴 ◎ 가격 농장 투어 무료, 원두 $18~ ◎ 주차 무료 주차 ◎ 홈페이지 www.greenwellfarms.com

BEST MENU 균형 있는 바디감의 **100% 코나 커피 Kona Coffee $17.95(8oz 1팩, 230g)**

23 푸날루우 베이크 숍
Punalu'u Bake Shop

무료 주차 ★★

빅아일랜드 최남단이자 미국 영토의 최남단에 있는 베이커리로 공식 기록되어 있다. 로컬 베이커리로 하와이언 스타일 코코넛 파인애플 케이크와 다양한 스윗 브레드를 만날 수 있다.

◎ VOL.1 P.130 ◎ 지도 P.500J
◎ 찾아가기 렌터카 HI-11 Mamalahoa Hwy에서 Puluala St로 진입, 코나 공항에서 1시간 45분 소요 ◎ 주소 HI-11 Na'alehu, HI Hawaii 96772 ◎ 전화 866-366-3501 ◎ 시간 09:00~17:00 ◎ 휴무 1월 1일, 12월 25일 ◎ 가격 코코넛 파인애플 프루트 케이크 $16.99 ◎ 주차 무료 주차 ◎ 홈페이지 www.bakeshophawaii.com

BEST MENU 폭신함과 달콤함이 한스푼 가미된 **Hawaiian sweet bread $13.95(16oz 1팩)**

24 킬라우에아 로지 레스토랑
Kilauea Lodge Restaurant

Grilled Lamb Chop $54

볼캐노라고 부르는 작은 마을에 자리한 아늑한 산장 분위기의 레스토랑과 게스트 하우스. 레스토랑은 하와이에서 보기 드문 장작 벽난로가 있어 아늑하고, 작은 정원이 내다보인다. 볼케이노 와이너리를 갖추고 있어 분위기 있게 음식과 와인을 즐길 수 있다.

📍 지도 P.501G
🚗 찾아가기 렌터카 HI-11 Mamalahoa Hwy에서 Old Volcano Rd로 진입하면 왼편, 화산국립공원에서 10분 소요. 주소 19-3948 Old Volcano Rd, Volcano, HI 96785 전화 808-967-7366 시간 월~토요일 조식 07:30~10:00, 런치 10:00~14:00, 디너 17:00~21:00, 일요일 브런치 10:00~14:00, 디너 17:00~21:00 휴무 연중무휴 가격 조식 $19~, 런치 $25~, 디너 $42~ 주차 무료 주차 홈페이지 www.kilauealodge.com/restaurant

BEST MENU 뉴질랜드산 어린 양고기로 연하고 부드러운 그릴드 램 찹 Grilled Lamb Chop $38

25 코나 파머스 마켓
Kona Farmer's Market

코나 마을에서 열리는 로컬 파머스 마켓으로 유기농 과일, 꽃, 수공예품과 홈메이드 무수비와 스낵을 다양하고 저렴하게 구입할 수 있다. 흥정은 되지만 카드는 안 되는 곳이 많으니 현금을 준비하자. 파머스 마켓 인근 유료 주차장을 이용하면 코나 마을을 도보로 둘러보기 편리하다.

📍 지도 P.501L
🚗 찾아가기 렌터카 코나 공항에서 HI-19 남쪽으로 주행, Ali'i Dr에서 해변 쪽, 공항에서 30분 소요. 주소 75-5767 Ali'i Dr, Kailua-Kona, HI 96740 전화 808-961-5818 시간 수~일요일 07:00~16:00 휴무 매주 월~화요일 가격 업체마다 다름 주차 인근 유료 주차장 홈페이지 www.konafarmersmarket.com

26 오리지널 동키볼 팩토리 앤 스토어
Original Donkey Balls Factory and Store

커피를 나르기 위해 키우던 당나귀에서 착안하여 만든 유머러스한 스낵. 아삭한 마카다미아 넛을 넣어 당나귀 똥처럼 동그랗게 만들어 웃지 않고 먹을 수 없는 기발한 초콜릿으로 맛은 일품이다. 다크, 밀크, 화이트 초콜릿과 블루, 퍼플 포이볼 등 여러 종류의 맛이 있다. 코나 마을에도 지점이 있다.

📖 VOL.1 P.294 📍 지도 P.500I
🚗 찾아가기 렌터카 HI-11 Mamalahoa Hwy에서 Kona Joe Coffee 지나서 Oshima Store 맞은편, 코나 공항에서 30분 소요. 주소 79-7411 Mamalahoa Hwy, Kealakekua, HI 96750 전화 808-322-1475 시간 월~토요일 08:00~18:00, 일요일 09:00~18:00 휴무 추수감사절 당일, 1월 1일 가격 스낵 $10~ 주차 무료 주차 홈페이지 www.alohahawaiianstore.com

27 2400 패런하이트
2400 Fahrenheit

'화씨 2400도'라는 뜻의 아트 갤러리로 유리 공예를 전문으로 한다. 용광로 앞에서 용암처럼 뜨겁게 빛나는 유리 공예품을 직접 만드는 과정을 구경할 수 있다. 화산국립공원 주변의 아트 갤러리에서는 색다른 감흥을 주기에 충분하다.

📍 지도 P.501G
🚗 찾아가기 렌터카 HI-11 Mamalahoa Hwy 24마일마커 부근에서 Old Volcano Rd로 진입하면 거의 도로 끝, 화산국립공원에서 15분 소요. 주소 11-3200 Volcano Rd, Volcano, HI 96785 전화 808-985-8667 시간 목~일요일 10:00~16:00 휴무 매주 화~수요일 가격 무료 입장 주차 무료 주차 홈페이지 www.2400f.com

28 마우나 로아 마카다미아 넛 팩토리
Mauna Loa Macadamia Nut Corp

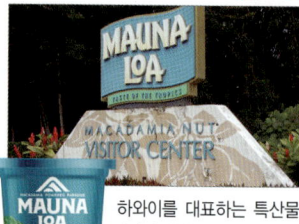
마카다미아 넛 $9.50(142g)

하와이를 대표하는 특산물 마카다미아 넛의 오리지널 농장. 견과류 중에서 가장 고급스러운 맛을 지닌 것으로 유명한 마카다미아 넛을 생과부터 여러 가지 맛으로 볶아낸 것까지 다양하게 구경하는 재미가 있어 아이와 함께 들러볼 만하다.

📖 VOL.1 P.286 📍 지도 P.501D
🚗 찾아가기 렌터카 힐로 공항에서 HI-11 Mamalahoa Hwy 남쪽 방향 Macadamia Nut Rd 경유해 입구 진입, 공항에서 20분 소요. 주소 16-701 Macadamia Nut Rd, Hilo, HI 96720 전화 808-966-8618 시간 08:30~17:00 휴무 연중무휴 가격 마카다미아 넛 $3~ 주차 무료 주차 홈페이지 www.maunaloa.com

29 페어 윈드 크루즈
Fair Wind Cruises 무료 주차 ★★★★

빅아일랜드가 자랑하는 케알라케쿠아 베이의 스노클링을 즐길 수 있는 보트 트립 운영 업체. 보트 주변에서 스노클링과 수영을 즐긴 후 피크닉 바비큐로 간단한 햄버거 런치를 제공한다. 나이트 만타가오리(Evening Manta Ray) 체험 프로그램도 있다.

ⓞ 지도 P.500E
ⓐ 찾아가기 렌터카 HI-11 Mamalahoa Hwy에서 Kamehameha III Rd 경유해 진입, 코나 공항에서 30분 소요 ⓑ 주소 78-7130 Kaleiopapa St, Kailua-Kona, HI 96740 ⓒ 전화 808-322-2788 ⓓ 시간 06:30~21:00 ⓔ 휴무 추수감사절 당일, 12월 25일, 1월1일 ⓕ 가격 ① 케알라케쿠아 스노클링 트립 $149(7세 이상 가능, 세금 별도) ② 나이트 만타가오리 체험 프로그램 $119(세금 별도) ⓖ 주차 무료 주차 ⓗ 홈페이지 www.fair-wind.com

30 만타레이 나이트 다이브
Manta Ray Night Dive 무료 주차 ★★★

밤바다에서 즐기는 스노클링 및 다이브 프로그램으로 보트에서 밝은 빛을 쏘아 플랑크톤을 유인하면 이를 먹고 사는 만타가오리 Manta Ray들이 보트 주변으로 모여드는 것을 구경한다. 최근 코나 지역의 대세 액티비티로 우아한 만타가오리들이 사람과 평화롭게 교감할 수 있는 인생 최고의 체험이라는 평.

ⓞ 지도 P.500E
ⓐ 찾아가기 아웃리거 코나 리조트에 위치 렌터카 코나 공항에서 남쪽 방향 Kamehameha III Rd 경유해 진입, 코나 공항에서 40분 소요 ⓑ 주소 78-127 Ehukai St, Kailua-Kona, HI 96740 ⓒ 전화 808-325-1687 ⓓ 시간 07:00~18:00 ⓔ 휴무 연중무휴 ⓕ 가격 나이트 만타가오리 스노클링 $115(7세 이상 가능) ⓖ 주차 무료 주차 ⓗ 홈페이지 없음

31 코나 보이즈
Kona Boys 무료 주차 ★★★★

서핑 레슨, 보드 대여, 케알라케쿠아 베이 스노클링 가이드 트립을 운영하는 가장 큰 현지 업체 중 하나. 전문가로 구성된 스태프들이 오랜 노하우로 쉽고 편하게 물놀이를 즐길 수 있도록 도와준다. 다양한 종류의 서핑 레슨, 스노클링 트립, 오션 카약 체험 프로그램을 운영한다. 웹사이트에서 미리 예약하면 할인 가격이 적용된다.

ⓑ VOL.1 P.170 ⓞ 지도 P.500I
ⓐ 찾아가기 렌터카 HI-11 Mamalahoa Hwy에서 Hokukano Rd 지나 왼쪽, 코나 공항에서 35분 소요 ⓑ 주소 79-7539 Hawaii Belt Rd, Kealakekua, HI 96750 ⓒ 전화 808-328-1234 ⓓ 시간 07:00~17:00 ⓔ 휴무 추수감사절 당일 ⓕ 가격 케알라케쿠아 베이 카약 $145(1인, 5시간)~ ⓖ 주차 무료 주차 ⓗ 홈페이지 www.konaboys.com

32 알로하 카약
Aloha Kayak 무료 주차 ★★★★

케알라케쿠아 베이에서 카약을 허가받은 극소수의 업체 중 하나로 전문 가이드와 함께 카약으로 베이를 건너 캡틴 제임스 쿡의 기념비에 발을 딛고 케알라케쿠아 베이에서 가장 많은 열대어가 모여드는 기념비 주변에서 마음껏 스노클링을 할 수 있다.

ⓑ VOL.1 P.170 ⓞ 지도 P.500E
ⓐ 찾아가기 렌터카 HI-11 Mamalahoa Hwy에서 180번 도로 분기점 지나자마자 왼쪽, 코나 공항에서 30분 소요 ⓑ 주소 79-7248 Mamalahoa Hwy, Honalo, HI 96750 ⓒ 전화 808-322-2868 ⓓ 시간 07:00~17:00 ⓔ 휴무 추수감사절 당일 ⓕ 가격 케알라케쿠아 베이 카약 $110(1인, 3시간 30분) ⓖ 주차 무료 주차 ⓗ 홈페이지 www.alohakayak.com

33 볼케이노 와이너리
Volcano Winery 무료 주차 ★★★

물 빠짐이 좋은 화산토의 성질을 이용해 포도나무 재배에 성공한 볼케이노 와이너리의 방문자 센터에서는 와인 시음 메뉴를 직접 골라 체험할 수 있다. 로고 기념품과 와인, 와인 소품 등 사고 싶은 것이 많으니 빅아일랜드 항공편 수하물 조건을 잘 따져 신중하게 구매하는 것이 좋다.

ⓑ VOL.1 P.192 ⓞ 지도 P.501G
ⓐ 찾아가기 렌터카 화산국립공원 정문 앞에서 코나 방향으로 3km 주행 후 Piimauna Dr에서 오른쪽으로 진입, 화산국립공원에서 5분 소요 ⓑ 주소 35 Piimauna Dr, Volcano, HI 96785 ⓒ 전화 808-967-7772 ⓓ 시간 10:00~17:30 ⓔ 휴무 12월 25일 ⓕ 가격 무료 입장, 와인 시음 $12~ ⓖ 주차 무료 주차 ⓗ 홈페이지 www.volcanowinery.com

34 아웃리거 코나 리조트&스파
Outrigger Kona Resort&Spa 유료 주차 ★★★★

빅아일랜드 남서쪽 최대 규모의 리조트로 바다 위에 지어져 용암석의 절경과 태평양을 바라보는 로비, 로맨틱한 해변 레스토랑을 갖췄다. 아이들이 좋아할 만한 워터 슬라이드가 딸린 수영장과 유아 전용 수영장이 있다. 겨울철에는 고래와 무지개도 볼 수 있다. 카일루아 코나 마을까지 리조트 셔틀버스를 무료로 제공한다.

ⓑ VOL.1 P.350 ⓞ 지도 P.500E
ⓐ 찾아가기 렌터카 코나 공항에서 Kamehameha III Rd 경유해 Ali'i Dr에서 진입, 공항에서 45분 소요 ⓑ 주소 77-, 78-128 Ehukai St, Kailua-Kona, HI 96740 ⓒ 전화 808-930-4900 ⓓ 시간 체크인 15:00 체크아웃 12:00 ⓕ 가격 $270(1박)~ ⓒ 리조트피 $34.50(1일) ⓖ 주차 셀프파킹 $30(1박), 발레파킹 $40(1박) ⓗ 홈페이지 www.sheratonkona.com

하와이 화산국립공원
Volcanoes National Park

뜨거운 용암 위에 다시 태어난 자연의 신비로움

마우나 로아, 킬라우에아 2개의 화산을 아우르는 하와이 화산국립공원. 빅아일랜드에서 가장 신성한 지역인 이곳의 총 면적은 1308제곱킬로미터로 서울시의 2배가 넘는다. 할레마우마우 분화구가 보이는 킬라우에아 전망대와 용암이 분출할 때 생긴 크고 작은 분화구와 용암 동굴, 하와이에서만 발견되는 희귀 동식물을 구경하면서 해안선까지 이어진 도로를 따라 국립공원 내부를 둘러보자. 입구의 방문자 센터에서 입장권(차 1대 $30)을 구입하고 들어가는데, 입장료에 주차와 일체 관람료가 포함되어 있다.

Q&A 화산국립공원에 대한 궁금증 풀고 가기

Q 화산국립공원은 힐로 공항과 코나 공항 중 어디에서 더 가까운가요?
A 힐로 공항에서 45분, 코나 공항에서 2시간 30분 소요됩니다.

Q 화산에 여신의 흔적이 남아 있는 곳은 어디인가요?
A 화산국립공원의 모든 것이 화산의 여신 펠레가 남긴 흔적입니다. 화산국립공원 방문자 센터에서 펠레의 눈물, 펠레의 머리카락이 전시되어 있습니다.

Q 체인 오브 크레이터스 로드는 얼마나 큰가요?
A 화산국립공원 입구부터 해안선까지 이어진 도로로 편도 29킬로미터, 차량으로 40분 거리입니다. 도로의 고도 차이가 1100미터에 이르기 때문에 해안가는 바람이 거세고 온도 차이도 큰 편입니다.

Q 화산국립공원 내의 트레일은 안전한가요?
A 지역에 따라 용암이 굳은 지 수백 년 된 곳도 있기 때문에 트레일로 개방된 곳은 안전합니다. 하지만 트레일을 벗어나면 위험할 수 있습니다.

Q 화산국립공원에 대기오염은 없나요?
A 화산재를 동반한 유황 가스가 계속 뿜어 나오는데, 빅아일랜드에서는 매연을 일컫는 스모그(Smog)와 볼케이노(Volcano)의 합성어인 '보그(Vog)'라고 부릅니다. 눈과 호흡기에 좋지 않을 수 있어 바람의 방향에 따라 일부 도로를 차단합니다.

Q 화산국립공원에 와이파이(Wi-Fi)가 있나요?
A 광활한 야생의 대자연 지역이기 때문에 와이파이가 없는 것은 물론 해안으로 내려가면 핸드폰조차 터지지 않는 지역이 거의 대부분입니다.

Q 화산국립공원에 맞는 복장과 사고 대처 요령을 알려주세요
A 용암은 표면이 매우 거칠고 날카로워서 발을 완전히 덮는 신발과 긴바지가 좋습니다. 교통사고나 자연재해 등의 경우 화산국립공원 핫라인(808-985-6170) 또는 응급전화 911로 전화하면 됩니다. 명소의 도로 표지판과 입구 주변에서 전화기를 찾을 수 있습니다.

Q 흐르는 용암을 보려면 어디로 가야 하나요?
A 최근에는 화산 공원이 폐쇄될 정도로 마그마 활동이 활발했습니다. 마우나 로아, 할레마우마우 이 두 거대한 화산 분화구에서 마그마가 흘러 산등성이를 타고 내려오는 모습 또는 해질녘에 용암이 붉게 빛나는 모습을 공원 내 킬라우에아 전망대 부근의 곳곳에서 관측 가능합니다. 용암이 흐르는 부근까지 트래킹하며 걷는 모험을 하고 싶다면 VOL.1의 트레일 체험(p.179)를 참조하면 좋습니다.

Q 지금도 화산이 분출하나요?
A 네. 한번도 멈춘적은 없지만 최근 다시 활발한 활동으로 용암과 지진으로 인한 피해가 있습니다. 홈페이지를 통해 방문 전 입장 가능 여부를 확인하는 것이 좋습니다.

1 스팀 벤츠
Steam Vents

★★★ 무료 주차

땅속에서 나오는 유황 가스가 안개처럼 피어올라 지반의 균열을 일으킨 곳. 가까이 가보면 천연 유황 냄새와 함께 열기를 느낄 수 있다. 공원으로 들어갈수록 큰 볼거리가 나오니 지나쳐도 무방하다.

ⓞ **지도** P.512
◎ **찾아가기** 렌터카 화산국립공원 입구에서 Crater Rim Dr로 진입, 방문자 센터에서 5분 소요 Ⓟ **주차** 입장료에 포함

4 킬라우에아 전망대
Kilauea Overlook

★★★★ 무료 주차

화산 국립공원의 꽃. 불의 여신 펠레의 집이라 불리는 붉은 용암이 끓고 있는 할레마우마우 분화구를 전망할 수 있다. 연기가 뿜어 나오는 곳은 거의 축구장 하나 크기. 최근 지진 피해로 재거 박물관과 전면의 전망대는 폐쇄하고 부근의 언덕에 임시로 킬라우에아 전망대를 운영 중이다.

Ⓑ **VOL.1** P.58 ⓞ **지도** P.512
◎ **찾아가기** 렌터카 Crater Rim Dr 경유해 진입, 방문자 센터에서 10분 소요 Ⓟ **주차** 입장료에 포함

2 화산국립공원 킬라우에아 방문자 센터
Kīlauea Visitor Center

★★★★★ 무료 주차

섬 모형 디스플레이

화산국립공원을 둘러보기 위한 안내 센터. 자원봉사자와 공원 관리원이 화산 모형도 앞에서 국립공원에 대해 설명해 준다. 각종 기념품, 관련 서적, 볼거리가 한국어로 표시된 공원 내부 지도 등 유용한 정보를 얻을 수 있다. 2027년도까지 리모델링으로 안쪽 건물로 이전.

Ⓑ **VOL.1** P.58 ⓞ **지도** P.512
◎ **찾아가기** 렌터카 HI-11 28마일마커 주변에 입구. 코나 공항에서 2시간 40분, 힐로 공항에서 45분 소요 ⓘ **시간** 09:00~17:00 ─ **휴무** 연중무휴 Ⓟ **주차** 입장료에 포함

기념품숍 / 파크레인저브리핑

5 파우아히 크레이터 전망대
Pauahi Crater Lookout

★★ 무료 주차

화산국립공원 정상부에서 해안선까지 내려가는 체인 오브 크레이터스 로드(Chain of Craters Road)의 크고 작은 화산 분화구 중 전망대가 따로 있어 가까이 가볼 수 있는 곳. 하와이 주민들이 펠레 여신에게 바치는 선물(주로 럼주)이 분화구 옆에 놓여있다.

ⓞ **지도** P.512
◎ **찾아가기** 렌터카 Chain of Craters Rd 경유, 좌회전해 진입, 입구에서 30분 소요 Ⓟ **주차** 입장료에 포함

3 볼케이노 아트 센터
The Volcano Art Center

★★★★ 무료 주차

지난 몇 년간 분출한 화산 활동으로 재거 박물관이 폐쇄되면서 기존 전시물은 대부분 방문자 센터와 기존의 아트 센터로 이전되었다. 화산과 신화를 모티브로 한 다양한 전시회와 문화 행사가 있으니 놓치지 말자.

ⓞ **지도** P.512
◎ **찾아가기** 렌터카 화산국립공원 입구에서 Crater Rim Dr를 따라 킬라우에아 방문자 센터 지나서 우측에 위치, 방문자 센터에서 2분 소요 ⓘ **시간** 09:00~17:00 ─ **휴무** 연중무휴 Ⓟ **주차** 입장료에 포함

6 케알라코모 전망대
Kealakomo Lookout

★★★ 무료 주차

체인 오브 크레이터스 로드(Chain of Craters Road)를 따라 바다로 내려가는 길에 용암으로 덮인 마을의 흔적과 아름다운 해안선을 감상할 수 있는 전망대. 노을이 아름답기로 유명하며 바람이 심한 것이 특징. 하와이 주를 상징하는 네네 새가 자주 출현한다.

ⓞ **지도** P.512
◎ **찾아가기** 렌터카 Chain of Craters Rd 경유, 우회전해 진입, 파우아히 크레이터 전망대에서 10분 소요 Ⓟ **주차** 입장료에 포함

7 홀레이 시 아치
Holei Sea Arch

해안 절벽에 생긴 기이한 지형으로 파도의 침식작용이 계속됨에 따라 절벽을 파고들어 기둥 또는 코끼리 코 모양으로 변한 기암석을 볼 수 있다. 홀레이 시 아치 옆 절벽에는 갈매기 둥지가 많아 바닷새들이 많이 모여든다.

📖 VOL.1 P.59
📍 지도 P.512
🚗 찾아가기 렌터카 Chain of Craters Rd 끝에 위치, 케알라코모 전망대에서 15분 소요
🅿️ 주차 입장료에 포함

8 더 림 앳더 볼케이노 하우스
The Rim at the Volcano House

화산국립공원 내 유일한 레스토랑으로 킬라우에아 칼데라를 바라보는 최고의 전망을 자랑한다. 저녁에는 붉게 피어오르는 용암의 불빛과 밤하늘의 별빛을 보며 로맨틱한 디너를 즐길 수 있다.

📖 VOL.1 P.223 📍 지도 P.512
🚗 찾아가기 렌터카 화산국립공원 입장 후 Crater Rim Rd 경유해 진입, 방문자 센터에서 1분 소요
🏠 주소 1 Crater Rim Dr, Volcano, HI 96718 ☎ 전화 808-930-6910 ⏰ 시간 조식 07:00~10:00, 런치 11:00~14:00, 디너 17:30~20:30 휴무 연중무휴 💰 가격 조식 뷔페 $18~, 런치 $12~, 디너 $19~ 🅿️ 주차 무료 주차 🌐 홈페이지 www.hawaiivolcanohouse.com/dining/
BEST MENU 와인과 함께 로맨틱한 디너에 어울리는 양고기 스테이크 Rack of Lamb $46

9 킬라우에아 이키 트레일헤드
Kilauea Iki Trailhead

킬라우에아 이키는 거대한 킬라우에아 칼데라 속에 생긴 또 하나의 분화구로 '작은 킬라우에아'라는 뜻. 트레일 시작점 부근에도 킬라우에아 이키 분화구 전체를 전망할 수 있는 포인트가 많다. 13.7킬로미터 코스, 왕복 7시간 소요.

📍 지도 P.512
🚗 찾아가기 렌터카 Crater Rim Dr 경유해 진입, 방문자 센터에서 3분 소요 🅿️ 주차 입장료에 포함

10 서스턴 용암 동굴
Thurston Lava Tube (Nahuku)

용암 분출 당시 흘러가는 용암의 겉면은 급속히 굳는 반면 내부는 굳지 않고 흘러가면서 만들어진 동굴. 내부 벽면에 붙은 고드름 모양의 종유석과 주변 원시림이 아름답다. 800미터를 한 바퀴 돌아 나오는 코스, 20분 소요.

📖 VOL.1 P.59 📍 지도 P.512
🚗 찾아가기 렌터카 Crater Rim Dr 경유해 진입, 방문자 센터에서 5분 소요 🅿️ 주차 입장료에 포함

11 데버스테이션 트레일
Devastation Trail

킬라우에아 이키 분화구에서 흘러나온 용암이 휩쓸고 간 폐허 지역 내부를 들여다볼 수 있는 트레일. 평지라서 걷기 쉽지만 멋진 볼거리가 많지는 않다. 800미터 코스, 난이도 평이, 20분 소요.

📍 지도 P.512
🚗 찾아가기 렌터카 Crater Rim Dr를 따라 진입, 서스턴 용암 동굴에서 3분 소요 🅿️ 주차 입장료에 포함

12 암각화 페트로글리프 트레일
Petroglyphs Trail

500여 년 전에 만들어진 고대 원주민들의 용암 표면 암각화가 모여 있는 지역까지 걸어갔다 오는 트레일. 바위 위에 그려진 그림이 어떤 의미인지는 아직 정확히 밝혀지지 않았다. 1.2킬로미터 코스, 난이도 평이, 40분 소요.

📖 VOL.1 P.59 📍 지도 P.512
🚗 찾아가기 렌터카 Chain of Craters Rd 따라 해변으로 내려오다 원편으로 진입, 방문자 센터에서 30분 소요 🅿️ 주차 입장료에 포함

2024년부터 재분출한 용암으로 화산 국립 공원 내부 곳곳의 전망대에서 뜨거운 열기와 불꽃을 직접 볼 수 있다.
© William Campbell

B North BIG IS
[북부 빅아일랜드]

빅아일랜드의 역사와 문화가 모인 지역

북부 빅아일랜드는 하와이를 통일한 카메하메하 왕조가 시작된 곳으로 고래를 닮은 코할라 산과 빅아일랜드에서 가장 높은 산 마우나 케아를 품고 있는 광활한 지역이다. 고도 차이가 심하고 기후대가 다양해서 같은 시각, 한쪽에서는 눈이 내리는 반면 다른 쪽에서는 해가 쨍쨍 내리쬐는 백사장에서 해수욕을 즐긴다. 빅아일랜드의 골드 코스트라 불리는 메가 리조트들이 고대 유적지와 조화를 이뤄 처음 방문하는 사람도 쉽게 흥미를 느낄 만하다. 일정의 강약을 잘 조절하면 무리 없이 모두 둘러볼 수 있다.

북부 빅아일랜드, 면적은 얼마나 될까?
빅아일랜드를 형성하고 있는 5개의 화산 중 2개가 모여 있는 북부는 남부 지역보다 약간 작은 편이며, 라나이와 카우아이의 면적을 합한 것과 비슷하다. 면적보다 중요한 것은 높이! 마우나 케아 정상은 해발 4207미터로 하와이 전체에서 가장 높고, 해저에서 계산하면 에베레스트보다 높다.

LAND 517

MUST SEE 이것만은 꼭 보자!

NO. 1
바다를 향해 생긴 거대한 계곡의 숨이 멎을 듯한 풍광
와이피오 밸리 전망대

NO. 2
카메하메하 대왕이 통일 왕국의 염원을 담아 만든,
푸우코훌라 신전

NO. 3
대왕의 고향에 맨 처음 만든 오리지널
킹 카메하메하 동상

MUST EAT 이것만은 꼭 먹자!

NO. 1
쫄깃쫄깃한 하와이 스타일 도너츠
텍스 드라이브인의 말라사다

NO. 2
하와이 스타 셰프 피터 메리맨의 레스토랑 본점
메리맨 레스토랑 빅아일랜드의 오늘의 생선 런치 플레이트

MUST EXPERIENCE 이것만은 꼭 경험하자!

NO. 1
하와이에서 가장 높은 산
마우나 케아 정상에서 장엄한 일몰 구경하기

NO. 2
희박한 산소와 영하의 바람을 느끼며
마우나 케아 정상 트레일

MUST BUY 이것만은 꼭 사자!

NO. 1
〈무한도전〉 멤버들이 우주인 체험에서 맛본
오니주카 방문자 센터의 우주인 아이스크림

NO. 2
하와이 카우보이 문화의 재발견,
파커 랜치 센터의 핸드 메이드 카우보이 모자

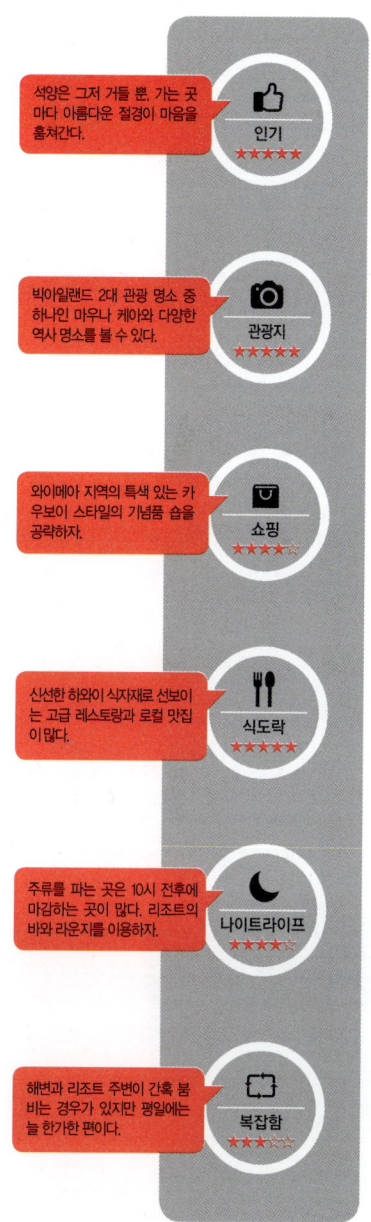

석양은 그저 거들 뿐. 가는 곳마다. 아름다운 절경이 마음을 훔쳐간다.
인기 ★★★★★

빅아일랜드 2대 관광 명소 중 하나인 마우나 케아와 다양한 역사 명소를 볼 수 있다.
관광지 ★★★★★

와이메아 지역의 특색 있는 카우보이 스타일의 기념품 숍을 공략하자.
쇼핑 ★★★★☆

신선한 하와이 식자재로 선보이는 고급 레스토랑과 로컬 맛집이 많다.
식도락 ★★★★★

주류를 파는 곳은 10시 전후에 마감하는 곳이 많다. 리조트의 바와 라운지를 이용하자.
나이트라이프 ★★★★☆

해변과 리조트 주변이 간혹 붐비는 경우가 있지만 평일에는 늘 한가한 편이다.
복잡함 ★★★☆☆

COURSE 1
북부 빅아일랜드 200% 즐기기 코스 1일차

북부 빅아일랜드 코스의 정석. 기본적으로 힐로 타운에서 시작해 랜드마크를 챙겨 보며 해안선을 따라 서쪽으로 이동한 후, 빅 아일랜드 관광의 핵심인 마우나 케아 천문관측소에서 일몰과 별을 감상하며 1일차를 마무리한다. 만일 와이콜로아 지역에 숙소가 있다면 이 코스를 거꾸로 활용하면 된다.

START

1. 힐로 타운 / Hilo Town

북부 지역 중심지. 아기자기한 항구 앞 작은 마을에 식당과 마켓이 밀집해 있으니 둘러보고 간단한 요깃거리를 준비해서 출발!

- **찾아가기** 힐로 공항에서 HI-11 북쪽으로 5분
- **주차** 무료 주차

2. 와이피오 밸리 전망대 / Waipio Valley Lookout

천길만길 낭떠러지란 바로 이런 것! 600미터 깊이의 계곡이 절벽 아래로 펼쳐지는 숨 멎을 듯한 장관을 즐겨보자.

- **찾아가기** HI-240 서쪽 방향으로 9마일마커 주변 도로 끝에 주차장
- **주차** 무료 주차

3. 텍스 드라이브인 / TEX Drive-in

빅아일랜드에서 만나는 하와이 말라사다. 갓 튀긴 말라사다 도넛츠는 쫄깃할 때 바로 먹어야 제맛. 드라이브인으로 자동차에서 주문 및 픽업할 수 있어서 편리하다.

- **찾아가기** HI-19 서쪽 방향에서 42마일마커 주변 HI-240 Waipio Rd 경유해 Lehua St에서 진입
- **주차** 무료 주차

⊕ BEST MENU
따끈따끈 쫄깃 달콤한 하와이 스타일 도넛츠 **말라사다 Malasada $1.50(1개)**

4. 파커 랜치 센터 / Parker Ranch Center

마우아케아 부근 유일한 마을로 카우보이 문화의 흥미롭고 독특한 라이프스타일을 엿볼 수 있다. 산에 오르기 전 필요한 것과 기념품은 여기서 해결.

- **찾아가기** HI-19 서쪽으로 다시 이동 HI-190으로 연결되는 코너에 위치
- **주차** 무료 주차

- 코할라 삼림 보호 지역 / Kohala Forest Reserve
- 와이피오 밸리 전망대 / Waipio Valley Lookout
- 코할라 / Kohala Mountains
- 메리맨 레스토랑 빅아일랜드 / Merriman's Restaurant Big Island
- 와이메아 / Waimea
- 파커 랜치 센터 / Parker Ranch Center
- 비치 트리 바&라운지 / Beach Tree Bar &Lounge
- 카오헤 야생동물 보호구역 / Ka'ohe Game Manangement Area
- 케카하 주립공원 / Kekaha State Park
- 코나 공항 / Kona International Airport
- 후알랄라이 / Hualalai

5 오니주카 방문자 센터
Onizuka Center for International Astronomy

별 헤는 밤이면 자꾸 생각날 것 같은 은하수와 이야기가 무궁무진한 방문자 센터. 정상에 오르기 전 기후와 고도 적응을 위해 반드시 30분 이상 머물 것.

○ 찾아가기 HI-190 Hawaii Belt Rd에서 HI-200 Saddle Rd 경유, 28마일마커 부근에서 Mauna Kea Access Rd로 진입해 6km
○ 주차 무료 주차

6 하와이 주립대학 마우나 케아 천문관측소
Mauna Kea UH Telescope

겨울엔 눈이 덮이는 기이한 해발 4207미터의 신성한 산 마우나 케아 정상. 이곳 천문관측소에서 구름 위로 뚫고 올라온 아찔한 경관과 장엄하고 아름다운 구름 위 일몰을 감상하자.

○ 찾아가기 오니주카 방문자 센터에서 Mauna Kea Access Rd를 따라 정상까지 18km
○ 주차 무료 주차

7 오니주카 방문자 센터
Onizuka Center for International Astronomy

별을 보고 싶다면 반드시 이곳에 들러 방문객을 위한 천체망원경을 체험해 보자. 실내와 실외를 오가며 별빛과 영하의 날씨를 즐겨보자.

○ 찾아가기 길을 따라 다시 오니주카 방문자 센터로 내려옴
○ 주차 무료 주차

⊕ BEST MENU

이보다 더 특별한 아이스크림은 없다. 우주인 과일스낵 Space Food $6

↓ **START**

1. 힐로 타운
   80km, 75분
2. 와이피오 밸리 전망대
   15km, 15분
3. 텍스 드라이브인
   25km, 25분
4. 파커 랜치 센터
   60km, 50분
5. 오니주카 방문자 센터
   12km, 16분
6. 하와이 주립대학 마우나 케아 천문관측소
   4km, 8분
7. 오니주카 방문자 센터
   Finish

Area 3 빅아일랜드
B. 북부 빅아일랜드
COURSE 1
COURSE 2
TRAVEL INFO

- 호노카아 Honokaa
- 3 텍스 드라이브인 TEX Drive-in
- 하마쿠아 삼림 보호 지역 Hamakua Forest Reserve
- 푸우말리 레크리에이션 지역 Pu'u Mali Recreation Area
- 하와이 주립대학 마우나 케아 천문관측소 Mauna Kea UH Telescope
- 6
- 마우나 케아 정상 트레일 Mauna Kea Summit Trail
- 힐로 삼림 보호 구역 Hilo Forest Reserve
- 5 7 오니주카 방문자 센터 Onizuka Center for International Astronomy
- 아카카 폭포 주립공원 Akaka Falls State Park
- 이밀로아 애스트로노미 센터 Imiloa Astronomy Center
- 에디트 카나카올레 스타디움 Edith Kanaka'ole Stadium
- 킹 카메하메하 동상 King Kamehameha Statue
- 힐로 경찰서 Hilo Police Department
- 켄즈 하우스 오브 팬케이크 Ken's House of Pancakes
- 카페 100 Café 100
- 카페 페스토 힐로 베이 지점 Café Pesto
- 수이산 피시 마켓 Suisan Fish Market
- 힐로 파머스 마켓 Hilo Farmer's Market
- 빅아일랜드 캔디스 Big Island Candies Inc
- 힐로 베이 Hilo Bay
- 에어포트 로드 Airport Rd
- 레인보우 폭포 Rainbow Falls
- 1 힐로 Hilo
- 힐로 항구 Hilo Harbor
- 카우마나 드라이브 Kaumana Dr
- HI-2000 푸아이나코 Puainako St
- HI-11 마밀라호아 하이웨이 Mamalahoa Hwy
- HI-200 Saddle Rd

⊕ PLUS INFO

숙소로 돌아가 1일차 일정을 마무리하자. 마우나 케아 정상에서 내려오면 리조트가 많이 모여 있는 와이콜로아 또는 코나 지역에 숙소를 정하는 것이 이동하기 편리하다.

START

1 퀸스 마켓 플레이스
Queen's Market Place

빅아일랜드 최대 리조트 밀집 지역 와이콜로아이 야이 쇼핑센터인 퀸스 마켓 플레이스에서 여유롭게 식사를 하고 출발!

- 찾아가기 HI-19 78 마일마커 부근 Waikoloa Beach Dr 에 코너에 위치
- 주차 무료 주차

BEST MENU
퀸스 마켓 플레이스 내 스타벅스의
샌드위치와 커피 $4~

2 푸우코홀라 신전
Pu'ukohola Heiau

통일 왕국의 염원을 담아 전쟁의 신에게 헌사하기 위해 카메하메하 대왕이 직접 만든 신전을 거닐어 둘러보자.

- 찾아가기 HI-19 북쪽 방향, HI-270 교차로에서 바다 쪽으로 좌회전해 진입
- 주차 무료 주차

3 킹 카메하메하 동상
King Kamehameha Statue

하와이를 통일한 카메하메하 대왕의 오리지널 동상이 있는 곳. 바로 그의 고향이다.

- 찾아가기 HI-270 24마일마커 부근 오른편 North Kohala Civic Center 앞
- 주차 갓길 무료 주차

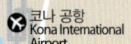

COURSE 2
북부 빅아일랜드 200% 즐기기 코스 2일차

2일차에는 좀더 쉬운 일정으로 '고래의 등처럼 생겼다'는 의미를 가진 북부의 코할라 산맥을 넘어 해안 절벽 전망대, 고대 신전과 역사 명소를 둘러보며 리조트와 해변이 많은 코할라, 와이콜로아 지역으로 이동하자. 낭만적인 해변에서 여유롭게 오후를 음미하고 낙조와 함께 분위기 있는 해변의 칵테일바를 즐기는 것으로 빅아일랜드 여행이 완성된다.

↓ START
1. 퀸스 마켓 플레이스
   13km, 25분
2. 푸우코홀라 신전
   40km, 30분
3. 킹 카메하메하 동상
   0.8km, 3분
4. 폴롤루 밸리 전망대
   6km, 10분
5. 비치 트리 바&라운지
   Finish

4 폴롤루 밸리 전망대
Pololu Valley Lookout

〈쥬라기 월드〉에서 비밀스런 섬의 해변으로 등장하는 바로 그곳. 깎아지른 절벽이 굽이굽이 겹쳐진 해안선과 절벽의 아름다움과 신선한 바람을 만끽하자.

ⓘ 찾아가기 HI-270 28마일마커 부근 도로 끝
ⓟ 주차 무료 주차

5 비치 트리 바&라운지
Beach Tree Bar&Lounge

포시즌스 리조트 후알랄라이에 있는 고즈넉한 해변의 비치바. 황금빛 노을이 해변의 아름드리 나무 위로 내려올 때 로맨틱 지수는 최대치로 올라갈 것.

ⓘ 찾아가기 HI-2700에서 돌아 나와 HI-250 경유해 HI-19 남쪽 방향으로 주행, 68마일마커 부근 Kaupulehu Dr에서 진입
ⓟ 주차 무료 주차

⊕ BEST MENU
❶ 쫄깃한 도우가 일품인
프로슈토 햄 루꼴라 피자
Prosciutto Ham Roucola Pizza $28
❷ 새콤한 드레싱의
아티초크 샐러드 Artichoke Salad $15
❸ 산도가 적당한 아이스 코나 커피
Iced Kona Coffee $5

⊕ PLUS INFO
HI-250을 따라 남쪽으로 가면 마우나케아 산과 코할라 비치를 한눈에 볼 수 있다.

아카카 폭포 주립공원
Akaka Falls State Park

이밀로아 애스트로노미 센터 Imiloa Astronomy Center
에디트 카나카올레 스타디움 Edith Kanaka'ole Stadium
킹 카메하메하 동상 King Kamehameha Statue
힐로 경찰서 Hilo Police Department
켄즈 하우스 오브 팬케이크 Ken's House of Pancakes
카페 100 Café 100
카페 페스토 힐로 베이 지점 Café Pesto
수이산 피시 마켓 Suisan Fish Market
힐로 파머스 마켓 Hilo Farmer's Market
빅아일랜드 캔디즈 Big Island Candies Inc

힐로 삼림 보호 구역
Hilo Forest Reserve

힐로 베이
Hilo Bay
에어포트 로드
Airport Rd

레인보우 폭포 Rainbow Falls
카우마나 드라이브
Kaumana Dr
힐로
Hilo
힐로 항구
Hilo Harbor

HI-200 Saddle Rd
HI-2000 Puainako St
HI-11 마말라호아 하이웨이
Mamalahoa Hwy

⊕ Travel INFO

여행 핵심 정보

● 현지 여행 패턴을 고려해 동선에 따라 나오는 명소 순서로 배열하였습니다.

1 와이피오 밸리 전망대
Waipio Valley Lookout

'굽이 도는 물'이라는 뜻의 계곡. 해변을 마주보며 바다에 인접하고 강을 품은 계곡이어서 하와이 왕가가 신성시하던 지역. 카메하메하 대왕이 어린 시절 숨어 자라던 곳이다. 전망대에 올라가면 둘레 3킬로미터, 깊이 600미터 절벽의 녹음 우거진 거대한 계곡의 숨 멎을 듯한 경관을 볼 수 있다.

📖 VOL.1 P.64 📍 지도 P.518B
🚗 찾아가기 렌터카 HI-240 도로 끝, 힐로 공항에서 1시간 10분, 코나 공항에서 1시간 25분 소요 📮 주소 48-5546 Waipio Valley Rd, Waimea, HI 96743 📞 전화 808-961-9311 🕐 시간 일출 후~일몰 전 🚫 휴무 연중무휴 💲 가격 무료 입장 🅿 주차 무료 주차 🌐 홈페이지 www.hawaiicounty.gov

2 오니주카 방문자 센터
Onizuka Center for International Astronomy

해발 4207미터 마우나 케아 정상과 전 세계 천문 관측 기지를 방문할 때 거점지 역할을 하는 곳. 정상은 대기가 희박하므로 해발 2800미터 높이 방문자 센터의 교육 프로그램, 기념품 구경 등으로 환경에 적응할 시간(최소 30분)을 가진 후 올라간다. 천문관측소는 해가 지면 하산해야 하고 개별 별 보기 체험은 방문자 센터에서 진행된다.

📖 VOL.1 P.295 📍 지도 P.519K
🚗 찾아가기 렌터카 HI-190에서 HI-200 Saddle Rd 28마일마커 지나 Mauna Kea Access Rd로 진입해서 6km, 코나 공항에서 1시간 10분, 힐로 공항에서 55분 소요 📮 주소 177 Maka'ala St, Hilo, HI 96720 📞 전화 808-961-2180 🕐 시간 09:00~22:00 🚫 휴무 연중무휴 💲 가격 무료 입장 🅿 주차 무료 주차 🌐 홈페이지 www.ifa.hawaii.edu

3 하와이 주립대학 마우나 케아 천문관측소
Mauna Kea UH Telescope

마우나 케아 정상에 위치한 전 세계 천문관측소 중 하와이 주립대학에 기증된 천문관측소로 원격 조종 장치를 이용해 천체 관측을 하고 있다. 정상에 올라가면 맨 먼저 나오는 곳으로 일반인들의 출입이 자유로운 지역에 위치해 일몰 감상 포인트로 많이 찾는다.

📖 VOL.1 P.74 📍 지도 P.519K
🚗 찾아가기 렌터카 Mauna Kea Access Rd에서 정상까지 22km, 30분 소요 📮 주소 Mauna Kea Access Rd, Hilo, HI 96720 📞 전화 808-934-4550 🕐 시간 관계자 외 출입 금지 🚫 휴무 연중무휴 💲 가격 야외 무료 입장 🅿 주차 무료 주차 🌐 홈페이지 www.maunakeaobservatories.org

4 푸우코홀라 신전
Pu'ukohola Heiau

신의 계시를 받아 통일 정복을 열망하던 카메하메하 대왕이 전쟁의 신을 위해 만든 신전. 해수면의 상승으로 가문의 수호신인 상어를 위한 신전은 물속에 잠겼다. 고대 문화에 관한 다양한 볼거리와 문화 재연 행사가 종종 열린다. 더위를 피해 오전 또는 오후 늦게 방문하는 것이 좋다.

📖 VOL.1 P.94 📍 지도 P.518E
🚗 찾아가기 렌터카 HI-270과 HI-19 교차로 바다 쪽, 코나 공항에서 40분 소요 📮 주소 62-3601 Kawaihae Rd, Waimea, HI 96743 📞 전화 808-882-7218 🕐 시간 07:30~16:45 🚫 휴무 연중무휴 💲 가격 무료 입장 🅿 주차 무료 주차 🌐 홈페이지 www.nps.gov/puhe

5 스펜서 비치 파크
Samuel M. Spencer Beach Park

코할라 산맥으로 올라가는 해안선에 위치한 작고 조용한 해변. 파도가 잔잔하고 캠핑, 바비큐, 샤워, 화장실 등의 부대시설이 잘 갖춰져 있어 어린이를 동반한 가족이 즐기기 좋다. 아름다운 일몰을 감상하기 좋은 곳으로 최근 확장 공사 후 주말에는 붐빈다.

VOL.1 P.76 **지도 P.518E**
찾아가기 렌터카 HI-19와 HI-270 교차로에서 바다 쪽 Pu'ukohola Heiau로 진입해 해변으로 직진, 코나 공항에서 40분 소요 **주소** 62-3461 Kawaihae Rd, Waimea, HI 96743 **전화** 808-961-8311 **시간** 일출 후~일몰 전 **휴무** 연중무휴 **가격** 무료 입장 **주차** 무료 주차 **홈페이지** www.hawaiicounty.gov

6 킹 카메하메하 동상
King Kamehameha Statue

하와이 최초의 통일 대왕 킹 카메하메하의 동상을 해외에서 제작해 들여오던 중 어선 침몰로 잃어버렸던 오리지널 동상. 당시 금색을 입힌 동상을 새로 제작해 이올라니 궁전 앞에 건립했기 때문에 이 동상은 대왕의 고향인 하위(Hawi) 마을에 세워졌다.

VOL.1 P.101 **지도 P.518B**
찾아가기 렌터카 HI-270 24마일마커 부근 North Kohala Civic Center 앞, 코나 공항에서 1시간 5분 소요 **주소** Akoni Pule Hwy, Kapa'au, HI 96755 **전화** 808-464-0840 **시간** 24시간 **휴무** 연중무휴 **가격** 무료 입장 **주차** 갓길 무료 주차 **홈페이지** www.gohawaii.com

7 폴롤루 밸리 전망대
Pololu Valley Lookout

섬에서 맨 처음 생긴 지역으로 깎은 듯한 해안 절벽과 계곡이 장관을 이룬다. 영화 〈쥬라기 월드〉에 소개된 곳으로 카우아이에 이어 절벽의 미학의 계보를 이어가는 곳. 도로 끝 전망대에서 산행로를 따라 내려가면 은밀하고 한적한 검은 몽돌 해변을 만날 수 있다.

VOL.1 P.65 **지도 P.518B**
찾아가기 렌터카 HI-270 28마일마커 부근 도로 끝, 코나 공항에서 1시간 15분 소요 **주소** End of Hwy 270, Hawi, HI 96755 **전화** 808-464-0840 **시간** 일출 전~일몰 후 **휴무** 연중무휴 **가격** 무료 입장 **주차** 무료 주차 **홈페이지** www.liveinhawaiinow.com/pololu-valley

8 하푸나 비치 주립공원
Hapuna Beach State Park

빅아일랜드에서 보기 힘든 넓고 고운 백사장으로 유명한 하푸나 비치 주립공원은 마우나 케아 비치와 붙어 있으며 마우나 케아 리조트, 하푸나 비치 프린스 리조트와도 연결되어 있다. 해변은 누구나 이용할 수 있으며, 리조트 스낵바가 있어 편리하다. 일찍부터 주차장이 만차인 경우가 많으니 오전 일찍 또는 오후 늦게 가는 것이 좋다.

VOL.1 P.139 **지도 P.518E**
찾아가기 렌터카 HI-19 69마일마커 해변 쪽, 코나 공항에서 35분 소요 **주소** Old Puako Rd, Waimea, HI 96743 **전화** 808-961-9540 **시간** 일출 후~일몰 전 **휴무** 연중무휴 **가격** 무료 입장 **주차** 무료 주차 **홈페이지** dlnr.hawaii.gov

9 아내호오말루 비치
Anaeho'omalu Beach

와이콜로아 리조트 단지 앞에 위치한 해변으로 지역 주민들의 사랑을 한몸에 받아 A 베이(A Bay)라는 애칭으로 불린다. 매리어트 리조트 앞에서 이어지며 역사 유적지와 고대 암각화 등 신기한 볼거리가 많고 해변 앞에 일렬로 늘어선 야자수 사이로 지는 일몰이 특히 유명하다.

VOL.1 P.128 **지도 P.519H**
찾아가기 렌터카 HI-19 76마일마커 주변 Waikoloa Beach Dr 경유해 해변까지 진입, 코나 공항에서 30분 소요 **주소** 69-275 Waikoloa Beach Dr, Waikoloa, HI 96738 **전화** 808-464-0840 **시간** 일출 후~일몰 전 **휴무** 연중무휴 **가격** 무료 입장 **주차** 무료 주차 **홈페이지** www.to-hawaii.com

10 키홀로 베이 전망대
Kiholo Bay Lookout

독특한 지형으로 해수와 담수가 섞이면서 만든 비경을 자랑하는 키홀로 베이를 내려다보는 전망대. 해변의 아름다운 모습, 마우나 로아의 용암이 흐른 흔적과 용암이 빚어낸 해안의 기암 절경, 고래 시즌(11월~4월)이면 물장난치는 고래 가족도 볼 수 있다.

⊙ 지도 P.518I
ⓒ 찾아가기 렌터카 HI-19 82마일마커 부근 바다 쪽, 코나 공항에서 20분 소요 ⊙ 주소 71-1890 Queen Ka'ahumanu Hwy, Kailua-Kona, HI 96740 ⊙ 전화 808-961-8540 ⊙ 시간 24시간 ⊙ 휴무 연중무휴 ⊙ 가격 무료 입장 ⊙ 주차 무료 주차 ⊙ 홈페이지 www.dlnr.hawaii.gov

11 텍스 드라이브인
TEX Drive-in

히와이 스타일의 찹쌀 도너츠인 네모난 말라사다를 맛볼 수 있다. 갓 튀긴 말라사다를 설탕에 슥슥 묻혀 따끈따끈할 때 한입 베어 물면 고소하면서 달콤한 바삭함을 잊지 못할 것. 재미있는 'I Love Malasadas' 로고 용품을 둘러보는 것도 잊지 말자.

⊙ VOL.1 P.259 ⊙ 지도 P.519G
ⓒ 찾아가기 렌터카 HI-19 48마일마커 부근 Pakalana St로 진입하면 왼편, 코나 공항에서 1시간 10분, 힐로 공항에서 55분 소요 ⊙ 주소 45-690 Pakalana St, Honoka'a, HI 96727 ⊙ 전화 808-775-0598 ⊙ 시간 06:00~20:00 ⊙ 휴무 12월 25일 ⊙ 가격 말라사다 $1.15(1개), 샌드위치 $5~ ⊙ 주차 무료 주차 ⊙ 홈페이지 www.texdriveinhawaii.com

BEST MENU 네모난 모양으로 차별된 도너츠 말라사다 Malasada $1.50(1개)

12 메리맨 레스토랑 빅아일랜드
Merriman's Restaurant Big Island

Fish of the day $22

하와이 리저널 퀴진의 창시자 중 하나인 피터 메리맨의 레스토랑 본점. 빅아일랜드 초원에서 얻은 유기농 유제품과 스테이크, 생선을 아시아 식자재와 조리법으로 재탄생시킨 고급스러운 요리가 많다.

⊙ VOL.1 P.214 ⊙ 지도 P.518F
ⓒ 찾아가기 렌터카 HI-19에서 Kawaihae Rd 경유, 20일마커 부근 Opelo Rd에서 오른쪽, 코나 공항에서 50분 소요 ⊙ 주소 65-1227B Opelo Rd, Waimea, HI 96743 ⊙ 전화 808-885-6822 ⊙ 시간 월~금요일 런치 11:30~13:30 디너 17:30~21:30, 토~일요일 런치 10:00~13:00 디너 17:30~21:00 ⊙ 휴무 연중무휴 ⊙ 가격 런치 $20~, 디너 $35~ ⊙ 주차 무료 주차 ⊙ 홈페이지 www.merrimanshawaii.com

BEST MENU 그릴에 구운 오늘의 생선 런치 플레이트 Fish of the day $22

13 킹스 뷰 카페
King's View Café

하와이에서 가장 독특한 전망을 자랑하는 작은 카페 겸 레스토랑으로 하위 마을의 킹 카메하메하 동상 바로 앞에 있다. 거리를 전망하는 야외석과 시원한 실내석으로 나뉘며 오픈 페이스 샌드위치, 1인용 화덕 피자 등 간단한 메뉴가 있다.

⊙ 지도 P.518B
ⓒ 찾아가기 렌터카 HI-270 23마일마커 주변 킹 카메하메하 동상 맞은편, 코나 공항에서 1시간 5분 소요 ⊙ 주소 54-3897 Akoni Pule Hwy, Kapa'au, HI 96755 ⊙ 전화 808-889-0099 ⊙ 시간 07:00~20:30 ⊙ 휴무 연중무휴 ⊙ 가격 런치 $8~ ⊙ 주차 무료 주차 ⊙ 홈페이지 www.kingsviewcafe.com

BEST MENU 햄과 베이컨을 넣은 하와이언 플랫브레드 피자 Hawaiian Flatbread Pizza $15

14 로이스 와이콜로아 바&그릴
Roy's Waikoloa Bar&Grill

하와이에서 키운 식자재를 스타일리시한 요리로 재창조하는 실력 있는 하와이 리저널 퀴진의 창시자 겸 대표 셰프 로이 야마구치의 레스토랑 빅아일랜드 지점. 와이콜로아 단지 킹스 숍스 내에 있다. 기억에 남을 로맨틱한 디너를 약속하는 곳, 저녁에만 문을 연다. 하지만 예약하지 않은 경우 카테일바 부근의 테이블을 이용할 수 있다. 분위기가 좋은 만큼 가격은 조금 비싼 편이다.

 VOL.1 P.211 지도 P.519D
 찾아가기 렌터카 HI-19 78마일마커 부근 Waikoloa Beach Dr로 진입하면 교차로 지나서 오른편, 코나 공항에서 30분 소요 주소 69-250 Waikoloa Beach Dr, Waikoloa Village, HI 96738 전화 808-886-4321 시간 17:00~21:30 휴무 12월 25일 가격 디너 $35~ 주차 무료 주차 홈페이지 www.royshawaii.com
BEST MENU ① 연어, 버터피시, 아히 3가지 생선의 콤보 요리, 로이스 트리오 오브 피시 Roy's Trio of Fish $38 ② 주문하고 나서 동시에 구워 따뜻하게 먹는 디너, 시그니처 핫 초콜릿 수플레 Hot Chocolate Souffle $15

15 비치 트리 바&라운지
Beach Tree Bar&Lounge

럭셔리한 포시즌스 리조트 후알랄라이의 여유로운 해변에 자리 잡은 라운지바. 아름다운 해변과 리조트 수영장 옆에 자리해 휴양지 분위기를 한껏 느낄 수 있다. 화덕 피자, 샐러드, 고급스러운 호텔 디저트를 만날 수 있다.

 VOL.1 P.223 지도 P.518I
 찾아가기 렌터카 HI-19 68마일마커 부근 Kaupulehu Dr에서 진입, 코나 공항에서 20분 소요 주소 72-100 Kaupulehu Dr, Kailua-Kona, HI 96740 전화 808-325-8000 시간 11:30~22:00 휴무 연중무휴 가격 런치 $18.50~ 주차 무료 주차 홈페이지 www.fourseasons.com
BEST MENU ① 상쾌한 로컬 채소를 얹은 프로슈토 햄 루꼴라 피자 Prosciutto Ham Roucola Pizza $28 ② 새콤달콤한 드레싱의 아티초크 샐러드 Artichoke Salad $15

16 힐로 타운
Hilo Town

빅아일랜드의 행정수도로 힐로 국제 공항 주변 반경 5km 내에 주민과 행정관청, 생활 기반 시설이 모여있다. 세계 최대 강수량을 기록하는 만큼 비가 잦아 울창한 녹음과 깨끗한 공기를 자랑하며 서부지역의 코나 마을과 대비되는 수수함을 지녔다. 화산국립공원과 45분 거리, 마우나케아 산과 40분 거리로 빅아일랜드 최대 볼거리와 가까워 관광객들에게는 이동의 거점이 되는 마을이니 잘 알아두자. 자세한 정보는 ZOOM IN (P.530) 참조.

 지도 P.519L
 찾아가기 힐로 공항에서 HI-11 마말라호아 하이웨이 북쪽 힐로 베이 부근 반경 5km 주소 774 Kamehameha Ave, Hilo, HI 96720

17 파커 랜치 센터
Parker Ranch Center

와이메아의 카우보이 문화와 생활을 잘 엿볼 수 있는 파커 랜치 센터는 이 지역 최대의 농장을 소유했던 새뮤얼 파커의 이름을 딴 쇼핑센터. 새뮤얼의 하와이식 발음은 카뮤엘라로 와이메아의 우체국 공식 명칭이 바로 카뮤엘라. 카우보이 모자, 가죽 공예품, 부츠 등을 취급하는 기념품 숍과 다양한 식당, 상가, 우체국, 은행 등이 모여있다.

 지도 P.518F
 찾아가기 렌터카 HI-19와 HI-190 교차로, 코나 공항에서 50분, 힐로 공항에서 1시간 20분 소요 주소 67-1185 Mamalahoa Hwy E126, Waimea, HI 96743 전화 808-885-5669 시간 월~토요일 09:00~18:00, 일요일 09:00~17:00 휴무 연중무휴 주차 무료 주차 홈페이지 www.parkerranchcenter.com

18 퀸스 마켓 플레이스
Queens' Market Place

킹스 숍스와 마주 보고 있는 퀸스 마켓 플레이스는 하와이 왕가의 왕비와 여왕의 조각판으로 장식되어 있다. 시계탑이 있어 만남의 광장으로 사용된다. 블루진저 데일리 웨어와 볼컴 등 비치 웨어를 비롯해 로마노스 마카로니 그릴, 산세이 시푸드 같은 패밀리 레스토랑, 스타벅스 커피, 푸드코트와 아일랜드 고메 마켓이 입점해 있다.

 VOL.1 P.129, 311 지도 P.519H
 찾아가기 렌터카 HI-19 78마일마커 부근 Waikoloa Beach Dr로 진입하면 교차로에서 왼편, 코나 공항에서 30분 소요 주소 69-201 Waikoloa Beach Dr, Waikoloa Village, HI 96738 전화 808-886-8822 시간 09:30~21:30 휴무 연중무휴 주차 무료 주차 홈페이지 www.queensmarketplace.net

19 킹스 숍스
Kings' Shops

빅아일랜드 프리미엄 리조트 단지이자 명품 주택 단지인 와이콜로아 지역을 대표하는 킹스 숍스는 아름다운 경치, 강과 골프 코스에 인접해 마치 여유로운 리조트 같은 느낌을 준다. 마이클 코어스, 티파니, 코치, 메이시스 백화점과 부근에서 유일한 수유소가 있다.

- VOL.1 P.129, 311 지도 P.519D
- 찾아가기 렌터카 HI-19 78마일마커 부근 Waikoloa Beach Dr로 진입하면 교차로 지나서 오른편, 코나 공항에서 35분 소요 주소 250 Waikoloa Beach Dr, Waikoloa Village, HI 96738 전화 808-886-8811 시간 09:30~21:30 휴무 연중무휴 주차 무료 주차 홈페이지 www.kingsshops.com

20 숍스 앳 마우나 라니
The Shops at Mauna Lani

프리미엄 리조트 지역에 위치한 럭셔리 야외형 쇼핑센터로 늘 한가하고 여유롭다. 요가, 훌라, 하와이 꽃목걸이 레이 만들기 등 다양한 체험을 제공하며 아이들이 좋아하는 4D 영화관과 다수의 프리미엄 브랜드 매장, 토미 바하마 매장이 있어 여유로운 쇼핑을 하기 좋다.

- 지도 P.518E
- 찾아가기 렌터카 HI-19 73마일마커와 74마일 사이 Mauna Lani Dr로 진입하면 오른편, 코나 공항에서 35분 소요 주소 68-1330 Mauna Lani Dr, Waimea, HI 96743 전화 808-885-9501 시간 10:00~18:00 휴무 연중무휴 가격 4D 어드벤처 라이드(4D Adventure Ride) $5(1회) 주차 무료 주차 홈페이지 www.shopsatmaunalani.com

21 아카카 폭포 주립공원
Akaka Falls State Park

녹음이 우거진 산길을 따라 1시간 정도 걸어가는 난이도 높지 않은 산책로, 2개의 폭포 중 최고라 불리는 아름다운 아카카 폭포는 도착하기 전부터 엄청난 소리가 울려 퍼진다. 물줄기가 140미터 계곡 아래로 떨어지는 장관을 볼 수 있다.

- 지도 P.519L
- 찾아가기 렌터카 HI-19 13마일마커 지나서 220번 도로로 좌회전해 진입, 힐로 공항에서 30분 소요 주소 875 Akaka Falls Rd, Honomu, HI 96728 전화 808-961-9540 시간 08:30~18:00 휴무 연중무휴 가격 유료 입장(차 1대 $5) 주차 $10(차 1대) 홈페이지 dlnr.hawaii.gov

22 마우나 케아 정상 트레일
Mauna Kea Summit Trail

마우나 케아 정상의 하와이 주립대학 천문관측소 옆에 솟은 붉은색 원뿔 모양의 분화구 언덕으로 오르는 트레일. 정상까지 왕복 30분 조금 더 걸린다. 공기가 희박해서 두통, 호흡곤란이 있을 수 있으니 컨디션 조절을 해야 한다. 천문관측소 전경과 함께 일몰의 장관을 볼 수 있다.

- 지도 P.519K
- 찾아가기 렌터카 Onizuka Center에서 Mauna Kea Access Rd 경유해 정상에서 하와이 주립대학 마우나 케아 천문관측소 건너편, 오니주카 방문자 센터에서 30분 소요 주소 Mauna Kea Summit Trail, HI 96720 전화 808-961-2180 시간 일출 전~일몰 후 휴무 연중무휴 가격 무료 입장 주차 무료 주차 홈페이지 www.ifa.hawaii.edu

23 힐튼 와이콜로아 빌리지
Hilton Waikoloa Village

빅아일랜드 최대 복합 리조트 단지 와이콜로아를 대표하는 객실 수 1240개의 메가 리조트. 3개의 타워 사이를 오가는 케이블카와 3개의 수영장과 라군에서 돌고래 체험 프로그램이 있어 가족 여행을 위한 최고의 장소로 꼽힌다. 리조트 단지 앞에 킹스 숍스와 퀸스 마켓 플레이스가 있어 더욱 편리하다.

- VOL.1 P.129 지도 P.519D
- 찾아가기 렌터카 코나 공항에서 HI-19 북쪽 방향으로 주행하다 Waikoloa Dr에서 진입, 공항에서 30분 소요 주소 425 Waikoloa Beach Dr, Waikoloa, HI 96738 전화 808-886-1234 시간 체크인 15:00 체크아웃 12:00 가격 $450(1박)~ 리조트피 $45(1일) 주차 셀프파킹 $39(1박), 발레파킹 $55(1박) 홈페이지 www.hiltonwaikoloavillage.com

24 포시즌스 리조트 후알랄라이
Four Seasons Resort Hualalai

하와이를 대표하는 5성급 호텔 중 하나. 후알랄라이와 코할라 산이 보이는 그림 같은 해변을 끼고 골프 코스, 하와이 전통 테라피를 만날 수 있는 힐링 스파를 갖추고 있다. 서쪽 해변에 위치해 환상적인 일몰을 자랑한다.

- 지도 P.518I
- 찾아가기 렌터카 코나 공항에서 HI-19 북쪽 방향, Kaupulehu Dr에서 진입, 공항에서 15분 소요 주소 72-100 Kaupulehu Dr, Kailua-Kona, HI 96740 전화 808-325-8000 시간 체크인 15:00 체크아웃 12:00 가격 $1700(1박)~ 리조트피 없음 주차 셀프파킹 무료, 발레파킹 $30(1박) 홈페이지 www.fourseasons.com/hualalai

마우나 케아는 해발 4207미터로 겨울에는 눈이 쌓이기도 해서 하와이 토속신 중 눈의 여신 폴리아후(Poliahu)가 사는 곳이라고 전해진다.

Area 3 빅아일랜드

B. 북부 빅아일랜드

COURSE 1

COURSE 2

TRAVEL INFO

힐로 타운
Hilo Town

역사와 전통이 살아 숨 쉬는 작고도 큰 마을

빅아일랜드의 행정수도이자 세상에서 가장 비가 많이 내리는 도시. 1950~1970년대 사탕수수 무역의 관문이었던 힐로 항구를 중심으로 발달한 도시이다. 하지만 1960년대 말 두 차례의 쓰나미로 항구와 철도가 폐허가 되자 관광 중심지 코나가 빅아일랜드의 거점 도시가 되면서 힐로는 행정수도라는 명성에 어울리지 않게 작은 마을로 남게 되었다.

하와이를 통일한 카메하메하 대왕이 직접 지은 '힐로'라는 이름은 '구부러져 있다'는 뜻으로 힐로 베이의 굽이치는 해안선을 의미한다. 힐로 국제공항에서 반경 7킬로미터 안에 모든 생활 중심지가 모여 있고, 킬라우에아 화산국립공원, 마우나케아 정상 등 관광지가 멀지 않은 필수 방문지이다. 화산의 영향으로 백사장 대신 거북이 많이 찾는 검은 용암석 해변이 색다른 볼거리이며, 하와이 특산품인 빅아일랜드 캔디가 생산되는 지역이기도 하다. 작은 마을 힐로는 언제나 평화로우며 마우나케아 산맥을 넘어오는 편서풍으로 인해 세계 최다 강수량을 기록하는 곳으로 대지가 늘 촉촉하다. 쨍쨍 내리쬐는 태양과 야자수 대신 싱그러운 녹음과 시골의 소박한 정취를 간직한 힐로의 매력을 들여다보자.

1 킹 카메하메하 대왕 동상
Statue of King Kamenameha The Great ★★★★ 무료 주차

가장 최근에 세워진 황금빛 화려한 동상. 매년 6월 11일 카메하메하 데이에 레이 헌정식이 열려 꽃 장식이 장관을 이룬다.

📖 VOL.1 P.101 📍 지도 P.530
🚗 찾아가기 힐로 공항에서 HI-11 북쪽 방향, HI-19 Mamalahoa Hwy 경유해 Wailoa River State Park 내에 위치. 공항에서 15분 소요 📍 주소 774 Kamehameha Ave, Hilo, HI 96720 📞 전화 808-984-8109 🕐 시간 24시간 🚫 휴무 연중무휴 💰 가격 무료 🅿️ 주차 무료 주차 🌐 홈페이지 www.dlnr.hawaii.gov

2 이밀로아 애스트로노미 센터
Imiloa Astronomy Center ★★ 무료 주차

마우나 케아 정상의 천문관측소를 모티브로 한 건물 내에 하와이 전통 문화와 역사 교육에 관한 전시관과 천문관을 운영한다. 이색적인 전시물을 통해 어려운 우주과학을 쉽고 재미있게 체험할 수 있다.

📖 VOL.1 P.192 📍 지도 P.530
🚗 찾아가기 힐로 공항에서 HI-2000 서쪽 방향 Komohana st와 Nawelo St 교차로에서 주차장 진입. 공항에서 15분 소요 📍 주소 600 Imiloa Pl, Hilo, HI 96720 📞 전화 808-932-8900 🕐 시간 목~일요일 09:00~17:00 🚫 휴무 월요일, 주요 공휴일 💰 가격 5~12세 $12, 13세~ $19 🅿️ 주차 무료 주차 🌐 홈페이지 www.imiloahawaii.org

3 칼스미스 비치파크
Carlsmith Beach Park ★★★ 무료 주차

고운 모래 해변이 많지 않은 힐로에서 보물 같은 해변 공원. 수심이 깊지 않아 어린이가 놀기에도 적당하다. 점심때부터 체온을 올리기 위해 검은 용암석 해변에 찾아오는 녹색 거북들이 색다른 볼거리를 제공한다. 힐로 베이 동쪽 끝으로 이와 비슷한 크고 작은 해변이 늘어서 있다.

📍 지도 P.530
🚗 찾아가기 힐로 공항에서 HI-11 북쪽 방향 Kalanianaole Hwy 경유해 주차장 진입. 공항에서 20분 소요 📍 주소 1815 Kalanianaole Ave, Hilo, HI 96720 📞 전화 808-961-8311 🕐 시간 일출 후~일몰 전 🚫 휴무 연중무휴 💰 가격 무료 🅿️ 주차 무료 주차 🌐 홈페이지 www.sbhawaii.com

4 릴리우오칼라니 파크&가든
Liliuokalani Park & Gardens ★★ 무료 주차

절제미가 돋보이는 조경을 자랑하는 지역 공원으로 비단잉어가 노니는 연못이 일품이다. 힐로 베이의 코코넛 아일랜드와 연결되어 있어 잠시 쉬어 가기 좋다. 1917년 힐로에 기증되었으며 일본을 제외한 전 세계에서 가장 규모가 큰 일본식 정원이다.

📍 지도 P.530
🚗 찾아가기 힐로 공항에서 HI-11 북쪽 방향 Banyan Dr에서 해변 쪽으로 진입. 공항에서 10분 소요 📍 주소 189 Lihiwai St, Hilo, HI 96720 📞 전화 808-637-6067 🕐 시간 24시간 🚫 휴무 연중무휴 💰 가격 무료 🅿️ 주차 무료 주차 🌐 홈페이지 www.bigislandnow.com

5 카페 100
Café 100 ★★★★★ 무료 주차

동네 어귀 작은 테이크아웃 플레이트 런치 전문점으로 하와이의 소울푸드 로코모코를 개발한 원조집이다. 30여 종류의 다양한 로코모코와 하와이 스타일의 푸짐한 식사를 만날 수 있다.

📖 VOL.1 P.198, 246 📍 지도 P.530
🚗 찾아가기 Kilauea Ave와 Maile St 교차로에 위치. 힐로 공항에서 15분 소요 📍 주소 969 Kilauea Ave, Hilo, HI 96720 📞 전화 808-935-8683 🕐 시간 월~토요일 06:45~20:30 🚫 휴무 일요일, 주요 공휴일 💰 가격 로코모코 $3.95~ 🅿️ 주차 무료 주차 🌐 홈페이지 www.cafe100.com

Super Loco $8.50

6 켄즈 하우스 오브 팬케이크
Ken's House of Pancakes ★★★★★ 무료 주차

24시간 운영하는 레스토랑으로 1997년 문을 연 이래 힐로 주민들의 사랑을 듬뿍 받고 있다. 이곳만의 특대 사이즈 햄버거가 나올 때 종이 울리는 순간 일제히 '스모(Sumo)'라고 외치는 재미난 광경을 볼 수 있다.

📖 VOL.1 P.245 📍 지도 P.530
🚗 찾아가기 힐로 공항에서 HI-11 북쪽 방향으로 3km 후 유턴도 진입. 공항에서 10분 소요 📍 주소 1730 Kamehameha Ave, Hilo, HI 96720 📞 전화 808-935-8711 🕐 시간 24시간 🚫 휴무 연중무휴(부정기로 1년에 한 번 대청소 날 휴무) 💰 가격 식사 $7.50~ 🅿️ 주차 무료 주차 🌐 홈페이지 www.kenshouseofpancakes.com

Red, White & Blue $$15.95

7 카페 페스토, 힐로 베이
Cafe Pesto, Hilo Bay ★★★★ 무료 주차

1930년대 풍의 목조 건물인 힐로 베이 상가에 자리한 이탈리안 레스토랑. 화덕 피자와 신선한 샐러드, 홈메이드 파스타로 누구에게나 사랑받는다. 창가 자리를 추천한다.

📖 VOL.1 P.226 📍 지도 P.530

🚗 찾아가기 힐로 공항에서 HI-11 북쪽 방향 Kamehameha Hwy 경유하여 힐로베이 오션 프런트 상가로 진입. 공항에서 15분 소요 📍 주소 308 Kamehameha Ave #101, Hilo, HI 96720 ☎ 전화 808-969-6640 ⏰ 시간 화~금요일 08:00~21:00, 토~월요일 10:30~21:00 🚫 휴무 추수감사절 당일, 12월 25일, 1월 1일 💰 가격 런치 $7.50~, 디너 $11.50~ 🅿 주차 무료 주차 🌐 홈페이지 www.cafepesto.com

Volcano Mist $14.95

8 수이산 피시 마켓
Suisan Fish Market ★★★★ 무료 주차

어촌 마을이었던 힐로의 전통을 계승해 온 111년 전통의 수산물 전문점. 빅아일랜드 전체의 수산물 도소매를 담당하는 지역 업체가 경매장을 통해 직접 운영하는 곳으로 신선한 회와 로컬 푸드인 포케 등을 좋은 품질로 저렴하게 구매 가능하다. 야외 테이블을 이용할 수 있어서 사람들이 많이 찾는다.

📖 VOL.1 P.43 📍 지도 P.530

🚗 찾아가기 힐로 공항에서 HI-11 북쪽 방향, Lihiwai St 경유하여 왼편으로 진입. 공항에서 10분 소요 📍 주소 93 Lihiwai St, Hilo, HI 96720 ☎ 전화 808-935-9349 ⏰ 시간 월~토요일 08:00~17:00 🚫 휴무 일요일, 주요 공휴일 💰 가격 포케 무침 $3.25(1lb, 453g)~ 🅿 주차 무료 주차 🌐 홈페이지 www.suisan.com

9 힐로 파머스 마켓
Hilo Farmer's Market ★★★★ 무료 주차

힐로 주민들이 사랑하는 거리 시장으로 한 교차로 네 블록에 이를 만큼 규모가 크다. 화훼, 식자재와 먹거리, 의류와 잡화, 생필품까지 다양한 물건들을 비교해 가면서 저렴하게 구입할 수 있는 곳으로 관광객들에게 필수 방문지. 기념품과 하와이언 원피스, 머리 장식품 등을 구입하려면 꼭 들러보자.

📖 VOL.1 P.332 📍 지도 P.530

🚗 찾아가기 Kamehameha Ave와 Mamo St 교차로에 위치. 힐로 공항에서 15분 소요 📍 주소 Kamehameha Avenue, Hilo, HI 96720 ☎ 전화 808-933-1000 ⏰ 시간 07:00~16:00 🚫 휴무 우천 시 일부 업체 휴무 🅿 주차 인근 무료 주차 🌐 홈페이지 www.hilofarmersmarket.com

10 빅아일랜드 캔디즈
Big Island Candies ★★★★★ 무료 주차

빅아일랜드의 명물 마카다미아 넛이 듬뿍 들어간 수제 쿠키 전문점. 하와이를 대표하는 수제 쿠키로 힐로에 본점과 공장이 있다. 현장에서는 다양한 패키지와 함께 로고 기념품을 만날 수 있으며, 전 제품 시식이 가능하다. 오아후보다 상품이 다양하고 가격도 훨씬 저렴하다.

📖 VOL.1 P.293 📍 지도 P.530

🚗 찾아가기 힐로 공항에서 Airport Rd로 진출한 후 Hinano St에서 진입, 공항에서 5분 소요 📍 주소 585 Hinano St, Hilo, HI 96720 ☎ 전화 808-935-8890 ⏰ 시간 08:30~17:00 🚫 휴무 추수감사절 당일, 12월 25일, 1월 1일 💰 가격 $6.50~(1상자)~ 🅿 주차 무료 주차 🌐 홈페이지 www.bigislandcandies.com

11 슈가 코스트 캔디
Sugar Coast Candy ★★ 무료 주차

영화 〈찰리의 초콜릿 공장〉과 〈해리 포터〉의 마법사 간식을 떠올릴 법한 재미있고 아기자기한 사탕 과자 전문점. 어린이들이 함박웃음을 지으며 들어서는 곳이다. 다양한 색과 맛, 종류별로 진열된 과자와 사탕, 초콜릿을 보는 것만으로 기분이 좋아진다. 사탕은 무게에 따라 가격을 책정하니 욕심은 금물!

📍 지도 P.530

🚗 찾아가기 힐로 공항에서 HI-11 북쪽 방향 Kamehameha Ave 경유하여 진입. 공항에서 15분 소요 📍 주소 274 Kamehameha Ave, Hilo, HI 96720 ☎ 전화 808-637-5002 ⏰ 시간 월~토요일 09:00~19:00, 일요일 10:00~17:00 🚫 휴무 추수감사절 당일, 12월 25일, 1월 1일 💰 가격 $2.50~(1lb, 453g)~ 🅿 주차 무료 주차 🌐 홈페이지 www.facebook.com/sugarcoastcandy

12 프린스 쿠히오 쇼핑 플라자
Prince Kuhio Shopping Plaza ★★ 무료 주차

힐로 지역 최대 규모의 쇼핑센터로 아메리칸 이글, 스케쳐스 등 브랜드 용품이 입점해 있고, 푸드코트에서 간단한 한국 음식을 먹을 수 있다. 월마트, 롱스 드럭스, 메이시스 백화점과 인테리어 숍 피어원 임포츠, 영화관 등이 같이 모여 있고, 더 버스(The Bus)의 집결지이기도 하다. 실내 쇼핑센터이므로 비 오는 날 안성맞춤!

📍 지도 P.530

🚗 찾아가기 힐로 공항에서 HI-11 남쪽 방향, Puainako St에서 진입. 공항에서 15분 소요 📍 주소 111 E Puainako St, Hilo, HI 96720 ☎ 전화 808-959-3355 ⏰ 시간 월~토요일 10:00~20:00, 일요일 10:00~18:00 🚫 휴무 연중무휴 🅿 주차 무료 주차 🌐 홈페이지 www.princekuhioplaza.com

힐로 베이(Hilo Bay)에서 다리로 연결된 작은 섬은 전설 속에 나오는 거인이 떨어뜨리고 간 코코넛이 변해서 생겼다고 하여 코코넛 아일랜드(Coconut Island)라고 부른다. 힐로 타운에서 가장 중심부에 위치하며 그림 같은 절경을 자랑한다.

AREA 4 카우아이 KAUAI

온화한 대자연의 낭만과 여유를 간직한 휴식의 섬

하와이제도의 맏형으로 가장 먼저 생성된 섬이다. 낮은 산, 긴 강과 넓고 고운 모래밭으로 이루어진 해변이 많고 섬 가운데 태평양의 그랜드캐니언이라 불리는 거대 협곡이 자리 잡고 있다. 섬의 30%만 개발되어 인간의 발길이 닿지 않은 자연의 아름다움과 풍부한 강수량이 빚어낸 열대림으로 '정원의 섬(The Garden Isle)'이라는 애칭을 가진 아늑하고 여유로운 전원 같은 섬이다.

★★★ 추천 여행 기간 2~3일

자연환경

카우아이 카운티(지방자치구, County of Kauai)는 하와이 주 가장 북쪽에 위치하며 하와이제도에서 가장 먼저 생성된 섬이다. 침식작용이 가장 오래 이루어진 결과 섬에서 가장 높은 지점이 와이알레알레 산(Mount Waialeale, 해발 1544m)으로 다른 섬보다 낮다. 산 정상은 세계에서 강수량이 가장 많은 지점으로 이 비가 강을 이뤄 바다로 흘러 들어가는데, 하와이 유일의 강줄기다. 평균기온은 21~28도 정도이며 여름철에는 북부 해안의 파도가 잔잔하고 겨울철에는 남부 해안의 파도가 잔잔해서 휴양에 적합하다.

면적 1456km²
인구 약 6만 7000명

교통수단

버스, 택시, 렌터카와 픽업 셔틀 서비스 등이 있다. 그러나 대중교통은 주민들 출퇴근을 위해 일부 도시에 한정되어 있으므로 섬 전체를 관광하려면 렌터카가 필요하다.

수도

카우아이 행정수도는 내륙의 리후에(Lihue), 인구가 가장 많은 곳은 동부 해변의 카파아(Kapa'a)다. 리조트, 레스토랑과 관광 편의 시설은 프린스빌(Princeville)과 포이푸(Poipu)에 모여 있다.

공항

카우아이 카운티에서 소유하고 있는 리후에 공항(Lihue Airport, LIH)은 동쪽 해변의 카파아와 리후에의 경계(리후에에서 15km, 카파아에서 15km)에 위치한다. 오아후와 마우이 직항이 있고, 빅아일랜드는 직항이 없어 오아후를 경유해야 한다.

리후에 공항
- 지도 P.561K
- 전화 808-273-3800
- 홈페이지 hawaii.gov/lih

관광 안내소

카우아이 관광청은 리후에 도심에 위치하며 다른 지역보다 지리적 성향이 강해 해변, 캠핑, 산행 트레일 등 모든 관광 안내와 국립공원 숙박 허가 업무 등을 관할한다.

카우아이 관광청
Kauai Visirots Bureau
- 지도 P.547H
- 찾아가기 리후에 공항에서 Mokulele Loop로 진출 후 Rice St로 연결해 진입, 공항에서 5분 소요
- 주소 4334 Rice St # 101, Lihue, HI 96766 전화 808-245-3971

항구

남쪽에 하와이제도 크루즈선과 해상 화물선이 이용하는 나윌리윌리 항구가 있다. 크루즈선의 경우 각 항구에 도착하는 요일이 정해져 있으므로, 관광버스 또는 렌터카로 도시 주변을 둘러보고 정해진 시간에 다시 승선한다. 그 밖에 관광객이 자주 이용하는 나팔리 코스트 관람 크루즈나 스노클링 보트들은 섬의 서쪽에 위치한 포트 앨런 항구를 주로 이용한다. 나팔리 코스트와 가깝고 수심이 얕아서 대부분의 해양 스포츠와 액티비티 업체들은 물론 개인용 요트들도 이곳을 이용한다.

포트 앨런 스몰 보트 항구
Port Allen Small Boat Harbor
- 지도 P.546J
- 주소 Port Allen Small Boat Harbor, Ele'ele, HI 96705 전화 808-335-5553

나윌리윌리 항구 Nawiliwili Harbor
- 주소 3070 Wa'apa Rd, Lihue, HI 96766 전화 808-464-0840

환전

카우아이 전역에 주요 은행 지점과 ATM을 쉽게 찾을 수 있으며, ATM에서 달러($)를 바로 인출할 수 있다.

우체국

카우아이 지역마다 우체국이 있고 신용도가 좋다. 가벼운 엽서나 편지는 국제우편이라도 호텔에서 처리 가능하다. 지점마다 운영 시간이 다르며, 대부분 토요일 오전까지 운영한다.

카파아 지점 우체국
US Post Office Kapa'a Branch
- 지도 P.561L
- 찾아가기 리후에 공항에서 HI-56 북쪽 방향 Panihi Rd에서 Kapa'a Shopping Center 내 위치
- 주소 4-1101 Kuhio Hwy, Kapa'a, HI 96746
- 시간 월~금요일 09:00~16:00, 토요일 09:00~12:00 휴무 매주 일요일

경찰서

카우아이 경찰서는 행정수도 리후에에 있다.

카우아이 경찰서
Kauai Police Department
- 지도 P.547H
- 찾아가기 리후에 공항 맞은편 Kapule Hwy와 Ahukini Rd 교차로에 위치, 공항에서 5분 소요
- 주소 3990 Ka'ana St #200, Lihue, HI 96766
- 전화 808-241-1711

긴급 전화번호

수첩에 적어놓거나 휴대전화에 저장해 두는 것이 좋다.

- 경찰 및 응급의료 **911** (24시간, 무료, 영어로 운영)

무작정 따라하기

1단계

STEP ❶ ❷ ❸ ❹

카우아이 이렇게 간다

리후에 공항으로 들어오기

1 표지판 따라 이동

하와이 주내선으로 리후에 공항에 도착 후 비행기에서 내리면 표지판을 따라 밖으로 이동한다. 이때 수하물을 찾아야 하면 'Bag Claim' 표지판을 따라가고 그렇지 않으면 공항 터미널 밖으로 나간다.

2 수하물 찾기

전광판에서 비행기 편명을 찾아 해당 벨트에서 나오는 짐을 찾는다. 간혹 다음 항공편으로 짐이 누락되는 경우가 있으니 수하물표와 대조해 빠짐없이 확인한다.

3 공항 출구 진출

웰컴(Welcome) 표지판을 나서 택시, 버스, 렌터카 등 대중교통 표지판을 따라 이동한다. 길을 건너면 공항 터미널과 렌터카 사무실을 순환하는 셔틀 정류소가 있다. 예약한 렌터카 회사의 셔틀을 기다렸다가 승차한다.

리후에 공항 한눈에 보기

카우아이의 주요 공항인 섬 동쪽 해안의 리후에(LIH) 공항은 주내선이 이용하는 카운티 공항에 가깝다. 오아후와 마우이 직항이 있으며 빅아일랜드는 오아후를 경유해 들어가야 한다. 출국 시에는 예약한 항공사 카운터에서 발권 수속과 함께 수하물을 부치고 터미널에서 탑승하면 된다. 리후에 공항의 메인 터미널은 하와이 제1의 항공사 하와이언 항공이 주로 사용하며 그 외 항공사의 작은 경비행기들은 탑승 통로 없이 승객이 직접 비행기까지 걸어가서 탑승하는 경우가 많다.

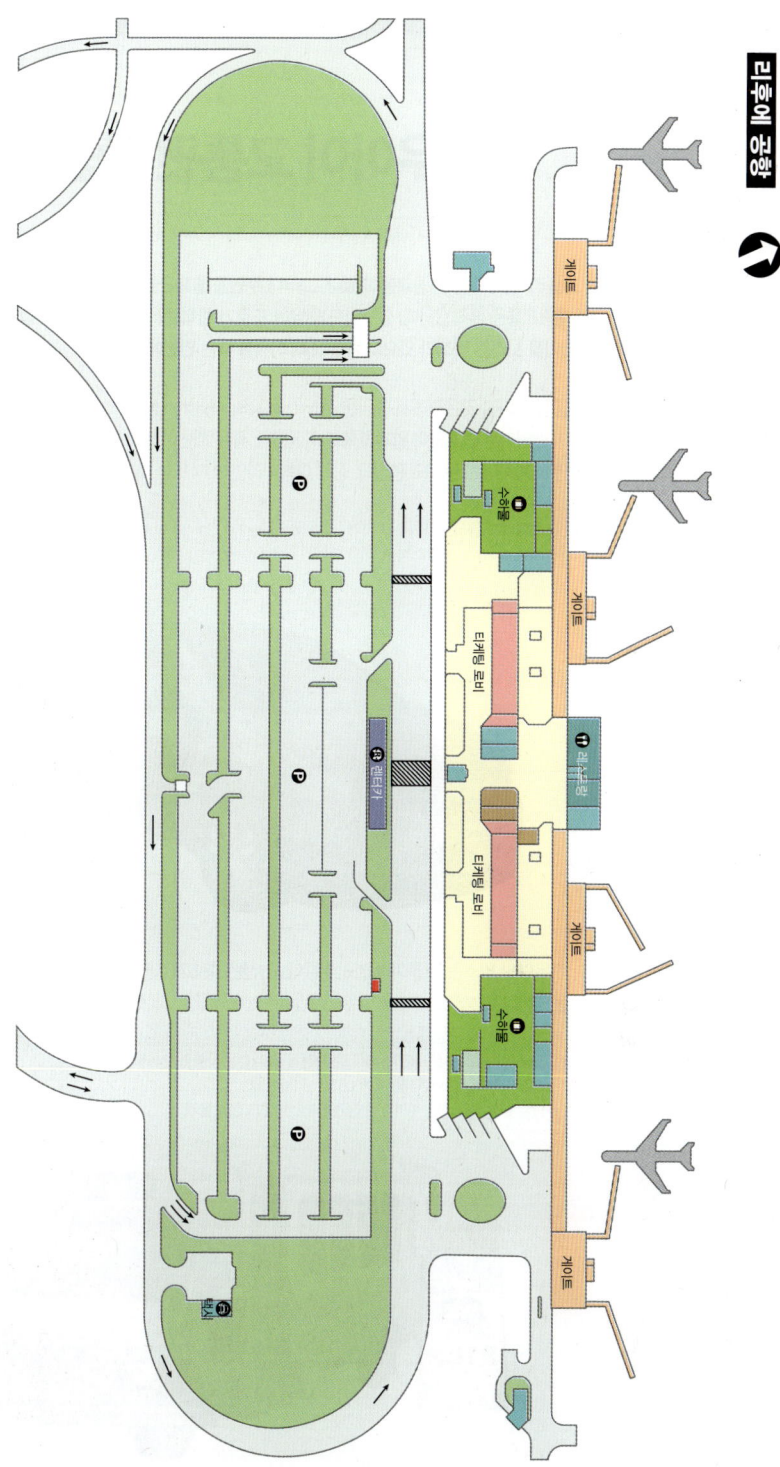

무작정 따라하기 2단계

STEP 1 **2** 3 4

카우아이 교통편 한눈에 보기

다른 섬과 마찬가지로 버스, 택시, 트롤리, 렌터카 등 대중교통이 있다. 그러나 주민들 출퇴근을 위해 일부 도시에 한정되어 있으므로 단기간 섬 전체를 관광하기에 대중교통은 부적합하다. 인구밀도가 낮아 도로가 한적해서 초보 운전자도 쉽게 운전할 수 있다. 단, 외진 곳이 많아 관광객의 렌터카를 노리는 범죄가 있으니 차를 오래 비워둘 때는 안전에 유의하자.

렌터카 Car Rentals

> **PLUS TIP**
> 렌터카 인수부터 반납까지 자세한 내용은 **하와이 교통편 한눈에 보기 렌터카** 부분 참조 P.358

공항 터미널 맞은편에서 예약한 렌터카 회사의 셔틀버스를 타고 사무소로 이동한다. 카우아이 렌터카는 번호판이 알파벳 K로 시작된다. 좋은 해변이 많고 산이 높지 않아 단기 여행이라면 소형차나 오픈카도 괜찮다. 장기 여행이라면 SUV 또는 4륜구동을 추천한다.

주요 렌터카 업체
- 홈페이지 엔터프라이즈 렌터카 Enterprise Rent A Car www.enterprise.com, 알라모 렌터카 Alamo Rent A Car www.alamo.com, 허츠 렌터카 Hertz www.hertz.com

카우아이 버스 The Kauai Bus

카우아이 버스는 셔틀이라고도 부른다. 노선은 총 6개 지역으로 나뉘어 순환 셔틀버스처럼 운영한다.

카우아이 버스 The Kauai Bus
- 요금 1인 편도 18세~ $2, 7~18세 $2, 자전거 무료, 같은 방향 2시간 내 1회 무료 경유
- 시간 노선마다 다르며 대략 첫차 06:30~막차 15:00
- 반입 규정 식사 금지, 부피가 큰 짐가방과 서핑 보드 반입 불가

스피디 셔틀
Speedi Shuttle

공항 터미널 외부 그룹 투어 대기 장소에서 탑승하며 15~30분 간격으로 운행된다. 호텔 또는 특정 명소까지 이동하는 셔틀버스로 온라인 예약을 하면 더 저렴하다.

스피디 셔틀
- 홈페이지 www.speedishuttle.com
- 지역별 평균 요금
  - 포이푸 리조트 지역 $45~65
  - 프린스빌 리조트 지역 $45.50

택시
Taxi

공항과 리조트 사이만 왕복한다면 택시를 이용하는 것이 유리하며 택시 회사에 전화해서 불러야 한다.

주요 택시 회사
- 전화 카우아이 택시 컴퍼니 Kauai Taxi Company 808-246-9554, 카우아이 투어&택시 Kauai A Tour&Taxi 808-345-8687
- 요금 기본요금 $3, 1마일당 $3, 팁(15% 내외) 별도, 대형 여행 캐리어 $3(1개)
- **카우아이 지역 평균 택시 요금**

리후에 공항에서 포이푸 지역까지 $55 내외
리후에 공항에서 카파아 지역까지 $35 내외
리후에 공항에서 프린스빌 지역까지 $120 내외

무작정 따라하기 3단계

STEP 1 **2** 3 4

카우아이 지역 한눈에 보기

하에나 비치 주립공원
Haena Beach State Park

케에 비치 Ke'e Beach

칼랄라우 트레일
Kalalau Trail

해안 절벽이 그려낸 절대 비경으로 영화에 자주 등장하는 하와이 대표 볼거리. 헬리콥터 투어, 보트 투어, 트레일 체험, 스노클링 체험 추천

칼랄라우 비치
Kalalau Beach

나팔리 코스트 주립 야생공원
Na Pali Coast State Wilderness Park

칼랄라우 전망대
Kalalau Lookout

푸우오킬라 전망대
Puu O Kila Lookout

와이메아 캐니언 주립 공원
Waimea Canyon State Park

폴리할레 주립공원
Polihale State Park

카우아이 관광의 꽃, 태평양의 그랜드 캐년으로 불리는 거대 협곡과 정상 전망대는 베스트 뷰 포인트

와이메아 캐니언 전망대
Waimea Canyon Lookout

HI-550

와이메아
Waimea

카우아이 쿠키 베이커리&키친
Kauai Kookie Bakery & Kitchen

카우아이 대표 커피 농장 겸 테마 파크

카우아이 커피 컴퍼니
Kauai Coffee Company

솔트 폰드 비치
Salt Pond Beach

남부 해변에 각종 관광 명소와 쇼핑센터, 관광 편의 시설이 밀집된 지역

포트 앨런 스몰 보트 항구
Port Allen Small Boat Harbor

✈ **리후에 공항** 섬의 주요 관광지에서 1시간 거리, 행정수도 카훌루이 시내에서 10분 거리에 있는 카훌루이 공항은 국제선과 이웃 섬으로 연결하는 주내선 모두 운항한다.

출발지	도착지	소요 시간
리후에 공항(LIH)	킬라우에아 등대	약 40분
리후에 공항(LIH)	케에 비치	약 70분
리후에 공항(LIH)	포이푸 비치파크	약 30분
리후에 공항(LIH)	칼랄라우 룩아웃	약 70분

A 남서부
카우아이 관광의 하이라이트 와이메아 캐니언과 리조트와 해변이 밀집된 남부 해변, 카우아이 커피 농장까지 골고루 즐기기 좋은 지역.
중심지 포이푸, 와이메아 캐니언 주립 공원

B 북동부
고즈넉한 해변 마을, 깎아지른 해안 절벽, 월드 베스트 산행로와 신비한 폭포들로 아기자기하게 자연친화적 아름다움을 만끽할 수 있는 지역.
중심지 카파아, 하날레이

무작정 따라하기 4단계

STEP 1 2 3 ④

카우아이 추천 여행 코스

카우아이는 면적이 넓지 않아 이동 시간이 길지는 않지만 공항이 섬 가운데 자리 잡고 있어 동선이 양방향으로 나눠지므로 시간이 소요된다. 카우아이 첫 방문에 일정이 하루뿐이라면 양방향을 다 돌아보기는 힘들다. 섬의 하이라이트 볼거리 한 곳과 공항과 멀지 않은 소소한 관광 포인트를 돌아보는 것이 좋다.

Course 1 당일치기 핵심 코스

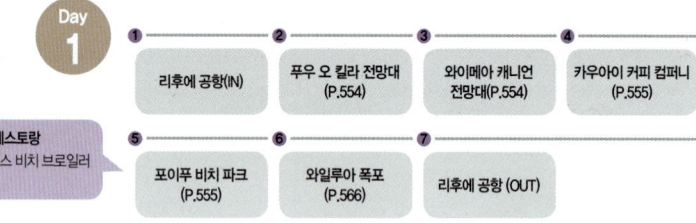

Day 1
1. 리후에 공항(IN)
2. 푸우 오 킬라 전망대 (P.554)
3. 와이메아 캐니언 전망대(P.554)
4. 카우아이 커피 컴퍼니 (P.555)
5. 포이푸 비치 파크 (P.555)
6. 와일루아 폭포 (P.566)
7. 리후에 공항 (OUT)

추천 레스토랑: 브레넥스 비치 브로일러

Course 2 카우아이 핵심 볼거리 1박 2일 코스

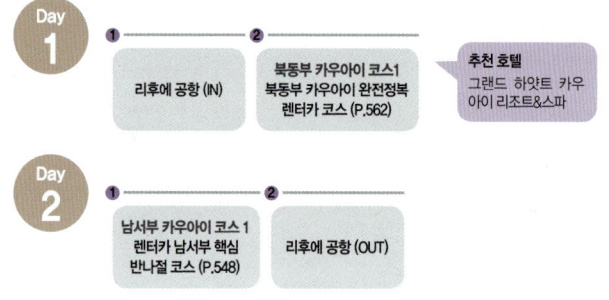

Day 1
1. 리후에 공항 (IN)
2. 북동부 카우아이 코스1 북동부 카우아이 완전정복 렌터카 코스 (P.562)

추천 호텔: 그랜드 하얏트 카우아이 리조트&스파

Day 2
1. 남서부 카우아이 코스 1 렌터카 남서부 핵심 반나절 코스 (P.548)
2. 리후에 공항 (OUT)

하와이 여행 플래너 Hawaii Travel Planner

휴가 날짜 Vacation Dates ;   . . .

출국 일정 Departure Date/Time/Location	체크 리스트 Check Lists
항공편 Flight No.	
숙소명 Accomodations	
교통편 예약 Transportation Arrangements	액티비티 Activities&Events
귀국 일정 Return Date/Time/Location	
항공편 Flight No.	

요일별 일정표 Weekly Planner

일	월	화	수	목	금	토

A Southwest
[남서부 카우아이]

웅장한 협곡부터
사랑스런 해변까지
독특한 매력이 가득한 곳

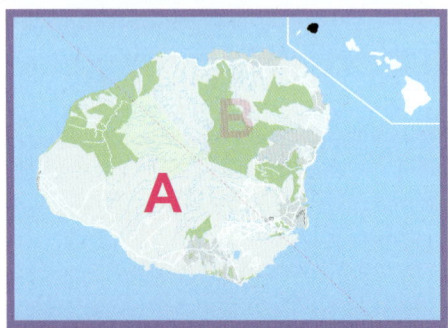

그랜드캐니언을 옮겨놓은 듯 웅장한 와이메아 캐니언 (협곡), 카우아이의 지붕이자 세상에서 가장 비가 많이 오는 칼랄라우 밸리 정상, 그 사이로 헬리콥터와 폭포수들이 보일 듯 말 듯 숨바꼭질을 하는 압도적인 풍경과 난쟁이들이 하룻밤에 만들었다는 전설의 연못, 아기자기한 포이푸 비치를 끼고 발달한 레스토랑과 리조트 밀집 지역까지, 없는 것이 없는 카우아이 남서부는 그야말로 완벽한 관광, 휴양지다.

카우아이 남서부, 면적은 얼마나 될까?
제주도보다 작은 카우아이의 절반을 차지하는 남서부 지역은 고도 1300미터 높이의 산 정상에서 시작하는 편도 약 45마일 (72km) 구간으로 자동차로는 1시간 30분 정도 소요된다. 높이 1천 미터, 폭 1.5킬로미터의 와이메아 캐니언과 와이메아 주립공원, 카우아이 숙소 대부분이 모여 있는 포이푸가 이 지역의 중심지이다.

KAUAI

MUST SEE 이것만은 꼭 보자!

№.1
카우아이에서 가장 높은 산의 계곡 정상에서 풍경 감상하기
칼랄라우 전망대

№.2
웅장한 협곡과 폭포수 찾아보기
와이메아 캐니언 전망대

№.3
해변의 특별한 손님, 희귀종으로 보존 중인
포이푸 비치 파크의 하와이언 몽크실

MUST EAT 이것만은 꼭 먹자!

№.1
카우아이의 지명을 딴 과일 렐리시가 상큼한
푸카독의 핫도그

№.2
오도독 씹히는 마카다미아 넛과 커피 빈의 알싸한 맛이 환상적인
카우아이 쿠키 베이커리&키친의 쇼트브레드 쿠키

№.3
하와이언 생선 '오파'로 만든 겉은 바삭 속은 촉촉한
브레넥스 비치 브로일러의 피시&칩스

MUST EXPERIENCE 이것만은 꼭 경험하자!

№.1
숨막히는 일몰의 진풍경을 로맨틱하게 감상할 수 있는
나팔리 코스트 선셋 크루즈

№.2
고풍스럽고 유머러스한 하와이의 매력 탐방하기
올드 콜로아 타운 센터

№.3
아슬아슬 흔들거리는 옛날식 외나무 다리 거닐기
해내페페 스윙잉 브리지

MUST BUY 이것만은 꼭 사자!

№.1
카우아이 특산물로 유명한
카우아이 커피 컴퍼니의 에스테이트 리저브 카우아이 블루 마운틴

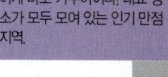
이게 바로 카우아이다! 대표 명소가 모두 모여 있는 인기 만점 지역.
인기 ★★★★

〈쥬라기 공원〉의 촬영지 앨러튼 가든, 카우아이 최고 인기 해변 포이푸 비치 파크 등 내로라하는 관광 명소가 고루 퍼져 있다.
관광지 ★★★★

대형 쇼핑센터와 백화점이 있어 편리한 쇼핑 굿! 카우아이 커피 등 지역 명물과 기념품도 놓치지 말자.
쇼핑 ★★★★

포이푸 리조트 지역에 하와이 스타 셰프들의 레스토랑이 모여 있고 해변 전경의 레스토랑이 많다.
식도락 ★★★★

레스토랑의 칵테일바와 로컬 스포츠바 정도가 늦은 밤 여흥을 즐길 수 있는 곳.
나이트라이프 ★★

카우아이는 다른 섬보다 인구밀도가 낮아 어느 곳을 가도 복잡하지 않다.
복잡함 ★★

나팔리 코스트 주립 야생 동물 공원
Na Pali Coast State Wilderness Park

칼랄라우 전망대 ❶
Kalalau Lookout

푸우 오 킬라 전망대
Pu'u O Kila Lookout

쿨라 자연 보호 구역
Kula Natural Area Reserve

코케에 주립 공원
Koke'e State Park

❷ 코케에 로지 레스토랑
Koke'e Lodge Restaurant

나팔리 코나 삼림 보호 지역
Na Pali-Kona Forest Reserve

푸우 카 펠레 삼림 보호 지역
Puu Ka Pele Forest Reserve

❸ 와이메아 캐니언 전망대
Waimea Canyon Lookout

폴리할레 주립 공원
Polihale State Park

START

1 칼랄라우 전망대
Kalalau Lookout

정상에서 해변까지 거대한 칼랄라우 계곡의 숨 막히는 장관을 감상하자.

◎ **찾아가기** HI-50 서쪽 방향 23마일 마커 지나 550번 Waimea Canyon Dr에서 칼랄라우 전망대 주차장으로 진입. 푸우 오 킬라 전망대는 도로 끝 주차장 이용
◎ **주차** $10(차 1대), 공원 입장료 $5(성인 1인) 별도

⊕ **PLUS INFO**

❶ 550번 Waimea Canyon Dr를 오르면서 고도가 확보되면 정면 좌측으로 원주민이 거주하는 니이하우(Ni'ihau) 섬을 볼 수 있다.

❷ 칼랄라우 전망대를 지나 푸우 오 킬라 전망대에서 바라보는 전경

케카하
Kekaha

와이메아
Waimea

⊕ **TIP**
주차비와 입장료
와이메아 캐니언 주립공원은 주차료와 1인당 입장료가 별도. 주차 정산 기계에서 발급된 영수증을 대시 보드에 올려 두면 된다.

📷 캡틴 제임스 쿡 동상
Captain James Cook Statue

2 코케에 로지 레스토랑
Koke'e Lodge Restaurant

주립공원 내에 있는 유일한 숙박 겸 레스토랑. 울창한 숲 속의 운치를 느낄 수 있다.

◎ **찾아가기** 정상에서 2마일(3.2km) 내려와 Koke'e Rd 16마일마커 부근 코케에 로지, 코케에 박물관 주차장 진입
◎ **주차** 주립공원 주차료에 포함

⊕ **BEST MENU**
신선한 와이메아 유기농 샐러드와 파인애플, 바삭한 토스트가 어우러진 따뜻한
BLT 샌드위치
BLT Sandwich $10

3 와이메아 캐니언 전망대
Waimea Canyon Lookout

그랜드캐니언과 닮은 뚜렷한 용암층이 보이는 웅장한 계곡 전망대.

◎ **찾아가기** Waimea Canyon Dr 10마일마커 주변에 와이메아 캐니언 전망대 주차장으로 진입
◎ **주차** 주립공원 주차료에 포함

해내페페
Hanapepe

포트 앨런 항구
Port Allen

❹ 카우아이 커피 컴퍼니
Kauai Coffee Company

COURSE 1

카우아이 남서부 반나절 렌터카 코스

카우아이가 화산섬이라는 것을 잊게 하는 녹색의 대자연을 느낄 수 있다. 하이라이트로 손꼽는 칼랄라우 전망대와 와이메아 캐니언(협곡)은 오후에는 안개나 그림자 때문에 시야 확보가 어려우니 대자연의 웅장함을 느끼려면 이른 아침에 들른 후 카우아이 명물 중 하나인 카우아이 커피 농장과 포이푸 지역으로 이동하자. 종류별로 다양한 볼거리가 있는 남서부 코스는 아침 일찍 시작해서 반나절 동안 카우아이 남서부 핵심 코스를 둘러보고 오후에는 다른 액티비티를 해도 좋다.

4 카우아이 커피 컴퍼니
Kauai Coffee Company

정원의 섬 카우아이의 대표 특산품인 커피 농장. 커피 시음과 기념품 쇼핑을 즐겨보자.

찾아가기 550번 도로를 내려와 HI-50 16마일마커 지점에서 540번 도로로 진입, 오른편으로 간판과 주차장 표지판 따라 진입
주차 무료 주차

BEST ITEM
과일 향이 살짝 나며 균형 잡힌 바디감으로 인기가 좋은 상위 5%의 최고급 커피 에스테이트 리저브 카우아이 블루 마운틴
Estate Reserve Kauai Blue Mountain $31

5 스파우팅 혼
Spouting Horn

바닷가의 암석 절벽에서 고래 등처럼 소리를 내며 뿜어 나오는 시원한 물줄기를 구경하자.

찾아가기 540번 도로에서 HI-50으로 합류한 후 11마일마커 주변에서 내려와 Poipu Rd와 Lawai Rd 교차점에서 Lawai Rd로 진입
주차 무료 주차

7 브레넥스 비치 브로일러
Brennecke's Beach Broiler

전면에 포이푸 비치 파크가 보이는 전망 레스토랑, 캐주얼 아메리칸 스타일로 부담없이 즐겨보자.

찾아가기 포이푸 비치 파크 주차장에서 도보 1분
주차 무료 주차

BEST MENU
부드럽고 담백한 하와이언 생선 오파(Opah)의 두툼한 질감을 살린
피시&칩스 Fish&Chips $32

START

1. 칼랄라우 전망대
   5km, 7분
2. 코케에 로지 레스토랑
   9km, 15분
3. 와이메아 캐니언 전망대
   30km, 40분
4. 카우아이 커피 컴퍼니
   18km, 25분
5. 스파우팅 혼
   5.5km, 10분
6. 포이푸 비치 파크
   20m, 도보 3분
7. 브레넥스 비치 브로일러
   5km, 7분
8. 올드 콜로아 타운 센터
   5km, 7분
9. 메네후네 피시폰드 전망대
   Finish

Area 4 카우아이 | A. 남서부 카우아이 | COURSE 1 | COURSE 2 | TRAVEL INFO

6 포이푸 비치 파크
Poipu Beach Park

카우아이 남쪽 해안의 사랑스런 해변. 스노클링과 아름다운 일몰로 유명하며 하와이안 몽크실을 볼 수 있다.

찾아가기 Lawai Rd 주행, Poipu Rd로 바뀐 후 5마일마커 지나 교차로에서 내륙 쪽 포이푸 비치 파크 주차장 진입
주차 무료 주차

8 올드 콜로아 타운 센터
Old Koloa Town Center

100년이 넘는 역사적인 쇼핑센터. 유머러스한 거리 예술품과 빨간 건물이 카우아이를 상징하는 랜드마크.

찾아가기 포이푸 비치 정면 Poipu Rd를 따라 내륙으로 주행 HI-530 Koloa Rd 교차로에서 우측으로 빨간 목조 건물 상가 앞 주차장
주차 무료 주차

9 메네후네 피시폰드 전망대
Menehune Fishpond Overlook

전설 속의 난쟁이들이 하룻밤에 만들었다는 미스터리한 양어장. 그림 같은 풍경으로도 유명하다.

찾아가기 HI-50 리후에 방향 2마일마커 부근 Puhi Rd에서 Halemalu로 진입
주차 갓길 무료 주차

START

1 칼라헤오 카페&커피 컴퍼니
Kalaheo Café&Coffee Co.

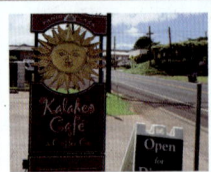

와이메아 지역에서 최고로 꼽히는 향긋한 커피와 따뜻한 샌드위치로 인기 좋은 브런치 카페

- 찾아가기 HI-50 남쪽 방향, 11마일 마커 부근에서 주행 반대편에 입구
- 주차 무료 주차

⊕ BEST MENU
따뜻할 때 먹는 직접 만든 홈메이드 **로스트 비프 샌드위치와 어니언 링** Roast Beef Sandwich and Onion ring $14.50

나 팔리 코스트 주립 야생 동물 공원
Na Pali Coast State Wilderness Park

3 칼랄라우 전망대 Kalalau Lookout

4 푸우 오 킬라 전망대 Pu'u O Kila Lookout

쿨라 자연 보호 구역 Kula Natural Area Reserve

5 코케에 자연역사박물관 Koke'e Natural History Museum

코케에 주립 공원 Koke'e State Park

코케에 로지 레스토랑 Koke'e Lodge Restaurant

나 팔리 코나 삼림 보호 지역 Na Pali-Kona Forest Reserve

푸우 카 펠레 삼림 보호 지역 Puu Ka Pele Forest Reserve

2 와이메아 캐니언 전망대 Waimea Canyon Lookout

케카하 Kekaha

와이메아 빅 세이브 마켓 Waimea Big Save Market

6 캡틴 제임스 쿡 동상 Captain James Cook Statue

2 와이메아 캐니언 전망대
Waimea Canyon Lookout

거대한 협곡의 웅장한 장관을 빗대어 태평양의 그랜드캐니언이라 부르는 전망이 압권. 지질 단층과 폭포를 찾아보자. 간혹 염소가 올라오기도 하는 재미있는 구경을 할 수 있다.

- 찾아가기 HI-50 서쪽 방향 HI-550 Waimea Canyon Dr로 연결 후 10마일 마커 부근에 입구
- 주차 주립공원 주차료에 포함

3 칼랄라우 전망대
Kalalau Lookout

나팔리 코스트의 가장 큰 계곡을 관람하는 전망 공원. 서늘한 바람과 아찔한 높이, 안개가 순간순간 역동적인 변화를 선물한다.

- 찾아가기 HI-5500에서 우회전, Koke'e Rd 18마일 마커 부근에 입구
- 주차 주립공원 주차료에 포함

⊕ PLUS INFO
보호 난간이 시야를 가린다면 도로 끝까지 올라가자. 푸우 오 킬라 전망대에서 더 거침없는 칼랄라우 계곡을 내려다볼 수 있다.

---

9 카우아이 쿠키 베이커리&키친 Kauai Kookie Bakery & Kitchen

8 해내페페 스윙잉 브리지 Hanapepe Swinging Bridge

해내페페 Hanapepe

HI-50 Kaumaulili Hwy

7 솔트 폰드 비치 파크 Salt Pond Beach Park

포트 앨런 항구 Port Allen

10 카우아이 커피 컴퍼니 Kauai Coffee Company

COURSE 2
카우아이 남서부 완전정복 원데이 렌터카 코스

산 정상에 올라 바라보는 웅장한 단층 협곡, 알록달록 열대어와 바다표범을 만날 수 있는 해변에서 물놀이, 전망 좋은 레스토랑은 물론 카우아이 기념품 쇼핑까지 모두 가능한 카우아이 여행의 종합 선물 세트 같은 남서부 지역을 꼼꼼히 둘러보는 원데이 코스. 하이라이트로 손꼽는 칼랄라우 전망대와 와이메아 캐니언, 카우아이 명물 카우아이 커피와 카우아이 쿠키 베이커리&키친, 해변 전망 레스토랑은 빼놓지 말고 들러보자.

↓ START

1. 칼리헤오 카페&커피 컴퍼니
35km, 45분

2. 와이메아 캐니언 전망대
12km, 20분

3. 칼랄라우 전망대
2km, 3분

4. 푸우 오 킬라 전망대
6km, 10분

5. 코케에 자연역사박물관
25km, 35분

6. 캡틴 제임스 쿡 동상
10km, 10분

7. 솔트 폰드 비치 파크
3km, 5분

8. 하나페페 스윙잉 브리지
800m, 2분

↓ 뒷면으로 이어짐

Area 4 카우아이 | A. 남서부 카우아이 | COURSE 1 | COURSE 2 | TRAVEL INFO

4 푸우 오 킬라 전망대
Puu o Kila Lookout

세상에서 가장 비가 많이 오는 곳이라는 표지판과 함께 칼랄라우 계곡의 정상에서 탁 트인 전망으로 녹색이 우거진 계곡의 장관을 만끽하자.

- 찾아가기 Koke'e Rd 좌회전해 산 정상 도로 끝까지 주행
- 주차 주립공원 주차료에 포함

5 코케에 자연역사박물관
Koke'e Natural History Museum

와이메아, 코케에 지역의 야생 생태계와 지질, 카우아이의 독특한 역사와 자연환경에 대한 볼거리부터 소소한 기념품까지 갖춘 작은 박물관. 정상 산행의 지도는 이곳에서 구하자!

- 찾아가기 Koke'e Rd로 내려와 15 마일마커 1/2 지점 공원 내 위치
- 주차 주립공원 주차료에 포함

6 캡틴 제임스 쿡 동상
Captain James Cook Statue

하와이를 처음 서양에 알린 탐험가 제임스 쿡 선장이 처음 도착한 장소를 기념하여 세워진 동상. 1년 후 다시 돌아왔을 때 빅아일랜드 케알라케쿠아 베이에 정박, 그곳에서 사망했다.

- 찾아가기 HI-550으로 내려와 HI-50 교차로에서 좌회전하면 왼편
- 주차 무료 주차

7 솔트 폰드 비치 파크
Salt Pond Beach Park

작은 비치로 지역 주민들의 사랑을 독차지하는 곳. 지금도 해변 옆에 전통 방식으로 천일염을 채취하는 염전이 있다. 카우아이 천일염은 무공해 천연 소금으로 유명하다.

- 찾아가기 HI-50 동쪽 방향, Lokokai/Salt Pond Rd로 진입
- 주차 무료 주차

8 하나페페 스윙잉 브리지
Hanapepe Swinging Bridge

강 건너 주택가로 이어지는 유일한 통로, 전통적인 목조 건축으로 폭이 좁아 한 번에 한 사람만 겨우 지나갈 수 있고 공중에 떠 있어 걸을 때마다 흔들려 더욱 재미있다.

- 찾아가기 HI-50 동쪽 방향, Hanapepe Rd로 진입하면 왼편
- 주차 갓길 무료 주차

- 블루 하와이언 헬리콥터 (헬리콥터 투어) Blue Hawaiian Helicopter
- 아후키니 로드 Ahukini Rd
- 리후에 공항 Lihue Airport
- 앵커 코브 Anchor Cove
- 카우아이 매리어트 리조트 Kauai Marriott Resort
- 쿠쿠이 그로브 센터 Kukui Grove Center
- 15 포이푸 트리 터널 Tree Tunnel
- 16 메네후네 피시폰드 전망대
- 1 칼라헤오 Kalaheo / 칼라헤오 카페&커피 컴퍼니 Kalaheo Café & Coffee Company
- 콜로아 Koloa
- 14 올드 콜로아 타운 센터 Old Koloa Town Center
- 12 스파우팅 혼 Spouting Horn
- 비치 하우스 레스토랑 Beach House Restaurant
- 11 브레넥스 비치 브로일러 Brennecke's Beach Broiler
- 13 포이푸 비치 파크 Poipu Beach Park

9 카우아이 쿠키 베이커리&키친
Kauai Kookie Bakery & Kitchen

카우아이 명물 중 하나. 바삭한 쇼트브레드 쿠키 속에 커피, 마카다미아넛, 코코넛, 구아바 등을 넣은 하와이만의 독특한 쿠키로 인기가 좋다.

ⓘ 찾아가기 Hanapepe Rd에서 HI-50 서쪽 방향, Puolo Rd 지나서 왼편 주차 무료 주차

✚ BEST ITEM
쇼트브레드 쿠키에 훌라걸의 이미지가 초콜릿으로 찍혀있는 한정판.
훌라걸 쿠키 컬렉션
Hula Girl Kookie Collection $18

10 카우아이 커피 컴퍼니
Kauai Coffee Company

정원의 섬 카우아이가 키워낸 커피. 무료 농장 투어, 무료 시음과 로고 기념품 숍까지 둘러보며 시원한 그늘에서 커피 한잔의 여유를 즐겨보자.

ⓘ 찾아가기 HI-50 동쪽 방향 16마일 마커 지나서 HI-540으로 진입하면 Halewili Rd 왼편 주차 무료 주차

✚ BEST ITEM
카우아이 커피 농장 특유의 테루아를 느낄 수 있는 **에스테이트 리저브 카우아이 블루 마운틴** Estate Reserve Kauai Blue Mountain $32

나팔리 코스트 주립 야생 동물 공원
Na Pali Coast State Wilderness Park

3 칼랄라우 전망대 Kalalau Lookout

4 푸우 오 킬라 전망대 Pu'u O Kila Lookout

쿨라 자연 보호 구역 Kula Natural Area Reserve

코케에 주립 공원 Koke'e State Park

5 코케에 자연역사박물관 Koke'e Natural History Museum

코케에 로지 레스토랑 Koke'e Lodge Restaurant

나팔리 코나 삼림 보호 지역 Na Pali-Kona Forest Reserve

푸우 카 펠레 삼림 보호 지역 Puu Ka Pele Forest Reserve

2 와이메아 캐니언 전망대 Waimea Canyon Lookout

와이메아 Waimea
빅 세이브 마켓 Big Save Market

6 캡틴 제임스 쿡 동상 Captain James Cook Statue

8 해내페페 스윙잉 브리지 Hanapepe Swinging Bridge

9 카우아이 쿠키 컴퍼니 Kauai Kookie Kompany

해내페페 Hanapepe

7 솔트 폰드 비치 파크 Salt Pond Beach Park

포트 앨런 항구 Port Allen

10 카우아이 커피 컴퍼니 Kauai Coffee Company

11 비치 하우스 레스토랑
Beach House Restaurant

해변가에 위치한 로맨틱한 오션 뷰 레스토랑. 탁 트인 전망과 수준 높은 음식, 편안한 분위기로 레스토랑 어워드 수상 경력도 화려하다.

ⓘ 찾아가기 HI-540에서 HI-530 Koloa Rd로 진입, Lawai Rd 경유하면 바닷가 쪽 주차 무료 주차

✚ BEST MENU
❶ 그릴에 구운 새우 에피타이저
그릴드 쉬림프 Grilled Shrimp $23

❷ 해변 분위기의 시원한 칵테일 **핑크 레모네이드**
Pink Lemonade $12

CONTINUE

9. 카우아이 쿠키 베이커리&키친	
5km, 6분	
10. 카우아이 커피 컴퍼니	
16km, 20분	
11. 비치 하우스 레스토랑	
2km, 3분	
12. 스파우팅 혼	
5km, 10분	
13. 포이푸 비치 파크	
5km, 7분	
14. 올드 콜로아 타운 센터	
5km, 5분	
15. 포이푸 트리 터널	
12km, 10분	
16. 메네후네 피시폰드 전망대	
Finish	

Area 4 카우아이 · A. 카우아이 추천 드라이브 · COURSE 1 · COURSE 2 · TRAVEL INFO

12 스파우팅 혼
Spouting Horn

고래 등의 숨구멍에서 솟아오르는 물줄기처럼 검은 해안 절벽 틈새에서 뿜어 나오는 시원한 물줄기를 잠시 감상하자.

◎ 찾아가기 Lawai Rd 주행 방향 2km 직진 후 바닷가 쪽에 입구
ⓟ 주차 무료 주차

13 포이푸 비치 파크
Poipu Beach Park

햇살 좋은 카우아이 남서부 최고의 비치 파크. 스노쿨링이 가능하며 저녁 노을과 일몰도 아름다운 해변. 낮에는 희귀 동물 하와이언 몽크실을 만나는 행운을 찾아보자!

◎ 찾아가기 Lawai Rd에서 우회전해 오던 길로 되돌아 Poipu Rd 경유하면 Hoone Rd 바닷가 쪽에 입구
ⓟ 주차 무료 주차

14 올드 콜로아 타운 센터
Old Koloa Town Center

아름드리 나무와 예술품 같은 유머러스한 조각상들이 어우러져 있는 작은 쇼핑센터. 소소한 볼거리가 곳곳에 있는 붉은 건물은 100여 년이 넘는 역사를 지닌 랜드마크다.

◎ 찾아가기 Hoone Rd 경유해 Ala Kinoiki로 진입, Weliweli Rd 교차로로 진입한 후 Koloa Rd로 좌회전
ⓟ 주차 무료 주차

15 포이푸 트리 터널
Poipu Tree Tunnel

유칼립투스 나무를 온 동네 사람들이 마을 입구에 함께 심은 길. 반세기 후 3킬로미터의 나무 동굴이 되어 드라이브 명소가 되었다.

◎ 찾아가기 Koloa Rd에서 HI-520 Maluhia Rd로 진입
ⓟ 주차 정차 없이 주행 통과

16 메네후네 피시폰드 전망대
Menehune Fishpond Overlook

손재주가 좋았다는 전설의 난쟁이들이 하룻밤 사이에 만들었다는 자연 양어장. 하늘이 비치는 연못은 민물고기들이 섬에서 살 수 있는 유일한 안식처다.

◎ 찾아가기 HI-50 동쪽 방향. Hulemalu Rd로 진입하면 왼편
ⓟ 주차 갓길 무료 주차

➕ Travel INFO

여행 핵심 정보

- 현지 여행 패턴을 고려해 동선에 따라 나오는 명소 순서로 배열하였습니다.
- 공원 내 입장료, 주차비 1회 부과 후 전체 이용 가능합니다.

1 푸우 오 킬라 전망대
Puu O Kila Lookout

칼랄라우 계곡 전경 사진을 제대로 찍고 싶다면 반드시 들러야 한다. 시야를 가리는 나무가 많은 칼랄라우 전망대의 전경이 4.9점이라면 푸우 오 킬라 전망대는 5점이라고 할 수 있다. 주변으로 가드레일이 없어 비 온 직후에는 바닥이 미끄러우니 조심할 것. 정상부 주변의 피헤아 트레일(Pihea Trail)의 시작점이기도 하다.

ⓜ 지도 P.546B
ⓢ 찾아가기 렌터카 HI-5500에서 우회전해 Koke'e Rd 도로 끝에 위치 ⓐ 주소 Koke'e Rd, Kapa'a, HI 96746 ⓟ 전화 808-274-3444 ⓘ 시간 공원 24시간 무료 개방, 전망대 일출 후~일몰 전 ⓗ 휴무 연중무휴 ⓒ 가격 $5(1인) ⓟ 주차 $10(차 1대) ⓗ 홈페이지 dlnr.hawaii.gov/dsp

2 칼랄라우 전망대
Kalalau Lookout

카우아이를 상징하는 관광 명소 중 첫손가락에 꼽히는 나팔리 코스트에 생긴 가장 큰 계곡 꼭대기 전망대. 태평양 바다 끝까지 한눈에 볼 수 있는 뷰 포인트다. 고도 1300미터로 세상에서 가장 비가 많이 내리는 곳. 엽서 같은 완벽한 사진을 찍고 싶다면 조금 더 올라가 푸우 오 킬라 전망대로 향할 것!

ⓜ VOL.1 P.66 ⓜ 지도 P.546B
ⓢ 찾아가기 렌터카 550번 Koke'e Rd 18마일마커 부근 표지판 따라 주차장 진입 ⓐ 주소 Koke'e Rd, Kapa'a, HI 96746 ⓟ 전화 808-274-3444 ⓘ 시간 공원 24시간 무료 개방, 전망대 일출 후~일몰 전 ⓗ 휴무 연중무휴 ⓒ 가격 $5(1인) ⓟ 주차 $10(차 1대) ⓗ 홈페이지 dlnr.hawaii.gov/dsp

3 와이메아 캐니언 전망대
Waimea Canyon Lookout

태평의 그랜드캐니언이라 불리는 거대한 협곡으로 색색의 지질 단층이 켜켜이 쌓여 있다. 협곡 안으로 날아 다니는 헬리콥터들이 잠자리만큼 작아 보여 그 웅장함을 비교할 수 있다. 단층이 뚜렷이 보이며 곳곳에 폭포가 숨어 있는 해발 1천 미터 높이에서 시작해 아래로 쩍 벌어진 거대한 계곡은 간혹 풀을 뜯으며 절벽을 타고 올라오는 야생 염소를 볼 수 있으니 유심히 살펴보자.

ⓜ VOL.1 P.60 ⓜ 지도 P.546B
ⓢ 찾아가기 렌터카 550번 Waimea Canyon Dr 10마일마커 부근 표지판 따라 주차장 진입 ⓐ 주소 Koke'e Rd, Waimea, HI 96796 ⓘ 시간 공원 24시간 무료 개방 ⓗ 휴무 연중무휴 ⓒ 가격 $5(1인) ⓟ 주차 $10(차 1대) ⓗ 홈페이지 liveinhawaiinow.com/waimea-canyon/

4 코케에 자연역사박물관
Koke'e Natural History Museum

와이메아 주립공원 정상부는 코케에라는 이름으로도 불리며, 야생 생태계 보존에 심혈을 기울이고 있다. 이 지역에는 다양한 산행로와 야생동물 출현 구간, 사냥 시즌 등이 있고 캠핑장 등 방문객이 이용할 수 있는 시설도 많은 편이다. 코케에 박물관에서 카우아이의 독특한 역사와 자연환경에 대한 전시물은 물론, 정상 산행로의 상세 지도와 산행에 요긴하게 쓸 수 있는 지팡이, 방문 기념품 등을 구할 수 있다.

ⓜ VOL.1 P.193 ⓜ 지도 P.546B
ⓢ 찾아가기 렌터카 Koke'e Rd로 내려와 15마일마커 1/2 지점의 공원 내 위치 ⓐ 주소 3600 Koke'e Rd, Kekaha, HI 96752 ⓟ 전화 808-335-9975 ⓘ 시간 10:00 ~16:00 ⓗ 휴무 부정기 ⓒ 가격 $5(1인) ⓟ 주차 $10(차 1대) ⓗ 홈페이지 www.koke'e.org

5 캡틴 제임스 쿡 동상
Captain James Cook Statue

하와이제도를 발견하고 서양에 알린 영국의 제임스 쿡 선장이 하와이에 처음 도착한 곳이 카우아이의 와이메아, 숨을 거둔 곳은 빅아일랜드. 와이메아 지역 도로변에 있는 청동상 옆에서 재미있는 포즈로 인증 샷을 남기는 방문객이 많다. 도로 주변에 로컬 맛집과 기념품 가게가 많아 지나치기 쉬우니 유심히 살펴보아야 한다.

ⓜ 지도 P.546F
ⓢ 찾아가기 렌터카 HI-50번 도로 23마일마커 부근 First Hawaiian Bank 옆 Ishihara Market 맞은편 ⓐ 주소 Kaumualii Hwy, Waimea, HI 96796 ⓒ 가격 무료 관람 ⓟ 주차 갓길 무료 주차

6 솔트 폰드 비치 파크
Salt Pond Beach Park 무료 주차

전통 방식으로 천일염을 만드는 염전이 있는 솔트 폰드 비치 파크는 생김새가 포이푸 비치와 거의 흡사하다. 해가 더 강한 지역이어서 아이를 동반할 때는 자외선 차단에 특별히 신경 쓰는 것이 좋다. 주말에 피크닉 바비큐를 즐기는 현지 주민들이 많이 찾는다.

VOL.1 P.141 ◎ **지도 P.546I**
찾아가기 렌터카 543번 도로에서 표지판 따라 길 끝 주차장 진입 **주소** Lokokai Road, Hwy 50, Hanapepe, HI 96741 **전화** 808-464-0840 **시간** 일출 후~일몰 전 **휴무** 연중무휴 **가격** 무료 입장 **주차** 무료 주차 **홈페이지** www.kauai.com/salt-pond-beach

7 카우아이 커피 컴퍼니
Kauai Coffee Company 무료 주차

코나 커피와 더불어 하와이를 대표하는 커피 농장으로 코나 커피보다 가격이 저렴한 편이다. 커피 시음, 커피 체험 박물관, 농장 견학과 오픈 테라스 카페를 운영한다. 기념품 숍에서 다양한 로고 용품과 커피를 판매하기 때문에 관광객의 머스트 스톱(Must Stop) 중 하나.

VOL.1 P.193, 265 ◎ **지도 P.546J**
찾아가기 렌터카 540번 도로 14마일마커 부근에서 도로변 표지판 따라 주차장 진입 **주소** 870 Halewili Rd, Kalaheo, HI 96741 **전화** 808-335-0813 **시간** 09:00~17:00 **휴무** 연중무휴 **가격** 커피 시음 무료, 셀프 가이드 커피 농장 견학 무료 **주차** 무료 주차 **홈페이지** kauaicoffee.com

8 스파우팅 혼
Souting Horn 무료 주차

고래가 머리 숨구멍으로 물을 뿜듯이 검은 용암석 해안 해수면 아래 단층면 사이에 생긴 구멍을 통해 파도의 압력으로 물기둥이 15미터 높이로 솟아오르는 독특한 볼거리가 있는 전망대. 주차장 주변으로는 벼룩시장이 있고 맞은편에 보태니컬 가든이 모여 있어 관광버스가 자주 들르는 곳으로 잠시 다리를 쉬어 가기 좋다.

◎ **지도 P.547C**
찾아가기 렌터카 530번 도로 Lawai Rd 끝부분 Allerton Garden 건너 바다 쪽으로 진입하면 주차장 **주소** Lawai Rd, Koloa, HI 96756 **전화** 808-742-7444 **시간** 08:00~18:00 **휴무** 연중무휴 **가격** 무료 입장 **주차** 무료 주차 **홈페이지** www.kauai.com/spouting-horn

9 포이푸 비치 파크
Poipu Beach Park 무료 주차

카우아이 남부 지역을 대표하는 아늑하고 놀기 좋은 해변으로 다수의 리조트와 레스토랑이 해변을 따라 자리하고 있다. 스노클링과 수영을 즐기기 좋고 남서부를 향해 있어 아름다운 석양으로 유명하다. 겨울철에는 오후에 무지개와 일광욕을 즐기는 바다표범 하와이언 몽크실도 자주 볼 수 있다.

VOL.1 P.81, 131 ◎ **지도 P.547D**
찾아가기 렌터카 530번 Poipu Rd 6마일마커 부근 Hoone Rd 교차로 주차장 맞은편 **주소** Hoona Rd, Poipu, Kauai, HI 96756 **전화** 808-742-7244 **시간** 일출 후~일몰 전 **휴무** 연중무휴 **가격** 무료 입장 **주차** 무료 주차 **홈페이지** poipubeach.org/beaches

10 포이푸 트리 터널
Tree Tunnel 무정차 통과

남부 포이푸 지역의 맥브라이드 수목원 단장을 끝낸 후 남은 유칼립투스 나무들을 지역 사회에 기증하면서 마을 사람들이 모여 가로수로 심은 것이 자라 지금의 나무 터널이 되었다. 1992년 허리케인 이니키(Iniki)의 피해로 3킬로미터 남짓의 직진 구간만 남았지만 '포이푸 트리 터널'은 이 마을의 관문이자 명물이다. 유칼립투스의 따스한 품에 안긴 듯 아늑한 드라이브를 즐겨보자.

VOL.1 P.113 ◎ **지도 P.547G**
찾아가기 렌터카 리후에 공항에서 HI-50 남서쪽 6마일마커 지나 520번 도로로 좌회전해 진입 **주소** State Highway 520, Kalaheo, HI 96741 **전화** 808-464-0840 **시간** 24시간 **휴무** 연중무휴 **가격** 무료 입장 **주차** 정차 없이 주행 통과 **홈페이지** www.kauai-kiahuna.com/tree-tunnel.html

11 메네후네 피시폰드 전망대
Menehune Fishpond Overlook 갓길 무료 주차

'메네후네'는 계급이 낮은 사람을 부르는 말이기도 하지만, 원하는 것을 뚝딱뚝딱 만들어내는 특별한 재주가 있고 나무 아래 숨어 사람들 눈에 띄지 않는다는 하와이의 전설적인 난쟁이를 일컫는다. 이 메네후네들이 하룻밤에 만들었다는 천연 양어장으로 민물고기들이 섬에서 살 수 있는 유일한 안식처. 맑은 날 하늘이 비치는 수면이 아름답고 정평난 곳.

◎ **VOL.1 P.97** ◎ **지도 P.547H**
찾아가기 렌터카 HI-50 동쪽 방향, Hulemalu Rd 경유해 왼편으로 진입 **주소** Hulemalu Rd., Niumalu, Kauai, HI 96741 **전화** 808-464-0840 **시간** 24시간 **휴무** 연중무휴 **가격** 무료 입장 **주차** 갓길 무료 주차 **홈페이지** www.kauai.com/menehune-fishpond

12 코케에 로지 레스토랑
Koke'e Lodge Restaurant

BLT Sandwich $18

코케에 박물관과 코케에 로지 레스토랑은 청량한 고도의 산속 넓은 잔디밭 앞에 캠핑 캐빈과 산행을 위한 입구 옆으로 나란히 붙어 있어 한꺼번에 들러보면 좋다. 와이메아 주립공원 내의 유일한 레스토랑으로 몸을 따뜻하게 해줄 커피와 다양한 수프, 샌드위치가 인기다.

⊙ 지도 P.546B
🚗 찾아가기 렌터카 550번 Koke'e Rd 16마일 마커 전 왼편 넓은 잔디밭 안에 건물과 주차장 ⊙ 주소 3600 Koke'e Rd, Hanapepe, HI 96716 ☎ 전화 808-355-6061 ⊙ 시간 월~토요일 10:00~17:00, 일요일 09:00~17:00 ⊙ 휴무 연중무휴 ⊙ 가격 샌드위치 버거류 $16~ Ⓟ 주차 공원 주차비에 포함 ⌂ 홈페이지 www.kokeelodge.com

13 칼라헤오 카페&커피 컴퍼니
Kalaheo Cafe&Coffee Co.

와이메아 주립공원으로 가는 도로변에 위치한 로컬 레스토랑. 이른 아침 칼랄라우 전망대에 오르거나 주립공원에서 내려오는 길에 푸짐하게 먹을 곳을 찾는 관광객과 현지 주민들의 출퇴근 시간에 잘 맞는다. 특히 프렌치 토스트와 방금 내린 커피가 만나기로 유명하다.

⊙ VOL.1 P.246 ⊙ 지도 P.547K
🚗 찾아가기 렌터카 HI-50 서쪽 방향 11마일마커 주변 바다 쪽에 간판과 주차장 ⊙ 주소 2-2560 Kaumualii Hwy, Kalaheo, HI 96741 ☎ 전화 808-332-5858 ⊙ 시간 월~목요일 06:30~14:30, 금~토요일 06:30~14:30, 17:30~21:00, 일요일 06:30~14:00 ⊙ 휴무 연중무휴 ⊙ 가격 조식 $14.50 내외, 런치 $22 내외 Ⓟ 주차 무료 주차 ⌂ 홈페이지 www.kalaheo.com

14 비치 하우스 레스토랑
Beach House Restaurant

카우아이에서 전망 좋고 로맨틱한 곳으로 자주 이름을 올리는 비치 하우스 레스토랑은 포이푸 비치와 쌍둥이 같은 라와이 비치에 위치. 저녁에는 로맨틱한 선셋 디너, 점심에는 눈부신 해변 전망을 바라보며 간단한 샐러드와 하와이식 해산물 요리를 맛보자.

⊙ 지도 P.547C
🚗 찾아가기 렌터카 540번 Lawai 도로 Prince Kuhio Beach 옆 주차장 진입 ⊙ 주소 5022 Lawai Rd, Koloa, HI 96756 ☎ 전화 808-742-1424 ⊙ 시간 11:00~21:00 ⊙ 휴무 연중무휴 ⊙ 가격 런치 $10~25, 디너 $30~50 Ⓟ 주차 무료 주차 ⌂ 홈페이지 www.the-beach-house.com
BEST MENU ① 에피타이저로 좋은 그릴드 쉬림프 Grilled Shrimp $23 ② 상큼한 핑크 레모네이드 Pink Lemonade $12

15 푸카 독
Puka Dog

카우아이 인기 핫도그 전문점으로 '푸카'는 하와이 속어로 '구멍'을 뜻한다. 빵 가운데 소시지와 상큼한 과일 렐리시, 맵기를 조절할 수 있는 머스터드가 들어있다. 레몬을 짜서 즐기는 톡 쏘는 탄산수 레모네이드와 환상의 궁합 렐리시 종류에 따라 카우아이 지명을 메뉴 이름으로 붙인 것이 특징이다.

⊙ 지도 P.547D
🚗 찾아가기 렌터카 브레넥스 비치 브로일러 1층 ⊙ 주소 2100 Hoone Rd, Koloa, HI 96756 ☎ 전화 808-742-6044 ⊙ 시간 10:00~19:30 ⊙ 휴무 연중무휴 ⊙ 가격 푸카독 핫도그 $10, 레모네이드 $5 Ⓟ 주차 무료 주차 ⌂ 홈페이지 www.pukadog.com

16 브레넥스 비치 브로일러
Brennecke's Beach Broiler

카우아이 최고의 해변으로 사랑받는 아름다운 포이푸 비치 전면에 자리 잡은 레스토랑. 캐주얼 아메리칸 스타일의 부담 없는 분위기로 인기 좋은 곳이다. 석양 감상에도 좋은 곳으로 일찍 자리 잡는 것이 좋다. 신선한 하와이 해산물과 채소를 이용한 메뉴를 추천한다.

⊙ VOL.1 P.227 ⊙ 지도 P.547D
🚗 찾아가기 렌터카 HI-50 서쪽 방향에서 HI-520으로 진입, Poipu Rd를 따라 Kihuan와 Poipu Beach 앞 Hoone Rd 교차로에서 좌측 ⊙ 주소 2100 Hoone Rd, Koloa, HI 96756 ☎ 전화 808-742-7588 ⊙ 시간 11:00~23:00 ⊙ 휴무 연중무휴 ⊙ 가격 런치 $20~, 디너 $35~ Ⓟ 주차 무료 주차
BEST MENU 부드럽고 담백한 하와이언 생선 오파 (Opah)의 두툼한 질감을 살린 피시&칩스 Fish&Chips $32

17 일리마 테라스
Ilima Terrace

럭셔리 리조트인 그랜드 하얏트 카우아이 리조트 내 조식과 런치를 전담하는 일리마 레스토랑은 백조와 비단잉어가 노니는 연못이 있고, 해변까지 보이는 전망도 수준급이다. 조식 뷔페가 유명하고 가벼운 단품과 런치 메뉴도 주문할 수 있다.

⊙ 지도 P.547D
🚗 찾아가기 렌터카 Poipu Rd 끝 지점 Grand Hyatt Resort&Spa 내 ⊙ 주소 1571 Poipu Rd, Koloa, HI 96756 ☎ 전화 808-240-6456 ⊙ 시간 조식 06:00~11:00, 런치 11:00~14:00 ⊙ 휴무 연중무휴 ⊙ 가격 조식 뷔페 $52, 런치 $28~45 Ⓟ 주차 셀프파킹, 발레파킹 가능, 주차비 팁 별도
⌂ 홈페이지 kauai.grand.hyatt.com/en/hotel/dining/IlimaTerrace.html

Mahi Mahi Steak $34.50

18 더 프레시 셰이브
The Fresh Shave

올드 콜로아 타운 센터 인근에 모여 있는 상점들 중 긴 줄을 발견한다면 바로 이곳. 인심 좋게 얹은 과일과 알록달록한 색감의 수제 과일청으로 시럽을 대신한 얼음 빙수를 들고 인증샷을 찍는 사람들의 행복한 얼굴을 볼 수 있는 카우아이 셰이브아이스 대표 맛집 중 하나다.

ⓜ VOL.1 P.252 ⓜ 지도 P.547K
ⓜ 찾아가기 렌터카 Poipu Rd와 Koloa Rd 교차로 오른편 상가 내 ⓜ 주소 5356 Koloa Rd Suite C, Koloa, HI 96756 ⓜ 전화 808-631-2222 ⓜ 시간 수~토요일 12:00~17:00 ⓜ 휴무 월·화·일요일 ⓜ 가격 $6(1개) ⓜ 주차 무료 주차 ⓜ 홈페이지 www.thefreshshave.com
BEST MENU 각종 베리를 갈아 만든 얼음 위에 꿀, 바나나, 구운 코코넛 조각을 얹은 **더 프로페서 The Professor $10**

19 카우아이 쿠키 베이커리&키친
Kauai Kookie Bakery & Kitchen

카우아이에서 꼭 사야 할 명물 중 하나. 바삭한 쇼트브레드 쿠키로 커피, 마카다미아 넛, 코코넛, 구아바 등 하와이 특유의 다양한 맛을 느낄 수 있다. 슈퍼마켓 스낵 코너에서 흔히 볼 수 있지만 카우아이 본점은 간단한 요기를 할 수 있는 레스토랑이 함께 있다. 쿠키 제품은 시즌 한정품과 특별 패키지를 만날 수 있으니 지나가는 길에 꼭 들러보자.

ⓜ 지도 P.546I
ⓜ 찾아가기 렌터카 Hanapepe Rd에서 HI-50 서쪽 방향, Puolo Rd 지나면 왼편 ⓜ 주소 1-3959 Kaumualii Hwy, Hanapepe, HI 96716 ⓜ 전화 808-335-5003 ⓜ 시간 08:00~17:00 ⓜ 휴무 추수감사절 당일, 12월 25일, 1월 1일 ⓜ 가격 홀리데이 쿠키 컬렉션 $10 ⓜ 주차 무료 주차 ⓜ 홈페이지 kauaikookie.com

20 올드 콜로아 타운 센터
Old Kolar Town Center

카우아이의 빈티지한 매력을 잘 살린 올드 콜로아 타운은 카우아이의 사탕수수 농장 시대를 추억할 수 있는 히스토리 센터(History Center)와 아기자기한 조형물이 어우러져 노스탤지어 감성을 깨운다. 우쿨렐레 악기점, 스낵숍과 갤러리, 레스토랑 등이 있는 아기자기한 쇼핑센터로 재탄생했다. 크리스마스 시즌에는 전구 장식으로 쇼핑센터 전체를 꾸며 더욱 분위기가 있다.

ⓜ 지도 P.547K
ⓜ 찾아가기 렌터카 530번 Koloa Rd와 Poipu Rd 교차로 사거리 공원 앞 ⓜ 주소 Koloa Rd, Koloa, HI 96756 ⓜ 전화 808-245-4649 ⓜ 시간 09:00~21:00(매장마다 다름) ⓜ 휴무 부정기 ⓜ 주차 무료 주차 ⓜ 홈페이지 oldkoloa.com

21 쿠쿠이 그로브 센터
Kukui Grove Center

카우아이의 행정 수도 리후에 중심가에 위치한 대형 쇼핑센터로 지역 주민들을 비롯해 관광객들도 많이 찾는다. 부근의 리조트까지 매일 정기 운행하는 셔틀버스가 있다. 다양한 브랜드 매장과 메이시스 백화점, 로스 드레스 포 레스(Ross Dress For Less), 롱스 드럭스(Long's Drugs), 타임스 슈퍼마켓과 영화관이 함께 있고 주변에 코스트코가 있다.

ⓜ VOL.1 P.311 ⓜ 지도 P.547H
ⓜ 찾아가기 렌터카 HI-50 서쪽 방향 7마일마커 부근 교차로에 위치, Nawiliwili 항구까지 차로 5분 거리 ⓜ 주소 3-2600 Kaumualii Hwy, Lihue, HI 96766 ⓜ 전화 808-245-7784 ⓜ 시간 월~토요일 09:30~19:00, 일요일 10:00~18:00 ⓜ 휴무 연중무휴 ⓜ 주차 무료 주차 ⓜ 홈페이지 www.kukuigrovecenter.com

22 해내페페 스윙잉 브리지
Hanapepe Swinging Bridge

최근 문화 예술의 거리로 거듭나고 있는 해내페페 마을 안쪽의 숨은 보물 같은 곳. 강 건너 마을과 해변 도로를 잇는 목조 다리는 실제로 주민들이 사용하는 것으로 한 사람이 지나갈 수 있을 만큼 좁고 발을 옮길 때마다 흔들리는 것이 묘한 재미를 준다.

ⓜ 지도 P.546I
ⓜ 찾아가기 렌터카 HI-50 16마일마커 지나서 Hanapepe Town 표지판을 따라 진입 ⓜ 주소 3857 Hanapepe Rd, Hanapepe, HI 96716 ⓜ 시간 24시간 ⓜ 가격 무료 입장 ⓜ 주차 갓길 무료 주차 ⓜ 홈페이지 www.kauai.com/hanapepe-swinging-bridge

23 나팔리 코스트 선셋 크루즈
Na Pali Coast Sunset Cruise

카우아이가 자랑하는 나팔리 코스트는 깎은 듯한 절벽이 태평양과 만나는 아름다운 해안선으로 유명해 많은 할리우드 영화에 등장했다. 배 또는 헬리콥터로만 볼 수 있고 특히 석양 무렵에 산세가 더 잘 보인다. 로맨틱한 나팔리 코스트 선셋 크루즈 대표 업체는 캡틴 앤디스(Captain Andy's)이고, 포트 앨런(Port Allen) 항구에서 출발한다.

ⓜ VOL.1 P.78 ⓜ 지도 P.546I
ⓜ 찾아가기 렌터카 HI-50 서쪽 방향 Port Allen 진입, Waialo Rd 스몰 보트 항구 입구 ⓜ 주소 4353 Waialo Rd #1A-2A, Eleele, HI 96705 ⓜ 전화 808-335-6833 ⓜ 시간 디너 크루즈 15:30~18:00 ⓜ 휴무 연중무휴 ⓜ 가격 나팔리 코스트 선셋 크루즈 $119(1인) ⓜ 주차 무료 주차
ⓜ 홈페이지 www.napali.com

B Northeast
[북동부 카우아이]

아름다운 해안절벽과 백사장이 끝없이 펼쳐지는 낙원 같은 곳

'정원의 섬' 또는 '신들의 정원'이라는 애칭을 가진 카우아이의 북동부 일주는 느긋하고 평온한 해변 풍경이 이어져 렌터카 드라이브로 즐기기 좋은 곳. 시원한 강줄기 따라 카약을, 조용한 해변에서 스노클링을 즐길 수 있는 명소들이 연달아 나오며, 할리우드 영화와 뮤직비디오 단골 촬영지들인 야생의 때 묻지 않은 자연경관이 일품이다. 진정한 하와이의 여유와 낭만을 만끽하고 싶다면 이곳이 정답이다.

북동부 카우아이, 면적은 얼마나 될까?
카우아이는 전체 면적이 1480제곱킬로미터로 제주도보다 작다. 리후에에서 케에 비치에 이르는 북동부 해안 고속도로 총 길이는 약 40마일(64km)로 서울에서 인천공항까지 거리와 비슷하다. 주요 마을로는 카파아(Kapa'a)와 하날레이(Hanalei), 프린스빌(Princeville), 그 외에는 주거지로 보면 된다.

KAUAI 559

MUST SEE 이것만은 꼭 보자!

№. 1
여러 영화에 등장한 시원한 계곡 아래로 떨어지는 두 줄기 폭포
와일루아 폭포 전망대

№. 2
푸른 바다 앞 절벽 위 물새들의 향연과 하얀 등대가 만들어낸 그림 같은 전망 **킬라우에아 등대**

№. 3
아늑한 산맥에 안긴 듯한 모눈종이 같은 타로 밭 전경의
하날레이 밸리 전망대

하와이 최고의 수중 환경과 넓은 백사장을 가진 해변이 많아 액티브한 라이프 스타일을 즐길 수 있다.

인기
★★★★★

카우아이 관광의 꽃으로 불리는 칼랄라우 트레일, 카약 투어와 폭포, 해변 등 다양한 관광지가 대거 밀집

관광지
★★★★★

MUST EAT 이것만은 꼭 먹자!

№. 1
마음껏 믹스&매치를 할 수 있는 취향 저격,
자바 카이의 커피와 브런치

№. 2
아이언맨도 인정한 카우아이 초원에서 키운 소고기 100%, 버바 버거의 **유기농 햄버거**

№. 3
카우아이 정취 가득한 푸드트럭과 시원달달한,
셰이브 아이스

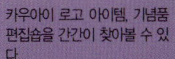

카우아이 로고 아이템, 기념품 편집숍을 간간이 찾아볼 수 있다.

쇼핑
★★★☆☆

〈뉴욕 타임스〉와 할리우드 스타들이 극찬한 숨은 맛집들을 만날 수 있다.

식도락
★★★☆☆

MUST EXPERIENCE 이것만은 꼭 경험하자!

№. 1
금빛 석양이 쏟아지는 로맨틱한 해변의
하날레이 비치 파크 거닐기

№. 2
나팔리 코스트를 걸어서 정복하자,
칼랄라우 트레일 도전하기

№. 3
인적이 드문 잔잔한 바다, 거북이 많은
아니니 비치 파크에서 스노클링

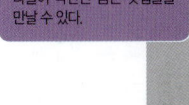

밤 문화는 현지 주민에 한하는 편이다.

나이트라이프
★☆☆☆☆

№. 4
카우아이의 구석구석 숨겨진 보물 같은 볼거리를 찾아서!
헬리콥터 투어

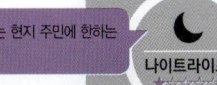

№. 5
비밀의 폭포를 찾아 깊은 산속으로,
와일루아 강 시크릿 폭포 리버 카약

№. 6
때 묻지 않은 자연경관을 자랑하는
케에 비치의 물속 구경하기

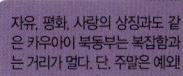

자유, 평화, 사랑의 상징과도 같은 카우아이 북동부는 복잡함과는 거리가 멀다. 단, 주말은 예외!

복잡함
★★☆☆☆

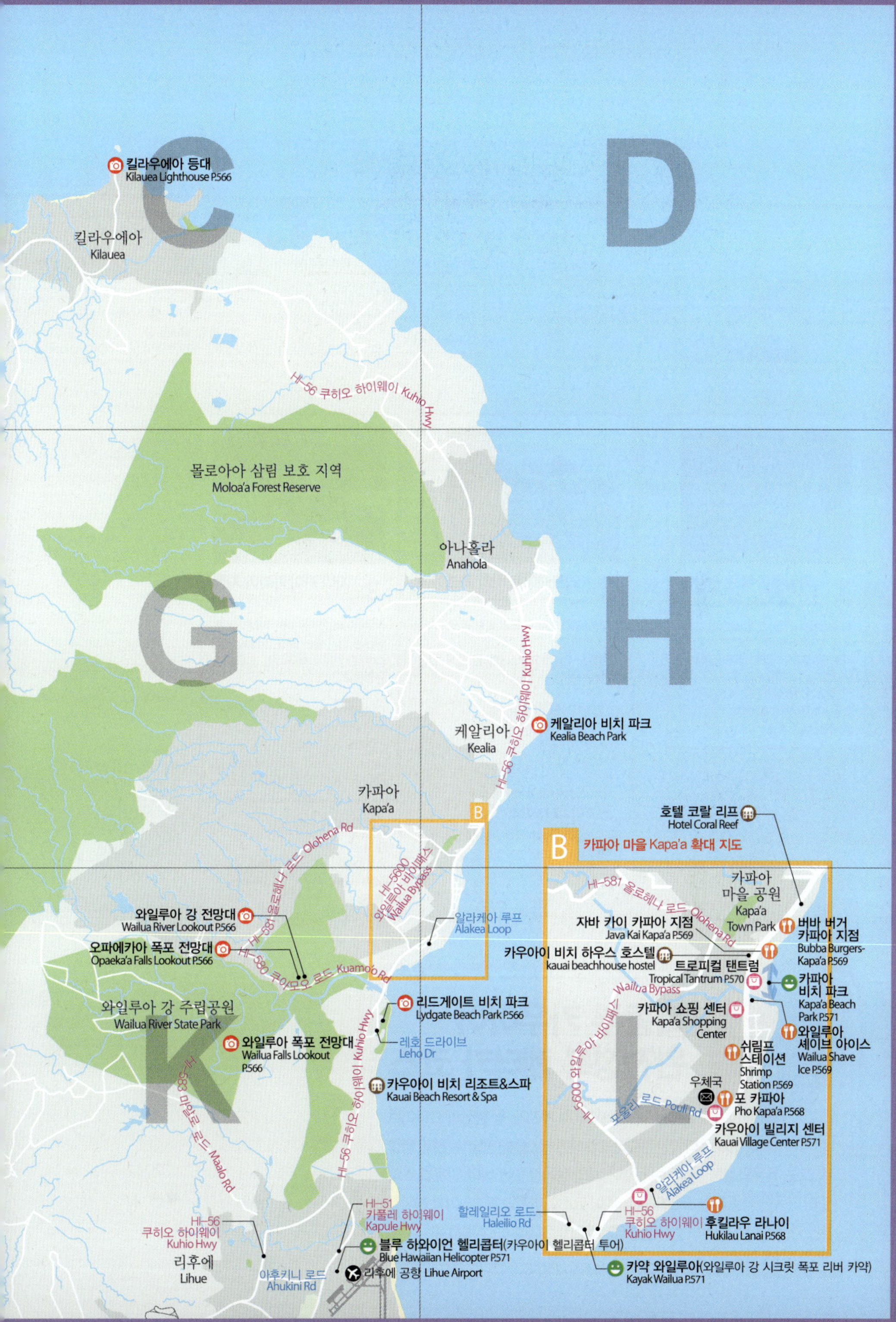

C
D
G
H
K
L
킬라우에아 등대
Kilauea Lighthouse P.566
킬라우에아
Kilauea
HI-56 쿠히오 하이웨이 Kuhio Hwy
몰로아아 삼림 보호 지역
Moloa'a Forest Reserve
아나홀라
Anahola
케알리아
Kealia
케알리아 비치 파크
Kealia Beach Park
카파아
Kapa'a
올로헤나 로드 Olohena Rd
HI-5600 와일루아 바이패스 Wailua Bypass
알라케아 루프
Alakea Loop
와일루아 강 전망대
Wailua River Lookout P.566
오파에카아 폭포 전망대
Opaeka'a Falls Lookout P.566
HI-580 쿠아모오 로드 Kuamoo Rd
HI-581
와일루아 강 주립공원
Wailua River State Park
리드게이트 비치 파크
Lydgate Beach Park P.566
레호 드라이브
Leho Dr
와일루아 폭포 전망대
Wailua Falls Lookout
P.566
카우아이 비치 리조트&스파
Kauai Beach Resort & Spa
HI-583 마알로 로드 Maalo Rd
HI-51
카풀레 하이웨이
Kapule Hwy
HI-56
쿠히오 하이웨이
Kuhio Hwy
리후에
Lihue
아후키니 로드
Ahukini Rd
블루 하와이언 헬리콥터(카우아이 헬리콥터 투어)
Blue Hawaiian Helicopter P.571
리후에 공항 Lihue Airport
B
호텔 코랄 리프
Hotel Coral Reef
카파아 마을 Kapa'a 확대 지도
HI-581 올로헤나 로드 Olohena Rd
카파아 마을 공원
Kapa'a Town Park
자바 카이 카파아 지점
Java Kai Kapa'a P.569
버바 버거 카파아 지점
Bubba Burgers-Kapa'a P.569
카우아이 비치 하우스 호스텔
kauai beachhouse hostel
트로피컬 탠트럼
Tropical Tantrum P.570
카파아 비치 파크
Kapa'a Beach Park P.571
Wailua Bypass
카파아 쇼핑 센터
Kapa'a Shopping Center
와일루아 셰이브 아이스
Wailua Shave Ice P.569
쉬림프 스테이션
Shrimp Station P.569
HI-5600 와일루아 바이패스
우체국
포 카파아
Pho Kapa'a P.568
포울리 로드 Pouli Rd
카우아이 빌리지 센터
Kauai Village Center P.571
알라케아 루프 Alakea Loop
할레일리오 로드
Haleilio Rd
HI-56
쿠히오 하이웨이
Kuhio Hwy
후킬라우 라나이
Hukilau Lanai P.568
카약 와일루아(와일루아 강 시크릿 폭포 리버 카약)
Kayak Wailua P.571

터널스 비치 파크
Tunnels Beach Park

하에나 비치 파크
Ha'ena Beach Park

아니니 비치 파크
Anini Beach Park

케에 비치 12
Ke'e Beach

10 11

루마하이 비치
Lumahai Beach

하날레이 밸리 전망대
Hanalei Valley Lookout

프린스빌
Princeville

칼랄라우 트레일
Kalalau Trailhead

마니니홀로 동굴
Maniniholo Dry Cave

와이코코 비치
Waikoko Beach

8

6

7 하날레이 브
Hanalei Bridge

하날레이 비치 파크
Hanalei Beach Park

터널스 비치 파크 이후 나오는 지역 방문시 온라인 예약이 필요. 하날레이 비치파크 또는 하에나 비치 파크에 주차 후 셔틀이나 도보로 이동한다.

9

더 돌핀 레스토랑
The Dolphin Restaurant

하날레이 국립
야생 동물 보호 구역
Hananeli National
Wildlife Refugee

START

1 와일루아 폭포 전망대
Wailua Falls Lookout

하와이에서 가장 긴 와일루아 강 내륙에 24미터 높이의 폭포가 계곡 아래로 떨어지는 시원한 절경이 일품.

◎ 찾아가기 583번 도로 1마일마커 조금 지나 왼편에 주차장
ⓟ 주차 무료 주차

2 리드게이트 비치 파크
Lydgate Beach Park

카파아 지역 최대 규모의 비치 파크. 인공 방파제가 있어 수영을 못하는 사람들도 안심하고 스노클링을 즐기기 좋은 해변.

◎ 찾아가기 HI-56 북쪽 방향 5마일마커 주변 Leho Dr로 진입 후 Nalu Rd에서 진입
ⓟ 주차 무료 주차

➕ **PLUS INFO**
더욱 수심이 얕고 안전한 케이키(Keiki, 어린이) 비치가 따로 있어 아이 동반 가족 여행지로 퍼펙트!

3 자바 카이 카파아 지점
Java Kai Kapa'a

카우아이의 아침을 여는 카페라는 별명만큼 인기 좋은 로컬 카페로 과일 스무디, 커피와 베이커리, 브런치가 유명하다.

◎ 찾아가기 HI-56 북쪽 방향 8마일 마커 주변 카파아 시내
ⓟ 주차 갓길 무료 주차
IMPORTANT TIP 우회도로 bypass 5600번으로 빠지지 말 것!

➕ **BEST MENU**
❶ 크로아-션- 위치 Croi- sean-wich $15.50

❷ 풍미 좋은 커피 $4.50

리후에-콜로
삼림 보호
Lihue-Koloa
Forest Reser

COURSE 1

북동부 카우아이
완전정복 렌터카 코스

카우아이의 매력에 흠뻑 빠지게 될 환상의 드라이브 코스로 다양한 랜드마크와 해변 명소들을 만날 수 있다. 영화 속 그곳, 특유의 살아 움직이는 듯한 산세와 생동감 있는 바다, 알로하 스피릿이 가득한 작은 마을. 도로의 종점에 이 코스의 마지막 볼거리이자 하이라이트가 등장한다. 시간이 없다면 종점에서 거꾸로 내려와도 무방하다.

START

1. **와일루아 폭포 전망대**

   13.4km, 17분

2. **리드게이트 비치 파크**

   5.22km, 9분

3. **자바 카이 카파아 지점**

   4Km, 10분

4. **킬라우에아 등대**

   20Km, 30분

5. **아니니 비치 파크**

   8.09km, 20분

6. **하날레이 밸리 전망대**

   2km, 15분

7. **하날레이 브리지**

   4km, 15분

   ↓ 뒷면으로 이어짐

Area 4 카우아이

B. 북동쪽 카우아이

COURSE 1

TRAVEL INFO

6 하날레이 밸리 전망대
Hanalei Valley Lookout

초록색 조각 타일을 붙인 듯한 타로밭이 인상적인 하날레이 밸리 전경을 엽서의 사진처럼 내려다보는 전망대.

- **찾아가기** 56번과 560번 교차로 500m 후 왼편에 갓길 주차장과 표지판
- **주차** 무료 주차

4 킬라우에아 등대
Kilauea Lighthouse

카우아이 최북단의 100년 넘은 등대가 절경을 이루는 곳. 자연 속에서 알바트로스와 네네를 만나자.

- **찾아가기** HI-56 북쪽 방향 23마일 마커 지나 오른쪽 Kilauea Rd로 진입
- **주차** 입장료에 (차 1대 $10) 주차비 포함

PLUS INFO
1. 시간이 없다면 등대 박물관 진입 전 막다른 길 오른쪽에 갓길 주차 후 등대 밖에서 해변 전경만 보자.
2. 해 질 녘 주차장 앞 공원은 현지 주민들의 시크릿 자동차 데이트와 석양 뷰 포인트!

5 아니니 비치 파크
Anini Beach Park

수심이 얕고 반짝이는 바다. 물속에 열대어는 없지만 거북이 많아 연인, 가족이 조용한 오후를 보내기 좋다.

- **찾아가기** HI-56 북쪽 방향 24마일 마커 지나서 갓길 주차 후 해변으로 내려가거나 25마일마커 지나서 카운티 비치 파크 주차장 진입
- **주차** 무료 주차

7 하날레이 브리지
Hanalei Bridge

지나가는 것 자체가 신기한 체험! 미국 역사 사적지에 등재된 역사적인 하날레이의 상징물로 유명한 철근 외길 다리(one-lane bride).

- **찾아가기** 560번 도로 1마일마커 지나 경사진 도로를 끝까지 내려가면 철교가 보인다.
- **주차** 정차 없이 주행 통과

PLUS INFO
한 번에 차 한 대만 지나갈 수 있으니 다리에 진입하기 전 맞은편 차량이 건너오고 있다면 기다렸다가 마주 오는 차량이 없을 때 서서히 출발한다.

터널스 비치 파크 이후의 지역 방문시에는 온라인 예약이 필요. 하날레이 비치 파크 또는 하에나 비치 파크에 주차 후 도보나 셔틀로 이동한다.

터널스 비치 파크
Tunnels Beach Park

하에나 비치 파크
Ha'ena Beach Park

케에 비치 12
Ke'e Beach

10 11 마니니홀로 동굴
Maniniholo Dry Cave

루마하이 비치
Lumahai Beach

아니니 비치 파크 5
Anini Beach Park

칼랄라우 트레일헤드
Kalalau Trailhead

와이코코 비치
Waikoko Beach

하날레이 밸리 전망대
Hanalei Valley Lookout

프린스빌 센터
Princeville Center

하날레이 비치 파크 8
Hanalei Beach Park

6 하날레이 브리지
Hanalei Bridge

7

9 더 돌핀 레스토랑
The Dolphin Restaurant

하날레이 국립 야생 동물 보호 구역
Hananeli National Wildlife Refugee

---

8 하날레이 비치 파크
Hanalei Beach Park

4킬로미터 넘는 동그란 하날레이 베이 초입의 항구가 있는 지점. 하와이 일몰 감상 베스트 스폿의 하나.

☺ **찾아가기** 560번 도로 2마일마커 지나 청영 빌리지 센터 코너에서 해변으로 나가는 도로로 빠지면 Weke Rd에 인접한 해변에 다수의 주차장
🅿 **주차** 무료 주차

---

9 더 돌핀 레스토랑
The Dolphin Restaurant

야외에서 하날레이 강을 따라 카약과 패들보드(SUP)를 저어 가는 사람들을 구경하며 칵테일과 신선한 로컬 해산물 요리를 즐겨보자.

☺ **찾아가기** HI-56 북쪽 방향 2마일마커 지나서 청영 빌리지 센터 직전
🅿 **주차** 무료 주차

🟢 **BEST MENU**
❶ 오파카파카를 튀겨 만든 **피시 타코**
Fish Tacos $18

❷ 하와이 바다색을 닮은 칵테일 **블루 하와이**
Blue Hawaii $12.50

---

10 하에나 비치 파크
Haena Beach Park

카우아이를 상징하는 산봉우리 발리 하이(Bali Hai) 아래 펼쳐진 넓은 해변으로 베스트 스노클링 스폿으로 손꼽히는 터널스 비치 파크와 이어져 있다.

☺ **찾아가기** 560번 도로 8마일마커 지나서 오른편으로 주차장
🅿 **주차** 입장료 $5(1인), $10(차 1대)

나팔리 코나 삼림 보호 지역
Napali-Kona Forest Reserve

할레레아 삼림 보호 지역
Halelea Forest Reserve

카와이키니 산
Kawaikini

리후에—콜로아 삼림 보호 지역
Lihue-Koloa Forest Reserve

카우아이
KAUAI

↓ CONTINUE

8. 하날레이 비치 파크
2km, 10분
9. 더 돌핀 레스토랑
9km, 20분
10. 하에나 비치 파크
50m, 도보 1분
11. 마니니홀로 동굴
2km, 5분
12. 케에 비치의 칼랄라우 트레일
Finish

11 마니니홀로 동굴
Maniniholo Dry Cave

걸어 들어갈 수 있는, 사람 키만큼의 공간 벽면에 켜켜이 쌓인 암석층 사이로 샘물이 흘러나오는 이색적인 동굴.

◎ **찾아가기** 560번 도로 9마일마커 지점 하에나 비치 파크 주차장 맞은편 도보 1분
◎ **주차** 하에나 비치 파크 주차장

12 케에 비치 & 칼랄라우 트레일
Ke'e Beach & Kalalau Trail

차로 진입할 수 있는 마지막 케에 비치, 산 위로 카우아이 체험 관광의 백미 칼랄라우 트레일을 잠시 올라보자.

◎ **찾아가기** 560번 도로 10마일마커 주변
◎ **주차** 하에나 비치 파크 주차장. 온라인 예약으로 운영

Travel INFO

여행 핵심 정보

● 현지 여행 패턴을 고려해 동선에 따라 나오는 명소 순서로 배열하였습니다.

1 와일루아 폭포 전망대
Wailua Falls Lookout

세상에서 가장 비가 많은 지역인 와이알레알레 산에서부터 모인 강물이 두 갈래로 나뉘어 90미터 높이의 절벽에서 계곡 아래로 떨어지는 시원한 절경을 자랑하는 폭포. 동쪽 지역에 위치한 만큼 비 갠 아침에는 종종 폭포 위로 무지개가 뜬다. 하와이제도에서 가장 긴 강인 와일루아 강의 내륙에 위치해 연중 폭포수양이 풍부하다.

◎ **지도** P.561K
◎ **찾아가기** 렌터카 583번 도로 1마일마커 조금 지나 왼편에 주차장 진입 ◎ **주소** Ma'alo Rd Hwy 583 Lihue, HI 96766 ◎ **시간** 일몰 후~일출 전 ◎ **휴무** 연중무휴 ◎ **가격** 무료 입장 ◎ **주차** 무료 주차(만차인 경우 갓길 주차, 주차 안내원이 있다)

2 오파에카아 폭포 전망대
Opaeka'a Falls Lookout

와일루아 강 주립공원 내에서 와일루아 강 전망대를 지나 산 쪽으로 깊숙이 자리한 폭포로 연중 일정한 폭포수는 항상 아름다운 모습을 보여준다. 산허리에서 80미터 절벽 아래로 떨어지는 여러 갈래의 아름다운 물줄기를 가진 폭포를 볼 수 있다. 벽에서 둥근 항아리 모양으로 물이 떨어져 '통곡의 벽'이라고도 불리곤 했다.

◎ **지도** P.561K
◎ **찾아가기** 렌터카 580번 도로 1마일마커 지나 공원 주차장에서 화살표 따라 도보 진입 ◎ **주소** Kuamoo Rd, Kapa'a, HI 96746 ◎ **시간** 06:00~18:00 ◎ **휴무** 연중무휴 ◎ **가격** 무료 입장 ◎ **주차** 갓길 무료 주차

3 와일루아 강 전망대
Wailua River Lookout

영화 〈인디애나 존스〉 1편 〈레이더스〉 도입부에 나오는 곳으로 둥글게 굽이쳐 돌아가는 강줄기에 작은 배들이 유유히 떠가는 이국적인 와일루아 강의 지형이 한눈에 보이는 전망 포인트. 걸어갈 수 있는 거리에 폴리아후 신전과 오파에카아 폭포가 있다. 예전에 유명한 관광 명소였던 고사리 동굴(Smith Fern Grotto)까지 이어지며 시크릿 폭포로 가는 카약도 볼 수 있다.

◎ **지도** P.561K
◎ **찾아가기** 렌터카 580번 도로 1마일마커 지나 오파에카아 폭포 주차장 길 건너편 ◎ **주소** Kuamoo Rd, Kapa'a, HI 96746 ◎ **시간** 24시간 ◎ **휴무** 연중무휴 ◎ **가격** 무료 입장 ◎ **주차** 갓길 무료 주차

4 리드게이트 비치 파크
Lydgate Beach Park

카파아 지역 최대 규모의 비치 파크. 거대한 돌을 쌓아 만든 인공 방파제가 있어 수영을 못하는 사람들도 안심하고 즐길 수 있고 스노클링을 하기에 좋은 해변. 케이키라고 부르는 어린이 전용 해수욕장을 비롯해 목조 놀이터와 캠핑장 등 다양한 시설들이 잘 갖춰져 있다.

◎ **VOL.1** P.157 ◎ **지도** P.561K
◎ **찾아가기** 렌터카 HI-56 북쪽 방향 5마일마커 주변 Leho Dr로 진입 후 Nalu Rd로 진입 ◎ **주소** Nalu Rd, Uninc Kauai County, Kauai, HI ◎ **전화** 808-241-4463 ◎ **시간** 24시간 ◎ **휴무** 연중무휴 ◎ **가격** 무료 입장 ◎ **주차** 무료 주차 ◎ **홈페이지** www.kauai.com/lydgate-beach

5 킬라우에아 등대
Kilauea Lighthouse

카우아이 최북단에 위치한 등대로 1913년 지어져 100년의 임무를 마친 후 박물관으로 탈바꿈했다. 야생 조류 보호구역으로 하와이 주를 상징하는 네네라는 이름의 새와 희귀 새인 알바트로스를 볼 수 있는 세상에 몇 안 되는 특별한 곳. 일몰 감상에도 좋다. 등대 위로 올라갈 수도 있으니 방문해 보자.

◎ **VOL.1** P.67, 115 ◎ **지도** P.561C
◎ **찾아가기** 렌터카 HI-56 북쪽 방향 23마일마커 지나 오른쪽 Kilauea Rd로 진입 ◎ **주소** 3500 Kilauea Rd, Kilauea, HI 96754 ◎ **전화** 808-828-1413 ◎ **시간** 목~토요일 10:00~16:00 ◎ **휴무** 매주 일~수요일 ◎ **가격** 유료 입장(16세~ $10) ◎ **주차** 입장료로 주차비 포함 ◎ **홈페이지** www.kilaueapoint.org

6 아니니 비치 파크
Anini Beach Park

수심이 얕고 물결이 잔잔해 스노클링을 즐기기 좋고 연인과 가족들을 위한 로맨틱한 해변으로 알려진 곳. 오른쪽 끝으로 킬라우에아 등대와 야생 조류 보호구역인 무인도의 실루엣을 관찰할 수 있는 베스트 스폿. 수중 환경이 좋지 않아 열대어는 없고 거북은 아직 많다.

📖 VOL.1 P.157 🗺 지도 P.560B
🚗 찾아가기 렌터카 HI-56 북쪽 방향 24마일마커 지나서 갓길 주차 후 해변가로 내려가거나 25마일마커 지나서 카운티 비치 파크 주차장으로 진입
📍 주소 Anini Rd, off Kalihiwai Rd, HI 96721 ☎ 전화 808-274-3444 🕐 시간 일출 후~일몰 전 ⊖ 휴무 연중무휴 💰 가격 무료 입장 🅿 주차 무료 주차
🌐 홈페이지 www.kauai.com/anini-beach

7 하날레이 밸리 전망대
Hanalei Valley Lookout

하와이 전 지역에서 소비하는 타로(토란)의 70%를 수확하는 하날레이의 타로 밭. 타로는 하와이인들의 주식량이다. 네모 조각을 나눠 붙인 듯한 타로 밭이 인상적인 하날레이 마을의 전원 풍경을 전망대에서 한 장의 사진으로 담을 수 있다. 카약이나 스탠드업 패들보드를 타고 타로 밭 옆을 유유히 지나가는 사람들도 볼 수 있다. 전망대에 모여 사는 카우아이 수탉 가족들이 지역 특유의 정취를 자아낸다.

📖 VOL.1 P.133 🗺 지도 P.560E
🚗 찾아가기 렌터카 HI-56과 560번 도로 교차로에서 500m 후 프린스빌 쇼핑센터 맞은편에 갓길 주차장 📍 주소 56 Kuhio Hwy, Princeville, HI 96722 ☎ 전화 808-464-0840 🕐 시간 24시간 ⊖ 휴무 연중무휴 💰 가격 무료 입장 🅿 주차 무료 주차

8 팔리 케 쿠아 하이드웨이 전망대
Pali Ke Kua(Hideway Lookout)

프린스빌 빌리지 내 산책로 주변에 있는 하이드웨이 비치로 내려가는 진입로 옆 전망대. 카우아이의 대표 지형인 발리 하이(Bali Hai) 전경을 감상할 수 있는 포인트. 전망대 옆으로 난 산책로를 따라 내려가면 스노클링 스폿으로 유명한 해변이 나온다. 조용하고 한적하며 여름이 겨울보다 잔잔해서 좋다.

🗺 지도 P.560A
🚗 찾아가기 렌터카 HI-56 북쪽 방향 28마일마커 부근 Ka Haku Rd에서 프린스빌 방향 바다 쪽 📍 주소 5454 Ka Haku Rd, Princeville, HI 96722 🕐 시간 24시간 ⊖ 휴무 연중무휴 💰 가격 무료 입장 🅿 주차 갓길 무료 주차

9 하날레이 브리지
Hanalei Brige

미국 역사 사적지에 등재된 하날레이의 상징물 중 하나로 외길 다리(one-lane bride). 한 번에 차가 한 대밖에 지나갈 수 없으므로 맞은편 차량이 건너오고 있다면 기다렸다가 차량 흐름이 끊기면 출발하는 것이 이 다리의 규칙. 하날레이 브리지로 내려오는 길에 경관 좋은 뷰 포인트가 있으니 놓치지 말자.

🗺 지도 P.560E
🚗 찾아가기 렌터카 560번 도로 1마일마커 지점 지나 경사진 도로를 끝까지 내려가면 철교가 보인다.
📍 주소 56 Kuhio Hwy, Hanalei, HI 967 🕐 시간 24시간 ⊖ 휴무 연중무휴 🅿 주차 정차 없이 주행 통과

10 하날레이 비치 파크
Hanalei Beach Park

'초승달'이라는 뜻의 하와이어 이름처럼 동그란 모양의 아름다운 비치 파크. 해변을 병풍처럼 두른 웅장한 산맥을 향해 뻗은, 과거에 사용하던 항구 구조물은 환상적인 아름다움의 화룡점정이다. 하와이 일몰 감상 베스트 스폿의 하나.

📖 VOL.1 P.80 🗺 지도 P.560B
🚗 찾아가기 렌터카 560번 도로 2마일마커 지나 청영 빌리지 센터 코너에서 해변으로 나가는 도로로 빠지면 Weke Rd에 인접한 해변에 다수의 주차장 📍 주소 56 Kuhio Hwy, Hanalei Beach Park, Hanalei, HI 96714 ☎ 전화 808-274-3444 🕐 시간 일출 후~일몰 전 ⊖ 휴무 연중무휴 💰 가격 무료 입장 🅿 주차 무료 주차 🌐 홈페이지 www.hanaleipier.com

11 와이코코 비치
Waikoko Beach

하날레이 베이 비치 파크에서 블랙팟 항구 반대편 끝쪽 지역으로 내륙의 후미진 만을 따라 얕은 수심과 물속에 박힌 옛 항구 시설의 모습이 특징. 제이슨 므라즈와 콜비 카레이가 부른 '럭키(Lucky)'의 뮤직 비디오 촬영지. 별도의 주차장이 없어서 갓길 주차 후 비탈을 걸어 내려가야 하는 위험 부담이 있어 주로 현지 주민들이 오전에 서핑을 즐기는 곳.

🗺 지도 P.560B
🚗 찾아가기 렌터카 560번 도로 4마일마커 부근 오른편 절벽에서 아래로 보임 📍 주소 HI-560, Hanalei, HI 96754 🕐 시간 일출 후~일몰 전 ⊖ 휴무 연중무휴 💰 가격 무료 입장 🅿 주차 하날레이 주차장 이용

12 하에나 비치 파크
Ha'ena Beach Park

카우아이가 자랑하는 고운 흰모래가 끝없이 펼쳐진 규모가 꽤 큰 해변. 주차, 피크닉, 캠핑이 가능하고 카우아이를 상징하는 해안 절벽 지형인 발리 하이(Bali Hai)를 뚜렷이 볼 수 있으며 카우아이 베스트 스노클링 스폿으로 손꼽히는 터널스 비치 파크가 도보로 연결된다. 이용 시 홈페이지에서 방문 예약과 주차 예약을 각각 완료해야 한다.

VOL.1 P.141 **지도 P.560A**
찾아가기 렌터카 560번 도로 8마일마커 지나 오른편에 주차장 **주소** 560 Kuhio Hwy Ha'ena Beach Park, Hanalei, HI 96714 **전화** 808-464-0840 **시간** 일출 후~일몰 전 **휴무** 연중무휴 **가격** $5(1인) **주차** $10(차 1대) **홈페이지** www.kauai.com/haena-beach

13 마니니홀로 동굴
Manini Holo Dry Cave

해안 고속도로가 끝나기 직전 절벽 아래 생긴 동굴. 걸어 들어갈 수 있는, 사람 키만큼의 공간 벽면에 켜켜이 쌓인 암석층 사이로 샘물이 흘러나오는 이색적인 지형이 궁금증을 자아낸다. 드라이 케이브(Dry Cave)와 웻 케이브(Wet Cave) 2개 동굴이 있다. 웻 케이브는 바닥에 물이 많이 고여 있어 들어가는 것을 추천하지 않는다.

지도 P.560A
찾아가기 렌터카 560번 도로 9마일마커 지점 하에나 비치 파크 주차장 맞은편 도보 1분 **주소** 560 Kuhio hwy Ha'ena Beach Park, Hanalei, HI 96714 **전화** 808-274-3444 **시간** 24시간 **휴무** 연중무휴 **가격** 주민 무료, 관광객 $5(1인) **주차** $10(차1대)

14 터널스 비치 파크
Tunnels Beach Park

카우아이의 해변 중 가장 큰 수중 산호초 지역을 보유한 곳. 각종 열대어와 산호초, 거북, 뱀장어까지 다양한 어종이 있어 어메이징한 스노클링을 즐길 수 있다. 단, 하에나 비치 파크에서 뜨거운 모래밭 위를 1.5킬로미터 정도 걸어가야 한다. 하에나 비치 파크 라이프가드 타워에 표시된 당일 바다 상태를 먼저 확인하자. 이용 시 홈페이지에서 방문 예약과 주차 예약을 각각 완료해야 한다.

VOL.1 P.156 **지도 P.560A**
찾아가기 렌터카 하에나 비치 파크에서 오른편으로 도보 1.5km **주소** 7640 Kuhio Hwy, Hanalei, HI 96714 **전화** 808-274-3444 **시간** 일출 후~일몰 전 **휴무** 연중무휴 **가격** 주민 무료, 관광객 $5(1인) **주차** $10(차 1대) **홈페이지** www.kauai.com/tunnels-beach

15 케에 비치
Ke'e Beach

도로 끝 10마일마커 옆 주차장에서 이어진, 차로 진입할 수 있는 마지막 해변. 때 묻지 않은 해변에 공원 시설이 좋아 둥지를 튼 야생 닭 가족을 자주 볼 수 있다. 스노클링 포인트로 유명하다. 수영에 자신 있다면 스노클링에 도전해 보자. 겨울철에는 파도가 거세고 비가 오는 날이면 입수 금지 표시가 있기도 하니 주의하자. 히메나 비치 파크와 동일하게 예약제로 운영된다.

VOL.1 P.156 **지도 P.560A**
찾아가기 렌터카 560번 도로 10마일마커 주변에 주차장 **주소** End of Hwy 560, Hanalei, HI 96714 **전화** 808-587-0400 **시간** 06:30~18:45 **휴무** 연중무휴 **가격** $5(1인) **주차** $10(차 1대) **홈페이지** Ke'e Beach | Kauai

16 후킬라우 라나이
Hukilau Lanai

카우아이 코스트 리조트 내에 위치한 메인 레스토랑으로 카우아이 동부 지역에서 가장 인기가 좋은 곳 중 하나. 푸짐한 해산물 요리와 와인 리스트가 잘 짜여져 있는 것으로 유명하며 리조트 정원과 해변까지 이어진 고즈넉한 전경이 인상적이다.

지도 P.561L
찾아가기 렌터카 HI-56 북쪽 방향 7마일마커 부근 코코넛 마켓 플레이스 뒤쪽 카우아이 코스트 리조트 내 **주소** Kauai Coast Resort At The Beachboy, 520 Aleka Loop, Kapa'a, HI 96746 **전화** 808-822-0600 **시간** 화~일요일 17:00~21:00 **휴무** 매주 월요일 **가격** 디너 $20, 와인 $20(1병)~ **주차** 무료 주차 **홈페이지** www.hukilaukauai.com

17 포 카파아
Pho Kapa'a

카우아이에 아시아 음식점이 많지 않아 유독 사랑받는 곳. 아삭한 숙주와 차돌박이를 넣은 쌀국수를 맛볼 수 있다. 카우아이 빌리지 센터 내 스타벅스 대각선 맞은편에 위치한다.

지도 P.561L
찾아가기 렌터카 HI-56 북쪽 방향 7마일마커 부근 산 쪽 **주소** 4-831 Kuhio Hwy, Kapa'a, HI 96746 **전화** 808-823-6868 **시간** 10:00~21:00 **휴무** 부정기 **가격** 쌀국수 $10~ **주차** 무료 주차

BEST MENU ① 차돌박이와 어묵을 넣은 쌀국수 **포 위드 래어 스테이크&미트볼** Pho with Rare Steak&Meat Balls $17.95 ② 에피타이저 **프라이드 쉬림프** Fried Shrimp $12

Pho with Rare Steak&Meat Balls $17

Fried Shrimp $12

18 버바 버거 카파아 지점
Bubba Burgers-Kapa'a ★★★★★ 무료 주차

'이보다 더 맛 좋은 버거는 없다' '올웨이즈 주시(Always Juicy)'라는 모토로 햄버거 사랑꾼들의 입맛을 사로잡은 카우아이 로컬 버거 체인. 〈아이언맨〉 촬영 중 이곳에 들른 로버트 다우니 주니어 역시 '엄지척'을 한 맛집. 포이푸에도 지점이 있다.

○ VOL.1 P.229 ○ 지도 P.561L
○ 찾아가기 렌터카 HI-56 북쪽 방향 8마일마커 지나서 Kapa'a Public Library 맞은편 Niu St 지나서 카파아 버거 가기 전 ○ 주소 4 Kuhio Hwy, Kapa'a, HI 96746 ○ 전화 808-823-0069 ○ 시간 10:30~20:00 ○ 휴무 추수감사절 당일 ○ 가격 버거류 $9~, 소다 $4~ ○ 주차 무료 주차 ○ 홈페이지 www.bubbaburger.com

19 쉬림프 스테이션
Shrimp Station ★★★ 무료 주차

코코넛 튀김옷을 입힌 스위트 칠리 새우, 갈릭 스캠피 등 다양한 새우 요리와 밥 두 덩이에 마카로니 샐러드를 곁들인 간편한 메뉴 조합의 플레이트 런치를 맛볼 수 있는 곳으로 오가며 가볍게 들르기 좋다.

○ 지도 P.561L
○ 찾아가기 렌터카 HI-56 북쪽 방향 6마일마커 부근 카우아이 빌리지 센터 세이프웨이 지나서 산 쪽 ○ 주소 4-985 Kuhio Hwy, Kapa'a, HI 96746 ○ 전화 808-821-0192 ○ 시간 11:00~20:30 ○ 휴무 추수감사절 당일 ○ 가격 런치 $15 내외 ○ 주차 무료 주차 ○ 홈페이지 www.theshrimpstation.com

BEST MENU 매콤한 소스의 런치 메뉴 **칠리 쉬림프 플레이트** Chili Shrimp Plate $19

21 와일루아 셰이브 아이스
Wailua Shave Ice ★★★★ 무료 주차

유난히 셰이브 아이스 맛집이 많기로 유명한 조용한 작은 섬 카우아이에서도 코코넛 코스트라 불리는 동부 지역은 교통량이 많아 야외형 쇼핑센터들을 끼고 푸드 트럭들과 과일 시장들이 터를 잡은 곳이 많다. 이 지역에서 한동안 인기를 누리다 사라진 셰이브 아이스 맛집들을 제치고, 샌디에고, 포틀랜드까지 미국 전역으로 진출한 최강 로컬 맛집 답게 정겨운 푸드 트럭과 알록달록한 색감, 신선한 로컬 과일, 자체 개발한 비법 과일청으로 한 번 맛보면 길거리 불량식품이 아니라 고메푸드 같은 놀라움을 느끼게 된다. 라바 플로우, 러브 포션 #9, 오렌지 드림, 드래곤 블러드 같은 강렬하고 알록달록한 색감은 물론, 다진 코코넛, 아이스 밀크 코코넛, 홈메이드 코코넛 크림 등 전혀 다른 여러 질감의 코코넛을 트리플 코코넛 같은 익숙하지만 개성적으로 탈바꿈한 이 곳만의 메뉴들이 색다른 즐거움을 준다. 카우아이 방문 첫날 또는 마지막 날 이 지역을 지난다면 꼭 들려보자.

○ VOL.1 P.253 ○ 지도 P.561L
○ 찾아가기 렌터카 HI-56 북쪽 방향 4마일마커 지나 바다 쪽 ○ 주소 4-1306 Kuhio Hwy, Kapa'a, HI 96746 ○ 전화 808-634-7183 ○ 시간 11:00~17:00 ○ 휴무 추수감사절, 12.25, 1.1 ○ 주차 무료 주차 ○ 홈페이지 www.wailuashaveice.com

BEST MENU ① 상큼한 과일 시럽이 부드러운 코코넛 밀크 사이로 흘러내리는 **라바 플로우** Lava Flow $8.50 ② 다양한 질감의 코코넛이 한데 어우러진 업그레이드 된 아이스크림의 맛 **트리플 코코넛** Tripple Coconut $8.50

20 자바 카이 카파아 지점
Java Kai Kapa'a ★★★★★ 무료 주차

풍미 좋은 커피와 신선한 과일 스무디, 로컬 브런치로 유명한 카페. 음식은 오후 3시까지 주문할 수 있고, 아기자기한 공예 예술품을 전시 판매한다. 내 기호에 꼭 맞춘 에스프레소 음료를 취향대로 주문해 보자. 자바 카이는 카파아와 하날레이에 각각 지점이 있다.

○ 지도 P.561L
○ 찾아가기 렌터카 HI-56 북쪽 방향 8마일마커 주변 카파아 시내 오른편 버바 버거 가기 전 ○ 주소 4-1384 Kuhio Hwy, Kapa'a, HI 96746 ○ 전화 808-823-6887 ○ 시간 06:00~19:00 ○ 휴무 연중무휴 ○ 가격 커피 $3~5, 베이커리 $5 내외, 식사 메뉴 $10~15 ○ 주차 갓길 무료 주차 ○ 홈페이지 www.javakai.com

BEST MENU ① 크루아상 햄 에그 샌드위치 **패들 보더 Paddle Boarder** $9.50 ② 부드러운 **두유 라테 Soymilk Latté** $4.50 ③ 연어와 크림치즈를 얹은 **베이글 락스 Bagel Lox** $10

Paddle Boarder $9.50
Soymilk Latté $4.50
Bagel Lox $10

Tripple Coconut $8.50
Lava Flow $8.50

22 위싱웰 셰이브 아이스
Wishingwell Shave Ice

카우아이 북쪽 해변 하날레이 마을 초입에 자리 잡은 푸드 트럭으로 마을 분위기를 닮았다. 〈퍼펙트 겟어웨이〉 등 다수의 할리우드 영화에 등장했으며 트럭 뒷편에 모던한 감성의 카페를 열어 확장할 만큼 인기가 좋다.

📖 VOL.1 P.253 🗺 지도 P.560E
🚗 찾아가기 렌터카 HI-56 북쪽 방향 2마일마커 지나서 하날레이 마을 초입에 위치 📍 주소 5-5080 Kuhio Hwy, Hanalei, HI 96714 ☎ 전화 808-342-5005 🕐 시간 화~일요일 12:00~16:30 휴무 매주 월요일 💵 가격 셰이브 아이스 $9~ 🅿 주차 무료 주차 🌐 홈페이지 www.wishingwellshaveice.com
BEST MENU 여러 과일의 맛을 한 번에 느낄 수 있는 레인보우 셰이브 아이스 Rainbow Shave Ice $9

23 더 돌핀 레스토랑
The Dolphin Restaurant Hanalei

하날레이 초입에 자리한 레스토랑으로 신선한 해산물 메뉴가 다양하다. 실내석과 야외 테이블로 되어 있으며 친근한 아메리칸 스타일 메뉴와 함께 스시바에서 롤과 포케 등 하와이식 일본 요리를 맛볼 수 있다.

📖 VOL.1 P.133 🗺 지도 P.560E
🚗 찾아가기 렌터카 HI-56 북쪽 방향 2마일마커 지나서 하날레이 마을 초입 오른편 강 어귀 코너 📍 주소 5-5016 Kuhio Hwy, Hanalei, HI 96714 ☎ 전화 808-826-6113 🕐 시간 11:30~21:00 휴무 추수감사절 당일 💵 가격 에피타이저 $14~, 디너 $28~ 🅿 주차 무료 주차 🌐 홈페이지 www.hanaleidolphin.com/index.htm
BEST MENU ① 오파카파카를 튀겨 만든 피시 타코 Fish Tacos $28 ② 하와이 바다색을 닮은 칵테일 블루 하와이 Blue Hawaii $10.50

24 알로하 주스바
Aloha Juice Bar

칭영 빌리지 센터 입구에 자리한 푸드 트럭. 하날레이 마을에서 직접 재배한 유기농 과일과 얼음을 갈아 만든 시원한 주스, 여러 가지 과일을 얹은 달콤 상큼한 아사이 볼이 인기다.

🗺 지도 P.560E
🚗 찾아가기 렌터카 560번 도로 2마일마커 지나서 칭영 빌리지 센터 입구 📍 주소 Ching Young Village Shopping Center, HI-560, Hanalei, HI 96714 ☎ 전화 808-826-6990 🕐 시간 09:00~18:00 휴무 연중무휴 💵 가격 아사이 볼 $5~ 🅿 주차 칭영 빌리지 센터 내 무료 주차 🌐 홈페이지 없음
BEST MENU 과일과 견과류를 듬뿍 얹은 아사이 볼 위드 프루츠 Acai Bowl with Fruits $10~

25 트로피컬 탠트럼
Tropical Tantrum

아일랜드풍 리조트 웨어와 각종 액세서리를 두루 갖추고 있어 하와이언 스타일로 꾸미고 싶은 날 들르면 좋은 숍, 기념품을 구입하기에도 그만이다. 카파아 마을 외에도 카우아이에 여러 지점이 있으며 지점마다 취급 품목과 로고가 달라서 구경하는 재미가 있다.

🗺 지도 P.561L
🚗 찾아가기 렌터카 HI-56 북쪽 방향 6마일마커 지나 바다 쪽 📍 주소 4-1296 Kuhio Hwy, Kapa'a, HI 96746 ☎ 전화 808-822-1882 🕐 시간 09:00~20:00 휴무 추수감사절 당일 🅿 주차 갓길 무료 주차 🌐 홈페이지 www.tropicaltantrum.com

26 카우아이 빌리지 센터
Kauai Village Center

고래 벽화가 그려진 건물이 쉽게 눈에 띄며 와일루아 카파아 지역 주민이 자주 이용하는 쇼핑센터로 세이프 웨이(Safe Way), 푸드랜드(Foodland) 등 대형 슈퍼마켓과 스타벅스, 맥도널드 등이 대거 포진되어 있어 동부 지역의 콘도형 숙소 이용객이 알아두면 좋다.

◎ **지도** P.561L
◎ **찾아가기 렌터카** HI-56 북쪽 방향 7마일마커 부근 산 쪽 ◎ **주소** 4-831 Kuhio Hwy, Kapa'a, HI 96746 ◎ **전화** 808-822-2464 ◎ **시간** 매장마다 다름, 세이프 웨이 24시간 ◎ **휴무** 연중무휴 ◎ **주차** 무료 주차 ◎ **홈페이지** www.kauaichamber.org/list/member/kauai-village-kapaa-205

PLUS TIP 뒤편 산 쪽으로 카우아이의 독특한 지형인 슬리핑 자이언트(Sleeping Jiant)의 실루엣이 가장 잘 보이는 베스트 뷰 포인트!

27 칭영 빌리지 센터
Ching Young Village Center

하날레이 마을의 가장 큰 복합 쇼핑센터 중 하나로 2층 건물. 빅 세이브(Big Save) 슈퍼마켓과 노천 카페로 운영하는 생과일 주스바, 해양 스포츠 용품 전문점, 그 밖에 다수의 레스토랑이 포진되어 있다. 이곳 주차장을 이용하면 하날레이 마을을 걸어다니기에 편리하다.

◎ **지도** P.560E
◎ **찾아가기 렌터카** HI-56 북쪽 방향 7마일마커 부근 코코넛 마켓 플레이스 옆쪽으로 들어가면 카우아이 코스트 리조트 주차장 ◎ **주소** 5-5190 Kuhio Hwy C3, Hanalei, HI 96714 ◎ **전화** 808-826-7222 ◎ **시간** 매장마다 다름 ◎ **휴무** 연중무휴 ◎ **주차** 무료 주차 ◎ **홈페이지** www.chingyoungvillage.com

28 프린스빌 센터
Princeville Center

프린스빌 지역 복합 쇼핑센터로 푸드랜드 슈퍼마켓과 은행, 주유소, 하와이언 뮤직 스토어, 카우아이에서 탄생한 래퍼츠 아이스크림(Lapper's Ice Cream)과 아일랜드 솝&캔들 웍스(Island Soap&Candle Works)의 본점이 있다.

◎ **지도** P.560E
◎ **찾아가기 렌터카** HI-56 북쪽 방향가 끝나고 560번 도로가 시작되는 지점 코너에서 주차장으로 진입 ◎ **주소** 5-4280 Kuhio Hwy, Princeville, HI 96722 ◎ **전화** 808-826-9417 ◎ **시간** 매장마다 다름 ◎ **휴무** 연중무휴 ◎ **주차** 무료 주차 ◎ **홈페이지** www.princevillecenter.com

29 카파아 비치 파크 일출
Kapa'a Beach Park Sunrise

카파아 지역 주민들이 주로 이용하는 비치 파크로 시설이 잘 갖춰져 편리하며 동쪽으로 향한 해변인 만큼 아름다운 일출을 감상할 수 있는 베스트 포인트 중 하나. 해변 앞에는 장장 18킬로미터에 이르는 자전거와 인라인 전용 도로가 있어 현지 주민과 관광객 모두의 사랑을 받고 있다.

◎ **VOL.1** P.86 ◎ **지도** P.561L
◎ **찾아가기 렌터카** HI-56 북쪽 방향 9마일마커 지점에서 해변 쪽 자전거 등 다용도 비치 파크 도로 앞 잔디밭 ◎ **주소** 4-1552 Kuhio Hwy, Kapa'a, HI 96746 ◎ **시간** 24시간 ◎ **휴무** 연중무휴 ◎ **가격** 무료 입장 ◎ **주차** 무료 주차

30 카우아이 헬리콥터 투어
(대표 업체 Blue Hawaiian Helicopters)

거대한 산맥이 섬의 절반 이상을 차지하고 있는 카우아이 내의 협곡과 폭포, 도로가 없는 나팔리 코스트 해안 절벽의 아름다운 경관을 감상할 수 있는 유일한 방법인 헬리콥터 투어 회사 중 가장 대표적인 곳. 밝은색 옷은 헬리콥터 유리창에 자신의 모습이 반사되어 시야 확보가 어렵다. 검은 옷이 없다면 블루 하와이언 로고가 박힌 곤색 유니폼 점퍼를 무료로 빌려 입을 수 있다.

◎ **VOL.1** P.172 ◎ **지도** P.561K
◎ **찾아가기 렌터카** 리후에 공항 항공 화물 건물 맞은편 ◎ **주소** 3651 Ahukini Rd, Lihue, HI 96766 ◎ **전화** 808-245-5800 ◎ **시간** 07:00~20:00 ◎ **휴무** 날씨에 따라 부정기 ◎ **가격** 섬 일주 프로그램 $409~(1인, 1시간, 세금 포함) ◎ **주차** 무료 주차 ◎ **홈페이지** www.bluehawaiian.com

31 와일루아 강 시크릿 폭포 리버 카약
Waihua River Kayak

하와이제도에서 가장 긴 강인 와일루아 강을 카약으로 거슬러 올라가 공중에서 보이지 않는 숲길을 따라 1킬로미터 정도 산행 후 만나는 시크릿 폭포 아래에서 물놀이를 즐기자. 가이드를 동반해 체험하는 것이 좋으며 강물이 잔잔하고 폭포에 그림자가 드리우기 전인 오전에 출발하는 것이 좋다. 카약 와일루아(Kayak Wailua) 웹사이트에서 예약 필수.

대표 업체 Kayak Wailua
◎ **VOL.1** P.179 ◎ **지도** P.561L
◎ **찾아가기 렌터카** HI-56 북쪽 방향에서 Haleilio Rd로 진입 ◎ **주소** 4565 Haleilio Rd, Kapa'a, HI 96746 ◎ **전화** 808-822-3388 ◎ **시간** 07:00~21:00(액티비티 최대 5시간 소요) ◎ **휴무** 추수감사절 당일 ◎ **가격** $115, 세금 포함, 팁 별도) ◎ **주차** 무료 주차 ◎ **홈페이지** kayakwailua.com

32 페달 앤 패들
Pedal n Paddle

하날레이 비치 파크 인근 오션 스포츠 장비 대여점. 자전거, 스노클링, 카약, 스탠드업 패들보드 등의 장비를 대여하고, 상세한 사용 방법 설명과 안전 지침, 수중 환경에 대한 풍부한 지식을 배울 수 있다. 기념품으로 좋은 장식용 물고기와 산호 등 재미있는 볼거리가 많다.

◎ **지도** P.560E
◎ **찾아가기** 렌터카 560번 도로 2마일마커 지점 지나서 청영 빌리지 센터 내 ◎ **주소** 5-5190 Kuhio Hwy, Hanalei, HI 96714 ◎ **전화** 808-826-9069 ◎ **시간** 09:00~18:00 ◎ **휴무** 추수감사절 당일 ◎ **가격** 자전거 대여료 $20(1일), 스노클링 장비 종류마다 다름 ◎ **주차** 무료 주차

33 칼랄라우 트레일
Kalalau Trail

명실상부 카우아이 하이라이트로 손꼽히는 트레일. 비밀스럽고 아름다운 나팔리 코스트 해변 절벽 위로 난 산행로를 따라 때묻지 않은 해변과 폭포를 즐기는 11마일(19km)에 이르는 왕복 코스. 완주는 하루 이상 소요되니 1/2마일 지점 맛보기 코스를 추천한다.

◎ **VOL.1** P.175 ◎ **지도** P.560A
◎ **찾아가기** 렌터카 560번 도로 10마일마커 지점에 위치한 공원 주차장에서 산 쪽으로 트레일 시작점 ◎ **주소** End of Hwy 56 Ha'ena State Park, Hanalei, HI 96714 ◎ **전화** 808-587-0400 ◎ **시간** 24시간(날씨에 따라 부정기) ◎ **휴무** 연중무휴 ◎ **가격** $5(1인) ◎ **주차** $10(차 1대) ◎ **홈페이지** kalalautrail.com(방문 예약, 주차 별도 온라인 예약 필수, 칼랄라우 트레일 완주 시 허가증 필수-홈페이지에서 발급)

자연을 벗 삼은 산행로를 즐겨 찾는 사람들에게 낙원으로 불리는 칼랄라우 트레일의 1마일마커 지점을 지나 걸어 올라가는 등산객의 모습이 여유로워 보인다.

칼랄라우 비치 너머에 자리 잡은 호노푸 밸리는 아름다운 해안 절벽의 정수를 보여주는 곳으로 영화 〈킹콩〉(2005)에서 여주인공과 킹콩이 함께 석양을 감상하던 장면의 배경으로 등장했다.

DAY-45
무작정 따라하기 **디데이별 여행 준비**

D-45
여권 발급 개요

통상 해외 여행은 여권 기한 만료일이 6개월 이상 남아있어야 하나 미국과 한국은 별도 협정에 따라 체류 기간 동안 유효한 여권만 소지하면 된다. 미국 비자가 없는 경우, 비자 면제 프로그램에 따라 미국 전자여행허가제(ESTA)를 통해 하와이 방문 신청을 하자. ESTA 신청은 전자 여권에 한해 가능하며 출국 최소 72시간 전에 신청할 것을 권장한다. 여권은 시, 군, 도청에서 발급하며 보통 일주일 정도 소요된다.

● 여권 발급 안내
구비 서류 신분증, 여권 발급 신청서, 6개월 이내 촬영한 여권용 사진 1매
수수료 전자여권(복수, 10년, 26면) 50,000원(만 18세 미만은 33,000원)
자세한 정보 외교부 여권 안내 홈페이지(www.passport.go.kr)

국제 면허증 개요

해외 여행 시에 필요한 국제 면허증은 여권을 발급받을 때 함께 준비하면 좋다. 유효기간은 1년이며 가까운 경찰서에서도 발급받을 수 있다. 하와이에서 렌터카는 거의 필수 여행 수단이며, 렌터카 이용 시 국제 면허증이 필수 사항은 아니다. 국내 운전면허증을 반드시 함께 제시해야 하니 잊지 말 것.

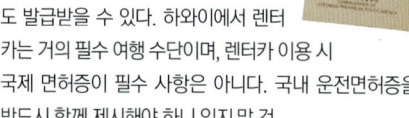

● 국제 면허증 발급하기
구비 서류 여권과 운전면허증, 여권용 사진 1장
발급처 면허시험장 또는 경찰서
수수료 9000원

> **CHECK!**
> 대한민국 여권 소지자는 비자 없이 ESTA를 신청하면 90일까지 하와이 체류 가능. 하와이에서 운전을 할 때는 반드시 국내 운전면허증을 함께 제시해야 한다.

D-38
하와이 여행 정보 수집하기

신혼여행과 배낭여행은 항공권과 숙소, 여행 목적지와 동선을 미리 계획해야 편하고 알차게 즐길 수 있다. 무작정 따라하기 VOL.1의 테마북은 여행을 계획할 때 읽는 것이 좋고 온라인 여행 정보 공유 카페도 발권 전에 가입하는 것이 좋다. 여행 카페에서 다양한 액티비티 상품을 할인된 가격으로 구할 수 있기 때문에 일정과 예산을 잡을 때 유용하다.

● 참고하면 좋은 온라인 하와이 여행 카페
하와이 넘버원 cafe.naver.com/hawaiino1
하와이 전문 여행사에서 운영하며 현지에서 예기치 못한 일이 생겼을 때 빠르고 정확하게 조언을 구할 수 있다.
하와이 여행 디자인 www.cafe.naver.com/floridatour
미국 본토 여행 카페의 한 지역 카테고리에서 현재는 독립적으로 활발히 활동하는 네이버 여행 카페다. 정보와 활동이 가장 많은 편으로 특히 현지에서 유용한 카페 사무실, 아울렛 추가 쿠폰등과 한인 숙소 정보를 참조하면 좋다.

D-33
항공권 예약

미리 구매할수록 저렴한 것이 바로 하와이 항공권! 1년 내내 비수기가 따로 없는 하와이이지만 항공권은 비수기와 성수기 차이가 뚜렷하다. 최근 저가 항공 취항이 늘어나면서 30일 전 발권하는 조건으로 저렴한 항공권이 소셜 커머스 사이트의 핫딜에 자주 등장하니 눈여겨보자.

● 호놀룰루 취항 주요 항공사
대한항공 www.kr.koreanair.com
아시아나항공 www.flyasiana.com
하와이언 항공 www.hawaiianairlines.co.kr

● 항공권 가격 비교 사이트
네이버 항공권 store.naver.com/flights
스카이스캐너 www.skyscanner.co.kr
하와이 넘버원 www.hawaiino1.com

항공권 예약 시 주의 사항

항공권마다 발권일 조건, 유효기간, 하와이 최소 체류일, 수하물, 환불 규정이 다르다. 항공사를 통하면 개인 항공권으로 유효기간이 1년, 하와이 최소 체류일 제약이 없고 수수료 없이 출발일 또는 도착일을 변경할 수 있는 항공권을 구매할 수 있다. 여행사 또는 소셜 커머스에서는 그룹 항공권으로 4박 6일 또는 5박 7일로 정해져 있고, 출발일 또는 도착일 변경과 환불이 불가능한 항공권이 대부분이다. 한국과 하와이 왕복 비행기는 항공사를 불문하고 운항 시간대가 같다. 단, 수하물 규정과 기내식은 저가 항공과 일반 항공이 각각 다르므로 꼼꼼히 따져보고 구입하는 것이 좋다.

● **일반석 수하물 규정**
대한항공, 아시아나항공, 하와이언 항공
1인 공통 23kg, 가방 2개, 기내 반입 1개
23kg을 초과하는 수하물의 경우 개당 10만 원의 초과 요금이 발생한다.

● **주내선 항공편 예약**
국제선에 포함되어 있는 경우 주내선으로 이웃 섬을 방문할 계획이라면 하와이언 항공의 경우 항공권에 이웃 섬 1회 왕복 포함인 경우가 있으니 예약 시 세심하게 따져볼 필요가 있다. 이웃 섬 노선까지 미리 정해야 발권이 가능한 경우도 있으니 어느 섬을 방문할지 계획을 세우자.
별도로 발권하는 경우 하와이언 항공 홈페이지 또는 한국의 여행사, 그 밖에도 프라이스라인(www.priceline.com) 같은 여행 예약 사이트를 통해 주내선을 예약할 수 있다. 국제선과 마찬가지로 다양한 규정과 초과 요금이 있기도 하니 준비 단계부터 확인해야 한다. 평균 왕복 요금은 $150 정도다.

● **주내선 수하물**
현재 하와이 내 섬 간 이동 시, 일반적으로 하와이언 항공, 사우스웨스트 항공을 이용하게 되며 주내선 수하물 규정은 계속 무게 제한이 타이트해지는 경향이 있다. 두 항공사 모두 기내 반입 수하물은 1개(최대 23Kg), 캐리온 개인 소지품 가방(세 변의 합이 157센티미터 이하) 1개로 제한한다. 초과 수하물은 1개인 경우 대략 $30, 2개인 경우 추가 요금이 발생되는데 이 때 꿀팁은 하와이언 항공 마일리지 회원 등록자에 한해 요금이 할인되는 방법이 있다.

> **CHECK!**
> 주내선으로 이동 시에도 일단 호놀룰루에서 수하물을 모두 찾아야 하며 주내선 터미널로 이동하기 전에 다시 짐을 보내야 한다. 면세점에서 산 액체 화장품과 향수를 열었을 경우에는 주내선 기내에 반입할 수 없으니 수하물 속에 넣어야 한다.

D-30
숙소 및 렌터카 예약하기

호텔과 항공 패키지 상품이 아니라면 자신의 여행 목적과 방문하는 섬, 예산과 동선을 고려해 숙소와 렌터카를 예약해야 한다. 《무작정 따라하기 하와이》의 리조트 매뉴얼들을 참고하면 가성비 좋은 호텔 또는 신혼여행의 단꿈에 젖을 수 있는 럭셔리한 리조트들을 살펴볼 수 있다. 렌터카에 대한 정보는 VOL.2 교통편 한눈에 보기(p.358)를 참조하자.

D-25
예산 짜기

하와이 4박 6일 예상 경비(비수기, 1인 기준)

항공권	100만~200만 원 (세금, 유류 할증료 포함)
숙박비	40만~80만 원 (1박 기준, 3~4성급 호텔, 리조트피·주차비 포함)
교통비	15만~25만 원 (1일 기준, 컴팩트 렌터카 풀보험)
액티비티 및 입장료	30만 원 (디너 크루즈+스노클링 또는 서핑 체험+테마파크)
식비	10만~15만 원(1일 기준)
총 비용	약 390만~600만 원(개인 쇼핑 비용 별도)

D-20
전자여권 무비자 방문 신청하기 ESTA

전자여권으로 90일 이내 관광 목적으로 미국을 방문하는 경우 신청하는 무비자 여행 승인서를 말한다. 미국 전자여행허가제(ESTA) 홈페이지에서 신청하는데 곧바로 입국 승인이 되는 것이 아니라 호놀룰루 국제공항 입국 심사대에 승인서를 제출하고 심사를 거쳐야 한다. 승인서에는 하와이 내 체류 호텔의 이름과 주소, 전화번호, 국내 주소지의 영문 표기를 적어야 한다. 여행사에서 소정의 수수료를 받고 대행해 주기도 한다. 신청 방법은 다음을 참조하자.

홈페이지 esta.cbp.dhs.gov/esta **수수료** $21

무작정 따라하기 ESTA 신청하기

홈페이지에 접속해서 'ESTA 신청하기'를 누르면 1단계부터 6단계까지 신청서 작성 내용이 나오며 단계별로 양식에 맞게 영어로 기재한다. 홈페이지는 한국어 지원이 되기 때문에 개요를 알고 순차적으로 접근하면 무리 없이 진행할 수 있다. 하와이 내 호텔 이름과 주소, 수수료를 결제할 카드와 여권을 가지고 시작하면 된다. 필수 항목은 반드시 기재해야 하고 미국 내 비상 연락처 등 선택 항목은 'UNKNOWN'으로 표기할 수 있다.

ESTA 유효기간 신청일로부터 2년(신상 정보에서 제공한 이메일 주소로 만료 60일 전에 알림 메일이 온다)

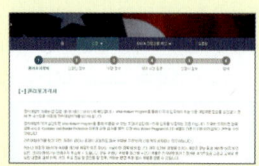

❶ 'ESTA 신청하기'를 누르면 1단계는 제공하는 정보에 대한 열람 및 공유를 목적으로 하며, ESTA 신청을 했더라도 호놀룰루 입국 심사대에서 최종 결정되므로 ESTA 자체가 미국 입국을 승인하는 것은 아니라는 내용이다. [다음]을 클릭한다.

❷ 2단계에서 신청인 정보를 기입하는데 여권의 개인 정보와 일치해야 한다. 여권의 이름과 성, 성별, 여권 번호와 부모님 성함을 영문으로 기입한다. 또 신청인의 이메일 주소와 거주지 주소를 영문 표기법에 맞게 기재한다. [다음]을 클릭한다.

❸ 여행 정보 작성은 미국 내에서 체류할 곳의 주소를 기재한다. 호텔의 정식 이름과 주소를 적는 것이 좋으며, 여러 예약이 있을 경우 대표적인 곳으로 설정한다. [다음]을 클릭한다.

❹ 자격 요건 질문 단계에서는 규제 품목을 반입하거나 질병 유무, 테러 등 여행 금지 목적을 확인하는 것이므로 해당 사항이 없다면 모두 '아니오'에 체크한다. [다음]을 클릭한다.

❺ 마지막으로 모든 항목을 다시 한 번 검토한 후 본인이 직접 작성했음과 본인 인적 사항을 다시 한 번 확인 기재한다. [다음]을 클릭한다.

❻ 마지막으로 신용카드로 수수료 지불 방식을 선택한 후 카드 결제를 완료하면 ESTA 신청 번호와 함께 신청 확인증이 나온다. 지불을 마치면 신청이 종료된 것이며 이 페이지 또는 이메일 확인증을 출력해 두는 것이 좋다.

D-15
환전하기

미국 달러로 환전하며 여행 일정과 예산에 맞춰 과하지 않게 환전하는 것이 좋다. 하와이에서 사용 가능한 신용카드(VISA, AMEX, Mastercard 등)를 함께 가져가자. 해외 신용카드는 여권과 신용카드 앞면의 영문명이 일치해야 한다. 1달러, 5달러, 10달러, 20달러 등 도착 직후 바로 사용 가능한 종류의 지폐를 반드시 섞어서 환전하는 것이 포인트!

tip 도착 후 택시 팁
공항 카트 등에서 1달러가 많이 사용되기 때문에 1달러는 쉽게 꺼낼 수 있는 곳에 따로 넣어두는 것이 좋다.

D-10
여행자 보험 가입

환전 은행 또는 여행사에서 무료로 가입해 주기도 하지만 보장이 턱없이 부족한 경우가 대부분이니 내용을 꼼꼼히 확인하는 것이 좋다. 일주일 이내 여행의 경우 1만 원대로 가입 가능하니 여행자 보험만은 꼭 챙기자. 공항에서도 가입 가능하지만 병원 방문과 분실물에 대한 보장이 같다 하더라도 보험료가 많이 비싼 편이니 미리 인터넷으로 가입해 보험증서를 출력해 두는 것이 좋다. 기존에 가입한 보험사가 있다면 홈페이지에서 간단하고 저렴하게 조회 후 가입할 수 있다.

● **휴대폰 해외 서비스 신청하기**

하와이 여행 시 스마트폰 통신은 심카드(SIM), 로밍(Roaming), eSIM 세 가지 방식 중 하나를 선택하면 된다. 심카드는 공항이나 현지 매장 여행 기간별로 다른 금액대의 심카드를 구매해 교체하는 방식으로, 저렴하고 간편하다. 로밍은 국내 통신사 서비스를 그대로 사용하는 방식으로, 요금은 다소 비싸지만 번호 유지가 가능해 편리하다. eSIM은 별도로 구매가 필요 없이 휴대폰에서 설정하는 방식으로 미국 통신망을 바로 사용할 수 있어 아이폰과 삼성 갤럭시의 최신폰 사용자에게 인기다. 여행 기간과 사용량, 데이터 중심인지 음성통화가 필요한지에 따라 가장 적합한 방식을 선택하면 된다.

tip 이웃 섬의 외딴 해변, 바다 위 등은 로밍이나 심 카드를 교체한다 하더라도 핸드폰 통신이 안 되는 경우가 많으니 잘 따져서 선택하면 요금 걱정 없이 알뜰하게 핸드폰을 사용할 수 있다.

D-8
짐 꾸리기

하와이에서 필요한 각종 여름옷과 비치 웨어, 물에 젖은 용품을 담을 비닐 백, 비치 샌들과 상비약, 평소 복용하는 약 등을 챙긴다. 몸에 지니는 가방에는 여행 바우처(voucher)와 돈, 여권 등을 넣어둔다. 멀미약, 두통약, 소화제 등 비행 직후부터 사용할 수 있는 약은 여분을 따로 빼서 손 닿기 쉬운 곳에 넣어둔다.

● **체크 리스트**
- ☐ **여권** 만료일이 6개월 이상 남아 있는지 확인한다.
- ☐ **항공권** 출국일과 귀국일을 확인하고 이티켓을 출력한다.
- ☐ **여권 사본** 핸드폰으로 사진을 찍어서 여권 대신 가지고 다닌다.
- ☐ **현금** 소액권 위주로 환전한다.
- ☐ **신용카드** 해외에서 사용 가능한지 뒷면 서명과 앞면 영문명을 확인한다.
- ☐ **여행자 보험** 증서를 출력해서 가지고 다닌다.
- ☐ **호텔** 바우처를 미리 출력하거나 휴대폰에 이미지를 저장해 둔다.
- ☐ **여행 가방** 예약한 항공사의 수하물 규정에 맞춰 준비한다.
- ☐ **옷** 여름옷은 물론 에어컨이 빵빵한 실내에서 입을 옷과 산에 오를 때 필요한 방한복까지 준비한다.
- ☐ **속옷** 하와이의 날씨와 잦은 물놀이를 대비해 넉넉히 준비한다.
- ☐ **신발** 발이 편한 운동화와 샌들을 준비한다.
- ☐ **세면도구** 자외선 차단제는 필수, 일회용 세면도구와 함께 챙긴다.
- ☐ **카메라** 메모리 카드와 충전기를 함께 챙긴다.

- ☐ **멀티 콘센트** 하와이 규격에 맞는 110V 멀티 어댑터를 챙긴다.
- ☐ **차량용 충전기** 렌터카에서 사용할 차량용 충전기를 준비한다.
- ☐ **상비약** 연고, 반창고, 진통제, 해열제, 소염제, 물놀이 후 자주 발생하는 피부염과 방광염 약을 준비하는 것이 좋다.

D-1
최종 점검 리스트 확인

● 항공사나 여행사, 호텔, 액티비티 예약에서 변경 또는 취소된 내용이 있는지, 또는 빼먹은 물건이 있는지 다시 한 번 확인한다.

● 코로나 관련 서류(코로나 음성 PCR 테스트, 백신접종 증명서 등)는 출국 전 48시간 안에 받을 준비한다.

D-DAY
출국하기

● **공항으로 이동하기**
최소한 비행기 이륙 3시간 전에 인천공항에 도착한다. 도심 공항 터미널에서 미리 탑승 수속을 하거나 인천국제공항의 스마트패스(SmartPass)를 등록하면 수속이 효율적이다.

● **탑승 수속**
예약 항공사 카운터에서 탑승 수속을 한다. 기내 수하물은 소지하고 수하물표는 비행기 티켓과 함께 챙긴다. 기내 반입 금지 물품을 소지하고 있지 않은지 다시 한 번 확인한다.

tip **기내 반입 금지 물품** 한국교통안전공단에서 운영하는 항공보안365 사이트(www.avsec365.or.kr)를 통해 기내 및 위탁 수하물 반입 금지 물품을 검색해서 확인할 수 있다.

● **출국 심사**
비행기 티켓과 여권을 가지고 휴대품 보안 검사 후 출국장으로 이동한다.

● **면세품 인도**
미리 면세점에서 구입한 물건이 있다면 면세점 인도장에서 교환권 번호 또는 여권으로 조회 후 물품을 찾는다.

● **비행기 탑승**
비행기 티켓에 적힌 게이트로 이동해 출발 시간 최소 30분 전에 게이트에 도착한다.

OUTRO
무작정 따라하기 : 상황별 여행 회화

입국 심사대에서

두근두근, 조마조마, 입국 심사대에서 면접관은 무엇을 확인할까? 더 이상 두려워하지 말자. 무작정 따라하기 입국 심사대 영어 회화를 알아두면 그들이 원하는 대답을 할 수 있다. 자신 있게 큰 소리로 대답하고 지시에 따라 지문 등록, 여권 사진과 귀 모양이 일치하는지 확인 후 입국 도장을 받으면 끝! '땡큐(Thank you)!' 대신 '마할로(Mahalo)~!'라고 하는 것을 잊지 말자.

입국 목적 확인
Q_ 하와이 방문 목적이 무엇입니까?
What is your purpose of visit?
좋은 답 A_ 휴가차(관광/신혼여행) 왔습니다.
For a holiday(sightseeing/honeymoon).

미국(하와이) 방문 경험 확인
Q_ 하와이에 오신 적이 있습니까?
Have you visited Hawaii before?
A_ 하와이는 처음입니다(재방문입니다).
No, It's my first time(Yes, I have).

체류 장소 확인
Q_ 숙소가 어디입니까?
Where are you staying?
좋은 답 A_ 힐튼 하와이언 빌리지 리조트입니다.
I will stay at the Hilton Hawaiian Village.

체류 기간 확인
Q_ 얼마 동안 머무는 거죠?
How long are you staying in Hawaii?
좋은 답 A_ 4박이오.
Four nights.

공항에서

창가 쪽(통로 쪽) 좌석으로 주세요.
Window seat(Aisle seat), please.

마일리지 적립해 주세요.
Please add it to my mileage points.

기내에 가방 몇 개까지 가져갈 수 있나요?
How many bags can I carry onto the plane?

제 짐을 못 찾겠습니다.
I can't find my luggage.

분실물 센터는 어디입니까?
Where is the lost and found?

환전소에서

잔돈으로 바꿔주세요.
Could you break this for me?

25센트짜리 동전이 필요합니다.
I would like to buy quarters.

대중교통 이용할 때

앞으로 얼마나 더 가야 하나요?
How much longer will it take?

요금이 얼마인가요?
How much do I owe you?

알라모아나 센터 가나요?
Are you headed for Ala Moana Center?

호놀룰루 국제공항 대한항공 출국 터미널로 가주세요.
Honolulu International Airport, Korean Air, Departure, Please.

와이키키까지 가는 데 택시비가 얼마나 나올까요?
How much will it cost to go to Waikiki by taxi?

에어포트 셔틀은 유료인가요?
Do they charge for an Airport Shuttle?

호텔에서

박재서라는 이름으로 4일 예약했습니다.
My reservation is under the name of Park Jaeseo, for 4 nights.

하루 더 숙박이 가능한가요?
Can I extend my stay by one night?

객실 체크인이 가능할 때 짐을 방으로 옮겨주세요.
When my room is ready, take my luggage in the room for me, please.

4시까지 짐을 맡길 수 있을까요?
Could you keep my luggage until 4pm?

아침 식사는 포함되어 있나요?
Is my reservation including breakfast?

카드 키를 방에 두고 나왔는데, 하나 더 만들어줄 수 있나요?
I've locked out myself, could you issue another key for me?

객실 청소 좀 해주세요.
I would like to have my room made up now.

식당에서

금연석(흡연석)으로 주세요.
Non-smoking(Smoking), please.

여기는 뭐가 맛있나요?
Please recommend me the most popular menu here.

메뉴판은 두고 가세요.
I would like to hold on to the menu for a while.

지금 주문할게요.
I am ready to order now.

이거 주세요.
I will have this one.

나눠 먹을 겁니다. 앞접시 좀 가져다주세요.
We will all share. Could you bring share plates?

카드로 계산하겠습니다.
I would like to pay by credit card.

영수증 주세요.
Can I have a receipt?

약국/병원에서

조금 어지럽고 열이 나요.
I feel dizzy and feverish.

목이 아프고 콧물이 나요.
I have a sore throat and runny nose.

멀미약(뱃멀미약) 좀 주세요.
I would like to take motion sickness(seasick pills), please.

설사를 해요.
I have diarrhea.

쇼핑센터에서

빅토리아 시크릿은 어디 있나요?
Where is the Victorias's Secret in here?

이 제품 사진 찍어도 되나요?
Is it OK to take a picture of this?

입어봐도 되나요?
Can I try it on?

그냥 둘러보는 거예요.
I'm just looking, thank you.

교환이나 환불받을 수 있나요?
Can I get an exchange or refund?

긴급 상황

비행기를 놓쳤어요.
I just missed my plane.

여권(지갑/핸드폰)을 분실했어요.
I lost my passport(wallet/cell phone).

렌터카(택시)에 짐(핸드폰)을 놓고 내렸어요.
I left my bag(cell phone) in the car(taxi).

당장 경찰(구급차) 좀 불러주세요.
Please call for police(an ambulance) in a hurry.

현지에서 사용하는 하와이 회화와 단어

→ 지나가는 사람과 눈이 마주치거나 만나고 헤어질 때 일반적으로 하는 인사
알로하~! Aloha~!

→ 감사합니다.
알로하 Aloha. 또는 마할로 Mahalo.

→ 어서 오세요, 환영합니다.
에 코모 마이 E KOMO MAI.

→ 주차해도(먹어도) 되나요?
Can park(eat)?

→ 안 됩니다.
No can park(eat).

남자 카네 Kane
여자 와히네 Wahine
어린이 케이키 Keiki
할머니, 할아버지 카후나 Kahuna
산 쪽 마우카 Mauka
바다 쪽 모아나 Moana
맛있다 오노 Ono

INDEX

①
2400 패런하이트_ 510
53 바이 더 시_ 221, 440

Ⓐ
A베이(아내호오말루 비치)_ 128
ABC 스토어_ 277, 321, 399
H 마트_ 444
KCC 파머스 마켓_ 422
L&L 드라이브인_ 202
PF 챙스_ 233, 404
T갤러리아 DFS_ 309, 400
TJ 맥스_ 444

ㄱ
가든 오브 에덴 수목원_ 191, 486
겐키 스시_ 315
고마 테이 라멘_ 232
그랜드 와일레아, 월도프 아스토리아 리조트_ 342
그랜드 하얏트 카우아이 리조트 & 스파_ 340
그린 샌드 비치_ 507
그린월드 커피 팜_ 419
그린웰 커피 농장_ 264, 509

ㄴ
나카렐레 블로홀_ 463
나팔리 코스트 선셋 크루즈_ 78, 557
나팔리 코스트 헬리콥터 투어_ 172
나필리 베이_ 463
노드스트롬 랙_ 279, 280, 401, 443
노스 쇼어 드라이브_ 109
노스 쇼어 서프 숍_ 427
누우아누 팔리 전망대_ 419
니코 피어 38 피시 마켓_ 441

ㄷ
다 오노 하와이언 푸드_ 203, 419
다이아몬드 헤드 스테이트 모뉴먼트_ 50, 393
다이아몬드 헤드 정상 트레일_ 176
다이아몬드헤드 그릴 & 카페_ 420
더 가제보_ 244, 464
더 돌핀 레스토랑_ 133, 570
더 레스토랑 앳 하나-마우이_ 245, 485
더 로열 그로브_ 405
더 로열 하와이언 리조트,_ 341
더 리츠칼튼 레지던스_ 341
더 림 앳더 볼케이노 하우스_ 223, 514
더 베란다 앳더 비치 하우스_ 123
더 숍스 앳 와일레아_ 127
더 프레시 셰이브_ 252, 557
데버스테이션 트레일_ 514
데이브&버스터_ 269
데이브스 아이스크림_ 255, 421
돈키호테_ 202, 329, 444
돌 플랜테이션_ 186, 423
동부 해안 드라이브_ 108
듀크 카하나모쿠 동상_ 392
듀크스 레스토랑_ 225, 396
드래곤 티스_ 463
디즈니 아울라니 리조트&스파_ 346, 445
딘 앤드 델루카_ 399

ㄹ
라나이 전망대_ 416
라니아케아 비치_ 418
라니카이 비치_ 85, 417
라니카이 주스_ 422
라우리마 팜 푸르츠 스탠드_ 486
라우파호에호에 기차 박물관_ 95
라이에 포인트 전망대_ 418
라하이나 마을(알로하 믹스트 플레이트Aloha Mixed Plate)_ 462
라하이나 반얀트리 공원_ 94
라하이나 캐너리 몰_ 310, 465
래퍼츠 아이스크림&커피_ 255
럼파이어_ 268
레오나즈 말라사다_ 316
레오나즈 베이커리_ 258, 420
레이즈 키아베 브로일드 치킨_ 426
레인보우 드라이브인_ 198, 420
레인보우 브리지_ 425
레전드 시푸드 레스토랑_ 233, 440
렐레이위 전망대 트레일_ 473
로라 이모네_ 426
로스 드레스 포 레스_ 400, 444
로열 모아나 비치_ 392
로열 하와이언 센터_ 309, 399
로이스 레스토랑_ 210, 396
로이스 와이콜로아 바&그릴_ 527
로이스 와이콜로아 바&그릴 빅아일랜드_ 211
로이스 카아나팔리_ 211
롱스 드럭스_ 325, 401
루스 크리스 스테이크하우스_ 239, 398
리드게이트 비치 파크_ 157, 566
리츠 칼튼 카팔루아_ 342, 465
릴리우오칼라니 파크&가든_ 531
릴리하 베이커리_ 258, 442

ㅁ
마니니홀로 동굴_ 568
마루카메 우동_ 232, 397
마마스 피시 하우스_ 222, 485
마우나 라니, 오베르쥬 리조트 컬렉션_ 343
마우나 로아 마카다미아 넛 팩토리_ 510
마우나 케아 정상 트레일_ 528
마우나 케아 천문관측소_ 74

마우이 다이버스 주얼리_ 277
마우이 로티서리 치킨_ 200
마우이 브루잉 컴퍼니_ 271, 398
마우이 브루잉 컴퍼니 카아나팔리_ 464
마우이 와이너리_ 190, 487
마이 타이 바_ 268, 394
마이크스 홀리홀리 치킨_ 200, 422
마츠모토 그로서리 스토어_ 250, 425
마카푸우 등대_ 117
마카푸우 전망대_ 63, 416
마카푸우 포인트 등대 트레일_ 422
마카푸우 포인트 라이트하우스 트레일_ 177
만타레이 나이트 다이브_ 511
말리에 카이 초콜릿_ 405
매직 아일랜드_ 438
매켄지 주립공원_ 508
메네후네 피시폰드_ 97
메네후네 피시폰드 전망대_ 555
메리맨_ 215, 442
메리맨 레스토랑_ 214
메리맨 레스토랑 빅아일랜드_ 214, 526
메리맨 마우이_ 465
모아나 서프라이더 리조트_ 402
모아나 서프라이더 웨스틴 리조트&스파_ 346
모쿠 하와이_ 159
모쿠 하와이 서핑 레슨_ 401
모쿠아이카우아 교회_ 506
모튼스 더 스테이크하우스_ 237
몰로키니 분화구 스노클링_ 473
몰로키니 스노클링 트립_ 152
몽키포드 키친_ 440
몽키포드 키친 바이 메리맨_ 215
몽타쥬 카팔루아 베이_ 342
무수비 카페 이야스메_ 197, 394
무지개 식당_ 316
미가원 본스 치킨_ 230
미나스 피시하우_ 441

ⓑ
바난_ 257
버니스 파우아히 비숍 박물관_ 184, 438
버바 버거_ 229
버바 버거 카파아 지점_ 569
베란다 앳더 비치 하우스_ 393
벨로즈 필드 비치 파크_ 417
보가츠 카페_ 420
볼케이노 아트 센터_ 513
볼케이노 와이너리_ 192, 511
뵤도인 사원_ 417
부츠&키모스_ 245, 247, 421
브레넥스 비치 브로일러_ 227, 556
블루 하와이언 라이프스타일 카페_ 257
비치 트리 바&라운지_ 223, 527
비치 하우스 레스토랑_ 556
빅 비치_ 472
빅아일랜드 사우스 포인트(칼라에)_ 116
빅아일랜드 캔디즈_ 532
빅웨이브 쉬림프 트럭_ 427
빅토리아 시크릿_ 400

ⓢ
사우스 쇼어 마켓_ 443
사우스 포인트(칼라에)_ 507
색스 피프스 애버뉴_ 401
샘 초이 카이 라나이_ 199, 212, 509
서스턴 용암 동굴_ 514
서프 앤 시_ 427
선셋 비치_ 71, 418
선셋 세일 카타마란_ 401
세이프 웨이_ 323
세포라_ 400
소하 리빙 할레이바_ 427
솔트 폰드 비치 파크_ 555
숍스 앳 마우나 라니_ 528
수이산 피시 마켓_ 532
쉐라톤 리조트 와이키키_ 347

쉐라톤 마우이 리조트&스파_ 125, 349, 465
쉐라톤 카우아이 리조트_ 131, 350
쉬림프 스테이션_ 569
슈가 비치 베이크 숍_ 259
슈가 코스트 캔디_ 532
스위트이즈 카페_ 419
스카이 다이브 하와이_ 167
스카이 와이키키_ 398
스타 오브 호놀룰루 디너 크루즈_ 220
스타 오브 호놀룰루 크루즈_ 445
스팀 벤츠_ 513
스파우팅 혼_ 555
스펜서 비치 파크_ 76, 525
시 하우스 레스토랑_ 464
시라이프 파크_ 182, 423
시암 스퀘어_ 398

ⓞ
아내호오말루 비치_ 525
아니니 비치_ 157
아니니 비치 파크_ 567
아오키 셰이브아이스_ 251, 426
아웃리거 코나 리조트&스파_ 350, 511
아이작 할레 비치 파크_ 508
아일랜드 라바 자바_ 245, 247, 508
아일랜드 빈티지 커피_ 251, 257, 405
아일랜드 셰프_ 485
아일랜드 솔_ 280
아카카 폭포 주립공원_ 528
안다즈 마우이 앳 와일레아_ 342
알라모아나 센터_ 296, 443
알라모아나 호텔_ 348
알로하 스타디움 스왑밋_ 334, 444
알로하 스테이크 하우스_ 241, 395
알로하 주스바_ 570
알로하 카약_ 511
알로하 타워_ 92, 438
알로하 햇 컴퍼니_ 279

알리이 쿨라 라벤더_ 472
암각화 페트로글리프 트레일_ 514
애나 밀러 레스토랑_ 201, 258, 441
앰버시 스위트 바이 힐튼 와이키키 비치워크_ 402
야드 하우스_ 270, 396
에그스 앤 싱스_ 244, 394
오니주카 방문자 센터_ 524
오리지널 빅아일랜드 쉐이브 아이스_ 252
오리지널 동키볼 팩토리 앤 스토어_ 510
오리지널 로이스 하와이 카이 레스토랑_ 210
오파에카아 폭포 전망대_ 566
오헤오 협곡 폭포_ 484
온 더 록_ 508
올드 콜로아 타운 센터_ 557
와이마날로 비치_ 417
와이메아 밸리_ 419
와이메아 베이 비치 파크_ 418
와이메아 캐니언 드라이브_ 112
와이메아 캐니언 전망대_ 60, 554
와이모쿠 폭포_ 484
와이아나파나파 주립공원_ 483
와이카니 폭포_ 483
와이카모이 트레일헤드_ 486
와이켈레 프리미엄 아웃렛_ 312, 443
와이코코 비치_ 567
와이키키 비치_ 69, 122
와이키키 비치 워크_ 123, 400
와이키키 월_ 392
와이키키 인터내셔널 마켓 플레이스_ 309
와이피오 밸리 전망대_ 64, 524
와일레아 비치_ 126
와일루아 강 시크릿 폭포 리버 카약_ 571
와일루아 강 시크릿 폭포 리버 카약&트레일_ 179
와일루아 강 전망대_ 566
와일루아 밸리 전망대_ 482
와일루아 셰이브 아이스_ 253, 569
와일루아 폭포 전망대_ 484, 566
우쿠메헤메 비치 파크_ 462
울룰라니 하와이언 셰이브 아이스_ 251, 473
울프강 스테이크하우스_ 240, 404
원 호텔, 하날레이_ 340
월마트_ 326, 443
웨일러스 빌리지_ 125, 310, 465
위싱웰 셰이브 아이스_ 253, 570
유씨씨 하와이 커피_ 509
유천 칡냉면_ 231, 442
이밀로아 애스트로노미 센터_ 192, 531
이아오 밸리 주립공원_ 462
이올라니 궁전_ 90, 438
이즈라엘 카마카위오올레 동상_ 439
이케나 랜딩_ 246
인터내셔널 마켓 플레이스_ 401
일리마 테라스_ 556

ㅈ

자바 카이 카파아 지점_ 569
주 정부청사_ 439
지오바니 알로하 쉬림프_ 225, 422
진주만_ 439
집시 젤라또_ 255
짚라인_ 173

ㅊ

채플 해츠_ 279
체인 오브 크레이터스 로드_ 110
촐로스_ 426
치즈버거 인 파라다이스_ 398
치즈케이크 팩토리_ 123, 224, 404
칠리스_ 442
칠리스 그릴&바_ 315
칭영 빌리지 센터_ 571

ㅋ

카네오헤 샌드바_ 150
카마카호누 국립 사적지_ 95, 506
카아나팔리 비치 파크_ 463
카에나 포인트_ 118
카에나 포인트 주립공원 트레일헤드_ 445
카와이아하오 교회_ 439
카우마히나 주립공원_ 482
카우아이 빌리지 센터_ 571
카우아이 커피 컴퍼니_ 193, 265, 555
카우아이 쿠키 베이커리&키친_ 557
카우아이 킬라우에아 등대_ 115
카우아이 헬리콥터 투어_ 571
카우포 슈퍼마켓_ 486
카우포 협곡 브리지_ 484
카이 이츠 & 드링크스_ 509
카일루아 비치 파크_ 417
카카아코 벽화 마을 거닐기_ 445
카파아 비치 파크_ 86
카파아 비치 파크 일출_ 571
카팔루아 베이 비치 파크_ 463
카페 100_ 198, 246, 531
카페 칼리아_ 244, 247, 420
카페 페스토, 힐로 베이_ 226, 532
카하나모쿠 비치_ 392
카할라_ 278
카할라 리조트_ 341, 423
카할루우 비치 파크_ 154, 506
카헤킬리&카아나팔리 비치 파크_ 124
칼라파나 용암 트레일_ 179
칼라헤오 카페&커피 컴퍼니_ 246, 556
칼랄라우 전망대_ 66, 554
칼랄라우 트레일_ 175, 572
칼스미스 비치파크_ 531
캡틴 제임스 쿡 동상_ 554
커피 갤러리_ 263, 426
케아나에 반도 전망대_ 482
케알라케쿠아 베이_ 155

케알라케쿠아 베이 석양_ 77
케알라케쿠아 베이 오션 카약_ 170
케알라케쿠아 베이 주립역사공원 전망대_ 506
케알라케쿠아 베이 캡틴 제임스 쿡 기념비_ 98
케알라코모 전망대_ 513
케에 비치_ 156, 568
켄즈 하우스 오브 팬케이크_ 245, 531
코나 보이즈_ 511
코나 브루잉 컴퍼니_ 271, 421, 508
코나 조 커피_ 264, 509
코나 커피 퍼베이러 파티세리_ 399
코나 파머스 마켓_ 510
코스트코_ 328
코올리나 리조트 라군_ 70, 439
코케에 로지 레스토랑_ 556
코케에 자연역사박물관_ 193, 554
코코넛 글렌_ 486
코코로 카페_ 254
코키 비치 파크_ 483
코트야드 바이 매리어트 킹 카메하메하
코나 비치 호텔_ 351
쿠루쿠루_ 259, 405
쿠아 아이나 샌드위치_ 229, 426
쿠알로아 랜치_ 189, 423
쿠알로아 랜치 ATV 랩터_ 168
쿠알로아 비치 파크_ 417
쿠쿠이 그로브 센터_ 311, 557
쿠히오 비치_ 392
쿠히오 토치 라이팅&훌라 세러모니_ 402
쿨라 로지&레스토랑_ 222, 473
퀸 카아후마누 센터_ 310, 465
퀸스 마켓 플레이스_ 129, 311, 527
크레이지 셔츠_ 400
크림 팟_ 244, 247, 395
키파훌루 방문자 센터_ 484
키홀로 베이 전망대_ 526

킬라우에아 등대_ 67, 566
킬라우에아 로지 레스토랑_ 510
킬라우에아 이키 트레일헤드_ 514
킬라우에아 전망대_ 513
킴스 코리언 비비큐_ 421
킹 카메하메하 대왕 동상_ 531
킹 카메하메하 동상_ 438, 525
킹 칼라카우아 동상_ 393
킹스 뷰 카페_ 526
킹스 숍스_ 129, 311, 528

ⓔ
타겟_ 327
탑 오브 와이키키_ 397
태양의 서커스 아우아나_ 402
터널스 비치 파크_ 156, 568
테디스 비거 버거_ 228, 425
텍스 드라이브인_ 259, 526
트로피컬 탠트럼_ 570
트윈폴스 마우이 팜 스탠드_ 485

ⓟ
파라다이스 코브 루아우_ 445
파머스 마켓_ 332
파우아히 크레이터 전망대_ 513
파이나 라나이 푸드코트_ 405
파이아 피시 마켓_ 485
파커 랜치 센터_ 527
파파와이 경관 전망대_ 462
판다 익스프레스_ 464
판야 비스트로 & 베이커리_ 442
팔라마 마켓_ 330, 444
팔라팔라 호오마누 교회_ 484
팔리 케 쿠아 하이드웨이 전망대_ 567
펀치볼 국립묘지_ 439
페달 앤 패들_ 572
페어 윈드 크루즈_ 511
페인티드 교회_ 507
포 카파아_ 568

포시즌스 리조트 마우이 앳 와일레아_ 127, 342
포시즌스 리조트 오아후 앳 코올리나_ 340, 445
포시즌스 리조트 후알랄라이_ 343, 528
포에버 21_ 405
포이푸 비치 파크_ 81, 131, 555
포이푸 쇼핑 빌리지_ 131
포이푸 트리 터널_ 113, 555
포케 바_ 397
폴로루 밸리 전망대_ 65, 525
폴리네시안 문화 센터_ 188, 423
푸날루우 베이크 숍_ 130, 509
푸날루우 블랙 샌드 비치_ 130, 507
푸드랜드_ 322
푸아아 카아 주립공원_ 483
푸우 오 킬라 전망대_ 554
푸우 우알라카아 공원 탄탈러스 전망대_ 61, 419
푸우코홀라 신전_ 94, 524
푸우호누아 오 호나우나우 국립역사공원_ 96, 507
푸카 독_ 556
푸푸케아 비치 파크_ 151, 418
프린세스 카이울라니 동상_ 393
프린스 와이키키_ 347
프린스 쿠히오 동상_ 393
프린스 쿠히오 쇼핑 플라자_ 532
프린스빌 센터_ 571
플립플랍 숍_ 280
피어 9 바이 샘초이_ 442
피피와이 트레일_ 178, 487

ⓗ
하나 마우이 리조트_ 349
하나 마우이 리조트 바이 하얏트_ 487
하나 베이 비치 파크_ 483
하나우마 베이_ 416
하나우마 베이 해양 보존 구역_ 149

하날레이 밸리 전망대_ 133, 567
하날레이 베이_ 80, 132
하날레이 브리지_ 567
하날레이 비치 파크_ 567
하드록 카페_ 269, 397
하모아 베이_ 483
하세가와 슈퍼마켓_ 486
하에나 비치 파크_ 568
하와이 주립대학 마우나 케아 천문관측소_ 524
하와이 카이 전망대_ 416
하와이 화산국립공원_ 507
하와이 화산국립공원 킬라우에아 전망대_ 58
하우스 위드아웃 어 키_ 397
하위 로드_ 111
하이스 스테이크하우스_ 238, 395
하이코_ 508
하일리스 하와이언 푸드_ 203
하푸나 비치 리조트_ 343
하푸나 비치 주립공원_ 525

하프웨이 투 하나_ 485
할레아칼라_ 83
할레아칼라 산악자전거_ 169
할레아칼라 일몰_ 72
할레아칼라 정상_ 54
할레아칼라 정상 관람대_ 472
할레아칼라 정상 방문자 센터_ 472
할레아칼라 정상 주차장&은검초 군락_ 472
할레아칼라 트레일 체험_ 473
할레이바 마을_ 418
할레이바 비치_ 425
할레이바 비치 하우스_ 199, 425
할레이바 아트 갤러리_ 427
할레이바 알리이 비치 파크_ 425
할레쿨라니_ 340
할로나 블로홀 전망대_ 62, 416
해내페페 스윙잉 브리지_ 557
해피 할레이바_ 427
호노마누 베이_ 482
호놀루아 베이_ 153

호놀루아 베이 전망대_ 463
호놀룰루 커피 체험 센터_ 265
호놀룰루 쿠키 컴퍼니_ 399
호놀룰루 피어 9 바이 샘초이_ 212
호스머 그로브 캠핑장_ 473
홀레이 시 아치_ 514
홀푸드 마켓_ 324, 422, 443
화산국립공원 킬라우에아 방문자 센터_ 513
후엘로 전망대_ 482
후킬라우 라나이_ 568
훌라 그릴 와이키키_ 397
훌라 그릴 카아나팔리_ 226, 464
훌리헤에 궁전_ 506
힐로 타운_ 527
힐로 파머스 마켓_ 532
힐튼 와이콜로아 빌리지_ 129, 351, 528
힐튼 하와이언 빌리지_ 402
힐튼 하와이언 빌리지 불꽃놀이_ 402
힐튼 하와이언 빌리지 와이키키 비치 리조트_ 348

사진 제공 및 일러스트
ⓒ 오수연 올리비아
ⓒ 하와이넘버원
ⓒ www.kalapanaculturaltours.com
ⓒ www.konacoffeefest.com
ⓒ Rosa Say
ⓒ frogmancharterc.Inc
ⓒ Tracy Chan
ⓒ Kona Coffee Festival
ⓒ Janice
ⓒ Yangtrio

하와이 영화
Hayk_Shalunts / Shutterstock.com
Mana Photo / Shutterstock.com
항공권 예약
Markus Mainka / Shutterstock.com
이올라니 궁전 Osugi / Shutterstock.com
알로하 타워 Jeff Whyte / Shutterstock.com
돌 플랜테이션
Phillip B. Espinasse / Shutterstock.com
와이키키 Vacclav / Shutterstock.com
와이메아 캐니언 전망대
Eddy Galeotti / Shutterstock.com
폴리네시안 문화 센터 Jose Gil / Shutterstock.com
가든 오브 에덴 수목원
Michael Gordon / Shutterstock.com